현대언론사상사

밀턴에서 맥루한까지

나남
nanam

나남신서 1236

현대언론사상사

밀턴에서 맥루한까지

허버트 알철 / 양승목 역

나남
nanam

This translation of *From Milton to Mcluhan : The Ideas Behind American Journalism, First Edition* is published by arrangement with **Longman Publishing Group**, New York **and NANAM Publishing House**, Seoul, Korea.

불과 빛으로서의 언론

저자 서문

문제 많은 한 아프리카 국가의 혁명과 기자들을 소재로 해서 톰 스토파드(Tom Stoppard)가 1970년대 말에 쓴 희곡 《밤과 낮》(*Night and Day*)의 제1장은 현대언론이 돌아가는 모습을 심도있게 그리고 있다. 스토파드의 희곡에서 반영웅(*antihero*)으로 등장하는 오스트레일리아 출신의 베테랑 기자 딕 와그너(Dick Wagner)는 자신의 일에 대해 아주 간단한 견해를 가지고 있다.[역주1] 그는 특파원(*correspondent*)이란 단순히 외국에서 기사를 보내는 사람에 불과하기 때문에 자신에게 붙여진 "해외 특파원"이란 타이틀을 경멸한다. 대신에 와그너는 자신을 "소방수"(*fireman*)로 생각한다.[역주2] "나는 불로 달려간다. 스윈든(Swindon)이든 캄바웨(Kambawe)이든, 모두가 시외(市外) 기사이고, 나는 둘 다 같은 방식으로 취재한다. 나는 산문을 써서 보내는 것이 아니라 사실을 써서 보낸다."[1]

역주1) 반영웅(反英雄)이란 문학에서 전형적인 영웅타입과는 거리가 먼 주인공답지 않은 주인공을 말한다.

역주2) 미국에서는 흔히 전문적인 취재영역을 가지고 있는 전문기자를 'correspondent'라고 하고, 일선 취재기자를 'fireman'이라고 부르는 경향이 있다.

1) Tom Stoppard, *Night and Day*, New York: Grove Press, 1979, p. 32.

달리는 소방차를 쫓거나 비리를 저지른 정치인을 추적하는 데 냉혹하기 짝이 없는, 머리카락 헝클어진 기자의 이미지는 현대세계에서 익숙한 모습이 되었다. 마찬가지로 기자의 사실에 대한 사랑, 즉 매스미디어 학자들이 흔히 언론인의 맹목적인 "사실추구성"(*facticity*)이라고 비판하는 것—독자들이 필요로 하는 것은 숲 전체의 폭넓은 조망인데도 한 그루 나무에 대한 묘사를 제공하는 경향—역시 익숙한 것이 되어 버렸다. 사실추구는 언론에서 언제나 존중받은 전통의 하나이다. 200년 전의 프랑스 계몽운동에서 볼테르(Voltaire)는 오늘날 깊이 존경받고 있는 충고 한마디를 언론인들에게 말했다. 진정한 깨어있는 회의론자로서 굳건히 서라, 그리고 분명하고도 흔들릴 수 없는 증거가 없다면 결코 누구의 말도 믿지 말라.[2] 20세기 초에 독일 사회학자 막스 베버(Max Weber)는 미국의 신문을 두고 '사실의 창고'(*repositories of facts*)라고 하면서 그것은 바로 미국의 독자들이 그렇게 되기를 원했기 때문이라고 했다.

> 미국인은 … 자신의 신문에서 오직 사실만을 원하기 때문이다. 읽을 만한 가치가 없다고 생각하는 이러한 사실에 대해서 어떠한 견해라도 신문에 발표된다. 민주주의자로서 미국인이 확신하는 것은 원칙적으로 자신이 신문의 필자만큼, 어쩌면 그보다도 더 잘 해석할 수 있다는 것이다.[3]

우리 자신의 시대에 와서는 잭 웹(Jack Webb)의 《수사망》(*Dragnet*)에 나오는 인물인 프라이데이(Friday) 경사가 미국 언론인의 활동철학의 핵심이라고

---

2) Voltaire, *Conseils a un journliste*, May 10, 1737, in *Oeuvres complètes de Voltaire*, Louis Moland(ed.), Paris: Gamier Frères, 1879, 22: 243~249.

3) Max Weber, 다음에서 재인용 : Hanno Hardt, *Social Theories of the Press: Early German and American Perspectives*, Beverly Hills, Calif. : Sage Publications, 1979, p. 179. 이 말은 베버가 독일사회학회에서 근대사회의 언론에 관한 체계적 연구의 필요성을 역설한 연설에서 인용한 것이다.

할 수 있는 다음의 말을 반복하여 말했다. "부인, 단지 사실을, 단지 사실만을 우리에게 말하란 말이오."

그러나 언론인을 소방수 또는 사실추구자로 바라보는 이러한 관심은, 언론인들이 실제로 활동철학(*operating philosophy*)을 가지고 있다는 말에서 알 수 있는 바와 같이 단지 전체 이야기의 일부분을 말해줄 뿐이다. 물론 언론인들이란 스스로 철학을 가지고 있음을 고백하기를 주저한다. 언론인들은 결국 열렬한 경험주의자이고 그들이 추구하는 것은 철학이 아니라 사실이다. 하지만 여전히 우리 모두는 그것을 사상이라고 부르든 아니든 간에 어떤 사상들을 간직하고 있고, 또 우리가 일단의 특정한 사상들을 거부한다고 주장할 때 사실은 우리 자신이 어떤 철학을, 그것도 가장 간단하고 가장 분명한 철학을 주장하고 있는 것이다. 윌리암 제임스(William James)가 본 바와 같이, 철학은 단순히 기술적인 문제가 아니라 "진솔하고 깊이있는 인생의 의미에 대한 우리들의 다소 불명료한 감각"이다.[4)]

이 책의 주요 목적 중의 하나는 바로 미국의 언론인들이 사실추구에서 실제로는 철학, 즉 복잡다양한 사상들로 구성된 전문적인 삶의 철학을 가지고 있음을 보여주고, 또한 이러한 신념체계는 서양문명의 기초를 이루는 지적(知的)개념을 눈에 띄지 않게 흡수함으로써 이루어진 것임을 보여주는 데 있다. 이 책은 이들 사상들을, 특히 17세기 영국의 존 밀턴(John Milton)의 자유주의적 논법에서 20세기 후반의 미디어 예언가 마샬 맥루한(Marshall McLuhan)의 논란 많은 글들에 이르기까지 도도히 내려온 사상의 흐름에서 중요한 전환점들을 탐구하고 또한 언론의 실천이 미국의 지적 전통에 의해 지울 수 없을 정도로 영향받았음을 보여주고자 한다.

언론인이나 언론학 전공 학생들, 또는 일반시민은 어쩌면 다음과 같은 질

---

4) William James, *Pragmatism: A New Name for Some Old Ways of Thinking*, New York: Longmans, Green, 1907, p. 4.

문을 제기할지 모르겠다. 왜 철학을 공부하는 것이 중요하단 말인가? 우리가 글쓰기와 편집하는 방법을 제대로 이해하고, 뉴스를 구성하는 요소를 알고, 무엇이 읽히고 무엇이 읽히지 않을 것인가를 안다면, 도대체 철학에 우리가 관심을 둘 이유가 무엇인가? 결국 언론이란 실용적인(*practical*) 것일 뿐이다. 미국의 언론인들이 어떤 종류의 세계관이나 신념체계를 가지고 있는 것은 사실이다. 그래서 어쨌다는 말인가? 자, 뉴스를 보도하는 우리 일이나 하자.

이런 식의 사고방식은 얼핏 보기에 철학의 거부로 보일지 모르지만, 이는 사실 윌리암 제임스와 관련있는 실용주의라는 철학적 개념을 잘못 표현한 것이라 할 수 있다. 나중에 이 책에서 지적되겠지만, 실용주의란 서양세계에 소개되었던 모든 철학 중에서 언론인들이 가장 편하게 여겼던 하나의 체계일 뿐이다. 철학을 공부하는 것이 무슨 의미가 있는가를 묻는 언론인은 제임스의 후예로 볼 수 있기 때문에, 그는 제임스의 사상에 대한 지식을 갖출 필요가 있다. 아마도 이 한 가지 예로써 언론인은 자신이 가지고 있는 사상이 어디에서 유래했는지를 이해하고 그 사상이 일리있는 것인가를 알기 위해 그것의 원천을 점검해 보는 것이 얼마나 중요한가를 알 수 있을 것이다. 예를 들어 제임스 자신이 썼던 것이 무의미하다면, 그의 저작으로부터 나온 사상도 마찬가지로 무의미한 것이 되고 말 것이다(그러나 대부분의 독자는 제임스를 수긍하게 될 것이다).

제임스 사상의 원천 중 하나는 영국의 우상파괴적 소설가이자 수필가인 체스터톤이었는데, 그는 수상집 《이단자》(*Heretics*)의 서문에서 철학의 문제를 다음과 같이 말했다.

> 어떤 사람들은, 나도 그 중의 하나지만, 사람에게 가장 실제적이고 중요한 것은 그의 우주관이라고 생각한다. 우리가 생각하기에 하숙인을 구하는 여주인에게 중요한 것은 하숙인의 수입이지만, 더 중요한 것은 그의 철학을 아는 것이다. 또 우리가 생각하기에 적과 싸우려는 장군에게는 적의 숫자를 아는

> 것이 중요하지만, 더 중요한 것은 적의 철학을 아는 것이다. 문제는 우주의 이론이 물질에 영향을 미치느냐가 아니라 장기적으로는 그 외의 모든 것들이 물질에 영향을 미치느냐는 것이다.[5)]

저자는 여기 체스터톤에 의해 표현된 지혜를 전적으로 지지하고자 한다. 어떤 사람의 우주관을 알아본다는 것은 실용적이다. 이것은 학문적 유희를 하고자 하는 한가한 일이 아니라, 언론인의 행동에 직접적으로 영향을 미치는 그 무엇이다. 이것은 톱기사를 어떻게 뽑고 극적인 제목은 어떻게 다루냐를 아는 것만큼이나 언론인에게는 중요한 것이다. 일반적으로 미국인의 삶, 특히 언론인의 삶에 영향을 끼친 사상들을 분명하게 보여주는 그림이 있다면 이는 틀림없이 기자나 편집인들이 취재원의 정신과 동기를 보다 잘 이해하도록 도와 줄 것이다. 잘못된 그림을 필연적으로 부정확하거나 심지어 오류투성이의 뉴스를 보도하는 결과를 낳고 말 것이다. 따라서 모든 언론인과 언론학 전공 학생들에게는 자신의 철학을 알고 그 철학에 알맞은 사상을 연구하는 것이 대단히 중요하다. 이와 마찬가지로 직업상 접촉하게 될 다른 사람들, 예컨대 취재원들과 편집국의 동료들 그리고 독자들, 이들의 철학을 이해하는 것도 또한 중요하다.

이런 맥락에서 이 책의 독자들이 앞으로 함께할 저자에 관해서도 일부 알아두는 것은 의미있는 일일 것이다. 저자는 전직 직업언론인이고 열렬한 언론학도이다. 저자가 워싱턴 주립대학에서 역사학 박사학위를 받기 전에는 AP 통신사, 《뉴욕타임즈》, NBC, 시애틀의 킹(King) 방송국, 그리고 《뉴스위크》의 기자 및 편집인(또한 "해외 특파원")으로 일했다. 이 책을 완성하기까지 저자의 작업 중 많은 부분은 동료 월터 재니그(Walter B. Jaehnig)의 도움을 받았는데, 그는 신문편집인의 아들이었으며 영국의 에섹스 대학에서 사회학

5) G. K. Cheterton, *Heretics*, New York: John Lane Co., 1908. James, 앞의 책, p.3에서 재인용.

박사 공부를 하기 전에는 켄터키의 《루이빌 쿠리어-저널》에서 기자와 편집인으로 일했다. 재니그와 나는 모두가 미국 밖에서 상당기간 살면서 다른 문화를 경험하는 가운데, 멀리서 미국문화와 미국정치가 돌아가는 모습을 관찰할 기회가 있었던 것이다. 우리는 1970년대에 인디애나 대학의 저널리즘 스쿨에서 유사한 강의를 같이 맡고 있었는데 그 중의 하나가 "사회제도로서의 미디어"라는 과목이었다. 이 과목은 주로 정치적, 경제적, 사회적 환경에서의 언론과 언론철학 그리고 언론윤리 등을 다룬 과목이었다. 어니 파일 홀(Ernie Pyle Hall) 뒤편 복도에서 나눈 수많은 대화로부터 이 책에 대한 아이디어가 생겼으며, 이 아이디어는 사회이론과 지성사 그리고 이것들이 일상적인 언론 활동에 남겨놓은 흔적으로부터 나온 것이다.

저자는 이 책을 실용적인 것으로 생각하지 현실감없고 무미건조한 이론으로 보지는 않는다. 저자는 야심있는 언론인들이 전문 언론인들의 수사와 행동을 그토록 재빨리 받아들이는 데 놀랐지만, 그들이 믿어야 할 것이 무엇이며 또 왜 믿어야 하는지에 대해서는 여전히 가닥이 잡히지 않았다. 저자는 이 책에서 앞으로 표현되고 명료화될 사상들이 한 사람의 개인으로서 또 전문인으로서 언론인들이 그들의 일상생활에 사용할 수 있고 사용해야 할 정보와 분석을 제공하리라고 확신한다. 1959년에 밀즈는 그의 《사실의 시대》(*Age of Fact*)에서 사람들은 자신들의 관심을 지배하고 그 관심을 소화할 수 있는 능력을 압도하는 정보 이상의 것을 필요로 한다고 말했다.

> 그들이 필요로 하고 또 필요로 한다고 느끼는 것은 정신의 어떤 자질로서, 이것은 그들이 세상의 돌아가는 모습과 그들 자신에서 일어나는 일들을 명료하게 요약하기 위해 정보를 사용하고 이성을 계발하는 것을 돕는다. 이러한 자질이 바로 (…) 언론인과 학자, 예술가와 공중, 과학자와 편집인이 사회학적 상상력이라고 부를 수 있는 것에 대해 기대하는 것이다.[6)]

물론 언론이 인간의 경험세계와 언론인이 살고 있는 사회와 동떨어져서 진공 속에 존재하지 않음을 언제나 명심하여야 한다. 기자와 편집인은 그들의 정치적, 경제적, 미적, 문화적 환경의 한 부분이고 종종 중요한 부분이다. 언론의 활동은 미국의 문화전통에 존재하는 가치들과 한 번도 분리된 적이 없었고 또 결코 분리될 수도 없다.

미국인이 간직하고 있는 어떠한 철학도 전래적인 것이다. 말하자면, 외국으로부터 미국에 온 것이다. 서양철학은 약 3,000년 전의 그리스에 그 기원을 두고 있다. 서양철학의 그 숱한 변천과 전환은 3,000년 동안 분석되고 정련되고 선전되었다. 이러한 작업은 로마인들과 중세의 성직자, 르네상스와 계몽주의의 사상가들, 영국, 프랑스, 독일 및 기타 유럽국가들의 낭만적 철학자들, 그리고 보다 최근에는 미국인들 자신에 의해 이루어졌다. 비록 미국 원주민들과 중동, 아시아, 아프리카 국가들에서 나타난 사상도 미국인의 전통적 믿음에 어느 정도 침입했지만 지금까지 그 영향력은 미미한 것이었다.

서양철학 전통의 역사적 발전은 평탄했던 것이 아니라 끊임없는 변천으로 특징지어진다. 그러나 변함없이 존재했던 것은 대립적으로 보이는 사상들, 즉 이원론 사이에서 시계추와 같은 이동이었다. 낙관론이 지배하면, 그 다음엔 적어도 상당기간 동안 보다 더한 비관론이 이를 대신했다. 인류가 자연적으로 그리고 근원적으로 드높은 힘에 의해 창조된 선한 존재로 여겨지면, 그 다음엔 구제할 수 없을 정도로 어두운 측면을 소유하고 있는 것으로 보였다. 문제들이 워낙 광범위해서 오직 집단적 해결만이 가능하다고 여겨질 때까지는 최소의 정부가 최선의 정부였다.[역주3] 언론은 자유가 주어져야 한다고 믿

6) C. Wright Mills, *The Sociological Imagination*, Harmondsworth, England: Penguin Books, 1970, p. 11.

역주3) 작은 정부는 정부의 역할을 최대한 축소하고 개인 또는 민간의 자율을 존중하는 정부이다. 전통적으로 미국의 공화당은 작은 정부를 지행해 왔고 반면에 루스벨트 대통령 이후의 민주당은 큰 정부를 지향해 왔다.

지만 그 다음엔 면허제의 논리에 직면한다. 사람들은 그들이 정신의 이성에 의해 안내되어야 한다고 맹세하지만, 여전히 가슴속의 감정에 의해 끌리고 있음을 발견한다. 또 사람들은 자국의 이익을 위해서 맹목적인 애국심으로 흥분하고 그 다음엔 세계동포주의의 열망에 빠지게 된다. 크고 작음, 도시와 농촌, 자유에의 믿음과 권위에의 신뢰, 이들 이원론의 모두가 나름대로의 역할을 다하고 있다. 미국인의 경험을 특징짓는 이 이원론적 논쟁은 계속되고 있고, 아마도 우리가 패러독스의 철학에 정통하는 법을 배우기까지에는 결코 해결되지 않을 것이다. 우리가 지금 영원한 것으로 생각하는 이론 중 어떤 것은 어느 날 아래위가 바뀐 것으로 판명될지 모른다. "어떤 사회도 영원한 헌법을 만들 수는 없다"고 주장한 토마스 제퍼슨의 나라, 바로 이 나라의 시각도 그랬다. 왜냐하면 죽은 자가 오늘 살아있는 자의 운명을 결정할 수 없고 또 그렇게 해서도 안 되기 때문이다. 제퍼슨은 "이 땅은 언제나 살아있는 세대의 것이다"라고 기록했다.[7)]

그러나 미국의 지적 전통의 주류에서 많은 이원론적 극단의 자기적(磁氣的) 인력에도 불구하고, 어떤 사상은 미국의 시민, 그 중에서도 특히 언론인의 신념체계를 지배해 왔고 또 계속해서 지배하고 있다. 이 책을 저술하면서 생각했던 것 중의 하나가 바로 이들 주류의 개념들을 그 역사적 뿌리를 조명함으로써 보다 날카로운 초점 아래 두어 보자는 것이었다. 여기서 기술하고 검토하는 사상들은 특정의 문제와 조건에 반응하여 태어난 다른 시대의 산물이며, 우리에게 전달되기 전에 이미 그 시대에 대토론의 용광로에서 시험되었던 것이다. 우리가 이들 사상의 기원을 연구할 때, 우리는 언론과 공공문제에 대한 우리 자신의 토론에서 우리보다 앞서간 사람들의 음성을 듣기 시

7) Thomas Jefferson, 1789년 9월 6일에 James Madison에게 보낸 서한. 다음에서 재인용 : John Somerville & Ronald E. Santoni(eds.), *Social and Political Philosophy from Plato and Gandhi*, Garden City, N.Y. : Doubleday Anchor Book, 1963, p.264.

작하는 것이다. 중산층 미국인의 가치관을 다룬 최근의 한 책에서 그 저자는 다음과 같이 인식했다.

> 우리 시대의 사람들과 말할 때 우리는 현재의 목소리만 듣는 것이 아니라 과거의 목소리도 듣고 있는 것이다. 우리가 이야기를 나누었던 사람들의 말에서 우리는 윈드롭, 프랭클린, 제퍼슨, 에머슨, 휘트맨과 함께 존 칼빈, 토마스 홉스 그리고 존 로크도 듣고 있는 것이다.[8)]

이 목소리들을 알아볼 수 있는 언론인은 사건이나 휘갈겨 쓰고 가십이나 기록하는 사람보다 사회에 훨씬 유용한 역할을 해낼 수 있다. 왜냐하면 그런 언론인은 단순히 사건을 보고하고 해석할 수 있을 뿐만 아니라 그 사건 뒤에 숨어 있는 사상을 보여줄 수 있기 때문이다. 이들 사상의 역사적 지적 뿌리를 확인함으로써 언론인은 우리 모두가 갖고 있는 유일한 관점, 즉 시간과 공간의 관점에 그것들을 위치시킬 수 있고, 그리하여 그 스토리(*story*)에 깔려 있는 실재(*reality*)를 표면화시킬 수 있는 능력을 얻게 하는 것보다 더 큰 것은 없다. 어떤 것이 새로운 것이라면, 언론인이 그것을 새로운 것이라고 보도하는 것은 적절한 일이다. 그러나 그렇게 하기 전에 언론인은 그것이 정말로 새로운 것인지를 확인하기 위해 과거에 대해 충분히 알아두는 것이 좋을 것이다.

이 책에서 다룬 사상이나 개념이 모두 직접적으로 언론활동에 연결되는 것은 아니지만, 언론인이 자신의 사회를 형성하여 온 지적 전통을 깨닫는 것은 대단히 중요하다. 언론인이 그것을 알든 모르든 간에, 그러한 전통은 그가 기사를 준비하고 쓰는 방식을 결정짓는다.

---

8) Robert N. Bellah, Richard Madsen, William M. Sullivan, Ann Swindler, & Steven M. Tipton, *Habits of the Heart : Individualism and Commitment in American Life*, Berkeley: University of California Press, 1985, p. 306.

언론인이 건전한 역사감각을 필요로 한다는 것은 당연한 이야기이다. 하지만 미국의 언론인들은 종종 역사감각이 부족하다고 비판받고 있고 또 뉴스 기사를 구성하는 정치적, 경제적, 사회적 및 심리적 사건들의 복잡한 내용을 설명하고 분석하는 데 필요한 장기적인 관점이 부족하다는 비판도 받고 있다. 20세기를 마감하는 이 시점에 국립 인문학재단은 미국인의 "문화적 문맹"을 한탄하는 보고서를 발표한 적이 있는데, 이 보고서에 의하면 조사연구 결과 미국 대학생의 과반수가 "역사와 사상에서 기본적으로 중요한 획기적인 사건들"을 모르고 있는 것으로 밝혀졌다. 그 어떤 일이나 직업보다도 언론은 더 높은 수준의 문화적 이해력을 필요로 한다. 이 책의 학생독자들은 문화적 문맹에 대한 비난에 결코 죄책감을 느끼지 않게 될 것이다.

이러한 사상의 역사를 제시하는 데 저자는 원래 과거의 저작물로부터 광범위한 인용문을 이 책에 담고자 했으나 시간과 공간의 제약으로 불가피하게 이들을 제한할 수밖에 없었다. 그렇지만 미국의 언론인과 작가 및 정치 지도자들의 사상에 심대한 영향을 준 17세기 영국의 사상가들로부터 시작해서 중요한 내용은 대충 포함시켰다. 2차 자료만 공부해서는 제대로 다 공부했다고 말하기 어렵기 때문에 독자들은 각주에 인용된 원전들을 찾아서 이 책을 보충하여 주기를 바란다. 저자의 원전을 읽을 때에만 다른 사람의 잘못된 이해나 잘못된 해석을 피할 수 있는 것이다.

앞으로 이 책에서는 미국인의 경험을 형성하는 데 기여했던 사상의 철학자들이 쓴 저작을 명료화하고 그들의 사상을 현대의 미국 언론인의 신념과 연결시키고자 한다. 저자는 이들 철학자들을 그들 자신의 시대의 틀 속에서 바라보고자 최대한의 노력을 기울였고, 그들의 일생 동안에는 생각할 수 없었던 사상들을 억지로 적용하지 않도록 노력했다. 때때로 언론인들이 그들의 신문기사에서 이들 철학자들에게 직접적으로 어떻게 반응했는지를 보여주는 삽화를 제시하기도 하겠지만, 저자의 주된 관심은 신문기사를 다시 보여준다는 것보다는 언론에 회자되고 기자나 편집인에 의해 인정받는 사상 자체에 있다. 미국 신문기사의 복사본은 무수히 많고 어떤 도서관에서도 찾아볼 수 있는 것이다.

이 책은 모두 10부로 되어 있고, 각각의 특정 주제를 보다 분명하게 다루기 위해 많은 짧은 장으로 다시 나누어졌다. 제1부에서는 철학의 주제와 언론인의 세계관 및 언론활동에 끼친 철학의 영향을 탐색한다. 제2부와 제3부에서는 미국혁명가들의 생각에 결정적인 영향을 준 영국과 프랑스 이론가들에 의해 발전되고 유포된 사상들을 검토한다. 미국 정착민들과 미국의 신문 선구자들의 상상력에 불을 당긴 것은 17세기와 18세기 영국과 프랑스의 계몽주의시대 사람들의 믿음이었다. 여기서 우리는 밀턴, 홉스, 로크 그리고 흄을 만나게 되는데, 이들의 경험주의는 지금 우리가 "미국적 생활방식"이라 말하는 것의 기초가 되었던 것이다. 여기서 또한 몽테스키외, 볼테르, 루소와 같은 프랑스 철학자들의 사상도 만나는데, 이들의 사상도 미국인의 경험 발달에 똑같이 중요한 영향을 주었지만 우리에게 외국어로 전달되었기 때문에 흔히 무시되어 왔다. 미국 건국의 아버지들(*Founding Fathers*)은 프랑스어에 모두 능했고, 실제로 프랭클린과 제퍼슨 그리고 페인의 저작들은 미국의 혁명 대중들에게뿐만 아니라 프랑스 혁명가들에게도 익숙한 것이었다. 제2부와 제3부에서 우리는 현대로 조금 더 가까이 오게 되어 젊은 프랑스 귀족 토크빌(Alexis de Tocqueille)이 미국인의 사고에 끼친 영향을 검토하게 되는데, 토크빌은 미국의 민주주의적 경험을 살펴보고 많은 것을 찬양하고 또 많은 것을 비판하였다.

제4부는 미국 건국의 아버지들의 사상을 조명한다. 여기서 우리는 유럽 계몽주의 사상가들의 사상이 미국상황에 어떻게 적용되고, 그들의 사상이 19세기로 바뀌던 시기에 젊은 프랭클린으로부터 급진적인 제퍼슨주의자에 이르기까지 초기 편집인들의 사고에 어떤 영향을 주었는지를 살펴보게 된다. 우리는 여기서 제퍼슨, 매디슨, 해밀턴 및 기타 혁명지도자들의 생각이 그

후 미국 언론인들의 신념체계에 어떻게 하나의 유형을 제공하게 되었는지를 검토할 것이다. 제 4부에서 우리는 토마스 페인과 같은 낙관론자와 에드먼드 버크의 정신 아래 있는 비관론자 사이의 분열에 주목하고, 이러한 분열이 언론인들에게 어떤 영향을 주었는지 살펴볼 것이다. 아울러 독일에서 처음 나타났지만 후에 에머슨(Ralph Waldo Emerson)과 해외여행이나 해외유학을 했던 다른 미국인들에 의해 수입되었던 낭만주의적 대항혁명을 검토하게 될 것이다.

제 5부에서는 낭만주의적 운동에 뿌리를 두고 있던 다른 종류의 사상체계를 소개하는데 이 사상은 주로 칼 맑스와 관련이 있는 것이다. 맑스의 저작들은 미국의 언론에 오랫동안 강력한 영향을 주었는데, 심지어 언론인들이 그들 사상의 원천을 깨닫지 못하고 있을 때에도 그 영향력은 강력했다. 여기서 저자는 맑스의 집단주의적 사상과 개인주의의 대가인 존 스튜어트 밀의 사상을 대비시킨다. 이 두 사상가의 시대는 바로 미국사회가 농경사회로부터 산업사회로 이행하던 시대였다. 맑스 사상과 밀의 사상 사이의, 그리고 집단주의와 개인주의 사이의 여전히 풀리지 않는 투쟁은 미국 언론인들의 사고에서 수십 년에 걸쳐 반향되어 왔다. 여기서 우리는 또 미국인의 사고에 심대한 영향을 주었던 공리주의 운동에서 밀의 동료이자 스승이었던 제레미 벤담의 중요한 저작과 함께 맬서스, 리카도, 아담 스미스의 급진 경제학도 살펴보게 될 것이다.

이 책의 나머지 반에서는 미국 사상의 유럽적인 뿌리로부터 이동하여 언론인의 사상과 신념, 철학의 변천 그리고 과학과 기술의 발달 등을 가져온 결과들을 검토할 것이다. 제6부에서는 아메리카의 복음(Gospel of America)으로 묘사할 수 있는 낙관주의의 힘, 즉 국가에 대한 자부심, 미래에 대한 자신감, 월트 휘트맨의 시와 19세기의 위대한 편집인들에게서 나타나는 자부심과 자신감 등에 초점을 맞춘다. 이런 맥락에서 아마도 19세기 과학적 사고의 가장 위대한 공헌인 찰스 다윈의 생물학적 설명이 서부 개척시대의 미국에 끼친 영향도 검토할 것이다.

제7부를 총괄하는 원리는 미국이 사상세계에 기여한 공헌 중 가장 중요한 것인 실용주의라 부르는 철학적 개념이다. 실용주의는 영국과 프랑스의 계몽주의에 뿌리를 둔 경험주의와 과학적 방법에 대한 점증하는 관심으로부터 성장하여 20세기에 이르러 나타난 신념체계이다. 여기서 우리는 위대한 미국의 실용주의자들, 즉 윌리엄 제임스와 존 듀이의 사상을 탐구하고, 이들의 사상이 언론인들의 가장 근본적인 신념들, 예컨대 "공중의 알 권리"와 같은 개념에 미친 영향을 살펴볼 것이다.

제8부에서 우리는 언론인 신념체계의 또 다른 기본 요소의 배경이 되는 사상들을 추적할 것이다. 이 기본 요소란 기자와 편집인은 고위인사들의 권력남용을 감시하는 파수견이자 적절한 탐사인이라는 확신이다. 이러한 믿음은 시대적으로 제8부에서 역시 다루고 있는 황색언론인이나 추문폭로가의 시대보다 앞서는 것으로서 계몽주의와 낭만주의 운동에서 그 사상의 뿌리를 쉽게 찾을 수 있다. 미국 언론인의 신념체계에 나타나는 다른 요소들과 함께, 여전히 상호대립적인 사상들을 미국 지성사를 통하여 등장했던 이원론의 형태 속에서 발견할 수 있다. 예를 들면, 자유의 추구와 안보의 필요성 사이에 존재하는 갈등, 낙관론 및 미래에의 믿음과 비관론 및 미래에 대한 불길한 예감 사이의 갈등, 개인, 즉 하나의 소망에 대한 열정과 사회, 즉 다수에 대한 믿음 사이의 갈등이 있다. 여기서 우리는 탐사 언론(*investigative journalism*)에 대하여 지지와 비판을 함께 하는 한편, 독립적인 학자들로 구성된 위원회에 의해 또 언론인 자신들에 의해 구상된 새로운 언론실천 강령의 효과를 기대하는 논의들을 검토할 것이다.

제9부는 언론의 철학적 개념 가운데 논란 많은 또 다른 요소인 힘(*power*) 또는 권력을 다루고 있다. 여기서 우리는 20세기의 수많은 철학적 실마리들을 추적하게 되는데, 이는 신보수주의와 신급진주의로 대표되는 사상가들의 시각의 변화를 의미하며 특히 신학자 라인홀드 니버와 언론인 월터 리프만의

공헌을 다루게 될 것이다. 그리고 오늘날 매카시즘으로 알려져 있는 현상으로 진행된 사고(思考)과정으로 우리의 주의를 돌리고자 한다. 그 다음에는 언론인 자신의 힘에 대한 문제를 논의할 것인데 특히 1969년 당시의 미국 부통령 스피로 애그뉴에 의해 극적으로 제기된 문제를 검토할 것이다.

제10부에서는 이 책 전체에서 다루었던 사상들을 오늘의 관점에 놓고 조명한다. 언론인들이 스스로 규정한 모든 모델 가운데 어느 것도 회의론의 이상(理想)이 제시하는 것보다 광범위한 것은 없다. 회의론은 계몽주의 사상가들이 그토록 폭넓게 받아들였던 고대 희랍인들에게까지 거슬러 올라가는 개념이다. 어떤 논자들은 회의론의 이상이 탐사적 작업의 열망과 결합함으로써, 결과적으로 현대언론이 이제는 미국인의 사상 주류에서 더 이상 존재하지 않으며 지금 어떤 면에서는 전통적인 미국적 생활방식과는 반대되는 측면도 있는 일종의 "적대문화"를 언론인들 사이에 초래하였다고 주장한다. 여기서 두 사람의 캐나다 학자가 중요한 역할을 했는데 해롤드 이니스와 마샬 맥루한이 바로 그들이다. 이 책은 윤리적 문제에 대한 오늘날의 열렬한 관심을 검토함으로써 끝을 맺는데, 이리하여 우리의 연구는 미국 언론인의 직업 이데올로기가 무엇이냐 하는 결론에 이르게 된다.

이 책의 범위는 분명히 야심적이다. 그러나 언론 그 자체의 기능보다는 결코 더 야심적이지 못하다. 많은 신문들의 제호를 보면 언론이 미국의 사회구조에 스스로 짜놓은 역할의 일부를 상징하고 있다. 예컨대 "시대"(*Times*), "파수꾼"(*Sentinel*), "민중의 옹호자"(*Tribune*), "조사관"(*Examiner*), "정보제공인"(*Intelligencer*) 등이다. 이런 역할을 수행하는 가운데 언론인과 언론은 종종 그들이 봉사하고자 하는 바로 그 사람들과 제도를 공격하고 불쾌하게 만든다. 그러나 언론이 우리의 주목을 끌게 하는 그런 불쾌한 일들이 없었더라면 더 잘살 텐데 라고 주장하는 미국인은 별로 없을 것이다. 아마도 이 서문의 마지막 말은 그 자신이 전직 기자였던 극작가 톰 스토파드에게 돌려야 할 것이다. 《밤과 낮》의 마지막 부분에서, 이상주의자인 한 젊은 기자가 전투를 취재하다가 죽고 런던 본사 편집국의 파업 때문에 그의 특종이 나가지 못한 후 중요한 질문이 던져진다. 그는 민주주의를 위해서 죽었는가, 그렇지 않으면 중요한 일을 하고 있다는 자신에 대한 어떤 낭만적 생각 때문에 죽었는가, 이것도 저것도 아니라면 보다 무의미하게 혹시 신문사 소유주의 이익을 위해 죽었던 말인가? 스토파드는 우리에게 몇 가지 해석을 내려주는데, 그 중에 쓰라린 말은 그가 "쓰레기 언론"(*junk journalism*), 말하자면 번지르르한 선정주의 때문에 죽었다는 것이다. 사진작가 조지 거스리(George Guthrie)가 제시하는 다음과 같은 대답은 개방사회의 자유언론을 위한 중요한 철학적 정당화로서 수세기 동안 반향되어 온 것이며, 저자와 그리고 의심할 바 없이 이 책의 많은 독자들이 동의하고 있는 생각이다.

> 나는 수많은 곳을 다녀 보았습니다. 어디서든 사람들은 서로에게 참혹한 일들을 저지르고 있지요. 그러나 모두가 어둠 속에 사로잡혀 있는 곳에서는 더욱 심합니다. 정말로 심합니다. 정보는 빛입니다. 정보는, 본질적으로 어떤 것에 대한 정보라도 빛입니다. 이것이야말로 당신이 진실로 말할 수 있는 전부입니다.[9]

---

9) Stoppard, 앞의 책, p. 108.

역자 서문

"언론은 권력이다." 요즈음 우리에게 이처럼 실감나는 말도 흔치 않을 것이다. '문민정부'의 출범과 함께 시작된 일련의 개혁과정에서 언론은 그 막강한 힘을 유감없이 발휘했으며 일부에서는 여론재판이라는 비판까지 등장할 정도였다. 돌이켜 보면 1987년 6월 시민항쟁 이후 가속화된 민주화 과정에서 우리 언론이 주도적 역할을 담당했다는 증거는 어디에도 없지만 민주화의 과실을 가장 많이 차지한 것은 언론이 아니었나 생각한다. 지난 30년간 우리 사회를 지배했던 군부세력이 민주화 과정에서 쇠퇴하고 급기야는 6공 노태우 정부의 퇴진과 함께 역사의 뒤안으로 물러간 그 힘의 공백기에 언론은 이제 가장 강력한 권력기구의 하나로서 그 위치를 굳힌 느낌이다.

언론의 영향력 증대는 그만큼 언론자유의 신장을 반영하는 것이므로 우리가 이를 반드시 부정적으로 볼 이유는 없다고 본다. 그러나 권한이 커지면 책임도 커지는 법, 현재 우리 언론은 과거에 볼 수 없던 여러 가지 새로운 도전에 직면해 있다. 언론의 힘이 커졌다면 과연 우리 언론은 그 증대된 힘에 걸맞은 철학과 윤리를 확보하고 있는가? 정부와 언론의 관계에는 어떤 변화가 있으며, 국민의 알 권리를 충족시키면서 개인의 인권은 잘 보장하고 있는가? 언론의 자유와 사회적 책임이라는 양립하기 어려워 보이는 두 명제 사이에서 언론은 어떤 이념적 자세를 정립하고 있는가? 도대체 언론내부의 구조적 문제와 관행상의 부조리가 얼마나 심하기에 '언론은 최후의 개혁대상'이라는 말이 나오고 '누가 누구를 단죄하느냐'는 반발이 나오는가?

현재 우리 언론을 둘러싸고 제기되는 이러한 질문은 다시 한 번 언론의 본질을 돌이켜 보게 한다. 언론이란 무엇이고, 언론인이란 무엇 하는 사람이며, 언론은 어떻게 해야 하는가? 무릇 모든 행위의 본질을 이해하고자 한다면 그 깊은 밑바닥 철학을 이해하는 것이 급선무이다. 그렇다면 지난 수백 년 동안 대중매체의 발전과 함께 성장해온 언론활동을 이해하기 위해서 우리는 그것을 추동하는 철학과 사상을 이해해야 함이 마땅하지 않겠는가?

이 책은 바로 위와 같은 생각에서 허버트 알철(J. Herbert Altschull)의 *From Milton to McLuhan : The Ideas Behind American Journalism* (New York: Longman, 1990)을 완역한 것이다. 이 책의 기본 목적은 미국 언론의 철학적 사상적 뿌리가 어디서 연유하며, 그것이 어떤 사상적 교배과정을 거쳐 현대 언론인의 직업 이데올로기를 형성하고 또 언론관행에 영향을 주었는지를 탐색하는 것이다. 비록 저자는 미국인으로서 미국 언론에 초점을 두고 있지만 철학적으로 미국 언론과 서유럽의 언론은 큰 차이가 없으며 오늘날 그들의 언론 이데올로기는 세계를 지배하고 있기에, 이 책의 내용이 현대언론의 사상적 뿌리를 탐구하는 것이라고 해도 과언은 아닐 것이다. 특히 동구권의 사회주의가 붕괴된 후 서방 언론 이데올로기의 세계적 위치가 더욱 공고해진 현실에서 이 책에서 다루는 언론철학과 언론인의 직업 이데올로기에 대한 분석은 우리의 관심을 끌기에 충분하다.

사실 이 책의 목표는 야심적이며 다루고 있는 범위는 대단히 광범위하다. 단순히 언론사상사에 관한 책이라기보다는 지난 4백 년간의 서양지성사를 꿰뚫는 일반 사상사적 성격이 농후하다. 저자서문 외에 전부 10부 58장으로 구성된 이 책에서 다루고 있는 주요 인물만 하더라도 17세기의 존 밀턴에서 시작해 20세기 후반의 마샬 맥루한에 이르기까지 수십 명에 달하며, 토마스 홉스, 존 로크, 데이비드 흄, 몽테스키외, 볼테르, 루소, 칸트, 헤겔, 맑스, 제레미 벤담, 존 스튜어트 밀, 찰스 다윈, 존 듀이, 윌리엄 제임스 등 수많은 세계사적 인물들을 망라하고 있다. 특히 수십쪽 분량에 해당하는 주석과 권말에 첨부된 추천도서 목록은 언론사상을 연구하는 언론학도에게는 좋은 길잡이가 될 것으로 본다.

책의 구체적인 구성방식은 저자서문에 언급되어 있으므로 생략하되, 크게 보면 현대언론의 사상사적 근원을 19세기 초반까지 훑어 본 전반부와 19세기 이후 미국 사회의 발전 속에 미국 언론의 변화를 다룬 후반부로 나누어진다. 전반부는 주로 영국, 프랑스, 독일 등 유럽의 주요 철학자와 사상가, 그리고 미국 건국의 아버지들을 다루고 있으며, 후반부에서는 현대 미국의 언론인, 문인, 철학자, 사회운동가가 주요 대상이다. 그러나 이러한 구분은 어느 정도 작위적이고, 전체적으로는 수많은 인물과 사건, 사상이 시대를 뛰어넘어 교직되고 있다.

이 책을 제대로 소화하려면 상당한 정도의 철학적 역사적 지식이 요구된다. 따라서 대학교 저학년 학생독자라면 부담감을 느낄 수도 있을 것이다. 그러나 언론사상의 대강을 이해하고 싶은 정도라면 별 문제가 없으며, 특히 저자가 화려한 문장으로 제공하는 수많은 역사적 인물과의 만남에서 읽는 즐거움을 느낄 수 있으리라고 본다.

저자 알철은 스스로가 서문에서 밝히고 있듯이 다양한 경력을 소유한 언론인 출신의 언론학자이다. 언론학자로 변신하기 전에는 AP통신사와 《뉴욕타임즈》, NBC, 시애틀의 킹(King) 방송국, 《뉴스위크》 등에서 기자, 편집인, 또는 앵커맨으로 활약했다. 워싱턴주립대학에서 역사학으로 박사학위를 받은 후에는 인디애나대학의 저널리즘 스쿨에서 언론학을 강의했으며, 이 책의 구상도 그 대학에서 강의한 "사회제도로서의 미디어"라는 과목을 통해 이루어졌다. 1990년 현재는 존스홉킨스 대학에서 초청교수로 일하며 프리랜서 작가로도 활동하고 있다. 이 책보다 앞서 출간된 책으로는 *Agents of Power* :

The Role of the News Media in Human Affairs(New York: Longman, 1984)가 있는데, 국내에서도 강상현, 윤영철 교수가 《지배권력과 제도언론》(나남, 1991)이란 제목으로 번역하여 펴냈다.

마지막으로 이 책의 번역과 관련된 역자 개인의 소감을 밝히는 것으로 이 서문을 마무리짓고자 한다. 돌이켜 생각해 보면 이 번역은 역자의 평소 생각과는 전혀 상관없이 시작된 것 같다. 아니 오히려 역자의 평소 생각에 반하는 것이라고 할 수 있다. 학위를 받고 학문의 길에 본격적으로 들어선 이후 은사님들과 선배들께서 늘상 강조하신 것은 제대로 된 연구논문을 쓰라, 어쭙잖은 책을 쓰지 말고, 번역은 더욱 하지 말라 였다. 번역은 들이는 시간과 노력에 비해 학문적 성과가 별로 없는 소모성 작업이라는 것이다. 역자도 그렇게 생각했다. 번역은 하지 않는다 … . 그러나 결국 번역을 하고 말았다. 생각했던 것 이상으로 많은 시간만 소비하고 책 한 권 제대로 읽은 것 외에는 남은 게 없다. 원고정리나 교열 등 모든 것을 혼자 끌어안고 가다 보니 시간은 마냥 지나갔다. 시작을 안 했어야 했는데, 하지만 어쩔 수 없었다. 우연히 이 책을 발견한 게 잘못이었다.

3년 전 여름 학술회의에 참석차 미국에 갔다가 시간이 좀 남기에 과거 공부하던 대학에 들렀다. 대학 구내서점을 기웃거리다가 우연히 발견한 게 이 책이었다. 보아하니 출간된 지 얼마 되지 않은 그야말로 신간이었다. 마침 다음해 봄학기에 〈언론사상사〉를 강의하기로 되어 있어 잘됐다 싶은 마음으로 집어 들었다. 애당초 생각은 학생들에게 국내교재를 소개해 주고 이 책은 참고도서로 쓰려 했다. 그러나 막상 신학기가 되어 〈언론사상사〉 교재를 찾아보니 마땅히 눈에 띄는 게 없어 이 책을 교재로 삼기로 했다. 우리 학생들이 원서를 그대로 읽을 수 있었더라면 별 문제는 없었을 것이다.

그러나 현실은 그렇지 못했다. 결국 역자는 직접 번역을 해서 학생들에게 유인물로 나누어 주기로 결심했다. 여기서 일이 조용히 끝났더라면 또 문제는 없었을 것이다. 어느 날 우연히 만난 나남의 조상호 사장님이 이 책 이야기를 꺼냈다. "이미 학생들에게 번역문을 일부 나눠 주어서 교재로 사용하고 있는데요." "그래요? 그거 한 번 출판해 봅시다." 일은 그렇게 시작되었다.

시간에 쫓기면서 허둥지둥 끝내고 나니 후련하다. 맹세는 함부로 하는 게 아닌 줄 알면서도 다시는 번역을 하지 않겠노라고 맹세했다. 그만큼 힘들었나 보다. 알려진 대로 저자 알철의 글은 꽤 난삽한 편이다. 대개 긴 문자에 수사적 표현이 화려하다. 평소 사회과학적 글에만 익숙하던 역자로서는 저자의 현란한 문체가 부담스러웠다. 시간에 쫓겨 허둥대었으니 오역이 없지 않으리라. 만약 오역이 있다면 그것은 전적으로 역자의 책임이다.

번역을 해서 출판하기로 결정했을 때에는 역주를 충분히 달겠다고 마음먹었다. 그러나 게으름은 늘고 번역일만 생각하면 머리가 아프고, 그러다 보니 출판사의 재촉에 쫓기게 되고 결국 애초 마음먹은 대로 하지 못하고 말았다. 다음에 잘못된 부분을 수정할 기회가 있다면 꼭 그렇게 해보고 싶다. 마지막으로 이 책이 빛을 보게 되기까지 격려해준 분들께 감사의 말씀을 드리고자 한다. 먼저 충남대학교 신문방송학과 89학번과 90학번 학생들에게 고마움을 표하고 싶다. 강의시간마다 복사물을 받아 들고 왜 빨리 책이 나오지 않느냐고 재촉하던 그들의 기대가 없었다면 애당초 이 책은 나오지 못했을 것이다. 그들은 또한 번역초고를 읽고 소감을 전해 준 좋은 독자이기도 했다. 우리 학생들 외에 나남의 조 사장님과 편집을 맡아준 강영미 씨에게 특별히 감사의 말씀을 드리고자 한다. 특히 조 사장님의 재촉과 격려가 없었다면 이 책은 아직도 역자의 컴퓨터 안에서 미완성인 채로 뒹굴고 있을 것이다. 많은 책에서 저자나 역자가 출판사 사장에게 감사하는 것을 읽고 전에는 참 별일도 다 있다고 생각했다. 사람은 역시 직접 겪어 보아야 안다고 했던가. 거듭 감사드린다.

1993년 7월

양 승 목

나남신서 1236

현대언론사상사

밀턴에서 맥루한까지

차 례

제 3 부 프랑스인, 사회, 그리고 감정의 힘

제 4 부 미국적 신념체계의 등장

제 5 부 개인과 사회 : 민주주의의 패러독스

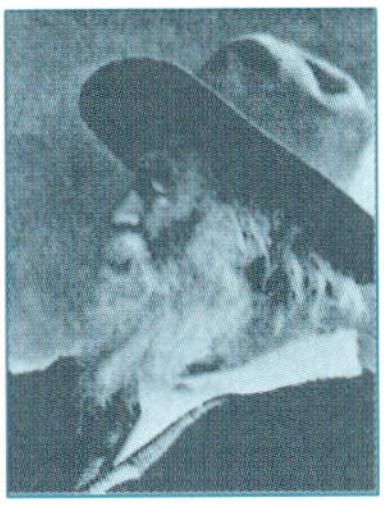

제 6 부 대중사회 : 자본주의와 진화론

제 7 부 미국의 실용주의 : 개혁과 민주주의

제 8 부 미국언론인의 탐사적 역할

제 9 부 이데올로기 없는 이데올로기

제 10 부 "회의적인" 적대자

제 1 부

언론과 철학의 연구

Journalism and the Study of Philosophy

| 제 1 장 |

서론: "우리를 항상 흥분으로 가득차게 하는 것"

Introduction : To Keep "Us Always Alive with Excitement"

지금의 20세기 관점에서 본다면 남북전쟁이 미국을 분열시키고 고통과 지역간의 불신이라는 유산을 남겨놓은 비극적 사건이라고 쉽게 생각할 수 있다. 그러므로 1861년 9월 당시에 누군가가 보다 밝은 측면에 주목하여 그 전쟁이 모든 국민에게 이익되는 새로운 경험을 제공한 것으로 보았다는 것은 놀라운 일이다. 의사이자 시인이었던 올리버 웬델 홈즈(Oliver Wendell Holmes)는 전신과 철도의 도래가 미국에 "강철 신경"과 "강철 근육"을 제공함으로써 이전에는 생각할 수 없을 정도로 미국인들을 상호연결시켜 주었고, 이로써 전쟁의 진전상황에 대한 뉴스 보도가 이 복잡한 커뮤니케이션 네트워크를 통하여 미국인에게 전달되었다고 말했다.

홈즈는 어느 잡지 칼럼에서 "이 부단한 상호 커뮤니케이션은 즉각적인 행동력과 결부되어 우리를 항상 흥분으로 가득차게 하고 있다"라고 쓰고 있다.[1] 그는 나중에는 그 전쟁에 대해 달리 생각 했을지도 모르겠다. 그와 이름이 같았던 그의 아들은 훗날 영예로운 대법원 판사가 된 사람이지만 북군에 복무하고 있는 동안에 세 번이나 부상했는데, 한 번은 이 아들이 안티에탐(Antietam) 전투에서 심하게 부상했다는 전갈을 받고 말을 타고 6일 동안 그를 찾아나선 적도 있었다.[2] 그러나 홈즈는 그당시 많은 미국인들과 마찬가지로 사회의 진보에 대해 철두철미 믿고 있었다. 그 당시의 언론은 "경우에 따라서 때로는 진실이 때로는 거짓이 실려 있는 거의 매시간의 단편기사들로서 이것들이 전하는 최후의 사실 또는 헛소문 때문에 우리가 언제나 안절부절 못함"을 지적하면서도, 홈즈는 이 새로운 커뮤니케이션 수단들이 장기적으로는 미국인과 민주주의에 중요한 이익이 될 것임을 확신하고 있었다.

> 그리고 모든 사실과 감정을 이처럼 끊임없이 확산시키는 것은 여론을 평등하고도 지속적으로 만드는 또 다른 효과를 내고 있다. 아마도 우리는 한 달 앞은 내다볼 수 없을지 모른다. 그러나 지나간 과거에 대해서는 일주일만 지나면 충분히 논의하고 판단할 수 있게 되었는데, 전국적인 신경체계가 조직되기 전에는 이 정도로 논의하고 판단할 수 있으려면 적어도 한 계절이 지나야만 가능하였다.[3]

이 훌륭한 의사의 말이 옳았음은 의심할 나위도 없다. 철도와 전신이,

---

1) Oliver Wendell Holmes, "Bread and the Newspaper," *Atlantic*, September 1861. Edward Weeks & Emily Flint (eds.), *Jubilee : One Hundred Years of the Atlantic*, Boston : Little, Brown, 1957, p.132에 재수록. 홈즈는 오늘날 그의 판사 아들만큼 잘 알려져 있는 사람은 아니지만 나름대로 놀라운 인물이었다. 그는 《아틀란틱》 창간인 중의 한 사람으로서 이 잡지에 정기적으로 기고하였으며, 또 《아틀란틱》이라는 제호를 만든 사람으로 알려지고 있다. 아들 홈즈에 대한 최신판 전기로는 다음의 책을 참조. Sheldon M. Novick, *The Honorable Justice : The Life of Oliver Wendell Holmes*, Boston : Little, Brown, 1985.

2) Holmes, 앞의 글, p.125.

3) 위의 글, p.133.

그리고 나중에는 고속윤전기와 전화, 라디오, 텔레비전, 인공위성이 미국인들을 이 세계에서 가장 정보를 잘 받고있는 사람들로 만들어 주었음은 논란의 여지가 별로 없다. 그러나 과학기술 자체가 사람들에게 정보를 제공하는 것은 아니다. 누군가가 또는 무엇인가가 현재 일어나고 있는 것을 정확히 표현하고 또 수용자가 이해할 수 있는 형태로 "거의 매시간의 단편기사"를 생산해 내야만 한다.

그리고 이 정보는 반드시 수용자가 알 필요가 있는 것이어야 하고 또 그것을 반드시 포함하여야 한다. 신문에 대한 홈즈의 애가(*elegy*)가 있기 7년 전에 당시의 저명한 헨리 데이비드 쏘로우(Henry David Thoreau)는 "거의 매시간의 단편기사"들에 대해 전적으로 다른 견해를 보였다. 왈덴 호수(Walden Pond)의 은거지에서 쏘로우는 당시 유포되고 있던 "뉴스"의 대부분이 미국인들 중 어느 누구도 알 필요가 없는 가십에 불과하다고 불평하였다. "우리는 메인주에서 텍사스주로 전신을 만들어 보내기에 허겁지겁하고 있다. 그러나 메인주와 텍사스주가 커뮤니케이션해야 할만한 중요한 일은 없어 보인다."[4] 실제로 쏘로우는 대서양의 해저 케이블을 통해 "제일 먼저 전해질 뉴스는 아마도 아델레이드(Adelaide) 공주가 백일해에 걸렸다는 뉴스일 것"이라고 비꼬아 말했다. 선정적이며 유명인 중심의 언론에 대한 쏘로우의 호된 불평은 바로 미국 역사를 통해 반향되어 왔던 주제 중의 하나였다.

> 분명히 말하지만 나는 신문에서 기억할 만한 뉴스는 하나도 읽은 적이 없다. 만약에 우리가 어떤 사람이 강도를 당했다던가, 살해되었다던가, 사고로 죽었다던가, 또는 집이 불탔다던가, 배가 파선되었다던가, 증기선이 폭발했다던가, 소 한 마리가 웨스턴 철도 위로 달려갔다던가, 미친 개가 죽었다던가, 겨울철에 메뚜기떼가 나타났다던가 하는 기사를 읽었다면, 같은 다른 기사를 또 읽을 필요는 없다. 하나면 충분하다.[5]

4) Henry David Thoreau, *Walden*. Brooks Atkinson (ed.), *Walden and Other Writings of Henry David Thoreau*, New York : Modern Library, 1937, pp. 46~47에 재수록.

5) 위의 책, pp. 84~85.

전신으로 시작된 "커뮤니케이션 혁명"은 홈즈가 예측한대로 여론을 평등하게 하고 지속시키는데 효과가 있었는가? 그렇지 않으면 쏘로우가 두려워 했던 것처럼 단순히 읽을 가치도 없는 것에 대해 우리로 하여금 흥분하도록 했을 뿐인가? 대부분의 사람들은 홈즈가 지나치게 낙관적인 반면에 쏘로우는 너무 비판적이었던 것으로 보고 그 중간의 어느 입장을 취할 것 같다. 어쨌든 미국인들이 자기마음대로 할 수 있는 풍부한 정보를 갖고 있는 것은 사실이지만, 그들이 일률적으로 이러한 정보를 환영하고 이해한다거나 또는 여론이 뉴스 매체의 노력을 통해 미국인의 생활에서 안정된 요소가 되었다고 제시할 만한 것은 별로 없다. 미디어가 수다쟁이의 수준을 넘지 못하거나 일관되고 안정된 여론을 보장하지 못한다면 이는 많은 사람들에게 언론을 고발하는 구실이 된다.

깨어있는 시민을 필요로 한다는 인식은 사람들이 "알 필요"가 있는 정보에 대해서는 자유롭고 개방적으로 접근해야 한다는 사상과 함께 미국의 역사적 경험 속에 언제나 교직되어 왔다. 언론 비판가들은 민주적 질서의 작용에서 나타나는 오류와 언론의 실천 사이에 어떤 관계가 있음을 거듭 보아왔다. 이 책의 제 1 부에서 우리는 이러한 비판의 일부를 검토할 것이다. 하지만 그전에 먼저 두 가지 중요한 개념을 분명히 해야 한다. **철학**과 **이데올로기**가 그것이다. 앞으로 논의하는 모든 것이 어떤 식으로든 이 두 개념과 여기에 우리가 부여하는 의미의 영향을 받을 것이다.

먼저 철학이 이데올로기 즉 신념체계와 어떻게 다른지부터 살펴 보도록 하자. 불행하게도 **철학**과 **이데올로기**라는 두 개념은 일상용법에서 그 정확한 의미가 상실되어 있다. 예컨대 우리가 정말로 하고자 했던 것은 어떤 사람이 정부통제나 자유언론 또는 환경보호를 믿는다고 말하는 것인데 실제로는 그 사람의 인생 "철학"이 이러이러하다고 말하는 경우가 종종 있다. 이것은 사실은 철학이 아니라 신념이며, 그 사람의 이데올로기 또는 이데올로기의 일부분을 나타내 주는 것이다.

철학이란 용어의 어원은 희랍어에서 유래하며 글자 그대로 해석하면 "지혜의 사랑"이다. 처음에 철학은 단순히 가능한 한 현명한 사람이 되는 것이 인생의 목적이었던 사람들에 의한 지혜의 추구를 의미했다. 지혜의 추구는 생각과 많은 연구를 필요로 했다. 나중에 철학은 지혜의 추구를 의미할 뿐만 아니라 추구하고자 했던 지혜 그 자체를 의미하게 되었다. 처음부터 철학에는 두 가지 핵심적인 지류가 있었는데, 하나는 지식의 연구인 인식론(*epistemology*)이고 다른 하나는 존재의 본질을 연구하는 존재론(*ontology*)이었다. 이 두가지 지류로부터 다른 여러가지 측면의 철학이 나타나게 되었는데, 그것은 철학의 목표가 지혜이고 따라서 사람이 지혜로울 수 있는 분야는 지구상의 (또는 지구 밖의) 어떤 것도 될 수 있기 때문이다. 형이상학은 우리의 감각으로는 설명할 수 없는 것, 예컨대 신이나 외계의 생명 또는 불가사의 등을 다루는 것이다.

철학은 모든 것을 다루기 때문에, 여타 모든 학문의 아버지이다. 때때로 철학은 과학과 동의어로 사용되어 오기도 했는데, 과학이란 말은 어원상 희랍어보다도 라틴어에서 나온 말이며 글자 그대로는 지식을 의미한다. 과학과 인식론은 비슷한 의미를 갖고 있고 따라서 혹자는 과학과 철학을 상호교환하여 사용하려 할지도 모르겠다. 그러나 철학의 의미가 일반 용법에서 모호해졌던 것처럼 과학의 의미도 많이 모호해졌다. 우리는 생물과학(생물학)이란 말도 사용하지만 수영의 과학이란 말도 사용한다.[역주1] 우리는 흔히 과학을 그 내용보다도 그 방법의 측면에서 지칭하고 있다. 과학적 방법을 사용한다는 것은 철학의 탐구를 통해 획득한 지식을 그 이상의 지식탐구에 적용한다는 것이다. 철학과 과학의 목적은 고결하다. 그것은 정의를 획득하고 플라톤 이래의 철학자들이 "절대선"(*summum bonum*)이라고 했던 것에 도달하는 것이다.

일단 선(*good*)의 개념을 도입하면, 우리는 철학과 과학의 또 다른 중요한 측면인 윤리의 문제에 부딪침을 알게 된다. 희랍인들이 윤리에 부여했던 의미는 "도덕적 철학"이었는데, 도덕적 철학은 이외에도 미학(아름다

역주1) 여기서 생물과학(*biological science*)은 과학이란 용어가 전통적인 의미에서 사용된 경우이나 "수영의 과학"이란 우리가 과학이란 말을 남용하는 하나의 예로 들었다.

움의 연구)과 논리학(수학적 분석)과 같은 철학의 여타 관심사에도 사용되었다. 물론 이러한 관심 하나하나가 언론인의 삶과 활동에 일정한 의미를 간직하고 있다.

한편 이데올로기는 아주 다른 문제의 것이다. 이 용어 자체의 기원은 비교적 최근의 일이다. 트라시(DeStutt de Tracy)가 "관념과학"(*science of ideas*)이라고 부르는 것을 내세웠던 18세기 말의 프랑스에서 이 용어는 처음으로 사용되었다.[6] 프랑스 혁명에 불을 붙였던 자유주의적 열정의 소산이었음이 분명한 이 "과학"은 모든 감정적 편향이 제거되고 모든 문제가 논리에 근거하여 해결되는 완전히 이성적인 정치적 사회적 질서를 목표로 하였다. 다시 말하면, 어떤 문제를 해결할 수 있는 유일한 방법은 스스로를 감정으로부터 자유롭게 하고 순수논리로 무장하여 부딪치는 것이다. 나폴레옹은 권력을 잡기 전에 스스로를 이 '이념주의자들'(*idéologues*)과 동류로 간주했지만, 황제가 되자마자 곧 그들을 "환상적인 헛소리"와 "관념적 쓰레기"나 퍼뜨리는 게으른 몽상가들로 치부하고 말았다.[7] 많은 사람들이 오랫동안 관념과학의 개념을 옹호해 왔지만, 나폴레옹이 이것을 조롱한 이후 '이데올로기'란 용어는 경멸적인 의미로 사용되는 경향이 있었다. 예를 들면 미국에서는 "맑스주의 이데올로기"하면 흔히 경멸적으로 들리는데, 그러한 비판은 맑스주의 자체와 이데올로기 양쪽을 모두 겨냥한 것이다. 무척 흥미롭게도 맑스 자신은 이데올로기 개념을 비난했는데, 단지 그가 의미했던 이데올로기는 트라시가 사용했던 의미와는 완전히 다른 것이었다.[8] 맑스 자신의 이데올로기는, 비록 그가

---

6) Steven Thomas Seitz, "Political Ideologies and the Essence of Politics," in L. Earl Shaw (ed.), *Modern Competing Ideologies*, Lexington, Mass. : Heath, 1973, p. 3 ; Alvin W. Gouldner, *The Debate of Ideology and Technology : The Origins, Grammer, and Future of Ideology*, New York : Seabury, 1976, p. 11 ; Roger Scruton, *A Dictionary of Political Thought*, New York : Hill and Wang, 1982, p. 213.

7) Seitz, 앞의 글, pp. 3~4.

8) Gouldner, 앞의 책, p. 13. Karl Marx & Friedrich Engels, *The German Ideology*,

자신의 이데올로기를 이데올로기라 부른 적은 결코 없지만, 사회적 사건은 관념에 의해서가 아니라 "물질적" 요소에 의해 결정된다는 신념에 뿌리를 두고 있었다. 특히 그는 관념은 자본가들이 자신들의 권력기반을 보호하기 위하여 생각해 놓은 것에 불과하다고 하면서 이를 거부했다. 반면에 나폴레옹과 그의 뒤를 따른 사람들은 주장하기를 관념은 혁명가들과 자유주의자들이 현상을 전복하고 "정통성 있는" 권력자들인 그들의 지도자를 타도하기 위해서 생각해 놓은 것이라고 하였다. 이러한 혼란을 여러 곳에서 보는 것은 어렵지 않은 일이며, 또 많은 곳에서 이데올로기가 왜 더러운 용어로 생각되고 있는지도 쉽게 알 수가 있을 것이다. 어쨌든 우리는 맑스의 사상과 그것이 미국 언론인들의 신념체계에 미친 영향을 살펴 볼 제 5 부에서 이 주제로 돌아가게 될 것이다.

이데올로기에 대한 오늘날의 생각은 1960년에 발간된 사회학자 다니엘 벨의 《이데올로기의 종언》에 의해 상당부분 영향을 받았다.[9] 그당시 널리 퍼진 벨의 입장은 맑스주의 (또는 좌파) '이데올로기'는 미국에서 그 세력을 상실했다는 것이었다. 벨과 그의 동료 사상가들은 오늘날의 미국이 더 이상 이념에 의해 자극되지 않는 실용주의적 사람들로 구성되어 있다고 보았다. 이 관점에서는 테크놀로지가 이념을 대치했다고 보고, 세계는 특정의 이념에 헌신적인 사람들에 의해서 움직여지는 것이 아니라 정치적으로 중립적인 테크놀로지의 지시를 수행하는 관료들에 의해서 움직여진다고 보았다. 예컨대 컴퓨터 프로그래머는 데이터의 성격과는 상관없이 데이터를 컴퓨터에 입력하는 것이다.

시간이 흐름에 따라 벨의 생각은 전적으로 틀린 것은 아니지만 시기적으로 성급했다는 것이 밝혀졌다. 실제로 벨의 책이 출간된 이후의 세대에서 이데올로기는 어쩌면 이전의 어느 때보다도 미국인의 생활을 지배하기에 이르렀다. 1960년대는 전쟁과 평화, 인종적, 성적 차별에 대한 이데

New York : International Press, n.d. 참조.

9) Daniel Bell, *The End of Ideology*, New York : Free Press, 1962, pp. 393~407.

올로기적 소요로 특징지워진 시대였다. 이른바 1980년대 "레이건 혁명"은 기도나 낙태와 같은 문제에 관해서 특정한 이념에 철저했던 사람을 대통령에 선출함으로써 불이 붙여졌던 것이다.[역주2)] 애국주의와 정치적 상징 그리고 이념에 관계되는 모든 것들이 1988년 조지 부시의 선거에서 중요한 이슈로 부각되었다.

이러한 이데올로기적 문제에 관한 정보를 확산시키는 데에 언론인이 맡고 있는 역할은 점점 더 공공적 토론이나 사적 토론의 주제가 되어 왔다. 지금 미국의 언론인들은 본질적으로 성자도 아니고 죄인도 아니며 영웅도 아니고 악당도 아니라는 것이 보편적으로 받아들여지고 있는데, 그렇다면 개인으로서 뿐만 아니라 "직업적" 이데올로기를 가진 집단으로서 언론인들이 간직하고 있는 이데올로기에 대해서 우리는 무엇이라고 말할 수 있겠는가?

여기서 우리는 이데올로기를 어떤 특정화된 세계관이라는 의미에서, 특정 집단의 구성원들, 즉 전문 언론인들이 간직하고 있는 이념이라는 의미에서 보고자한다. 뉴스 미디어에 대한 최근의 연구에서 베네트는 이데올로기를 "사람들이 중요한 것으로 여기는 가치의 성격과 근원 그리고 그 가치를 진작시키는 수단 등에 관한 신념체계"라고 정의했다.[10)] 언론인들이 중요하다고 생각하는 것은 무엇인가? 베네트의 주장에 따르면, 이데올로기는 개인적인 것이든 직업적인 것이든 우리에게 인생의 목적에 대한 분명한 감각을 제공할 뿐만 아니라 세계를 해석하는 논리도 제공한다는 것이다. 한걸음 나아가 언론인들은, 다른 모든 전문직업 집단의 구성원들과 마찬가지로, 그들의 업무 목적과 그 업무를 어떻게 수행해야 하느냐는 문제에 대한 질문을 던지기 위해서 자신들의 직업 이데올로기를 사

역주2) 로날드 레이건은 학교에서의 기도를 지지하고 낙태에 반대하는 등 보수주의적 성향이 강하였다.

10) W. Lance Bennett, *News: The Politics of Illusion*, New York : Longman, 1988, p. 148.

용한다. 우리가 이 책에서 언론의 실천과 강령, 윤리 및 운용규칙 등의 기원을 검토할 때 사용하는 이데올로기라는 용어는 바로 이러한 의미에서이다.

마크 피시맨은 캘리포니아의 한 신문에 대한 연구에서 일단의 직업적 관행과 습관들이 뉴스 조직에 일정한 세계관, 말하자면 이데올로기적인 요소를 제공하는 것을 발견했다.[11] 언론인들의 직업 이데올로기는 기자와 편집인들이 미국 문화의 근본적인 철학적 이념들을 어떻게 이해하느냐에서부터 형성된다. 이렇게 이해된 이념들은 언론인의 퍼스낼리티에 깊숙이 잠복되어 언론인은 종종 무의식적이긴 하지만 이 이념들에 매달리게 된다. 그 이데올로기가 무의식적일수록 언론인은 더욱 더 강하게 그것을 보호하고자 한다. 따라서 이데올로기의 감정적 맥락을 인식하는 것이 중요하다.

이러한 의미에서 언론인의 이데올로기는 대충 그의 "신념체계"와 동일하다. 로버트 레인은 블루컬러 사회의 생각과 태도에 관한 그의 뛰어난 연구에서 피조사자들의 마음 속 깊은 곳에 표현은 안되고 있지만 강력한 신념체계가 숨겨져 있는 것을 발견했다.[12] 이처럼 깊이 묻혀있는 신념체계는 그것과 동일한 직업에 종사하는 사람들 사이에는 훨씬 더 분명히 드러난다. 어떤 사람의 직업 이데올로기는 다음의 네 가지 주요한 근원에서 나온다. 즉 그 직업의 역사를 통해 계속적으로 발전되어 온 행동 및 실천 강령, 의식적인 사고(思考)에 근거해서 도달한 의견들, 감정이나 감성에 뿌리두고 있는 태도, 그리고 뛰어난 실천가나 지도자들의 공개적인 발언들이 바로 그것이다. 그렇다면 언론인의 직업 이데올로기는 실천과 의견, 태도 및 공개적 발언들의 복합체이며, 그것은 의식적인 사고와 강렬한 감

11) Mark Fishman, *Manufacturing the News*, Austin : University of Austin Press, 1980, pp. 134~140.

12) Robert E. Lane, *Political Ideology: Why the Common Man Believes What He Does*, New York : Free Press, 1962.

정의 복합체이다. 모든 이데올로기와 마찬가지로 언론인의 직업 이데올로기도 사고와 정치적 사회적 행동의 지침으로 작용한다. 윌리암 제임스가 철학을 "진술하고 깊이 있는 인생의 의미에 대한 우리들의 다소 불명료한 감각"이라고 했을 때, 그는 우리의 이데올로기가 철학의 한 '부분'임을 암시하고 있었다. 그는 계속해서 말하기를, 우리는 이러한 철학을 "책에서는 단지 일부분만" 얻을 뿐이고, "그것은 우주의 삼라만상을 보고 느끼는 우리들 각자의 방식"이라고 했다.[13)]

13) William James, *Pragmatism : A New Name for Some Old Ways of Thinking*, Longmans, Green, 1907, p. 4.

| 제 2 장 |

이데올로기와 실종된 뉴스이론

Ideology and the Missing Theory of News

일찍이 1915년에 월터 리프만은 편집인이 자기 신문에서 강력한 편집입장을 쉽게 취할 수 있는 경우는 그 입장에 대해 지역사회의 반대가 별로 없거나 전혀 없을 때라고 보았다.[1] 편집입장의 위험부담이 가장 적고, 모든 사람을 만족시키고, 특정의 독자집단을 마음 상하게 할 위험도 없는 경우는 바로 이처럼 반대가 별로 없거나 전혀 없을 때이다. 어머니와 국기 그리고 사과 파이 등을 지지, 찬양한다고 해서 어느 누구도 화를 내지는 않는다. 공격을 회피하는 것은 대부분이 상업적인 기업으로 운영되고 있는 신문으로서는 좋은 장사법이다. 그러나 그러한 입장이 반드시 '정당한' 것인가? 그것이 지역사회나 국가가 직면하고 있는 문제에 대해 최선

1) Walter Lippmann, "Some Notes on the Press," in Clinton Rossiter and James Lare (eds.), *The Essential Lippman,* New York : Random House, 1963, pp. 398~399. 이 글은 1915년에 발간된 리프만의 책 *The Stakes of Diplomacy* 에서 발췌한 것이다.

의 해결책을 제공한단 말인가? 설령 최선의 주장이라고 믿는다 하더라도, 지역사회의 수용여부에 생존이 걸려있는 신문으로서 과연 대다수의 독자와 재정 후원자를 공격할 가능성이 있는 그러한 주장을 하리라고 기대할 수 있는가? 리프만은 유럽에서 발생한 전쟁에 미국이 참전해야 하느냐를 둘러싸고 일어났던 논란을 예로 들어 이러한 문제를 제기하면서, 그러한 상황에서 언론이 애국심을 내세우는 것은 언제나 쉬운 일이라고 지적했다. 왜냐하면 국제적 분쟁에서 미국의 국가이익을 선호하는 입장에 대해서는 어느 누구도 이의를 달지 않을 것이기 때문이다. 그러나 바로 이 이유 때문에 미국 언론의 활동이 공중의 정보욕구에 부응하지 못한다고 리프만은 주장했다. 그와 같은 "손쉬운" 편집입장을 이해못할 바는 아니지만, 적어도 리프만에게는 이것만으로 충분한 것은 아니었다.

> 가장 쉬운 길을 택함에 있어서 … 편집인이 어떤 악의적인 계획을 가지고 있다고는 할 수 없다. 그는 나름대로 선의의 생각으로 길을 택하게 되는데, 그 이유는 저항이 최소한으로 적은 길을 따를 때 가장 마음이 편하기 때문이다. 성인과 영웅 그리고 도덕적으로 특별한 사람들만이 만인이 하고 있는 것을 행하고 만인이 생각하고 있는 것에 동의하였다는 것으로 인하여 양심의 가책을 느낀다.[2)]

우리 시대의 언론학도인 엡스타인은 리프만의 견해에서 한걸음 더 나아간다. 엡스타인은 언론인을 성인과는 거리가 한참 먼 것으로 볼 뿐만 아니라, 과연 언론인을 사실 추구자라고 생각할 수 있는지 조차 의심스러워한다.

> 미국 언론의 문제점은 단순하지만 피할 수 없는 굴레로부터 연유한다. 즉 어떤 이슈에 대한 진실을 스스로 알아내고자 하는 자세를 가진 언론인은 있

---

2) 위의 글, p. 399.

다고 해도 아주 드물고, 대부분은 그들이 보도하는 현실의 성격에 대해 거의 전적으로 이기적인 "정보원"들에 의존하고 있다.[3]

오늘날의 언론인이 리프만 시대의 언론인 보다도 교육을 더 잘 받았고 또 동기부여도 아마 더 잘 되어 있을 것이라는 사실에도 불구하고, 엡스타인의 주장에 의하면 일반 공중에게 "거두절미된 현실" 이상의 것이 제공될 것 같지는 않다는 것이다. 그 이유는 뉴스 생산체계에 의해 강제되는 시간과 공간의 제약 때문이라고 하는데, 그러한 제약 중에는 마감시간, 한정된 예산, 그리고 정보원과 언론인과의 관계 등이 있다. 엡스타인에 의하면, 언론이 할 수 있는 것은 "정보를 전달, 유포하고 공공정책의 방향으로 변화를 유도하는 중요한 기관으로서" 봉사하는 것이다.[4] 그러나 이렇게 하기 위해서 언론인은 스스로를 어떻게 나타내 보여야 할 지를 다시 한번 숙고하고 정보원을 보다 명확히 밝혀야만 한다고 주장한다.

메릴에 의하면, 언론인들은 자신과 자신의 일을 바라보는 방식에서 역설적인 존재이다. 말하자면 그들은 자신을 개인주의자로 생각하는 한편, 다른 언론인과의 '일체감'을 추구한다. 그들은 스스로를 사회 비판가로 생각하는 반면에,

> (그들은) 남의 비판은 나쁘게 받아들인다. 그들은 프리즘을 통해 세계를 반영하고 있으면서 객관성에 대해 이야기한다. 사실은 뉴스가 무엇인지도 모르면서 뉴스에 대해 이야기하고, 왜 그래야 되는지도 잘 모르면서 자신을 정부의 적대자로 생각한다.[5]

---

3) Edward Jay Epstein, *Between Fact and Fiction: The Problem of Journalism,* New York : Vintage Books, 1975, p.3.

4) 위의 책, p.18.

5) John C. Merrill, *The Imperative of Freedom: A Philosophy of Journalistic Autonomy*, New York : Hastings House, 1974, pp. 17~18.

메릴에 의하면, 언론의 실천에서 나타나는 이러한 모순과 기타 다른 모순은 미국 언론인들 사이에 심각한 철학적 인식이나 관심이 부족하기 때문이라고 한다. 언론인들은 그들의 직업에 근본적으로 중요한 사상들이 그들로 하여금 자신의 일을 "보다 깊고 보다 심오하게" 바라보게 할지도 모르는데 그러한 사상에 대한 성찰을 회피한다.

이 점에 대하여 동료 비평가 데니스 체이스도 메릴과 의견을 같이한다. 체이스는 미국의 언론에 철학적 성찰이 결여되어 있는데 그 이유는 기자나 편집인들의 경우 실용적인 것이 항상 이론적인 것을 압도하고 있기 때문이라고 한다.

> 언론인의 문제는 근본적으로 철학의 문제로서, 정의(定義)와 기능에 대한 다음의 질문들을 포함한다. 뉴스란 무엇인가? 진리란 무엇인가? 어떻게 진리를 알 수 있는가? 이들 질문은 대부분의 언론논쟁에서 거듭 되풀이 되지만 제대로 언급되지 않고 있는 문제들이다. 하지만 이와 같은 철학의 문제에 이르게 되면, 발행인이나 편집인, 방송인이나 언론 교육자나 모두가 언론에 대한 어떤 이론도 실천의 생생한 현실에 우선할 수 없다는 확신에는 거의 일치하고 있다.[6]

체이스는 언론인이 비철학적(*aphilosophical*)이라고 주장한다. 말하자면 언론인은 그 시대에 문화적으로 지배적인 철학이라면 어떤 것이든지 수동적으로 받아들이는 경향이 있다는 것이다. 체이스에 의하면 이러한 경향은 "언론과학이 되는 기회를 질식시키는 것"이다. 이 책이 "언론과학"의 증진을 도모하고자 하는 의도는 없지만, 미국적 풍경과 언론의 실천을 지배해 왔던 사상에로 독자의 주의를 돌리게 함으로써 아마도 독자로 하여금 스스로 그러한 언론과학이 가능한 것인지 또 정말로 그렇게 보편적

6) Dennis Chase, "The Aphilosophy of Journalism," *Quill,* September 1971, pp. 15~17.

으로 인정되는 "과학"이 바람직한 것인지를 판단하게 해줄 것이다.

주로 언론인이 아니었던 현대의 수많은 비평가들이 관찰한 바로는, 언론의 실천을 진정한 전문직업의 수준으로 끌어 올릴 수 있는 뉴스 이론이나 인식론이 언론인들의 직업 이데올로기에서 결여되어 있다는 것이다. 다니엘 패트릭 모이니한이 지적한 바와 같이, 모든 과학은 "전문적인 자기수정의 전통"이 있다. 말하자면 연구를 통해서 잘못을 발견하고 토의하고 궁극적으로는 수정할 수 있도록 무엇이 옳고 무엇이 그른지에 대하여 명확히 정의된 감각이 있다는 것이다.

"이러한 관행은 물론 서양과학의 위대한 발명이다"라고 모이니한은 말한다. 모든 진정한 전문직업은 이러한 전통을 갖고 있고, 이상적으로는 다음과 같은 성격의 인식론도 갖고 있다.

> (인식론은) 그 직업에서 인정받는 모든 구성원들에 의해 공유된다. 그리하여 어떤 실수가 발견되면 그것은 그 직업 전체의 공동체가 만족하는 가운데 실수로 인정될 수 있다… 또한 이상적으로는 어떠한 불신도 포함하지 않는다. 반면에 솔직한 실수는 그 분야의 발전 과정에 필수적이다. 언론은 결코 이러한 어떤 조건에도 이르지 못할 것이다. 그럼에도 불구하고 합리적인 사람이면 동의할 수 있고 또 동의할 일정한 범위의 주제들이 있지만, 그러한 범위 내에서도 미국의 언론은 심지어 최고 수준의 언론도 종종 심각할 정도로 얼토당토 않은 경우가 있다.[7)]

모이니한이 말하고자 하는 요점은, 무엇이 옳고 무엇이 그른지에 대해서 일반적으로 인정된 지침이 언론인들에게는 없기 때문에, 잘못을 확인하고 토의하고 수정하는 연구란 것이 아무런 의미가 없다는 것이다. 옳고 그름과 좋고 나쁨을 평가하기 위해 언론인 각자가 사용하는 기준은 단순

---

7) Daniel Patrick Moynihan, "The Presidency and the Press," *Commentary,* March 1971, p. 47. 모이니한의 이 글(pp. 41~52)은 1971년 3월 29일자 *National Observer*에 초록 형식으로 재발간되었다.

히 언론인 자신의 직업적인 뉴스 판단일 뿐인데, 이것은 결코 엄밀하게 정의될 수 없는 성질의 것이다. 모이니한에 의하면, 언론인의 실수는 피할 수 없는 것이다. 왜냐하면 언론인은 그가 보고 들은 것을 자신의 주관적 평가에 근거하여 해석하는 것 외에는 다른 대안이 없기 때문이다. 언론의 세계에서 "나생문 효과(*Rashomon effect*)는 보편적이다"라고 모이니한은 말한다.[8] 나생문(羅生門)이란 일본의 유명한 소설이자 영화를 말하는데, 여기서는 동일한 사건의 서로 다른 목격자들이 각자 자기에게 가장 유리한 입장에서 그 사건을 아주 다르게 해석하고 있다. 따라서 분명한 지침이 없다면, 언론 비평은 '다른 사람의' 개인적 의견이나 뉴스 판단에 따라 인정되고 거부되는 단순한 개인적 의견이 되고 만다.

언론인들이 직업 이데올로기를 분명히 말하지 않았기 때문에, 그것은 일련의 '전통적인' 용례와 실천에서 찾아보아야 한다.[9] 그 직업의 모든 구성원들에 의해 공유되는 인식론이 없기 때문에 언론인들은 과학적 탐구에 근거하지 않은 신념의 이데올로기를 통해 그들의 철학에 도달한다. 언론인들의 기준과 가치체계는 그들의 뉴스 판단과 오랫동안 발전되어온 일련의 전통적인 뉴스 정의들로부터 도출되는데, 이러한 전통이란 다소간에 "여기저기 떠돌아 다니는" 것, 즉 "모두가 알고 있는" 것으로부터 나온 것이다.[10]

사실 미국의 기자나 편집인들이 가지고 있는 믿음 중의 하나는 언론이 공통된 인식론을 가져서는 안 된다는 것이다. 언론은 불손해야만 한다. 언론은 예측 불가능해야 하고 아주 조금은 평판이 나빠야 한다. 모이니한은

---

8) 위의 글, p. 47.

9) 예를 들어 Leon V. Sigal, *Reporters and Officials: The Organization and Politics of Newsmaking,* Lexington, Mass. : Heath, 1973을 보라. 또한 Mark Fishman, *Manufacturing the News,* Austin : University of Texas Press, 1980도 참조하라.

10) 예를 들어 J. Herbert Altschull, "What is News ? ", *Mass Comm. Review,* November 1974, pp. 17~23을 보라.

이런 낭만적인 가치체계들을 인정하고 있고, 어느 면에서는 지지하기까지 한다. 대부분의 자유주의자들이 또한 대개 그러하다. 이러한 가치체계가 〈국방성 문서 사건〉(Pentagon Papers)에서 거페인 판사가 내린 소견서에서 보다 더 그럴싸하게 또 더 감동적으로 언급된 적은 없었다.

> 우리 국가의 안보는 국방에만 있는 것이 아니다. 안보는 또한 우리의 자유적인 제도의 가치에도 있다. 표현의 자유와 국민의 알 권리라는 훨씬 더 위대한 가치를 보전하기 위하여 당국자들은 심술궂은 언론, 강퍅한 언론, 도처에 널려있는 언론으로부터 주어지는 고통을 감내하여야만 한다.[11]

나중에 우리는 거페인 판사에 의해 제기된 국민의 알 권리라는 흥미로운 주제로 돌아가게 될 것이다. 당분간은, 언론인이 의식적으로 공유하고 있는 인식론은 없고 또 전문적인 자기수정의 전통도 없다는 모이니한의 생각에 수많은 사람들이 동조하고 있음을 주목하여야 한다. 예를 들면, 제임스 케리는 언론인들은 그들이 믿는 것이 무엇인지를 명백히 할 수 있도록 비판적 전통을 발전시켜야 한다고 주장한다.[12] 그는 지적하기를, 한 달 동안에 《뉴욕타임즈》의 한 기자가 쓴 기사를 읽은 사람의 수는 거의 200년 이상 동안에 워즈워드(Wordsworth)나 키이츠(Keats)의 시를 읽은

---

11) 뉴욕 연방지방법원의 Murray L. Gurfein 판사는 1971년의 〈국방성 문서〉 사건에서 《뉴욕 타임즈》에 대한 금지명령 처분을 거부했고, 이 사건은 나중에 연방대법원에 의해 확정되었다. 거페인 판사의 소견서에 대해서는 Martin Shapiro (ed.), *The Pentagon Papers and the Courts: A Study in Foreign Policy-Making and Freedom of the Press,* San Francisco : Chandler, 1972, pp. 90~98을 참조하라.

12) James Carey, "But Who Will Criticize the Critics?", Everette M. Dennis, Arnond H. Ismach, and Donald M. Gilmore (eds.), *Enduring Issues in Mass Communication,* St. Paul, Minn. : West, 1978, pp. 362~368. "Journalism and Criticism: The Case of an Undeveloped Profession," *Review of Politics,* 36, no. 2 (April, 1974) : pp. 227~249로부터 재인쇄.

사람의 수보다 많다는 것이다. 그러나 문학 비평가들이 이 낭만적 시인들의 작품이 지니는 장점을 정기적으로 토론 하는데 반하여, 《뉴욕타임즈》에 대한 일반적인 투덜거림과는 별도로 그 기자의 기사를 심각히 분석한 것은 거의 전무한 형편이다.

이와 같은 본격적인 비판까지는 생각도 하지 않는 케리이지만, 그가 보기에는 전문가들만이 언론인들의 작업의 질에 대한 비판을 안하는 것이 아니라 동료 기자나 편집인들도 그러하다는 것이다. "언론인들의 회합에서 그들은 서로서로의 일을 비판하는 것이 아니라 서로서로에게 상을 주고 있다."[13]

케리는 나름대로 한 가지 복안을 제시하고 있다. 즉 진정한 "문화적 비판"의 체계 수립을 뉴스 매체가 도와주어야 한다고 본다. 이 문화적 비판의 체계란 언론인의 기사를 독자들 가운데 "비판적 영역에 참여하고자 하는 동기와 참여할 수 있는 능력을 가장 잘 갖춘" 사람들이 그 언론인의 신문을 통해 평가할 수 있게 할 뿐만 아니라 다른 언론인에 의해서도 평가할 수 있게 하는 제도이다.[14] 만약 이러한 관행이 채택된다면, 신문과 그리고 아마도 방송국까지도 학술 연구지에서나 있음직한 그런 종류의 토론에 적어도 그들 지면(또는 시간)의 일정 부분을 할애하게 될 것이다. 이렇게 되면 아마도 미국 언론인의 신념체계가 분명하게 될 것이고 상호 공유하고 있는 인식론도 드러나게 될 것이다.

그러나 현대언론을 연구하는 사회학자 터크만에 의하면, 신문을 내고 방송을 준비하는데 따르는 매일매일의 긴장과 압박 때문에 언론인이 이런 종류의 비판적 활동에 간여하기는 불가능하다고 한다. 그녀는 "뉴스를 처리 하다보면 반성적인 인식론적 검토를 할 시간이 전혀 없다"라고 말한다.[15] 게다가 언론인은 사회과학자들을 사색가라고 하는 그런 의미에서의

---

13) 위의 글, p. 366.

14) 위의 글, p. 365~366.

15) Gaye Tuchman, "Objectivity as Strategic Ritual : An Examination of Newsmen's

"사색가"는 아니다. 그보다는, 터크만은 말하기를, 언론인은 매일매일의 뉴스에서 타당성이나 신뢰성 또는 "진실"에 대하여 순간적인 결정을 내릴 시간밖에 없는 "행동가"이다.

물론 이 책의 주장은 언론인이 자신의 일에 대해 성찰할 시간이 있다는 입장이며, 아니 그보다도 그렇게 생각할 시간을 마련해야 한다는 입장이다. 의식있는 철학을 발전시키는 것은 반성의 습관을 간직하고 그리하여 무의식적이고 무책임한 방식으로 글을 왜곡시키는 것을 피하는 한 가지 방법이다. 예를 들면, 언론인들이 실용적인 것을 강조하고 이론적인 것을 경멸하는 결과 흔히 빠지는 함정은 현실을 보도할 때 비유적 언어에 의존하는 것이 무엇을 의미하는지를 무시하는 경향이다. 선거 캠페인에서 "선두 주자"는 누구라고 한다던가 어느 축구팀이 운동장을 "포효"하며 질주한다 라고 말하는 언론인들은 논리학도들이 말하는 미학적 오류의 희생물이다. 그들은 은유법을 사용하고 있고, 또 그들이 제공하고 있다고 자부하는 사실, 즉 경험적 현실을 은유로 대치하고 있다. 만약 그들이 현실을 은유로 대치하기를 '의도' 한다면 아무런 문제는 없다. 그러나 의도하고 있지 않다면, 그들은 독자와 그들 자신을 속이고 있는 것이다. 왜냐하면 그들은 종류가 다른 두 가지의 지식과 진실을 혼동하고 있기 때문인데, 즉 미학적이고 상징적이며 아름다운 것과 경험적이고 관찰가능한 것을 혼동하고 있는 것이다.

피셔는 역사적으로 유명한 글들에 나타나는 오류를 다룬 매우 재치있는 한 연구에서, 아리스토텔레스 이후 오늘날까지 많은 학자들이 사실 그대로를 암송한 것보다도 시가(詩歌)에서 더 많은 진실을 발견했던 것에 주의를 환기시켰다.[16] 언론인들이 있는 사실을 그대로 제시하는 경우는

Notions of Objectivity," *American Journal of Sociology*, 77, no. 4 (January, 1972) : p. 662.

16) David Hackett Fisher, *Historian's Fallacies : Toward a Logic of Historical Thought,* New York : Harper Torchbooks, 1970, pp.87~90.

있다 하더라도 드물며, 사실을 발생한 순서대로 제시하는 일은 더욱 없다. 신문과 라디오와 텔레비전에서 현실이라고 하는 것은 필연적으로 언론의 필요와 요구에 맞춘 현실의 '재구성'이다. 기사의 "첫머리"가 사건의 처음부터 시작하는 경우는 아주 드물다. 가장 중요한 것(말하자면 기자가 판단할 때 가장 중요한 것)이 앞에 오도록 사건은 재조직된다. 사건의 가장 중요한 측면을 첫머리로 끌어냄으로써 자신의 기사를 보다 흥미롭게 하고자 하는 언론인은 필연적으로 현실을 왜곡시키고 있는 것이다. 왜냐하면 현실은 언제나 중립적이기 때문이다. 사건을 언론의 형태로 재구성하고 재조직하는 것은 미적 작업으로서 사건을 문학적 형태로 고쳐 말하는 것이다. 소설가 버지니아 울프(Virginia Woolf)는 이 점을 다음과 같이 분명히 지적했다. "사실의 진실과 픽션(가공)의 진실은 양립할 수 없는 것이다."[17] 언론인들의 "기사" (*story*)는 불가피하게 사실과 픽션의 복합물이며, 따라서 비현실적이다.[역주1)]

NBC 방송국의 보도국 책임자는 언젠가 공개적으로 부하들에게 뉴스를 "픽션적인 형태로" 보도할 것을 촉구한 적이 있는데, 이는 도입부와 전개부 그리고 결론부를 분명히 정의하여 줄거리가 오르락 내리락 흥미있게 전개되는 드라마의 요소에 의존하라는 것이다.[18] 하지만 우리가 경

---

17) 위의 책 p.88에서 인용. 울프(Woolf)의 *Collected Essays*, New York, Harcourt, Brace and World, 1967, 4 : 234를 보라.

역주1) 여기서 'story'는 기사라는 말이지만 동시에 이야기 또는 소설 즉 픽션을 의미하기도 한다. 저자는 아마 이러한 의미의 이중성을 노리고 큰 따옴표를 사용 했을 것이다.

18) Edward Jay Epstein, *News From Nowhere: Television and the News*, New York : Random House, 1973, p.57에서 인용. 또한 Herbert J. Gans, *Deciding What's News: A Study of CBS Evening News, NBC Nightly News, Newsweek and Time*, New York : Vintage Books, 1980도 참조하라. Gans는 NBC 뉴스 책임자 루벤 프랭크(Reuven Frank)가 말하는 "인위적인 순결성… 그 효과를 통제할 목적으로 이루어지는 기사의 변경에 대한 언론인의 거부… 설령 그 동기가 아무리 고상하다고 하더라도,

험하는 현실은 거의 전적으로 전개부로 구성되어 있다. 미국 언론인의 직업 이데올로기에 의하면 뉴스 매체에 나타나는 것은 진실을 재현한 것이거나 또는 실제적이라는 의미에서 적어도 "정확한" 것이라고 주장한다.

그러나 비유적인 말은 사실적이지 못하다. 그것은 현실을 번지르르한 문체상의 구조로 대치한다. 피셔는 비유의 오류에 주의를 환기시키면서, 비유의 오류를 "비유적 언어를 남용하여 독자가 글자 그대로의 의미가 의도된 것인지 아닌지를 구별할 수 없게 하는 애매모호한 표현의 형태"라고 정의한다.[19] 독자는 어떤 후보자가 정말로 선두주자인지 아닌지, 또 그 축구팀이 정말로 운동장을 포효하며 질주했는지를 알 수가 없다. 이 두 가지 경우 모두 어떤 이미지가 머리 속에 형성된다. 어떤 말이 선두말이 되기까지 마장에서 정확히 얼마나 멀리 달리고 있어야만 하는가? 앞에 있는 말들은 전부가 선두마들인가? 또는 일등으로 달리고 있는 말은 실제로는 뒤의 말들이 그 말을 앞에 내세우고 너무 빨리 도전하기를 원하지 않았기 때문에 일등을 하고 있는가? 끝으로, 물론 정치에서 선거 후보자들은 경주말들이 아니다.[역주2] 그러나 철학적 지향이 없는 언론인은 이처럼 쉽사리 현실을 재구성하는, 즉 사실 대신에 픽션을 만드는 실수를 범할 수 있다. 그리고 그 결과 그의 공중(일반 독자들)은 현실의 잘못된 그림을 받게 된다.

언론인이 자신의 일을 사회변화를 목적으로 하지 않도록 또는 다른 누군가가 그렇게 하지 않도록 하는 신중함의 필요"를 NBC 사람들이 받아들이고 있음에 주의를 환기시킨다(p. 188).

19) Fischer, 앞의 책, p. 268.

역주2) 미국정치에서 선거는 흔히 경마에 비유되고 언론의 선거보도는 경마식 보도로 특징지어 진다. 선거보도에서 흔히 사용하는 선두주자(*front-runner*)나 다크 호스(*dark horse*) 등은 경마용어로서 언론의 선거보도가 경마식 보도임을 보여주는 예라고 할 수 있다.

| 제 3 장 |

철학과 몇 가지 근본적인 질문

Philosophy and Some Fundamental Questions

앞에서 언론에 대한 비판은 몹시 신랄하여 어떤 면에서는 과장된 감도 없지 않다. 그러나 언론인, 교육자, 휴머니스트 그리고 사회과학자들이 뉴스매체가 현대생활에서 차지하는 역할과 매스 커뮤니케이션의 과정을 놓고 씨름하는 가운데, 최근 몇년 동안에 점점 더 많은 수의 사람들이 철학의 문제 특히 윤리의 문제에 손을 대고 있다. 이러한 연구는 종종 특정 주제, 예컨대 에이즈(AIDS) 환자나 정치 후보자와 관련된 프라이버시 문제와 테러리즘 및 기타 다른 형태의 정치적 폭력과 같은 구체적인 주제나, 또는 신문이나 텔레비전 화면에서 특정 집단의 묘사, 예컨대 강간 희생자, 소수인종, 노인과 같은 집단의 묘사를 언론이 어떻게 다루어야 할 것인지를 둘러싸고 일어나는 논란으로부터 나온다. 언론의 윤리에 대한 논의가 언론인 회합이나 정치집단의 의제로 자주 등장하고 잡지와 학술지 및 매체산업의 전문 간행물에 나타나는 빈도도 점점 증가하고 있다. 그러나 다른 기술이나 전문직 종사자들과 마찬가지로, 언론인들도 철학이나 이론 또는 이데올로기보다는 하루하루의 일이나 매일 생산하는 생산품에 더 관심을 기울이고 있음은 의심의 여지가 별로 없다.

언론인들에게 그들의 철학을 말해보라고 할 때, 가장 빈번히 언급되는 개념은 실용주의이다. NBC의 존 챈슬러 (John Chancellor)는 언론인에게는 "실용주의와 상식으로의 편향"이 있다고 말한 적이 있다. CBS의 해리 리즈너(Harry Reasoner)는 자신을 경험주의자라고 하면서, 철학적으로 이 말은 "사람들이 좋은 일에 대해 합의할 수 있는 영역, 즉 광범위한 합의의 영역을 찾는 것"을 그가 믿고 있음을 의미한다고 말했다.[1] 이와 유사한 내용은 미국의 매스 미디어에 관한 문헌 곳곳에서 관찰할 수 있다. 일반 미국인과 마찬가지로 언론인들 사이에서도 "실용주의"와 "실용성"을 동일시하는 경향이 있는 것 같다. 나중에 알게 되겠지만 이같은 경향은 잘못된 것이다. 왜냐하면 실용주의는 상식의 철학이 아니라 엄격한 과학적 탐구에 뿌리를 두고 있는 철학이기 때문이다.

이것은 언론인이 비윤리적이라고 하는 말도 아니며 또한 언론인들이 결코 철학의 문제에 손을 대지 않는다고 말하는 것도 아니다. 하지만 그들의 삶을 꾸려가는 방식은 실용적이며, 복잡한 철학에 대한 그들의 인식과 이해는 심각할 정도로 제한되어 있다. 이것은 주로 사회학자 워렌 브리드가 1955년에 그의 고전적 연구에서 밝힌 바와 같이 언론인에게 있어서 궁극적인 보상이란 보다 많은 뉴스를 생산할 때 주어진다는 사실 때문이다.

> 언론인들은 윤리와 객관성 그리고 다양한 신문들의 상대적 가치에 대해 말한다. 그러나 얻고자 하는 뉴스가 있을 때에는 그러한 말을 하지 않는다. 뉴스가 우선이고 또 얻고자 하는 뉴스는 항상 있게 마련이다. 사회구조를 분석한다고 해서 보상이 있는 것은 아니며 뉴스를 구할 때 보상이 주어진

---

1) Dennis Chase, "The Aphilosophy of Journalism," *Quill*, September 1971, p. 15에서 재인용.

다. 이러한 도구적 지향이 언론인의 도덕적 잠재력을 떨어뜨리고 있는 것 같다.[2)]

브리드는 결론짓기를, 언론인들의 실용성 중시는 그들이 보도하는 뉴스의 성격에 영향을 줄 뿐만 아니라, 언론의 윤리에, 또는 적어도 도덕적 결정을 내릴 수 있는 언론인의 역량에 영향을 주게 된다는 것이다. 실제로 편집인들은 도덕적 목적을 추구하고자 애쓰고 있다. 특히 그들은 일반 공중의 취향을 떨어뜨리거나 개개인이 위험에 처하지 않도록 신경쓰고 있다. 하지만 필연적으로 이러한 관심은 기사를 찍어내야 한다는 언론인의 우선적 가치에 밀려 이차적인 중요성을 가질 뿐이다. 저자는 미국 편집인의 도덕적 가치에 관한 한 연구의 말미에 미국 편집인의 "명백한 도덕적 철학은 숨기는 것보다는 공표하는 것"이다라고 결론지었다.[3)]

윤리는 종종 "도덕적 철학"으로 지칭되는 철학의 한 분파임을 기억해야 한다. 그것은 "정당한 행동" 또는 적절한 행위에 관한 것이며, 무엇을 "해야만" 하는지, 또 행위의 납득할 만한 동기가 무엇인지에 관한 것으로서 결국 모두가 선(善)을 추구하는데 있다. 우리가 윤리라고 말할 때 그것이 의미하는 것에는 분명히 어떤 혼돈이 있는데, 특히 윤리라는 것이 우리가 "가지고 있는" 어떤 것인지 또는 우리가 "행하는" 어떤 것인지 구별이 모호하다. 말하자면, 기사의 재료를 찾기 위해 누군가의 쓰레기를 뒤지는 기자는 "윤리가 없다"라고 하는 주장에서와 같이 윤리는 때로는 우리가 가지고 있는 어떤 것을 의미하기도 하고, 때로는 기자나 편집인이 직면하는 도덕적 문제에 사려깊게 반응하는 법을 배우는 경우에서와 같

2) Warren Breed, "Social Control in the Newsroom: A Functional Analysis," in *Social Forces*, May 1955, pp. 187~188.

3) J. Herbert Altschull, "The Amoral Morality of Editors: Uniformity and Nose of the Camel," in Anne van der Meiden, *The Ethics of Journalism*, Utrecht: State University Press, 1982, p. 107.

이 우리가 "행하는" 어떤 것을 의미하기도 한다.[4)]

어떤 사람의 개인적인 윤리적 가치와 그가 직업상 강령의 일부분으로 간직하고 행하는 윤리적 가치를 조심스럽게 구별할 필요가 있다. 조셉 레이톤이 반세기도 전에 다음과 같이 지적한 것처럼 이 양자 사이에는 분명한 차이가 있다.

> 윤리의 핵심적인 문제는 개인의 선호나 이익 또는 가치와 다양한 집단이나 공동체의 일원으로서 갖게 되는 의무 사이의 관계이기 때문에, 사회적 철학을 고려하지 않고 윤리적 문제를 해결한다는 것은 불가능하다. 윤리의 핵심은 사회철학의 핵심이다. 가장 중요한 질문은, 한 개인의 삶이 어떻게 질서 잡혀야 그가 도덕적 자아들로 구성된 공동체의 일원으로서 하나의 도덕적 자아가 될 수 있느냐 이다.[5)]

사회학자로서 레이톤의 관심은 근본적으로 사람의 사회적 위치라는 의미에서, 특히 그 직업이 요구하는 특별한 기준이라는 의미에서 바라본 도덕적 철학이었다. 여기서 언론인의 "사회적 역할"을 살펴보는 것이 중요하다. 언론인들은 그들 자신에 대해 무엇을 기대하고 있는가? 다른 사람들은 언론인에 대해 무엇을 기대하고 있는가? 언론인들은 미디어 소유자, 동료, 뉴스 정보원 및 일반 독자와 시청자와 같은 타인들과 어떤 종류의 전문적인 관계를 맺고 있는가? 언론은 집단적인 실천이다. 절대 다수의 미국 언론인은 제도적인 환경 내에서 자신의 일을 실행한다. 이들 조직의 가치와 기준은 그 조직 내에서 일하는 언론인의 윤리적 실천에 강력한 영향력을 발휘한다.

---

4) 워싱턴 앤드 리 대학(Washington and Lee University)의 "Society and the Professions: Studies in Applied Ethics"라는 프로그램의 디렉터인 루이 호지스(Louis W. Hodges)에 의해 이러한 구별이 이루어졌다.

5) Joseph A. Leighton, *The Individual and the Social Order*, New York: Appleton, 1926, p. 7.

그럼에도 불구하고 언론인이 자신의 직업의 일부로서 채택하는 행동의 기준과 그가 한 개인으로서 간직하고 있는 기준이 상충하는 때가 있다. 예를 들면, 어떤 기자는 사적인 서류를 찾기 위해 쓰레기통을 뒤지는 것이 도덕적으로 나쁜 것이라고 생각할 수가 있다. 그러면 이 기자는 어려운 선택에 직면하게 된다. 즉 자신이 비도덕적이라고 생각하는 상사의 지시를 수행해야 할 것이냐, 그렇지 않으면 그 지시를 거부함으로써 자신의 개인적 도덕성을 지킬 것이냐 하는 선택이다. 후자의 경우에 그 기자는 자신과 자신의 가족을 어려운 상태에 놓이게 만든다. 왜냐하면 그는 지시를 어겼다고 해서 해고될 수도 있고 다른 식으로 고통받을 수 있기 때문이다.

윤리적 선택이란 자유로운 선택 외의 다른 것이 될 수 없다. 만약 자유롭지 않다면, 사람은 자신의 행동에 책임을 질 수 없다. 예를 들면, 총 앞에서 어떤 지시를 수행해야 하는 선택은 명백히 윤리적인 선택이 아니다. 왜냐하면 판단이나 행동을 자유로이 결정할 수 있을 때에만 윤리의 문제가 발생하기 때문이다. 마찬가지로 타인을 죽이기를 삼가했던 사람이라고 해서 반드시 윤리적으로 행동했다고 볼 수는 없다. 왜냐하면 사회는 살인을 금하는 법을 만들었고, 이 법을 지킨 것은 법에 충실했을 따름이지 윤리적이어서 그런 것은 아니기 때문이다.

윤리의 사회적 성격은 개인주의라는 미국의 전통 속에 얽혀 있다. 미국인의 가치를 다룬 최근의 한 연구는 개인의 자율성에 가치를 둔 미국의 개인주의적 전통으로 말미암아 우리 모두에게 적용되는 "옳고 그름과 좋고 나쁨에 대해 객관화 할 수 있는 어떤 기준"이 있는지 알아보기가 어렵게 되었다고 결론짓고 있다.[6)]

개인의 윤리적 판단을 색깔지우는 문화의 영향력도 부인할 수 없음을

6) Robert N. Bellah, Richard Madsen, William M. Sullivan, Ann Swidler, & Steven M. Tipton, *Habits of the Heart : Individualism and Commitment in American Life*, Berkeley : University of California Press, 1985, p. 76.

또한 염두에 두어야 한다. 미국의 언론인은 미국 사회의 다른 구성원들과 서양의 지적 전통을 공유하고 있고 서양의 가치와 풍토 속에서 교육받아 왔다. 이러한 전통에 대한 언론인의 이해가 완전하거나 완벽한 것은 아니지만, 그럼에도 불구하고 그러한 전통은 세계관의 기초를 제공한다. 이 점은 31명의 신문 편집인들이 그들의 가장 어려운 윤리적 딜레마를 기술한 한 보고서에서도 지적되고 있다.

> 민주주의 사회의 시민으로서 우리 모두는 도덕적 진리에 대하여 특권이 있다고 주장하는 어떤 사람도 마땅히 경계하고 있다. 그러나 (이 책에서의) 여러 사례가 보여주는 것처럼, 우리 사회는 모든 시민이 민주주의를 구성하는 일단의 핵심적인 윤리적 가치와 규칙을 고수할 것을 기대하고 있는 것이다.[7)]

게다가, 레이튼이 지적한 바와 같이, 우리의 민주적 질서를 결정짓는 각종 제도를 둘러싼 질문은 궁극적으로 윤리적인 질문들이다.

> 최종적으로 분석하건대 국가의 권위와 기능의 문제, 경제적 재화의 생산과 분배의 문제, 민주주의의 가치에 관한 문제, 공동체에서 교육과 종교의 장소 등 이 모든 문제가 윤리적인 문제, 말하자면 인간 가치의 문제이다.[8)]

이러한 진리를 인식하는 것이야말로 모든 직업의 모든 사람들이, 그중에서도 특히 언론인이, 그들의 일생의 일을 준비하는데 있어서 철학을 연구해야 하는 최고의 이유가 될 수 있을 것이다. 이러한 연구가 없다면 실

---

7) M. Caplan, "Who Ever Told You Ethics Would Be Easy?" in Frank McCulloch (ed.), *Drawing the Line: How 31 Editors Solved Their Toughest Ethical Dilemmas*, Washington: American Society of Newspaper Editors Foundation, 1984, pp. 96~97.

8) Leighton, 앞의 책, p. vii.

용적인 언론인들은 결코 추상의 문제를 마음편히 대하기가 어려울 것이다. 어느 작가는 말하기를, 추상적인 아이디어, 즉 철학적 원칙은 언론인들에게 그렇게 실제적인 것이 못된다고 했다. "그의 마음은 구체적인 규칙과 구호로 가득차 있다… 의식적으로 그는 어떤 원칙에도 매이지 않으려 하고, 그의 의견은 구호와 함께 이리왔다 저리갔다 한다."[9] 이 분석에 따르면, 순간적인 구호와 규칙이 언론인들에게는 논의의 여지가 없는 명백한 진리가 된다.

앞으로 이 책에 나오는 내용의 대부분은 언론인이 익숙해 둘 필요가 있는 추상적인 아이디어에 근거하고 있는데, 이들 중 많은 것은 이미 다른 시대 다른 문화에서 일찍이 표현되었던 것이다. 철학적 인식이란 영원한 것이며, 이를 생각해보고자 하는 모든 세대에게 관련이 있는 것이다. 월터 리프만은 이것을 다음과 같이 표현했다.

> 우리는 과거의 문헌과 사상들 중에서 가장 소멸되지 않는 부분은 인간의 본성을 다룬 것임을 기억해야 한다. 과학적 방법과 역사학적 연구는 물리학과 역사의 전분야에서 우리의 능력을 심대하게 증진시켰다. 그러나 인간 본성의 이해를 위해서 우리는 여전히 내성(內省)과 일반적인 관찰 및 직관에 주로 의존한다. 이 점에 관해서는 희랍의 철학자들 이후 어떠한 혁명적인 진전도 없었다. 이것이 바로 아리스토텔레스의 물리학과 생물학 또는 동물학이 단지 골동품 수집가의 관심만을 끄는 반면에, 그의 윤리학은 윤리학에 익숙한 사람들에게는 니체나 프로이드 또는 버트란드 러셀만큼 신선하게 보이는 이유이다.[10]

이러한 사상들 중 일부는, 특히 처음 읽는 경우에는, 혼란스럽고 이해할 수 없을지 모르지만, 그 핵심에는 인류가 여태껏 제기했던 가장 중요

9) Chase, 앞의 글, pp.15~17에서 재인용

10) Walter Lipmann, *A Preface of Morals*, London: George Allen & Unwin, 1929, p.157.

한 질문들이 도사리고 있다. 이들 중 기본적인 질문들을 아래에 정리하였는데, 이 질문들은 제반 사상을 조직화하는데 유용한 원칙이 될 수 있으며, 또 독자가 특정의 사상들을 의미있는 맥락 속에 두고 이를 다른 사상가의 작업과 비교하는 것을 도와줄 수 있을 것이다.

1. 인간의 본성은 무엇인가?

모든 철학은 인간의 본성에 관한 세계관에 뿌리를 두고 있다. 사람은 근본적으로 선한 것인가, 그렇지 않으면 활동철학이 반드시 다루어야 할 생래적인 오류나 취약성을 지니고 있는가? 사람은 어디에서 유래했는가? 사람을 창조한 어떤 초월적인 힘이 있는가? 만약 있다면, 사람과 그것과의 관계는 무엇인가?

2. 개인과 사회와의 관계는 무엇인가?

개인을 보다 넓은 사회에 연결시키는 어떤 결합이 있다면 그것은 무엇인가? 개인이 중심이 되는 세계와 집단적인 사회가 중심이 되는 세계중 어느 것이 보다 바람직한가? 사람들은 기본적으로 자유롭고 독립적인가, 그렇지 않으면 사회적 질서하에 놓여 있어야만 하는가? 사회에서 권위의 본질은 무엇이며, 그것은 어디에 있는가? 한계가 있다면 이러한 권위에 대한 한계는 무엇인가? 권위의 힘은 어디에서 유래하는가?

3. 정의로운 사회는 무엇인가?

철학은 인간이 자원(부, 권력, 또는 단순히 원하는 생활양식을 유지하는 수단)에 대한 경쟁적인 주장들을 그것으로 판결하고자 하였던 수단이다. 이들 주장들은 어떻게 결정되어야만 하는가? 누구에 의해서? 정의(正義) 또는 공정함은 사회에서 어떻게 정의(定義)되어야 하며, 누구에게 그 정의(定義)를 내릴 수 있는 권한을 주어야 하는가? "자유" (*freedom* 과 *liberty*)란 무엇인가? 사람은 그의 이웃에게 어떤 의무와 책임을 져야 하며, 반대로 그는 무엇을 기대할 수 있는가?

4. 진리란 무엇인가?

개인에게 그리고 사회에게 진리란 무엇인가? 진리는 사회질서의 전체적 기능에 어떻게 중요한가? 진리가 무엇인지를 누가 결정하는가? 어떤 근거에서? 모든 인간관계에서 이성은 어떤 역할을 하는가? 누가 또는 무엇이 진리를 정하고 진리를 표현하는 권위를 가지고 있는가?

5. 언론인의 적절한 역할은 무엇인가?

언론인이 진리를 추구하고 공중에게 정보를 보도하는 것은 왜 중요한가? 사회의 기능에서 정보와 지식은 무슨 가치를 지니고 있는가? 누가 그 정보를 사용하는가? 무슨 목적으로? 정보와 지식의 차이는 무엇인가? 정보를 배포하는 것은 누구의 책임인가?

이 질문들은 결코 모든 것을 다 포함하는 것이 아니며, 또 그렇게 하고자 하지도 않았다. 독자들은 물론 자기 자신의 질문을 추가할 수 있을 것이다. 그러나 이 일련의 질문들은 21세기에 다가서고 있는 미국사회에서 논란많고 복잡한 이슈들을 제기하고 있다. 이는 또한 역사가들이 계몽주의라고 말하는 시대의 여명기인 16세기의 영국에서도 그랬었는데, 우리가 이야기를 시작할 곳은 바로 여기서부터이다.

제 2 부

영국의 자유주의자와 자유의 이론

The English Libertarians and the Theory of Liberty

존 밀턴(John Milton, 1608~1674) : "모든 주의와 주장을 이 땅 위에 자유로이 활동하도록 내버려 두면 진리도 거기에 있을 터인데, 허가를 받게 하고 금령으로 금지함으로써 우리는 진리의 힘을 의심하는 부당한 일을 하고 있다. 진리와 거짓이 서로 다투게 하라. 어느 누구가 자유롭고 개방된 대결에서 진리가 패배하리라고 본단 말인가?"

존 로크(John Locke, 1632~1704) :
"인간은 본질적으로 모두가 자유롭고 평등하며 독립적이다. 어느 누구도 자신의 토지로 부터 내쫓겨 자신의 동의없이 다른 사람의 정치적 권력에 종속 될 수 없다…… 모든 인간은 하나의 정부하에 하나의 정치체계를 만들 것을 다른 사람들과 동의함으로써, 그 사회의 모든 사람이 다수의 결정에 복종하여야 하는 의무를 지게 된다."

| 제 4 장 |

서론 : 근대세계의 여명

Introduction : The Dawn of the Modern World

아메리카의 발견과 유럽인의 정착은 근대세계의 여명과 일치하고 있다. 미국과 그 제도의 성장을 이해하고자 하는 사람이라면 누구라도 명심해야 할 사항이 있는데, 그것은 콜럼부스가 1492년에 항해를 시작했을 때 이미 서양세계에 거대한 변화가 진행중이었고 이러한 변화의 속도는 미국의 식민지 시대 동안에 가속화 되었다는 것이다. 그러한 결정적인 변화가 가속화된 것은 네 가지 중요한 발전에 의해서였다. 첫째, 구텐베르그의 활판인쇄술 발명은 모든 사람을 위한 새로운 정보세계를 열게 하였다. 둘째, 1000년 동안 정치적·경제적·사회적·문화적 활동의 중심이었던 로마 가톨릭 교회의 권력이 쇠퇴하여 사상을 지배했던 로마 교회의 권능에 루터파나 칼빈파의 개신교가 도전하고 있었다. 셋째, 지식의 가장 주요한 근원으로서 독점적 위치에 있던 교회에 대한 직접적인 위협으로 과학이 등장하고 있었다. 마지막으로, 교회의 정치적 쇠퇴로 말미암은 권력의 진공을 메우기 위해 세속국가가 등장하고 있었다. 아메리카 식민지의 정착인과 개발인들은 그 누구보다도 이러한 발전을 더 많이 의식하고 있었던 것이다. 그들은 자신들이 떠나왔던 서유럽 국가들을 뒤흔든 혼란의 소용돌이 속으로 조심스럽게 동조되어 갔다. 그들은 새로운 사상들에 매혹되었고 이것을 신세계의 제도에 적용하기를 원했다. 조지 워싱턴은 이 점을 흠잡을 데 없이 명백하게 표현하였다.

> 그동안 오랫동안 철학자와 현인(賢人)과 입법의원들의 수고로 얻어진 지식의 보고가 이제 우리가 사용할 수 있도록 활짝 열려있고, 이렇게 모아진 지혜는 우리가 바라는 형태의 정부 수립에 기쁜 마음으로 적용될 것이다.[1)]

콜럼부스의 첫 항해가 있기 한 세대 전인 1455년에, 마인쯔에 살고 있던 독일 발명가 요한네스 구텐베르그(Johannes Gutenberg)는 금속활판 인쇄술을 사용하여 한 권의 두꺼운 성경책을 만들었는데, 이것은 사상 처음으로 인쇄된 책이었으며 또한 사상 처음으로 교회의 통제 밖에서 읽을 수 있었던 책이었다. 구텐베르그의 성경은 다음 해에 일반 공중에게 판매되었다. 그러자 갑자기 문자해독에 대한 공중의 요구가 나타나게 되었고, 이전에는 읽기와 쓰기를 포함한 모든 교육을 지도하였던 교회가 문자해독과 성경해석에 대한 독점을 더 이상 행사할 수 없게 되었다. 그리하여 로마교회의 성경해석에 대한 개신교의 도전이 즉각 나타나게 되었다. 칼빈의 도전적인 교리는 스코틀랜드로 급격히 퍼져나갔고 한 세기에 걸친 전쟁이 일어나게 되었다. 칼빈교리의 한 방계이며 교회가 직접 통치하는 정부, 즉 "신권정치"를 제네바에 출현시켰던 장로교파는 1560년경에 스코틀랜드의 국교가 되었다. 이 교파는 즉시 남쪽의 잉글랜드로 옮겨가서 시민전쟁과 청교도혁명의 승리에 결정적인 역할을 하고, 청교도는 궁극적으로는 잉글랜드를 정복하고 〈메이플라워〉(Mayflower)호에 실려 식민

---

1) A. J. Beitzinger, *A History of American Political Thought*, New York : Dodd, Mead, 1972, p. 3에서 인용

지 미국으로 전파되었다. 사실은 청교도주의와 그것의 민주주의적 자극은 이전에 로저 윌리암즈(Roger Williams)의 지도하에 뉴 잉글랜드의 해안가에 교두보를 마련하고 있었다.

루터와 칼빈 그리고 다른 개신교들의 도전은 인쇄술의 발명과 전파로 가능하였던 것이다. 구텐베르그 이전에는 모든 성경이 교회 서기에 의해 아름답게 만들어진 수제품이었는데, 교회서기의 성경해석은 로마교회에 의해 반포된 공식 교리를 반영하고 있었다. 인쇄술이라는 새로운 기술은 일반공중으로 하여금 다른 성경해석과 종교적 교리에 접근하게 했을 뿐 아니라, 코페르니쿠스, 갈릴레오, 뉴톤의 혁명적 발견들을 포함하여 새로이 쏟아져 나오는 과학 정보와 마키아벨리, 모어, 홉스 등의 정치적 성찰까지 접근가능하게 하였다. 유럽을 휩쓸었던 혁명적 정신은 지식과 정보의 팽창에 의해서 가능했던 것이다. 이제 서양의 역사에서 처음으로 일반 사람들이 철학자, 학자 및 저술가들의 사상과 생각을 접촉할 수 있게 되었던 것이다. 구텐베르그 이전에는 교회와 교회에 충성하는 세력들이 사상의 전파를 제한할 수 있었고 그리하여 무수한 대중의 생각을 통제할 수 있었다. 그러나 이제 권위가 책에 대한 접근을 독점하는 것이 불가능하게 되었다. 동시에 문자해독을 위해 전력을 다하는 현상이 나타나게 되었다. 일반사람들이 읽고 쓰기를 할 수 있게 되었을 때, 그들의 생각 또는 그들의 행동에 대하여 지배자가 어떤 통제 수단을 보유할 수 있겠는가?

1606년 밀턴이 태어나던 무렵에는, 개신교 개혁의 성공이 이미 확신되고 있던 때였다. 개신교 운동이 팽창하려면, 루터나 칼빈 그리고 16세기의 다른 위대한 개신교 지도자들이 로마교회에 가한 강력한 비난에서 비롯된 토론과 주장들을 널리 확산시키는 일이 반드시 필요했다. 이를 위해 공공의 인쇄물보다 더 나은 매체가 있을 수 있겠는가? 밀턴의 친구 샤무엘 하아트립(Samuel Hartlib)은 크롬웰(Cromwell)의 승리 일년 후인 1641년에 다음과 같이 예측했다. “인쇄기술이 지식을 널리 퍼지게 함으로써, 자기자신의 권리와 자유를 알게 된 일반 사람들이 압제적 방식으로 통치되지는 않을 것이다."[2]

역사상 처음으로 여론이 정치적 논쟁에서 중요한 요소가 되었다. 청교도 혁명에 의해 제기된 이슈들의 온갖 측면을 다룬 수많은 팜플렛을 통해 여론에 호소하는 주장들이 나왔다. 이들은 때로는 정중한 담화의 언어로 표현되었고, 때로는 제임스 해링턴의 탁월한 반왕정(反王政) 주장에서 보이듯이 직접적인 공격의 형태로 표현되었다. 해링턴은 훌륭한 정부란 "인간의 제국이 아니라 법의 제국"이라고 주장하였는데 이는 나중에 미국에서 널리 인용되었던 말이다.[3]

올드 가아드(*the Old Guard*)는 자신의 몰락을 수동적으로 받아들이지는 않았다.[역주1] 영국에서 튜더(Tudor) 왕조와 스튜어트(Stuart) 왕조는 정부의 공식적인 교의에 반대하는 모든 표현을 검열함으로써 혁명의 불꽃을 통제하려고 하는 미봉책으로 일관했다. 헨리 8세는 그들의 사상이 사람들을 선동하여 반란을 일으키게 될까 두려워하여 수십 명의 도전자를 처형했는데, 이중에는 탁월한 작가이자 정치가였던 토마스 모어경(Sir Thomas More)이 포함되었다. 헨리 8세와 그의 딸들인 메리 여왕과 엘리자베스 여왕의 통치 기간중에 억압적인 검열의 상징으로 영원히 남아있는 악명높은 성청(Star Chamber)이 출현하였다. 성청(星廳)은 천정이 별로 장식된 홀에서 회의가 이루어졌기 때문에 이름이 그렇게 붙여진 것인데, 성청의 회의진행은 비밀리에 이루어졌다. 고문은 영국의 보통법에서

---

2) William Haller, *Tracts on Liberty in the Puritan Revolution*, 1934, 1 : 28. Fredrick Seaton Siebert, *Freedom of the Press in England 1476～1776 : The Rise and Decline of Government Control*, Urbana : University of Illinois Press, 1965에서 인용.

3) James Harrington, *Oceana*. George H. Sabine, *A History of Political Theory*(3rd ed.), New York : Holt, Rinehart and Winston, p.502.에서 재인용. 1656년 발간된 해링턴의 《오세아나》는 역사적으로 정치적 유토피아를 다룬 수많은 책 가운데 하나이다. (주 : 《리바이어던》은 1651년에 나타났다.)

역주1) '올드 가아드'는 원래 나폴레옹 1세의 근위대를 말하는데, 여기서는 특히 역사의 진보적인 흐름에 반대하는 보수왕정의 수호세력이라는 의미가 들어 있음.

는 허용되지 않았지만 국왕에게는 특권으로 인정되었다. 1586년에 엘리자베스 1세에 의해 설립된 성청 재판소(the Court of the Star Chamber)는 모든 책의 출판을 캔터버리 대주교나 런던 주교에의해 허가를 받도록 하였다. 1586년의 칙령하에서 모든 불법적인 저작물은, 말하자면 교회가 받아들일 수 없는 저작물을 말하는데, 가장 혹독한 방법으로 다루어졌다. 불법적인 자료를 발간하는데 사용된 모든 인쇄장비는 인쇄기를 "마멸하고 불태우고 부수고 파괴하는" 책임을 지고 있던 일종의 성청 경찰병력에 의해서 압수되었다.[4]

성청의 규칙은 1637년에 수정되었지만 그 피해는 계속되고 있었고, 5년 뒤에 영국은 내전으로 찢어졌다. 이 내전으로 근대 영국에서 유일하게 국왕의 처형이란 사건이 발생하였고 호민관 올리버 크롬웰(Oliver Cromwell)의 치하에서 11년 동안 군의 지배가 나타나게 되었다. 크롬웰은 결코 민주주의자가 아니었지만, 영어로 씌어진 것 중에서 검열에 대한 도전으로는 아마도 가장 감동 깊은 것으로 우리에게 전해 내려오는 존 밀턴의 《아레오파지티카》(*Areopagitica*)가 쓰여진 때가 바로 크롬웰의 통치기간 중이었다.

아레오파지티카는 〈메이플라워〉호가 플리머스 바위(Plymouth Rock)에 도착한지 한 세대 후인 1644년에 나타났다.[역주2] 7년 후에, 과거의 정통 교의에 대한 위대한 철학적 도전인 영국의 계몽운동이 토마스 홉스의 탁월한 논문 《리바이어던》(*the Leviathan*)에 의해 시작되었다. 제2부에서 우리는 밀턴과 홉스 그리고 이들의 후계자인 존 로크와 데이비드 흄의 사상과 저작을 검토할 것인데, 특히 미국에서 발전된 사상에 로크와 흄이 끼친 영향은 측정할 수 없을 정도로 크며 또한 미국 언론인의 신념과 태도에 심대한 영향을 주었다.

---

4) Siebert, 앞의 책, p. 85.

역주2) '플리머스 바위'는 청교도들이 메이플라워 호를 타고 도착한 곳의 지명. 보스톤시에서 동남쪽으로 60km 정도 떨어진 해안으로 현재는 관광명소임.

| 제 5 장 |

존 밀턴과 자동조정의 원리

John Milton and the Self-Righting Principle

존 밀턴의 시인으로서의 탁월함은 어느 누구도 부정하지 않는다. 무운시(無韻詩) 형식으로 된 그의 서사시 《실락원》(*Paradise Lost*)은 영문학에서 가장 위대한 성과 중의 하나로 꼽히고 있다. 하지만 언론의 관점에서 본다면, 밀턴은 명문장가로서의 천재성보다는 검열에 대항하여 쓴 한 권의 위대한 팜플렛에 담긴 감동적인 내용 때문에 더욱 유명하다. 자유로운 표현을 찬가한 이 소책자는 《아레오파지티카 : 허가받지 않고 인쇄할 자유를 위해 영국 의회에 보내는 존 밀턴씨의 글》이란 제목하에 1644년 11월 24일에 발간되었다. 이 글은 일년 전에 밀턴이 이혼에 대해 쓴 두 개의 소책자를 정부가 문제삼은 데에 대한 항의로서 의회에 보낸 것이었다. 이들 소책자에서 밀턴은 이혼을 강력히 지지했는데, 아마도 16세된 자신의 신부에 만족하지 못했던 이유도 있었겠지만, 그보다도 중요한 것은 그의 주장이 표현의 자유에 대한 선언으로 이루어졌다는 것이다.[1] 영국 국교회 당국에겐 틀림없이 저주의 대상이었을 한 구절에서 밀턴은 “행복한 사회생활에 본질적으로 중요한 세 가지 종류의 자유, 즉 종교적 자유, 가정의 자유, 시민적 자유"를 제시하고 있었다.[2] 가정 생활과 공공 생활을 비교한 뛰어난 글에서 그는 다음과 같이 주장했다.

> 그 자신은 가장 혹독한 노예 상태하에 괴로워하면서, 가정에서 아내에게는[역주1] 의회와 공회에서의 자유를 헛되이 자랑하고 있다.[3]

남녀평등을 주장하는 훗날의 여성해방론자들이 밀턴의 취지는 지지할지 모르겠으나, 그의 의도를 지지하지는 않을 것임은 분명하다. 왜냐하면, 밀턴 자신은 교육을 잘 받은 고전 전공학도였던 반면에 그의 신부 메리 포웰(Mary Powell)은 그와 어울릴만한 지성을 갖추지 못했다는 사실에서 볼 때 그가 상찬하고 있는 권리는 남성의 권리였기 때문이다. 어쨌든 성직자들로부터의 반응은 공포 바로 그것이었다. 의회 앞에서 했던 한 설

---

1) 다음을 보라 : Fredrick Seaton Siebert, *Freedom of the Press in England 1476–1776: The Rise and Decline of Government Control*, Urbana : University of Illinois Press, 1965, p. 195 ; Don M. Wolfe, *Milton in the Puritan Revolution,* New York : Thomas Nelson and Sons, 1941, pp. 120~138 ; James H. Hanford, *John Milton Englishman*, New York : Crown, 1949, pp. 113~120. 밀턴에 대한 가장 철저한 연구로는 David Masson이 쓴 여섯권 짜리 방대한 저작 *The Life of Millton*, Gloucester, Mass. : Peter Smith, 1965를 참고하라. Joseph A. Witterich, Jr., *The Life of John Milton by William Hayley*, Gainesville, Fla. : Scholars' Facsmiles and Reprints, 1970도 역시 참고하라. 뛰어난 현대적 전기로는 William Reilly Parker, *John Milton: A Biography,* 2 vols., New York : Oxford University Press, 1968를 보라. Christopher Hill, *Milton and the English Revolution,* New York : Penguin Books, 1979 참고.

2) John Milton, *The Doctrine of Divorce.* Hanford, 앞의 책, p. 115에서 재인용.

역주1) 원문의 '열등한 사람'(*an inferior*)을 의역하였다.

3) 위의 책.

교에서 허버트 팔머(Herbert Palmer)라는 이름의 영국 국교회 성직자는 이혼을 옹호한 밀턴의 책이 영국의 검열법을 어겼고 당연히 불태워야 할 "사악한 책"이라고 질타함으로써 교회의 반응을 대변했다.[4] 공교롭게도 결혼 한달 후 밀턴의 집을 떠났던 메리는 곧 돌아와서 그와 살았고 7년 후 죽을 때까지 4명의 아이를 낳았다.[5]

이 당시는 정말로 팜플렛 저자들의 시대였다. 영국에서는 버트란드 러셀이 "새로운 혁명운동에 적절한 불과 정열"이라고 부른 것에 휩싸인 문필가들로부터 정치적인 소책자들이 끊임없이 쏟아져 나오고 있었다.[6] 검열조항은 튜더 왕조와 스튜어트 왕조 시대의 영국법에 이미 있었던 것으로서, 종종 성청(星廳)의 처벌에 의해 충분히 집행되고 있었다. 그러나 밀턴의 이혼에 관한 소책자 이후에 성직자들은 찰스 1세에게 압력을 가하여 어떤 팜플렛이라도 교회의 허가없이는 발행할 수 없다고 규정한 보다 혹독한 새 법을 만들게 하였다. 밀턴의 저작은 영국 국교회 고위 성직자들에게는 그전에 이미 저주의 대상이 되고 있었다. 왕정의 잠재적 포악성에 대해 의문을 제기했던 이전의 팜플렛에서 밀턴은 청교도 특유의 독선으로 성직자들의 세속성을 비난하였던 것이다. 돌이켜 보면 밀턴이 이 시대를 어떻게 무사히 보냈는지 의아스럽게 생각할지 모르겠다. 왜냐하면 당시의 어떤 팜플렛 저자들은 감옥으로 갔고 또 어떤 사람들은 처형대로 끌려가 귀를 잘리는 처벌을 받았기 때문이다.[7] 사실은 나중에 크롬웰의

---

4) Wolfe, 앞의 책, p. 57.

5) Hanford, 앞의 책, pp. 125~126. 네 아이 중 하나는 어릴 때 죽었다. 밀턴은 이후에도 두 번 더 결혼했으나 메리 포웰과의 사이에서 난 세 딸 외에는 아이가 없었다.

6) Bertrand Russell, *A History of Western Philosophy*, New York : Simon and Schuster Touchstone, 1972, p. 783. 러셀은 비슷한 "불과 정열"이 1848년에 유럽을 휩쓸며 칼 맑스와 프리드리히 엥겔스의 《공산당 선언》을 가져 왔다고 보았다.

7) 위의 책, pp. 42~44. 이렇게 고통받은 사람 중의 하나가 런던의 세인트매튜 교회의 헨리 버튼(Henry Burton) 박사였다. 버튼은 귀가 너무나 심하게 잘려 관자놀이의 대동맥이 절단됨으로써 피가 "처형대 위에 분수처럼 쏟아졌다." Benjamin Brook, *The*

호민관 시대가 끝나고 1660년에 스튜어트 왕조의 복원과 함께 밀턴은 체포되었다. 그러나 크롬웰의 다른 추종자들은 살해되었지만 밀턴은 살아남아 그 위대한 시를[역주2] 쓰게 되었던 것이다.[8]

흥미로운 것은 검열제도에 대한 불같은 공격에도 불구하고 밀턴의 《아레오파지티카》는 발간 당시 영국 수사학의 흐름에 별다른 파문을 남기지 못했다. 거의 한 세기가 지나고 식민지 미국에서 검열에 관한 가장 극적인 대결이었던 젱거(John Peter Zenger)사건 직후인 1728년에 이르러서야 《아레오파지티카》 신판이 발간되어 검열제도의 종식과 표현의 자유를 위한 심각한 외침이 일어났던 것이다.

밀턴이 《아레오파지티카》를 발간했을 때는 청교도혁명이 일어난 지 이제 겨우 2년이 되던 해였다. 자유언론을 위한 이 열정적 주장이 발표되었던 당시의 환경을 이해하기 위해서는 역사발전에 대해서 약간의 설명이 필요하리라 본다. 칼빈주의가 스코틀랜드에 발판을 구축하고 잉글랜드로 팽창하려 하고 있을 때 메리 튜더(Mary Tudor)는 가톨릭을 영국의 국교로 다시 정하는 시대역행적인 조치를 취하였는데, 다른 분야에서는 민주적이었던 밀턴이 가톨릭에 대해서 만큼은 이상하리만치 집요하고도 비이성적인 열정으로 이를 증오하였다. 우리는 나중에 밀턴의 성격이 갖는 이러한 측면을 다시 다루게 될 것이다. 1558년에 엘리자베스가 왕위에 올라 44년에 걸친 통치기간중 첫 해를 시작하게 될 때, 그녀는 하나의 타협안을 발표했는데, 이것은 장로교회를 지지하는 경향이 있는 도시의 자유주의자들과 여전히 가톨릭으로 기울고 있는 농촌지역의 보수적인 사람들을 화해시키고자 하는 의도에서였다. 이 타협안은 다름아니라 명목적으로는

Lives of the Puritans, London : printed for J. Black, 1813, 3 : 50을 참고하라.

역주2) 여기서 위대한 시는 《실락원》을 말한다.

8) Russell, 앞의 책, pp. 172~173. 그가 한동안 몸을 숨겼던 레드 라이언 인(Red Lion Inn) 근처에서, 밀턴은 핸포드(Hanford)가 말한 것처럼 "끊임없는 암살의 위협 속에" 살았다.

개신교이지만 가톨릭의 여러 가지 형식을 간직하고 있는 영국 국교회를 세우는 것이었다. 바로 이 영국 국교회의 기치 아래서 성청과 다른 권위주의적 세력이 점점 더 압제적으로 성장하고 그리하여 청교도 혁명의 씨가 뿌려지게 되었다.[9]

크롬웰과 마찬가지로 밀턴은 개신교도였으며, 엘리자베스 여왕의 사망 이후 영국의 왕위를 계승한 스튜어트 왕조의 지배에 분노하고 있었다. 스튜어트 왕조는 성청의 안팎에서 정치적, 종교적 정통교의를 강제하는데에는 튜더 왕조보다도 더욱 압제적이었다. 결국은 올리버 크롬웰의 지도하에 의회당원들은[역주3] 스튜어트 왕가의 찰스 1세를 왕위로부터 몰아내고 말았다. 국교회에 반대한 중산층은 처음에는 주로 왕의 권력을 제한한다던가 의회의 역할을 증대시킨다던가 영국 국교회를 칼빈주의로 대치한다던가 하는 정도의 온건한 목표를 가지고 있었다. 그러나 억압이 고조되어감에 따라 철기병(*ironsides*)으로 알려진 군대가 선봉을 이룬 크롬웰의 추종자들은 점점 과격해져갔다. 1642년에 시작된 이 내전은 타는 듯한 민주주의의 격동을 분출시키게 되었다.[10]

그럼에도 불구하고 크롬웰의 정권을 민주적이라고 한다거나 군주제적 지배에 반대한 것으로 판단한다면 이는 잘못된 것이다. 1648년에 크롬웰의 부하들은 그들이 이미 실시하고 있던 정치적 종교적 변화들을 보장하기 위한 안전판으로 심지어 찰스를 왕위에 복귀시킬 준비조차 하고 있었다. 하지만 몇 달 뒤인 1649년 1월 30일에 바로 이 부하들이 찰스를 처형하고 있는데 그것은 공화제의 원칙에 충실해서가 아니라 찰스를 이용한 영구적인 권력안정을 꾀할 수 없었기 때문이다.[11] 결국 호민관 정치는 끝

9) Wolfe, 앞의 책, p. 13, 37.

역주3) 원문은 단발파 (Roundheads)인데, 17세기의 내란 때 반국왕파로서 머리를 짧게 깎은 청교도의 별명이다.

10) 위의 책, p. 1.

11) George, H. Sabine, *A History of Political Theory* (3rd ed.), New York : Holt,

나고 찰스의 아들이 영국으로 돌아와 입헌군주인 찰스 2세로 등극하게 된 것이 11년 뒤인 1660년이었다.

밀턴은 범상치 않은 시대에 살았던 범상치 않은 인물이었다. 르네상스 시대의 이탈리아와 프랑스의 작가, 예술가, 과학자, 정치이론가들처럼 밀턴도 그리스와 로마의 고전에 깊이 뿌리박고 있었다. 그러나 밀턴은 또한 청교도 세계를 지배했고 식민지 미국으로 완벽히 전파되었던 상업의 팽창이라는 문에 한 발을 들여놓고 있었다. 그는 자수성가한 사람의 아들이었을 뿐 귀족의 배경을 가지고 있지 않았다. 밀턴의 아버지는 법률 서적상과 공증인 및 법률 전문지의 필자를 겸한 대서인으로서 부를 쌓았고 유명해졌다. 밀턴은 중산층의 학자와 상인들 사이에서 성장했고 이들은 일찍부터 청교도주의의 신봉자였으며 바로 이 계급으로부터 반역이 끓어올랐던 것이다. 밀턴은 열성적인 성경 연구가였으며 그의 위대한 서사시 《실락원》은 그가 59세가 되던 해인 1667년에 발간되었는데 이때 이미 그는 실명한 상태였다. 《실락원》은 고대의 고전과 기독교의 전통 그리고 유럽을 휩쓸고 있던 자유의 새 바람으로부터 발생된 믿음과 감정과 정치적 지혜, 이 모든 것이 합쳐져서 이루어진 것이었다.

밀턴은 식민지 미국의 로드 아일랜드에 종교의 자유를 가져온 그의 친구 로저 윌리암즈(Roger Williams)와 같이 뛰어난 낙관주의자였다. 밀턴에게 인간은 선천적으로 선한 존재였고 (이 점에서 밀턴은 홉스와는 전적으로 달랐다), 죄악은 정치적인 무지와 동일한 것으로 보았다. 이 점에서 밀턴은 교육과 지식이 선한 인간들로 하여금 이 땅 위에 천국을 만들게 할 것이라고 믿었던 토마스 제퍼슨(Thomas Jefferson)과 제임스 메디슨(James Madison) 그리고 다른 미국 건국의 아버지들에 가깝다고 할 것이다. 밀턴의 사탄(악마)은 《실락원》의 비극적인 영웅이었는데, 그것은 발톱과 꼬리를 가진 전통적인 뿔달린 괴물의 모습과는 전혀 다르고, 오히려 그 대가가 아무리 크더라도 노예상태를 거부하는 자랑스럽고 용기있고 당당하고

Rinehart and Winston, 1965, p. 496.

심지어 아름답기까지 한 거인의 모습이었다.[12)]

…… 적어도 여기서는
우리는 자유로우리라; 전능한 하느님은 그의 선망의 대상으로
이곳을 만든 것이 아니니, 여기서 우리를 몰아내지 않으리라:
여기서 우리는 지배를 굳게 하노니, 그러나 내 선택으로
지배하는 것은 지옥에서라도 가치있는 야망이니:
지옥에서 지배하는 것이 천국에서 종노릇하기보다 나으리라[13)]

이것은 물론 사탄이 밀턴의 상상에서는 아주 감복할 만한 존재라고 말하는 것은 아니다. 사탄은 결국 악마일 뿐이고 인류의 유혹자이다. 그러나 사탄은 철저히 근대적인 방식으로 움직이고 있고, 인간의 정신 속에 있는 자부심과 선망에 호소함으로써 자신의 목적을 달성하고 인류를 하느님으로부터 몰아내고 있다. 밀턴의 사탄은 누구도 감당할 수 없는 정신적인 기술을 소유한 존재이며, 냉정하고도 계산적으로 인간의 이성에 호소하여 인간영혼을 파괴하는 것에서 자신의 즐거움을 찾고 있다. "정신은 그 자신만의 장소이고, 그 자체로 지옥의 천국이 될 수 있고 천국의 지옥이 될 수 있다"라고 밀턴은 사탄에게 말하게 한다.[14)] 밀턴은 사탄의 영혼의 독립성을 찬양하였지만, 사실은 사탄이 하느님 아래서 선에 의한 정당한 귀족정치에 반역한 것을 또한 비난하였다.[15)] 밀턴이 사상과 시에서 아

---

12) 밀턴의 사탄이 그 서사시의 "진짜 영웅(주인공)"임을 최초로 밝힌 사람들 중에는 저명한 영국시인 존 드라이든(John Dryden)과 윌리암 블레이크(William Blake)가 있다.

13) John Milton, *Paradise Lost*, bk. 2 : lines 258~263. 다음에 재수록되어 있음; *Great Books of the Western World*, Chicago : Encyclopedia Britanica, 1955, 32 : 93~333. 여기서 인용된 구절은 이 책의 p. 99에 나타난다.

14) 위의 책, 제1권, 254~255행. Russell, 앞의 책, pp. 135, 224도 보라.

15) Wolfe, 앞의 책, p. 246.

무리 뛰어나고 강력한 존재였다 하더라도, 그는 결국 17세기의 인물이었고 따라서 그 시대의 혼돈에 구속될 수밖에 없었는데, 이 혼돈은 오늘날 여전히 우리를 괴롭히고 있는 혼돈이다.

밀턴이 남긴 사상의 불꽃 속에서 교육받은 미국의 언론인들은 아직도 《실락원》과 그의 산문저작을 통해 나타나는 부조화들을 해결하지 못하고 있다. 이러한 부조화들 중에서 언론인들의 머리 속에 가장 지속적으로 남아 있는 것은 검열과 관련된 것이다. 언론자유의 개념에 내재하고 있는 선과 악이란 사실상 무엇이란 말인가?

이제 우리는 1644년으로 돌아가야만 하는데 이때는 이미 밀턴이 이혼에 관한 두 개의 팜플렛을 발간했고 보다 혹독한 새로운 검열법의 제정을 경험한 후였다. 이 새로운 검열법은 특별히 밀턴을 겨냥한 것은 아니었지만 그의 시적 분노를 고양시켜 자유언론의 문헌에서는 그 상대를 찾아볼 수 없을 정도의 열변을 토하게끔 하였다.《아레오파지티카》라는 제목은 아레오파구스(Areopagus)라고 부르는 아테네의 한 언덕에서 따온 말인데, 아테네인들은 이 언덕에 최고재판소를 두고 있었다.[역주4] 이 재판소에서 행해지는 연설을 아레오파지틱(*areopagitic*)이라고 하는데, 가장 유명한 연설은 법률가 이소크라테스(Isocrates)가 한 것으로서 모든 사람이 동등한 정치권력을 갖는 정부체제를 호소한 것이었다.[16] 밀턴의 이 논문은 여러가지 측면을 지니고 있다. 우선 그것은 검열의 관행에 대한 학문적 역사이고, 교회의 가르침에 복종해야 한다는 법을 제정코자 했던 교회의 노력에 반대하는 조심스런 선전이며, 이성, 논리, 합리성, 그리고 책의 경

역주4) 제우스神의 아들 아레스(Ares)는 전쟁의 신이었다. 호전적이고 다혈질인 아레스는 자기 딸을 겁탈한 사촌형제를 죽였다. 이로 인해 아레스는 다른 신들 앞에서 재판을 받게 되었다. 재판정은 아테네의 아크로폴리스 서편에 인접한 바위언덕이었다. 재판에서 아레스는 무죄로 판명되었고 그후 아레스가 재판받은 곳은 '아레스 언덕' 곧 희랍말로 '아레오파구스'라 부르게 되었다.

16) *The Shorter Oxford English Dictionary*, 1973, S. V. "areopagitic."

이로움을 노래한 우아한 찬송이며, 무엇보다도 열린 마음(*open mind*)에 대한 열정적인 확신이다.

밀턴은 다음과 같이 말했다. 신자들을 악으로부터 멀어지게 하기 위해 교회가 검열의 위협을 가하는 것이 얼마나 어리석고 자기파괴적인가? 악을 만나지 않고서 어떻게 악을 알 수가 있단 말인가? 악을 모른다면 어떻게 선과 악을 구별할 수 있단 말인가? "악의 모든 유혹과 악이 제시하는 즐거움 같은 것을 충분히 고려하고 이해할 수 있으면서도, 절제할 수 있고, 옳고 그름을 구별할 수 있고, 또 진실로 더 좋은 것을 선택할 수 있는 사람, 그 사람이야말로 진정한 기독교인이다."[17]

계속해서 밀턴은 언론인의 신념체계에서 가장 영속적인 요소의 하나로 우리들에게 전해져 온 것을 주장한다. 즉 어떤 문제의 모든 측면을 읽음으로써 인간은 이해에 도달할 뿐만 아니라 품위와 선(善)—또는 밀턴의 용어를 빌린다면 "인간의 미덕"—에 도달하게 된다.

> 따라서 이 세상에서 악에 대한 지식과 조사는 인간의 미덕을 구성하는데에 반드시 필요하고 진리의 확인에는 잘못의 탐지가 또한 필요하기 때문에, 모든 종류의 소책자를 읽고 모든 종류의 이유를 듣는 것보다 더 안전하고 덜 위험스럽게 죄악과 거짓의 영역을 탐색할 길이 어디에 있겠는가? 그리고 이것이 이것저것 가리지 않고 읽은 책이 가져다 주는 이득이다.[18]

이것과 함께 오늘날의 언론인들 사이에서 극히 중요시되고 있는 다른 가치, 즉 다양성에 대한 밀턴의 찬양도 똑같이 열정적이었다. 진리를 향한 "일반적인 그리고 우애 깊은 탐색"에서 하나가 된다는 것은 자유를 사랑하는 모든 사람들의 의무이다. 밀턴은 말하기를, "배우고자 하는 욕망

---

17) John Milton, *Areopagitica*. Great Books, 32 : 379~412에 재수록. 인용된 구절은 p. 390에 나타남.

18) 위의 책, p. 391.

이 큰 곳에서는 필연적으로 많은 주장과 많은 저작과 많은 의견이 있기 마련인데, 그것은 선한 사람에게 의견이란 무언가를 만드는데 필요한 지식이기 때문이다."[19] 그것이 아무리 이단적이라 하더라도 그 반대의견에 마음을 여는 것을 회피하는 것은 진리를 거부하는 것이며, 흘러내리는 샘을 "복종과 전통의 진흙탕으로 병들게"하는 것이다.[20]

오늘날 우리가 흔히 "사상의 시장"이라고 말하는 것에서 진리와 거짓이 서로 맞붙게 될 때는 언제나 진리가 승리하게 된다는 밀턴의 유명한 이 주장을 상징적으로 표현해 주는 한마디 말이 있다. 그것은 오늘날 "자동조정의 원리"(*the self-righting principle*)라고 알려져 있는 개념으로서, 진리는 사상의 시장에서 어떤 옹호자도 필요로 하지 않으며 권력자의 권위를 빌리지 않아도 이긴다는 생각이다. 진리는 아주 강하며, "진리가 승리하도록 하기 위한 어떤 정책도, 술책도, 허가도 필요하지 않다"라고 밀턴은 말했다.[21]

밀턴 자신도 아마 알고 있었겠지만 그의 사상은 물론 대단히 이상주의적이었는데, 이러한 그의 사상은 청교도적 분위기의 영국에서 공화주의의 등장에 의해 널리 퍼져나갔으며, 또한 아마도 그 자신의 글에 나타나는 강렬한 감동에 의해서도 널리 퍼지게 되었으리라 본다. 그리하여 밀턴은 언론 철학의 다른 모든 요소들보다 위에 위치하는 일종의 법전을 미국 언론인들에게 제공하게 되었는데, 그것은 고결한 모든 것을 위하여 굽히지 않고 진리를 탐색하는 것이다. 밀턴은 다음과 같이 반문한다. "전지전능한 하느님 다음으로 진리가 강하다는 것을 어느 누가 모른단 말이냐?"[22]

자동조정 원리의 핵심은 다음의 글에 잘 표현되어 있다.

---

19) 위의 책, p.406.

20) 위의 책, p.402.

21) 위의 책, p.409.

22) 위의 책.

> 모든 주의와 주장을 이 땅 위에 자유로이 활동하도록 내버려 두면 진리도 거기에 있을 터인데, 허가를 받게하고 금령으로 금지함으로써 우리는 진리의 힘을 의심하는 부당한 일을 하고 있다. 진리와 거짓이 서로 다투게 하라. 어느 누구가 자유롭고 개방된 대결에서 진리가 패배하리라고 본단 말인가?[23]

《아레오파지티카》에 나타나는 밀턴의 주장에 대한 칭송은 보편화 되어 있다. 전기작가 돈 울프(Don Wolfe)는 《아레오파지티카》가 "지적 자유에 대해 유례가 없고 달리 이의가 있을 수 없는 고전"이라고 평하고 있다.[24] 조지 사빈(George Sabine)은 밀턴이 다른 것을 위해서는 검열로부터의 자유를 주장하고, 가톨릭에는 그러한 자유를 인정하지 않았다고 불만해 했지만, 그럼에도 불구하고 《아레오파지티카》가 "검열제의 어리석음과 무용함에 반대한 것으로서는 역대 최고의 주장"임을 인정하고 있다.[25] 이와 비슷한 수많은 칭찬들을 단순히 밀턴의 전기작가들만 했던 것이 아니라 표현의 자유와 관련된 철학적 문제를 검토한 거의 모든 사람들이 하고 있다.

이와 동시에 밀턴의 자동조정 원리에 대한 도전도 있는데, 그중에 특히 흥미로운 주장은 이사야 벌린이 제기한 것이다. 벌린은 밀턴의 주장이 "용감하고 낙관적인" 판단이라고 하면서, 사회가 밀턴의 주장처럼 모든 이슈의 모든 측면이 자유로이 경쟁하게끔 허용하면 비용(희생)이 따른다고 본다.

> 선동자와 거짓말쟁이, 불한당과 맹목적 광신자들이 자유로운 사회에서 언제나 때에 맞춰 제지되거나 종국에는 거부된 적이 있던가? 토론의 자유라는 커다란 이익을 지불하여야 할 비용은 얼마나 높겠는가?[26]

---

23) 위의 책.

24) Wolfe, 앞의 책, p. 351.

25) Sabine, 앞의 책, p. 509.

26) Isaiah Berlin, *Four Essays on Liberty*, New York : Oxford University Press, 1969,

벌린에 의하여 제기된 이 사려깊은 질문은 미국 언론인의 사상에 관한 이 연구 전체를 통하여 중심적인 문제로 남을 것이다. 철학자들은 진리의 힘에 관한 문제를 다루기를 거듭해왔다. 《아레오파지티카》가 나타난지 2세기가 지난 뒤에, 위대한 자유주의 철학자 존 스튜어트 밀(John Stuart Mill)은 밀턴의 사상을 그 논리의 끝까지 추적한 후, 어떤 견해가 아무리 사악하고 가증스런 것이라 하더라도 그것을 억압하는 것은 결국 인류에게 손해되는 방향으로 작용하고 만다고 주장했다. 밀에게 자유는 인류가 열망하는 **목적**이다. 반면에 밀턴에게 자유는 진리라는 목적을 위한 **수단**이다.[27] 벌린은 물론 밀과 밀턴의 주장 모두에 의문을 제기한다.

역사는 특이한 일들과 역설적인 일들로 가득차 있다. 밀턴의 생애도 이러한 경우의 하나이다. 시인이며 자유를 사랑한 사람이었던 밀턴은 동시에 관료주의자이며 자유로운 표현의 적이 될 수도 있었다. 1649년에 크롬웰의 통치가 시작될 무렵, 밀턴은 최고행정법원의 라틴어 서기로 임명되어 21년 후에 호민관 크롬웰의 몰락 때까지 이 직책에 있었다. 바로 이러한 관료의 역할을 맡으면서 밀턴은 가톨릭의 저작들에 재갈을 물리고 가톨릭을 비난했는데, 특히 아일랜드의 가톨릭을 "진짜 교회의 대적(大敵)이며 박해자"이고 "폭도, 교황절대주의자, 야만인"이라면서 맹비난하였다.[28] 밀턴은 그가 《아레오파지티카》에서 보였던 완강한 입장에 성실하지 못했을 뿐만 아니라, "진짜 교회"를 반대하는 가톨릭에 대한 증오는 피에

---

pp. 187~188. 인용된 부분의 출전은 1959년 12월 2일 런던에서 발표된 벌린의 논문 "John Stuart Mill and the Ends of Life"이다.

27) A. J. Beitzinger, *A History of American Political Thought*, New York : Dodd, Mead, 1972, p. 18.

28) John Milton, *Observations upon the Articles of Peace with the Irish Rebels.* 이 팜플렛은 찰스가 처형된지 4개월 후인 1649년 5월 15일에 나타났다. 무엇보다도 이 팜플렛은 크롬웰의 부하들에 의해 Drogheda와 Wexford에서 저질러졌던 에이레 군대의 대학살을 정당화하고 있다. Wolfe, 앞의 책, pp. 85~87을 보라.

굶주렸다 할 정도로 심하여, 인간의 이성과 신중함을 확고히 믿고있던 그 자신이 찰스 1세의 참수에 대한 철학적 정당성을 제공할 정도였다. 국왕 시해를 정당화한 글에서 그는 그가 한 일이 "폭군에 대해 합법적으로 할 수 있는 것을 추상적으로 고려한 것"이었다고 말했다.[29]

그 전과 그 후의 많은 사상가들과 마찬가지로, 밀턴도 추상적인 원칙과 구체적인 행동 사이의 간격을 연결지울 수는 없었던 것인데, 이것은 철학자들과 마찬가지로 또한 언론인들을 괴롭혀 왔던 딜레마이다. 크롬웰의 검열관으로서 행한 밀턴의 행동에도 불구하고, 그의 자동조정의 원리는 진리는 하느님 다음으로 강하다는 사상의 절정으로서 오늘날에도 지속되고 있다. 자유로운 표현에 대한 밀턴의 추상적 옹호는 서양세계에 널리 퍼져서, 식민지 미국의 건국의 아버지들과 그 당시와 지금의 언론인들에게 구원을 주었을 뿐만 아니라, 프랑스의 볼테르나 독일의 맑스와 같이 완전히 다른 종류의 사상가들에게도 영향을 주었다. 밀턴과 마찬가지로 볼테르도 자유로운 표현을 지지하였지만, 그 이유는 자유로운 표현이 위대한 사상을 불러 일으키는데 필요할 뿐만 아니라 우리에게 음악과 춤을 통해 휴식과 기쁨을 주기 위해서도, 또 사실 단순히 즐기기 위해서도 필요한 것이라고 보았다. 검열관은 적당히 "장중하고 도리스풍(*doric*)"[30]이 아닌 노래는 모두 금지하고 싶은 유혹을 받을 것이라고 언젠가 볼테르는 말한 적이 있다. 그리고 맑스는, 그 역시 밀턴과 마찬가지로, 가장 완전한 형태의 허가제라 하더라도 초인간적인 성질의 판단을 요구하는 것이라고 주장했다. 나중에 맑스는 아마도 검열관은 반드시 "무시하거나, 오만하거나, 태만하거나, 또는 비열하게 돈을 물게 하기 마련"[31]이라고 했

29) John Milton, *The Tenure of Kings and Magistrates*. Hanford, 앞의 책, pp. 133~135를 보라. 밀턴의 이 글은 1649년 1월 30일에 찰스가 처형된지 2주일 후인 2월 13일에 나타났다.

30) Milton, *Areopagitica*, p. 394.

31) 위의 책, p. 369.

던 밀턴의 주장에 동의하였을 것이다. 밀턴의 오류가 무엇이었던간에, 그의 전기작가 윌리암 파커(William Parker)가 내린 결론처럼, 밀턴에게 가장 중요했던 것은 "확고한 국민적 도덕성에 의해 획득되고 보전되는 정치적 자유"였다는 것은 분명하다.[32)]

32) Parker, 앞의 책, 1 : 666.

| 제 6 장 |

토마스 홉스와 계약사회

Thomas Hobbes and Society by Contract

미국의 사상사에 존재하는 두 가지 대립적인 흐름은 언론인에 대한 전망에서도 상호갈등적인 주장을 제기하여 왔다. 세계에 대한 우리의 지각은 우리가 인간의 본성을 낙관적으로 보는가 비관적으로 보는가에 따라 크게 달라진다. 사람은 본질적으로 선한 존재인가, 악한 존재인가? 만약에 선한 존재라면 모든 것을 상당부분 인간 자신의 뜻과 재능에 맡겨 둘 수 있을 것이다. 이 경우에 우리는 사람들이 명예롭게 행동할 것이라고 확신할 수 있고, 따라서 사람들을 통제하기 위한 관계당국이나 경찰과 같은 강제기구를 거의 필요로 하지 않을 것이다. 그러나 만약에 사람이 사악한 존재라면, 그들 마음대로 행동하도록 내버려 둘 수 없을 것이다. 이 경우에 사람들은 관계당국과 경찰을 필요로 하고 통제를 수용할 것이다. 모든 정부와 모든 사상체계는 이 두 가지 흐름 중의 하나로 짜여져 있다.

미국의 정부체제는 분명히 낙관주의적인 체제이다. 건국의 아버지들은 대체로 인간의 선성(善性)을 믿었다. 그러나 완전히 그랬던 것은 아니었다. 그들은 정부와 경찰이 필요함을 믿었고, 다수의 수중에 있는 과도한 권력을 감시할 필요도 있음을 믿었고 사회적 통제의 필요성도 믿었다. 그러나 그들은 이러한 종류의 통제는 최소한에 그쳐야 함을 믿고 있었다.

이미 우리가 살펴본 바와 같이, 밀턴은 인간의 선성을 확신하고 있었다. 그가 생각하기에 인간은 언제나 진리를 추구하고 거짓에 결코 안주하지 않을 것이라고 보았다. 밀턴의 사탄이 아무리 영리하다 하더라도 결국에는 선의 힘에 굴복하고 말 것이었다. 진리가 언제나 승리하고 말 것이었다.

밀턴은 확고한 낙관주의자였지만, 그러나 그와 동시대 인물인 토마스 홉스(Thomas Hobbes)는 인간이 선천적으로 야만적이고 부도덕하며, 사회적 상황에서 생존하려면 부득불 권위와 통제를 필요로 하는 존재라고 보았다. 홉스는 말하기를 자연적인 상태에서는 어떤 인간도 고상함과 선함을 추구하지 않을 것이며, 그보다는 자신의 이기적인 목적을 위하여 다른 사람을 죽이고 말 것이라고 하였다.

홉스의 주장에 의하면, 이와 같은 인간의 선천적인 사악함에 대한 해결책은 정치적 국가, 또는 홉스 자신의 용어를 빌린다면, 커먼웰스(*commonwealth*)이다. 이 커먼웰스는 오로지 하나의 절대적이고 강력한 힘에 의해서만 통치될 수 있다. 홉스의 견해로는 이 힘은 군주이어야만 한다.

어린 시절의 밀턴은 밝고 따뜻한 삶을 살았지만 홉스는 그렇지 못하였다. 홉스는 언제나 걱정많은 사람이었는데, 이러한 그의 성격은 때때로 그의 출생에 관한 소문과 함께 이야기된다. 즉 그의 어머니가 스페인의 무적함대가 오고 있다는 소리를 듣고 그를 조산했다는 것인데 이는 거의 틀림없이 지어낸 이야기임에 분명하다.[1] 홉스는 밀턴이 태어나기 20년

1) Richard Peters, *Hobbes*, Westport, Conn.: Greenwood Press, 1956, p. 13. 이 이야기는 원래 존 오브리(John Aubrey)의 *Brief Lives*, Oliver L. Dick (ed.), Ann Arbor: University of Michigan Press, 1957, p. 147에 나오는 것이다. 오브리의 화려한 이 글은 홉스의 구체적인 생애에 대해 가장 일반적인 자료로 사용되고 있다. 간단한 전기적

전인 1588년에 태어났다. 홉스는 그의 어머니가 쌍둥이, 즉 그 자신과 두려움을 함께 낳았다고 즐겨 말하곤 했다. 홉스의 아버지는 성미 급한 교구목사였는데 동료를 때린 후 집에서 도망갔기 때문에 어린 홉스는 돈많은 삼촌이 키웠고 삼촌이 그를 옥스포드로 보내 고전을 공부시켰다. 홉스의 인생은 영국 내전과 또 다른 전쟁의 위협으로 특징지워졌고, 그리하여 그가 보기에 인간의 삶을 몰아가는 지배적인 힘은 두려움, 즉 전쟁의 공포, 무정부의 공포, 죽음의 공포였다. 홉스는 그의 목숨이 위태롭다고 믿고 두 번이나 국외로 달아난 적이 있는데, 한 번은 영국에서 또 한 번은 프랑스에서였다. 초년에는 건강이 좋지 않았으나 점점 회복하여 91세까지 장수하였다. 인간에 대한 홉스의 평가는 아주 우울한 것이었음에도 불구하고, 그에 관한 기록을 살펴보면 그는 아주 고상한 사람이었으며 만사에 정직하고 친절한 사람이었음을 알 수 있다.[2)]

홉스의 위대한 업적은 정치철학의 역사에서 기념비적 연구로 평가되는 《리바이어던》(*Leviathan*)으로서, 찰스 1세가 처형된지 2년 후 그리고 밀턴의 《아레오파지티카》가 출간된지 7년 후인 1651년에 발간되었다. 《리바이어던》은 사회계약설을 출범시켰는데, 이는 오늘날 미국인의 경험에서 철학적 지주가 되어있다.

우리의 관심을 《리바이어던》으로 돌리기에 앞서, 먼저 극적인 17세기를 살았던 홉스의 생애부터 자세히 살펴보도록 하자. 밀턴이 스튜어트 왕정의 적이었으며 심지어 찰스 1세의 처형을 지지하기까지 했던데 반하여, 홉스는 영국 내전 초기에 프랑스로 달아났던 철저한 왕당파였다. 실제로 프랑스 망명중에 홉스는 훗날 찰스 2세가 된 사람에게 수학을 가르치기도 했다. 그러나 그의 불운은 억세기도 하여 《리바이어던》에서 가톨릭 교회

해설로는 Michael Oakeshott가 편집한 *Leviathan : Or the Matter, Forme and Power of a Commonwealth Ecclesiastical and Civil*, Oxford : Basil Blackwell, 1946, pp. vii~viii을 참조하라. 이 후의 *Leviathan*은 바로 이 책을 지칭한다.

2) Peters, 앞의 책, p. 44.

에 대한 그의 공격에 프랑스 국왕은 적대감을 보였다. 그리하여 그는 다시 영국으로 도망갔는데, 이번에는 크롬웰에 대한 충성을 맹세하였다. 그 뒤 홉스는 1660년 왕정이 복구될 때까지 정치적으로 조용히 지냈고 왕정이 복구되자 찰스 2세로부터 작은 연금을 받았다. 그러나 홉스는 미신적인 이 왕을 싫어했는데, 왕은 1666년의 런던 대화재와 대역병 이후에 홉스가 무신론자가 아닌지 의심하여 조사까지 하였다.[3)]

홉스는 물리과학의 모델을 사회연구에 응용한 최초의 사상가가 됨으로써, 17세기 당시에 유럽을 휩쓸었던 철학의 혁명에서 중심적인 위치를 차지하였다. 실제로 홉스는 종종 사회과학의 창시자라는 말을 듣는다.[4)] 그는 많은 과학철학자들을 알고 지냈는데, 그중에는 밀턴도 찾아뵈었던 갈릴레오 같은 사람도 있었다.[5)]

홉스가 실제로 무신론자였는지 아니었는지는 분명하지 않지만, 그러나 그가 모든 종교에 대해 회의적이었다는 것은 의심의 여지가 별로 없다.[6)] 여하튼 그는 유물론자였는데, 말하자면 근본적으로 물질과 생명과 정신 사이에 아무런 차이가 없으며 세계는 단순히 끊임없이 움직이는 물질로 구성되어 있다고 믿었던 것이다. 여기서 우리의 목적은 홉스의 형이상학을 깊이 탐구하자는 것이 아니기 때문에, 홉스에게 인간이라는 동물의 활발한 생물학적 운동은 중추신경 체계를 통하여 가슴 속의 감정으로 출현하는 것이라고 말하는 것으로 충분할 것이다. 따라서 정신에서 공복감이라는 감정으로 출발한 것이 한끼의 식사 후에는 가슴 속의 만족감이라는

3) Bertrand Russell, *A History of Western Philosophy*, New York: Simon and Schuster Touchstone, 1972, p. 548.

4) David D. Raphael, *Hobbes : Morals and Politics*, London: George Allen & Unwin, 1977, p. 18.

5) 위의 책, p. 19. 또한 James H. Hanford, *John Milton, Englishman*, New York: Crown, 1947, p. 81도 참조.

6) Peters, 앞의 책, p. 260.

감정으로 대치된다. 여기서 홉스는 "욕망"과 "혐오"라는 그의 개념을 발전시켰는데, 욕망이란 우리의 신체와 정신 모두를 좋은 방향으로 이끄는 것이고 혐오는 우리를 죽음으로 이끄는 것이다.[7] 따라서 우리의 생물학적 본성에는 일종의 자기수정 장치(*self-correcting device*)가 있다고 할 수 있는데, 이것은 100년 후에 아담 스미스(Adam Smith)가 경제부문에서 사람들이 자기들 하고 싶은대로 하도록 내버려두면, 즉 "자유방임" 상태하에 내버려두면, 작용하는 것으로 본 "보이지않는 손"과 같은 것이라 할 수 있다. 우리는 나중에 이 개념으로 돌아갈 것이다.

홉스가 유물론자였다는 사실과 함께 그가 또한 유명론자(唯名論者, *nominalist*)였던 사실을 인식하는 일이 중요하다. 그는 모든 사물을 당연한 것으로 받아들이지 않았으며 객관적인 세상에 대한 믿음을 거부하였다. 이러한 홉스의 사고 관점은 나중에 데이비드 흄(David Hume)에 의해서 확장되는데, 언론인들에게는 각별한 관심의 대상이다. 왜냐하면 홉스에게서 보편적인 것은 오직 '이름'뿐이기 때문이다. 이름이 없고, 단어가 없고, 언어가 없다면 진실과 거짓도 존재할 수 없다. 진실(*true*)이라는 단어와 허위(*false*)라는 단어는 어떠한 내재적 의미도 없기 때문이다. 이들은 사물의 속성이 아니라 말의 속성일 뿐이다. 그리하여 만약에 언어가 없다면 진리아닌 것이 결코 있을 수 없다. 추론을 할 때에는 "반드시 단어에 유념하여야 한다"고 홉스는 말하면서, 그 이유는 어떤 사람이 지혜라고 부르는 것을 다른 사람은 두려움이나 잔혹함이라고 부를 수 있기 때문이라고 한다.[8] 그는 평범하고도 단순한 말을 사용할 것을 주장하며 은유법을 경멸하였다. 그는 "아무 것도 의미하지 않고 단지 학교에서 채택되어 기계적인 암기에 의해 학습되는 단어들"에 반대하는 분노의 목소리를

---

7) Raphael, 앞의 책, pp. 24~25; Russell, 앞의 책, p. 548; George H. Sabine, *A History of Political Theory* (3rd ed.), New York: Holt, Rinehart and Winston, 1965, pp. 548~549.

8) *Leviathan*, pp. 21, 24. 또한 Russell, 앞의 책, p. 549 참조.

높였다.[9)]

홉스는 언론인들에게는 특별한 관심의 대상인데, 그것은 홉스가 우리에게 "유념하라"고 주의를 준 바로 그 단어들과 언론인들의 직업이 밀접한 관계가 있기 때문이다. 또한 흥미로운 것은 실제로 홉스가 명쾌하고 분명한 문체를 소유한 뛰어난 문장가였다는 사실이다. 현대 미국의 과학작가들은 홉스로부터 시사받을 바가 많을 것이다.

여하튼 유물론자로서의 홉스, 유명론자로서의 홉스는 자연과학의 연구로부터 자극받아 사회의 과학을 발전시키고자 노력하였다. 홉스는 그것을 그가 말하는 자기보전의 원칙에서 찾았는데, 홉스가 보기에 자기보전은 인간의 모든 욕망 중 가장 기본적인 것이었다. 바로 이러한 근본적인 이기주의야말로 홉스에게 악평을 가져다 준 것이며 특히 미국의 진보주의자들 사이에서 악평이 난 이유이다. 예를 들면, 역사학자 버논 패링턴은 홉스를 "민주주의를 격렬히 비난한 국가 절대주의자"라고 공격했다.[10)]

실제로 홉스는 민주주의를 비난하였다. 그의 신념체계에서는, 인간이 공동으로 바라는 목적을 향하여 자발적으로 협동하여 함께 일한다는 생각이 자리잡을 여지가 없었다. 인간은 간단히 말해서 선천적으로 협동적이지 못한 존재라고 홉스는 주장하였다. 국가나 정부 또는 커먼웰스 등 어떤 종류이든 간에 이러한 것이 있기 전인 자연상태에서는, "만인은 만인에 대해 적"일 뿐이라는 것이다. 게다가 "끊임없는 두려움과 폭력적인 죽음의 위험"이 있고, "인간의 삶은 외롭고 가난하고 역겹고 잔인하고 짧다."[11)] 인간을 협동으로 이끌수 있는 유일한 경우는 국가의 통제하에 있

9) *Leviathan*, pp. 17~25. 또한 Peters, 앞의 책, p. 136을 보라. 이름과 기호에 관한 홉스의 관심은 현대의 기호학 연구에 공헌하였다. 제 7부에서 실용주의를 검토할 때 이 주제를 다시 다루게 될 것이다.

10) Vernon L. Parrington, *Main Cultures in American Thought*, vol. 1, *The Colonial Mind 1620-1800*, New York: Harcourt Brace Harvest Books, 1954, p. 284.

11) *Leviathan*, p. 82. *Leviathan*의 가장 중요한 귀절들이 수록되어 있는 것으로는 John Somerville & Ronald E. Santoni(eds.), *Social and Political Philosophy : Readings*

을 때이다. 홉스가 그의 리바이어던 개념에서 말하고 있는 것은 바로 이 국가였다.

《리바이어던》이란 말은 《욥기(記)》(*the Book of Job*)에서 나온 말이다. 이 말은 하느님이 자신의 힘을 드러내고 유한한 인간이 그 힘에 대항하는 일이 얼마나 헛된 것인가를 증명하기 위해 욥에게 보여주었던 무시무시하고 무자비한 바다괴물을 표현하기 위해 제임스왕(King James) 흠정판(欽定版)에서 사용된 말이다.[역주1] 욥이 하느님에게 복종했을 때, 하느님은 과거에 자만과 오만으로 얼룩진 욥의 죄를 용서하고 그를 축복해 주었다.[12] 홉스에 의하면, 그러한 강력한 피조물이 국가라는 리바이어던이다. 언젠가 그는 국가를 "유한한 하느님"이라고 부른 적이 있다.[13] 《리바이어던》의 원본은 이 점을 여실히 보여주고 있다. 그림이 그려진 그 유명한 표지의 상단은 국가를 왕으로 묘사하고 있는데, 여기서 국가는 그가 지배하는 건물과 도시와 사람들의 위로 높이 솟아오른 무시무시하고 전능한 왕의 모습이다.[14] 그 왕의 머리 위에는 "이는 두려움 없이 만들어졌으니 땅위에 그와 같은 것은 없노라"라는 욥기(記)의 금언이 씌어져 있다.[15] 욥기의 그 다음 말도 마찬가지로 관련이 있는 말인데, 그것은 "이는 모든 자만(自慢)의 자녀들을 지배하는 왕이노라"이다.

홉스는 자연상태에서의 인간의 생활은 무정부 상태로 특징지워진다고 말했다. 인생은 짧고 야만적이다. 그것은 또한 경쟁적이다. 사람은 각자

---

from Plato to Gandhi, Garden City, NY: Doubleday, Anchor Books, 1963, pp.139~168을 보라.

역주1) 학식이 깊은 제임스 1세는 성서의 영역(英譯) 위원회를 임명하여 영국 산문학의 걸작품인 《제임스왕 흠정판》(*The King Jame's Version*)을 1611년에 출판하였다.

12) 《욥기(記)》 40장과 41장을 보라.

13) 앞의 책, 17장.

14) 이 그림은 *Leviathan*의 p.1에 수록되어 있다. Raphael, 앞의 책, p.14도 참조.

15) 《욥기(記)》 41장 33절.

이기적으로 자신의 생명을 보전하고자 한다. 그러나 극심한 경쟁 속에 생명을 잃게 될 것이기 때문에 결과는 그 반대이다. 홉스에 의하면, 그러나 인간은 또한 이성적이기 때문에, 자연상태의 살인적인 무정부상태에 의해 야기된 문제를 해결하고자 한다. 전쟁에 대한 대답은 평화이며 무정부상태에 대한 대답은 안전이다. 홉스의 생각으로는, 평화를 보장하고 무정부 상태를 없애기에 충분히 강력한 유일한 힘은 자연상태에서 서로 적대적인 인간에 대한 주권적 지배자인 국가라는 리바이어던이다. 사람들이 그들 자신의 주권을 이 리바이어던에게 양보할 준비가 되어 있을 때, 그들은 평화와 질서 속에 살 수 있고 단순한 자기 보전보다 한층 높은 목적을 추구할 수 있다. 홉스는 어느 누구도 리바이어던을 사랑하지 않는다고 말한다. 그러나 그러한 괴물을 커먼웰스의 형태로 불러 일으키고, 그런 다음 다음과 같은 조건의 계약을 맺는 것은 이성적인 행위라고 말했다. 그 조건이란 커먼웰스 즉 주권국가의 의무는 평화와 질서를 보장하는 것이고, 시민의 의무는 그들의 자연상태에서 누렸던 모든 권리를 포기하고 그 주권국가에 복종을 맹세하는 것이다.[16)]

이것은 본질적으로 미합중국이 만들어질 때 근거하였던 계약설을 말한다. 나중에 영국과 프랑스 그리고 미국의 많은 철학자들이 홉스의 리바이어던을 수정하고 부드럽게 하였지만, 모든 계약설은 인간이 사회에 들어갈 때 국가가 제공하는 안전보장의 대가로 개인의 자유를 포기한다는 홉스의 사상에 근거하고 있다. 한편 개인과 사회 모두를 위해 규칙이 만들어진다. 이러한 일련의 구도 속에 언론인의 이데올로기에서 가장 핵심적인 요소인 언론의 자유는 어디에 놓여 있는가?

이 질문에 대한 홉스의 대답은 명쾌하다. 언론의 자유가 주권국가에 의

16) *Leviathan*, pp. 113~120. 의무에 대한 홉스의 이론은 많은 학자들의 흥미를 불러 일으켰다. 위의 책 pp. lviii~lxi에 나와 있는 Oakeshott의 간결하고도 탁월한 요약문을 참고하라. Howard Warrender, *The Political Philosophy of Hobbes : His Theory of Obligation*, Oxford : Clarendon Press, 1957도 참조하라.

해 받아들여질 수 없는 것이라면 쉽게 말해서 그러한 자유란 없다. 실제로 홉스의 계약설에서는 어떠한 정당이나 노동조합도 있을 수 없다. 모든 교사는 주권자의 대리인이어야 하며 그들이 유용하다고 생각하는 것만을 가르쳐야 한다.[17] 물론 17세기에는 현대 언론과 같은 것은 없었다. 그러나 생각을 확대해 보면, 홉스의 커먼웰스에는 독립적인 언론이란 있을 수 없다는 것이 분명하다. 교사와 마찬가지로 언론인도 주권자가 유용하다고 생각하는 정보만을 제공할 의무가 있다. 주권자의 권력은 무제한적이어서, 국가의 이익에 손해가 되는 의견의 표현이라고 생각할 때는 언제나 검열을 가할 수 있다. 따라서 가톨릭 언론을 검열한 밀턴의 조치는 홉스의 계약설 하에서는 완전히 받아들여질 수 있는 것이었다.

인간이 본질적으로 이기적이고 그 자신만의 안전을 찾는다는 홉스 이론의 기본전제를 받아들인다면, 인간이 자신의 개인적 자유를 리바이어던에게 양보할 경우 그는 잃는 것보다 더 많은 것을 얻게 된다. 왜냐하면 오직 그렇게 할 때에만 전쟁과 무정부 상태로부터 안전하기 때문이다. 홉스에게 전제정치는 언제나 무정부 상태보다는 나은 것이었다. 만약에 어떤 사람이 주권자에 복종하기를 거부한다면, 그는 어떤 의미에서 자신의 목을 자르고 있는 것이다. 왜냐하면 그 계약에 의해 보호되는 모든 사람들의 전체적인 복종이 없으면 그 체계 자체가 작동할 수 없기 때문이다. 홉스는 사람들에게 '당신들'만이 자신들의 개인적 권리를 양도할 것이 아니라, 계약을 맺은 다른 모든 사람들도 개인적 권리를 양도하였다고 말한다. 그래서 당신의 이웃이 당신에게 어떠한 해로운 짓을 하기를 원하더라도 당신은 주권자에 의해 보호된다고 말한다.

홉스가 우리에게 이야기하는 것은, 개인은 국가와의 계약에 동의를 해야 할 뿐만 아니라 그의 의사를 주권국가에 복종시켜야만 한다. 이것은 주권이 한 사람 군주의 손에 있든 또는 의회나 국회와 같은 집단의 손에

17) Russell, 앞의 책, pp. 553~554.

있든 마찬가지이다. 이렇게 해서 주권국가는 영원한 하느님의 자리에 서는 "유한한 하느님"이 되는 것이다.

> 커먼웰스의 모든 개인들이 양도한 이 권위에 의해 그는 자신에게 부여된 커다란 권력과 힘을 사용하게 되고, 여기서 나오는 공포에 의해 대내적으로는 평화를 바라고 외적에 대해서는 서로 돕고자 하는 개개인들 모두의 뜻을 수행할 수 있게 된다. 따라서 커먼웰스의 핵심은 바로 그[역주2]에게 있다……[18]

강제와 공포, 홉스는 이것이 국가라는 리바이어던과 그 국가의 주권적 지배자에게 정당화될 수 있는 무기라고 말했다. 커먼웰스의 모든 구성원이 동의하는 그 계약은 주권자로 하여금 "그가 구성원들의 평화와 공동의 방위를 위해 필요하다고 생각할 때는 그들 모두의 힘과 수단을 사용할" 권한을 주었다는 것이다. 이 강력한 주권자는 정의를 행할 것이다. 왜냐하면 그렇게 하는 것이 자연 법칙의 일부분이기 때문이다. 정의롭지 못하게 행동하는 것은 적어도 홉스의 구도하에서는 자기모순적이고 논리적으로 불합리한 것이 되고 만다.[19] 무제한적인 주권의 권위가 없이는 자연국가로부터 시민국가로 나아갈 길이란 전혀 없다.[20] 주권자와 피주권자 모든 사람이 분별있는 자기이익하에 행동하게 될 것이라는 것인데, 이것은 오늘날의 언론인들 사이에서 보편적으로 승인되고 있는 말이다.

커먼웰스의 구성원들은 그러므로 이 엄한 권위에 복종하게 되는데, 그 이유는 그들이 자신의 이익에 따라 움직이기 때문이다. 결국 말하자면 그들은 전쟁과 무정부 상태에 대해 선천적으로 "혐오"를 갖고 있다. 여기에

---

18) *Leviathan*, p.112.

역주2) 여기서 그는 국가의 주권자를 의미한다.

19) 위의 책, pp.115-117. 또한 Raphael, 앞의 책, p.37도 참조.

20) Ernst Cassirer, *The Philosophy of the Enlightenment*, Princeton, NJ: Princeton University Press, 1979 , p.256.

바로 우리가 나중에 훨씬 자세히 다루게 될 근대 공리주의의 기원이 있다. 공리주의와 공리주의의 딸이라고 할 수 있는 실용주의는 미국 언론인의 직업 이데올로기 뿐만 아니라 미국정치의 핵심에도 준거틀을 제공하고 있다.

홉스가 생각하기에 인간들은 그들이 열망하는 것은 추구하고 혐오하는 것은 무엇이든지 피하려 한다. 그들은 평화를 열망하고 전쟁을 혐오한다. 그들은 안전을 열망하고 무정부 상태를 혐오한다. 홉스에게 '열망 대 불행'이라는 양극의 원칙은, 우리가 나중에 만나게 될 엘베띠외(Helvétius), 흄, 벤담, 밀 그리고 다른 사람들에게는 '기쁨 대 고통'의 원칙이 되었다. "기쁨"이란 우리가 열망하는 모든 것이며, "고통"이란 우리가 혐오하는 모든 것이다. 우리가 이 개념을 도덕적 의미로 바꾸면, 사랑은 열망과 똑같은 것이고 미움은 혐오와 똑같은 것이 된다. 따라서 우리는 열망하는 것이 무엇이든지 간에 그것은 "좋다"고 말하고, 우리가 혐오하는 것이라면 무엇이든지 "나쁘다"라고 말한다.[21)]

이러한 공리주의적 해석이 반드시 홉스에게서 기원한 것은 결코 아니었다. 그것은 고대 희랍의 스토아 학파와 로마의 키케로(Cicero)의 세계관에서 중심적인 것이었다. 홉스의 공헌은 공리주의적 원리를 근대국가의 정당화로 전환시키고, "뉴스"를 발행하는 것은 사람들을 위해 좋은 일이라고 널리 믿고 있는 언론인들의 신념에 철학적 기초를 제공한 것이다. 이러한 신념은 사람들이 뉴스의 발행을 열망하고 (또 뉴스 발행에서 기쁨을 찾고) 뉴스의 억압을 혐오한다는 (또 뉴스 억압으로 고통받는다는) 이유로 정당화된다. 한가지 중요한 것은 홉스가 생각하는 계약은 실제로 사람들이 서명하는 계약이 아니라는 것이다. 여기서 계약은 비유적으로 하는 말이고, 근대국가의 존재조건을 나타내기 위한 은유일 뿐이다. 실제로 홉스에게는 마치 리바이어던이 인위적인 동물인 것처럼 국가자체도 인위적인 것이다. 사실 바로 이러한 인위적인 것을 통해서만이 사회는 살아남게 되

21) 이러한 특성에 대한 흥미있는 연구로는 Russell, 앞의 책, pp.550~551을 보라.

고, 자연적인 것 예컨대 증오와 이기심과 전쟁으로부터 자신을 보전할 수 있게 된다.[22] 그리고 자기보전은 절대적인 목적이다.

홉스는 이상적인 주권자를 의회보다는 군주라고 보았다. 이 점에서 로크는 홉스와 첨예하게 달랐는데, 그러나 로크가 정부에 관한 그의 주요 저작들을 쓸 무렵에는 영국의 내전이 끝나 있었고 영국의 사회질서는 홉스가 일생내내 겪었던 것 보다도 훨씬 더 안정되어 있었다. 실제로 홉스가 가장 두려워했던 것은 내전이었다. 그는 사실 인간으로서의 왕은 별로 주목하지 않았던 것으로 보인다. 홉스가 생각했던 것은 추상적이고 정당하고 존경할 만한 군주였다. 한세기 뒤에, 로크는 이러한 군주를 "다른 사람의 변덕스럽고 불확실하고 독단적인 의지에 넘어가기 쉬운" 가장 나쁜 악이라고 보았다.[23] 해협 건너 프랑스에서는, 루소가 '모든' 개인적 의지를 거부하고 이를 국가의 시민들의 일반의지(*General Will*)로 대신하고자 하였다.

22) *Leviathan*, pp. 93~105, 109~110.

23) John Locke, *Second Treatise of Civil Government*, Thomas I. Cook (ed.), New York: Hafner, 1947, p. 132.

| 제 7 장 |

존 로크와 민주주의의 패러독스

John Locke and the Paradox of Democracy

이 책에서 만나게 되는 모든 철학자들 가운데 존 로크(John Locke)만큼 미국인의 생각과 행동에 커다란 영향을 준 인물은 없다. 로크는 홉스와 같은 시대 사람으로서 나이는 그 보다 아래였다. 로크의 개인적 특성과 지적(知的) 특성의 일부를 곰곰히 생각해 보면 우리 미국인 자신에 중요한 무언가를 알 수 있다. 왜냐하면 미국인이 200년 이상 어떤 사상가 보다도 공경해 마지않던 인물이 바로 로크이기 때문이다. 로크는 인간의 본성에 대해 철저히 낙관적이었던 신사로서 대단히 박학다식한 사람이었지만, 좀처럼 자신의 박학다식함을 내세우지 않고 대신에 상식의 중요성을 강조했던 사람이었다. 그는 혁명가였지만 보수적인 혁명가였고, 그의 사상은 아메리카 식민지 혁명의 도화선으로 사용되었지만 그 자신은 모든 종류의 유혈로부터 일정한 거리를 둔 사람이었다. 그는 미국 민주주의의 아버지이다. 그러나 그 자신은 민주주의자가 아니었다. 그를 지도하는 빛은 혁명의 불꽃과는 정확히 반대되는 것이었다. 그것은 신중함이었다.

처음 시작부터 미국인의 경험을 특징지워온 이데올로기적 혼란의 일부는 온화한 성격의 로크가 싸움에 개입하는 것을 꺼리고 언제나 갈등을 피하는 방도를 찾았다는 사실에서 비롯된다. 로크의 주장에 의하면 우리가 해야 하는 것은 감정이 불러일으키는 열정과 분노를 피하고, 조용히 그리고 평온하게 이성으로써 우리가 직면한 문제의 답을 구하는 것이었다. 그는 뜨거운 가슴보다 냉철한 머리를 더 높이 평가했다. 하지만 사유재산만은 거의 독선적이라 할 만큼 그 중요성을 강조했는데, 그는 사유재산제가 올바른 사회를 이루는데 가장 중요한 요소라고 보았다.

비록 로크 자신은 패러독스(역설)를 싫어했지만, 그의 철학은 민주주의적 사회의 패러독스 가운데 가장 위대한 패러독스에 뿌리를 두고 있다. 즉 정치적 경제적 질서가 개인의 이익을 위해서가 아니라, 개인의 집합체(*collective*)인 사회 이익에 봉사하고자 만들어졌을 때, 개인이 어떻게 가장 중요한 최고의 존재가 될 수 있는가?

로크는 바로 중용의 화신이었다. 그는 우리의 문제에 대해 절대적인 대답이 있다는 생각을 배격하고, 개인으로서 그리고 사회의 구성원으로서 우리의 의무는 그러한 대답을 하나씩 하나씩 직접적인 실험을 통하여 찾는 것이라고 주장했다.

미국 역사에 관한 책이나 미국의 시민정신을 검토해보면 아주 자연스럽게 정부에 대한 로크의 영향을 강조하고 있다. 건국의 아버지들에게 가장 영향을 많이 주었던 것은 정부에 관한 로크의 논문들이었음이 확실하지만, 로크의 중요성은 그의 정치이론에 머물지 않는다. 우리는 별로 망설임없이 로크를 경험주의의 아버지라고 말할 수 있다. 그리고 미국의 사회적 질서는 바로 이 경험주의를 기반으로 하여 구축되었다. 우리가 지식을 얻을 수 있는 방법은 두 가지가 있다. 우선 첫째로 신이나 그의 사제들, 왕이나 황제, 또는 교사 등 말하자면 권위자들에 의해 우리 자신의 외부에서 우리에게로 전달되어 온 지식을 얻는 방법이다. 또는 어떤 권위자의 중재없이 신이 우리에게 선물한 우리 자신의 사고능력과 직관을 통해 지식을 얻을 수도 있다. 지식이 우리 자신의 외부에서 올 때에는 언제나 불가피하게 종교적인 의미가 남게 된다. 반면에 경험적인 지식은 우리 스스로의 노력의 결과로 내부로부터 우리에게 온 것으로서, 단편적이고 잠정적인 자료의 취득을 통하여, 시행착오를 통하여, 실험을 통하여 얻은 지식이다. 이 경험적인 접근방식은 말할 것도 없이 과학적 방법의 핵심이며, 홉스와 마찬가지로 로크도 새로운 과학에 깊은 관심을 가지고 있었다. 실제로 로크는 영국의 위대한 과학자이자 중력의 법칙을 발견한 아이작 뉴턴(Isaac Newton)의 친구였다. 결국 지식은 연역법에 의해서 (신이 선물한 사고능력을 이용하여) 얻을 수도 있고, 귀납법에 의해서 (경험과 실험을 통한 정보의 단편적인 취득에 의해서) 얻을 수도 있다.

지식을 경험적으로 얻을 수 있다고 주장하는 것은 교회의 권위에 가장 심각한 도전을 제기하는 것이다. 이 점잖고 신중한 로크는 교회측에서 볼 때는 에덴 동산의 뱀이었다. 왜냐하면 그는 조직화된 종교가 계시적(*revealed*) 지혜를 전수한다는 생각을 거부했을 뿐만 아니라, 생각이 신으로부터 우리에게 온다는 것도 거부했기 때문이다. 로크는 우리가 머리속에 생각을 가지고 태어나는 것이 아니라고 그의 유명한 "白紙"(*tabula rasa*)의 원리에서 말했다. 대신에 우리는 정신이 마치 깨끗한 석판처럼 비어있는 상태로 태어나고, 우리가 얻는 지식은 신으로부터 오는 것이 아니라 우리 자신의 경험으로부터 온다는 것이다. 계시적 지식의 사상에 대해 이보다 더 큰 타격은 일찍이 없었다. 그러나 성격적으로 로크는 무신론자는 아니었다. 오히려 그는 신을 조직화된 교회의 권위뿐만 아니라 왕과 황제의 권위까지도 뒤엎을 수 있고 뒤엎을 준비가 되어있는 궁극적인 재판관으로 묘사했다. 로크는 말하기를, 인민들은 부당하고 폭압적인 지배자에 반대할 때에는 언제든지 "하늘에 호소할" 권리가 있고 반역할 수 있다는 것이다. 이러한 사상에 근거하여 식민지 미국의 혁명적인 언론인들은 로크가 철학적 정당성을 제공한 지 100년도 되지 않아서 영국에 대한 반역을 외치게 되었던 것이다.

홉스와 마찬가지로 로크도 주어진 사물을 당연한 것으로 받아들이는 사상에 반대했던 유명론자(唯名論者)였다. 하지만 그는 또한 미국의 독립선언문에서 알 수 있는 것처럼 어떤 것은 자명한 것이라고 믿었기 때문에 이 점에서 어느정도 일관성이 없다고 할 수 있다. 여하튼 나중에 알게 되겠지만 홉스와 로크 사이에는 중요한 차이점이 있고, 특히 인간의 본성에 대한 그들의 관점에는 큰 차이가 있다. 실제로 로크는 홉스의 저작을 주의깊게 읽었음에도 불구하고 홉스로부터 지적 영향을 받았음을 인정하지 않고 있다.

로크에게 자명했던 한 가지는 신의 존재였다. 인간의 머리속으로 생각을 넣는 것은 신이 아니라 경험이라고 믿은 로크의 신념이 교회의 가르침에는 절대적으로 파괴적이었다는 사실에도 불구하고, 그에게 신의 존재는 자명한 것이었다. 경험론과 직관은 간단히 말하면 반대되는 사상이다. 사실 로크는 근대의 주요 정치사상가들 중에서 신학적 논쟁을 완전히 무관심하게 바라본 첫 인물이었다. 150년 후에 시인 쉘리(Percy Bysshe Shelley)가 《무신론의 불가피성》(*Necessity of Atheism*)에서 – 그는 이 글 때문에 옥스포드에서 추방당했다 – 주로 의존했던 사람이 바로 로크였다.[1] 로크의 쉬임없는 정신은 언제나 새롭고 근대적인 것에 매료되어 있었다. 그는 전통적인 것에 대해 도전하고 또 도전했으며, 그 결과로 의사와 군주와 정치사상가들 뿐만 아니라 학식있는 신학자와 철학자들의 분노를 불러 일으켰다.[2] 실제로 그도 홉스와 마찬가지로 정치적 보복을 피하기 위해 홀란드로 달아나지 않을 수 없었고, 그후 1688년에 영국의 명예혁명이 성공한 후에야 의기양양하게 돌아올 수 있었다.

로크가 지식의 본질에 관한 그의 저서 때문에 미국인 사이에서 사랑받

---

1) Bertrand Russell, *A History of Western Philosophy*, New York: Simon and Schuster Touchstone, 1972, p.642. 로크로부터 유래된 것임이 분명한 쉘리의 다음과 같은 유명한 경구에 러셀은 주목하고 있다: "하나의 명제가 인간의 정신에 제공될 때, 정신은 그 명제를 구성하는 사상에 대해 동의 또는 반대를 지각한다."

2) John W. Yolton, *The Locke Reader*, Cambridge: Cambridge University Press, 1977, pp.4~5.

고 유명해진 것은 아니었다. 그를 그렇게 만든 것은 오히려 자유에 대한 그의 사랑과 결과적으로 그의 처방이 미국의 정치적 사회적 제도의 설계에 크게 이용되었기 때문이었다. 하지만 그래도 여전히 그의 철학 일반을 이해하는 것은 중요한 일이다. 또한 언어의 연구에 대한 그의 공헌을 이해하는 것도 중요한데, 그는 언어를 기능적인 것, 즉 생각을 전달하는데 유용한 것으로 보았다. 로크의 주장에 의하면, 우리는 결코 단어를 갖고 다투어서는 안 된다고 한다. 왜냐하면 모든 단어는 결국 사람들간의 커뮤니케이션을 수월하게 하고 지식의 전달을 자극하기 위해 인간이 만들어낸 것에 불과하기 때문이다. 로크는 토론이 단어가 아닌 "본질"(*essences*)을 중심으로 이루어져야 한다고 주장했는데, 이것은 루이스 캐롤(Louis Carroll)이 《거울을 통한 엘리스》(*Alice Through the Looking Glass*)에서 상당히 재치있게 추구했던 입장이다.[3)]

로크의 이름은 미국인의 신념체계와 미국 언론인의 직업 이데올로기라고 말할 수 있는 두 가지 요소와 영원히 관련되어 있다. 하나는 계약설로서 우리의 정부는 피통치자의 동의하에 번영하게 된다는 주장이다. 다른 하나는 혁명의 권리인데, 이것은 우리가 폭압적인 지도자에 대항하여 일어나서 필요하다면 힘과 폭력에 의해서라도 악당들을 전복할 절대적 권리, 아니 어쩌면 의무가 있다는 주장이다. 이 두 가지 원칙은 우리의 가장 기본적이고 근원적인 시민의 자유, 즉 우리가 원하는 것을 말할 자유와 우리의 의견과 신념을 인쇄하고 발행할 자유를 단단히 묶어 주고 있다.

---

3) John Locke, *An Essay Concerning Human Understanding*, ed. Peter H. Niddich, Oxford: Clarendon Press, 1975, bk. 3, chap. 6. 또한 Yolton의 앞의 책, pp. 148~149의 인용을 보라 : "단어는 일반적인 관념의 기호로 사용될 때… 일반성을 지니며, 따라서 특정의 많은 사물에 무차별적으로 적용가능하다." 또한 Ruth W. Grant, *John Locke's Liberalism,* Chicago: University of Chicago Press, 1987, pp. 37~39을 참고.

로크의 정치철학은 1690년에 발간된 그의《정부에 관한 두 논문》(*Two Treatises of Government*)에서 시작되고 있는데, 이것은 2년전에 일어났던 명예혁명(*Glorious Revolution*)을 옹호할 목적으로 씌여졌다고 한다.[4] 물론 이《두 논문》은 그 이상의 역할을 수행했다. 그것은 미국혁명과 프랑스혁명의 청사진 역할을 했고, 이 세상의 모든 공화제 정부에 개념적 도덕적 정당성을 제공했다.

로크는 역사에서 이토록 주요한 역할을 할 만큼 충분한 자질이 있었다.[5] 그는 크롬웰의 혁명군에서 일했던 시골 변호사의 아들로 1632년에 태어나서 옥스포드의 크라이스트 처어치(Christ Church)에 다녔으며, 그 당시 영국을 휩쓸고 있던 반왕정 운동의 영향을 받았고 또한 전에 홉스를 열광케 했던 과학적 진보의 영향도 크게 받았다. 홉스가 그랬던 것처럼 로크도 프랑스의 수학자 데카르트(Rene Descartes)로부터 특히 깊은 감명을 받았다. 버트란드 러셀이 "근대철학의 창시자"라고 한 데카르트는 과학적 방법의 발전에 중요한 공헌을 했고, 특히 **나는 생각한다, 고로 나는 존재한다**(*Cogito, ergo sum*)라고 말한 그의 유명한 주장은 영국의 경험주의자들로 하여금 교회의 계시적 지혜에 의문을 제시하게 만들었다.[6]

밀턴이나 홉스와 마찬가지로 로크도 행동적인 사람이었다. 그는 독일에서 외교관으로 일했고, 식민지 미국에서 캐롤라이나의 주요 지주 중의 한 사람이며 나중에 쉐프티스버리 경(Lord Shaftesbury)이 되었던 안토니

---

4) John Locke, *Two Treatises of Government*, ed. Thomas 1. Cook, New York: Hafner, 1947. 이하 *Treatise*로 간략히 표기하고, 인용은 로크의 *Second Treatise*의 장(章)과 문단의 수를 나타낸다.

5) 로크에 관한 전기물은 상당히 많다. 예를 들면 다음과 같은 것이 있다. Maurice Cranston, *John Locke: A Biography*, London: Longman, Greens, 1957; Richard I. Aaron, *John Locke*, 3rd ed., Oxford: Oxford University Press, 1971. 많은 선집들도 또한 간단한 전기적 사항을 다루고 있는데, 예컨대 Yolton의 앞의 책 pp. 1~9와 Cook의 *Treatise* 서문(pp. vii~xxxix)을 참고하라.

6) 데카르트의 영향을 평가한 흥미로운 글로서는 러셀의 앞의 책 pp. 564~565를 보라.

애쉴리 쿠퍼 (Anthony Ashley Cooper)의 휘하에 일하면서 캐롤라이나 헌법을 기초했다. 쿠퍼는 찰스 2세 아래서 장관으로 일하는 가운데 반역행위로 고소되자 홀란드로 도망갔는데, 정부의 첩자가 자신을 감시하고 있음을 깨달은 로크도 역시 홀란드로 갔다. 그러나 마침내 스튜어트 왕조가 1688년에 무너지자, 찰스 1세의 손자인 오렌지 공 윌리암(William of Orange)이 런던으로 초빙되어 왕위를 계승하고 영국시민에게 시민의 자유를 보장한 권리장전(Bill of Rights)을 받아들였다. 이것이 바로 저 유명한 무혈의 명예혁명인데, 무엇보다도 이 혁명으로 인하여 영국에서 오랫동안 지속되었던 왕권신수설의 개념이 사멸하고 입헌군주제라는 영국식 전통이 정치세계에 소개되었다. 로크는 윌리암과 함께 영국으로 향했고 2년 후에 《두 논문》을 발간했던 것이다.

첫 논문은 로버트 필머 경(Sir Robert Filmer)이 《패트리아카 : 왕의 자연권력》(*Patriarcha : or the Natural Power of Kings*)에서 주장한 세습권력의 원리에 직접 대응하여 쓴 것이었다. 《패트리아카》는 필머 경 사후인 1680년에 발간되었는데, 스튜어트 왕정은 그들의 왕권을 유지하기 위해서 여기에 의존하고 있었다. 공공선(公共善)에 대한 모든 생각뿐 아니라 홉스의 계약설까지도 무시하는 필머 경은 군주가 피지배자에 대해 가지고 있는 정치권력의 권위는 자녀에게 권력을 행사할 수 있는 아버지의 권위와 같은 것이라고 주장하였다. 그의 주장에 의하면, 하느님은 아담에게 그의 권력을 큰아들에게 양도할 권위를 주었고, 이 권위가 지금까지 정치권력의 근원이 되어왔다고 하였다.[7)]

말도 안되는 소리, 이것이 로크의 응답이었다. 아버지가 그의 아들 즉 장남과 다른 아들을 포함하여 모든 아들에 대해 가지고 있는 권력은, 아

---

7) Grant, 앞의 책, pp. 119~120. 원문을 보려면 다음을 참고하라. Sir Robert Filmer, "*Patriarchaor The Natural Powers of the Kings of England Asserted and Other Political Works of Sir Robert Filmer*, ed. Peter Laslett, Oxford: Basil Blackwell, 1949.

들이 아버지에게 준 동의로부터 나오는 것이다. 그렇지 않으면 아버지든, 군주이든, 권위를 가지고 있는 사람이 누구이든, 아들이나 시민을 그의 재산으로부터 축출할 아무런 권한이 없다는 것이 로크의 주장이다. 로크의 이 선언은 너무나 뚜렷한 주제로서 지금까지 자유인의 상상을 불태워 왔다. 왜냐하면 인간은 "본질적으로 모두가 자유롭고 평등하며 독립적이고," 어느 누구도 "자신의 토지로부터 내쫓겨 자신의 동의없이 다른 사람의 권력에 종속되지 않기" 때문이다.[8] 이 동의를 반드시 단단한 돌에 새겨 두어야 할 필요는 없다. 로크에 의하면, 시민이 "암묵적 동의"를 주는 것만으로 충분하며, 그리고 사실 시민이 공동체에 합류하는 것이 바로 암묵적 동의를 주는 것이다.[9]

홉스나 또 다른 위대한 계약이론가로서 우리가 나중에 만나게 될 장-자끄 루소와는 달리, 로크는 시민사회를 만드는 계약과 정부를 구성하는 계약을 구별하였다. 사실 그는 두 개의 분리된 계약을 생각했는데, 이렇게 해서 그는 미국 독립선언문에 쓰여졌던 혁명이론을 비교적 쉽게 구상할 수 있었다. 이 두 가지 계약에 관련된 복잡한 논의에 우리가 오래 매달려 있을 필요는 없다. 단지 로크의 계약은 변경할 수 없는 것이 아니라는 것을 지적하는 정도로 충분하리라 본다.[10] 계약이 폭정과 상당한 권력남용에 이르게 될 때 그 계약은 변경될 수 있고, 필요하다면 폭력적으로 변경할 수 있다.

이제 우리는 자연 상태에 대한 로크의 인식으로 돌아가야만 한다. 홉스에게 자연적인 세계는 잔혹하고 경쟁적인 곳이며 만인이 만인에 대해 적

---

8) Treatise, 8 : 95, p. 168.

9) 위의 책, 8 : 119, p. 182. 암묵적 동의와 명시적 동의에 대해 좀 더 알고자 한다면 Grant, 앞의 책, pp. 123~128과 Yolton, 앞의 책, p. 296을 보라.

10) 로크의 이 두가지 계약에 대해서 더 알고 싶다면 Cook의 *Treatise* 서문 pp. xx~xxi를 참고하라. 또 George H. Sabine, *A History of Political Theory*, 3rd ed., New York: Holt, Rinehart and Winston, 1965, pp. 531~534를 참고하라.

대적인 곳임을 기억하고 있을 것이다. 그러나 로크는 행복하고 원시적이며 공동체적인 일종의 에덴동산을 그리고 있었다. 자연상태에 대한 로크의 낙관적 관점은 전통적인 것이다. 독창적이었던 것은 오히려 홉스의 비관적 관점이었다. 로크의 자연상태는 유대교와 기독교에서 그리고 있는 성서의 행복한 세계와 대단히 유사한 것이었다.

일반적으로 로크의 찬미자였던 버트란드 러셀도 여기서 로크의 독창성 부족을 지적하며, 이 점에서 로크도 자신의 사상으로 명성을 얻은 다른 모든 사람들과 유사하다고 말했다. 러셀은 다음과 같이 말한다. "대체로 새로운 사상을 처음으로 생각한 사람은 그의 시대보다 너무 앞서 있어서 모두가 그를 어리석다고 생각하고 눈에 띄지 않은 채 곧 잊혀진다. 그런 다음 세계는 점차적으로 그 사상을 맞을 준비가 되어가고, 어느 행운의 순간에 그 사상을 주장한 사람은 모든 영예를 한꺼번에 받게된다."[11] 분명히 로크가 그랬다.

로크는 자연을 행복한 것으로 생각했었지만, 그럼에도 불구하고 그는 그의 자연상태에서 하나의 심각한 오류를 발견했다. 그의 자연상태는 논란을 판단하는 어떠한 장치도 제공하지 않는다. 간단히 말해서 어떠한 성문법도 없고, 단지 합리적인 불일치가 되기 쉬운 자연법만이 있다. 로크의 관점에서는 모든 사람이 이성적인 사람이기 때문에 이웃과의 논란을 판단할 능력이 있다고 본다. 그러나 그 이웃은 그 자신의 이성을 통하여 다른 판단에 도달할 수 있는 것이다. 따라서 무언가 다른 방법이 있어야만 하고, 로크는 이것을 그의 시민사회 개념에서 발견하고 있는데, 시민사회란 성문법에 근거하고 있는 것이다. 여기서 그는 평등주의자 제임스 해링턴(James Harrington)의 말을 따르고 있는데, 해링턴의 이상사회는 "사람의 제국이 아닌 법의 제국"이었다. 로크에게 이성적인 인간(여기서는 남자 : 남녀평등주의는 여전히 먼 훗날의 일이었다)은 시민사회에 참여할

---

11) Russell, 앞의 책, p. 624.

것을 동의하는데 시민사회는 그것의 법아래 만인에게 동등한 보호를 제공한다. 이 보호를 얻기 위해서, 사람들은 보다 더 큰 선을 위하여 자신들의 절대적 자유를 축소하는 권위를 시민사회에 양보할 것을 동의한다. 즉 그들은 그들의 자유를 제한하는 정부의 국민이 되기 위해 그들의 이상적인 자연상태를 포기할 것을 동의하는 것이다. 이것은 그들이 막강한 지배자의 압제에 충분히 저항할 수 있는 강력한 단결을 통해서 자신들의 개인적 자유를 철저히 방어하기 위한 한 방법이었다. 그 해결책은 바로 다수의 지배이다.

> 그리하여 모든 인간은 하나의 정부하에 하나의 정치체계를 만들 것을 다른 사람들과 동의함으로써, 그 사회의 모든 사람이 다수의 결정에 복종하고, 그것에 의해 결론내려야 하는 의무를 지게 된다.[12]

여기서 우리는 개인적 자유를 보장하는 동시에 사회의 권리를 어떻게 보호해야 하느냐 하는 민주사회의 패러독스를 로크가 어떻게 풀고자 했는지를 알 수가 있다. 다수의 지배라는 그의 해결책은 사회 구성원 각자가 선출하는 입법부에 내재되어 있다. 그러나 사회의 모든 구성원이 선출하는 것은 아니었다. 로크는 자신의 시대보다 훨씬 앞서 나간 사람은 아니었다. 입법부에 대한 투표권은 남자에 한정되어 있었고, 비록 로크가 그의 수많은 글에서 결코 그렇게 말한 적은 없지만, 재산을 소유한 남자에 한정되어 있었다. 그렇게 만든 결정적인 요인은 로크와 또 무엇보다도 미국 건국의 아버지들이 강력히 신봉하였던 다수의 지배 때문이었다. 이같은 생각은 훗날 프랑스인 토크빌(de Tocqueville)에게도 남아 있어서, 그는 다수가 군주만큼이나 폭정과 억압을 할 수 있다고 지적하였다. 그러나 어쨌든 그것은 다른 이야기이다. 여하튼 토마스 쿡(Thomas Cook)은 로크가

---

12) *Treatise*, 8 : 97, p. 169.

다수를 절대적으로 믿은 것이 아니라는 입장을 취하면서, 다수는 권리를 제한하기 위해서가 아니라 단지 권리를 설명하기 위해서만 입법할 수 있다고 주장했다.[13]

로크가 공동체에 의해 수립되는 것으로 생각한 정부는 무엇보다도 균형잡힌 정부이다. 비록 그가 군주제의 사상을 거부하지 않도록 조심했지만, 그가 생각한 정부는 그 꼭대기에 군주를 가지는 것이 아니다. 로크의 정부는 법의 제국으로서 의원들, 즉 입법부에 의해 운영되는 정부였다. 이 점잖고 온건한 혁명가는 그가 민주주의를 권하고 있는 것이 아님을 분명히 했다.[14] 대신에 그는 그의 "사람의 사회"에 커먼웰스(*commonwealth*)라는 이름을 주었다. 그리고 그의 커먼웰스의 목적은 무엇보다도 재산의 보호였다.

---

13) Cook, *Treatise* 서문, p. xxi.

14) *Treatise*, 10 : 133, p. 187.

| 제8장 |

혁명사상의 청사진

A Blueprint for Revolutionary Thought

20세기 후반을 살고 있는 독자의 눈에는, 로크가 재산을 강조한 것이 신기하고 또 분명히 과장된 것으로 여겨질지 모르겠다. 그러나 사실은 300년 전의 세계에서 재산이 인간생활에서 차지했던 역할은 무거운 근저당과 아파트와 콘도미니엄 생활의 요즈음 세계에서 재산이 차지하고 있는 역할과는 판이하게 달랐다. 로크의 시대에 재산을 소유한다는 것은 왕과 황제의 권력으로부터 스스로를 보호할 수 있는 자유인임을 의미했다. 아버지가 자기 자식에 대해 영원한 권력을 주장할 수 없다고 로크가 말했을 때, 그의 준거점은 "(토지)재산"(*estate*)이었다. 아주 간단하게 말해서, 로크는 아버지가 아들 전부의 동의없이 재산을 장남에게 넘겨줄 권리가 없다고 했는데, 이것은 말하자면 오늘날 우리가 "적절한 법절차"라고 지칭하는 것 없이는 안 된다는 것이다. 계약을 작성함에 있어서, 사람들은 그들의 재산을 보호하는 대가로 그들이 자연상태에서 누렸던 자유를 양보하는데 동의했다.

> (자연상태에서 자신의 재산을 보호할 능력이 있는지에 대한 두려움이) 그로 하여금 자유롭기는 하지만 두려움과 끊임없는 위험으로 가득찬 현재의 상태를 끝내고자 만든다. 그리고 자기들의 생명, 자유, 그리고 내가 재산(*property*)이라는 일반적 명칭으로 부르는 (토지)재산 (*estate*)을 상호 보전하기 위해, 이미 뭉쳐 있거나 또는 뭉치고자 하는 마음이 있는 다른 사람들과 함께 사회에의 참여를 기꺼이 모색한다는 것은 결코 비이성적인 것이 아니다.[1]

나아가서 로크는 사람들이 스스로를 정부하에 둘 때 "가장 크고 중요한 목적"은 "그들의 재산보전"이라고 말했다.[2] 실제로 로크는 재산을 사람의 인격이 노동과 정력을 통하여 그의 토지 속으로 확대된 것이라고 보았다. "모든 사람은 자기자신의 재산을 가지며 그 자신 외에는 어느 누구도 이에 대한 권리가 없다"라고 하면서, 로크는 여기에 재치있게 한 마디를 보태어 "그의 신체가 하는 노동과 그의 손이 하는 일은 당연히 그의 것이라고 말할 수 있다"라고 했다.[3] 로크가 말한 것 가운데 가장 영향이 큰 개념 중의 하나인 이 개념은 자본주의 경제학과 사회주의 경제학 양쪽에서 모두 중요한 역할을 한다. 자본주의는 로크의 말을 빌어 국가의 가장 큰 의무 가운데 하나는 사유재산을 보호하는 것이라고 주장한다. 사회주의도 역시 로크의 말을 빌어 모든 인간은 자신이 노동한 대가를 받을 권리가 있으며 다른 사람이 그 노동의 과실에서 이윤을 취하게 해서는 안 된다고 주장한다. 이 갈등은 명백한 것이다. 로크는 경제학자가 아니었고, 따라서 명료하지 못했던 그의 표현이 후세 사람들로 하여금 입장에 따라 그를 보수주의자나 진보주의자라고 주장할 수 있게끔 만들었던 것이다.

---

1) John Locke, *Two Treatises of Government*, ed. Thomas I. Cook, New York, Hafner, 1947, 10 : 123, p. 184. 이하 인용은 *Second Treatise*의 장, 문단 수를 나타낸다.

2) 위의 책, 10 : 124, p. 184.

3) 위의 책, 5 : 27, p. 134.

사실을 말하자면 로크는 이러한 구별에 신경쓰지 않았다고 할 수 있다. 《논문》에서 그의 주목적은 명예혁명이라는 특정한 사건을 옹호하는 것이었다.

분명한 것은 로크가 자본주의자는 아니었다는 것이다. 산업혁명이 일어나기 훨씬 전이었던 당시에 로크의 준거점은 자본이 아니라 토지였다. 그는 지주계급의 대변자였고 그의 세계관은 토마스 제퍼슨의 세계관과 유사하였다. 제퍼슨은 산업의 발전에 대해 결코 행복하게 생각했던 적이 없었으며, 미국을 농업의 땅, 자발적이고 자립적인 농민의 땅으로 생각했다. 이러한 인식은 미국언론인의 직업 이데올로기를 구성하는 한 요소가 되어왔다. 전원적(田園的) 가치, 예컨대 스스로의 근면과 자립정신을 통하여 자수성가한 사람의 이미지와 같은 것들은 미국의 신문이 존재하는 한 "인간적 흥미" 기사에서 언제나 중요한 주제가 되어왔던 것이다.

로크는 그 자신의 시대에서는 진보주의자로 간주되었다. 진보주의자라는 말은 대단히 문제가 많은 단어인데, 단어에 관한 갖가지 주장을 언제나 의심쩍어했던 로크로서는, 만약에 그가 오늘날의 세상으로 돌아올 수 있어 이 단어의 정의가 어떻게 변해 왔으며 누가 진보주의자이고 누가 진보주의자가 아닌지에 대해 어떻게 해서 그토록 많은 논쟁들이 일어났는지를 알게 된다면 틀림없이 기뻐할 것이라고 생각된다. 로크의 시대에서 진보주의자는 오늘날에는 보수주의자가 될 수 있을 것이다. 재산의 중요성에 대한 그의 강한 애착은 17세기의 영국에서 로크를 진보주의자로 만들었는데, 그것은 모든 토지가 국왕에 속한다는 사상을 그가 거부했기 때문이다. 그는 결코 토지를 가난한 사람에게 돌려 주어야 한다는 계획을 제시한 적은 없었다. 사유재산권은 생명이나 자유와 같이 자연적인 권리이며, 정부가 재산의 보호를 보장하지 않는다면 이성있는 사람은 결코 그런 정부에 참여하는 것을 동의하지 않으리라고 믿었다. 로크의 중산층 이데올로기는 개인의 자유를 옹호하였는데, 그것은 정부의 억압에 대한 방어책으로 재산을 소유할 권리라는 측면에서 이루어진 것이었다. 억압이 정부가 아닌 사회로부터 나올 수도 있지 않느냐는 질문이 로크를 괴롭혔던 것 같지는 않다. 로크의 관심은 재산권이었지 인권이 아니었던 것이다. 사실 경제적 권력은 로크의 우선적인 관심사가 아니었다. 그보다는 경제적 소유가 그의 일차적 관심사였다. 로크의 온건주의와 거대한 이익집단들(국왕, 교회, 귀족, 평민) 모두를 균형있게 하려는 그의 노력은 또한 그로 하여금 우리가 나중에 만나게 될 위대한 영국의 보수주의자 에드먼드 버크(Edmund Burke)의 선구자가 되게 했던 것이다. 로크와 마찬가지로 버크도 군주제를 뒤엎고자 하는 생각은 없었다. 두 사람 모두 최고 지위의 국왕을 원했지만, 그러나 너무 지나치게 지고적(至高的)인 왕을 원했던 것은 아니었다. 따라서 필연적으로 그 해결책은 입법부인 의회의 권한을 향상시켜서 국왕보다 더 강하지는 않을지라도 국왕과 동등한 의회를 만드는 것이었다.

나중에 알게 되겠지만, 루소는 재산에 대해 상반된 견해를 가지고 있었다. 그의 주장에 의하면, 재산은 모든 정치적 사회적 불평등의 근원이었다. 따라서 그의 계약은 인민의 권력을 정부의 권력 이상으로 높였다. 이러한 점에서 토마스 페인이나, 또 그보다는 덜하지만, 토마스 제퍼슨은 로크의 추종자라기 보다는 루소의 추종자였다. 여하튼 로크의 사상을 식민지 미국에 적용할 때 제퍼슨이 로크의 3원소(*triad*)를[역주1] 수정하여 "재산"을 "행복의 추구"로 대치했다는 것은 흥미로운 사실이다.

로크의 반역의 권리, 즉 처음부터 미국의 언론인들에 의해 이런저런 형태로 채택된 이 반역의 권리는 재산을 공동체의 가장 중요한 가치로 생각한 그의 인식에서 비롯되었다. 대부분의 언론인은 이 권리를 결코 그 마지막 단계, 즉 힘과 폭력의 합법화에까지 추구하는 일은 거의 없다. 하지만 이 권리는 기자를, 로크의 표현에 의하면, "야망, 두려움, 어리석음, 또는 부패에 의해" 인민의 신뢰를 저버리는 의원이나 행정관에 대한 파수견으로 생각하는 것과 깊은 관련이 있는 것이다.[4)]

역주1) 생명, 자유, 재산.

4) 위의 책, 19 : 222, p. 233.

로크의 주장에 의하면, 인민이 의회에 보낸 사람들의 행동과 거기에 알맞는 행정수반(로크의 시대에는 입헌군주를 의미함)의 행동을 판결하는 이 지상의 재판관은 결국 인민 자신이며, 인민이 불의의 정부에 반대할 때 이 지상에서는 어느 누구에게도 호소할 힘이 없기 때문에 인민의 호소는 하늘로 향할 수밖에 없다.5) 그리고 정의로우신 하느님은 개인이 아니라 하나의 공동체로서 행동하는 인민들에게 "강제로" 정부를 제거할 권한을 불가피하게 부여하게 될 것이다.6)

온건한 그의 성품에 걸맞게도, 로크는 반역의 권리에 심각한 제한점이 있음을 분명히 하였다. 반역은 어떤 사소한 위법 때문에 일어날 수는 없고, 오직 입법자들이 "인민의 재산을 빼앗고 파괴하고자 하거나, 또는 인민을 인위적인 권력아래의 노예로 두고자 할 때"에만 일어날 수 있다.7) 로크는 그의 이론이 "빈번한 반역의 소란"이라는 결과를 낳게 되리라는 반박의 가능성을 일축하며 다음과 같이 주장했다.

> … 그러한 혁명은 공공문제에서 사소한 잘못이 있을 때마다 일어나는 것이 아니다. 지배하는 측의 큰 실수나, 틀리고 불편한 많은 법률들, 유혹에 약한 인간의 모든 잘못들, 이러한 것들은 폭동이나 불평없이 인민들이 견뎌낼 것이다. 그러나 악습과 거짓과 책략이 오랫동안 끊임없이 계속되어 그 음모가 인민들의 눈에 보이게 될 때… 그 때는 인민이 스스로를 일어나게 해야 한다는 것은 놀랄 일이 아니다…8)

울려 퍼지는 구절구절마다 미국 언론인의 핏줄 속에 새겨져 왔던 독립선언문은 토마스 제퍼슨의 작품인 것만큼이나 로크의 작품이기도 했다.

---

5) 위의 책, 19 : 242, p. 246.

6) 위의 책, 13 : 155, pp. 201~202.

7) 위의 책, 19 : 222, p. 233.

8) 위의 책, 19 : 225, pp. 235~236.

흥미롭게도 로크는 정당을 전혀 좋아하지 않았는데, 이것 역시 미국에서 그리고 독립적인 사고에 강한 애착을 가지고 있는 미국 언론인의 신념체계에서 친근하게 받아 들여지고 있는 성향이다. 그 자신이 휘그(Whig)당원이었지만, 로크는 이성적 판단을 방해하는 편견과 열정에 영향받기 쉽다는 이유로 정당을 거부했다.[9] 제임스 매디슨의 영향력있는 한 논문에서 알 수 있듯이 “파벌”을 경멸했던 건국의 아버지들과 로크의 그러한 자세 사이에는 별로 큰 차이가 없었던 것이다.

로크는 50년 전에 밀턴을 그토록 괴롭혔던 면허제도를 종식시키는 일에서 그의 정치적 솜씨를 여실히 보여 주었다. 그는 면허제를 계속하면 심각한 경제적 충격이 초래될 것이라고 주장했다. 말하자면, 면허제의 계속은 영국 인쇄 무역에 타격을 줘 영국 인쇄인들이 외국인과 경쟁하는 것을 어렵게 만들 것이라는 주장이다. 1694년에 로크는 정부의 검열제도를 폐지해야 하는 18가지 이유를 담은 진술서를 하원을 위해 준비했다. 그는 자유언론을 옹호하는 강경한 진술서를 만들지 않도록 조심했다. 그러나 검열기구가 부담이 되는 존재일 뿐이라고 공격하고, 보통법이 이미 방종함에 대한 적절한 보호를 제공하고 있기 때문에 검열이 불필요하다고 주장함으로써 그의 목적을 달성했다.[10] 자유언론과 재산권의 연결은 미국 언론인의 직업 이데올로기에서 오랫동안 중요한 요소가 되어 왔다.

비록 로크가 자유언론보다는 종교적 자유의 옹호에 보다 열심이었지만, 재산권에 대한 그의 강조는 언론의 자유에 강력한 자극이 되었다. 인

---

9) Ruth W. Grant, *John Locke's Liberalism*, Chicago: University of Chicago Press, 1987, p. 189. 또한 Richard Hofstadter, *The Idea of a Party System: The Rise of Legitimate Opposition in the United States*, 1780~1840, Berkeley: University of California Press, 1969를 보라.

10) Lord Peter King, *The Life and Letters of John Locke*, London: Bell and Daidy, 1858, pp. 202~209. 또한 Leonard W. Levy, ed., *Freedom of the Press from Zenger to Jefferson*, Indianapolis: Bobbs-Merrill, 1966, pp. xxi~xxii를 보라.

쇄기를 갖게 되는 사람이면 누구나가 정부가 뺏을 수 없는 재산을 소유하게 되는 것이고, 그것의 사용이 법을 위반하지만 않는다면 소유주가 그 재산을 적절히 사용할 수 있는 권리를 부인할 수 없었던 것이다. 이 점에 관해서 로크가 아주 분명히 말했던 것은 아니다. 그러나 그는 "인간의 생명과 이 생명에 속하는 것들을 안전하게 보호하는 일은 커먼웰스의 사업이고, 그러한 것을 그 소유주에게 보전시키는 것은 행정장관의 임무"라고 강조하였다.[11] 하지만 레오나드 레비(Leonard Levy)의 지적에 의하면, 로크가 17세기의 신념있는 진보주의자였던 것은 사실이지만, 그가 행정장관에게 "인간사회에 위배되거나 시민사회의 보전에 필수적인 도덕적 규칙에 위배되는" 의견은 용인하지 말 것을 요구했다고 한다.[12]

로크의 사상은 미국의 식민지와 18세기 프랑스에서 혁명사상의 청사진을 제공했다. 물론 프랑스에서 루소는 사회계약에 관한 로크의 생각은 받아들였지만, 로크의 냉정한 온건주의와 지성주의에 반대하고 로크가 그토록 두려워했던 일종의 핏빛 열정을 선호하였다. 인간의 본성에 대하여 로크가 낙관적이었음에 반하여 루소는 회의적이었다. 로크가 재산이라는 바위 위에 그의 공화제적 모델을 건설했음에 반하여 루소는 재산은 인간을 노예로 만드는 쇠사슬이라고 단정했다. 우리는 제 3 부에서 루소와, 미국인의 생활과 사상의 진로에 영향을 주었던 다른 프랑스 철학자들을 다루게 될 것이다.

---

11) John Locke, *A Letter Concerning Toleration*, 2nd ed., Indianapolis: Bobbs-Merrill, 1955, pp. 44~46. 또한 John W. Yolton, *The Locke Reader*, Cambridge: Cambridge University Press, 1977, pp. 4~5와 p. 273을 보라.

12) Levy, 앞의 책, p. xxi.

| 제 9 장 |

데이비드 흄 : 회의론적 언론의 근원

David Hume : The Roots of a Skeptical Press

명예혁명의 성공은 17세기의 실험적 자유주의에 종말을 가져왔다. 프랑스에서는 변혁의 열정이 수면아래서 부글거리고 있었지만, 영국은 놀랍게도 변혁에 맹목적으로 저항하는 보수주의에로의 회귀를 경험하고 있었다. 이러한 보수주의에로의 복귀는 영국에게 한편으로는 식민지 미국의 정착을 포함한 무역과 상업의 확장이라는 결과를 가져다 주었지만, 다른 한편으로는 정치적 경제적 우를 범함으로써 식민지 미국의 반역을 불러 일으키게 되었다.[1)]

18세기의 영국철학에서 중심적인 인물은 의문의 여지없이 데이비드 흄(David Hume)이라는 스코틀랜드 사람이었다. 흄은 로크와는 달리, 멋진

1) 식민지시대에 영국이 행한 어리석음을 다음의 책은 잘 정리하고 있다. Barbara Tuchman, *In Praise of Folly:From Troy to Vietnam*, New York: Alfred A. Knopf, 1983.

신세계를 전향적으로 바라보기보다는 역사적 과거를 좀더 뒤돌아 보았던 사람이었다. 그의 전기작가 아이어는 그를 가리켜 "영국 철학자 가운데 가장 위대한 인물"이라고 부른다.[2] 이 말이 사실이든 아니든간에, 흄의 철학은 오늘날 미국 언론인의 직업 이데올로기에서 특별히 중요한 의미를 지닌다. 왜냐하면 다른 어떤 철학자보다도 회의론자로서의 위치가 확고히 인정되고 있는 사람이 바로 흄이기 때문이다. 흄은 어떤 것이 다른 어떤 것의 원인이라는 것을 결코 증명할 수 없다는 입장을 취할 정도로 회의론적인 인물이었다.

아주 실제적인 의미에서 흄은 상대주의의 극치였다. 대부분의 현대 언론인들과 마찬가지로 그는 어떠한 종류의 것이든 절대적인 것을 거부했다. 그는 형이상학을 인정하지 않았으며, 형이상학은 우리의 추론이 근거하는 생각이라기 보다는 관습이라고 주장했다. 그에 의하면, 우리가 가지고 있는 여러 가지 가치는 — 그는 20세기 후반에서 우리가 "변덕스러운 윤리"(*whim ethics*)라고 부르는 것을 의미하는 것 같다 — 일반적인 원칙에 의해서가 아니라, 관습과 관행적인 행동으로부터 생겨나는 개별적인 사례에 의해 결정된다고 주장했다. 대단히 흥미롭게도 독일 철학자 임마누엘 칸트의 저작에 영감을 주었던 것은 흄의 저서들이었다. 칸트는 흄이 "독선의 수면상태"로부터 그를 깨워 주었다고 말했는데, 그리하여 칸트가 흄이 제안했던 것과 정반대로 도덕의 절대적 기준을 세우게 되었다는 것은 참으로 아이러니컬한 일이라 하겠다.[3]

---

2) A. J. Ayer, *Hume,* New York: Hill and Wang, 1980, p.1. 흄에 대한 평가가 모두 다 그렇게 후했던 것은 아니었다. 사실 현대에서 가장 영향력있는 흄 전문가 가운데 한 사람인 스미스는 흄의 분석과 해석상 잘못을 예리하게 비판하고 있다. Norman Kemp Smith, *The Philosophy of David Hume: A Critical Study of its Origins and Central Doctrines*, London: Oxford University Press, 1941 참조.

3) Ayer, 앞의 책, p.18. 칸트는 그의 서문(*Prolegomena*)에서 흄이 "사변철학에 대한 그의 탐구에 대단히 새로운 방향을" 제공해 주었다고 말했다.

역설적이게도, 칸트와 독일의 관념주의자 헤겔로 하여금 종교의 부활을 고무하고 절대적인 윤리적 가치에 믿음을 복원시킨 정교한 형이상학을 만들게 한 것은 다름 아니라 관념에 대한 흄의 거부, 즉 형이상학과 그리고 무엇보다 종교는 관습과 상황보다 결코 더 타당한 것이 아니라는 흄의 생각이었다.[4]

흄은 로크가 죽은지 7년 후인 1711년에 태어나서, 미국 독립선언문이 서명된지 한달 후인 1776년 8월에 죽었다. 이 해에 같은 스코틀랜드 사람이자 흄의 제자인 아담 스미스가 유명한 《국부론》(*The Wealth of Nations*)을 썼고, 이 책은 근대 자본주의의 철학적 지주가 되었다. 아담 스미스는 흄을 우상시했고, 흄이 죽었을 때 그는 "약한 인간의 본성이 허용하는 한 이 완전무결하게 현명하고 고결한 사람의 사상에 가깝게" 접근하고자 했다고 말했다.[5]

흄의 걸작 《인성론》(*A Treatise of Human Nature*)은 그가 20대였던 1739년과 1740년에 발간되었다. 이 책은 그에게는 괴로운 실패작이었다. 그의 회의론은 비평가들로부터 한 세기 이상동안 욕을 들어먹는 결과를 가져왔다. 그의 사상이 미국에서는 건국의 아버지들 특히 제임스 매디슨에게 강한 영향을 주었지만, 영국에서 그의 명성이 확고하게 된 것은 20세기에 들어와서였다.[6] 흄이 그 당시의 철학에서 명성을 갖게 된 것은 그가 《인성론》의 축약본을 《인간의 이해에 관한 탐구》(*Inquaries Concerning*

---

4) George H. Sabine, *A History of Political Theory*, 3rd ed., New York: Holt, Rinehart and Winston, 1965, p. 605.

5) 위의 책, p. 14에서 인용. 또한 Charles W. Hendel, *The Philosophy of David Hume*, Indianapolis, Bobbs-Merrill, 1963, p. 5를 참조하라. 스미스의 이러한 언급은 1846년에 발간되었던 흄에게 바쳐진 한 헌사에 나타나고 있다.

6) A. J. Beitzinger, *A History of American Political Thought*, New York: Dodd, Mead, 1972, p. 11. 영국철학에서 흄이 차지했던 역할을 흥미롭게 다룬 글로는 Hendel의 앞의 책, pp. xxi~li를 참조하라.

Human Understanding)라는 제목으로 1748년에 발간한 이후였다. 칸트에게 영향을 주었던 것이 바로 이 연구였고, 특히 흄이 몇년 후에 프랑스에 정착하게 되었을 때 그를 높이 떠받들었던 새로운 유형의 프랑스 철학자들에게 깊은 영향을 주었던 것도 바로 이 연구였다.[7]

흄의 회의론은 심지어 우리가 보고 들은 것이라 할지라도 분명히 알 수 있는 것은 아무 것도 없다는 그의 확신에서 비롯된다. 이러한 점에서, 그는 고대 희랍의 스토아 학파와 로마에서 이들의 대변인과 같았던 키케로의 가르침을 따랐다고 볼 수 있다.[8] 흄은 우리가 알 수 있는 모든 것은 개연성일 뿐이라고 말한다. 그에 의하면 우리가 지각하고 있는 것이 진실인지 아닌지조차 확신할 수 없다. 이러한 사고는 물론 자연상태라는 개념에 근거하고 있는 어떠한 종류의 자연법도 전적으로 거부하는 것이다. 흄은 자연상태를 "단순히 허구에 불과한 것으로서, 시인들이 지어낸 황금시대라는 말과 다를 것이 없다"라고 말한다.[9] 흄의 인식론(그의 지식의 철학)은 이해하기가 쉽지 않다. 그의 인식론에 의하면 지각(*perception*)은 일반적으로 크게 두 가지 범주로 나뉘어지는데, 흄은 그것을 각각 "인상"

7) Ayer, 앞의 책, p. 11. Ayer는 Lytton Strachey의 다음과 같은 말을 인용하고 있다. "그는 왕자들로부터 칭송을 받고, 귀부인들로부터 숭배받았으며, 계몽철학자들로부터 예언자 대접을 받았다." 흄이 프랑스 철학자 쟝자끄 루소를 알게 된 것은 파리에서였는데, 두 사람은 나중에 격렬한 논쟁을 하게 된다. Ayer, pp. 12~13참조.

8) 흄은 그 당시 한 편지에서 말하기를 자신은 《논문》(*Treatise*)을 쓰면서 "나의 모든 이성의 눈 속에" 키케로의 저작을 간직하고 있었다는 것이다. Hendel, 앞의 책, pp. 90~91 참조.

9) L. A. Selby-Bigge, *Humes Treatise of Human Nature*, Oxford: Clarendon Press, 3rd ed., 1978, 3 : 2 : 2, p. 493. 이 책은 흄의 대표적인 철학연구를 다룬 것으로서 이후 *Treatise*로 표기한다. 초판은 1888에 발간되었으며, 권(*book*), 장(*chapter*), 절(*section*)로 구분되어 있는데 여기서는 3 : 2 : 2 등으로 표기하겠다. Selby-Bigge는 풍부하고도 상세한 색인(pp. 641~709)을 만들었는데 흄의 사상에 관심있는 독자에겐 보충적인 주석이 될 수 있을 것이다.

(*impressions*)과 "관념"(*ideas*)이라고 부른다.[10] 인상은 관념보다 훨씬 강력한 것으로서, "강력하고 생생한" 지각이다.[11] 흄은 프로이트와 현대심리학 훨씬 이전에 살았던 사람이지만, 그의 "인상"은 일반적으로 오늘날 우리가 충동(*drive*)이라고 부르는 것과 유사하다고 말할 수 있다.

흄에 의하면, 모든 관념은 인상으로부터 비롯되며 상상력에 뿌리를 두고 있다. 인상은 즉각적이며 "강력하고 생생한" 것으로서 우리의 자연적인 열정과 우리가 보고 경험하는 외부 대상의 이미지로부터 나온다.[12] 관념은 생득적인 것이 아니지만 감정은 인간본성의 일부분이다. 이 점에서 흄은 로크와 의견을 달리했는데, 그에 의하면 로크는 관념과 인상을 구별하지 못함으로써 관념의 개념을 "곡해했다"는 것이다.[13]

철저한 경험주의자로서, 흄은 개인적 실체로서 자아(*self*)와 같은 것이 있는지 없는지를 알 수가 없다는 입장을 취하고 있다. 모든 것이 지각에 근거하고 있기 때문에, 자아는 단지 "상이한 지각의 묶음 또는 수집에 불과한 것"이다.[14] 따라서 우리는 영혼과 내세의 존재를 증명할 수가 없다. 또한 미래를 지각할 수도 없다. 사실 흄은 철저한 유명론자로서, 습관과 일반의 수용을 통해서만 존재하는 (구두적이거나 상징적인) 추정을 제외하고는 추상적인 관념은 모두 거부하였다. 예를 들면 우리가 정부나 협상에 대해 말할 때, 우리는 "이 복잡한 관념들을 구성하는 모든 간단한 관념들"에 대해서는 좀처럼 생각하지 않는다. 대신에 우리는 이들 관념에 대

10) *Treatise*, 1:1:1, pp.1~7. 지각에 대한 흄의 연구를 살펴 보고자 한다면 특히 다음을 참조하라. Hendel, 앞의 책, passim; Ayer, 앞의 책, pp.25~26; Beitzinger, 앞의 책, pp.11~13; Bertrand Russell, *A History of Western Philosophy*, New York: Simon and Schuster Touchstone, 1972, pp.660~663.

11) *Treatise*, 1:3:8, p.98. 또한 Ayer, 앞의 책, p.25 참조.

12) *Treatise*, 1:3:8, p.98.

13) 위의 책, 1:1:1, p.2.

14) 위의 책, 1:4:6, p.252.

해서 "말도 안되는 이야기는 피하게" 되는데, 그것은 우리가 상호 수용가능한 정의에 동의하는 경향이 있기 때문이다.[15]

흄에 의하면 우리가 할 수 있는 최선은 우리가 실제로 지각하고 있는 것에 근거하여 개연성있는 결론을 도출하는 것인데, 이러한 생각은 대부분의 언론인들이 가지고 있는 직업 이데올로기와 전혀 모순되지 않는 생각이다. 어떠한 문제라도 "두 가지 측면 모두가" 타당할 수 있기 때문에, 이 문제를 판단하는 사람들에게 각 측면 모두를 제시해야만 한다. 이러한 주장은 물론 도덕적인 이유 때문에 할 수도 있는 것이지만, 흄의 주장은 인간의 지식에 대한 철저히 회의론적인 관점에 근거하고 있다.

> 내가 어떤 원칙을 확신하고 있을 때, 그것은 단지 나에게 좀더 강하게 다가오는 하나의 생각일 뿐이다. 내가 어떤 일단의 주장을 다른 주장보다 선호하게 될 때, 나는 단지 그 주장의 영향력이 우월하다고 보는 나의 느낌에 의해서 그렇게 결정할 뿐이다.[16]

다른 사람과의 대화를 쉽고 편하게 생각했던 흄은 철학을 연구하는 것이 체질에 맞지 않고 또 회의론과 일치하지 않는다면 철학을 공부할 하등의 이유가 없는 것으로 본다고 말했다.

> 인생의 크고 작은 모든 일에서 우리는 여전히 우리의 회의론을 간직하고 있어야만 한다. 만약에 우리가 불은 따뜻하다거나 물은 시원하다는 것을 믿고 있다면, 이것은 단지 달리 생각하기에는 고통이 너무나 크기 때문에 그렇게 믿고 있을 뿐이다. 우리가 철학자라면, 그것은 오로지 회의론적 원칙에 근거하여야만 하고, 또 체질적으로 우리는 자신이 그런 식으로 일하고 있다고 느낀다.[17]

---

15) 추상에 대한 흄의 이론은 *Treatise*, 1 : 1 : 7, pp. 17~25에서 볼 수 있다.
16) 위의 책, 1 : 3 : 8, p. 103. 또한 Russeel, 앞의 책, p. 670.
17) *Treatise*, 1 : 4 : 7, p. 270. 또한 Russell, 앞의 책, p. 672.

일부 평자들이 주장하듯이, 어디를 보더라도 흄이 스스로를 묘사한 만큼 그렇게 회의론적인 것은 아니었다는 것이 사실이라고 하더라도, 흄의 명성은 그때나 지금이나 희랍과 로마의 회의론적 철학자들의 진정한 아들로서 근대 회의론의 정수라는 점에 있다.[18] 여하튼 간에, 종종 왜곡되고 우스운 빈정거림을 받았던 흄은 회의론적 의심은 "결코 근본적으로 치유될 수 없는 병"이라고 생각한다고 언젠가 말했다. 나중에 알게 되겠지만, 미국 언론인들이 이 병으로 고통받고 (또는 푹 빠져) 있음은 분명하다.

지식에 관한 그의 이론과 회의론에 대한 그의 열성으로부터, 흄은 그의 가장 위대한 철학적 공헌인 원인과 결과의 이론으로 나아간다. 경험적으로 우리는 어떤 것 'A'의 실행이 다른 어떤 것 'B'를 특정한 방식으로 움직이게 하고 있음을 알고 있는데, 이 경우 우리는 'A'가 'B'의 원인이라고 가정한다. 그러나 흄에 의하면 이것은 단순한 가정이지 증거는 아니다. 그는 한 당구공이 다른 당구공에 부딪쳐서 그것을 움직이게 만든 "원인"이 된 경우를 예로 들고 있다. 그는 이 "필연적인 연결"이 추론과 습관에 의한 것이지 과학적 증거에 의한 것이 아니라고 말한다.[19] 흄은 'A'와 'B' 사이에 상관관계가 있음은 인정하지만 그러나 원인과 결과를 말해주는 어떠한 증거도 없다고 본다. 그에 의하면, 우리는 원인과 결과라는 결론을 합리적 추론에 근거하고 있다고 생각할지 모르나 사실은 그렇지 않고, 대신에 우리는 **관습**(*customs*) 또는 **관행**(*conventions*)에 근거하여 행동한다는 것이다. 실제로 원인과 결과에 대한 우리의 모든 믿음이 나오는 곳은 "단지 관습일 뿐"이며, 이러한 믿음은 이성적 추론보다도 느낌에 더 뿌리를 두고 있다.[20] 흄에게 관행은 간단히 말해서 합리적으로 보이지만

18) Hendel, 앞의 책, p. 376은 흄이 "'철학적 회의론자'인 만큼 '철학적 독단론자'이기도 하다"고 주장한다.

19) *Treatise*, 1 : 3 : 9, pp. 106~117.

20) 위의 책, 1 : 4 : 1, p. 183.

증명이 될 수는 없는 요소일 뿐이다.[21] 흄은 다소간에 안정된 행동규칙이 만들어질 수 있는 것은 바로 이러한 관행에 의해서만 가능하기 때문에 관행도 역시 유용하다고 말한다. 칸트에게 영향을 주어 그로 하여금 일련의 엄격한 행동규칙을 수립하게 한 것은 바로 흄의 이같은 통찰이었다.

두 세기가 지난 후, 월터 리프만을 비롯하여 언론의 실천을 검토했던 수많은 분석가들은 기자들이 뉴스를 화제성, 근접성, 취재원의 권위, 유명인사의 관련 등과 같은 관행에 근거하여 판단하는 것으로 결론짓고 있다. 우리는 나중에 언론의 관행에 대해 더 많이 논의하게 될 것이다. 여기서는 당분간 이러한 개념의 아버지가 데이비드 흄이었다는 것을 아는 것만으로 충분하다고 본다. 어쨌든 이러한 관습과 관행은 일리가 있는 이야기이다. 흄에 의하면, 우리의 행동과 사고의 근거를 관습과 관행에 둠으로써 우리의 생활은 질서와 심리적 안정을 찾게 된다고 한다.

우리가 어떤 종류의 행동이 다른 행동을 뒤따르게 되기를 기대할 때, 또 어떤 것이 다른 어떤 것을 유발하기를 기대할 때, 우리는 합리적 사고보다는 우리의 느낌(인상)에 근거하여 행동하고 있다는 흄의 주장을 언론인들은 깊이 음미하고 있는지도 모르겠다. 흄은 말하기를, "어떤 사건이 나타나면 습관은 정신에 작용하여 그 사건에 통상적으로 수반하는 것을 기대하게 된다." 이것은 말하자면 "우리가 마음속에 느끼는 어떤 것으로서, 한 대상으로부터 그 대상의 통상적인 수반물로 상상이 습관적으로 이동하는 것"이다.[22]

흄이 인식론에서 출발하여 지식의 이론으로, 그 다음엔 윤리의 이론으로 나아간 것은 자연스런 행보였다. 절대적인 것은 어떤 것도 없기 때문

---

21) Sabine, 앞의 책, pp. 600~601은 흄 철학의 많은 부분이 자연적 사회과학에서 관습의 존재를 보여주는데 할애되고 있음을 지적하고 있다.

22) David Hume, *Inquiries Concerning Human Understanding and Concerning the Principles of Morals*, 3rd ed., L. A. Selby-Bigge, ed. Oxford: Oxford University Press, 1978, p. 75. 또한 Ayer, 앞의 책, p. 66 참조.

에, 옳고 그른 것에 대한 어떠한 합리적 원칙도 있을 수 없다. 이성은 우리에게 무엇이 고결한 것인지를 말해줄 수 없지만, 그러나 관습과 관행은 그것을 말해줄 수 있다. 흄에 의하면, 사람들은 복잡하게 뒤섞인 감정에 중독되어 있기 때문에 "선과 악을 구별하는 것은 불가능하다"고 말한다.[23] 흄의 적대자들은 아마도 그가 아무런 도덕적 기준이 없는 상대주의자라고 비난할 것이다. 흄은 그렇지 않다고 말한다. 그에게 중요했던 것은 도덕이 사고의 문제가 아니라 느낌의 문제라는 것을 인식하는 일이었다. 도덕은 무신론과 마찬가지로 취향의 문제라고 흄은 말한다. "이것은 시와 음악에만 있는 것이 아니고, 마찬가지로 철학에서도 우리는 우리의 취향과 정서를 따라야만 한다"고 흄은 주장한다.[24] 아름다움이나 착함은 보는 사람의 눈에 달려 있다. 한 전기작가가 논평한 것처럼, "이것은 민주주의적 도덕관으로서, 대부분의 사람이 옳다고 느끼는 것은 옳은 것이다."[25]

그의 회의론에도 불구하고 신기한 것은, 흄은 홉스와는 달리 인간의 본성에 대하여 전반적으로 낙관적이었다. 그는 인간이 선천적으로 사악한 존재이냐 선한 존재이냐, 현명한 존재이냐 어리석은 존재이냐 하는 것은 실제로 아무런 차이도 만들지 못한다고 주장함으로써 이 문제를 요령있게 피하고자 했다. 그럼에도 불구하고 그는 인간이 자기자신의 이익에 따라 움직이고 어느 누구보다도 자기자신을 사랑한다고 보았던 홉스에 동의했다. 이러한 점에서 흄은 인간이 고통을 피하고자 하는 욕망, 또는 사실은 그들이 싫어하는 모든 것을 피하고자 하는 욕망에 의해 움직인다고 했던 홉스의 주장에 완전히 동의하였다. 실제로 홉스의 공리주의가 프랑스로 전해지고, 또 우리가 나중에 다룰 기쁨-고통의 철학의 대표적 인물로 오늘날 인식되고 있는 제레미 벤담에게로 전해진 것은 바로 흄을 통해

23) Treatise, 3 : 2 : 2, p. 497.

24) 위의 책, 1 : 3 : 8, p. 103.

25) A. H. Basson, *David Hume*, London: Pelican Books, 1958, p. 104.

서였다. 그러나 흄은 "동정심"이라는 인간의 선천적 특질을 강조함으로써 자신과 홉스의 사이에 일정한 거리를 두었다. 동정심은 "우리를 우리 자신으로부터 끄집어 내어" 연민과 온정을 발휘할 수 있는 능력을 말하는데, 이것은 그렇지 않았더라면 지극히 이기적이었을 인간으로 하여금 인류의 선을 위해 일하도록 도와준다.[26] 흄에 의하면, 이기심에 맞서고 성공적인 사회를 만들기 위해 절대적으로 필요한 이 "동정심"을 가능하게 하는 것은 인간의 상상력이다.

이 상상력은 인간이 이기적인 자기이익과 이타적인 동정심 모두를 깨닫도록 도와주고, 그리하여 인간의 이기적 충동을 억제하여 동정심으로 만인의 이익을 위해 일할 수 있게 하기 위해서는 정부가 반드시 필요하다는 것을 인식하도록 도와준다. 로크는 사회계약이 피지배자의 동의에 근거하는 것으로 생각했지만, 흄에게 사회계약은 성질이 조금 다른 것이었다. 흄은 암묵적 동의라는 생각은 불합리하다고 보았는데, 그것은 어느 누구도 자신이 의식적으로 하지 않은 약속에 의해 구속받을 수는 없다고 보았기 때문이다. 약속이란 전적으로 "인간의 관행" 즉 사람들이 자기 자신의 이익을 위해 행동하는 가운데 발전시켜 놓은 도덕적 가치에 근거하고 있다. 흄에 의하면, 이러한 이익이란 "안전과 보호로 구성되어 있는데, 이것은 우리가 정치적 사회에서 향유하는 것으로서, 우리가 완전히 자유롭고 독립적일 때에는 결코 획득할 수 없는 것이다."[27] 흄은 로크와 마찬가지로 혁명을 지지하지만, 그는 "가혹한 폭정과 압제"의 경우 외에는 정부의 권력에 저항하는 것은 "위험하고 범죄적인" 것으로 보았다.[28]

흄은 "열망과 자연적 애정의 열정"으로부터 정부가 생겨나는 것으로 보았다. 그는 "인간사회의 원초적 원칙"을 찾기 위해 가족으로 눈을 돌렸

26) *Treatise*, pp. 577～579. 흄의 동정 개념에 대한 탁월한 분석으로는 Hendel, 앞의 책, pp. 226～235를 보라.

27) *Treatise*, 3 : 9 : 1, pp. 550～551.

28) 위의 책, 3 : 9 : 10, pp. 553～554.

다. 부모가 자녀들을 때로는 엄하게 때로는 애정으로 다루는 것은 부모의 이기심과 동정심이 결합되어 있는 까닭이다. 한참 후에, 자녀들은 부모의 규칙이 갖는 잇점들을 인식하게 된다. 정부의 경우도 마찬가지여서, 전체로서의 사회의 이익을 위해 시민들의 이기심과 동정심은 정부안에서 결합된다.[29)]

흄은 철학에 관한 그의 저서들로 유명할 뿐만 아니라, 그외에도 무수한 논문들과 그의 《영국사》(*History of England*)로 인하여 크게 명성을 얻었다. 《영국사》는 1755년에 발간되었는데, 성마른 버트란드 러셀에 의하면, 이 책은 "휘그당에 대한 토리당의 우월성과 영국인에 대한 스코틀랜드인의 우월성을 증명하는데 열중하였다."[30)] 식민지 미국에 유포되었던 한 논문에서 흄은 시민적 자유와 언론의 자유에 대해 빛나는 찬사를 보내었다.[31)] 밀턴을 좇아서, 흄도 언론의 자유가 지배자에게 아무런 위협도 주지 않는다고 보았지만, 그러나 이 자유가 남용될 수는 있다고 보았다. 언론의 자유가 "좀처럼 대중의 폭동이나 반역을 자극시키지는 않는다"고 그는 말한다.

> 우리는 이 자유로부터 아테네의 대중선동가나 로마의 호민관의 장광설에 의해 나타난 것과 같은 나쁜 결과들을 두려워할 필요는 없다. 사람들은 책이나 팜플렛을 혼자서 그리고 냉정하게 읽는다. 접촉에 의해 열정을 감염시킬 수 있는 사람이란 존재하지 않는다. 사람들은 강제적인 힘에 의해 또는 행동의 에너지에 의해 재촉받지 아니한다. 사람들의 기분이 극도의 상태까지 흥분되어 있지만 않다면, 그들의 열정을 즉각적으로 터뜨릴 수 있는 어떠한 폭력적 해결책도 그들에게 제공되지 않는다.[32)]

---

29) 위의 책, 3：2：2, pp. 486~487.

30) Russell, 앞의 책, p. 660.

31) David Hume, "Of the Liberty of the Press," pp. 3~7, 그리고 "Of Civil Liberty," pp. 101~108, in Charles W. Hendel, ed., *David Humes Political Essays*, New York: Liberal Arts Press, 1953.

게다가 사람들은 그들의 지배자에 대한 나쁜 일은 어떤 식으로든 믿는 경향이 있기 때문에, 지배자로서는 사람들이 그런 나쁜 일들을 글로 쓰게 하는 것이 보다 안전하다. 왜냐하면 이렇게 함으로써 그 나쁜 일들이 지배자의 눈에 보다 쉽게 들어오기 때문이다.

흄은 열정에 대해서 광범위한 글을 썼는데, 밀턴에 대해서 그는 밀턴이 "경직되고 현학적"이라고 비판하였다. 로크와 다른 영국 철학자들을 세련되지 못한 작가라고 그가 아무리 비판했더라도, 흄은 철저히 영국의 합리성과 지성주의의 주류에 위치하고 있었다. 그는 영국의 철학을 찬양했지만, 프랑스의 예술과 연극에 찬탄하고 특히 프랑스인들의 대화기술에 감탄했다.[33] 그와 루소와의 논쟁은 그것이 아무리 비이성적인 것이었다 하더라도 적어도 부분적으로는 두 사람 사이의 기본적 차이에서 유래된 것이었다.[34] 흄은 냉정하고 자신을 억제할 수 있는 사람이었던 반면에 루소는 열정적이었는데 아마도 병적으로 열정적이었던 것 같다. 영국 철학과 프랑스 철학에 의해 남겨진 상이한 유산은 흄과 루소의 기질 차이에서 어느 정도 요약될 수 있을 것이다. 그러나 그 당시의 루소와 이제 우리가 살펴볼 다른 프랑스 철학자들 사이에는 중요한 차이가 있었다.

32) Hume, "Liberty of the Press," p. 6.

33) Hume, "Civil Liberty," p. 104.

34) 루소의 《참회록》(*Confessions*)과 Ayer, 앞의 책, pp. 12~13 참조.

제 3 부

프랑스인, 사회, 그리고 감정의 힘

The French, Society, and the Power of Feelings

프랑수아-마리 아루에 드 볼테르 (François-Marie Arouet de Voltaire, 1694~1778) : "지금까지 역사는 시민이나 철학자의 이야기로 쓰여진 것이 아니라 연대기적 설명에 지나지 않은 것이 대부분이었다.… 어떤 사람에게도 가르침을 주지 못하고 즐거움을 주지 못하며 개선시키지도 못하는 것을 연구 한다는 것은 얼마나 비참한 일인가. 우리는 사람들의 도덕과 예절, 과학, 법률, 관습, 미신을 기록한 이야기를 필요로 하고 있다. 사실상 내가 보는 모든 것은 왕들의 이야기에 불과하다. 나는 사람들의 이야기를 원한다."

장-자끄 루소(Jean-Jacques Rousseau, 1712~1778) : "사람들의 의지는 자연적으로 언제나 선한 것이지만, 그러나 자연적으로 결코 언제나 선한 것을 바라보지는 않는다. 일반의지는 언제나 옳지만, 일반의지를 인도하는 판단은 언제나 계몽적이지는 않다.… 그러므로 개인적 의지의 유혹적인 음성으로부터 사람들을 인도하기 위하여, 사람들로 하여금 사물을 있는 그대로 보게 하는 것이 반드시 필요하다."

| 제10장 |

서론 : 계몽사상가

Introduction : Les Philosophes

오늘날의 미국 언론인은 각 개인이 민주시민으로서의 의무를 수행하기 위해 필요로 하는 정보를 자신이 제공함으로써 공중에 봉사하고 있다는 이유로 자신의 일을 쉽게 정당화한다. 이것은 바로 교육의 문제이며, 정보를 많이 가지면 가질수록 그만큼 더 좋다는 생각만큼 미국인들에 의해 폭넓게 받아들여지고 있는 것도 없다. 교육은 정말 좋은 것이며, 어느 누구도 배움에 대해서는 나쁘게 말하지 않고, 심지어 배움에 흥미가 없는 사람일지라도 그것을 나쁘게 말하지는 않는다.

그러나 홉스와 로크, 그밖의 17세기 영국 사상가들에 의해 설파된 개인주의의 원리에서는 공공봉사라는 개념이 자리잡을 여지는 없었다. 개개의 인간은 그 자신의 행로를 따를 자유가 있고, 그가 할 수 있는 것이라면 어떤 재산도 획득할 수 있고, 법을 위반하거나 타인에게 해가 되지 않는한 그가 원하는 어떤 방식으로든 그 재산을 사용할 자유가 있는 것이다. 자신의 재산을 어떻게 사용하느냐는 것은 전적으로 그 자신의 문제이다.

따라서 사람들은 인쇄기를 소유할 수도 있고, 자신의 생각을 종이에 표현할 수 있고, 또 폭동을 선동하지 않는 한 그 종이를 유포할 수도 있는 것이다. 오직 폭동을 선동하게 될 때에만 정부가 개입하여 개인의 자유를 빼앗을 수는 있을 것이다. 여기서 공중에게 정보를 알리느냐 않느냐, 공중을 교육시키느냐 않느냐 하는 것은 전혀 관계가 없는 일이다. 중요한 것은 자유 그 자체일 뿐이다. 이것은 바로 자유방임의 원리로서, 나중에 자본주의 철학자들이 그토록 편안하게 받아들였던 원리이다. 아마도 로크가 있으면 말했을 터이지만, 인쇄업자는 대개가 자신의 활동에서 이윤으로 소득을 올리고자 할 것이다. 왜냐하면 이윤을 통해서 또다른 재산을 얻을 수 있고, 또 그의 자유의 정도는 재산의 정도에 의해 결정되기 때문이다.

홉스와 로크의 세계에서 인간의 이미지는 이성적인 존재이다. 인간은 자기이익에 따라 움직인다. 인간이 사회계약을 형성하는 것도 자기이익 속에서 가능한 것이고, 타인과 협동하게 하는 것도 자기이익이다. 왜냐하면, 타인과 협동하지 않으면 홉스가 말하는(자연상태에서 만인과 만인의 투쟁인) 밀림으로 되돌아갈 가능성이 있기 때문이다. 이러한 공동체 사회에서 감정이 들어설 여지는 별로 없다. 왜냐하면 감정의 탐닉은 밀림으로의 복귀를 가져올 가능성이 많기 때문이다. 이러한 생각은 기본적으로 보수적인 것이다. 정부와 정부의 여러 기관들은 그 자체로는 선한 것이 아니지만 교정장치로서 가치가 있다. 이상적으로 말하면, 인간은 홀로 자유로이 내버려 두어야만 하지만, 사람들은 그렇게까지 될 수는 없었다. 왜냐하면 자연상태에서 인간은 제멋대로가 될 것이고 틀림없이 서로에게 해를 끼치게 될 것이기 때문이다. 홉스의 관점에서 인간은 본래 야만인이고 사람들을 다른 사람들로부터 보호하기 위해서는 정부가 필요하다. 로크와 흄은 인간을 선하지도 악하지도 않은 존재로 보았지만, 각 개인이 자신의 미래를 자신의 방식으로 개척할 자유를 갖는 것을 분명히 하기 위해서 정부는 필수적이라고 생각했다. 즉 오직 이렇게 함으로써 인간은 안전

감을 가질 수 있다고 본 것이다. 이사야 벌린은 이러한 종류의 자유를 "소극적" 자유라고 해석한다.[1]

영국의 자유주의자들의 관점에서 볼 때, 당신이 사물에 대하여 알고 있어야 한다는 것은 당신 자신의 책임이다. 이성적인 인간이라면 자신의 목적을 위해 사용할 수 있는 정보를 원하는 법이다. 정부는 여기서 주로 소극적인 역할을 한다. 그리고 사실상 다른 사회질서 기관들의 역할도 같다고 할 수 있다. 이들은 자유를 육성하는 것이 아니라 보호하도록 되어 있다.

미국과 미국제도의 발전에 영향을 준 영국 사상가의 진수는 바로 그들의 정치철학에 있다. 미국에서 언론의 정치는 특히 로크를 비롯한 이들 사상가에 의해 발생된 개념들을 광범위하게 끌어들이고 있다. 이들 영국 사상가들에게 정부와 법의 핵심은 사물의 성질 바로 그것에 있다. 이것은 희랍의 스토아학파와 로마의 스토아학파 대변인이라고 할 수 있는 키케로에게서 나온 개념이라고 할 수 있는데 키케로는 법이 본질적으로 "자연적"이라고 보았다.[2] 법은 간단히 말해서 사물의 자연적 질서의 일부분이고 신의 섭리의 일부분이기 때문에 존재하며, 법은 합리적이다.

정보원을 공개하라는 법원의 명령을 무시하는 언론인은 자연법을 따르고 있는 것이며, 정부와 사람에 의해 씌어진 실정법을 거부하고 있는 것이다. 이 관점에서 자연법은 이성의 법이다. 다른 한편으로 인간은 입법

---

1) Isaiah Berlin, "Two Concepts of Liberty," *in Four Essays on Liberty*, London: Oxford University Press, 1984, pp. 118~172. 이 책은 벌린이 1958년 10월 31일 옥스포드대학에서 행한 교수취임강연의 내용을 일부 수정한 것이다.

2) 제노(Zeno)와 스토아학파 그리고 키케로에 대한 간략하고도 명료한 설명을 원한다면 다음과 같은 책 참조. George H. Sabine, A History of Political Theory, 3rd ed., New York: Holt, Rinehart and Winston, 1961, pp. 141~173; Bertrand Russell, *A History of Western Philosophy*, New York: Simon and Schuster Touchstone, 1972, pp. 252~270.

자의 역할을 하는 가운데 비이성적이고 비합리적인 실정법을 만들 수가 있다. 인간의 법률은 반역을 금할지 모르나, 자연법 또는 상위법은 반역을 요구하게 될지 모른다. 로크에게 자연법은 종교적인 것은 아니다. 그것은 이성의 법이다. 절대군주제가 여전히 실시되고 있던 시대에 살았던 로크는 자연법이 반복적으로 극심하게 위반되었을 경우에 한해서만 반역이 허용된다고 아주 조심스럽게 말하고 있으나, 실제로 그 밑에 흐르는 생각은 식민지 미국의 사람들과 신문편집인들을 포함해서 그의 글을 읽은 사람들에게는 너무나 분명한 것이었다.

혁명의 정당성을 포함해서 이러한 정치사상의 표현은 16세기와 17세기의 유럽대륙에서는 극도로 제한되어 있었다. 왜냐하면 유럽대륙의 군주제는 영국의 군주제보다도 훨씬 더 절대적이었기 때문이다. 따라서 유럽대륙에서 정치사상의 분출은 18세기까지 지연되고 있었다. 영국에서 이미 일어났던 것과 유사한 사상의 홍수가 프랑스에서 발생한 것은 1715년에 루이 14세(Louis XIV)가 죽은 이후였다. 그리고 프랑스에서 이같은 사상의 홍수가 일어났을 때 이것은 조금 다른 방향으로 진행되어 갔다. 프랑스에서의 움직임은 본질적으로 정치적이라기 보다는 주로 **사회적**인 것이었다.[3] 프랑스에서 제일 중요한 강조점은 정치적 자유에 있었던 것이 아니라 시민적 자유에 있었다. 프랑스 철학자들은 이러한 사상의 발전을 위하여 달랑베르(Jean le Rond d'Alembert)가 고안한 하나의 이름을 선택했는데, 이것이 바로 일상용어가 되어버린 **계몽주의의** 시대 (*the Age of Enlightenment*)이다. 이들 프랑스 사상가들에게 겸손함이란 없었으니, 세계에서 제일 처음 백과사전을 만들었던 데니 디드로(Denis Diderot)는 자

3) 예컨대 다음 책 참조. Norman L. Torrey, ed., *Les Philosophes: The French Philosophers of the Enlightenment and Modern Democracy*, New York: Capricorn Books, 1960, pp. 15~20. 또한 다음 책도 참조. Sabine, 앞의 책, pp. 542~551; Ernst Cassirer, *The Philosophy of the Enlightenment,* Princeton, N.J.: Princeton University Press, 1979, pp. 197~233.

신과 그의 동료 사상가들을 계몽사상가(*le philosophes*)라고 불렀는데 이는 바로 "철학자"(*the philosophers*)를 의미한다.[역주1]

존 로크의 사상은 이들 계몽사상가들에게 잘 알려져 있었다. 볼테르, 엘베띠외, 몽테스키외를 비롯해서 이들 중 일부는 오랫동안 영국에 살면서 공부했다. 사실 식민지 미국의 사람들에게 전달된 로크의 사상은 종종 프랑스인들에 의해 수정된 것이었다. 벤자민 프랭클린과 토마스 제퍼슨은 프랑스에서 외교관으로 근무했고 18세기에 상당히 오랫동안 파리에서 살았다. 이들을 통해서 광범위한 사상의 교배(*cross-fertilization*)가 있었던 것이다. 미국 독립혁명 이전의 수년 동안에 이러한 교배의 많은 부분이 프랭클린으로부터 나왔는데, 프랭클린은 파리에 사는 동안 계몽사상가들과 친밀한 관계에 있었다. 그는 파리근교의 빠시에 있는 그의 집에서 명사로 대우받고 있었고, 거기서 그의 인쇄기에 관한 저작들을 발간하였다. 미국과 프랑스의 철학자들은 서로가 아주 가깝게 지내고 있어서 프랭클린은 철학자 엘베띠외의 미망인에게 청혼하였는데, 이 미망인은 아름답고 활발한 여인으로서 18세기 후반에 자유주의자들을 위한 살롱을 운영하고 있었다.[4] 청혼을 거절당하고 프랭클린은 그의 수필 중 가장 재미있는 두 개의 작은 수필을 짓게 되었다.[5] 《낙원》(*The Elysian Fields*)이란 제목으로 엘베띠외 부인 앞으로 보낸 한 수필은 다음과 같이 시작한다.

역주1) 여기서 철학자란 단어 앞에 정관사 the (le)가 붙어 있음에 주목하라. 이것은 계몽사상가들이 자신들이야말로 진정한, 가장 보편적인 철학자임을 자부하고 있고 자신들을 다른 철학자들과 구별하려 하고 있음을 알 수 있다.

4) 벤자민 프랭클린과 엘베띠외의 미망인에 대한 설명은 다음 책 참조. Carl Van Doren, *Benjamin Franklin*, New York: Viking, 1938, pp. 648~650. 또한 Torrey, 앞의 책, p. 185와 S. G. Tallentyre, *The Friends of Voltaire*, London: Smith, Elder & Co., 1906, p. 204 참조.

5) 프랭클린의 빠시생활에 대한 멋진 설명으로는 Richard E. Amecher, *Franklin's Wit and Folly*, 1983이 있는데, 이 책은 엘베띠외 부인과의 관계뿐만 아니라 1779년의 혁

> 사랑하는 남편을 생각하여 평생 혼자 살겠다고, 어제 저녁 그토록 단호하게 말씀하신 당신의 그 파격적인 결심에 괴로운 마음으로, 나는 집으로 돌아와 침대에 쓰러졌고, 이제 나는 죽었다고 믿으면서 낙원에 있는 자신을 발견했습니다.[6]

하지만 프랭클린은 그 거절을 극복하여 죽지 않았고 나중에 미국 헌법의 확립에 중요한 역할을 하게 되었다. 이 과정에서 그와 그의 동료들은 영국과 프랑스의 계몽주의 사상을 조합하여 흥미로운 합성물을 만들어냈다. 프랑스 사상가들의 주안점은 일차적으로 사회적인 것이었으며, 계몽주의라는 말에서 알 수 있는 것처럼, 사회에 대한 관심이 그들로 하여금 개인의 활동과 이익보다는 사회의 활동과 이익으로, 말하자면 사람들의 집단에로, 공동체로 향하게 하였다. 이러한 사회적 사상의 대변인격인 주요 인물은 장 자끄 루소인데, 미국의 사상 특히 미국 언론을 뒷받침하는 사상과 연관지울 때 그가 미친 영향은 광범위하다. 사실 사상사에서 볼 때 그보다 세계 전체에 더 큰 영향을 준 사람은 많지 않다. 루소는 어느 면에서는 칼 맑스의 지적인 아버지였다. 그것 뿐만이 아니다. 그의 논평들은 학교교육의 방향을 바꾸었는데, 이러한 점에서 그는 진보적 교육에 대한 사상의 창시자로 인정받을 수 있다. 《이상한 나라의 앨리스》는 루소의 가르침에 근거하고 있고 미국의 학교교육도 그러하다. 실제로 루소의 사상은 미국의 독립선언문과 헌법에 나타나는 것처럼 표현의 자유라는 개념에 대하여 강력한 영향을 주었다.

루소만이 미국의 사상에 영향을 준 유일한 계몽사상가였던 것은 결코

명전 파리사회를 훌륭하게 묘사하고 있다. 엘베띠외 부인과 다른 사람들을 위해서 프랭클린은 《배거텔》(*Bagatelles*)을 지었는데, 대부분은 그가 1790년에 죽은 후에야 발간되었다. Amecher의 책은 이 《배거텔》을 전부 수록하고 있다. 미국의 언론사상 발전에서 차지하는 프랭클린의 역할은 제 16장에서 보다 상세히 살펴보게 될 것이다.

6) 위의 책, p. 54.

아니다. 몽테스키외의 《법의 정신》(*The Spirit of Laws*)은 1787년에 미국 헌법을 기초하기 위해 필라델피아에 모였던 건국의 아버지들에게 잘 알려져 있었다. 헌법 기초의 지도자인 제임스 매디슨은 오늘날 미국의 학교 아동들에게 익숙해져 있는 견제와 균형의 체계에 대한 사상을 주장할 때 지원을 받기 위해 종종 몽테스키외에게 달려갔던 것이다. 견제와 균형의 체계는 정부의 삼부(三府) 가운데 어떤 부서도 권력이 지나치게 강력하여 압제와 자유의 남용을 가져오지 않도록 보장하는 체제이다.[7] 볼테르의 저작도 널리 읽혀지고 있었고 자유언론을 옹호하는 그의 품격높은 글들은 건국의 아버지들 사이에 폭넓은 독자층을 확보하고 있었다. 디드로와 달랑베르의 저작도 마찬가지였다. 엘베띠외와 삐에르 바이유 (Pierre Bayle)같이 덜 알려진 계몽사상가들도 또한 식민지 사람들에게 알려져 있었고 그들의 사상에 영향을 주었다.

물론 어느 누구도 이런 사상 또는 저런 사상이 직접적인 행동으로 나아갔다고 말할 수는 없다. 사상은 발아하고 꽃을 피운다. 사상은 생각에서 행동으로 직선적으로 움직이지는 않는다. 그리고 사상과 행동 사이에는 시간이 흐르기 때문에 사상을 검토하고 해석하고 수정하는 공간이 필연적으로 있기 마련이다. 이러한 변화는 미묘한 것이고 또 의식적인 노력없이 사람들의 머리 속으로 여과되기 때문에 흔히 인식되지 않고 있다. 따

7) 몽테스키외는 제임스 매디슨의 *Notes of Debates in the Federal Convention of 1787*에서 광범위하게 인용되고 있다. Koch가 편집하고 서문을 쓴 다음 책 참조. Adrienne Koch, *Notes of Debates in the Federal Convention of 1787*, New York: Norton, 1966. 몽테스키외는 또한 *Federalist Papers*에서도 빈번히 인용되고 있는데, 이것은 매디슨과 알렉산더 해밀턴 그리고 존 제이가 쓴 논문집으로서 1787년에 처음 발간되고 그후 여러번 재인쇄되었다. Cooke가 편집하고 서문을 쓴 다음 책 참조. Jacob E. Cooke, *Federalist Papers*, Cleveland: World Press Meridian Books, 1961, pp. 52～54, 56, 292, 295, 324～327, 523. 여기서 인용된 것은 매디슨이 쓴 43호와 47호, 그리고 해밀턴이 쓴 9호와 78호를 말한다.

라서 로크의 사상이 미국혁명에 직접적으로 영향을 주었다는 것을 증명하기는 불가능하다. 로크의 영향은 심대한 것이었지만 그것은 혁명을 실제로 이끈 사람들, 즉 로크의 저작을 읽고 그의 사상을 흡수하고 그 사상을 그들 자신의 목적에 맞도록 해석한 사람들을 통해서 이루어진 것이었다. 그들의 해석은 또한 로크의 저작을 읽고 조금 다른 해석을 한 다른 사람들의 판단과 의견을 고려한 것이기도 했다. 밀턴이나 키케로의 사상이나 아리스토텔레스나 플라톤의 사상과 마찬가지로 로크의 사상도 계몽사상가들의 견해 및 태도와 식민지 사람들 자신의 경험에 의해 미국에서 발효되었다고 볼 수 있을 것이다. 영국인의 정치적 개념들이 미국 땅에 적용될 때, 그것은 필연적으로 미국의 사회적 환경에 의해 변형되었다.

영국의 합리주의자들은 직접적인 지적 진술에 친숙해 있었던 반면에, 무슨 이유로 그런지는 몰라도 프랑스인들은 고고한 명상의 비행, 즉 광범위하고 때로는 깊이를 헤아릴 수 없는 추상의 세계에 열중하였다. 프랑스인들의 이러한 성향은 식민지 미국에서 비옥한 토양을 발견한 셈이 되었는데, 그것은 건국의 아버지들 중 많은 사람들이 거대한 주제의 명상에 몰두하던 추상적 명상가들이었기 때문이었다. 게다가 프랑스의 계몽주의 글들에서는 영국인의 냉담하고 과학적인 모습에서는 찾아볼 수 없는 일종의 열정적인 흡인성이 있었다.

계몽사상가들은 민주주의자는 아니었으며 이 점에서 홉스나 로크보다 더 나을 것도 없었다. 프랑스 철학자들 중에서 아마도 루소만이 열렬한 민주주의자라고 부를 수 있을 것이다. 사실 루소는 때때로 최초의 민주주의자라고 불리어 왔고, 리튼 스트라취(Lytton Strachey)의 말을 빌리면 최초의 근대인으로 불리우기도 했다.[8] 분명히 말해서, 자유주의자였던 볼

---

8) Lytton Strachey, "The Rousseau Affair," in *Books and Characters: French and English*, London: Chatto and Windus, 1922, pp. 193~205. Strachey는 루소가 다른 계몽사상가와는 다르다고 보았는데, 루소를 제외한 다른 계몽사상가는 여전히 과거에 속하는 사람들이라고 보았다.

테르는 그가 경멸하였던 "인민"에게 사회를 넘길 준비가 되어 있지 않았다. 루소는 이 탁월한 사람들 가운데서도 그중 뛰어났다. 기억해야 할 것은 이 계몽사상가들이 18세기의 사람들로서, 이 당시의 사회적 질서는 이제야 비로소 자신들의 특권을 마지못해 양도하기 시작한 군주와 귀족의 지배하에 있었다는 것이다. 계몽사상가들이 살던 시대는 경제적 사회적 지위를 누리고 있던 사람들, 즉 귀족, 성직자, 상인, 기술공, 재산소유자 등 소수의 사람들만이 문자를 읽고 쓸 줄 알던 시대였다.

계몽사상가들이 표현의 자유를 주장했을 때, 그들은 그들이 속한 계급을 대변하기 위해 그 자유를 말하고 있었던 것이다. 그들은 노동자나 농민으로부터 사회의 지도력이 출현하기를 기대하고 있었던 것은 아니었다. 그리하여 프랑스 혁명은 1789년에 이르러서야 시작되었으며, 그리고 (아마도 이 혁명에 그들은 놀랐겠지만) 계몽사상가들에 의해 풀려난 급진 사상들은 그 당시에 프랑스와 미국에서 지식인들의 마음 속에 단단히 뿌리박고 있었다. 그 후 이 사상들은 놀라운 속도로 사회경제적 특권이 없던 계층으로 유포되어 나갔다. 그리하여 쟈코뱅당과 민주적 원리의 확산을 위한 토대가 마련되었고, 언론은 모든 외부적 통제로부터 적절히 자유로와야 한다는 믿음이 일어나게 하였다. 이러한 사상을 건설한 주요 인물로는 몽테스키외, 엘베띠외, 볼테르 그리고 특히 루소가 있다.

| 제 11 장 |

몽테스키외 : 법의 정신

Montesquieu : The Spirit of Laws

모든 글 가운데, 미국 건국의 아버지들이 미국의 제도를 만드는데 가장 큰 역할을 한 것은 몽테스키외의 《법의 정신》(*The Spirit of Laws,* 1748)이었다. 고등학교 공민과목의 교사나 학자들 뿐만 아니라 언론인들도 소중하게 여기고 있는 "미국의 제도" 속에는 몽테스키외의 사상이 조용히 스며들어 있다. 매디슨은 몽테스키외의 책의 상당부분을 요약한 바 있고, 제퍼슨은 나중에는 몽테스키외에 대해 비판적인 입장을 취했지만 그의 《비망록》(*Commonplace Book*)의 20페이지는 《법의 정신》에 나오는 구절로 채워져 있다. 해밀턴과 매디슨은 《연방주의자 문서》(*Federalist Papers*)에서 합중국 헌법을 옹호할 때 몽테스키외에게 의존하였다. 〈권리장전〉(the Bill of Rights)은 상당부분 몽테스키외의 시민적 자유라는 개념에 근거하고 있었다. 거의 같은 방식으로, 1792년 프랑스 헌법의 전문인 그 유명한 〈인간과 시민의 권리에 관한 선언〉(the Declaration of the Rights of Man and the Citizen)에도 몽테스키외의 견해는 소중히 간직되고 있다.

어떤 논평가들은 《법의 정신》을 사실상 "미국의 고전"이라고 생각한다. 이 책은 일찍이 1750년대의 식민지 미국에도 잘 알려져 있었다.[1] 18세기 후반에는 뉴욕과 필라델피아의 서점가에 몽테스키외의 저작이 명성이 더 높았던 볼테르나 루소의 저작과 함께 상당한 독자층을 확보하고 있었다.[2]

몽테스키외는 미국에서 오랫동안 혼합정부(*mixed government*)라는 개념의 아버지로 불리어 왔다. 혼합정부란 정부가 삼부로 분리되고 각 부는 견제와 균형의 체계 속에 상호간에 감시하는 정부형태를 말하는데, 물론 이러한 생각이 몽테스키외에 의해서 비롯된 것은 아니다. 이미 고대에 아리스토텔레스와 폴리비우스(Polybius)가 혼합정부의 개념을 찬성한 바 있고, 플라톤도 그의 《법》(*Laws*)에서 정부권력의 분리를 구상한 바 있다. 그러나 이러한 개념들을 자유사상과 그리고 특히 프랑스 계몽주의의 열정과 융합시키고 널리 퍼지게 했던 사람은 몽테스키외였다. 아리스토텔레스에 의하면, 정부의 형태로는 세 가지가 있을 수 있는데(군주정치, 귀

1) Paul Spurlin, *Montesquieu in America* 1760~1800, *Baton Rouge*: Louisiana State University Press, 1940, pp.6~7. 또한 J. Beitzinger, *A History of American Political Thought*, New York: Dodd, Mead, & Co., 1972, pp.18~19와 그가 인용한 몇 가지를 참조하라. Spurlin은 이전에 미국사에서 프랑스의 영향을 과소평가한 것을 설득력있게 반박하고 있다. 예컨대 Perkins는 그의 책에서 식민지 미국인의 조상이 근본적으로 영국인이었으며 "프랑스인의 사상으로부터 영향받지 않았다"고 말했다. James B. Perkins, *France in the American Revolution Boston*: Houghton Mifflin, 191 1, pp.418~419.

2) Spurlin, 앞의 책, p.259. Howard Mumford Jones, "The Importation of French Literature in New York City 1750~1800," Studies in Philosophy, 28 : 4(October 31), pp.235~251에는 몽테스키외의 저작에 대한 광고가 뉴욕의 신문에 8회 (볼테르는 30회, 루소는 11회), 필라델피아 신문에 17회(볼테르는 45회, 루소는 35회) 있었음이 인용되고 있다.

족정치, 민주정치), 잠재적으로는 모두가 사회를 위해 좋다고 한다. 그러나 이들 각각은 필연적으로 해악적인 정치형태로 썩어 들어가서 군주정치는 독재정치로, 귀족정치는 과두정치로, 민주정치는 중우정치로 변하게 된다고 했다. 따라서 이 세 가지 정부형태의 혼합이 가장 선호할만한 것이었다. 몽테스키외는 여기에 동의하고 18세기에 미국헌법에 의해 실현되었던 정부형태를 누구보다도 앞장서서 주장하였다. 그는 특히 합리적이고 독선에 반대했던 건국의 아버지들에게는 설득력이 있었는데, 그 이유는 그도 역시 그러한 취향의 소유자였고, 더욱이 그는 사상과 이상의 성장에 사회적 조건이 중요한 것임을 분명히 깨달았던 최초의 사상가들 중의 한 사람이었기 때문이다.

몽테스키외의 저작은 민주주의적 이데올로기의 초석이 되었지만, 그 자신은 귀족이었으며 몽테스키외 남작 작위의 계승자로서 1689년에 샤를르-루이 드 스꽁다(Charles-Louis de Secondat)로 태어났다. 법률가로서 교육을 받은 몽테스키외는 영국에서 2년 동안(1729~1731) 공부했고, 영국 불문법(不文法)의 정신에 깊이 매료된 그는 이에 대해 조금은 이상화된 견해를 식민지 미국의 사람들과 프랑스에서 일어나고 있던 급진운동에 전달하게 되었다. 저명한 정치사상사 학자인 조오지 사빈(George H. Sabine)은 프랑스의 사상이 정밀성이 부족하다고 생각하는 조금은 뻔뻔스러운 영국 찬미자인데, 그에 의하면 몽테스키외는 "의심할 바 없는 자유에 대한 열광과 도덕적 가치에 대한 헌신덕분에 세련된 호사가가 될 위험으로부터" 구제받았다는 것이다.[3)]

몽테스키외에게 정의(正義)는 제일의 덕목이며 법을 정당화시키는 유일한 것이다. 말하자면, 법은 오직 정의의 승리를 보장하기 위해서만 정부에 의해 채택되어야 한다. 몽테스키외는 그 당시 사법제도의 잔혹행위와 법의 잔인성을 맹렬히 공격했다. 실제로 이탈리아의 베카리아

3) George H. Sabine, *A History of Political Theory*, 3rd ed., New York: Holt, Rinehart and Winston, 1961, p.558.

(Beccaria)후작인 케사레 보네사나(Cesare Bonesana, 1738~1794)가 형법을 개정함에 몽테스키외의 사상이 중요한 역할을 했음은 주목할 만한 사실이다. 베카리아는 식민지 미국에서도 잘 알려진 인물로서, 특히 불의에 의한 희생자와 억압받는 자에 대한 그의 열정적인 동정심 때문에 존경받던 인물이었다. 베카리아는 말하기를 그의 목적은 "인간의 권리와 꺾을 수 없는 진리의 권리"를 옹호하는 것이라고 했다.[4] 베카리아는 다음의 인용문에서 보는 주장을 펼침으로써, 오늘날 언론윤리에 대한 관심을 재등장 시키는데 중요한 역할을 한 임마누엘 칸트(Immanuel Kant)의 윤리체계를 앞서고 있었다. "법이 인간으로 하여금 사람이 되기를 중단하고 물건이 되게 할 때는 언제든지 자유는 사라져 버린다."[5] 몽테스키외에게 법은 전적으로 정의를 보장하고 시민의 자유와 국가의 번영을 보장하는데 목표를 두어야 한다고 보았다.[6] 나중에 볼테르는 자신에게 자유란 단지 합

---

4) Beccaria, *Of Crimes and Punishment*, reprinted in Alessandro Manzoni, *The Column of Infamy*, trans. Kenneth Foster and Jane Grigson, London: Oxford University Press, 1964, p. 13. 이 책의 서문에서 A. P. d'Entreves는 "불의의 희생자, 무력하고 억압받는 자와 함께 하는" 베카리아의 강렬한 감정을 인용하고 있다 (p. 13).

5) 위의 책, p. 67.

6) 예컨대 유명한 *Les Esprits des lois* 보다 27년 전인 1721년에 발간된 몽테스키외의 초기저작 《페르시아인의 편지》(*Lettres persanes*) 참조. 《페르시아인의 편지》 83장에서 몽테스키외는 이렇게 말하고 있다. "정의는 두 사물 사이에 실제로 존재하는 조화적 관계이다… 이 관계는 신의 관점에서 보든, 천사의 관점에서 보든, 인간의 관점에서 보든 결코 변하지 않는다… 심지어 신이 존재하지 않는다 하더라도 우리는 항상 정의를 사랑하여야만 한다. 정의는 영원한 것이며 결코 인간의 관습에 의해 영향받지 않는다." 몽테스키외의 이 말은 Thomas Nugent이 번역한 《법의 정신》(*The Spirit of Laws*, New York: Hafner Press, 1949, 이하 *Spirit*로 표기함)에서 인용. Nugent의 이 번역판은 J. V. Prichard에 의해 일부 수정되었는데 다음 책으로 발간되었다. *Great Books of the Western World*, vol. 38, Chicago: Encyclopedia Brittanica, 1952.

리적이고 만인에 공평히 적용되는 법에 의존할 권리를 의미할 뿐이라고 했는데, 이것은 오늘날 우리가 "정당한 법의 절차"(*due process*)의 원칙으로 알고 있는 것을 일찍이 표현한 것이라고 할 수 있다.[7)]

몽테스키외는 최선의 정부형태는 최소한의 제한 속에 각 개인이 부와 권력을 추구할 수 있게 하는 정부라고 말하면서, 영국이 이러한 정부형태를 가지고 있다고 생각했다. 그에 의하면, 각 시민의 그러한 추구는 군주나 법을 제정하는 의회가 권력을 독점하지 않을 때에만 가능할 수 있었다. 또한 그러한 추구에서 표현의 자유는 아주 중요한 것이었다.

표현의 자유를 지지함에 있어 몽테스키외의 경우는, 마침 밀턴과 로크와 흄이 자유로운 표현을 찬양하였고, 이제 모든 계몽사상가들이 찬양하고 있던 사상을 입밖에 나타내고 있었던 것에 불과했다. 그러나 물론 명심해야 할 것은 자영농민이나 목수 또는 미용사가 표현의 자유 특히 인쇄의 자유에 커다란 관심을 가지고 있을 것이라는 생각이 18세기의 몽테스키외에게 일어날 수는 없었을 것이라는 점이다. 왜냐하면 그러한 사람들이 글을 읽고 쓸 수 있으리라고는 보기 어렵기 때문인데, 그럼에도 불구하고 씨앗은 이미 뿌려져 있었다.

몽테스키외는 정부의 형태를 분류하려고 노력하는 가운데 **공화제**와 **민주주의**를 때때로 같은 뜻으로 사용함으로써, 오랫동안 내려오는 이 두 용어의 혼돈에 일단의 책임이 있다. 결국 매디슨이 그의 탁월한 《연방주의자 10호》(*Federalist* No. 10)에서 두 용어의 차이점을 명료하게 했지만, 불행하게도 민주주의를 논하는 모든 사람이 매디슨을 깊이 주목하고 있지는

이 책에는 또한 루소의 《불평등기원론》(*A Discourse on the Origin of Equality*), 《정치경제론》(*A Discourse on Political Economy*), 《사회계약론》(*The Social Contract*)이 수록되어 있으나 《페르시아인의 편지》는 포함되어 있지 않다.

7) Voltaire, *A Commentary on the Book Of Crimes and Punishment* (by Beccaria, 1777, cited by Peter Gay, Voltaire's Politics, Princeton, NJ: Princeton University Press, 1959, pp. 287~288.

않다.[8]

《법의 정신》에서는 공화제적(또는 민주주의적) 형태가 군주제적 형태 또는 전제군주제적 형태와 비교하여 호의적으로 묘사되고 있다. 그 시대의 사람으로서 몽테스키외는 실제로는 입헌군주제를 선호했지만, 그는 일반 사람이 사랑하리라고 기대할 수 있는 것은 공화제적 (또는 민주주의적) 국가라고 말했다. 사실 그가 민주주의의 첫째가는 원리라고 본 것은 (그의 표현을 빌면, 민주주의의 "미덕") 사람들이 그것에 열정적으로 헌신할 수 있다는 점이었다. 그에 의하면, 민주주의를 위한 그러한 열정은 "국가에서 지위가 가장 높은 사람뿐만 아니라 가장 낮은 사람에 의해서도 느껴질 수 있는 감정"이라는 것이다.[9]

공화제적 정부형태는 몽테스키외에게 도덕적인 정부체계였다. 좋은 법은 간단히 말해서 정의와 자유의 승리를 보장하게 된다. 그러나 여전히 공화제가 군중의 지배로 몰락할 가능성도 있다. 자유와 정의는 독재자와 마찬가지로 군중에 의해서도 쉽게 이루어질 수 없다. 이 문제에 대한 답의 하나가 바로 권력의 분립이며, 교육도 하나의 답이 될 수 있다.

식민지 미국에서 몽테스키외의 위대한 찬미자는 바로 매디슨이었고, 매디슨은 이 프랑스인 스승의 사상을 확장시켰다. 버지니아주 헌법을 수립할 때 있었던 토론에서 매디슨은 말하기를, 민주주의의 미덕에 대해 말하는 것은 모두가 대단히 좋은 일이지만, 미덕이 정부 안에서 추상적인 성격으로는 결코 존재할 수가 없다고 했다. 반드시 필요한 것은 사람들 자신이 미덕을 갖추어야 한다는 점이다. "어떤 이론적 견제도, 어떤 형태의 정부도 우리를 안전하게 할 수는 없다"라고 말하면서 매디슨은 법의 강제력이 수반하지 않는 형식적인 견제와 균형을 거부했다. "어떤 형태의

---

8) Jacob E. Cooke, *The Federalist Papers*, Cleveland: World Meridian, 1961. 매디슨의 *Federalist* No. 10은 pp. 56~65에 나타나 있음. 이 논문은 여러번 재인쇄되었음.

9) Spirit, 5 : 3. *Great Books* 38 : 1~331 참조.

정부라도 사람들의 미덕없이 자유나 행복을 보장하리라고 가정하는 것은 망상적인 생각이다."[10)]

몽테스키외의 분석에서 교육은 권력에 의한 남용을 방지하는데 언제나 중요한 요소였다. 매디슨은 전적으로 이 견해에 동조하고, 교육의 개념을 확대시켜 팜플렛 저자나 다른 언론인들의 글까지 포함시키고자 했다. 국가를 창건하는 바로 이 순간에 교육을 이처럼 강조한 것은 미국 언론인의 신념체계 발전에 대단히 중요한 의미를 가지고 있다. 물론 일반 공중에 "뉴스"를 공급하는 제도로서의 언론이라는 개념은 이전에 로크에게 생소했던 것처럼 몽테스키외에게도 생소한 개념이었다. 그러나 비록 몽테스키외가 언론을 지칭하지는 않았지만, 그의 말들은 부모나 교사의 교육적 역할을 명시적으로 밝히고 있는 것 만큼이나 언론의 교육적 역할을 묵시적으로 강조하고 있는 것으로 볼 수 있다. 교육의 명백한 목적은 자유롭고 민주적인 정부에 대한 사랑을 확실히 하는 것이었다. 그에 의하면, "이 사랑을 공화국에 확립시키는 것에 모든 것이 달려 있다."

> 그것(역주 : 자유롭고 민주적인 정부에 대한 사랑)을 고무시키는 것이 교육의 제일 원칙이 되어야만 한다. 그러나 그것을 아이들에게 주입시키는 가장 확실한 방법은 부모가 자녀들에게 모범을 보이는 것이다. 사람들은 일반적으로 자신의 사상을 그들의 자녀들에게 커뮤니케이션할 수 있는 능력을 가지고 있다. 그러나 또한 사람들은 그들의 열정은 더 잘 주입시킬 수 있는 것이다.[11)]

10) Spurlin, 앞의 책, pp. 261~262. 매디슨의 이 기념비적인 말은 버지니아 집회에서 헌법에 관한 토론 중 이루어졌다.

11) *Spirit,* 4 : 5. *Great Books*, 38 : 15~16 참조. 번역이 약간 다른 것으로는 다음 책이 있다. Norman L. Torrey, ed., *Les Philosophes: The French Philosophiers of the Enlightenment and Modern Democracy*, New York: Capricorn Books, 1960, p. 96.

교육이 애국심과 자유에 대한 사랑을 증진시킬 수는 있지만, 사악한 정부는 여전히 권력을 남용할 수가 있다. 그러한 남용은 대항권력에 의하지 않고서는 억제될 수 없다고 몽테스키외는 주장했다.[12] 언론을 하나의 대항권력으로서 "제 4 부" 라고 보는 개념은 몽테스키외가 생각하는 좋은 정부의 구도에 적절히 들어 맞는다. 몽테스키외 자신은 혁명가가 아니었지만, 그의 사상의 논리는 정말로 급진적이었다. 그에게 자유와 정의는 절대적인 미덕이었기 때문에, 정부가 점점 불의에 빠지고 시민의 자유를 박탈하게 될 때, 그 정부를 전복하여야 한다고 주장하는 것은 그렇게 어려운 일이 아니었다. 이 점에서, 몽테스키외와 로크의 사상에는 별다른 차이가 없었다.

그러나 다른 한편으로는, 몽테스키외의 관점은 대단히 급진적이었고 또 놀라울 정도로 현대적이어서, 그것은 20세기의 "큰 정부" 옹호자들을 위한 철학적 도약판이 되었을 뿐만 아니라 언론의 "사회적 책임"을 주장하는 이론의 철학적 기초가 되었다. 국가의 부를 재분배하기 위하여 효과적으로 일할 필요가 있을 때 국가는 시민의 개인생활에 개입할 권리와 의무가 있다. "거리의 헐벗은 사람들에게 조그만 자선을 했다고 해서 국가의 의무가 면제되지는 않는다" 라고 몽테스키외는 말한다. "국가는 모든 시민들에게 생계를 보장하고 적절한 의복과 건강에 알맞는 생활을 보장할 의무가 있다."[13] 언론을 억압받는 사람의 대변자로 그리고 개혁의 도구로 생각하는 개념은 교육과 국가의 의무에 대한 몽테스키외의 사상과 완전히 일치하는 것이다. 언론이 교육자로서의 역할을 수행하는 것 이상으로 정부가 일반 민중의 불행을 더 잘 알 수 있는 방법이 어디에 있겠

---

12) *Spirit,* 11 : 4. "권력이 남용되지 않도록 하려면, 권력이 권력을 견제할 수 있도록 하여야 한다." *Great Books*, 38 : 69.

13) *Spirit,* 23 : 29. 다음에서 인용. Norman Hampson, *Will and Circumstances : Montesquieu, Rousseau and the French Revolution,* London : Gerald Duckworth & Co., 1983, p. 22.

는가.

몽테스키외가 유럽과 식민지 미국으로 전파시킨 개념은 영국의 합리주의에 반대되는 것으로서 본질적으로 프랑스적인 것이었으며, 미국의 언론인들이 가장 소중히 간직하고 있는 신념 중의 하나가 되었다. 그것은 정치적 영역을 계산하는데 필요한 견제와 균형의 체계뿐만 아니라, 양심과 감정의 열정적 세계이기도 하다. 《아레오파지티카》에서 밀턴이 진리와 거짓 사이의 싸움을 생각했던 것처럼, 사상의 갈등에 대한 생각은 새로운 것이 아니지만, 몽테스키외는 여기에 색다른 견해를 추가했다. 몽테스키외에게 사상의 갈등이란 사상의 지적 내용의 문제라기 보다는 감정의 충돌이었다. 열정이 열정을 억제한다는 생각은 영국인들에게는 천박한 것이었다. 그러나 계몽사상가들에게 그것은 인간조건에 중심적인 것이었다.

누가 진리를 안단 말인가? 몽테스키외는 질문한다. 단순한 글들이 정치적 세계를 해칠 수 있다고 누가 말할 수 있는가? 비록 아무리 날카롭게 정부를 비판하는 글이라 하더라도 정부에 손상을 입히는 글은 드물다. 수용할 수 없는 것이 무엇인지를 사전에 분명히 정의하지 않고서 글 때문에 누군가를 벌한다는 것은 전제정치임을 증명하는 것이다. 여기서 몽테스키외는 영국에서도 역시 일어나고 있었던 한 사상을 공표하여 대중화시키고 있었다. 그것은 다름 아니라 사전제재, 즉 발표되기 이전에 어떤 것을 검열하는 것은 불법적이며 법의 정신을 유지하지 못하는 것이라는 사상이다. “글은 명백한 행위를 구성하지는 않으며, 단지 생각으로 남을 뿐이다”라고 그는 말했다. 명백한 행위의 검증은 나중에 미국에서 사법적 규칙이 되었다. 생각이 아니라 행위만이 처벌될 수 있다고 한 몽테스키외의 주장에 미국의 대법원은 동의하게 되었다. 몽테스키외에 의하면, 심지어 풍자적인 논평까지도 해롭지 않을 것 같다는 것이다. “그것들(풍자적인 논평)은 일반대중의 악의를 즐겁게 하고, 불평분자들을 기쁘게 하며, 공직임용에 대한 시새움을 감소시키고, 사람들에게 고통에 대한 인내를 주고 그 고통에 웃을 수 있게 만들 수도 있는 것이다.”[14]

이러한 사상들이 미국 땅에 어떻게 수용되었는지는 제 4 부에서 논의할 것이다. 어쨌든, 몽테스키외가 주장하는 메시지의 하나는 자유롭고 공개적인 논평을 허용해야만 한다는 것으로서, 심지어 정치적으로 받아들일 수 없거나 대중의 취향과 일치하지 않는 논평이라 할지라도 허용해야 한다는 것이다. 그리고 그것들이 반드시 일리가 있어야만 한다는 전제조건도 있을 수 없다는 것이다.

14) *Spirit,* 12 : 12/13. *Great Books*, 38 : 89~90과 Torrey, 앞의 책, pp. 114~115 참조.

| 제 12 장 |

볼테르 : "최후까지 옹호하리라 …"

Voltaire : "I Will Defend to the Death …"

영국의 자유주의자들(홉스, 로크, 흄)이 계몽주의에 많은 빛을 공급해 주었다면 불꽃을 제공했던 것은 프랑스의 작가들과 사상가들이었다. 이 중에서도 특히 두 사람을 들 수가 있는데, 이 두 사람은 정신적으로는 동지였으나 그 당시의 정치적, 사회적 현실에서는 종종 적대적인 관계에 있었다. 이 두 사람은 바로 우리가 다음 장에서 살펴볼 장-자끄 루소와 여기서 다룰 프랑수와-마리 아루에 드 볼테르(François-Marie Arouet de Voltaire)이다. 볼테르의 명성과 영향은 워낙 압도적이어서, 역사가들은 흔히 18세기를 볼테르의 시대라고 말해 왔다.

미국 언론인의 직업 이데올로기는 볼테르에게 많은 신세를 지고 있는 셈이다. 왜냐하면, 그가 아무리 많은 희곡과 소설을 쓰고 정치적, 사회적 팜플렛을 저술하고 서한과 수필을 남겼다 하더라도, 그는 우선 그 무엇보다도 그 자신이 언론인이었기 때문이다. 볼테르에게 이 지상에서 진보와 선의 승리를 위한 암호는 바로 계몽적인 이해였다. 그리고 이러한 계몽적

이해를 제공하는 임무를 볼테르보다도 더 기꺼이 짊어졌던 언론인은 없었다. 조직화된 종교를 거리낌없이 반대했던 볼테르는 인간이 이 지상에서 품위있고 행복하게 살 수 있는 조건으로 세속적인 세 가지 요소를 제시하였다 : 관용과 법의 지배 그리고 의견의 자유.[1] 이 세 가지 요소는 그가 열정적으로 저술하였던 사회적 개혁을 위한 그의 구상에 기초가 되었다. 사실 볼테르를 최초의 위대한 주창적 언론인(*advocacy journalist*)이라 부르는 것은 그다지 과장된 이야기가 아닐 것이다.[역주1]

볼테르 연구가들은 오랫동안 볼테르의 인물 됨됨이와 중요성에 대해 의견을 달리해 왔다. 어떤 사람은 그를 가볍고 피상적인 사람으로 묘사한 반면에, 어떤 사람은 그를 박력있고 심오한 인물로 생각했다. 또 어떤 사람은 그를 헌신적인 활동가로 생각한 반면에, 어떤 사람은 그가 말만 번지르할 뿐 직접 행동으로 실천하기를 거부한 인물로 생각했다.[2] 하지만 볼테르가 역사의 진행과 우리가 세계를 바라보는 방식에 미친 영향, 즉 간단히 말해서 우리 머리 속에 들어 있는 사상에 미친 그 엄청난 영향력을 부인하는 사람은 오늘날 거의 없다고 할 수 있다. 그리고 특히 미국

---

1) Peter Gay, *Voltaire's Politics: The Poet as Realist*, Princeton, N.J.: Princeton University Press, 1959, pp. 31～32.

역주1) 주창적(主唱的) 언론(*advocacy journalism*)은 특정 입장이나 주의를 주장, 옹호하는 언론을 말한다.

2) 볼테르의 학문세계를 전반적으로 개관하고 싶다면 Gay의 *Voltaire's Politics*, pp. 355～395에 나오는 전기적 에세이는 반드시 읽어 볼만한 가치가 있다. 그 밖에 읽을 만한 전기물로는 다음과 같은 책이 있다. Georg Brandes, *Voltaire*, London: Tudor, 1930; A. Owen Aldridge, *Voltaire and the Century of Light*, Princeton, N.J.: Princeton University Press, 1975; and A. J. Ayer, *Voltaire*, London: Weidenfeld, 1986. 이 시대 전체에 관한 탁월한 연구서로는 다음 책을 보라. Ernst Cassirer, *The Political Philosophy of the Enlightenment*, paperback ed., Princeton, N.J.: Princeton University Press, 1979.

언론인의 직업 이데올로기에 미친 영향은 말할 것도 없다.

논의에 앞서, 먼저 볼테르가 탁월한 회의론자였으며 과학의 방법론을 역사학자, 인문주의자, 작가, 그리고 무엇보다도 언론인들 사이에 널리 퍼뜨렸던 인물이었음을 주목하는 것이 중요하다. 그의 유명한 《국가의 관습과 정신에 관한 논문》(*Essay on the Customs and Spirit of Nations*)의 서문에서 볼테르는 증명되지 않은 것은 아무것도 믿지 않는다고 쓰고 있다. 그는 여기서 "가장 크고 가장 분명히 인식되는 개연성"을 갖출 수 있는 것만을 받아들이라고 주장했다.[3)]

볼테르의 저작은 적어도 52권에 이른다. 이 중에는 장편, 단편의 소설과 정치와 사회에 대한 수상록, 방대한 역사서, 18세기의 크고 작은 인물들에게 보낸 편지들을 분류한 것 등이 포함되어 있다. 지칠 줄 모르는 작가이자, 계몽사상가들 중에서 가장 언론인의 성향이 강했던 볼테르는 국왕이나 교황 뿐만 아니라 언론인들에게도 충고를 보내는데 결코 주저하지 않았다. 그가 1737년에 쓴 "언론인에 보내는 편지"(Lettre à un journaliste)는 어떻게 하면 좋은 기자가 되느냐에 관해 쓴 최초의 글 중의 하나이다.[4)] 그가 하고자만 했다면, 아마도 그는 위대한 언론학 교수가 될

---

3) 다음 책 참조. Jacquelin Marchand, ed., *Essai sur les moeurs et lesprit des nations et sur les principaux faits de lhistoire depuis Charlemagne jusqua Louis XIII* [An Essay on the Customs and Spirits of Nations, and on the Major Historical Facts from Charlemagne to Louis XIII], Paris: Editions Sociales, 1975. 볼테르의 역사이론을 서문에 포함하고 있는 이 책은 1753년과 1756년 사이에 출간되었으나, 이 유명한 책 제목으로는 1769년에야 비로소 세상에 알려지게 되었다. Haskell M. Block, ed., *Voltaire: Candide and Other Writings*, New York: Modern Library, 1956, p.572를 참고하라. *Essai*의 서문에 대한 영어 번역문은 Block의 위의 책, pp.313~320에 수록되어 있다.

4) 볼테르의 다음 책 참조. *Conseils a un journaliste sur la philosophie lhistoire le theatre les pieces de poesie les melanges de litterature les anecdotes litteraires les langues et la*

수도 있었을 것이다.

오늘날 볼테르는 그의 세련된 문체와 정곡을 찌르는 신랄한 위트, 그리고 인간 자유의 몇 가지 기본 원칙에 대한 확고한 신념으로 가장 잘 알려져 있으며, 특히 글로 쓰여진 것을 커뮤니케이션할 수 있는 자유에 대한 그의 확고한 신념은 유명하다. 볼테르는 신분으로나 취향으로나 타고난 귀족으로서, 사람들이 그를 급진적이라고 말할 수 있게 된 것은 83년에 걸친 그의 긴 생애중 마지막 20년에 이르러서야 가능했지만, 사실 인간의 자유를 그보다도 더 열성적으로 옹호했던 사람은 거의 없었다. 어떤 저명한 학자는 이 점을 높이 사서, 기독교의 박해에 대한 볼테르의 비난을 "지금까지 표현의 자유에 대해 이루어진 공헌 중 아마도 가장 위대한 공헌"이라고 말한 적이 있다.[5]

볼테르는 평생동안 정치적 자유에 대해서 관심을 가지고 있었던 것으로 보이지는 않는다. 정부의 일은 그의 관심을 끌지 못하였으며 대중의 활동도 마찬가지였다. 사실 고고한 위치에 있던 볼테르에게 일반 대중은 거칠고 어리석은 존재로 생각되었다. 정치적 자유 없이는 시민적 자유도 있을 수 없다라는 생각이 그에게는 없었던 것처럼 보인다. 볼테르에게 일반대중은 "언제나 어리석고 야만적인 오합지졸이며, 멍에와 몰이 막대기와 건초를 필요로 하는 황소"에 불과한 것이었다.[6] 그러나 볼테르는 제네바 근

---

style May 10, 1737, reprinted in Louis Moland, ed., *Oeuvres completes de Voltaire*, vol. 22, Melanges, Paris: Garnier Freres, 1879, pp. 241~266. 또한 다음 두 책도 참조. Voltaire, *Philosophical Dictionary*, trans. Peter Gay, 2 vols., New York: Basic Books, 1962; Theodor Besterman, ed., *Voltaires Correspondence*, Geneva: Institut et Musee Voltaire, les Delices, 1956.

5) George H. Sabine, *A History of Political Theory*, 3rd ed., New York: Holt, Rinehart and Winston, 1961, p. 561.

6) Voltaire's *Correspondence*, February 3, 1769. Kathleen O'Flaherty, *Voltaire: Myth and Reality*, 2nd ed., Cork: Cork University Press, 1945, pp. 77~79에 재인용.

교의 자택에서 당국의 억압에 직면하자, 어쩌면 "생각없는" 대중이라 할지라도 진리를 듣게 된다면 이성과 논리에 호응하게 될 지도 모른다고 생각하게 되었다. 이것은 바로 미국 언론인들이 독자대중을 아무리 경멸하고 있을지 몰라도 그들이 전적으로 공감하는 이데올로기적 입장이다.[7)]

제네바와 그리고 프랑스의 여러 지역에서는, 볼테르의 사상이 종교당국을 몹시 자극하게 됨으로써, 그의 유명한 저서 중 일부는 루소의 저작들과 함께 공개적으로 불태워졌다. 이때 불태워진 루소의 저작은 프랑스혁명 이전인 그 당시에 반역을 선동하는 책으로 간주되었던 《사회계약론》(*Social Contract*)과 기타 다른 저서들이었다.[8)] 볼테르가 민주주의 사상에 빠졌던 것은 바로 이때였지만, 그러나 그렇게 심각한 정도는 아니었다. 그는 루소의 유머감각 부족에 대해서 뿐만 아니라 그의 급진주의에 대해서도 공격하기를 멈추지 않았다. 그의 관점 중 상당 부분이 혁명적 동지라고 할 수 있는 루소의 관점과 매우 유사했던 사실에도 불구하고 이러한 공격은 계속되었다. 볼테르와 루소간에 얽힌 이런저런 관계는 소설의 소재가 되고도 남을 것이다.

전체적으로 보아 볼테르의 사상은 로크의 사상과 별로 다를 바가 없었는데, 사실 로크의 사상을 프랑스에 널리 퍼지게 만든 것은 바로 대단히

O'Flaherty의 이 폭로서는 영국시인 Alfred Noyes가 볼테르를 찬미하여 쓴 책(*Voltaire,* New York: Sheed and Ward, 1936)에 대한 반박이었다. Gay는 그의 책 389쪽에서 Noyes의 책에 대해 말하기를, 그 책은 볼테르가 정말로 훌륭한 가톨릭신자였다는 그의 잘못된 (그리고 놀라운) 주장에 대한 "재치있는 변명"이라고 하였다.

7) 제네바의 박해기간 중에 일어났던 볼테르의 태도변화에 대한 논의로는 Gay, 앞의 책, pp. 259~265를 참조하라. 제네바의 종교당국에 대해 비판적이었던 볼테르가 다음의 그 유명한 말을 남긴 것은 바로 이 기간 중이었다. "만약에 신이 존재하지 않는다면 신을 만들어야만 할 것이다"(p. 265).

8) 특히 만약의 사태에 대비해서 볼테르가 익명으로 1762년 아니면 1765년에 발간하였던 그의 *Republican Ideas*를 참조하라. 그 시기에 대한 논의는 Gay, 앞의 책, pp. 346~351 참조.

선동적이고 널리 알려진 로크에 관한 그의 논문이었다.[9] 하지만 여기서 급진주의의 언어는 영어가 아니고 불어였다는 것을 명심하는 것이 중요하다. 볼테르의 풍자적인 위트는 조심스럽게 짜여진 로크의 글을 원작의 창백한 언어보다도 훨씬 더 급진적으로 들리는 글로 바꾸어 놓았다. 제퍼슨은 볼테르 숭배자였는데, 그가 로크를 혁명가로 보았던 것은 볼테르의 글을 통해서였다. 어쨌든 제퍼슨은 자유로운 표현을 옹호하면서 볼테르만큼이나 우아한 표현을 하게 되었다. 워싱턴에 있는 제퍼슨 기념관의 돌 위에는 이 버지니아주 사람의 글이 신성하게 모셔져 있다. "나는 인간의 정신에 대한 어떠한 형태의 압제에 대해서도 영원히 적대할 것임을 하느님의 제단 앞에서 맹세했습니다."[10] 이런 맥락에서 제퍼슨과 볼테르는 한 형제였고, 그들의 열정적인 글들은 미국 언론인들의 핏 속에 오랫동안 면면히 전해져 왔다.

제퍼슨과 그 당시 미국인들의 볼테르에 대한 찬미는 볼테르의 글 가운데에서 어떤 특정의 글을 통해서만 이루어진 것으로 보인다. 제퍼슨은 분명히 볼테르가 공중을 명시적으로 경멸한 것에 대해서 찬성하지 않았을 것이다. 그러나 그는 자유로운 표현에 대한 볼테르의 옹호를 찬양했을 뿐만 아니라, 이성이 인간행위의 지도적 원칙이라는 볼테르의 확신도 찬양하였다. 더욱이 역사를 단순히 전쟁과 위대한 인물에 근거한 것이 아니라 문화적인 것으로 바라본 볼테르의 관점은 신세계의 건설자들에게는 매혹

---

9) Voltaire의 《로크론》(*Essay on Locke*)은 Block의 앞의 책, 340~346쪽과 Torrey의 앞의 책, 73~78쪽에 번역 게재되어 있다. 이 글은 볼테르의 《철학편지》(*Philosophical Letters*)에서 13번 편지(Letter No. 13)에 해당하는데, 《철학편지》는 1726년과 1734년 사이에 작성되어 1734년에 발간되었다. 《철학편지》는 프랑스의회로부터 유죄판결을 받고 교수형 집행인에 의해 공개적으로 불태워졌다. Block, 앞의 책, p. 572 참조.

10) Thomas Jefferson, letter to Dr. Benjamin Rush, September 23, 1800, Paul L. Ford, ed., *Writings of Thomas Jefferson*, New York: Putnam's Sons, 1892~1899, 7 : 460에서 재인용.

적인 것이었다.

분명히 말해서 미국 언론인의 사상에 볼테르가 기여한 가장 위대한 공헌 중의 하나는 바로 다음과 같은 그의 주장에 있다. 즉 그에 의하면, 인간의 이해는 단순히 사실을 축적한다고 해서 진보되는 것이 아니고―그는 "단순한 수집가"에 대해서는 경멸을 표했을 뿐이다―그보다는 구체적인 것, 특히 인간의 관습과 행동에 대한 고통스런 관심을 통해서 이루어진다고 주장했다.

> 역사를 단순히 연대기적 자료의 수집으로 볼 수는 없다고 생각한다. 이러한 역사는 우리에게 기록된 것에 대해서 아무 것도 말해 주지 않고, 보통 사람이나 철학에 대해서도 아무 것도 말해 주는 것이 없다.[11)]

볼테르는 계속해서 "어떤 사람에게도 가르침을 주지 못하고 즐거움을 주지 못하며 개선시키지도 못하는 것"에 관하여 역사를 쓴다는 것이 얼마나 부끄러운 일이냐고 말한다. 오늘날의 언론인들에게 보다 매력적인 충고도 있다. "사실상 내가 보는 모든 것은 왕들의 이야기에 불과하다. 나는 인간들의 역사를 원한다." 그리고 이러한 역사는 오늘날의 신문과 방송이 일상의 양식으로 삼고 있는 "사람들의 도덕과 예절, 과학, 법률, 관습, 미신"에 대한 이야기를 포함하여야 한다고 말했다. 볼테르는 역사가들 뿐만 아니라 언론인들도 오늘날 우리가 "인간적 흥미" 이야기라고 하는 것을 쓰는데 노력하라고 권하고 있다. 보통사람의 활동에 시간을 소비하는 기록자에 대한 생각은 볼테르 이전에는 알려져 있지 않았다. 보편적 또는 문화적 역사에 대한 볼테르의 개념에서 이러한 생각은 중심적인 것

---

11) 1744년 6월 1일자 Jacob Vernet에 보낸 편지. Besterman, 앞의 책, 14 : 203~204에 2778번 편지(Letter No. 2778)로 수록. 편지내용은 Agiluf의 튜린(Turin)공작 즉위에 관한 것인데, 615라는 날짜는 착오로 보인다. 저자는 이 편지의 번역을 Diana Johnstone에게 부탁하였다.

이었다. 볼테르는 말하기를, 언론인에게 무엇보다도 가장 매력적인 사건은 "역사의 토막기사"인데, 그 이유는 이것이 인간과 인간의 취향에 관해서 말할 수 있는 최대한의 것을 말해 주기 때문이다.[12]

기자가 "역사의 토막기사"를 찾는 것은 중요할 뿐만 아니라, 그가 말하고자 하는 것을 모두가 쉽게 이해할 수 있는 언어로 표현하는 것도 역시 중요하다고 볼테르는 언론인들에게 말하고 있다. 언론인 조오지 오웰(George Orwell)이 200년 후에 말하고자 했던 충고를 앞질러서 그가 말했던 것은 바로 현학적인 것을 피하라는 것이었다. 새로운 말을 만들기 보다는 익숙한 말들을 사용하고 직선적으로 말하라고 볼테르는 충고한다.[13] 실제로 그는 언론인을 작가로 보기도 했지만 동시에 교육자로도 보았다. 그는 언론인들에게 말하기를, "무엇보다도 우리의 젊은이들 사이에 최근의 역사에 대한 취미를 불러 일으키십시오. 왜냐하면 이것이 단지 우리의 호기심을 자극할 뿐인 옛날에 대한 설명보다는 우리에게 훨씬 더 중요하기 때문입니다."[14]

언론인들에게 주는 볼테르의 충고는 놀라울 정도로 현대적인 가락을 띠고 있다. 너에게 주어진 정보에 대해서 의심하라. 네가 들은 어떤 것이라도 독립적인 검토에 의해 확인할 수 없다면 결코 믿지말라. 과학적 방법을 사용하라. 로크나 흄보다도 더 확고한 경험주의자였던 볼테르는 오늘날 우리가 전문적인 것으로 높이 평가하고 있는 자질들을 구체적으로 표현하였다. 그가 언론인들에게 보낸 구체적인 충고들은 그 당시의 식민지 미국에 광범위하게 유포되었던 것은 아니지만, 그의 저작들이 식민지 미국에서 널리 읽혀지고 있었기 때문에 그의 사상의 기본적인 핵심은 수

---

12) Voltaire, *Conseils a un journaliste*, p.243.

13) 위의 책, pp.264~265. George Orwell, "Politics and the English Language" 참조. 여러번 재인쇄된 이 논문은 Orwell의 *Inside the Whale and Other Essays* (Harmondsworth: Penguin Books, 1971) 143~157쪽에 게재되어 있다.

14) Voltaire, *Conseils a un journaliste*, p.244.

많은 언론인들을 포함해서 식민지 사람들에게 드러나고 있었다. 프랑스에서는 심지어 오늘날에도 그를 프랑스 언론인의 수호성인(*patron saint*)이라고 부르는 것이 전혀 과장이 아니다.

세계 곳곳의 기자와 편집인들에게 볼테르의 가장 매력적인 측면은 아마도 광범위하기 짝이 없는 그의 관심일 것이다. 예를 들면 그는 만능인 즉 르네상스 인간의 대표적인 전형이라고 할 수 있는데, 그의 관심은 지극히 넓고 다양해서 그가 생생한 호기심을 드러내지 않았던 일은 거의 없을 정도였다. 오늘날 점점 더 전문화되어 가는 세상에서 언론이 하는 일은 어쩌면 만능인의 마지막 피난처인지도 모른다.

볼테르는 또한 종교적 관용에 대한 철저한 대변자였는데, 이것이 또한 그로 하여금 제퍼슨과 식민지 미국의 사람들, 그리고 그들의 사상을 유포시킨 미국의 언론인들로부터 사랑받게한 또 다른 요소였다. 종교에 관해서 로크는 기성 교회를 공격하는 일이 없도록 극도로 조심했다. 반면에 볼테르에게는 그러한 금지조항이 없었다. 로크에 관한 그의 논문에서 볼테르는, 일부 독실한 영국인들이 생각은 신으로부터 오는 것이 아니라 두뇌로부터 온다는 로크의 주장에 경악하여 로크가 종교를 전복하려 한다고 불평하였음을 지적하였다. 그는 특유의 풍자를 사용하여 그렇지 않다고 말한다. "그러나 우리가 그렇지 않다고 생각할 때마다 하느님이 공격받고 있다고 선언부터 하는 것이 신학자들에게는 보통있는 일이다."[15]

로크에 대한 볼테르의 논문은 인쇄물이 위험한 사상을 유포하게 될지도 모른다는 주장에 대해 역설적이고도 아주 독특한 반대 논리를 제공하게 되었다. 철저히 회의론적이었던 볼테르는 영국의 경험주의의 진수가 자신의 취향에 꼭 맞음을 발견하고 그것을 위해 열정적으로 선전하게 되었다. 어떤 경우에도 로크의 신념과 같은 그러한 철학적 신념이 한 국가의 종교를 해칠 수는 없을 것이라고 그는 말했다. "철학자는 모든 사람을

15) Voltaire, "Essays on Locke," Block, 앞의 책, p. 342.

위해 글을 쓰는 것이 아니고 또 열정을 갖고 있지 않기 때문에, 철학자가 종교적 분파를 만드는 일은 결코 없다." 그의 펜을 풍자의 잉크 속에 살짝 담아 볼테르는 다음과 같이 말한다.

> 인간 종족을 스무개로 나누어라. 열 아홉은 손으로 노동하면서 이 세상에 로크라는 사람이 있는지조차 모르는 사람들로 구성될 것이다. 나머지 스무 번째에서 글을 읽는 사람은 얼마나 되겠는가! 또 글을 읽는 사람들 가운데, 로마인의 저작을 읽는 사람이 스무명이라면 철학을 연구하는 사람은 한 사람 꼴이다. 생각하는 사람의 수는 극도로 적고, 이들이 세계를 혼란시킬 마음을 갖고 있는 것은 아니다.[16]

볼테르는 책에 대한 사랑으로 돌아가기를 거듭하였다. 언론의 자유에 대한 그의 옹호는 지금까지 기록된 것 중에 가장 짧고 가장 우아한 것 중의 하나로 꼽히는데, 그것은 자유로운 생각에 대한 그의 지지와 그러한 자유로운 생각을 인쇄하여 표현하는데 대한 그의 확고한 결의를 증명하고 있다. 언론에 대한 볼테르의 찬가는 그의 걸작품 《철학사전》(*Philosophical Dictionary*)에 수록되어 있는데, 이 《철학사전》은 그 당시의 자유사상에 대한 탁월한 선집으로서 피터 게이(Peter Gay)가 적절히 평한 것처럼 "구제도(*the Old Regime*)를 향해 던져진 폭탄"이었다.[17] 검열의 논리를 거부하면서 볼테르는 말하기를, 로마는 책에 의해 정복된 것이 아

16) 위의 책, p. 345.

17) 볼테르의 《철학사전》(*Philosophical Dictionary*)은 1752년에 시작되어 12년 뒤에 발간되었는데, Gay는 이 책이 "理神論者(deist), 회의론자, 인본주의자들이 한 세기 동안 설파해 왔던 것"을 담고 있다고 말한다(Gay, 앞의 책, p. 208). 특히 읽어 둘 만한 부분은 2 : 111~114의 자유(인쇄의 자유 포함)에 관한 부분이다. 이 사전은 볼테르의 두 번째 걸작이었다. 첫번째 걸작인 《철학편지》는 1734년에 처음 나타났다. 1909년의 Gustave Lanson를 시작으로 해서 많은 역사가들이 이 두 걸작을 '구시대'에 대한 "선전포고"에 비유하였다. Lanson이 편집한 《철학편지》 52쪽 참조.

니라 탐욕과 사악함으로 유럽을 배신했기 때문에 정복당한 것이라고 하였다. 호화롭고 쾌락적인 생활을 좋아했던 그는《철학사전》의 경우를 들면서 노래와 춤 등 생활의 즐거움을 거부하는 성직자들을 비난하였다. "당신들은 어떤 작은 마을들이 바이올린을 두려워했던 것처럼 책을 두려워한다. 사람들로 하여금 책을 읽게 하고 춤을 추게 하라. 이 두 가지 즐거움이 결코 세계를 해롭게 하지는 않을 것이다."[18]

그의 신랄한 문체 때문에 일부 독자는 볼테르가 인생에 대하여 우울하고 비관적이었던 인물로 여겨왔는데, 그것이 사실이었다면 그는 틀림없이 미국 언론의 주류 밖으로 밀려났을 것이다. 그러나 비록 볼테르가 인생에 대한 "낙관적인" 전망은 구체적으로 하지 않았지만, 그는 결코 인생을 우울과 절망으로 바라보지는 않았다. 그는 자신을 현실주의자로 보았고 무엇보다도 활동가로 보았는데, 이러한 입장은 150년 후에 미국의 위대한 실용주의자 윌리엄 제임스(William James)에 의해 반향된 입장이었다. "과감하게 스스로 생각해 보도록 하라"고 볼테르는 말한다. 그는 인간이 자신을 실현시키는 것은 **행동**에 있다고 주장한다. "인간은 행동을 위해 태어난다"고 하면서, "일하지 않는 것과 존재하지 않는 것은 같은 것이다"라고 말한다.[19] 때때로 조용히 책 속에 파묻혀 생각에 잠기는 생활 속에서 평화와 행복을 발견했던 볼테르는 다른 한편으로는 이처럼 행동하는 인간을 찬양하였다. 동시에 그는 탐구적인 미국 언론인의 직업 이데올로기에서 언제나 중요한 요소였던 것에 대해 말하였다. 누군가가 너에게 오기를 기다리지 말라. 스스로 찾아라. 루소와의 갈등 가운데 상당 부분은 루소에 대한 볼테르의 (잘못된) 평가에 기인하는데, 그는 자신을 활동가로 생각하면서 루소는 단순히 말장난이나 하는 사람으로 생각하였다. 면도날처럼 날카로운 특유의 대꾸로 그는 "장-자끄는 단지 쓰기 위해

18) Peter Gay, ed., *Philosophical Dictionary*, 2 : 114.

19) Voltaire, *Philosophical Letters*, 2 : 205~6, Gay, 앞의 책, p. 22에서 재인용.

서 쓰지만 나는 무언가를 자극시키기 위해 쓴다"고 말했다.[20]

베카리아와 몽테스키외가 쓴 정의(正義)에 관한 책들이 볼테르로 하여금 프랑스 형법제도에 대한 일련의 공격을 격렬하게 전개토록 자극했는데, 특히 명백한 증거도 없이 십자가를 훼손했다는 혐의를 받고 있던 라 바레(Jean Chevalier de La Barre)라는 젊은이가 수중에 볼테르의 《철학사전》을 소지하고 있었던 것이 밝혀지고 그런 다음 참혹한 사형선고를 받고 난 이후 더욱 그랬다. 사형이 집행된 후 라 바레는 볼테르의 책 한 권과 함께 묻혔다.

프랑스 형법제도에 대한 격렬한 공격에 다른 계몽사상가들과 함께 동참하면서, 볼테르는 도덕적 또는 종교적 이유로는 결코 처벌할 수 없고 오직 사회질서를 보장하기 위해서만 처벌이 가능하도록 법을 개정하기 위한 캠페인을 전개했다. 죄없는 한 사람을 단죄하기보다는 죄있는 한 사람을 풀어주는 것이 낫다는 미국적 원칙의 전개에서 언론인의 직업 이데올로기는 볼테르와 그의 동료들의 입장을 따르게 될 것이다. 로마의 격언을 들면서 볼테르는 "신에 대한 공격은 오직 신과의 문제일 뿐이다"라고 주장했다.[21] 루소는 심지어 한 걸음 더 나아간다. "무엇인가 우리가 선으로 보답할 수 없는 악인이란 한 사람도 없다. 예를 든다면, 오직 위험이 따르지 않고는 보호할 수 없는 사람만을 처형할 권리가 있을 뿐이다." 《사회계약론》(*Social Contract*)에서 이 구절을 읽고 볼테르가 한 코멘트는 단지 "좋아"라는 한 마디였다.[22]

볼테르의 일생은 계몽사상가인 엘베띠외(Claude-Adrien Helvétius)의 일생과 밀접하게 관련되어 있는데, 엘베띠외는 오늘날 우리가 공리주의라

---

20) 1767년 4월 25일자 Vernes에게 보낸 편지. Gay, 앞의 책, p. 3에서 재인용.

21) La Barre사건에 대한 설명은, Aldridge, 앞의 책, pp. 336~342 참조. 또한 Beccaria에 관한 볼테르의 논문(*A Commentary on the Book Of Crimes and Punishments*) 참조. 이 논문의 내용은 대부분의 볼테르선집에 수록되어 있다.

22) Gay, 앞의 책, p. 293.

고 알고 있는 운동의 기초를 발전시킨 것으로 유명하다. 공리주의는 사상과 도덕이 오직 하느님으로부터만 오며 원천적으로 종교적인 것이라고 생각했던 오랜 세월동안 과학을 속박하였던 사슬로부터 과학을 해방시킨 철학이었다. 계몽주의의 위대한 사상을 발전시키는 데에 영국과 프랑스 사상의 교배는 바로 공리주의에서 가장 잘 볼 수 있다.

부유한 의사의 아들로 태어난 엘베띠외는 그가 아버지와 함께 영국을 방문했을 때 처음으로 흄의 저작을 접하게 되었다. 그것은 우리가 앞에서 살펴본 바와 같이 자연법의 근본을 공격한 흄의 《인성론》이었다. 여기서 흄은 인간의 도덕성에 관한 법의 존재를 누구도 과학적으로 내세울 수 없는 한, 도덕성은 궁극적으로 신에 의해서가 아니라 관습이나 습관 그리고 대중적인 관례에 의해서 결정된다고 주장했다.

인간은 그들이 사용할 수 있는 것, 즉 그들에게 유용성(*utility*)이 있는 것에 근거하여 행동한다고 흄은 주장했다. 또 그에 의하면, 기쁨을 추구하고 고통은 피하는 것이 인간의 본성이기 때문에, 전통적인 미덕과 행복은 주로 고통을 피하는데 있다고 했다. 엘베띠외는 그가 프랑스로 돌아올 때 흄과 영국의 다른 공리주의자들의 사상도 함께 가지고 와서 이들 사상을 그의 걸작 《정신론》(*Essays on the Mind*)에서 통합시켰다. 《정신론》은 1758년에 파리에 선을 보이자 곧 성직자들 뿐만 아니라 그의 동료 계몽사상가들을 크게 경악시켰다.[23] 저 유명한 백과사전을 만들 때 엘베띠외와 함께 일했던 데니 디드로(Denis Diderot)는 《정신론》이 인간발전에서 유전적 요인을 무시하고 있다고 비난하였다. 분명히 교회의 친구라고는 할 수 없었던 볼테르였지만 처음에는 《정신론》의 공공연한 유물론에 충격을 받았다. 그러나 다음에 인용하는 그의 유명한 금언의 대상이 되었던 사람은 바로 엘베띠외였다. "저는 귀하가 말한 것에 동의하지 않지만 귀하가 그것을 말할 수 있는 권리를 최후까지 옹호하겠습니다."[24]

---

23) C. A. Helvetius, *De lesprit; or Essays on the Mind and Its Several Faculties*, ed. and trans. William Mudford, London: M. Jones, 1807.

《정신론》은 불에 태워지는 기록을 갖게 되었다. 출판되자마자 곧 소르본 대학의 비난을 받았고, 일년 후에는 프랑스 의회의 명령에 의해 불태워졌다. 《정신론》은 그후 1765년에 성직자 국민의회에 의해 다시 한번 비난을 받았다.[25)]

흥미롭게도 나중에 영국의 공리주의 발전에 가장 커다란 영향을 주었던 것은 프랑스인 엘베띠외의 저작이었는데, 엘베띠외는 볼테르나 그가 숭배했던 스코틀랜드 사람 흄보다 훨씬 급진적이었다. 공리주의라는 말은 우리가 나중에 살펴보게 될 제레미 벤담(Jeremy Bentham)이 그렇게 부른 말인데, 벤담은 공리주의의 대변인과 같았던 중요 인물이다. 오늘날 "사회적으로 책임있는" 미국 언론인들 사이에서 말로 표현되고 있지는 않지만 근본적인 이데올로기로 되어 있는 것을 벤담이 건설할 수 있었던 것은 주로 공리주의에 관한 독서를 통해서였다. 벤담이 나중에 인용했던 말에서 엘베띠외는 주장하기를, 기쁨과 고통은 인간에게 타고난 "안전장치"라는 것이었다. 이 안전장치는 사람들이 진보와 행복으로 가는 길을 여행할 때 그들을 돕는다.[26)] 이런 식의 생각은 로크의 개인주의를 거부하

24) S. G. Tallentyre, *The Friends of Voltaire.* London: Smith, Elder & Co., 1906, pp. 198~199. 또한 Norman L. Torrey, eds., *Les Philosophes*, New York: Capricorn Books, 1960, p. 185 참조.

25) Gay, 앞의 책, p. 74.

26) 이러한 생각은 벤담에게서 나타나는 것이며, 또 멀리는 키케로, 세네카, 에픽테투스, 마르쿠스 아우렐리우스와 같은 고대의 공리주의자에게까지 거슬러 올라 갈 수 있고, 어느 정도는 홉스와 흄에게서도 발견할 수 있다. 자신의 사상 가운데 많은 부분을 기꺼이 엘베띠외의 공으로 돌리는 벤담은 또한 흄도 존경했다. 흄의 《인성론》(*Treatise of Human Nature*)을 처음 대했을 때 그는 마치 자신의 눈에서 비늘이 떨어져 나가는 것처럼 새로운 깨달음을 느꼈다. A. Seth Pringle-Patterson, *The Philosophical Radicals and Other Essays*, Edinburgh: William Blackwood and Sons, 1907, p. 7를 참조하라.

는 것이다. 개인들의 특수한 이익은 집단, 즉 "최대의 수"의 이익에 양보하여야만 한다. 도덕성은 그렇다면 정확히 최대의 선을 구성하는 것이 무엇이냐에 따라 국민을 계몽시키는 데에 있다. 국민이 계몽되기 위해서는 반드시 교육을 받아야 하며, 엘베띠외는 입법부에 이 임무를 주었는데, 물론 언론인도 역시 이 임무를 받을 수 있을 것이다. 어쨌든간에 현대의 언론인들은 18세기와 19세기의 그들의 동료들과 마찬가지로 이 임무를 그들 자신에게 부여하였다.

엘베띠외는 말하기를, 국민을 무지 속에 붙들어 두는 사람은 누구라도 그 자신에 대한 만인의 경멸을 초래하게 된다.

> 뻔뻔스럽고 강력한 사악함이 그토록 자주 정의와 미덕을 속박하고 나라를 억압한다면, 이는 오로지 무지의 도움에 의해서만 일어나는 것이다. 무지는 모든 나라로부터 그 나라의 진정한 이익을 숨기고, 그 나라의 힘의 단결과 행동을 방해하며, 그리고 바로 이 수단에 의해 정의의 칼로부터 죄를 보호하게 된다.[27]

엘베띠외가 공리주의에 가져다 주었던 색조는 벤담 이전의 영국에서 발전된 기쁨-고통의 원칙의 경우에서와 같이 교회적인 것이 아니라 세속적인 것이었다. 영국에서 신학자들은 내세의 기쁨과 고통을 강조하였다. 결코 조직화된 종교의 친구가 되지 못하였던 엘베띠외는 공리주의를 사회개혁을 위한 메커니즘으로 변화시켰는데, 여기서 입법원들은 개인들을 교육시키고 그런 다음엔 공공의 개혁과 더불어 개인의 사적 행복을 가져오도록 법을 제정하는 그런 것이었다. 이것은 벤담이 영국에서 사회개혁을 위한 캠페인을 전개했을 때 채택하였던 급진적인 사상이었으며, 나중에는 책임이라는 깃발로 펄럭이게 되어 이 깃발 아래서 자유언론은 독자의 이익에 봉사하기 때문에 정당화되었다.

27) Helvetius, 앞의 책, 2 : 24.

볼테르의 문체와 비교하여 엘베띠외의 문체는 서툰 편이었는데, 볼테르는 확실히 그를 수준 이하로 생각했다. 실제로 그는 엘베띠외가 원하는 바를 말할 권리가 있음을 옹호한 동시에, 《정신론》이 하나의 "오믈렛 — 공허하게 하찮은 것"에 불과하다고 본 그의 생각이 알려지도록 내버려 두었다.[28] 그러나 볼테르의 낙천적 태도와 힐난조의 위트 뒤에는, 할 말이 있는 사람이 방해받지 않고 말할 수 있는 오직 그때에만 진보와 미덕이 보장될 수 있다는 강력한 메시지가 도사리고 있다. 찬양하는 사상뿐만 아니라 증오하는 사상에도 똑같이 적용되는 이 규칙은 "객관적인" 커뮤니케이터가 되기 위해서 어떤 주제의 찬반 "양 측면"을 전통적으로 모두 보도하는 미국 언론인들의 이데올로기에서 기본개념이 되었다. 기자들과 편집인들은 엘베띠외에게 보낸 볼테르의 메시지를 지지하는데 주저하지 않을 것이다.

---

28) Tallentyre, 앞의 책, p. 198.

| 제 13 장 |

루소 : 일반의지와 사회적 책임

Rousseau : The General Will and Social Responsibility

근대인의 사상에 루소보다 더 큰 영향을 준 사람은 별로 없다. 이사야 벌린에 의하면, "볼테르가 인간의 종교를 창안했다면, 루소는 그 종교의 예언자 중 가장 위대한 예언자였다." 스땅달(Stendhal)과 함께 루소는 톨스토이(Tolstoy)가 가장 큰 영향을 받았던 두 사람 중의 한 사람이었다.[1] 그는 또한 프랑스 혁명에 불을 붙임으로써 세계를 다시 만든 쟈코뱅당과 미국 혁명을 출발시킨 수많은 반도들에게는 영웅이자 혁명의 고무자였다. 영국의 철학자이자 정치가였던 에드먼드 버크(Edmund Burke)는 루소를 프랑스 혁명가들의 "미친 소크라테스"로 보았다.[2] 버크처럼 루소의 급

---

1) Isaiah Berlin, *The Hedgehog and the Fox*, New York: New American Library Mentor Books, 1957, p.74 참조.

2) Norman Hampson, *Will and Circumstances: Montesquieu Rousseau and the French Revolution*, London: Gerald Duckworth & Co., 1983, p.27.

진적 관점을 싫어했던 사람들조차도 각양각색의 사람들에게 루소가 얼마나 큰 영향력을 미쳤는가는 인정하고 있었다. 루소는 제퍼슨과 헤겔, 존 스튜어트 밀과 칼 맑스, 쏘로우와 칸트 등 그 관점이 아주 달랐던 사람들에게 두루두루 커다란 영향을 주었다. 루소가 그 자신과 같은 사람은 여태껏 없었다고 한 것은 의문의 여지없이 옳았다고 본다.[3] 조지 사빈이 볼 때, 이처럼 상반된 철학을 가진 사람들에게 루소가 호소력이 있었다는 사실은 루소 자신의 사상이 그만큼 정밀하지 못했음을 증명해 주는 것이었다.[4]

루소가 역설(패러독스)에 의해 매혹되었다는 것은 정말로 사실이었다. 만약 그가 오늘날 살아 있다면, 역설에 대한 이러한 매혹이 그로 하여금 언론인의 길을 택하게 했을 가능성이 많다. 개가 사람을 물었다는 평범한 이야기보다는 사람이 개를 물었다는 역설적인 이야기가 언론인들에게는 언제나 더 흥미있는 법이다.

루소의 저작을 주의깊게 읽으면 역사, 정치, 예술, 철학 및 도덕에 관한 그의 분석에서, 그는 사회적 책임의 원칙과 국민의 알 권리와 같이 언론의 교리에서 폭넓게 주장되는 요소들에 지적인 지원을 보내고 있음을 알 수 있다. 그리고 볼테르와 오늘날의 미국 언론인들과 마찬가지로, 루소는 지식인들의 "이론"에 대해 철저히 회의적이었다. 적어도 루소가 볼 때에는, 사람들이란 인지적 사고에 의해서 보다는 그들의 본능적인 반응에 근거하여 행동하는 것이었다. 취재에 나선 기자가 뉴스원(*source*)에 던지는 첫 질문은 "XXXX에 대해 어떻게 생각하십니까?"가 아니라 "XXXX에 대해 어떻게 느끼십니까?" 이다.

당연하게도 오늘날의 미국 언론인들이 갖고 있는 이러한 신념과 다른

---

3) 위의 책, p.27.

4) George H. Sabine, *A History of Political Theory*, 3rd ed., New York: Holt, Rinehart and Winston, 1961, pp.577~596.

기본적 신념들이 루소의 저작들로부터 결코 의식적으로 채택된 것은 아니었다. 그보다는 미국의 전형적인 언론인이라면 루소에 대해 단지 주변적인 지식을 가지고 있을 뿐이다. 그러나 우리가 이미 앞에서 살펴 본 것처럼 사상이란 우리가 인식하지 못하는 가운데 소리없이 우리의 행동에 침투하는 것이다. 언론인은 좀처럼 사상에 관심을 두고 있지 않기 때문에, 그들의 사상 그리고 실제로는 그들이 받들고 있는 신조와 전통은 그들이 추구하는 직업의 외부로부터 오는 것이다.[5] 그리고 이러한 신조와 전통과 실천의 도래에서 루소는 탑과 같이 높이 솟은 인물이다.

루소의 일생에 대한 가장 완벽한 설명은 그의 사후에 출간된《참회록》(*Confessions*)에 잘 나타나 있는데,《참회록》은 그것 자체로 뛰어난 저작이었다. 이 자서전에는 대단히 복잡한 한 인간의 모습, 즉 혁명가, 전체주의자, 낭만주의자, 진보주의자, 신경과민증 환자, 그리고 세계 최초의 인류학자라고 특징지울 수 있고 또 실제로 그러하였던 한 인간의 모습이 등장하고 있다.[6] 물론《참회록》에서 루소가 완벽한 정확성을 가장 우선적인 것으로 생각했는지는 의심스럽지만,《참회록》에 나타나는 설명은 흥미롭고 또 대단히 많은 것을 보여주고 있다.《참회록》에서 루소가 묘사한 것은 그 자신의 개인적 부족함을 보완하기 위하여 주로 만들어낸 가공의 자아라는 견해가 제시되어 왔다.[7] 사실이야 어쨌든, 심지어 루소 자신의 설명에서도, 그는 결코 사랑스러운 인물은 아니었다. 불어권 세계의 지적 수도인 파리로부터 제법 떨어진 곳에서 루소는 가난한 집안의 아들로 태어났다. 그의 어머니는 출산중에 죽었고 아버지는 곧 그를 버렸다. 남부

---

5) Dennis Chase, "The Aphilosophy of Journalism," Quill, February, 1970, pp. 15~17 참조.

6) Robert Darnton, "The Social Life of Rousseau," *Harper's*, July 1985, p. 69. 제58장의 Janet Cooke사건 참조.

7) Robert Darnton, *The Literary Underground of the Old Regime*, Cambridge Mass: Harvard University Press, 1982, p. 68.

끄러운 질병(방광염, 요도협착)을 가지고 있던 루소는 성격이 수줍었지만 열정적이고 논쟁적이었는데, 특히 권위에 대해서 그랬다.[8] 그의 동료 계몽사상가들이 이성적 사고가 모든 것을 해결할 수 있다고 확고히 믿고 있던 이성의 시대에, 루소는 도시의 지적 소란보다는 자연과 조용한 고독에서 더 큰 기쁨을 느끼고, 순진무구함을 사랑하고 부자와 권세있는 자들을 경멸했던 반항아였다. 그의 동료들은 결국 그와 사이가 벌어지게 되었다. 한때 루소의 가장 절친한 친구이자 동맹인이었던 백과전서파의 디드로는 그와 루소 사이에 "천국과 지옥사이의 거대한 간극"이 놓여 있음을 선언하게 되었다.[9]

《참회록》에서, 거의 광고전단 같은 문구를 통해, 루소는 그의 삶의 지도원칙이라고 말할 수 있는 것을 이야기하고 있다. 그의 첫사랑이었던 연상의 와렌스(Warens) 남작부인과의 경험을 말하는 글에서, 루소는 다음과 같이 쓰고 있다. "그녀는 좋은 충고를 들려주는 가슴이 아니라 나쁜 충고를 주는 이성에 귀를 기울이고 있었다."[10] 계몽주의에 대한 루소의 반전, 즉 돌아섬은 이성의 우월함에 대한 그의 도전과 열정을 우선시하는 그의 주장으로부터 나온다. 루소에게 가슴은 머리보다 위에 있었다.

미국 언론에 대한 이러한 반전의 영향은 명백한 것으로 보인다. 사랑이든 정치이든 만물의 지혜는 지성적인 엘리트에게 있지 않고 권력자에게

---

8) 루소의 일생을 훌륭하게 서술한 책으로는 다음과 같은 책이 있다. Will and Ariel Durant, *Rousseau and Revolution: A History of Civilization in France, England and Germany from 1756 and in the Remainder of Europe from 1715 to 1789*, New York: Simon and Schuster, 1967.

9) Lytton Strachey는 디드로와 루소 사이의 심연이 천국과 지옥 사이에 놓인 심연이 아니라 오히려 구세계와 신세계를 구분하는 것이라고 말한다 (Lytton Strachey, "The Rousseau Affair," in *Books and Characters : French and English*, London: Chattop and Windus, 1922, p.205).

10) Rousseau, *The Confessions*, J.M. Cohen 번역 및 서문, Harmondsworth: Penguin Classics, 1984, p.190. 또한 Durant, 앞의 책, p.13 참조.

도 있지 않으며 그것은 인민들에게 있다. 대학교육을 받고 보수좋은 현대의 미국 언론인은 더 이상 "인민"(볼테르가 말한 오합지졸)이라고 할 수 없지만, "인민의 알 권리"라는 개념 속에 간직되고 있는 민주주의의 신조는 그럼에도 불구하고 언론인의 직업 이데올로기에 단단한 쐐기로 남아 있다. 루소의 강렬한 상상 속에서는, 지식인은 타락할 수도 있는 것이지만 감정에 의해 지시받는 인민의 목소리는 언제나 고상한 길을 걷게 된다. 물론 지적인 선택을 해야 할 경우에는, 그 감정에 건전한 정보가 보급되어야 한다. 따라서 교육은 루소의 생각에서 지배적인 요소가 된다. 정보를 잘 갖춘 사람들이 감정에 따라 행동할 때 우리는 비로소 가질 만한 가치가 있는 정부를 갖게 된다. 이제 인민의 알 권리라는 개념은 명백히 가까이 있음을 알 수 있다.

정보를 찬미했다는 점에서 루소는 그 시대의 사람이라고 할 수 있다. 교육의 미덕에 대한 믿음은 모든 계몽사상가들에게 중요한 것이었다. 그러나 루소에게 교육은 단순히 지성적인 것 이상을 의미했다. 그에게 교육은 도덕적으로 필수적인 것이었으며, 더욱이 정신과 마찬가지로 열정도 교육시키는 것이 반드시 필요하다고 보았다. 실제로 루소주의의 정신을 따랐던 미국 언론인들과 마찬가지로 루소는 철학자 또는 사건의 기록자라기보다는 도덕가였다. 어떤 학자가 말했던 것처럼 루소는 "시민적 종교"를 설파했던 셈인데, 그는 "새로운 예루살렘"을 구상하고 있었던 것이다.[11)]

루소의 정치철학의 핵심은 일반의지(*the General Will*)라는 개념인데, 이것은 그의 저작중에 가장 유명한 책으로 정치적 의견을 담은《사회계약론》(*Social Contract*)에서 1762년에 만들어낸 조금은 신비스런 개념이다. 7년 전에 루소가 쓴《평등의 기원에 관한 담론》(*A Discourse on the Origin of Equality*)은 지식인들의 관심을 불러일으켰고 심지어 18세기판 "일반 공중"에까지 전달되었다. 이 책은 자본주의 국가를 혹독히 비난했고 세계

11) Darnton, "The Social Life of Rousseau," p. 73.

의 모든 악을 사유재산과 관련지었다. 사유재산과 자본주의에 대한 로크의 애착을 강력히 지지하고 있던 수많은 계몽사상가들의 격렬한 비난에도 불구하고 루소는 결코 자신의 주장을 철회하려 하지 않았다. 《사회계약론》은 가슴깊이 울리는 다음의 글로 시작한다. "인간은 자유로이 태어났으나 어느 곳에서나 사슬에 묶여 있다."[12] 루소에게는 이러한 사슬은 사유재산을 보호하기 위해 만들어진 것이었다. 이러한 루소의 생각을 오늘날의 말로 다시 표현하면 그 사슬은 가진 자가 못가진 자를 몰아내기 위한 수단으로 만들어진 것이었다. 루소에 의하면, 인간들이 사회적 계약하에서 그들 자신을 조직화한 것은 바로 모든 시민을 위한 평등권을 보장하기 위해서였다.

> 인류의 자연적 평등을 파괴하는 대신에, 이 근본적인 계약은 …자연이 인간에 부과한 육체적 불평등을 도덕적이고 법적인 평등으로 대치하고, 그리하여 인간이 힘이나 재주에서 아무리 불평등하더라도 관습과 법적 권리에 의해 모두가 평등하게 된다.[13]

루소에 의하면, 바로 이러한 것이 좋은 정부의 핵심이다. 그는 말하기를, "나쁜 정부 아래서 이 평등은 단지 겉치레이고 환상적인 것일 뿐이며, 그것은 오직 빈민은 빈곤에 머물러 있도록 하고 부자는 그가 강탈한 위치에 계속 남아 있도록 할 뿐이다." 사회적 국가는 오직 "모든 사람이 무언가를 조금씩 소유하고 어느 누구도 너무 많은 것을 소유하고 있지 않

---

12) 《사회계약론》(*The Social Contract*) 현행판을 원한다면 다음 책 참조. John Somerville and Ronald E. Santoni, eds., *Social and Political Philosophy: Readings from Plato to Gandhi*, Garden City, NY: Doubleday Anchor Books, 1963, pp. 205~238. "인간은 자유롭게 태어났으나 어디서나 사슬에 묶여 있음을 본다"라는 문장은 바로 여기에서 나온다. 또한 *Great Books of the Western World*, Chicago: Encyclopedia Britannica, 1952, vol. 38, pp. 387~439도 참조.

13) 위의 책, 1:9. 번역은 *Great Books*, 38:394의 G. D. H. Cole의 번역이다.

을 때"에만 모든 사람들에게 가치가 있다고 루소는 결론짓는다.[14)]

루소의 일반의지에 대한 분석가들의 분석이 명확하지 않은 주된 이유는 아마도 그가 그 용어를 정확하게 정의하지 않았다는 사실에 기인할 것이다. 바로 이같은 이유 때문에 이 개념 자체가 정확한 것도 아니고 객관적인 것도 아니다. 사실 이 개념은 독선적이고 교조적이며 종교적인 개념이고, "인민들"이라는 말 속에 도덕적이고 고상하고 가치있고 좋은 것이라는 인식이 어느 정도 내재되어 있는 개념이다. 사람들은 이러한 것들을 경험적으로는 분석할 수 없는 방식으로 이해한다. 미국인들은 이 신비스런 개념을 이해하는데 별로 어려움이 없으리라고 본다. 왜냐하면 이것은 미국인의 가슴 속에서 이해되는 미국적 생활양식이 갖는 미덕에 대한 믿음과 유사하기 때문이다. 마찬가지로 언론의 자유도 사람들이 원하고 있기 때문에 좋은 것으로 인식된다. 이것은 바로 일반의지의 표현이다.

루소는 일반의지(*the General Will*)와 만인의 의지(*the Will of All*)를 구별하는데 주의를 기울였다. 만인의 의지는 각 개인의 의지와 욕구를 모두 합한 것을 나타내는 것으로서 일반의지와는 완전히 다른 종류의 것이다. 만인의 의지는 각 개인의 이기적인 바램을 뒤범벅으로 합한 것이기 때문에 반드시 선할 필요가 없다. 그것은 개인을 첫째에 놓고 집단의 정당한 요구와 필요를 무시함으로써 모든 사회적 유대를 파괴한다. 루소가 때때로 근대 사회학의 아버지라고 생각되는 것도 바로 이러한 개념에 근거해서 이다. 이러한 관점에서 일반의지는 사악할 수도 이기적일 수도 없다. 만인의 의지는 이기적이고 무지하며 편견으로 가득찰 수도 있으나, 일반의지는 결코 그럴 수 없다. 말하자면 루소 그 자신이 생각했던 것처럼, 만인의 의지는 모든 개인적 의지의 단순한 산술적 합계인 반면에, 일반의지는 공공적 이익을 구성하는 것이다. 새로운 예루살렘을 구상하는 루소의 도덕주의적 관점에서 일반의지는 개인의 이기주의를 공동체의식

14) 위의 책, 1 : 9.

의 자존(*self-esteem*)으로 대치하고 있다.[15]

루소는 만인의 의지를 거부했을 뿐만 아니라 계몽사상가들 자신의 문화를 비난했다. 그렇게 함으로써 그는 계몽사상가들로부터 끊임없는 증오를 불러 일으켰다. 혁명 전의 프랑스에서 "하층사회"(*lower orders*) 출신이었던 루소는 볼테르가 그의 "교회"로 생각했던 그 당시의 살롱사회(*salon society ; le monde*)를 거부하며, 권리없는 자와 가난한 자 그리고 농민들을 환영하였다. 이렇게 함으로써 루소는 그가 죽은지 11년 후에 바스티유 감옥으로 돌격하였던 사람들에게는 지적인 영웅이 되었다. 볼테르와 다른 계몽사상가들에게, 그 중에는 심지어 "하층사회" 출신으로서 루소의 절친한 친구였던 디드로를 포함하여, 이 모든 사람들에게 루소는 버림받은 사람이 되었고 계몽사상가들의 운동에서 배반자가 되었다.[16]

루소는 일반의지가 "언제나 옳고 공공의 이익이 되는 경향이 있다"고 하면서, "그러나 그렇다고 해서 사람들의 심사숙고가 언제나 올바른 것은 아니다"라고 말한다. "우리의 의지는 언제나 우리 자신의 선을 위하지만 우리가 언제나 있는 그대로를 보는 것은 아니며, 사람들은 결코 타락하지는 않지만 종종 속는다."[17]

그러면 속고 있는 사람들을 깨우치고 타락을 방지하기 위해 힘쓰는 사람은 누구인가? 루소는 이것이 법을 만드는 입법인들의 임무라고 말하지만, 그는 또한 교사와 작가, 그리고 그 중에서도 특히 언론인을 그 속에 포함하고 있는 것으로 보인다.

---

15) Jean Lacroix, "Rousseau: Conscience and Confession," 《르몽드》紙(*Le Monde*)의 루소 200주기 특집으로서 *The Guardian Weekly*, September 10, 1978에 번역전재.

16) 항상 역설적이었던 루소는 화류계를 탈출하여 카페사교계로 진입하는데 성공했지만 결국에는 스스로 그곳을 등지고 말았다(*Confessions* 참조). Hampson은 루소의 사상이 프랑스 혁명가들 뿐만 아니라 맑스와 레닌에게 영향을 주었지만 루소 그 자신은 결코 혁명가가 아니었다고 주장한다(Hampson, 앞의 책, pp. 37~41).

17) Rousseau, *Social Contract*, 2 : 3.

> 사람들의 의지는 자연적으로 언제나 선한 것이지만, 그러나 그것은 자연적으로 결코 언제나 선한 것을 바라보지는 않는다. 일반의지는 언제나 옳지만, 일반의지를 인도하는 판단은 언제나 계몽적이지는 않다… 공중의 계몽은 사회조직체에서 이해와 의지의 결합으로 나아가게 된다. 그러므로 개인적 의지의 유혹적인 음성으로부터 사람들을 인도하기 위하여, 사람들로 하여금 사물을 있는 그대로 보게 하는 것이 반드시 필요하다."[18]

"인민의 알 권리"라는 개념을 철학적으로 이보다 더이상 분명하게 지지한 말은 없었다. 게다가 루소는 말하기를, 입법인이 (그리고 추가한다면 교사와 언론인이) "인간의 본성을 변화시키고 개개인을 변형시킬 수 있다"고 그 자신이 느끼고 있어야 한다. 이 얼마나 강력한 외침인가! "입법인은 여러 가지 의미로 국가에서 특별한 위치를 점하고 있다."[19] 입법인은 국왕과 같은 권력을 행사해서는 안 된다. 그러나 일반의지가 명하는 것을 인민이 따라오도록 설득시킬 수 있는 말에 대한 기술을 가지고 있어야 한다. 루소는 인민의 지적 수준을 넘는 거만하고 애매모호한 언어를 사용하는 것에 대해 볼테르 이상으로 반대했다. "박식한 사람들이 보통사람들에게 보통사람들의 언어가 아닌 그들의 언어로 말한다면 그들 자신을 이해시킬 수 없는 것이다. 일반의 대중적인 언어로 바꾸기가 불가능한 수많은 종류의 사상들이 있다."[20] 우리 모두가 능숙한 문장가도 아니고 우리 모두가 교육을 잘 받은 것도 아니다. 그러나 우리 모두는 평범한 말은 이해할 수 있다. 이것이 루소의 메시지다.

이러한 취지 역시 미국 언론인들이 세계와 그들의 직업을 바라보는 방식에 핵심적인 부분을 이룬다. 흔히 말하듯이 캔자스시티의 우유배달원까지 포함하여 모든 사람이 언론인들이 쓴 글을 이해한다는 것은 중요하

---

18) 위의 책, 2 : 6.

19) 위의 책, 2 : 7.

20) 위의 책, 2 : 7.

다.[21]

루소의 철학적 작품은 거의 같은 비중으로 문화와 정치와 교육에도 관심을 보이고 있다. 그에게 교육은 문명사회와 문화뿐만 아니라, 또 좋은 정부를 위해서만 아니라, 개인의 좋은 삶에 대해서도 핵심적인 것이다. 루소는 자신이 보고 있는 프랑스의 교육체계는 경멸받아 마땅한 것이고 위에서부터 아래에까지 혁명적으로 바꾸어야 하는 것이라고 믿었다. 그의 교육사상은 수많은 책에서 나타나고 있는데, 그 중에서도 가장 탁월한 것은 《에밀 : 교육에 관한 논문》(*Emile: A Treatise on Education*)에서 표현된 것이다. 《에밀》은 세계 곳곳에서 교육발전에 영향을 주었지만, 특히 미국에 영향을 주어 일세기 정도 후에 존 듀이는 《에밀》에서 나타난 사상을 미국의 교수법에 적용하였다. 루소가 인간역사를 순진무구한 초기 시대에서 한 걸음 후퇴하는 것으로 보는 경향이 있었던 반면에 듀이는 인간의 진보를 굳게 믿었던 사람이었지만, 듀이가 루소의 사상에 영향받은 것은 사실이었다.

사실 루소는 어린이들을 억지로 너무 빨리 성장시키려는 사람들, 어린이들에게 순수하고 조금은 이상화된 전원적 소년기를 허용하지 않으려는 사람들, 그리고 그들의 감정에 대한 표현이 허용되지 않는 이성의 세계로 어린이들을 강요하는 사람들, 이러한 사람들에 대해 상당한 정도로 비난의 공격을 퍼부었다. "인간성에 관한 것을 제외하고는 지혜가 당신에게 무슨 소용이 있단 말인가?" 라고 그는 묻는다.

> 어린이를 배운 사람으로 만들고자 노력하는 가운데, 아버지들과 교사들은 너무 빨리 고통을 주고 정정하고 질책하고 아첨하고 위협하고 매수하고 지시하고 따지기 시작한다. 이렇게 하기 보다는 온당하게 대하고 당신의 학생들과 결코 따지려 들지 말라. 특히 그 학생이 싫어하는 것을 바꾸기를 원한다면 말이다. 불유쾌한 일로 이성을 끌어 들임으로써, 당신은 학생이 그것

21) Reynolds Packer, *The Kansas City Milkman*, New York: Dutton, 1950.

> 을 싫어하게 만들고, 또 아직 그것을 이해할 준비가 되어 있지 않은 정신에서 그것을 불신하도록 만든다.[22]

루소는 "우리에게 존재한다는 것은 느끼는 것이다"라고 주장한다. "우리는 생각을 갖기 이전에 느낌을 갖고 있다."[23] 대단한 도덕주의자였던 루소는 교육을 단순히 책을 배우는 것 이상으로 생각했다. 교육은 반드시 보편적이고 의무적이어야 할 뿐만 아니라, 실제적인 의미에서 학문적인 학습뿐만 아니라 체육 교육도 포함하여 성격형성을 돕도록 설계되어야만 한다.[24] 루소는 사실 그의 동료 계몽사상가들, 그중에서도 특히 볼테르를 포함하는 퇴폐적인 프랑스 지배권의 "세련된 파리지엥(*Parisian*) 문화"에 대해 의심쩍어 했다.[25] 루소가 생각하기에, 이 파리지엥 문화가 사회에 부과하는 언어교육은 순진과 고결함으로의 복귀를 방해하는 것이었다. 루이스 캐롤의 《이상한 나라의 앨리스》에서 험프티 덤프티(Humpty Dumpty)와 함께 단어의 중요성을 배우는 앨리스는 《에밀》의 어린이였다. "내가 한 단어를 사용할 때," 험프티 덤프티가 다소 꾸짖는 목소리로 말한다. "그것은 내가 그것을 선택함으로써 의미하고자 하는 것을 의미한다—그 이상도 그 이하도 아니다."[26] 미국의 추문폭로(*muckraking*) 언론인

---

22) Rousseau, *Emile: A Treatise on Education*, 1762. 제2권의 이 번역문은 다음 책에서 인용하였다. Norman L. Torrey, *Les Philosophes: The French Philosophers of the Enlightenment and Modern Democracy*, New York: Capricorn Books, 1960, pp. 164~165.

23) 위의 책, p. 165.

24) Hampson, 앞의 책, pp. 43~45.

25) Darton, "Social Life of Rousseau," p. 73.

26) Lewis Carroll, "Through the Looking-Glass and What Alice Found There," in *The Annotated Alice*, rev. ed., ed. Martin Gardner, Harmondsworth: Penguin Classics, 1970, p. 269. 여기서 험프티는 중세에 윌리엄 오캄이 발전시킨 유명론적 입장, 즉 보편적 용어는 객관적 존재를 말하는 것이 아니라 단순히 구두적 발화(發話)를

들도 또한 그들이 일반의지를 행사하고 부패한 실업가들을 파멸시키기 위하여 사람들을 계몽시키고자 노력하는 한 루소의 제자들이라고 할 수 있다.

혁명 전의 프랑스에 수많은 추문폭로가들이 있었다. 이들 작가들에 의해 폭로된 "반사회적 검댕이"(*antisocial smut*)는 그러나 링컨 스티븐스(Lincoln Steffens)나 심지어 업톤 싱클레어(Upton Sinclair)가 상상했던 어떤 것 보다도 더욱 외설적이었다.[27] 그 당시에 비방문(*libelles*) 또는 추문표(*chroniques scandaleuses*)로 부르던 것들을 쓴 이 작가들은 루소를 그들의 영웅적인 본보기로 삼았고 일종의 지하언론을 만들었다. 이 지하언론은 지위높고 권력있는 자들을 비웃고 국왕과 대신들의 이색적인 성생활을 보도하고 (이들의 주요 대상은 루이 15세의 정부였던 두바리(DuBarry) 부인이었다) 구체제의 붕괴를 예언했다. 어떤 한 학자는 이들의 글에 대해 "저속한 루소주의"라고 말하고 있다.[28] 이들이 쓴 어떤 내용도 사실에 가까운 것 같지는 않지만, 그들이 쏟아낸 글들은 프랑스 사회에 만연했던 퇴폐에 대해 가지고 있던 일반인들의 느낌에 중요한 역할을 하고, 일반공중이 혁명의 소용돌이에 들어가는 것을 도왔음에 틀림없다. 부르봉(Bourbon) 왕가의 지배자들은 비방작가(*libellistes*)의 글뿐만 아니라 루소의 많은 저작에 대해서도 엄격한 검열을 실시하였다. 볼테르와 루소의 갈라섬은 완벽한 것이어서 1778년에 두 사람 모두 죽을 때까지 계속되었다. 쟈코뱅당이 바스티유를 공격한 것은 그로부터 11년이 지난 후였다. 볼테르는 비방작가들을 욕하면서 그들의 글을 "사람들이 존경하고 사랑하는 모든 것에 대해 끔찍한 독약을 뿌리는 악마의 작품들"이라고 비난하였다.[29]

의미할 뿐이라는 것을 말하고 있었던 것이다. 이러한 입장은 오늘날 대부분의 논리실증주의자들이 지지하는 입장이다. 한편 위(주 15)에 인용된 《르몽드》紙 특집에서 Michel Tournier가 쓴 "Jean-Jacques' Ideal Child"도 참조하라.

27) Darnton, *Literary Underground*, p.29.

28) 위의 책, p.35.

29) 위의 책, p.25.

비방작가들의 정치적 언론을 논하는 가운데, 역사학자 로버트 단톤은 다음과 같이 말했다.

> 이처럼 조야한 매체에서 정치는 국왕과 국왕의 조신들과 성직자들과 정부(情婦)들을 위한 게임으로 거칠게 보도되었다. 궁전 너머 그리고 살롱사회의 정상 아래 있는 "일반 공중"은 루머 속에 살았다. 그리고 "일반 독자"는 정치를 일종의 비참여적 스포츠로 보았는데, 이 스포츠는 악한과 영웅을 포함하고 있지만 그러나 아마도 선과 악 또는 프랑스와 오스트리아 사이의 거치른 투쟁을 제외하고는 아무런 이슈도 없었다.[30]

단톤이 묘사한 18세기의 공중은 오늘날의 가십 칼럼 독자나 명사들의 사생활에 대한 방송 시청자들과 가슴 아플 정도로 유사성을 띠고 있다. 단톤은 비방작가들의 "탐사언론"(*investigative journalism*)과 오늘날 미국 언론인들의 탐사언론을 분명히 구별하고 있다. 그러나 분명히 현대의 언론인들도 똑같은 이유로 공격받고 있는 것이다. 우리는 나중에 이 주제를 다시 다룰 것이다.

어쨌든 루소는 진정한 혁명가는 아니었으며, 또 사람들은 일반의지에 불복할 자유가 없다고 보았기 때문에 자유주의자로 간주될 수도 없었다. 일반의지는 언제나 선하기 때문에 자유는 일반의지의 수행속에 존재한다. 그것에 반대하는 사람은 처벌을 받게 된다. 중요한 것은 개인들의 전체의지가 아니라 집단적 의지이다. 로크와 루소를 멋지게 대비한 "자유의 두 개념"에서 이사야 벌린은 로크가 제시한 자유는 소극적 자유이고 루소의 것은 적극적 자유라고 주장하였다.[31] 로크의 개념에서 자유는 권력을

---

30) 위의 책, pp. 203~204.

31) Isaiah Berlin, "Two Concepts of Liberty," in *Four Essays on Liberty*, London: Oxford University Press, 1984, pp. 118~172. 또한 다음 책도 참조. Robert G. Picard, *The Press and the Decline of Democracy: The Democratic Socialist Response in Public Policy*, Westport, Conn.: Greenwood Press, 1985, pp. 41~42; Robert

가진 자들이 개인의 행동에 간섭하지 못하게 하여 각자가 자신이 원하는 것이 될 수 있도록 하는 것이다. 루소에게 자유는 일반의지의 명령을 수행할 적극적인 임무를 수반한다. 개인이 정부에 참여해야 하느냐는 것이 로크에게는 문제가 되지 않았지만, 루소에게는 문제가 되었다.

로크의 사회계약하에서 형성되는 정부는 개인을 위해 기회를 활짝 여는 도구였다. 그러나 루소의 사회계약에서 자유는 그러한 기회를 받아들이는 것만 의미하는 것이 아니라 그 기회에 대해 무언가를 하는 것도 의미하며, 따라서 정부를 소극적으로 수용하는 것보다는 정부에 참여하는 것이었다. 루소에게 자유와 도덕은 같은 것이었다.[32] 사람은 도덕적으로 행동할 때, 즉 일반의지의 정신을 따를 때, 오직 그때에만 "자유"(*free*)롭다. 로크는 인간의 본성에 대해 낙관주의자였다. 그러나 루소는 본질적으로 인간의 본성에 대해 비관적이었으며 사람들이 자신의 자유를 보호하기 위해 개인적으로 힘쓸 것이라는 것을 전혀 확신하지 못하였다. 오직 집단에서만, 오직 집합체에서만 일반의지는 표현을 발견할 수 있고, 그것은 사람들이 그들을 노예상태로 유혹하는 자들의 속임수에 관해 교육받고 계몽되었을 때 오직 그때이다. 이것은 맑스가 철저히 익숙하였던 개념이다. 루소는 덕성스런 농민, 즉 고상한 야만인을 상찬하는 가운데, 인간은 선천적으로 선하지만 사회는 우둔함과 추함의 잘못된 신앙으로 인간을 사슬 속에 구속하였다고 주장하였다. 오직 새로운 형태의 사회, 즉 지성적인 빨치산과 현명하고 박애적인 입법인들, 헌신적인 언론인들, 깨끗한 마음의 교사들에 의해 창조된 새로운 사회만이 그러한 사슬을 풀 수 있다. 맑스도 역시 그렇게 생각했다.

반면에 루소는 결코 도그마에 의해 감명받지는 않았는데, 맑스-레닌주

Nisbet, *The Social Philosophers*, New York: Thomas Crowell, 1973, p. 152.

32) Larry Siedentop, "*Two Liberal Traditions*," in Alan Hale, ed., *The Idea of Freedom: Essays in Honour of Isaiah Berlin*, London: Oxford University Press, 1979, p. 169.

의의 완고함, 특히 도시 산업생활의 찬미와 관련하여 그 완고함은 루소를 소름끼치게 했을 것이다. 그는 아마도 독일의 철학자 임마누엘 칸트와 러시아의 역사가이자 소설가인 레오 톨스토이에게서 보다 만족스런 지적(知的) 교우를 발견했을지 모른다. 칸트와 톨스토이는 루소로부터 지적인 영향을 받았음을 밝히고 있다. 칸트에게 선은 절대적인 것이었으며 (그는 너의 행동 하나하나가 행위의 보편적 규칙에 이바지할 수 있기라도 하는 것처럼 너의 인생을 살라고 충고했다), 그는 루소의 초상을 서재 벽에 걸어놓고 루소를 도덕적 세계의 뉴튼이라고 선언했다.[33] 칸트는 이성만으로는 도덕성을 보장하기에 충분하지 않다고 말한다.[34] 사람은 무엇보다도 도덕적 감각을 필요로 하고, 그것은 이성으로부터 오는 것이 아니라 감정으로부터 온다. 톨스토이는 교육에 대한 루소의 분석과 부자와 권력자에 대한 루소의 깊은 도덕적 의심에 그 자신을 뚜렷이 연결시켰다. 도덕성의 선천성과 강력한 자에 대한 의심에 천착하는 것은 미국 언론인의 태도에서 빠뜨릴 수 없는 요소이며, 이것은 바로 루소에 의해 세계로 전달된 사상이다.

부분적으로 루소의 사상이 미국으로 확산된 것은 18세기 마지막 무렵 프랑스와 식민지 미국 사이에 현저하였던 사상의 교배를 통하여 이루어졌다. 프랑스인들은 벤자민 프랭클린과 토마스 제퍼슨의 실용적 지혜와 토마스 페인의 불같이 뜨거운 선언들을 받아들였다. 그리고 미국인들은 영국에 대한 반역의 근거 속에 몽테스키외와 볼테르, 디드르와 달랑베르, 엘베띠외와 루소에 의해 발생된 지적 흥분을 받아 들였다. 대서양의 양쪽에서 자유로운 표현의 사상에 대하여 폭넓은 지지가 있었고, 특히 권력있는 자와 부패한 자를 반대하기 위해 자유로운 표현의 사상에 깊은 지지를 보냈다.

---

33) Durant, 앞의 책, p. 890에서 재인용.

34) Ernst Cassirer, *Rousseau, Kant and Goethe*, Harper & Row, 1963, p. 25, Durant, 앞의 책, p. 543에서 재인용. 또한 *Kritik der reinen Vernunft Critique of Pure Reason*, 1st ed., Riga, Latvia: J. F. Hartknoch, 1781, p. 819 참조.

| 제 14 장 |

혁명 : 다수와 소수의 권리

Revolution : The Rights of Majorities and Minorities

이제와서 편안한 마음으로 뒤돌아 보면, 프랑스혁명은 계몽사상가들의 사상이 전개됨으로써 나타난 피할 수 없는 결과로 보인다. 하지만 그러한 투쟁적인 사상의 유포가 공포시대(*the Reign of Terror*)의 폭력과 유혈을 가져온 것은 반드시 피할 수 없었던 일은 아니었다고 본다. 또한 한 사회의 체제가 파괴될 때 그 체제의 소멸이란 결코 쉬운 일은 아니다. 루이 16세는 쟈코뱅당의 혁명가들에 의해 구성된 기본 문건을 수용하겠다고 발표함으로써 폭력을 피하고자 하였다. 그 문건은 5인 위원회에 의해 만들어진 《인간과 시민의 제권리에 관한 선언》(*the Declaration of the Rights of Man and the Citizen*)이라는 것인데, 5인 위원회는 이 《선언》을 기초할 때에 당시의 미국 대사 토마스 제퍼슨의 자문을 받았다.[1] 이 《선언》은 1789

1) "Declaration of the Rights of Man and of the Citizen," reprinted in Norman L. Torrey, *Les Philosophes: The French Philosopher of the Enlightenment and Modern*

년 8월에 국민의회(the National Assembly)에 제출되었다. 간결한 형태 속에 종종 심금을 울리는 언어를 사용한 이 선언문은 몽테스키외, 엘베띠외, 볼테르, 루소의 사회정치 철학을 요약하고 있었다. 《선언》의 제 11조는 본질적으로 미국의 언론인과 나아가서 세계 곳곳의 언론인들의 신념 체계속에 스며든 한 이데올로기를 선언한 것이었다.

> 사상과 의견의 자유로운 전달은 인간의 가장 소중한 권리 가운데 하나이다. 따라서 모든 시민은 자유롭게 말하고, 쓰고, 발행할 수 있다. 단지 예외적으로 법이 정하는 경우 그 자유의 남용에 대한 책임을 지게 된다.[2)]

그러나 모든 언론인들이 자유의 남용에 관한 마지막 조항을 받아들이려 하지는 않을 것이다. 어쨌든 2년 후에 미국 수정헌법 제 1 조(the First Amendment to the U.S. Constitution)가 발효되었을 때, 자유의 남용에 대한 언급은 전혀 없었다. 우리는 이 주제로 다시 돌아갈 것이다.

《선언》은 미라보(Mirabeau) 후작에 의해 삼부회의(the Estates General)에 제출되었는데, 그는 프랑스 귀족의 대표로서 웅변에 능하고 자유주의적인 인물이었다. 《선언》이 완성된 잠시 후에 그가 사망함으로써 영국과

Democracy, New York: Capricorn Books, 1960, pp. 284~287. 프랑스 혁명기의 여론에 대해서는 다음 책들을 참조하라. William Doyle, *Origins of the French Revolution*, London: Oxford University Press, 1980, pp. 78~95. 또한 다음 책들도 참조하라. Jack R. Censer, *Prelude to Power: The Parisian Radical Press* 1789~1794, Baltimore: Johns Hopkins University Press, 1976, 특히 pp. 37~48; A. Martin, and G. Walter, *Catalogue de lhistoire de la revolution francaise*, Paris: 1943; Andre Cabanis, *La presse sous le consulat et lempire*, Paris: Societe des etudes robespierristes, 1975, p. 9. 다음 책 참고. J. Herbert Atlschull, *Agents of Power: The Role of the News Media in Human Affairs*, New York: Longman, 1984, pp. 14~15.

2) Torrey, 앞의 책, p. 286.

유사한 입헌군주제의 설립을 원했던 그의 바램은 무산되고 말았다. 공화제적 사상에 대한 그의 애착의 깊이가 얼마이든간에, 미라보는 자유언론에 대한 열렬한 지지자였다. "당신들의 법률 중 제일 처음은 영원히 언론의 자유에 바치도록 하라"고 그는 삼부회의에 말했다. "이것은 절대 손대어서는 안 되는, 가장 무조건적인 자유이며, 이것없이 다른 자유는 결코 보장될 수 없다."[3] 이는 마치 그가 어떤 미국 언론인 협회를 위해 말하고 있는 것처럼 보일 정도이다.

언론자유를 보장하고 있던 이 《선언》은 별다른 어려움없이 입법의회(the Constituent Assembly)에 의해 채택되었다. 그러나 법적으로 유효했던 기간은 2년도 되지 않았는데, 그것은 1791년 8월에 의회가 "공무원의 성실에 대한 고의적인 중상비방"을 불법적인 것으로 선언하여 언론자유에 대한 첫 제한을 채택하였기 때문이다. 새로운 규칙과 규정이 흔히 불문법의 형태로 잇따라 급속히 나타나게 되었다. 실제로 한 정치 지도자가 권력을 잃으면, 즉시 그를 지지하던 신문은 금지되고 공장은 몰수당했으며 신문편집인은 감옥으로 보내졌다. 나폴레옹 치하에서 자유언론의 흔적은 모두 사라졌고, 검열로부터의 자유를 외친 볼테르의 주장은 무시되었다. 오직 나폴레옹을 지지하는 신문만이 용인되었다. 프랑스 국외에서 메테르니히(Metternich)는 이 권력에 의해 사로잡힌 언론(*captive press*)의 영향력을 깨닫고 "나폴레옹에게 프랑스 신문은 30만명의 가치가 있다"고 말한 것으로 전해진다.[4]

하지만 《선언》의 한마디 한마디는 프랑스 언론인들과 미국을 비롯한 다른 나라 언론인들의 가슴 속에 새겨졌다. 언론인이자 팜플렛 저자였던 토마스 페인(Thomas Paine)은 프랑스 혁명을 옹호한 두 권짜리 책으로 명성

3) Cabanis, 앞의 책, p. 9에서 인용.

4) Metternich, *Fuerst Metternich ueber Napoleon Bonaparte*, Vienna: Wilhelm Braunmueller, 1875, p. 14. 또한 메테르니히의 *Denkschrift Metternichs ueber den Charakter und die Eigenheiten Napoleons*(1814)와 Martin and Walter, 앞의 책 참조.

을 얻고 있었는데, 그 책의 제목은 《인간의 제권리》(*the Rights of Man*)였다.[5] 페인과 그의 뒤를 이은 다른 사람들 덕택으로, 프랑스 《선언》의 혁명적 목표가 미국의 권리장전(*Bill of Rights*)이 보장했던 시민적 자유와 그리고 그것이 강조한 언론의 중요성과 어느 정도 연관성을 갖게 되었다.

그러나 프랑스에서 언론의 자유를 위한 싸움은 한 세대동안 끊임없이 계속되었고, 나폴레옹 몰락 이후 왕정복고가 이루어졌을 때 그 싸움은 여전히 맹렬하였다. 루이 18세(Louis XVIII)와 샤를르 10세(Charles X)의 왕정복고 시대에는 프랑스 신문이 오직 국왕과 대신들의 좋은 점만을 말하도록 하기 위해 일련의 통제가 가해졌다. 이 당시 투쟁하고 있던 언론에 지지를 보냈던 사람들 중에는 미국혁명의 영웅인 라파이에트(Lafayette) 후작이 있는데, 이때 그는 은퇴하여 프랑스에서 살고 있었다.[6] 무거운 벌금과 투옥선고에도 불구하고 파리의 신문들은 부르봉 왕가의 지배자들과 그 대신들을 끊임없이 조롱하였다. 언론은 샤를르를 "고집통이 왕"이나 "어리석은 샤를르"로 불렀기에 궁정에서 언론에 대한 지지자는 거의 없었다.[7]

검열이 너무나 가혹하여, 인류 역사상 아마도 언론자유에 관한 것으로

---

5) 페인의 역할은 제20장에서 보다 상세히 논의 할 것이다.

6) 예를 들면, 라파이에트가 제임스 매디슨에게 보낸 1827년 10월 27일자 편지에서 알 수 있다. 이 편지의 원본은 펜실바니아 역사학회가 소장하고 있다. 다음 책에 실려 있는 1828년 2월 20일자 매디슨의 답장을 보라. *The Writings of James Madison*, ed. Gaillard Hunt, New York: Putnam, 1910, 9 : 307.

7) 프랑스의 언론역사에 관해서는, 특히 초기 역사에 대해서는 무엇보다도 다음 책 참조. Claude Bellanger, et al., *Histoire generale de la presse francaise*, Grenoble: Presses Universitaire de Grenoble, 1976; Jean Sgard, *Dictionaire des journalistes*, Paris: Presses Universitaire de France, 1969~1976; Henri Avenel, *Histoire de la presse francaise*, Paris: Flammarion, 1900; Charles Ledre, *La presse a lassaut de la monarchie* 1815~1848, Paris: Armand Colin, 1960.

는 가장 광범위한 공공논쟁을 야기했던 한 토론에서 의원들이 언론의 옹호에 나서게 되었다. 사건의 발단은 샤를르의 대신들이 엄격한 검열제가 존재하던 혁명 전의 시대로 시계를 거꾸로 돌려 놓게 될 한 법안을 도입하고자 함으로써 일어났다. 반대자들이 "정의와 사랑의 법"이라고 조소적으로 이름붙인 이 조치하에서는, 소수의 신문을 제외한 모든 프랑스 신문들이 폐간될 것이고 남은 신문들의 경우 정부에 대한 거의 모든 비판이 금지될 판이었다.

1827년 겨울에 프랑스 하원(the Chamber of Deputies)은 꼬박 한달 동안 이 법안과 씨름하였다.[8] 78명 이상의 의원들이 발언에 나섰고, 의사당 밖에는 많은 군중이 모여 토론의 진행에 관한 소식을 기다리면서 자유언론의 옹호자들에게는 열렬한 환호를 보내었다. 비록 샤를르의 세력이 하원에서 다수를 점하고는 있었지만, 발언자의 수는 지지와 반대로 거의 균등하게 나뉘어졌다. 이 법안의 반대파 지도자였던 로이어-꼴라드(Pierre-Paul Royer-Collard)는 한 연설에서 언론에게 그 정신을 말할 수 있는 권리를 인정해 주지 않는 것은《인간의 제권리》를 달성하기 위한 모든 희망을 산산이 부수는 것이라고 말했는데, 그의 이 연설을 담은 책은 100만부나 팔린 것으로 전해진다.

결국에는 샤를르의 대신들이 하원에서 가까스로 승리하였지만, 공중의 분노가 워낙 커서 정부는 결국 그 법안을 하원에서 철회하였으며 판결에 의해 검열을 시행하는 방법 말고는 달리 대안을 찾을 수가 없었다. 성난 공중은 검열법 반대자들의 지도하에 거리로 쏟아져 나왔고 3년 후에는 정부를 무너뜨렸다. 일부 역사가들은 부르봉 왕조를 무너뜨린 것은 바로 언론에 대한 공격이었다고 주장하는데, 이 주장은 조금은 과장된 감이 있지만 자유로운 표현을 향한 갈망이 1830년의 혁명을 가져온 하나의 요인이

---

8) Altschull, 앞의 책, pp. 30~34. 또한 위에 인용된 프랑스역사 연구와 Artz의 다음 책 참조. Frederick B. Artz, *France Under the Bourbon Restoration* 1814~1830, New York: Russell and Russell, 1931.

었음은 의심의 여지가 별로 없다.[9)]

바로 다음 해에 25세의 한 프랑스 귀족이 미국으로 여행하여 대서양 건너편의 이 나라에서 계몽사상가들의 정치사상이 거둔 가시적인 열매를 직접 살펴보게 되었다. 이 사람이 바로 알렉시스 토크빌(Alexis-Charles-Henri Clérel de Tocqueville)인데, 그는 일년 후에 미국의 사상과 행동에 관한 설명으로는 가장 오랫동안 읽혀지고 있는 《미국의 민주주의》(*Democracy in America*)를 두 권짜리 책으로 발간하였다.[10)] 여기서 그는 특히 미국언론의 초기 행동을 탐구하였다.

토크빌의 가문은 결코 민주적인 것은 아니었지만 (그의 조부는 공포시대에 단두대로 처형되었다), 그는 프랑스 혁명을 고무시켰던 "자유, 박애, 평등"을 실현시키고자 하는 미국인의 노력에 감명받았다. 아홉 달 동안의 현장조사를 통해 얻어진 그의 미국에 대한 논평과 분석은 높이 평가되어 왔으며, 사실 미국에 대한 논평가로서는 그 이전과 이후의 어떤 사람보다도 통찰력이 있었다. 그가 만났던 미국인들에 대해 토크빌이 가장 감명을 받았던 것은, 그 유명한 프랑스의 삼 요소[역주1)] 가운데 "평등"에 대한 그들

---

9) Daniel L. Rader, *The Journalist in the July Revolution in France: The Role of the Political Press in the Overthrow of the Bourbon Restoration*, 1827~1830, The Hague: Nijhoff, 1973; and David H. Pinkney, "The News Media and the Monarchy of France, 1827~1830," *Reviews in European History* (March 1985): 519~523. 또한 Collins의 다음 책도 참조. Irene Collins, *The Government and the Newspaper Press in France* 1814~1881, London: Oxford University Press, 1959.

10) Alexis de Tocqueville, *Democracy in America*. 모든 인용은 다음 책으로부터 나온 것이다. *The Henry Reeve Text as Revised By Francis Brown Now Further collected And Edited With a Historical Essay, Editorial Notes, and Bibliography By Phillips Bradley*, 2 vols., New York: Vintage Books, 1945. 이 젊은 프랑스인은 1831년 5월에 미국에 도착하여 9개월 후에 프랑스로 돌아갔다. 이 여행에 대해서 그는 2권으로 된 보고서를 1835년에 프랑스에서 발간하였고, 4권으로 된 영역본이 1840년에 완성되었다. 2권으로 된 1945년도 영어판은 완전히 개정된 것이다.

의 철저한 헌신이었다. 대체로 미국인들은 프랑스인보다는 박애에 관심이 덜한 것 같았다. 더욱이 미국인들은 그들이 다른 사람들과 평등하다는 평등감각을 유지하기 위해 필요하다면 그들의 자유를 양보할 준비가 되어 있었다. 토크빌에 의하면, 미국에서 평등을 향한 욕구는 "격정의 수준"까지 부풀어져 있었다.[11] 인간이 자유롭기 위해서는 쉽게 알아볼 수 있는 희생물이 필요했다. 그러나 그 매력이 "즉시 느껴지며 모든 사람이 접할 수 있는" 평등에 대해서는 그렇지 않다. 어느 누구도 "평등의 즐거움"을 위해서 열심히 일할 필요는 없다. 왜냐하면 "인생의 사소한 일들 하나하나가 평등의 즐거움에 영향을 줄 것 같지는 않고, 또 그 즐거움을 맛보기 위해서는 그냥 사는 것 외에는 아무 것도 필요하지 않기 때문이다."[12]

토크빌은 일반적으로 미국의 실험을 찬양했지만, 그러나 평등을 자유보다 위에 놓음으로써 소수의 권리가 유린될지도 모를 가능성에 대해 경고했다. 그는 "다수의 횡포"를 두려워했다. 말하자면 다수에 속하지 않는 사람들의 자유에 대한 정당한 주장을 고려하지 않고 다수가 권력을 행사하고픈 유혹을 받을 수도 있는 것이다.

토크빌에 의하면, 이 평등의 삶은 조상과 가족을 인정함으로써 오는 혜택을 거부하기 때문에 외로운 삶이다. 그는 민주주의가 "개인을 영원히 자기 혼자로 남게 하고, 종국에는 마음의 고독 속에 그 자신을 완전히 가둔다"고 말했다.[13]

언론자유에 관해서 토크빌은 그 자신이 결코 열렬한 옹호자라고 고백하지는 않았다. 그가 언론의 자유를 인정한 것은 그것이 보장하는 이점보

역주1) 3 요소는 자유, 평등, 박애(형제애)를 말한다.

11) 위의 책, bk. 2, *Influence of Democracy in the Feelings of Americans*, chap. 1, "Why Democratic Nations Show a More Ardent and Enduring Love of Equality Than of Liberty," 2 : 102.

12) 위의 책, 2 : 101~102.

13) 위의 책, 2 : 106.

다도 그것이 방지하게 될 악 때문이었다. 그의 성향은 루소보다도 지성적이었으며 훨씬 덜 감정적이었다. 사실 언론 안팎의 많은 사람들이 미국 언론의 행동에 대한 토크빌의 두려움과 관심에 동의하고 있다.

토크빌에게 미국 언론인들은 수준높은 학습이나 대학교육에 의해서가 아니라 타고난 지성과 탐구적 정신에 의해 움직이는 사람들이었다. 그들은 일반사람들의 언어로 말하기 때문에 사람들의 생각과 사람들이 세계를 바라보는 방식에 커다란 영향을 주고 있다.[14] 20세기 초반과 중반의 소설과 영화는 일세기 이상을 지속하였던 언론인의 "보통사람" 이미지를 증명해 주고 있다. 이러한 이미지는 적어도 고등교육이 언론인과 다른 "민주주의자들"에게 받아들여질 수 있었던 제 2 차 세계대전이 끝날 때까지 지속되었다.[15] 그렇다고 하더라도 많은 사람들이 볼 때에, 대학교육을 받고 일종의 엘리트 특히 "동부 엘리트"인 언론인에 대해서는 다소 비미국적인 것이 있다. 스피로 애그뉴(Spiro Agnew) 전 부통령은 미국의 지도적 언론인들을 지칭하여 부유한 "동부의 기성체제"(Eastern Establishment)에 거주하면서 "중산층 미국인"의 언어로 말하지 않는 "낡아빠진 속물"(*effete snobs*)이라고 감정적인 반응을 보인 적이 있다.[16] 우리는 이 책 제 53장에서 애그뉴와 그의 주장으로 되돌아갈 것이다.

토크빌의 평가로는 교육받지 못한 사람들의 언어가 바로 1831년 당시의 미국 언론인들이 사용한 언어였다. 또한 토크빌은 미국 언론인의 이데올로기에서 중요한 하나의 성향을 확인하였는데, 그것은 거의 모든 언론인이 자신이 원하기만 하면 자신의 신문을 발행하고 그의 개인적 영향력을 즉각적으로 행사하는 것이 가능했다는 점이다. 토크빌에 의하면, 이것은 미국대륙의 거대한 영토팽창 때문에 가능하였다. 거의 모든 작은 부락

---

14) 위의 책, vol. 1, chap. 11, "Liberty of the Press in the United States," 1 : 195.

15) Ben Hecht and Charles MacArthur, *The Front Page*, New York: Covizi-Friede, 1928.

16) *New York Times*, November 14, 1959.

마다 그 부락의 신문이 있었고, 언론인은 그 자신의 신문에서 그가 원하는대로 자유로이 쓸 수가 있었다.[17] 미국의 언론인들로서는, 자신의 신문을 발간하며 비위맞추기 어려운 편집인의 간섭을 받지 않고 자기 방식대로 신문을 운영하는 것보다도 더 큰 꿈은 없었다.

너무나 많은 신문이 있기에 미국언론에는 상당히 다양한 의견이 존재한다고 토크빌은 말했다. 언론인들은 문제를 깊이 조사하는 경향이 있지만, 그들은 온 나라에 퍼져 있기 때문에 정치적 이슈에 대한 그들의 의견은 서로의 의견을 상쇄하는 경향이 있다는 것이다. 그밖에도 미국 언론인들은 정치적 의견에는 큰 관심이 없다고 토크빌은 말했다. 그에 의하면, "미국에서는 방대한 신문지면의 3/4이 광고로 채워지고 나머지는 흔히 정치적 정보나 사소한 일화들이 차지한다."[18] 아주 간혹 "프랑스 언론인들이 그들의 독자에게 매일 전하는 것과 같은 그러한 열정적인 토론을 위해 마련된 코너"를 볼 수 있다.[19]

토크빌은 미국은 다수가 지배하는 사회이고, 언론인들이 즐거이 생산하는 신문의 내용은 일반의지가 정한다고 말했다. 언론인들은 사실은 국민들의 목소리였다. 미국 언론인들이 이보다 더 큰 칭찬을 바랄 수 있겠는가?

하지만 알고보면 그것은 칭찬이 아닌 악평일 수도 있다. 오늘날의 미국 언론인들은 그들이 "국가의 중대한 관심사를 고상하고 품위있는 방식으로 토론하는" 프랑스 언론인들과는 다르다고 말한다면 이 말에 화까지 내지는 않겠지만, "천박한 심성"을 갖고 있다고 말한다면 편안해 하지는 않는다. 토크빌은 다음과 같이 말했다.

> 미국 언론인의 특성은 공개적이고 조잡한 방법으로 독자의 감정에 호소하

---

17) Tocqueville, 앞의 책, 1 : 193~194.

18) 위의 책, p. 192.

19) 위의 책, p. 192.

는데 있다. 그는 개인의 성격을 공박하고 사생활까지 추적하고 온갖 약점과 잘못을 폭로하기 위하여 원칙을 포기한다.… [20]

토크빌에 의하면, 미국에서 개개의 신문과 잡지는 단지 제한된 영향력을 행사할 뿐이지만, 전체로서의 미국 언론은 "막대한" 영향력을 가지고 있다. 여론은 필연적으로 언론의 "종합적인" 영향력을 따르게 되는데, 언론은 어느 곳이든지 존재하고 국가 지도자들의 숨겨진 약점과 잘못을 언제나 백일하에 드러내기 때문이다.[21] 이것은 나라의 크기 덕분이었다. 물론 현대적인 수송수단과 커뮤니케이션을 통하여 국토의 크기가 좁아지고 있음을 토크빌이 상상할 수는 없었을 것이다. 오늘날 신문과 방송의 언론인들을 비난하는 사람들은 토크빌의 정신과 같은 맥락에서 그렇게 한다. 민주주의에 대한 토크빌의 가장 큰 두려움은 소수의 개인과 집단 및 기관을 무시하는 다수의 횡포로 민주주의가 퇴보할지 모른다는 것이었다.

미국의 언론인들이 토크빌의 사상에 대해 지고 있는 빚은 상당하다. 미국의 신문이 싹트던 여명기에 토크빌은 공동체 생활의 중요성과 미국 대륙에서 지역주의(*localism*)의 중요성을 인식했다. 분주한 도시의 편집인들이 전통적으로 요구하는 것은 언제나 기사를 "지역화"하고 "지역적 시각"을 발견하여 거기에 집중하는 것이었다. 비행기가 멀리 떨어진 주에서 추락했을 때, 기자들은 혹시 그 비행기에 자기 지역의 승객이 탑승했는지를 알아보지 않을 수 없다. 지역화된 정보는 미국인들로 하여금 자기 지역의 공동체에 대한 강한 참여의식을 고취시키고 또 적극적이고 사회적으로 의식있는 시민을 만들어 낸다. 엘베띠외, 벤담, 존 스튜어트 밀과 같은 공리주의자들에게 중요했던 것은 최대 다수의 최대 행복이었다. 토크빌에게 중요했던 것은 소수의 보호였다. 조그만 지역 공동체에서 다수의 거대한 힘에 대항하여 소수의 이익을 보호할 수 있는 사람으로 언론인

20) 위의 책, p. 194.

21) 위의 책, p. 195.

보다 더 나은 사람이 누가 있겠는가?[22)]

18세기와 19세기 초에 프랑스에서 성장하고 꽃을 피운 사상은, 비록 그 영향력이 거의 알려져 있지는 않지만, 미국 언론인의 이데올로기 발전에 강력한 영향을 주었다. 밀턴과 로크의 사상은 오랫동안 주목을 받아 왔다. 특히 자유의 고마움을 찬양하고 과학적 탐구와 이성이 사람의 사고방식에 영향을 준다는 믿음 때문에 주목받아 왔다. 인간의 행동에 영향을 주는 정신의 힘에 대해서 오랫동안 찬미의 노래가 불려져 왔던 것이다. 물론 어느 정도로는 계몽사상가들도 이것을 믿고 있었지만, 그러나 그들은 프랑스인이었고 감정의 힘을 결코 의심하지 않았다. 누구보다도 루소는 태도의 형성에 느낌이 무엇보다 중요함을 인식하였다. 계몽사상가들은 인간의 제권리라는 사상의 강력함을 이해하고 있었고 이 복음을 멀리 그리고 널리, 특히 대서양 건너편으로 전파하였다. 대서양 건너편에서는 페인과 제퍼슨과 매디슨과 그리고 그들의 동지들이 인간의 제권리라는 사상의 발전에 식민지의 경험을 추가하였다. 반세기 후에 토크빌은 이 사상의 힘을 미국에서 발견하였고, 그것이 어디에서 유래되었으며 미래에 어디로 나아갈 것인지를 보았다.

---

22) Larry Siedentop, "Two Liberal Traditions," in Alan Hale, ed., *The Idea of Freedom: Essays in Honor of Isaiah Berlin*, London: Oxford University Press, 1979, pp. 167~174.

제 4 부

미국적 신념체계의 등장
The American Belief System Arises

제임스 매디슨(James Madison, 1751~1836) : "무엇이든지 적절히 사용하려면 어느 정도의 남용은 불가피하다. 이 말이 언론의 경우보다 더 잘 맞는 예는 없다. 일부 유해한 가지를 잘라냄으로써 좋은 과일을 생산하는 가지의 생장력을 해치기보다는 그 유해한 가지를 무성하게 자라도록 내버려 두는 것이 낫다. 이 세계가 잘못과 억압을 극복하고 이성과 인간성에 의해 획득한 모든 승리는 바로 남용으로 얼룩져 있는 언론의 덕택으로 얻은 것이다."

토마스 페인(Thomas Paine, 1739~1809) : "미국과 프랑스의 혁명은 사람들을 느끼게 만듦으로써 그들로 하여금 생각하도록 자극했다. 그리고 일단 베일이 찢겨지기 시작하면, 그것은 수선을 허락하지 아니한다. 무지(無知)는 독특한 성질을 가지고 있다. 무지는 한번 없어지면 그것을 다시 복원시키는 것이 불가능하다. 그것은 근원적으로 실체가 있는 것이 아니라 단지 지식의 부재일 뿐이다. 그리고 인간은 무지한 상태로 〈남을〉 수 있지만 무지하게 〈만들어질〉 수는 없다. 이것이 거역할 수 없는 진리의 성질이며, 진리가 요구하는 모든 것, 진리가 원하는 모든 것은 발현의 자유이다. 태양은 자신을 어둠과 구별하기 위하여 따로 이름을 새겨둘 필요가 없는 것이다."

| 제 15 장 |

서론 : 반역의 요청

Introduction : Call for Rebellion

자유와 평등에 관한 영국과 프랑스의 사상은 계급구조라는 배경에 반대하여 일어난 것인데, 이 계급구조는 워낙 견고하여 보통사람이 정치적이든 경제적이든 지적인 것이든간에 힘있는 위치에 오른다는 것이 거의 불가능했다. 심지어 이른바 "위대한 보통사람"으로 불리우는 잉글랜드의 윌리엄 피트(William Pitt)도 채트햄(Chatham) 백작의 작위를 가지고 있던 귀족이었다. 프랑스에서는 귀족정치를 타파하기 위해서 혁명이 필요했고, 영국에서는 미국의 반역이라는 굴욕이 지주계급의 힘을 약화시켰다. 영국과 프랑스의 계몽철학가들의 해방적 사상이 꽃을 피우기에 필요한 비옥한 땅을 발견한 곳은 대서양 건너 식민지에서였다.

물론 미국의 언론 이데올로기는 로크와 루소의 두뇌, 흄과 몽테스키외의 두뇌를 엮어서 만든 순수이론으로 발전했던 것이 아니라 실제적인 경험의 산물로서 발전했다. 그것은 갈등의 모진 시련 속에, 권위에 대한 철저한 반역 속에 등장했고, 지금까지 단일한 환경 속에서 나타난 창조적 정신집단 가운데 가장 탁월한 집단의 하나에 의해서 자극받은 것이다. 그리하여 미국적 스타일의 언론은 실험과 갈등의 분위기에서 출발하였다. 식민지 미국에서 언론인의 최초의 임무는 인쇄의 자유를 위해 검열에 대항하여 싸우고, 그들이 자신들의 저작에서 말하고자 하는 것을 말하는데 가해지는 제약에 대해 싸우는 것이었다. 이러한 임무는 1776년의 반역 이전에도 존재했던 것이지만, 대영제국으로부터의 분리운동에 참여하면서 만인의 찬양을 받게 되었다.

바로 이러한 이유 때문에 미국의 언론인들은 처음 시작부터 그들이 원하는대로 보도할 수 있는 자유를 위해 열정적으로 싸워 왔다. 그들이 원하는대로 보도한다는 것은 지위가 높고 권세있는 자들을 마음대로 공격하는 것이며, 이것은 간단히 말해서 분명히 선동적인 명예훼손으로 간주되는 것을 발행함을 의미한다. 이러한 자유의 상당부분이 환상이라는 것이 오늘날의 언론인들과 마찬가지로 그 당시에도 분명히 인식되고 있지 않았다. 그것은 문제가 안 된다. 과거의 전설은, 아무리 먼 옛날로 거슬러 올라 가더라도, 부정확성에 의해 그 의미가 약화되지는 않는다. 사실은 전설의 바로 그 비현실성이 그 전설을 강화시킬 수 있다.

계몽주의 시대에 표출된 주요한 원리 중의 하나는 말과 글로 표현할 수 있는 표현의 자유에 대한 신념이었다. 오직 커뮤니케이션을 통해서만 지식이 확장될 수 있고 지혜의 출현을 보장할 수 있을 것이다. 하지만 18세기의 사람들 가운데 생각을 달리하는 사람들에게 동등한 표현의 권리를 허락할 준비가 되어 있었던 사람은 별로 없었다. 밀턴은 가톨릭을 한마디로 틀렸다고 생각했고, 따라서 가톨릭에 표현의 자유를 인정하지 않는 것에 어떠한 모순도 느끼지 않았다. 식민지 미국에서 표현의 자유를 주장한 건국의 아버지들 사이에도 이와 같은 사고방식을 발견할 수 있다. 즉 토리(Tory)당의 관점은 한마디로 잘못된 것으로 생각했고 따라서 자유롭게 표현할 권리를 누릴 자격이 없다고 보았다. 이러한 모순을 깨닫지 못하고 있었던 것으로 보이는 건국의 아버지들은 자유로운 표현이 자유인을 위해 절대적으로 필요한 것이라고 확신하고 있었다. 아마도 그들은 조오지

왕(King George)의 지지자들은 정말로 자유로운 사람들이 아니며, 따라서 그들의 입장을 자유로이 표현할 권리를 가질 수 없다고 생각했는지 모른다. 영국정부에 의해 강제되었다고 보는 정통권위로부터 벗어나 자유로운 새로운 국가의 이상(理想)에 감정적으로 너무 강하게 이끌리어, 건국의 아버지들은 그들이 그토록 열정적으로 찬양했던 과학적 탐구방법을 실천하지 못하고 있음을 알지 못했다. 분석하고, 실험하고, 그 답이 아무리 자신의 신념과 상반되더라도 탐구로부터 답을 도출해 내고, 그리고 궁극적으로 그러한 답을 공표하는 것—이것이 바로 건국의 아버지들이 과학의 방법이라고 생각했던 것이며, 그들이 이해와 지혜를 추구하면서 따르고 있다고 확신하고 있던 기법들이었다. 공표(*publish*)한다는 것은 그들의 사고방식에서 중심적인 것이었다. 그리하여 언론은 그들에게 무엇보다 중요한 의미를 가지고 있었다.

한세기 이전에 존 밀턴이 했던 그 유명한 말은 그들의 신념체계에서 보편적으로 자리잡고 있었다. 즉 진리에게 거짓과 경쟁할 기회를 주어야만 하고 그 대결에서 진리는 언제나 승리한다는 것이다. 이 표현은 밀턴이 최초로 한 것은 아니다. 역사에 거의 알려지지 않은 침례교 목사 레오나드 부셔(Leonard Busher)는 밀턴보다 30년 전에 다음과 같이 말했다. "바람 앞에 왕겨가 견딜 수 없는 것과 같이 진리앞에 잘못이 대항할 수 없다."[1] 흔히 밀턴의 자동조정원리라고 인용되는 이 말은 시간이 흐름에 따라 실질적으로 수정되어야 했지만, 그 본질에서는 놀랍게도 그대로 존속되어 왔다. 오늘날의 미국 언론인은 제 아무리 세련되었다 하더라도, 진리가 거짓보다는 더 강력하고 독자가 선택해야 할 입장에 놓이게 되면 언제나 진리를 선택할 것이라는 낭만적인 환상에 집착하고 있다. 정말 이상하게도 이러한 신념체계는 독자의 지혜에 대한 분명한 경멸에도 불구하고 변함이 없다.

---

1) 다음 책에서 인용. Edward Bean Underhill, ed., *Tracts on Liberty of Conscience and Persecution*, 1614~1661, London: J. Haddon, 1846, p. 32.

18세기에 밀턴의 자동조정원리는 건국의 아버지들 가운데 가장 보편적으로 존경받는 벤자민 프랭클린과 같은 인물에 의해 지지받았다. 식민지에서 그의 개인적 지지는 그 원리에 강력한 후원이 되었다. 토마스 제퍼슨의 지지도 그러했지만, 제퍼슨은 기본적으로 회의적인 그의 성격 때문에 정치권력에 의해 억압받는 경우에도 진리가 언제나 승리한다는 것을 완전히 확신했던 것은 결코 아니었다.[2)]

인쇄에 의한 자유로운 표현은 개인적 자유에 핵심적인 것으로 생각되었다. 그리고 영국에 대한 반역이 일어났던 것은 개인적 자유를 유지하기 위한 것이었다. 미국인들은 그들 자신이 모든 점에서 영국인과 동등하다고 생각했고, 충분히 그들 자신의 세금을 조달할 수 있고 또 그들 자신의 문제를 다룰 수 있다고 생각했다. 미국인들로 하여금 영국의 규칙과 규정에 복종하도록 고집스럽게 강요했던 영국의 완고함은, 위반에 대한 처벌이 아무리 심했다 하더라도, 궁극적으로는 미국인들을 반역으로 내몰게 하였다.[3)]

---

2) Thomas Jefferson, "An Act For Establishing Religious Freedom," reprinted in John Somerville and Ronald E. Santoni, eds., *Social and Political Philosophy:Readings from Plato to Gandhi*, Garden City, N.Y.: Doubleday Anchor Books, 1963, p.248. 또한 다음 두 책을 참조. Paul L. Ford, ed., *The Writings of Thomas Jefferson*, New York: Putnam, 1892~1899, 2 : 237~239. *The Papers Of Thomas Jefferson*, compiled by Elizabeth J. Sherwood and Ida T. Hopper, Princeton, N.J.: Princeton University Press, 1954~1958.

3) Barbara W. Tuchman, *In Praise of Folly:From Troy to Vietnam*, New York: Alfred A. Knopf, 1983, p.197. 여기서는 벤자민 프랭클린이 식민지 미국의 우체국 부국장에서 해임된 사건이 언급되고 있다. 프랭클린의 회고에 의하면 그는 웨더번卿(Lord Wedderburn)에 의해 면직될 때 그가 입고 있던 바로 그 맨체스터産 모직양복을 입고 있었다고 한다. Tuchman이 언급한 내용은 William Temple Franklin의 *Memoirs*에서 나온 것으로 다음 책에서 인용된 것이다. *Papers of Benjamin Franklin*, ed. William Willcox, New Haven, Conn.: Yale University Press, 1978, 21 : 41, n. 9.

식민지에서 커뮤니케이션 수단은 사신(私信)이나 편지에 담긴 인쇄된 글이었고, 더욱 중요한 것은 신문에 담긴 인쇄된 글이었다. 원거리를 커뮤니케이션할 수 있는 방법은 그밖에는 달리 없었다. 구어(口語)를 통하여 대량의 담론을 하기에는 거리가 너무나 멀었다. 혁명 이전에 13개 식민지 사이에는 단지 제한된 커뮤니케이션이 있었을 뿐이었다. 왜냐하면 각 식민지의 정착은 각자 자신의 헌장아래 이루어졌고, 모두가 우선적으로 자신의 성장에만 열중하고 있었기 때문이다. 당연히 각 식민지 사이에는 적대감이 자라고 있었는데, 그러나 그들의 자유가 바다 건너로부터의 위협에 직면하자 이러한 적대감은 거의 무시되었다.

모든 식민지가 참여하는 통합적인 형태의 반역에 대한 최초의 분명한 요청은 1772년에 나타났다. 영국이 자국의 세관선을 공격했다고 로드 아일랜드(Rhode Island)에 부과한 제재조치에 식민지들이 공동대처할 수 있도록 버지니아 하원(the Virginia House of Burgesses)은 통신위원회라는 식민지간 연락망을 창설할 것을 제안했다. 버지니아는 자기네 통신위원으로 제퍼슨과 패트릭 헨리(Patrick Henry)를 임명했는데 이들의 글은 모든 식민지에서 반역의 불꽃이 피어 오르는데 도움이 되었다.[4] 초기의 언론이 맡았던 지배적인 역할은 명백하였다. 즉 언론은 설득의 무기가 되어야 했으며, 또 자유를 위한 운동에 선전자로 봉사하여야 했다. 간단히 말해서 언론은 당국의 불법행위에 대해 정의의 분노를 표출하는 "국민의 목소리"였다. 어느 혁명적 작가는 "미국독립을 이룩하는 데에 펜과 언론은 칼과 동등한 공로가 있다"고 주장했다.[5] 여기서 루소의 일반의지는 언론을

4) Tuchman, 앞의 책, p. 192.

5) David Ramsey의 말로 다음 책에서 인용. Arthur M. Schlesinger, *Prelude to Independence: The Newspaper War on Britain* 1764~1776, Boston: Northeastern University Press, 1980, p. xiii. 미국언론의 발흥에 대한 고전적 논의라고 할 수 있는 Schlesinger의 이 책은 원래 1957년에 발간된 것이다. Ramsey의 《미국혁명사》(*The History of the American Revolution*)는 1789년에 필라델피아에서 발간되었다.

통하여 폭정에 반대하는 목소리를 내고 있었다. 그러나 언론은 단지 일반 국민의 대의를 위해서 말했던 것만은 아니었다. 이와 동시에 언론은 국왕과 그 앞잡이들이 도저히 참을 수 없을 정도로 오랫동안 권력을 남용할 때는 반역을 해도 좋다고 이미 말한 바 있는 로크의 정신에서, 미국의 개인을 대신하여 말하고 있었던 것이다. 미국인을 반역으로 인도했던 사람들은 18세기 말의 작가, 논설가, 언론인들이었다. 이리하여 자유와 평등의 축복을 공동으로 모색하는 길에 개인주의 철학자와 집단주의 철학자가 동참하게 되었다.

이 당시에는 개인을 찬미하는 신념체계와 집단을 상찬하는 신념체계 사이에 연결할 수 없는 차이가 있다는 것을 깨닫지 못하고 있었다. 이후로 미국의 언론 철학은 이러한 차이를 조화시키기 위해 힘써 왔고, 미국의 언론이 존재하는 한 앞으로도 이러한 노력이 계속될 것임은 의심의 여지가 없다.

이러한 차이는 인간의 본성과 정부의 성격에 대한 인식에서 나타나는 현격한 차이를 살펴볼 때 가장 명백해진다. 이 차이의 정도는 에드먼드 버크의 사상과 토마스 페인의 사상 사이에 일어났던 철학적 논쟁에서 알려지게 되었다. 로크의 추종자인 개인주의자들에게 인간의 동기와 행동은 언제나 의심스러운 것이었다. 인간의 야비한 본성을 감시하기 위해서는 제도가 필요하다. 물론 홉스는 이보다 한 걸음 더 나아가서, 사회계약이 없으면 인간은 근본적으로 야만적이라고 주장했다. 한편 루소와 페인의 추종자인 집단주의자들에게 사악한 것은 제도 그 자체였다. 따라서 제도는 일반의지를 통하여 집단적인 사람들의 지혜에 구속시켜야 한다. 자연적 상태에서라면 인간은 대단히 선할 수도 있는데, 사회 속에서 인간은 사악하게 된다. 이 풀리지 않은 갈등의 결과는 미국의 언론 자체가 미해결의 갈등상태에서 성장해 왔다는 것이다.

이 점에 대해서는 심지어 제퍼슨 조차도 결정할 수 없었다. 개인의 자유에 대한 원칙이 모든 사람에게 제한받지 않는 자기표현을 적절히 보장한다는 이유에서, 자신이 원하는대로 자유로이 쓰는 언론을 제퍼슨이 찬양했던 때가 있었다. 그러나 또 언젠가는 국민의 뜻을 조롱하는 언론을 냉혹하게 거부하였다. 미국 대륙에서의 언론 이데올로기의 성장에 관한 이해를 돕기 위해, 미국 언론의 초기 영웅들의 사상에 대해서 보다 자세히 살펴 보도록 하겠다.

| 제 16 장 |

벤자민 프랭클린과 "진리의 값"

Benjamin Franklin and the "Price of Truth"

미국 최초의 정기간행물들은—17세기와 18세기의 인쇄물을 현대적인 의미의 "신문"이라고 말한다면 주제넘은 일일 것이다—그들의 지배자에 도전할 준비가 되어 있었다. 이러한 도전은 정치적일 수도 있고 종교적일 수도 있으며, 또는 두 가지 모두일 수도 있다. 초기 식민지 시대에는 공민적 권력과 종교적 권력이 거의 같은 뜻이었다. 청교도 반도들의 본산인 뉴 잉글랜드에서 교회와 정부간의 관계는 무엇보다도 강하였다. 교회와 교회의 성직자들을 공격하는 것은 하느님과 케사르(가이사) 모두를 공격하는 것이었다. 따라서 미국땅에서 제한받지 않는 자유로운 표현이라는 새로운 개념과 확고한 권력 사이의 충돌이 식민지 신권정치의 수도인 보스톤에서 가장 먼저 일어난 것은 불가피한 것이었다. 이 당시 보스톤에는 벤자민 프랭클린의 형인 제임스 프랭클린을 인쇄인으로 하는《뉴 잉글랜드 쿠란트》(*New-England Courant*)가 1721년에 나타났다. 이 신문은 보스톤 신권정치의 지도자로서 권력이 막강하였던 매더(Mather)가(家)에 대하여 공격하기 시작했다. 성직자들이 신문을 폐간시키겠다고 위협했을 때, 제임스 프랭클린은 권력자들이 수용할 수 없는 의견이라고 할지라도 자유로이 공표할 수 있는 권리가 있다고 주장하였다. 프랭클린의 주장에 의하면, 의견의 타당성은 언론인의 결정에 달려있는 것이 아니고 지역사회의 지도자들이 결정할 문제라는 것이었다. 프랭클린은 《쿠란트》의 지면을 통해 "사람들의 다른 의견을 공표했다고 해서 인쇄인을 저주하는 것은 사악한 것일 뿐더러 현명치 못한 일이다"라고 말했다.[1] 언론인의 객관성에 관한 이 초기의 선언은 결국 그의 신문을 살리기에 충분한 것이 못되었다. 제임스 프랭클린은 감옥으로 보내졌고 나중에 로드 아일랜드로 망명했다. 그는 처음에는 열여섯살난 동생 벤자민의 이름을 발행인란에 넣음으로써, 코튼 매더(Cotton Mather)를 인쇄물로써 공격한 데에 대한 당국의 분노를 피하고자 노력했다. 그러나 이 책략은 결국에는 실패하고 말았다. 하지만 이로 말미암아 벤자민은 특이한 상황하에서 신문사업의 이면을 속속들이 배우는 기회를 가지게 되었던 것이다.

한가지 분명했던 사실은 밀턴의 자동조정원리의 법칙을 확립하기 위한 시기가 아직은 무르익지 않았다는 것이었다. 이미 완전히 정치인이었던 벤자민은 형보다는 덜 직선적이었다. 그 자신이 자유로운 표현의 신봉자였던 벤자민은 똑같은 목적을 추구했지만 보다 우회적인 방법을 구사하였다. 형이 투옥된 후 스스로 입신의 길을 찾아 여행했던 필라델피아에서 벤자민의 노력은 나타나게 되었다. 1729년에 발간한 《펜실바니아 가제트》(*Pennsylvania Gazette*)를 통해 그는 역사에 자신의 이름을 남기고 또한 미국의 언론 이데올로기 형성에도 커다란 공헌을 하게 되었다.

벤자민 프랭클린은 관심과 재능의 폭이 엄청나게 넓었던 르네상스 인간이었으며 그 당시에 국내와 해외에서 가장 유명한 미국인이었다. 그는 인쇄인이자 현인이었고, 작가이자 편집인이었으며, 외교관이자 정치인이

---

1) James Franklin, *New-England Courant*, November 27, 1721.

었고, 혁명가이자 발명가였으며, 숙녀들이 선망하는 남자였으며, 궁극적으로는 미국헌법의 기초를 도운 원로 정치가였다. 저널리즘 역사가인 에드윈 에머리(Edwin Emery)는 프랭클린을 당대의 가장 위대한 작가였으며, 외교관과 시민으로서 탁월하였고, 언론을 존경할 수 있는 것으로 만든 인물이라고 평함으로써 조금은 감격적으로 프랭클린을 묘사하였다.[2] 에머리의 찬탄은 조금은 과장된 것이라 하더라도, 그가 영웅적인 인물이었음은 분명하였다. 또한 이 뛰어난 시민이 갖고 있던 작가와 편집인으로서의 이미지가 언론인의 자아상을 고매한 사람으로 만드는데 일조하였음은 어느 누구도 의심할 수 없다.

하지만 프랭클린은 언론인으로서나 외교관으로서 결코 호전적이고 대중선동적인 추문폭로가는 아니었다. 그는 좀처럼 침착성을 잃지 않았고, 정치권력에 직접적으로 도전함으로써 형 제임스의 재판(再版)이 되는 일이 없도록 조심했다. 그의 접근방식은 간접적인 것이었다. 오늘날 "객관성"의 기치아래 제시되는 여러 가지 원칙에 호소함으로써 프랭클린은 진리와 거짓 사이의 싸움에 대한 밀턴의 주장을 지지했다.[3] 레오나드 레비(Leord Levy)는 프랭클린이 자유주의적 이론에 아무 것도 공헌한 바 없으며, 언론자유에 대한 그의 논문은 지극히 평범하고 "비분석적이며 거의 반지성적"인 것이라고 주장하였다.[4] 하지만 언론인의 생각이 반드시 지

---

2) Edwin Emery and Michael Emery, *The Press and America: An Interpretative History of the Mass Media*, 4th ed., Englewood Cliffs, N.J. : Prentice-Hall, 1978, pp.35~36. 대표적인 역사교과서라고 할 수 있는 이 책의 그 전 판에서는 프랭클린에 대한 칭찬을 더 많이 발견할 수 있다.

3) J. Edward Gerald, "Truth and Error–Journalism's Tournament of Reason," *Quill*, July 1969, reprinted in John C. Merrill and Ralph D. Barney, eds., *Ethics and the Press: Readings in Mass Media Morality*, New York: Hastings House, 1975, pp.136~142.

4) Leonard W. Levy, *Legacy of Suppression: Freedom of Speech and Press in Early American History*, Cambridge, Mass.: Harvard University Press, 1960, p.3.

성적인 개념으로 생각되어져야 할 이유는 없다. 언론인의 생각은 대개가 반성으로부터 자유로운 감정적 분위기에 뿌리를 두고 있다. 프랭클린의 설교는 그 속에 미국언론의 사상을 포함하는 정교한 모습으로 구성되어 있다. 클링턴 로시터는 프랭클린의 관점이 "18세기 미국의 대중적 사고"를 정확히 반영하고 있다고 지적한 바 있다.[5)]

1729년 10월 2일에 발행된 《펜실바니아 가제트》 창간호에서 프랭클린은 자신의 이상적인 편집인 관을 피력하였다. 프랭클린의 이상과 7년 후에 기록된 볼테르의 그것 사이에는 놀라운 유사점이 있다.[6)] 하지만 그 당시에 볼테르가 프랭클린의 글을 잘 알고 있었다고 생각할 아무런 근거도 없다. 단순히 언론인의 이상은 그 당시에 만연하고 있었던 것으로 보인다. 다음은 프랭클린이 정의한 이상적인 편집인의 모습이다.

> 그는 언어에 대해 광범위하게 알고 있어야 하며, 글쓰기를 쉽고 능숙하게 할 수 있고, 관련 사물을 명확하게 지성적으로 몇마디 단어로 표현할 수 있어야 한다. 그는 전쟁을 육상전쟁과 해상전쟁 양쪽 모두로 말할 수 있어야 하며, 지리와 시대의 역사와, 여러 군주와 정부의 몇가지 관심사와, 왕실의 비밀과 모든 국가의 방식과 관습을 잘 알고 있어야 한다. 이렇게 다 갖춘 사람은 세계로부터 멀리 떨어진 이곳에서는 대단히 드물다…[7)]

Levy는 *Emergence of a Free Press*, New York: Oxford University Press, 1985에서 그 전에 《억압의 유산》(*Legacy of Suppression*)에서 보여 주었던 그의 생각을 대폭 수정했다. 《자유언론의 출현》(*Emergence of a Free Press*)에서 그는 프랭클린을 피상적인 인물로 -보면서(p. 121) 결코 언론자유의 친구로 간주하지 않았다(p. 52). 프랭클린에 관한 상반된 관점에 대해서는 다음을 보라. Adrienne Koch, *Power Morals and the Founding Fathers:Essays in the Interpretation of the American Enlightenment*, Ithaca, N. Y. : Cornell University Press, 1961, p. 22.

5) Clinton Rossiter, *Seedtime of the Republic*, New York: Harcourt, Brace, 1953, p. 300.

6) 제12장 참조.

7) Benjamin Franklin, 다음 책에 재인쇄. Albert Henry Smythe, ed., *The Writings of*

그러한 사람은 어느 곳에서도 드물다. 그러나 그 모델은 강력한 것이어서 프랭클린 시대부터 오늘날까지 많은 사람들을 언론의 영역으로 끊임없이 끌어들이고 있다.

밀턴의 자동조정원리는 1731년 6월 10일자 《가제트》에 발표된 프랭클린의 〈인쇄인을 위한 변명〉에서 반향을 얻게 되었다. 그 자신이 인쇄인이었던 프랭클린은 "나자신을 위한 변함없는 변명"에서 말하기를, 인쇄인은 "사람들의 의견이 다를 때는, 양쪽 의견 모두를 공중이 들을 수 있는 동등한 기회를 주어야 한다"는 신념을 교육받았다는 것이다. 이렇게 되면, "진리와 잘못이 정정당당한 시합을 벌일 때 진리는 잘못에 대하여 언제나 승자이다." 하지만 인쇄인을 다른 필자들에게 지면을 판매하는 상인이라고 본 프랭클린의 경우에, 밀턴의 원리는 자본주의의 제원칙과 조화를 이루어 그 성격이 변하고 있다. 프랭클린에게 신문은 언제나 이윤을 만드는 도구이다. 그에 의하면, 인쇄인은 "자신의 주장을 펼치고자 하는 필자들이 논쟁에서 어느 쪽을 문제삼는지는 고려하지 않고 돈을 잘 지불하는 사람이면 모두에게 기꺼이 봉사한다."[8)]

자유로운 언론의 상업주의적 현실이 사상 처음으로 명확하게 언급된 것은 프랭클린의 논설에서였다. 간단히 말해서 그는 "진리의 값"(*the price of truth*)에 대하여 문제를 제기했다. 그 시대의 다른 모든 작가들과는 달리, 프랭클린은 그가 미국 언론 이데올로기에서 중심적인 것으로 볼

Benjamin Franklin, 10 vols., New York: Macmillan, 1905~1907, 2: "Preface to the Pennsylvania Gazette," October 2, 1729.

8) Benjamin Franklin, "An Apology for Printers," *Pennsylvania Gazette June* 10, 1731. Smythe, 앞의 책, p. 174에 재인쇄. 사업가로서의 프랭클린에 대해 좀 더 알려면 다음을 참조. Stephen Botein, "'Meer Mechanics' and an Open Press: The Business and Political Strategies of Colonial American Printers," in Donald Fleming and Bernard Bailyn, eds., *Perspectives in American History*, vol. 9, 1975, pp. 179~183.

수 있는 것을 말함으로써 미국의 언론체계라는 직물에 두 가지 주요한 실을 모두 포함시켰던 것이다.[9] 즉 한편으로는 인류의 선과 자유로운 사회를 위하여 정보를 제공하는, 말하자면 공중의 이익을 위해 운영한다는 욕구가 있고, 다른 한편으로는 자유시장이라는 상업적 세계에서 사적 이익을 위한 욕구가 있다. 미국의 언론에 대한 수많은 글들에서 이 두번째 문제는 가볍게 무시되고 있다.

〈변명〉에서 프랭클린은 그의 신문 기자들이 보다 선정적이었더라면 더 많은 이윤을 실현시킬 수 있을 것으로 보았지만, 그러한 최저의 수준에 굴복하지는 않을 것이라고 말했다. 편집인의 주요 요건에 대한 그의 생각은 또한 양심적인 언론인의 무거운 짐을 주장하는 신조와도 일치하고 있다. 하지만 프랭클린은 그가 경쟁적인 분야에서 일하는 사업가라는 사실을 결코 간과하지 않았다. 그가 《가제트》의 준비호에서 독자들에게 밝힌 바에 의하면, 그의 신문은 답답하고 지루하지 않을 것이며 그대신 "사물의 성격이 허락하는만큼 유쾌하고 유용한 오락"이 될 것이라고 했다.[10]

게다가 프랭클린은 그의 신문이 논쟁의 모든 측면에 봉사할 뿐만 아니라, 자신의 견해를 표명하기 위해 신문의 지면을 사용한 사람들에게 대가를 지불할 것이라고 말했다. 비록 진리가 최고의 소명이긴 하지만, 그의 신문은 "교회나 정부를 일방적으로 공격하는 그러한 것들을 인쇄하는 것"은 피한다고 말했다.[11] 벤자민은 그의 형이 그랬던 것처럼 감옥에 갈 의사는 추호도 없었기 때문에, 펜실바니아 당국에 대한 직접적인 공격은 하지 않을 것임을 분명히 했다. 실제로 〈변명〉을 발간한지 27년 후에, 이때는 이미 저명한 펜실바니아 정치인이 되어 있던 프랭클린은 정부당국을 인쇄물에서 공격했던 한 목사에 대한 소송을 다루게 되었는데, 그는

9) 이 핵심갈등에 대해서는 다음 책 참조. J. Herbert Altschull, *Agents of Power: The Role of the News Media in Human Affairs*, New York: Longman, 1984, pp. 21~26.

10) Franklin, 앞의 글, p. 178.

11) 위의 글, p. 178.

그 목사가 쓴 것을 "공공체에 반하는 싸구려 비방작가"의 작품이라고 비난하였다.[12]

어떤 경우에서든지 프랭클린의 관심을 가장 끌었던 것은 우리가 오늘날 아는 바와 같은 "뉴스"가 아니라 의견이었다. 인쇄업은 "주로 사람들의 의견과 관계가 있다"라고 그는 말했다.[13] 신문을 일반 "뉴스"의 원천으로 생각하기에는 1730년은 너무 일렀다. 그 당시 신문의 내용은 대개가 의견과 상업정보이거나 범죄나 기타 비정상적 사건에 관한 보도였다.

8년 후에 프랭클린은 《가제트》의 독자들에게 영어권 세계에서 자유언론의 사상이 어떻게 역사적으로 발전해 왔는지에 대한 그 자신의 해설을 제공했다. 그에 의하면, 언론의 목적은 진리를 증진시키는 것이었다.[14] 거짓말을 공표하는 자는 비난받을 만하고 처벌을 받아 마땅하다. "그러나

---

12) Leonard W. Larabee, ed., *The Papers of Benjamin Franklin*, New Haven, Yale University Press, 1959~1965, 8 : 28~40, 87~88. Levy, 《자유언론의 출현》(*Emergence of a Free Press*), p. 57에서 재인용. Levy는 약간은 빈정대는 투로 이렇게 말한다. "그리하여 미국 제일의 인쇄인이자 저명한 이 언론자유 옹호자는 말하였다." Levy는 자신의 견해에 반대되는 관점을 그다지 용인하지 않는 것으로 보인다. 그러나 그는 《억압의 유산》에서 그가 너무 지나쳤다는 점을 《자유언론의 출현》에서 인정하면서, 《억압의 유산》이 일정 부분 분풀이로 씌여졌다고 말하였다. 그의 서문 p. vii을 참조하라. Levy는 《자유언론의 출현》이 《억압의 유산》에 나타난 관점을 수정하고자 했지만, 그의 핵심주제—건국의 아버지들이 블랙스톤의 선동적 명예훼손의 원칙을 부정하려 했던 것은 아니라는 점—를 수정하고자 했던 것은 아니라고 말했다. 블랙스톤에 대해서는 제 19장 참조. 프랭클린이 비난했던 윌리엄 스미스(William Smith) 목사는 《필라델피아 짜이퉁》紙(*Philadelphia Zeitung*)의 창간인이자 *The American Magazine*의 편집인이었으며 펜실바니아 대학의 총장이었던 인물인데, Levy가 개인적으로 존경했던 영웅 가운데 한 사람이 바로 이 스미스 목사였던 것으로 보인다.

13) Levy, 앞의 책, p. 173.

14) Benjamin Franklin, "On Freedom of Speech and the Press," *in Autobiography Memoirs of Benjamin Franklin*, Philadelphia: McCarty and Davis, 1834, 2 : 431~439. *Gazette Philadelphia*, November 1737, n. d. 에서 재인쇄.

누구에게 우리가 감히 그것을 할 수 있단 말인가?" 그는 이렇게 반문하였다.

> **글을 처벌할 수 있는** 권력을 위임받은 사악한 장관이 있다면, 그는 가장 파괴적이고 끔찍한 무기로 무장하고 있는 셈이다. 무성한 가지를 쳐낸다는 구실로 그는 나무를 죽이기 십상일 것이다.[15]

따라서 어떠한 상황에서 어느 누구라도 진실인 것을 발간하였다는 이유로 처벌받아서는 안 된다. 그리고 진실을 말하는 간행물에 대하여 법적 조치를 취하기 위해 정부의 권력을 사용하고자 하는 자는 "자유에 대한 적으로 거부하여야 한다."[16] 여기서 프랭클린은 이 인용부분을 이탤릭체로 표시하여 특히 강조하고 있다. 반세기 후인 1789년에 그는 자유와 방종을 구별하고자 했다. 만약에 언론의 자유가 편집인들로 하여금 서로를 악의적으로 중상모략할 자유를 의미한다면 입법부는 그러한 자유를 제한하여야 하지만, 그것이 공공조치나 정치적 의견의 타당성을 논의하기 위한 자유라면 "여러분이 원하는 대로 그것을 많이 갖도록 하자"고 노년의 프랭클린은 말하고 있다.[17] 그러나 그는 여기서 한걸음 나아가 다음과 같이 말한다. 즉 그러한 중상모략이 실제로 공공의 인쇄물에 나타난다면, "우리는 그 모략가들에게 타르를 칠하고 새털을 묻혀서 담요 위에 눕혀 헹가레치는 정도로 적당히 만족하여야 한다."[18] 한 역사가는 이 말이 심

---

15) 위의 책, p. 431. 열매를 잘 맺기 위해 나무를 전지한다는 비유는 식민지 미국에서 하나의 유행이었던 것 같다. 이 비유는 프랭클린의 글에서만 나타나는 것이 아니라, 제임스 매디슨이나 튜니스 워트맨, 그리고 다른 사람의 글에서도 나타나고 있다.

16) 위의 책, p. 434.

17) "An Account of the Supremest Judicature in Pennsylvania, Viz, The Court of the Press." 1789년에 신문기사로 발표되었고, Smythe, 앞의 책, 10 : 38, p. 40에 재인쇄.

18) 위의 글.

상찮은 의미가 있다고 말하고 또 다른 역사가는 그것을 단순한 야단법석 정도로 보고 있다.[19)]

악의(惡意)의 문제는 아직도 완전히 풀린 것은 아니지만, 분명한 것은 프랭클린 사후 200년 동안 미국의 언론인들이 청년 프랭클린이 주장했던 진리의 기치아래 모이는데 결코 실패한 적이 없었다는 것이다. 또한 그들은 그들에게 제약을 가하려고 하는 자들이 자유의 적으로 규정되지 않도록 피하려는 것을 결코 용인하지도 않았다. 마치 타르와 새털이 이제 그들 자신의 수중에 있는 듯이 말이다. 그들의 진리 추구를 제약하는 것으로 보이는 어떠한 조치라도 직면하게 되면 결속을 굳히는 것이 이제 미국의 언론인들에게는 하나의 자동적인 반응이 되었다.

19) Levy, *Emergence of a Free Press,* p.192 ; James M. Smith, *Freedoms Fetters: The Alien and Sedition Laws and American Civil Liberties*, Ithaca, N.Y. : Cornell University Press, 1956, p.137.

| 제 17 장 |

제임스 매디슨과 자유로운 표현

James Madison and Free Expression

언론의 자유에 제한이 있다면 어떤 제한이 적절한 제한인지를 어떻게 아느냐 하는 곤란한 문제가 프랭클린 이후 수많은 언론인과 언론학도를 괴롭혀 왔다. 18세기에 이 문제는 주로 자유와 면허의 개념과 연관되어 있었다. 이 구별은 아마도 앤드류 브래드포드(Andrew Bradford)가 필라델피아에서 발행한 《아메리칸 위크리 머큐리》(*American Weekly Mercury*)의 한 기사에서 가장 여실히 이루어졌다고 보아야 할 것이다. 프랭클린의 경쟁자였던 브래드포드는 필라델피아 최초의 인쇄인이었던 윌리엄 브래드포드의 아들이었다. 아버지 브래드포드는 다른 라이벌 퀘이커(Quaker) 분파가 쓴 기사를 인쇄했다고 해서 퀘이커 지도자들에 의해 마을에서 쫓겨났었다. 식민지 시대에는 제한받지 않는 언론의 자유를 위해 투쟁한 사람이 별로 없었는데, 특히 그것이 생계를 해치게 될 때는 더욱 그랬다.

앤드류 브래드포드의 신문은 《뉴 잉글랜드 쿠란트》와 같은 해인 1721년에 창간되었다. 10여년 뒤인 1734년에 브래드포드는 인간이 “법의 테두리 내에서" 종교와 정부에 대한 그의 견해를 표현할 수 있는 권리로서, 그리고 사악하고 나쁜 고위직 인사들에 대하여 진실을 추적할 수 있는 권리로서 언론의 자유를 열렬히 옹호하였다.[1] 그러나 브래드포드의 주장에 의하면, 언론의 자유는 "종교나 도덕의 근본점을 뒤엎어버리기 위해 노력하는 부당한 면허"를 허용하는 것이 아니며, 또한 국왕의 권위에 도전할 때마다 주어지는 "반역의 면허"를 허용하는 것도 아니다.[2] 브래드포드에게 언론의 자유는 "다른 모든 자유의 위대한 수호신"이었다. 하지만 그는 필라델피아의 변호사였던 앤드류 해밀턴(Andrew Hamilton)에게는 반대했는데, 해밀턴은 브래드포드의 그 논란많은 기사가 발표된지 일년 후에 뉴욕에서 인쇄인 존 피터 젱거(John Peter Zenger)가 선동적 명예훼손의 혐의로 기소되었을 때 그를 위해 강력한 변호를 함으로써 언론사에서 불멸의 명성을 얻게 된 인물이다.[3] 사실은 해밀턴도 브래드포드를 선동적 중상모략이라는 비슷한 구실로 비난하였다.[4]

이 당시에 일반적으로 생각했던 자유는, 교회나 정부 또는 고위직 인사들에 대하여 비판적이고 선동적인 논평을 비롯하여 말하고 싶은 것은 무엇이든지 말하고 쓸 수 있는 절대적이고 신성한 권리를 의미했던 것은 아

---

1) Andrew Bradford, in *The American Weekly Mercury*, Philadelphia, April 25, 1734. 다음 책에 재인쇄. Leonard W. Levy, ed., *Freedom of the Press from Zenger to Jefferson*, Indianapolis, Bobbs-Merrill, 1966, pp. 38~43.

2) 위의 책, p. 39.

3) 젱거사건에 대한 고전적 해설로는 다음 책에 재인쇄된 제임스 알렉산더의 기사 참조. Livingston Rutherford, *John Peter Zenger:His Press,His Trial,and a Bibliography of Zenger Imprints*, New York: Dodd, Mead, 1904, pp. 198~241. 젱거는 *New-York Weekly Journal*의 인쇄인이었으며, 알렉산더와 그의 동업자들을 위해 일했다.

4) Anna Janney DeArmond, *Andrew Bradford:Colonial Journalist*, Newark, Del.: University of Delaware Press, 1949, chap. 4, "The Bradford-Hamilton Controversy." 또한 다음 내용도 참조. Leonard W. Levy, *Emergence of a Free Press*, New York: Oxford University Press, 1985. p. 50.

니었다. 실제로 그렇게 광범위한 자유를 옹호했던 사람은 별로 없었으며, 특히 자유를 사회질서의 기본적인 신념체계를 비방하거나 공격할 수 있는 "면허"를 편집인에게 주는 것으로 본다면 이러한 자유를 옹호한 사람은 거의 없었다. 매사추세츠의 총독이자 재판장이었던 프란시스 허친슨(Francis Hutchinson)은 1767년에 그 당시에 일반적으로 받아들여지고 있던 견해를 표명한 적이 있는데, 말하자면(그가 옹호하는) 언론의 자유란 한마디로 "모든 계층의 사람을 아무 탈없이" 욕하거나 비방할 수 있는 자유를 의미하는 것으로는 볼 수 없다는 것이다. 그러한 생각은 "얼빠진 짓"이라고 그는 말했다.[5] 젱거 사건의 경우에 핵심적인 법적 문제는 언론인이 의원이나 공무원을 공격할 권리가 있느냐 없느냐는 것이 아니라, 그가 쓴 글이 사실인 것으로 밝혀졌다면 그러한 공격 때문에 과연 그를 처벌할 수 있느냐 없느냐는 것이었다.

필라델피아의 변호사 앤드류 해밀턴이 그 잊지 못할 감동적인 주장을 펼친 것은 바로 젱거 사건에서였다(앤드류 해밀턴과 그보다 더 유명한 알렉산더 해밀턴과는 아무런 관계도 없다). 즉 젱거 사건에서 해밀턴은 미국의 인쇄인이 권력의 폭압적 행위에 관하여 자유로이 글을 쓴다는 것은 식민지 사회를 위한 중요한 목표일 뿐만 아니라, 그것은 무엇보다도 "자유의 목적… 최선의 목적" 이라고 주장하였다.[6] 해밀턴은 배심원들에게 말하기를, 젱거를 자유로운 몸으로 풀어준다면 억압정치를 좌절시킨데 대해서 뿐만 아니라 모든 인위적인 권력을 폭로하고 비난할 수 있는 권리를 전 미국인들에게 보장해 주는 "숭고한 기초"를 마련한데 대해서 배심원들은 모든 자유인들에 의해 축복받고 존경받을 것이라고 말했다. 그 "숭고한 기초"는 미국 언론 이데올로기의 초석 중의 하나인 파수견(*watchdog*) 원

---

5) 다음 책에서 재인용. Josiah Quincy, ed., *Reports of Cases Around and Adjudged in the Superior Court of the Province of Massachusetts Bay Between 1761 and 1772*, Boston: Little, Brown, 1865, pp. 236~237.

6) Rutherford, 앞의 책, p. 239에서 재인용.

리의 핵심이 되었다. 언론을 압제와 권력남용에 대한 제동장치로 생각하는 이 신념은 미국 언론 이데올로기의 밑바닥 깊숙이 흐르고 있는데, 시기적으로 추문 폭로가들보다 한세기 이상을 앞서고 있다.

배심원들에 대한 해밀턴의 호소는 성공했다. 젱거는 선동적 명예훼손의 혐의로부터 면소되었다. 이것은 신문에 쓴 의견이 진실성이 있다면 명예훼손의 혐의에 대해서 적절한 항변이 될 수 있음을 처음으로 보여 준 역사적 사건이었다. 그러나 젱거 사건은 하나의 특별한 사건이었을 뿐이고, 그후 50년 동안 여전히 다른 사람들은 진실이라고 생각하는 것을 쓰고자 했다는 이유로 감옥에 보내졌다. 하지만 씨는 이미 뿌려졌고, 인쇄물에서 표현의 자유를 주장하는 움직임은 미국적 생활방식의 한 부분이 되어가고 있었다.

언론자유의 역사와 미국 언론인의 이데올로기에서 그 이름이 빛나고 있는 사람은 독일에서 이민온 인쇄인 젱거이다. 그러나 사실을 말하자면 그전에 제임스 프랭클린이 고용주의 의견을 대변한 인쇄인이었던 것과 마찬가지로, 젱거도 그의 고용주였던 변호사 제임스 알렉산더(James Alexander)의 생각을 단순히 대변했던 것에 불과했다. 알렉산더는 젱거의 재판에 대하여 표준이 될만한 탁월한 논평을 쓴 것으로 유명하지만[7] 언론이론가로서는 덜 알려져 왔다. 젱거의 재판이 있은 지 2년 후인 1737년 말에, 프랭클린은 언론자유에 대한 자기자신의 의견을 표현하는 동시에, 그가 발행하던 《펜실바니아 가제트》에 표현의 자유에 대한 알렉산더의 광범위한 논문을 4회 연재로 게재하였다. 레오나드 레비의 견해에 의하면, 알렉산더는 완숙한 언론자유의 철학을 발전시킨 최초의 인물이었다.[8] 매디슨은 알렉산더와 젱거 사건에 대해 물론 잘 알고 있었고, 아마도 언론

---

7) James Alexander, "Free Speech as a Pillar of Free Government," four essays published in the *Pennsylvania Gazette*, November 17-December 8, 1737. Levy, *Freedom*, pp. 62~74에 발췌 재인쇄.

8) Levy, *Emergence of a Free Press*, p. 125.

자유에 대한 그 자신의 이론은 "글을 처벌할 수 있는 권력을 위임받은 사악한 장관은 가장 파괴적이고 끔찍한 무기로 무장하고 있는 것"[9]이라고 한 알렉산더의 견해에 근거했을지도 모른다.[역주1)]

이보다 10년 전에 두 사람의 영국 논설가 존 트렌차드(John Trenchard)와 토마스 고든(Thomas Gordon)은 카토(Cato)라는 가명으로 젱거의 《뉴욕 위크리 저널》에 기고함으로써 미국 언론인의 이데올로기에 중요한 공헌을 하였다. 젱거는 〈카토의 편지〉라는 제목으로 위 두 사람이 쓴 138편의 논설을 게재하였다. 미국의 정치사상 발전에서 〈카토의 편지〉는 로크의 저작보다 더 광범위하게 인용되었는데, 특히 공화제 사회에서 언론의 자유를 상찬하는 점에서는 더욱 그랬다. 프랭클린, 알렉산더, 제퍼슨 그리고 매디슨 등 모두가 자유로운 표현이란 "그것이 다른 사람의 권리를 해치거나 통제하지 않는 한 모든 사람의 권리"라고 말한 카토의 주장을 받아들이고 있다.[10]

미국의 탁월한 걸작품인 〈1787년의 헌법〉은 계몽주의의 이론을 성문화하고자 한 가장 야심적인 노력이라고 할 수 있다. 언론이론가들이 미국의 정부구조에서 언론이 차지하는 특별한 위치를 찾으려면 불가피하게 이 헌법으로 되돌아 올 수 밖에 없다는 사실에도 불구하고, 1787년의 헌법은 이 문제에 관하여 아무런 언급이 없었다. 이 헌법에서 언론은 단 한번도 언급되지 않고 있다. 사실 언론자유의 문제는 제헌의회(Constitutional Convention)에서 거의 언급되지 않고 지나갔다. 대의원들에게 언론자유의 보장을 문서화할 것을 요청하였을 때 그들은 만장일치로 반대하였던 것

---

9) Alexander, 앞의 글, pp. 62~63.

역주1) 이 인용문은 앞 장에서 벤자민 프랭클린의 말로 인용되었다. 이것이 프랭클린과 알렉산더 두 사람 모두가 한 말인지는 불분명하다.

10) 카토(Cato)에 대한 간략한 논의는 다음 책 참조. J. Herbert Altschull, *Agents of Power: The Role of the News Media in Human Affairs*, New York: Longman, 1984, pp. 12~14. 또한 Levy, *Freedom,* pp. 10~11도 참조.

이다.[11] 그러나 헌법이 비준되려고 할 때 언론자유의 문제가 표면에 떠올랐다. 사실은 이것도 헌법의 설계자들이 몇 가지 형태의 표현의 자유를 보장하는 권리장전을 헌법에 수정조항으로 첨부하자고 동의한 후였다.[12]

헌법의 비준을 놓고 논란이 일어나는 동안에 정치철학에 대한 미국의 공헌 가운데 가장 위대한 것이 출현했는데, 그것은 《연방주의자 문서》(*The Federalist Papers*)로 알려지게 된 87편의 논문이었다. 이 논문의 대다수는 알렉산더 해밀턴에 의해 씌여졌으나, 가장 주요한 것 중 일부는 제임스 매디슨의 작품이었고 존 제이(John Jay)도 서너 편을 집필하였다.[역주2] 《연방주의자 문서》는 헌법의 비준을 위한 각 주의 지지를 얻기 위해 만들어진 정치선전의 도구였다. 《연방주의자》 제84호에서 해밀턴은 헌법초안에 어떠한 권리장전도 첨부하지 않았던 것은 그러한 것이 전혀 필요하지 않았기 때문이라고 주장했다. 다른 86편의 논문에서 언론자유의 문제가 구체적으로 언급된 적은 한번도 없었다. 《연방주의자》 제84호에서 해밀턴은 헌법이 연방정부에게 어떤 식으로든 언론을 통제할 수 있는 권한을 전혀 부여하지 않았기 때문에 언론의 자유를 새삼스럽게 선언할 필요가 없다고 주장했다.[13] 해밀턴의 주장에 의하면, 헌법에서 구체적인 언어로 연방정부에 특별히 부여하지 않은 권한을 연방정부가 행사할

---

11) Adrienne Koch, ed., *Notes of Debates in the Federal Convention of 1787 Reported by James Madison*, New York: Norton, 1966, p. 630.

12) 권리장전(Bill of Rights)에 대한 간략한 법적 역사에 대해서는 Levy, *Emergence of a Free Press*, pp. 257~266 참조.

역주2) 알렉산더 해밀턴은 제임스 매디슨과 존 제이의 협력을 얻어 퍼블리우스(Publius)라는 익명으로 뉴욕의 신문에 이들 논문을 발표하여 헌법에 대한 지지를 호소하였다. 훗날 《연방주의자》라는 책이름으로 간행된 이 논문집은 단순히 미국헌법의 지지론에 머물지 않고 정치이론과 사상에서 고전적 지위를 차지하게 되었다.

13) Alexander Hamilton, *Federalist* No. 84, in *The Federalist Papers*, edited and with introduction by Jacob E. Cooke, Cleveland: World Meridian, 1961, pp. 575~587. 매디슨의 견해에 대해서는 그의 *Federalist* No. 41, p. 277 참조.

수는 없다는 것이었다. 해밀턴은 한 걸음 더 나아가서, 언론의 자유를 모든 사람이 만족할 수 있도록 정의하는 것은 거의 불가능하기 때문에 궁극적으로 자유로운 언론이란 여론의 무게에 의해 뒷받침되는 한에서만 보장될 수 있다고 주장했다. 만약에 공중이 자유로운 언론을 원하지 않는다면 자유언론은 없을 것이라고 그는 말한다. 공중이 원한다면 언론은 자유로울 것이다. 지금이나 그때나 이 생각은 공중이 최종적인 심판자라는 것이었다. 그리고 공중은 언론인과 마찬가지로 자유로운 표현에 열정적으로 헌신하는 것으로 생각되었다. 공중이 명백하게 그렇지 않다는 것이 이 신념을 어떤 식으로든 바꾸지는 못했다.

《연방주의자》 제10호는 87편의 논문 중에서 가장 심오한 것이라고 할 수 있는데, 여기서 매디슨은 여론을 주제로 다루었다. 다수의 미국인이 어떤 원칙을 지지할 때 그 원칙은 결코 위험에 빠질 수가 없다는 것이 매디슨에게는 명백한 일이었다.[14] 《연방주의자》 제10호에서 매디슨이 그의 주장을 언론에 관련시킨 것은 아니었지만, 자유로운 언론이 그가 생각하는 원칙 중의 하나였음은 의심의 여지가 없다. 그는 주장하기를, 자유로운 제도에 대한 위험은 어떤 이기적인 이유로 자유를 제한하고자 하는 "파벌"의 존재에 있다고 하였다.

매디슨은 헌법과 권리장전의 핵심적인 초안자였다. 어느 누구도 미국의 신념체계에 그보다 더 큰 영향력을 행사하지는 못했다. 그리고 매디슨은 대부분의 건국의 아버지들보다 민주주의자에 더 가까왔지만, 13개 식민지에 민주주의를 수립하는 데에는 반대하였다. 《연방주의자》 제10호에서 그는 그 이유를 설명했다. 그에 의하면, 미국에서 만들어지고 있는 것은 공화제이지 민주주의가 아니다. 다수가 지배하는 민주주의에서는 다수를 구성하는 한 파벌이 소수파들을 짓밟고 자유로운 제도를 파괴할 가능성이 다분히 있기 때문이다.[15] 다수의 위험에 대한 보호장치로는, 서로

---

14) James Madison *Federalist* No. 10, 위의 책, pp. 55~65.

15) 위의 책, pp. 55~65. 또한 매디슨의 *Federalist* No. 47, pp. 324~327 참조. 여기서 매

서로를 견제하여 균형을 맞출 수 있는 많은 파벌들이 요구된다. 매디슨은 소수파가 잔혹한 다수로부터 자신들을 보호하기 위해 실정법 즉 "종이 울타리"에 의존하는 것에 회의적이었다.[16] 몽테스키외에 의해 발전된 견제와 균형의 원칙을 수용하는 엄격한 체제만이 과도한 권력으로부터 보호할 수 있을 것이라고 보았다. 오늘날의 언론인들과 마찬가지로 18세기의 매디슨에게는 족쇄를 채우지 않은 자유로운 언론이 억압적이고 폭압적인 파벌의 영향력으로부터 보호해 주는 강력한 장치였다. 언론의 이러한 자아상은 반세기 후에 토크빌에 의해 관찰되었던 것이다.

매디슨은 그의 저작을 통하여 공화제적 정부는 국민의 주권에 뿌리를 두고 있다고 주장했다. 역사학자 에드먼드 모간(Edmund Morgan)은 이러한 생각이 단순히 지어낸 "이야기"에 불과하다고 주장한다. 즉 밀턴과 그의 동료들이 스튜어트 왕정과의 투쟁에서 의회를 위한 통치권을 창안했던 것과 똑같이, 매디슨도 "주권국가를 극복하기 위해 주권있는 미국인을 만들고 있었다"는 것이다. 모간은 그가 매디슨을 대단히 높게 평가하는 이유를 매디슨의 "창안"이 건국 아버지들의 관리하에, 그리고 물론 대중언론의 도움을 받아 사실이 되었다는 것으로 설명하고 있다.[17]

《연방주의자 문서》가 철학적 압력을 제공했다고 하더라도, 건국의 아버지들이 헌법에 구체적으로 보장되어 있지 않은 시민적 자유를 담은 권리장전을 수정조항으로 추가하는데 동의하지 않았더라면 헌법이 비준되지 않았을지도 모른다. 그 당시에 프랑스 주재 대사로 미국에 없던 제퍼

디슨은 정부권력이 분리될 때에만 시민의 권리가 보장된다는 지론을 위해 그의 "예언자"인 몽테스키외를 인용하고 있다.

16) 1788년 10월 17일 토마스 제퍼슨에게 보낸 편지. Robert A. Rutland, ed., *The Papers of James Madison*, Charlottesville: University of Virginia Press, 11 : 297~298.

17) Edmund S. Morgan, *Inventing the People: The Rise of Popular Sovereignty in England and America*, New York: Norton, 1989. 《뉴욕 타임즈 북 리뷰》에 게재된

슨은 권리장전의 승인을 얻기 위해 노력하던 매디슨을 적극 지원했고 매디슨의 그러한 노력은 성공하였다. 제퍼슨은 매디슨에게 보낸 글에서, 헌법이 의회와 대통령에 부여한 권력으로 인해 제기되는 폭정의 잠재성으로부터 국민을 보호하기 위해서는 그런 일련의 시민적 자유가 요구된다고 말했다.[18)]

권리장전이 채택된 후인 1791년에 매디슨은 해밀턴과 함께 미국에서 진정한 통치권자는 여론이라고 주장하였다. 루소가 주장했던 바와 같이 일반의지를 표현하는 것은 여론이었다. 거대함에 대항하고 개인으로서의 의미 상실로부터 개개의 시민을 보호할 수 있는 신문보다도 더 분명하게 여론을 대변할 수 있는 것이 어디에 있단 말인가! 개인적인 시민의 목소리를 들을 수 있는 것은 언론을 통해서였다. 매디슨에 의하면, 공화국에서 모든 선량한 시민은 "국민의 권리를 감시하는 파수"이다. 시민은 일종의 "성스러운 열정"을 가지고 그의 "정치적 성경"을 지지하기 위해 자신의 의견을 공공적으로 표현해야 할 임무가 있다.[19)]

우리는 1791년 경에 미국 헌법체계의 주요 설계자들이 미국에서 자유언론의 중요성을 강조하기 위해 종교적 상상력을 이용하고 있음을 알 수

Pauline Maier의 뛰어난 논평을 참조하라. *New York Times Book Review*, July 3, 1988, p. 10.

18) 예컨대 1789년 3월 15일 매디슨에게 보낸 제퍼슨의 편지 참조. Julian T. Boyd, ed., *Papers of Jefferson*, Princeton, N. J. : Princeton University Press, 1950, 14 : 659~661.

19) 1882년 8월 4일 Williarn T. Barry에게 보낸 편지. Gafllard Hunt, ed., *The Writings of James Madison*, New York: Putnam, 1910, 9 : 103~109. 또한 다음 책도 참조. Marvin Meyers, ed., *Sources of the Political Thought of James Madison*, Indianapolis: Bobbs-Merrill, 1973, pp. 435~436. 배리는 켄터키주 부지사였으며, 고등공립교육에 대한 매디슨의 지지를 구했던 교수이기도 했다. 고전적인 매디슨 전기물로는 다음 책이 있다. Irving Brant, *James Madison*, 4 vols., Indianapolis, IN: Bobbs-Merrill, 1941~1961.

가 있다. 하지만 같은 문건에서 매디슨은 자유로운 언론이 방탕하게 굴어 그 권력을 심각하게 남용할지 모른다는 우려도 표명하였다. 자유언론에 나타나는 이 딜레마는 건국의 아버지들 가운데서 언론의 자유를 가장 강력하게 옹호했던 토마스 제퍼슨까지도 괴롭게 만들었다. 수년 뒤에 제퍼슨은 적어도 혼자서라도 그것을 해결하고자 하였다.

| 제 18 장 |

언론의 "가장 좋은 친구" : 토마스 제퍼슨

The "Best Friend" of the Press : Thomas Jefferson

토마스 제퍼슨의 어떤 점이 그렇단 말인가? 건국의 아버지들 가운데 언론의 가장 좋은 친구라고 할 수 있는 사람은 제퍼슨이 아니라 매디슨이 아니었던가? 결론부터 말하자면, 1787년의 그 유명한 편지에서 "신문없는 정부보다는 차라리 정부없는 신문을 택하겠다"라고 말한 사람은 제퍼슨이었다.[1] 이제 미국 언론인의 가슴 속에 영원히 새겨져 있는 제퍼슨의 심금울리는 이 말은 전국적으로 편집인들의 사무실 벽에 걸린 플래카드에서 볼 수 있다. 이 말은 제퍼슨이 대통령에 취임하기 전에 한 말이라는

1) 1787년 1월 16일 토마스 제퍼슨이 에드워드 캐링턴에게 보낸 편지. Paul L. Ford, ed., *The Writings of Thomas Jefferson*, New York: Putnam, 1892~1899, 6 : 357~361. 제퍼슨의 일생과 저술을 한권으로 정리한 책으로는 다음이 있다. *The Portable Jefferson*, New York: Viking Press, 1965. 방대한 전기물로는 버지니아대학 출판부에서 발간된 Dumas Malone의 6권 짜리 전기가 있다.

것을 명심해야 한다. 바로 이 제퍼슨이 대통령 취임 2년 후에는 자유를 남용하는 반대파 신문들을 억제하기 위하여 각 주에 "몇 가지 기소" 조치를 취할 것을 촉구한 바 있다.[2] 제퍼슨의 글들은 자유언론이라는 주제에 대해 일관성이 없었던 그 후의 대통령들 뿐만 아니라 제퍼슨 그 자신도 이 주제에 대해서는 때에 따라 상이한 견해를 가졌음을 말해주고 있다. 그는 초년에는 그리고 대통령이 된 후에는 공공의 인쇄물에서 언론을 자유의 강력한 대리인으로 상찬했으며, 심지어 언론이 그 자신의 행정부를 공격하고 있을 때에도 언론은 여론의 심판을 제외하고는 검열받아서는 안 된다고 주장하였다. 하지만 나이가 든 후에 그가 쓴 사신(私信)들을 보면 미국언론의 지나침과 방종함을 때때로 비난하고 있음을 알 수 있다. 그러나 언론에 대한 자신의 영향력을 충분히 알고 있던 제퍼슨은 세심한 주의를 기울여 언론에 비판적인 그의 편지들이 공개되지 않도록 하였다.

제퍼슨은 상습적인 편지꾼이었다. 그가 쓴 편지는 엄청나게 많아서 그가 죽은 지 한세기 반이 지난 후에도 학자들과 사서들이 여전히 그것들을 수집하고 있다. 자신의 편지들이 발간되는 것을 제퍼슨이 원하지 않았다는 것은 놀라운 일도 아니며, 그가 종이 위에 쓴 많은 것들이 깊은 사유 없이 이루어진 단순한 생각이나 관찰 및 코멘트였을 가능성이 없지 않은 것도 아니다. 아마도 그의 펜은 자신도 모르게 혼잣말을 할 때 사용한 도구였으리라.

모든 건국의 아버지들과 마찬가지로 제퍼슨도 홉스와 로크, 몽테스키외와 루소 등 계몽주의 사상가들이 신봉한 사회계약론의 영향을 받았다. 독립선언문에서 제퍼슨은 미국이 이제 식민지와 영국을 연결했던 정치적 끈을 해체하고 "피지배자의 동의로부터" 정당한 권력을 도출하는 새로운 정부를 구성하고 있다고 주장했다.[3] 게다가 이 새로운 정부는 어떤 진리

---

2) 1803년 2월 19일 토마스 제퍼슨이 Thomas Kean에게 보낸 편지. 위의 책, 8 : 218~219.

3) 미국 독립선언문과 제퍼슨이 나중에 고쳤던 그의 초안까지 보고자 한다면 다음 책 참

든 자명한 것으로 간주하는 **자연법**에서 그 정당성을 끌어내고 있었다. 생명과 자유와 행복을 추구할 권리를 선언하는 데에는 인간이 만든 어떠한 법률도 필요하지 않다. 은퇴 후의 제퍼슨은 독립선언문에서 보인 입장보다 오히려 더 앞서 있었다. 당시의 한 신문 편집인에게 쓴 편지에서 그는, 실정법을 엄격히 준수하는 것은 "선량한 시민의 고귀한 의무 중의 하나이지만 그것이 최고의 의무는 아니다"라고 말했다. 그보다 더 높은 의무는 "필연의 법칙, 자기보전의 법칙, 위기에 처한 조국을 구하는 법칙"이었다.[4)]

이러한 감동적인 말들은 언론인을 포함하여, 흔히 민주주의의 제원칙을 보호한다는 대의명분하에 다수의 생각이나 감정에 역행하는 모든 정파의 사람들에게 안락감을 제공한다. 똑같은 이 말들이 가치가 덜한 다른 명분을 위해 사용될 수도 있다는 것은 성가신 문제이다.

미국의 학자들 중에는 많은 제퍼슨 비판자들을 볼 수 있는데, 이들은 수적으로는 제퍼슨에 대해 무비판적인 수많은 찬미자들과 비교할 수 없지만 하나의 참신한 이탈이라고 볼 수는 있을 것이다.[5)] 비판자와 찬미자 모두가 자기들의 입장을 과장하는 경향이 있다. 비판자들은 제퍼슨이 1777년에 버지니아의 충성선서를 지지한 듯한 발언에 주의를 환기시키고 있다. 이 때 제퍼슨은 다음과 같이 말했다. "토리당원에 대한 적절한 정

조. John Somerville and Ronald E. Santoni, eds., *Social and Political Philosophy: Readings from Plato to Gandhi*, Garden City, N.Y.: Doubleday Anchor Books, 1963, pp. 240~245.

4) 위의 책, p. 277. 이 편지는 메릴랜드의 프레데릭스타운에서 발간되는 *Republican Advocate*의 편집인이었던 John B. Colvin에게 1810년 9월 20일에 보낸 편지였다. Ford, 앞의 책, 9 : 279~281에서 인용.

5) 특히 다음 두 책을 참조. Leonard W. Levy, *Jefferson and Civil Liberties: The Darker Side*, Cambridge, Mass.: Belknap Press of Harvard University Press, 1963; Fawn W. Brodie, *Jefferson: An Intimate History*, New York: Norton, 1974.

의는 그들이 생각에서는 배반자이나 행동에서는 그렇지 않다는 것이다."[6] 비판자들은 또한 일년 뒤에 제퍼슨이 언론의 자유를 보장하는 헌법 수정을 지지하면서, 인쇄인들이 "잘못된 사실"을 인쇄했을 때에는 그들에게 책임이 있다는 점을 분명히 하였음을 지적하고 있다. 1788년에 제퍼슨은 매디슨에게 다음과 같이 썼다.

> 원하는 것은 무엇이라도 인쇄할 수 있는 언론의 권리를 연방정부가 결코 제약하지 않을 것이라는 선언이 허위의 사실을 인쇄한 인쇄인의 책임을 덜게 하지는 않을 것입니다. 종교적인 신념으로 처벌받아서는 안 된다는 선언이 종교적인 잘못으로 인한 범죄행위에까지 면책권을 주는 것은 아닙니다.[7]

반면에 제퍼슨 자신이 가장 자랑스러워했던 문건으로서 버지니아에 종교적 자유를 확립시킨 법안에서, 제퍼슨은 흄과 몽테스키외가 선언한 명백한 행위의 원칙, 즉 어느 누구도 그가 말하고 쓴 글만으로는 처벌될 수 없다는 원칙을 확고히 지지했다. "행정장관이 그 자신의 권력을 의견의 장에 개입하고 또 어떤 원칙이 나쁠 것이라는 가정하에 그 원칙에 대한 믿음의 고백이나 전파를 그가 제한하도록 내버려 둔다면 이는 위험하기 짝이 없는 잘못이다."[8] 어떤 평자들은 주장하기를, 비록 기록상으로 명확

---

6) Thomas Jefferson, [Peden에 인용 또는 수집된 문건], in William Peden, ed., *Thomas Jefferson:Notes on the State of Virginia*, Chapel Hill: University of North Carolina Press, 1955, Query 16, p.155. 다음 책에서 재인용. Leonard W. Levy, *Emergence of a Free Press*, New York: Oxford University Press, 1985, pp.178~179.

7) 1788년 7월 31일 제임스 매디슨에게 보낸 토마스 제퍼슨의 편지. *The Papers of Thomas Jefferson*, compiled by Elizabeth J. Sherwood and Ida T. Hopper, Princeton, N.J.: Princeton University Preas, 1954~1958, 6 : 304. 다음 책에서 재인용. Levy, *Emergence of a Free Press*, pp.250~251.

8) *An Act for Establishing Religious Freedom Passed in the Assembly of Virginia in the Beginning of the Year 1786*. 이 유명한 말이 인용된 그 법률전문은 다음에 수록되어

하지는 않지만 제퍼슨이 명백한 행위의 원칙을 종교적 진술뿐만 아니라 정치적인 진술에도 결코 적용한 적이 없다고 한다.[9]

확실히 제퍼슨의 편지는 주의깊게 관찰하는 것이 좋을 것이다. 그가 썼던 모든 글과 그가 실제로 의미했던 것이 반드시 같은 것은 아니었다. 그의 두번째 취임연설은 사실 무엇보다도 제퍼슨의 견해를 가장 잘 요약하고 있다. 여기서 그는 그의 첫번째 임기중에 그가 일부 언론의 자유남용과 부당함으로 생각했던 것에 대해 조금은 슬픈듯이 말하고 있다.[10] 하지만 제퍼슨이 언론을 공식적인 조치에 의해 처벌하고자 했던 것은 아니었다. 그보다는 그 결정을 여론에 맡기는 것이 낫다고 생각했다. 결국 제퍼슨은 언론보다는 여론에 더 큰 신뢰를 두고 있었던 것으로 보인다. 이 점에서 그는 18세기는 물론 20세기의 미국 사상에서도 주류에 있다고 볼 수 있다. 1969년에 전 부통령 스피로 애그뉴가 언론은 비난하면서 그가 "미국의 중간층"[11]이라고 표현한 일반공중의 견해에는 경의를 보냈던 연설이 공중의 환호를 받았을 때 언론인들은 경악하고 말았다.

오랜 세월에 걸쳐, 제퍼슨은 미국 역사에서 그 어느 정치인보다도 더 자주 인용되어 왔다.[12] 그가 믿었던 것 (좀더 정확히 말하면 그가 믿었던 것

있다. Somerville and Santoni, 앞의 책, pp. 247~248. 원문을 보고자 한다면 Sherwood and Hopper, 앞의 책 참조.

9) Levy, *Emergence of a Free Press*, p. 195.

10) Thomas Jefferson, 1805년 3월 4일 두번째 취임연설문. Ford, 앞의 책, 8 : 341~347. 또한 다음 책들을 참조. Leonard W. Levy, *Freedom of the Press from Zenger to Jefferson*, Indianapolis: Bobbs-Merrill, 1966, pp. 367~368 ; J. Herbert Altschull, *Agents of Power: The Role of the News Media in Human Affairs*, New York: Longman, 1984, p. 29. 또한 1807년 6월 11일에 John Norve ll에게 보낸 제퍼슨의 편지도 참조 (Levy, *Freedom*, pp. 372~373에 요약되어 있음).

11) Spiro Agnew, 아이오아주 디모인에서 행한 연설. 1969년 11월 14일자 《뉴욕 타임즈》에 게재.

12) David Hackett Fischer는 그의 《역사가의 오류》 (*Historian's Fallacies: Toward A Logic*

으로 말해지는 것)은 200년 동안 미국인들의 지지를 받아 왔으며, 누구 못지않게 언론인들의 지지를 받아 왔다. 제퍼슨이 믿었던 것이라면, 거기에는 도그마가 있고 우리도 믿어야만 했다. 제퍼슨이 믿었던 것은 정확히 무엇이었단 말인가? 그의 신념체계 중에서 세 가지 요소가 특히 미국 언론인의 사상과 관련이 있는 것으로 보인다.

첫째, 어떤 경우에는 인간이 그의 행위를 "실정법" — 또는 인간이 만든 법 — 보다는 "자연법"에 근거해야 할 권리 내지는 의무가 있다고 제퍼슨은 믿었다. 이것은 말하자면 종이 위에 쓸 수 있는 어떤 것보다도 좀더 높은 수준, 즉 언론인의 양심에 호소하는 것이다. 비밀리에 정보를 제공한 사람의 이름을 밝히기보다는 감옥에 가겠다는 언론인은 자연법에 대한 제퍼슨의 견해를 따르는 것이다. 정보원을 밝힐 것을 명령받은 기자는 법정에서 반드시 말하도록 규정하고 있는 실정법, 즉 단순한 인간의 법률은 이러한 신념체계에서는 반드시 자연법에 양보하여야 한다. 자연법 아래에서 언론인은 자연적으로 선한 것을 행하는데, 말하자면 어떤 대가를 치르더라도 자신의 약속을 지켜야 한다는 것이다.[13]

둘째, 제퍼슨은 능력제도를 믿었다. 이것은 말하자면 성공이 신분이나 연줄에 의해서가 아니라 능력과 재주에 의해 결정됨을 의미한다.[14] 단순

---

of Historical Thought, New York: Harper Torchbooks, 1970, pp. 297~298)에서 즐거운 마음으로 이렇게 말하고 있다. "… 그 정치적 제안은 앞뒤 맥락을 무시하고 건국의 아버지들을 인용한 것이 그것을 정당화시켜 주지 못한 보기 드문 경우이다. 예컨대 토마스 제퍼슨의 글에 대해 있어 왔던 그 수사학적 소란을 생각해 보라…" 그러면서 피셔는 일부 저명한 현대 역사가들에 의해 저질러진 역사적 잘못을 예시하고 있다.

13) 미국 언론인 사이의 약속의 의미에 대한 논의는 다음 책 참조. Sissela Bok, *Secrets:On the Ethics of Concealment and Revelation*, New York: Pantheon, 1982, pp. 116~135, 249~264.

14) 1813년 10월 28일 존 아담스에게 보낸 토마스 제퍼슨의 편지. 다음 책 참조. Somerville and Santoni, 앞의 책, pp. 266~270; Ford, 앞의 책, 9: 424~430.

히 부자로 태어났거나 이름있는 가문에서 태어났다는 이유만으로 명성을 얻은 사람들을 추적하고 폭로하는 추문폭로가 또는 탐사적 언론인들은 제퍼슨을 따르고 있는 것이다. 친척등용을 통해 권력있는 자리에 오르는 것은 이 견해에서 본다면 거짓이나 사술을 통해 성공한 것 만큼이나 나쁜 것이다.

부에 대한 품성의 승리와 신분에 대한 재능의 승리를 믿은 제퍼슨의 신념은 그와 존 아담스 모두가 은퇴했을 때 그가 아담스에게 보낸 편지에 가장 잘 나타나 있다. 여기서 제퍼슨은 말하기를 어떠한 인위적인 귀족정치도 "통치에서는 유해한 요소"일 뿐이고 결코 허용되어서는 안 된다고 했다.[15] 앤드류 잭슨의 이른바 "보통사람의 시대"(*Age of the Common Man*)에 포함되는 덕목의 초기 단서가 여기에 있다.[역주1] 언론인이 아무리 비천하게 태어났더라도, 사회경제적 지위가 아무리 불확실하더라도, 그의 펜이나 타자기나 카메라의 범위가 미치지 못할 만큼 권력이 그렇게 막강한 인물이란 있을 수 없다.

흥미롭게도 제퍼슨에게 보낸 답장에서 아담스는 두 사람 사이에 귀족정치의 문제에 대해서 아무런 차이점도 발견하지 못했다고 말했다. 아담스 역시 누가 좋은 가문에서 태어났고 누가 비천하게 태어났건 간에 재능없는 사람에 대한 재능있는 사람의 승리를 지지했다. 그러나 좀더 비관적이었던 아담스는 태생이 좋은 귀족을 믿는 것보다도 무제한의 권력을 가진 재능있는 사람을 결코 더 많이 믿지는 않을 것이라고 말했다. 아담스에 의하면 모든 사람은 부패할 가능성이 있다. 그는 지극히 풍자적으로 다음과 같이 말했다.

---

15) 위의 책.

역주1) 앤드류 잭슨(Andrew Jackson : 1767~1845)은 미국의 제 7 대 대통령이다. 잭슨 이전까지 미국의 대통령은 매사추세츠주 아니면 버지니아주의 명문 출신이었다. 이에 비하여 잭슨은 캐롤라이나 오지의 가난한 가정에서 태어나 정상적인 교육도 받지 못한 "보통사람"이었으며, 따라서 그의 대통령 당선은 일반 대중이 무시할 수 없는 정치세력으로 성장하였음을 의미한다.

> 인위적인 귀족정치, 군주정치, 그리고 시민적·군사적·정치적·계층적 전제정치 이 모두가 "덕성과 재능"의 자연적 귀족정치로부터 성장하였습니다. 분명히 우리는 이것으로부터 거리가 멉니다. 우리가 부패되기까지는 수백년이 흘러야만 합니다. 순수하고 고상하고 공공심있는 우리 연방공화국은 영원히 지속되어 세계를 다스리고 인간의 완성을 소개할 것이며, 인간의 완성 가능성은 프라이스, 프리스틀리, 콘돌세, 루소, 디드로 그리고 고드윈에 의해 이미 증명되고 있습니다.… [16]

미국 언론인들은 이상주의나 인간의 선함에 대한 유토피아적 믿음을 대부분 비웃지 않고, 미국이 고상하고 공공심있는 지도자들에 의해 통치되어야 한다는 생각을 조롱하지도 않는다. 존 아담스에게서 나타나는 그러한 냉소주의는 미국 언론인들에게 적어도 공공연하게는 적용되지 않는다 (제퍼슨에게도 역시 아니었다. 왜냐하면 이 복잡한 사람도 역시, 고상하고 공공심있는 지도자에로의 길이 교육에 있다고 보았던 루소의 추종자였기 때문이다). 두 세기가 지나서야 미국의 일부 저명한 언론인들이 존 아담스의 심오한 비관주의를 언급하기 시작했는데, 그것은 주로 베트남 전쟁에 대한 반대와 워터게이트란 말로 상징되는 권력의 남용에 대한 반대로부터 나왔다. 그러나 정부권력을 반대하는 데에서도 미국 언론인들은 전체적으로는 제퍼슨의 낙관주의에 머물러 왔다. 심리학자 윌리암 제임스(William James)는 나중에 제퍼슨을 이상주의자로, 아담스를 현실주의자로 부르게 되었다.[17]

---

16) Leslie J. Cappon, *The Adams-Jefferson Letters*, Vol. 2, Chapel Hill: University of North Carolina Press, 1959 (Adams to Jefferson, Aug. 16, 1813, pp. 365~367; Sept. 2, 1813, pp. 370~372; Jefferson to Adams, Oct. 28, 1813, pp. 387~392). 또한 다음 책 참조. Adrienne Koch, ed., *Adams and Jefferson: "Posterity Must Judge,"* in Charles Sellers, ed., *The Berkeley Series in American History*, passim, Chicago: Rand McNally, 1963.

17) William James, *Pragmatism: A New Name for Some Old Ways of Thinking*, New

셋째, 제퍼슨은 거짓 또는 잘못과의 경쟁에서 진리가 승리할 것이라는 밀턴의 자동조정원리를 믿었다. 은퇴해서 살고 있던 몬티첼로에서 1814년에 한 프랑스 서적상에게 보낸 편지에서 제퍼슨은 "양측면을 자유롭게 들읍시다"라고 쓰고 있다.[18] 그의 이 말은 17세기로부터 오늘날의 뉴스룸에까지 이르는 오랜 전통 한 가지를 내포하고 있다. 그것은 미국시민의 지혜에 대한 존중으로서, 인쇄물에 나타난 말들 가운데 어느 것이 진실이고 어느 것이 거짓인가를 스스로 결정하도록 허용한다는 것이다. 그렇지만 제퍼슨은 밀턴의 견해가 좀더 다듬어질 필요가 있다고 믿었다.

> …진리는 위대하고 그 자체에 맡겨 두면 널리 퍼지게 될 것이다…진리는 오류에 대하여 적절하고도 충분한 적수이며, 인간의 간섭이 진리의 자연적 무기인 자유로운 주장과 토론을 무장해제 하지만 않는다면 그 갈등에서 두려워할 아무 것도 없고, 진리와 오류가 서로 자유로이 반박하도록 허용될 때 오류는 더 이상 위험한 것이 못된다.[19]

다시 말해서 다양한 관점을 제공하는 기사를 검열하는 일은 어떤 희생을 치르더라도 피해야 하며, 진리와 오류 사이에 갈등이 있을 때라도 피해야 한다는 것이다. 왜냐하면 진리가 오류와 경쟁할 수 있는 정당한 기회를 가질려면, "자유로운 주장과 토론"이 반드시 보장되어야 하기 때문이다. 이것은 밀턴의 원리에 대한 중대한 수정보완이며, 미국의 언론인 공동체가 핵심적인 신념조항으로 채택해 온 것이다.

York: Longmans, Green, 1907. 제임스의 연구에 대한 논의는 제 36장에서 다룰 것이다.

18) 1814년 4월 19일 N. G. Dufief에게 보낸 토마스 제퍼슨의 편지. Levy, *Freedom*, pp. 374～375에 발췌수록.

19) Jefferson, *An Act*, pp. 247～248.

| 제 19 장 |

"자유의 위대한 보루"

That "Great Bulwark of Liberty"

건국의 아버지들이 수정헌법 제 1 조 내용에 대해 타협을 이루게 되었을 때 그들의 마음 속에 어떤 생각이 자리잡고 있었는지는 알 수가 없다. 저명한 역사가 제카리아 채피는 결론을 내리기를, 건국의 아버지들이 표현의 자유 또는 언론의 자유라는 말을 사용할 때 "그 말의 의미에 대해 아주 명확한 생각을 가지고 있었던 것은 아니었다"는 것이다.[1] 반면에 채피만큼이나 저명한 법학자 알렉산더 마이클존의 주장에 의하면, 건국의 아버지들이 정치권력자들의 언론간섭을 "절대적이고 무조건적으로 금지" 하고자 하는 생각이 있었다고 한다.[2] 수정헌법 제 1 조의 승인이 있기 전

1) Zechariah Chafee, review of Alexander Meiklejohn, *Free Speech and its Relation to Self-Government Harvard Law Review*, (1949) 62 : 898. 또한 수정헌법 제1조의 기원과 의미에 대해서는 Chafee의 다음 책을 참조하라. *Free Speech in the United States*, New York: Atheneum, 1969 (원래는 1941년에 발간), pp. 3~35.

몇 년 동안에 벤자민 프랭클린과 알렉산더 해밀턴은 언론의 자유를 정의할 수 없노라고 고백하고 있다.[3] 오늘날의 정치철학자, 학자, 판사, 그리고 언론인들도 그 이전 세대나 마찬가지로 여전히 이 문제에 대해 논란이 많으며 또 각자 다른 해석을 내리고 있다. 우리가 분명히 알고 있는 사실은 매디슨의 초안이 그의 출신주인 버지니아주 헌법의 언론에 관한 조항과 아주 유사하다는 것이다. 연방 권리장전 초안의 제 3 항은 종교의 자유를 보장하고 있었으며, 제 4 항은 다음의 내용을 선언하고 있다.

> 인민이 자신의 생각을 말하고 쓰고 공표할 수 있는 권리를 빼앗거나 박탈해서는 안 된다. 언론의 자유는 자유의 위대한 보루 중의 하나로서 신성불가침이다.[4]

언론을 자유의 보루라고 지칭하는 것은 18세기의 상투적인 표현으로 보인다. 1776년에 채택된 버지니아 권리선언은 언론을 "자유의 가장 위대한 보루 중의 하나"라고 말하면서 언론은 "전제적인 정부에 의하지 않고

---

2) Alexander Meiklejohn, *Free Speech and Its Relation to Self-Government*, New York: Harper, 1948, p. 17.

3) Alexander Hamilton, Federalist No. 84, in Jacob E. Cooke, ed., *The Federalist Papers*, Cleveland: World Publishing Co., 1965, pp. 575~587 참조. 또한 Benjamin Franklin, "The Court of the Press," 1789, in Albert Henry Smythe, ed., *The Writings of Benjamin Franklin*, 10 vols., New York: Macmillan, 1905~1907, 10: 37 참조—Leonard W. Levy, *Emergence of a Free Press*, New York: Oxford University Press, 1985, p. 204에서 재인용.

4) 권리장전의 10개 수정조항이 어떻게 형성되었는지 그 역사를 철저히 다룬 책으로는 다음 책 참조. Bernard Schwartz, ed., *The Bill of Rights: A Documentary History*, 2 vols., New York: Chelsea House, 1971. 수정안으로 제안되었지만 각 주로 부터 비준받지 못한 처음 두 조항의 원문은 제 2권 p. 1164 에서 볼 수 있다. 매디슨의 제안에 대한 토론은 전 권을 통해 나타난다.

서는 결코 제한될 수 없다"고 선언했다. 하지만 버지니아의 자유언론 조항은 단지 애국파(Patriots)의 견해를 위한 자유만을 제공하고 있음을 알아둘 필요가 있다.[역주1] 영국에 충성하는 토리당 신문들은 그들이 원하는 것을 공표할 권리로부터 분명히 제외되어 있었다. 애국파들은 혁명에 반대하는 사람들을 처벌하도록 고무되었으며, 1778년 경에는 모든 주가 의회나 주 입법부의 법령에 반대하는 말을 하거나 글을 쓰는 것을 불법적인 것으로 선포했다.[5]

권리장전을 의회에 소개함에 있어, 매디슨은 그 근거로 버지니아주 헌법과 다른 주의 헌법에 눈을 돌리게 되었다. 오랜 싸움 끝에 매디슨은 하원의 승인을 얻어 비준을 위해 17개 수정조항이 각 주에 제출되도록 하는데 성공하였다. 그러나 상원의 승인을 얻는 데에는 어려움이 더 많았다. 매디슨은 그의 법안이 말과 언론의 자유, 종교의 자유, 그리고 배심원에 의한 재판을 받을 권리 등 여러 가지 시민적 자유를 연방의회에 의한 제한으로부터 뿐만 아니라 각 주에 의한 제한으로부터도 보호하는 "가장 소중한 것"이라고 했다. 그러나 상원은 매디슨의 법안을 거부하였던 것이다. 궁극적으로는 각 주에 12개의 수정조항을 제출하는데 상하 양원이 동의하였다. 자유언론 조항은 이제 말〔言語〕의 자유, 종교의 자유, 결사의 자유도 모두 포함하여 수정조항 제 3 조로 수록되었다. 그러나 이 제 3 조는 제일 앞의 두 조항, 즉 제 1 조 하원의 비례대표제를 위한 공식을 설정하는 조항과 제 2 조 의원들이 중간선거없이 자신들의 봉급을 인상하는

역주1) 1776년의 독립선언을 계기로 식민지 미국인은 독립지지파와 독립반대파로 크게 나누어졌다. 전자를 애국파(*Patriots*)라 하고 친영적인 후자를 국왕파 또는 왕당파(*Loyalists*)라고 한다.

5) Levy, 앞의 책, pp. 173~184. 또한 다음 두 책도 참조. Claude H. Van Tyne, *The Loyalists in the American Revolution*, reprint, Gloucester, Mass. : P. Smith, 1959, pp. 327~329 ; Philip Davidson, *Propaganda and the American Revolution*, Chapel Hill: University of North Carolina Press, 1941.

권리를 부정하는 조항이 각 주의 비준을 얻는데 실패함에 따라 수정헌법 제 1 조가 되었던 것이다.[6)]

"의회는 말의 자유 또는 언론의 자유를 침해하는… 어떠한 법률도 만들어서는 안 된다"라는 귀절과 관련하여, 매디슨과 그의 동료들이 의미했던 것은 과연 무엇이었느냐에 대한 설명은 일반적으로 다음의 네 가지로 나뉘어지는 경향이 있다.[7)]

첫번째의 설명은 자유로운 표현과 관련된 영역에서 의회의 입법권은 부정하지만,[역주2)] 그러나 각 주(州)가 그렇게 하는 것이 적절하다고 판단하면, 구두적인 것이든 인쇄상의 것이든 간에 말의 자유를 제약할 수 있는 권한을 주에 허용한다는 것이다. 이러한 관점에 의하면, 말은 남용될 소지가 충분히 있지만 그러나 정치적인 것이든 종교적인 것이든 간에 시민이 권력자에 대하여 공개적으로 비판하는 것을 국가의 입법부가 처벌할 수는 없다고 본다. 그러나 말의 자유를 제한할 수 있는 그러한 권한을 주가 보유할 것을 주장하는 의원들이 있었다는 것은, 권리장전에서 보장된 중요한 시민적 자유가 주에도 적용되는 것을 상원이 거부하였다는 사실에 의해서도 알 수 있다. 이 당시에는 상원의원이 주의회에 의해 선출되었던 것이다(연방의 시민적 자유가 각 주에도 적용되기 시작한 것은 남북전쟁 다음에 수정헌법 제14조가 채택된 이후이다). 1787년 제헌의회가 열리던 무렵에 이미 대부분의 주가 시민적 자유에 관한 강령을 채택하고 있었지만, 이 강령은 용어와 해석에서 주마다 달랐다.

---

6) 1791년 12월 15일 버지니아주의 비준으로 권리장전의 10개 수정조항은 헌법에 첨부되었다. Levy, 앞의 책, pp. 264~266 참조.

7) 수정헌법 제1조의 기원과 적용을 뛰어나게 잘 정리한 책으로는 다음이 있다. Marvin L. Summers, *Free Speech and Political Thought*, Lexington, Mass. : Heath, 1969. 또한 필자의 책 다음 부분도 참조. J. Herbert Altschull, *Agents of Power: The Role of the News Media in Human Affairs*, New York: Longman, 1984, pp. 17~34.

역주2) 여기서 말하는 의회(*Congress*)는 연방의회를 말한다.

두번째의 설명은 윌리암 블랙스톤 경(Sir William Blackstone)이 그의 《영국법에 관한 논평》(*Commentaries on the Laws of England*, 1765~1769)에서 규정한 영국 관습법의 "사전 제한" 조항을 미국법에 성문화시킨다는 것이다. 《논평》 제 4 권에서 블랙스톤은 다음과 같이 말하고 있다. "언론의 자유는 자유로운 국가의 본질에 비추어 정말로 핵심적인 것이다; 그러나 이 자유의 본질은 발행물에 사전 제한을 두지 않는다는 것이지, 범죄물이 발행될 때 그것이 검열로부터 자유롭다는 것은 아니다."[8] 다시 말해서 시민은 자신이 선택한 것을 자유로이 발행할 수 있지만, 일단 그의 말이 인쇄된 후에는 치안방해, 명예훼손, 또는 기타 위법행위에 대해 법률이 규정하는 어떤 처벌에도 구속된다는 것이다. 그 당시에는 진보적인 자유주의자로 간주되었던 블랙스톤은 생각과 탐구에 대한 어떠한 제약에도 반대하는 한편, 사회가 교정하고자 하는 유일한 범죄는 "사회의 목적에 파괴적인 나쁜 감정"의 범죄라고 주장하였다.[9]

세번째의 설명은 블랙스톤에 의해 제시된 관습법을 거부하고 "사전 제한" 규정에서 한걸음 나아가서, 비록 언론자유를 절대적이라고까지 하는 정도는 아니더라도 언론자유의 영역을 확대시킨다는 것이다. 이 견해는 올리버 웬델 홈즈(Oliver Wendell Holmes) 판사가 1919년에 선언했던 것과 유사한 것이다. 이때 홈즈 판사는 누군가가 말을 하거나 글로 쓴 것이 사회에 대해 "명백하고도 현존하는 위험"을 구성하지 않는 한, 자유로운 말 또는 자유로운 언론은 보호되어야 한다는 원칙을 공표하였다.[10] 사실을

---

8) Sir William Blackstone, *Commentaries on the Laws of England*, 4 vols., Oxford: Clarendon Press, 1765~1769. 특히 사전제한에 대해서는 bk 4, chapter 11, pp. 151~154를 참조하라.

9) 위의 책, p. 152.

10) Schenk v. U.S., 249, United States Reports, 47: "모든 사건에서 핵심문제는 사용된 말의 성격과 또 그 말이 사용된 상황이 과연 의회가 금지시킬 권리를 가지고 있는 그러한 중대한 죄악이 야기될 정도로 명백하고도 현존하는 위험을 초래할 것인가 하는 점이다."

말하자면, 자유로운 말의 문제에 대해서 홈즈는 건국의 아버지들 만큼이나 일관되지 못했던 사람이다. 1907년에 그는 수정헌법 제 1 조의 주요목적이 사전제한으로부터 보호하는 것이라고 주장하였다. 그러나 12년 후에는 수정헌법 제 1 조가 사전 제한에 대한 블랙스톤의 입장을 단순히 재확인하는 것이 아니라, 사실은 블랙스톤이 특별히 효력을 그대로 유지시켰던 관습법상의 선동적 명예훼손죄를 포기하는 것이라고 주장하였다.[11)]

네번째의 설명은 언론에게 모든 형태의 정부통제로부터 절대적 자유의 보장을 선언한다는 것이다. 매디슨과 미국의 루소 추종자들이 수정헌법 제 1 조 채택 10년 후에는 이 입장을 택하였지만, 매디슨을 비롯해 건국 초창기의 그 어느 누구도 1789년 당시에 이러한 견해를 가지고 있었다는 증거는 없다.

이들 네 가지 설명 하나하나가 나름대로 지지자를 확보하고 있지만, 지금에 와서 가장 널리 받아들여지고 있는 설명은 아마도 세번째 설명이라고 말하는 것이 안전할 것이다. 물론 수정헌법 제 1 조가 채택되던 당시에는 무엇보다도 블랙스톤의 견해를 미국의 법체계 속에 통합했던 것으로 보았을 가능성이 많다. 그 당시에는 정치적인 문제이든 시민적인 문제이든 종교적인 문제이든간에, 공공적으로 중요한 주제에 대한 자유로운 표현의 형태와 공공적 비판에 참여할 권리에 대해서 건국의 아버지들 사이에 보편적인 관심이 있었음을 알 수가 있다. 일반적으로 이 당시에는 행동을 수반하지 않은 단순한 말만으로는 처벌할 수 없다는 견해가 널리 퍼져 있었다.

대법원 판사 포터 스튜어트는 1974년에 주장하기를, 수정헌법 제 1 조의 보장이 의미하는 첫째가는 목적은 "정부의 3부에 대해 또 하나의 감시기구로서 정부 밖에 제 4 부를 만드는 것"이라고 하였다.[12)] 수정헌법 제 1

11) Patterson v. Colorado, 205 U.S. 454, 462 (1907)과 Abrams v. U.S., 250 U.S. 616, 630 (1919)를 참조하라. 또한 Levy, p.281에 나오는 Holmes의 견해에 대한 흥미있는 논의를 참고하라.

조에 대한 스튜어트의 견해는 법원 내에서 소수의견을 반영하고 있었다. 어쩌면 그는 건국의 아버지들에게 20세기식 사고를 제공하고 있었는지도 모르겠다. 매디슨이나 다른 인물들이 1791년 당시에 그토록 세련된 이론을 개발했을까 하는 것은 의문스럽다. 20세기에 와서야 비로소 언론을 "정부의 제 4 부"라고 부르는 것이 유행하게 되었다.[13] 레오나드 레비의 주장에 의하면, 비록 건국의 공신들이 자신들이 하고 있었던 일을 명확히 이해하지 못했을지 모르지만, 그럼에도 불구하고 견제와 균형을 위한 준(準)공식적 체계의 일부분으로서 언론이 맡고 있는 제 4 부로서의 역할을 넌지시 함축하고 있었다고 한다.[14] 언론에 대한 이러한 이미지는 편집인이나 기자들이 그토록 오랫동안 주장해 온 언론의 지위를 명확하게 표현해 주는 것이며, 이제 저널리즘 세계에서는 상식적인 표현이 되고 말았다. 건국의 아버지들이 언론에 대해서 이처럼 제도적인 차원에서 그 지위를 염두에 두고 있었는지는 의문스럽지만, 전설은 여전히 남아 있다.

역사적인 관점에서 볼 때, 건국의 아버지들이 하나의 공통된 목표아래 뭉쳐 있었음을 상기할 필요가 있다. 그 목표란 바로 미국 땅에 외국으로부터 간섭없는 새로운 정부를 구성하는 것이었다. 그러나 얼마되지 않아 심각한 분열이 나타나기 시작했고, 그 분열은 친구를 적으로 만드는 극심한 정치적 논쟁을 야기시켰다. 1798년의 치안방해법이 통과된 후에 일어난 헌정위기로부터, 세번째 설명(블랙스톤의 수정)을 수용하는 움직임이 광범위하게 나타났다. 존 아담스 정부가 들어선지 두번째 해에, 신생 미합중국은 부르봉 왕정을 타도한 프랑스 공화파들과 위험스런 전쟁의 위협에 직면하게 되었다. 제퍼슨과 보다 급진적인 그의 동료들 (특히 토마스

12) Potter Stewart, "Or of the Press," mimeo, address at Yale University convocation, Nov. 2, 1974.

13) Douglass Cater, *The Fourth Branch of Government*, Boston: Houghton Mifflin, 1963.

14) Levy, 앞의 책, p. 273.

페인)은 프랑스 혁명의 승리를 환영했지만, 아담스와 알렉산더 해밀턴, 그리고 집권 연방당은 프랑스의 힘을 두려워했을 뿐만 아니라 아메리카 원주민과 프랑스 이민들에 의한 내부로부터의 전복 가능성을 두려워했다. 국가안보에 대한 수호의 일환으로 생각하면서 그들은 1798년에 외국인법과 치안방해법을 통과시켰다. 외국인법은 대통령이 미합중국의 평화와 안전에 위험하다고 생각하는 프랑스 시민, 특히 작가들을 추방할 수 있도록 허용하였다. 치안방해법은 미국정부에 대한 불만을 자극하거나 미국의 이익에 반하여 외국을 고무시키는 허위의 글들을 처벌하는 것이었다. 대통령 아담스를 포함하여 이 법을 지지하는 많은 사람들에게는 치안방해법이 또한 자유언론 지지자들의 승리로도 비추어졌다. 왜냐하면 이 법은 사상 처음으로 젱거 사건의 제원칙을 법 속에 구현한 것이기 때문이다. 즉 진리는 선동적 명예훼손의 혐의에 대한 적절한 방어이며, 어떤 말이 중상적이냐 아니냐에 대해서는 판사가 아니라 배심원들이 최종적인 결정을 내린다는 것이다.[15)]

이 두 가지 법률은 제퍼슨, 매디슨과 그리고 그들의 추종자들로부터 격렬한 공격을 받게 되었다. 1801년에 제퍼슨이 대통령이 되었을 때, 그는 외국인법과 치안방해법에 의해 구금된 모든 죄수들을 사면했다. 심지어 대통령에 취임하기 전에도 제퍼슨은 매디슨과 함께 이제 방금 획득한 언론자유의 보장에 대한 도전으로 보이는 것에 몹시 비판적인 일련의 결의문과 논문들을 발간하였다. 버지니아주 결의안에서 매디슨은 외국인법과

15) 외국인법과 치안방해법에 대해서는 다음 책 참조. John C. Miller, *Crisis in Freedom Boston*: Little, Brown, 1951; James M. Smith, *Freedoms Fetters*. 상반된 견해는 Levy, 앞의 책, p. 330과 다음을 참조; Walter Berns, "Freedom of the Press and the Alien and Sedition Laws: A Reappraisal," in Philip B. Kurland, *The Supreme Court Review*, Chicago: University of Chicago Press, 1970, p. 141. Berns의 견해는 다음 책에 철저히 드러나고 있다; Walter Berns, *In Defense of Liberal Democracy*, Chicago: Regnery Gateway, 1984.

치안방해법이 위헌적이며 사실상 파괴적이라고 주장하였는데[16] 그 이유는 이 법률들이 "다른 모든 권리를 효과적으로 보호하는 유일한 것"인 자유로운 언론을 국민들로부터 박탈하기 때문이라고 했다. 매디슨의 이 표현은 언론을 빛나게 한 찬사 가운데 하나이며 오늘날 언론 이데올로기의 한 부분을 이루고 있다.

매디슨과 그의 버지니아 출신 동료들은 버지니아 결의안 (Virginia Resolutions)에 대한 한 뛰어난 논평에서 그때까지의 서구 정치사상사에서는 찾아 볼 수 없었던 선언에 이르게 되었다. 즉 언론에 대한 정부당국의 제약에 절대적인 제한을 둔다는 것이다. 매디슨은 건국의 아버지들이 수정헌법 제 1 조에서 의미했던 자유로운 언론이란 사전 제한없는 언론이라는 관습법적 정의를 표현한 것일 뿐이라고 생각하는 것은 어리석은 일이라고 주장했다. 그에 의하면, 만약에 인쇄인이 이미 그가 발간한 것 때문에 나중에 처벌받을 수 있다면 자유언론의 보장이란 한갓 "웃음거리"에 지나지 않는다는 것이다. 매디슨은 자유로운 언론을 위한 이와 같은 외연적인 보장은 대단히 위험하다고 보았다. 왜냐하면 언론은 자유를 남용하거나 오용할 가능성이 있기 때문이다. "어떤 것이라도 적절히 사용하자면 어느 정도의 남용은 불가피하다"고 말하면서, 시민들은 언론의 남용을 참아 내야만 한다고 그는 주장한다. 왜냐하면 신문에 대한 제약은 신문의 용기를 몹시 무력화시켜 결국에는 공중에 봉사하는 능력을 잃게 되고 말

---

16) James Madison, *The Virginia Report of Touching on the Alien and Sedition Laws ; Together with the Virginia Resolutions of December 21 798 the Debate and Proceedings Thereon in the House of Delegates of Virginia and Several Other Documents*, Richmond Va: J. W. Randolph, 1850, pp. 210~229. 또한 다음 글도 참조; "Report on the Virginia Resolutions of 1798," *in Letters and Other Writings of James Madison Fourth President of the United States in four volumes published by Order of Congress*, New York: R. Worthington, 1884, 4 : 218~227. 또한 *Virginia Resolutions of 1798*, 위의 책, pp. 506~507도 참조.

것이기 때문이다.[17] 이러한 관점은 반세기 후에 맑스가 취했던 입장과 유사하다. 맑스에 의하면, 자신의 확신을 표현한 필자나 편집인을 처벌하도록 만들어진 법은 "가장 끔찍한 테러"이다.[18] 매디슨과 맑스의 이러한 주장은 20세기에 와서는 익숙한 것이 되었다. 말하자면 언론에 제한을 두고자 하는 노력은 언론의 독립성에 대한 공격이며, 공중의 이익에 봉사할 수 있는 언론의 능력을 위협하는 "겁주기 효과"가 있다고 본다. 매디슨은 탁월한 수사학적 기교를 사용하여 다음과 같이 주장했다.

> 실책과 억압을 극복하고 이성과 인간성이 획득한 그 모든 승리에 대하여, 세계는 남용으로 얼룩져 있는 바로 지금의 언론에 빚을 지고 있는 것이다.[19]

공적(公的)인 인물 가운데 언론을 이토록 아낌없이 찬양한 사람은 거의 없었다. 편집인협회나 발행인협회 또는 언론인협회 등에서 나온 어떤 선언도 이보다 더 언론을 찬양할 수는 없을 것 같다. 매디슨의 이 말이 포함하는 이데올로기적 중요성은 결코 과소평가할 수 없다. 그것은 미국의 언론인들이 자기들이 하는 일에 대해서 갖고 있는 신념체계의 핵심을 단 한 줄의 문장으로 요약하고 있는 것이다.

그러나 매디슨의 이러한 입장이 다른 건국의 아버지들의 태도를 정확히 반영한 것이라고 믿어야 할 이유는 없다. 버지니아 결의안에 대한 그의 논평은 결국은 정치적 문건에 불과한 것이었다. 그것은 아담스 행정부에 대한 반대를 목적으로 한 것이며 또한 외국인법과 치안방해법을 반대함에 있어 대중의 폭넓은 지지를 획득하기 위한 것이었다. 아마도 매디슨은 그의 뜨거운 열정으로 말미암아 자신의 생각을 여기저기서 조금씩 바

17) James Madison, *The Virginia Report*, p. 222.

18) Altschull, 앞의 책, p. 90. 맑스의 기사는 *Anekdota February* 1843에 나타난다.

19) Madison, *The Virginia Report*, p. 222. 매디슨은 앞에서 인용한 그 간결한 은유를 반복하고 있음에 주목하라.

꾸었던 것 같다. 그럼에도 불구하고 그가 언론의 이데올로기에 강력한 충격을 주었던 것은 사실이다. 그는 언론을 위해 정부통제로부터 일종의 절대적인 자유를 선언했을 뿐만 아니라 파수견의 원칙을 주장하고, 나중에 "공중의 알 권리"라고 알려지게 된 것을 다소 맹아적인 형태로 제기하기도 했으며, 그리고 무엇보다도 언론의 교육적 역할을 우아한 말로써 제시하였다.

교육에 관한 매디슨의 서한은 몽테스키외와 루소의 정신 아래 쓰여진 것인데 "지식은 영원히 무지를 지배할 것이다" 라는 그의 유명한 주장이 담겨있다.[20] 교육에 관한 그의 관심은 비록 학교 교육에 관한 것이었지만, 편집인과 언론인들은 매디슨의 주장을 그들의 것으로 받아들였다. 저널리즘의 세계에서는 신문이 (그리고 라디오와 텔레비전이) 교육의 한 형태로서 열악한 위치의 사회구성원들을 대변하고 또한 그 사람들에게 지식과 권력의 중요한 원천이 되고 있다는 확신이 일반화되어 있다.

1820년대 후반부에 이르러 매디슨은 한 세대 이상에 걸친 일련의 선언문들에서 미국 언론의 철학적 기반에 대한 분명한 모습을 형성한 것으로 보이는데, 이는 영국과 프랑스 사상가들로터 빌린 것에다가 그와 그의 동료들이 미국혁명의 경험에서 배운 것을 더하여 이루어진 것이다. 인간은 완전함과는 거리가 멀고 인간이 갖는 약점에서 오는 제한으로부터 벗어날 수가 없다. 그러나 인간은 이성의 능력이 있고, 유리한 쪽과 불리한 쪽 모두의 정보와 사상에 무제한적인 접근이 허용된다면 현명한 선택을 할 가능성이 많다. 물론 개인과 인간사회 모두에게 위험부담은 크다. 그러나 사람들이 정보로부터 단절된다면, 정부로 대표되는 사회의 권력이 조명이 아니라 검열로 사용된다면, 그 위험부담은 훨씬 더 클 것이다. 인간 공동체는 오직 정보가 자유로이 교환되고 사람들이 자유로운 선택을 할 수 있을 때에만 존재할 수가 있다.[21] 개인뿐만 아니라 사회전체도 바

20) 1822년 8월 4일 William T. Barry에게 보낸 편지, Madison, *Letters and Other Writings*, 9 : 103.

로 그러한 정보와 사상의 자유로운 교환으로부터 많은 것을 얻게 된다. 진리는 오직 그것에 대한 접근이 제한되지 않는 경우에만 찾을 수 있기 때문이다. 20세기에는 이 접근의 문제를 두고 골치아픈 많은 질문들이 제기되고 있다.

한 가지 기억해 둘 필요가 있는 것은 건국의 아버지들이 살던 세계는 그 영역이 제한된 세계라는 것이다. 말하자면 그 당시에 신문은 소기업에 불과했으며, 개개의 인쇄인이나 소수의 동업자가 신문을 발간하고 좁은 지역의 제한된 독자들에게 정보를 배포하던 때였다. 한마디로 매디슨은 언론을 상업적 기관으로 보고 있지 않았던 것이다. 물론 이익이 남겨지긴 했으나 그것은 아주 작은 것이었다. 거대한 출판제국 같은 것은 나타나지도 않았고 생각조차 할 수 없었다. 정부의 권력은 인쇄인의 그것과는 비교되지 않을 정도로 거대하게 보였으며, 매디슨은 언론이 아무리 권리를 남용하고 신뢰할 수 없다 하더라도 그것이 자유체제의 생존에 위협이 되리라는 두려움을 가질 수는 없었다.

그러나《연방주의자 문서》를 쓸 때 매디슨의 파트너였던 알렉산더 해밀턴은 언론에 무제한의 자유를 부여하고 싶은 생각이 없었다.《연방주의자》제84호에서 헌법이 언론자유에 대한 어떠한 구체적인 보장을 제공해서도 안 된다고 한 사람은 매디슨이 아니라 해밀턴이었다. 해밀턴에게는 오직 공중만이 자유로운 언론을 보장할 수 있는 존재였다. 그의 말에 의하면, 아무리 많은 헌법적 보장이 이루어진다고 하더라도 언론이 자유로워서는 안된다고 공중이 생각한다면 그것은 사실상 아무런 소용이 없다는 것이다. 이런 점에서 철저한 자본주의자였던 해밀턴은 나중에 맑스가 주장한 견해를 표명하고 있었던 셈이다. 맑스는 1849년에 말하기를 공중이 자유롭고 개방된 언론에 대한 욕구를 상실하고 있는 사회적 상황이라면 그 상황은 "절망적으로 병든" 것이어서 자유언론의 종말은 필연적이라

---

21) 이와 상반된 견해는 *Reflections on the Revolution in France*에 나오는 Edmund Burke의 공동체론을 참조하라.

고 하였다.[22)]

언론은 정말로 누구에게 봉사하는가? 개개인의 독자에게? 전체 공중에게? 그 위에 있는 정부에게? 재정지원을 하는 사람들에게? 또는 혹시 언론 그자신에게 봉사하는가? 언론이 누구에게 봉사하느냐 하는 이 핵심적인 질문은 언론에 대한 거의 모든 철학적 논쟁에서 중심을 이루는 것이다. 여기에 대한 답은 그 논쟁가들이 인간을 선한 존재라고 믿느냐 또는 사악한 존재라고 믿느냐에 달려 있다. 루소와 같이 제도를 불신하고 대신에 사람들과 일반의지의 궁극적인 지혜를 믿고 확신하는 사람들은 언론의 임무가 바로 공중에게 봉사하는 것이라고 본다. 반면에 홉스나 로크와 같이 인간성 또는 전체 공중을 신뢰하기를 두려워하는 사람들은 언론이 본질적으로 현인이나 도덕가가 일반 사람들로 하여금 현명하고 고상하게 행동하도록 영향을 주는데 이용가능한 도구로 생각한다. 인간에 대한 이 두 가지 견해 사이의 충돌은 우리가 나중에 살펴볼 토마스 페인과 에드먼드 버크의 논쟁에서 뚜렷이 알 수 있다.

18세기에서 19세기로 바뀔 무렵에 해밀턴은 매디슨과 제퍼슨의 철천지 원수가 되고 말았다. 해밀턴은 아담스 대통령의 외국인법과 치안방해법이 의회를 통과하는 것을 도와 주는데 핵심적인 역할을 하였다. 실제로 그와 제퍼슨은 미국 편집인들 사이에서 발생한 최초의 주요 정치투쟁에서 서로 적대적인 관계에 놓이고 말았다. 이 정치 투쟁은 1790년대 초에 발생한 《내셔날 가제트》(*National Gazette*)의 필립 프레뉴(Philip Freneau)와 《가제트 오브 더 유나이티드 스테이츠》(*Gazette of the United States*)의 존 페노(John Fenno) 사이의 싸움을 말한다.[23)] 1804년에 해리 크로스웰

22) Hamilton, 앞의 책, p.580. 맑스와 언론에 대한 공중의 지지 필요성에 대해서는 Altschull, 앞의 책, p.92 참조.

23) Freneau와 Fenno 사이의 경쟁에 대해서는 다음을 참조; Edwin Emery and Michael Emery, *The Press and America:An Interpretative History of the Mass Media*, 4th ed., Englewood Cliffs, N.J. : Prentice-Hall, 1978, pp.82~83. 저자들은 이 두사람

(Harry Croswell)은 그가 뉴욕에서 발행하는 《와습》(*Wasp*)의 한 글에서 제퍼슨을 공격한 것 때문에 선동적 명예훼손으로 유죄를 선고받은 직후, 이 평결에 대해 항소하는데 도움을 얻기 위해 해밀턴에게로 달려 갔다. 이 크로스웰 사건은 언론의 법정 드라마 역사에서 젱거 사건과 어깨를 겨눌 정도로 유명한 사건이다. 그러나 이번에 피고가 된 것은 제퍼슨주의적 자유주의자들이었으며, 언론(인쇄)의 남용을 벌금과 징역형으로 처벌하여야 한다고 주장하였다. 하지만 해밀턴은 단순히 정치지도자에 대하여 권리남용적인 글(처벌받을 수 있는 글)을 발행하는 것과 그 내용이 권력에 있는 사람을 어떻게 반영했건 간에 훌륭한 동기와 정당화될 수 있는 목적으로 쓴 기사를 명확히 구분하였다.[24] 그는 민주주의 사회가 언론을 주제(이슈)에 대한 글로만 한정시키고 개인에 대해서는 결코 안 된다고 한다면 이는 어리석은 일이라고 주장하였다. 만약 이런 식의 제한이 있다면 시민이 압제에 대하여 어떻게 자기 목소리를 낼 수 있겠느냐고 그는 반문하였다. 해밀턴은 그 전에 젱거사건에서 앤드류 해밀턴이 한 말을 되받아, 쓰여진 글의 진실성 여부가 결정적인 요소가 되어야 한다고 주장하였다.

제한받지 않는 언론의 자유를 지지하는 데에 해밀턴이 결코 매디슨에게 동의하지 않았다는 것은 주목할 만한 일이다. 그는 언론의 권력을 제한할 필요성이 있음을 주장했다. 배심원들이 어떤 기사가 나쁜 동기와 부당한 목적으로 쓰여졌다고 결론내렸다면, 남용과 중상비방은 처벌되어야 한다고 해밀턴은 주장하였다. 나중에 배심원 평결의 지침으로 선언되었던 나쁜 성향의 원칙의 일단을 해밀턴은 다음과 같이 법정에서 말했다. "고의성은 바로 범죄의 핵심이다." 그의 철학적 논거를 로크로부터 빌려온 해밀턴은 그가 보기에 제퍼슨주의자들이 지배하는 것으로 보이는 법

의 경쟁을 "욕설의 당파성" 이라고 불렀다.

24) Julius Goebel, ed., *The Law Practice of Alexander Hamilton : Documents and Commentary*, vol. 1, New York: Columbia University Press, 1964, pp. 808~835.

정보다는 개개의 시민, 즉 배심원들에 대한 신뢰를 일관되게 고백하였다. 여론에 대한 믿음에 해밀턴이 냉소적이었느냐 하는 것은 분명하게 대답할 수 없지만, 버지니아 결의안에 대해서 동시대의 매디슨이 그랬던 것처럼, 그가 크로스웰 사건으로 법정에서 연설했을 때 해밀턴은 마음 속에 철학적인 것 뿐만 아니라 정치적인 목적도 아울러 가지고 있었다.

크로스웰 사건은 엉거주춤하게 끝나고 말았다. 해밀턴은 그 선동적 명예훼손 혐의에 대해 새로운 재판을 시도했지만 항소심은 2 대 2로 나누어지고 말았다. 기술적으로 말하면 이 결과로 검사가 크로스웰에 대한 재판을 제기할 수 있었지만, 이유가 무엇이었든 간에 검사는 그렇게 하지 않았고 크로스웰은 집행유예로 풀려 나왔다. 그 다음 해에 뉴욕 최고재판소는 재판을 새로 열도록 명령했지만 심리는 이루어지지 않았다. 그 동안에 뉴욕주는 명예훼손 판결에서 진리성을 항변으로 허용하는 법률을 제정하였고 해밀턴은 아론 버(Aaron Burr)와의 결투에서 죽고 말았다.

해밀턴의 모든 말들 가운데 법정에서 직선적으로 강조한 언론의 파수견 기능보다 더 중요한 것은 없다. 즉 "우리에게 일찍 경고를 주고 권력의 침해를 경계하도록 하는 것"[25]이 바로 그것이다. 해밀턴은 언론자유의 억압을 묵인하기 보다는 다른 사람들이 자유언론의 제단에서 맹세한 그 성스러운 헌사, 즉 "미국인들은 오히려 우리의 피를 뿌려야 한다"는 것을 재차 강조하였다. 그가 존 밀턴의 발자국을 따라가고 있음은 의심의 여지가 없다. 진리나 우리가 믿고 있는 사상에 대해서는 어떠한 검열도 있어서는 안 된다. 그러나 잘못은 우리가 존경하는 바로 그 제도를 해칠 수 있기 때문에 잘못에 대해서는 제한이 있어야만 한다.

크로스웰 사건을 심리했던 4명의 판사 가운데 한 사람이었던 제임스 켄트는 보수적인 법철학의 옹호자로 유명한 사람이었는데 바로 이 점을 인식하였다. 켄트는 해밀턴의 말에 크게 감동하여, 언론이 질식될 때마다

25) 위의 책, p. 831.

자유의 위협에 관한 이 변호인의 "감동적이고 열정적이며 가장 우아한 연설"에 대해 한마디 메모를 남겨 두었다. 켄트는 말하기를 "우리는 선동가와 폭군을 그들의 상상의 권좌로부터 내팽겨칠 때까지 저항, 저항, 저항하여야 한다."[26] 주의깊은 사람이라면 언론이 그 "무서운 자유"를 행사하는 데 있어서 무제한적이어서는 안 된다는 해밀턴의 견해를 켄트가 의문의 여지없이 받아들이고 있음을 알 수 있을 것이다.

> **제한받지** 않는 언론이라는 이 고상하고 환상적이며 유해로운 원칙을 〔해밀턴은〕 비난하고, 만약에 이 원칙이 널리 성행한다면 — 이것은 미국의 역병이다 — 이 나라는 불행한 나라가 될 것이다. 중상비방으로부터 결코 벗어나지 못한, 이 세상에서 제일 훌륭한 사람이 이 점을 감지했다 — 한 방울씩 떨어지는 물이 철석을 닳아 없앨 것이다. 그는 이 무서운 언론의 자유를 주장하거나 옹호하지 않는다. 그러나 그는, 정부나 개인에 대한 질책의 빛이라고 하더라도, 선의의 동기로 진리를 공표할 권리를 주장한다.[27]

26) James Kent, *Croswell ads (sic) the People*, pp. 41~64; Goebel, 앞의 책, p. 833에서 재인용.

27) 위의 책.

| 제 20 장 |

페인과 버크 그리고 "인간의 권리"

Paine, Burke, and the "Rights of Man"

18세기를 마감했던 혁명기간 동안에 방대하게 쏟아져 나온 글들 가운데 가장 압권이었던 것은 토마스 페인과 에드먼드 버크의 논쟁이었다. 실제로 페인과 버크 사이에 있었던 공개적인 논쟁은 "아마도 영어로 이루어진 논쟁 가운데 가장 중요한 이데올로기적 논쟁"[1]이라는 평가를 받아 왔다. 두 사람 모두 미국혁명을 지지한 용기있는 영국인이었는데, 버크는 영국 정부 내에서 소수 입장에 있었고 페인은 그의 혁명적 열정 때문에 영국으로부터 추방당한 열렬한 급진주의자였다. 힘있고도 치밀한 문장을 구사했던 버크는 전통적 가치와 역사의 과정을 강력하게 옹호했는데, 이러한 그의 입장은 너무나 강하여 페인의 철학적 입장을 경멸하기에 이르렀다. 반면에 페인은 그의 저서 《상식》(*Common Sense*)에서 아메리카 식민지가

1) Thomas W. Copeland, "Burke, Paine and Jefferson," in *Our Eminent Friend Edmund Burke: Six Essays*, New Haven, Yale University Press, 1949, p. 148.

영국에 반역하여 봉기할 것을 요구했을 뿐만 아니라, 훨씬 더 나아가서 그 반역을 완고한 귀족정치에 반대하고 인간의 권리를 옹호하는 것으로 찬미하였다.

매디슨이 미국 헌법의 아버지였다면, 페인은 민주주의와 대의정부 그리고 자유언론의 힘을 노래한 예언자였다.[2] 지금까지 아마도 페인만큼 정치적 행동에 큰 영향을 주었던 언론인은 없었을 것이다. 그의 《인간의 권리》(*The Rights of Man*)는 아메리카 식민지 뿐만 아니라 쟈코뱅당의 프랑스에서도 혁명의 진행에 커다란 영향을 주었고, 영국의 보수주의를 격렬하게 흔들어 놓음으로써 1809년에 그가 죽은 지 150년 이상이 흐른 뒤에야 비로소 그를 기념하는 기념비가 그의 고향인 텟포드(Thetford)에 세워지게 되었다. 페인이 죽을 무렵에 텟포드시 의회의 한 의원은 말하기를 그를 위해 기념비를 세우는 것은 "우리 시에 대한 모독이 될 것"이라고 하였다.[3]

18세기의 마지막 몇년 동안에 정치논평가들의 글은 그것 자체가 극적인 사건이었다. 페인 그 자신이 1776년에 말했던 바와 같이 이 시대는 인간의 영혼을 시험하는 시대였다.[4] 1790년 경에 과거의 아메리카 식민지

2) 페인에 관한 전기물로는 특히 다음 책 참조. David Hawke, *Paine*, New York: Harper & Row, 1974; Audrey Williamson, *Thomas Paine:His Life Work and Times*, New York: St. Martin's Press, 1973; Samuel Edwards, *Rebel*, New York: Praeger, 1974. 이 책들에 대한 개관으로는 다음 글 참조: Fawn Brodie, "Tom Paine: Relevant Founding Father," *New Republic*, May 4, 1974.

3) Michael Foot, "Shatterproof Paine," *Sunday Times* (London), January 1982. *Guardian Weekly*, Jan. 24, 1982에 재인쇄. Foot는 페인의 일생에 관한 한 영국 텔레비젼의 도큐멘터리를 검토하고 있다. 또한 Brodie의 앞의 책도 참조하라: "페인은 18세기 히피였다…"

4) Thomas Paine, "The American Crisis," reprinted in Moncure D. Conway, *The Writings of Thomas Paine*, 4 vols., New York: AMS Press, 1967, 1:170. 또한 페인의 《상식》(Common Sense), 1:69~120을 참조하라. 《상식》은 1776년 1월 10

는 이제 자주적인 정부를 갖고 그들의 실험에 착수하였다. 쟈코뱅당은 파리의 바스티유 감옥을 휩쓸고 '공포시대'로 향하고 있었다. 당시의 세계는 불확실성의 세계였으며 자신의 운명을 내던지고 있던 이 시대의 사람들은 미래에 대한 두려움으로 떨고 있었다. 이때에 당시 영국에서 가장 존경받는 정치철학가로 꼽히고 있던 버크는 프랑스 혁명에 대한 논문을 준비하고 있는 것으로 알려져 있었다. 그가 미국의 반역을 승인했음에도 불구하고 할 수 있는 온갖 말로 프랑스 혁명의 진행방향을 비난할 것이라는 점은 분명하였다. 사실 버크는 페인과 프랑스 혁명가들을 고무시킨 인권의 기본사상에 반대하는 연설을 이미 영국 의회에서 한 적이 있었다(페인의 글은 쟈코뱅당 당원들에게 널리 알려져 있었다). 버크는 하원연설에서 그들이 자유(*liberty*)를 인간의 권리 가운데 하나로 보기 때문에 루소의 추종자들이고 따라서 위험한 사람들이라고 말했다. 추상적인 자유와 같은 그런 것은 결코 없다고 버크는 하원에서 말했다. 적어도 그가 보기에 미국인들은 그들의 반역에 뿌리를 두었던 그 원칙들을 이미 타파하였다. 실제로 버크는 어떤 종류의 "권리"에 대해서도 거의 공감하지 않았으며, 어떤 추상적인 "인간의 권리"를 말하는 것은 넌센스라고 보았다. 페인과 제퍼슨에게는 미국의 실험에 핵심적이었던 것을 버크는 이질적인 "형이상학"의 침입이라고 거부하였던 것이다.[5)]

버크의 《프랑스혁명에 대한 반성》(*Reflections on the Revolution in France*)은 1790년에 나타났다. 버크가 이 논문을 준비하고 있다는 것은 이미 잘 알려져 있었기 때문에, 한때 그를 좋게 생각했으나 이제 중요한 정적(政敵)으로 간주하고 있던 페인은 버크의 논문이 나타나면 즉각 반격할 수 있도록 벌써부터 런던에 머물고 있었다. 이 경험많은 언론인은 시

일 발간된 팜플렛인데 여기서 그는 "영국의 만행"(p. 96)으로부터 독립할 것을 주장했다. 더욱이 그는 식민지 언론이 반역에서 핵심적 역할을 맡을 것을 요구했고, 영국의 후원을 받는 "그럴듯한 거짓을 유포하는데 바쁜 인쇄인들"(p. 117)에 대해 경고했다.

5) Copeland, 앞의 글, pp. 166~167.

간을 허비하지 않았다. 그 다음 2월에 그는 즉시 반박문을 발표하였는데 이 글은 미국 혁명의 영웅 조오지 워싱턴에게 헌정하는 것으로 되어 있었다. 5월에는 버크가 혐오했던 《인간의 권리》(*The Rights of Man*)라는 페인의 새로운 소책자가 《뉴욕 애드버타이저》(*New York Advertiser*)에서 발간되었다.

이 책의 양장본은 시장성이 아주 높은 글 하나를 담고 있었는데 그것은 다름 아니라 제퍼슨이 쓴 추천서였다. 제퍼슨은 이 글에서 다음과 같이 말하고 있다. "우리들 사이에서 솟아 오르는 정치적 이단들에 반대하는 무언가를 마침내 공개적으로 거론하여야 한다."[6] 제퍼슨은 그가 "정치적 이단"이라고 말했을 때 그것은 (버크가 아니라) 존 아담스가 프랑스 혁명을 비난하는 글을 발표한 것을 염두에 둔 것이라고 어떤 사적인 편지에서 말한 바 있다. 또한 그의 이러한 글이 공개적으로 발표된 것을 후회한다고 말하고 있다. 경위야 어쨌든 그 당시 최대의 정치적 사건을 놓고, 버크와 페인 그리고 제퍼슨과 존 아담스같은 당대의 인물들이 하나의 논쟁에 휘말려 들었을 때 일반 공중의 관심이란 보장된 것이나 다름없었다.

이 "중대한 이데올로기적 논쟁"의 핵심은 무엇인가? 그것은 다름이 아니라 인간의 본성과 사회적 정치적 제도의 성격에 관한 공개적인 논쟁이었다. 양측이 상대방에 대하여 언제나 정당했던 것은 아니었다. 버크와 페인 모두가 여러 곳에서 상대방의 말을 잘못 인용했고 상대방의 견해와 관점을 왜곡하거나 잘못 표현하기도 했다. 그러나 정치적 과장과 감정적인 과장을 감안한다 하더라도 양측에 중대한 철학적 관점의 충돌이 있음은 명백하다. 버크에게 혁명은 오래된 제도의 파괴이며 그것은 잘못된 것이다. 버크에 의하면, 제도가 그 목적과 활력을 잃게 될 때 그것은 개선을 필요로 하는 것이지 전복되어야 하는 것이 아니다. 구제도가 낳은 지

---

6) 페인의 《인간의 권리》(*Rights of Man*)에 대한 제퍼슨의 "지지"에 대한 사실적 설명은 다음 책에서 발견할 수 있다. Dumas Malone, *Jefferson and the Rights of Man*, vol. 2 of Malone's six-part biography, Boston: Little, Brown, 1951, pp. 351~658.

도자와 전통에는 나름대로 미덕이 있다. 미용사나 양초쟁이에게 권력을 넘기는 것은 어리석은 일이다. 인간은 선천적으로 약하기 때문에, 다수의 노동계급 사람들에게 권력을 맡기는 것은 정치적 방종과 통제할 수 없는 열정에게 문을 열어 주는 것이다.[7] 홉스와 로크를 따라 버크는 정의롭고 질서있는 시민사회를 선호해서 어떤 개인적 권리를 양도한 것이 정부라고 보았다.

페인은 버크의 이러한 견해를 몹시 혐오했다. "정부는 산 자를 위한 것이지 죽은 자를 위한 것이 아니다"[8]라고 그는 주장한다. 게다가 버크는 인간을 경멸하고 인민을 멸시하고 있다고 페인은 주장한다. "그는 인민을 사기와 우상과 거짓꾸밈으로 지배해야 하는 한 떼의 무리로 생각하고 있다." 페인은 홉스와 로크를 정신적 지주로 하지 않고 대신에 루소로 향했다. "인간은 개인적 권리의 문제에서 후손에 대해 어떤 권위도 갖고 있지 않다. 그러므로 어떤 인간도 또는 어떤 인간들도 세습적인 정부를 설립할 권리를 갖고 있지 않으며 또 가질 수도 없다."[9] 오직 대표성있는 정부만이, 미용사와 양초쟁이 그리고 땅을 가진 귀족들 모두에게 동등한 권력을

---

7) Edmund Burke, *Reflections on the Revolution in France*, Garden City, NY: Doubleday Anchor, 1973, p.62. 이 판본도 페인의 《인간의 권리》를 포함하고 있으나 주석의 대부분이 생략되어 있고 편집자의 논평이 빠져 있다. 보다 알찬 내용을 보려면 Thomas Mahoney가 편집하고 서문을 쓴 다음 책 참조. Thomas Mahoney, *Reflections*, New York: Liberal Arts Press, 1955. 버크의 일생과 사상에 대해서는 다음 책 참조. F. P. Lock, *Burkes Reflections on the Revolution in France*, London: Allen & Unwin, 1985; Frank O'Gorman, *Edmund Burke:His Political Philosophy*, Bloomington: Indiana University Press, 1973; David R. Cameron, *The Social Thought of Rousseau and Burke*, Toronto: University of Toronto Press, 1973.

8) Thomas Paine, *The Rights of Man*, Garden City, NY: Doubleday Anchor, 1973, p.281.

9) Paine, 앞의 책, p.406. 재미있는 것은 페인과 버크 모두가 자신의 생각이 몽테스키외의 생각에 가깝다고 주장한 점이다.

줄 수 있는 대표성있는 정부만이 자연과 이성과 경험의 승리를 보장할 수 있다고 페인은 주장한다. 그리하여 페인은 미국의 미래가 아테네의 영광을 무색케 할 것이라고 보면서, "아테네에서 축소형으로 있었던 것이 미국에서 확대되어 나타날 것이다"[10]라고 하였다.

아담스와 제퍼슨이 그랬던 것처럼 버크와 페인도 이성에 호소했다. 그러나 그들이 내린 결론과 그들이 보았던 미래의 세상은 180도 달랐다. 프랑스 혁명가들과 마찬가지로 페인도 이성을 거듭해서 언급했지만 그가 숭배한 이성은 열정의 불로 지펴진 이성이었다. 그는 철저히 루소주의자였고 일반의지의 지혜를 굳게 믿었던 사람이었다. 따라서 버크와 페인이 생각했던 미래는 각각 로크와 루소가 생각했던 미래였다. 두 가지 관점 모두가 미국에 남아 있고, 따라서 오늘날의 정치적 경제적 사회적 문화적 환경에서 일어나는 논쟁의 많은 부분이 버크와 페인 사이에 있었던 충돌의 철학적 반복이라고 할 수 있다.

버크를 안내하는 빛은 안정이었다. 전통을 당신에게 이롭도록 이용하라. 과거의 가장 좋은 점들을 보존하라. 양식있고 교육받은 엘리트와 플라톤의 철인군주를 신뢰하여라. 반면에 페인을 안내하는 빛은 열정이었다. 전통과 과거를 거부하라. 미래의 더 나은 세상을 위해 싸워라. "인민"을 신뢰하여라.

페인은 미국인의 경험에서 볼 때 가장 지독한 비방을 받아온 사람 가운데 하나였다. 페인은 그의 고향사람들로부터 인정을 받지 못했을 뿐만 아니라, 그의 생애 동안에 종교계로부터는 무엄한 모독자로 비난받았고, 전기(傳記)에서는 추잡하고 주정꾼이고 호색한이라는 비난을 받았다. 테오도르 루즈벨트는 그를 "추잡하고 왜소한 무신론자"[11]로 치부하고 있고,

---

10) 위의 책, p. 415.

11) Foot, 앞의 책에서 재인용. 또한 A. J. Ayer의 *Tom Paine* (London: Secker, 1988) 발간에 대해 Alan Ryan이 1988년 3월 24일자 *The Listener*에 기고한 논평기사 참조: "1802년에 미국으로 돌아 왔을 때 그는 뉴저지의 마차 마부로부터 승차를 거부당했다.

심지어 오늘날까지도 미국 혁명의 영웅 대열에서 무시되고 있다. 그러나 진실을 말한다면 페인은 행동하는 언론인의 수호성인으로, 공개적인 글을 통해 두려움없이 진리를 추구하는 사람들의 수호성인으로 좀더 적절한 대접을 받아야만 한다. 사실 페인은 오늘날 공중의 알 권리라고 말하는 것을 일찍부터 지지하고 있었다. 사람들에게 무엇을 생각하고 무엇을 읽어야 할 것인가를 결코 말해서는 안 된다. "무지는… 한번 없어지면… 다시 복원시키는 것이 불가능하다. 그것은… 단지 지식의 부재일 뿐이다. 인간은 무지의 상태로 남을 수는 있겠지만 무지하게 만들어질 수는 없다."[12)]

버크가 개선주의자였다면 페인은 혁명가였다. 인간의 본성에 대하여 버크가 비관주의자였다면 페인은 낙관주의자였다. 버크가 세계를 엄청나게 복잡한 것으로 보았다면 페인은 근본적인 핵심은 언제나 단순하고 간단한 것으로 보았다. 버크가 생각하는 정부는 국가 지도자들을 위한 좋은 도구이며 또한 필수적인 도구이다. 사실 지도자들은 출신가문이 좋거나 자신의 뛰어난 재능 때문에 권력을 쥐게 되었을 것이다. 어느 경우이든간에 그들은 국민을 통제하기 위해 정부라는 제도를 필요로 한다. 반면에 페인은 정부가 너무나 쉽게 남용될 수 있기 때문에 최소한으로 사용해야 하는 도구로 보았다. 버크는 전통과 종교의 미덕을 믿었다. 그러나 페인은 필수적인 변화를 중지시키는 기능을 한다는 이유로 전통을 무시하였고, 조직화된 종교 또한 인민을 노예로 만드는 기구의 역할을 한다는 이유로 거부하였다. 버크는 추상적인 자유의 개념을 부정했다. 그는 인간의 진정한 권리는 오로지 법아래 평등할 권리이며, 스스로의 일에서 얻은 열매와

마부는 그의 마차와 말이 한번은 번개불을 맞았다고 말하면서 그런 일이 또 다시 벌어지는 모험을 하고 싶지 않다는 것이었다." 페인의 법률적 고난에 대해 더 알고자 한다면 다음 책 참조. *The Prosecution of Thomas Paine: Seven Tracts*, 1783~1798, New York: Garland, 1974.

12) Paine, 앞의 책, p. 357. 또한 pp. 393~397, 416~445 참조.

물려 받은 과실을 즐길 권리라고 주장했다.[13] 버크에게 자유란 언제나 제한되어야만 하는 것이다. 게다가 그는 아메리카 식민지에서 나타났고 나중에 토크빌이 그토록 열심히 쓰려고 했던 평등이란 개념을 혐오했다. 언젠가 버크는 격정에 못이겨 (사실 그는 대단히 격정적인 인물이었다) 평등의 원칙이 "무뢰한"의 작품이며, "사악함과 질투와 교활함에 의해 너무나 게걸스럽게 받아 들여진다"고 비난하였다.[14]

그러나 자유와 평등은 페인의 사상에서 결정적으로 중요한 요소였다. 현대 영국 노동당의 지도자였던 마이클 푸트는 페인을 다음과 같이 빛나게 옹호하였다.

> 그는 기적을 행할 수 있는 방법을 그가 가지고 있음을 알았다. 그것은 자유로운 말과 자유로운 글 그리고 자유로운 생각이 갖는 힘이다. 그 어느 것도 그로 하여금 머리털 만큼의 의심도 하게 할 수 없었다. 그들이 그의 책을 탄압하면 할수록 책은 더 많이 팔려 나갈 것이다. 역사상 그 어느 누구도 단순히 자유의 미덕이 아니라 자유의 힘을 페인보다 더 일편단심으로 믿었던 사람은 없었다.[15]

1792년에 페인은 《인간의 권리》를 발간했다는 이유로 매사추세츠주의 한 법원으로부터 선동적 명예훼손의 유죄판결을 받았다. 프랑스 혁명이 절정에 이른 당시에 배심원들은, 쟈코뱅당을 지지하고 전통적인 종교적 관행을 비하했을 뿐만 아니라 지배자가 아닌 인민 자신이 진정한 주권자라고 말하는 책을 위해 표현의 자유를 옹호해 주고 싶은 마음은 전혀 없었다. 페인의 변호사인 토마스 얼스킨(Thomas Erskine)은 그 당시에는 지지자를 별로 얻지 못했으나 미국 언론인의 이데올로기에서 길이 남을 말을 열정적으로 배심원들에게 호소하였다.

---

13) Burke, 앞의 책, p. 71.

14) Copeland, 앞의 글, p. 166, n31.

15) Foot, 앞의 글.

> 정부를 개혁하고 변화시키고자 하는 국민의 권리, 그 양도할 수 없는 위대한 권리에 대한 본인의 신조를 지지하신다면, 어떠한 법적 주장도 결코 본인이 생각하는 그러한 언론의 자유를 뒤흔들 수 없습니다. 왜냐하면 언론의 자유는 결국에는 모든 나라에서 피지배자가 권력으로부터 애써서 손에 얻은 최후의 자유가 바로 이 언론의 자유였다라는 중대한 문제로 귀결되기 때문입니다. 다른 자유들은 정부 아래 놓여 있지만, 의견의 자유는 정부 자신으로 하여금 그 임무에 올바르게 복무하도록 하는 것입니다.[16]

미국에서 그 발전과정을 살펴 볼 때, 전통적인 언론 이데올로기는 미국 건국의 아버지들 가운데 가장 혁명적이었던 한 언론인, 즉 토마스 페인이 간직했던 자유로운 표현에 대한 열정적인 예찬으로부터 나온 것이다. 페인은 미국이라는 이 신생국을 새로운 아테네로 보았고, 그의 수정구슬 속에 비친 미국은 "비밀이 발붙일 곳 없는"[17] 열린 사회였다. 페인은 말하기를, 무지와 공식적인 도그마를 물리치기 위하여 지식은 언론과 다른 수단들에 의해서 아무런 제한없이 사회 전반에 유포될 수 있어야만 한다. 정부와 정보는 피지배자의 이익을 위해서 존재해야 하지 정부나 정부지도자의 이익을 위해 존재해서는 안 된다. 하지만 페인도 언론인이 자신이 쓴 글 때문에 기소될 수 없다고 믿었던 것은 아니었다. 인민의 절대적 주권을 믿었던 그의 신념에 걸맞게, 페인은 만약에 어떤 사람이 "잔혹한 일"을 말하거나 썼다면 그것 때문에 그 사람을 기소해야 할 것인지를 판단하는 궁극적인 심판관은 인민이 구성하는 배심원이다.[18]

---

16) 다음에서 재인용 ; Levy, *Emergence of a Free Press New York:Oxford University Press*, 1985, pp. 285~289. Rex v. Paine, Massachusetts State Trials, 1791, 22 : 357을 보라.

17) Paine, 앞의 책, p. 419.

18) Thomas Paine, article in *The American Citizen,* New York, October 20, 1806. 다음 책에 재인쇄 ; William M. Van der Weyde, *The Life and Times of Thomas Paine*, New Rochelle, N. Y. Remington and Hoopes, 1928, vol. 10, pp. 287~290.

미국의 저명한 법학자 알렉산더 비켈은 버크가 그 혁명의 시대에 지고 있던 쪽을 옹호하고 있음을 주목했다. 그럼에도 불구하고 그는 버크의 견해가 미국의 사상 발전에서 중대한 역할을 하여 왔음을 지적하였다. 비켈에 의하면, 버크는 "인간의 권리" 선포가 사실은 "또 다른 종교전쟁과 종교박해에의 초대이며, 이 새로운 도그마가 비종교적이라고 해서 덜 광신적이거나 덜 유혈적인 것이 될 것 같지는 않음"을 인식하고 있었다.[19]

비켈도 마찬가지지만 버크의 관점에서 보면, 작가와 언론인의 단체가 추상적인 대의명분을 신봉하는 사람들, 예컨대 신비적인 일반의지의 대변인으로 봉사하겠다는 사람들로 구성되는 것은 잘못된 일이다. 언론인은 모든 제도의 대표들과 마찬가지로 관념주의자가 아닌 현실주의자로서, 비켈이 말하는 "주어진 시간과 장소의 여건 속에서 훌륭하고 현명하고 정당하고 안정된 정부"[20]를 조직하고 보전하는데 사용할 수 있는 진정한 사실을 찾기 위해 복무할 적극적인 임무가 있다. 버크에게는 "인간에 대한 제약은 인간의 자유와 마찬가지로 인간의 권리 가운데 포함되어야 하는 것이다."[21]

버크는 사실 페인이 말하는 "문필가"(*literary men*)를 공격했다. 문필가는 바로 페인과 같은 진정한 신념가를 말하는데, 버크의 표현을 따르면 "다른 사람의 지혜에 대해" 모욕적인 경멸을 간직하고 있는 사람이다. 진정한 신념가들은 정말로 자유로운 표현을 실천하기 보다는 그들이 인정하지 않는 모든 사상의 인쇄물에 대한 접근을 거부하고 있다고 버크는 주

---

19) Alexander M. Bickel, "Reconsideration: Edmund Burke," *New Republic*, March 17, 1973, p. 34. 상반된 견해는 Ryan의 앞의 책 참조. 여기서 그는 버크가 "단순히 자기 자신의 수사에 의해 도취되었던 것" 같으며, "페인은 자기기만적 자기파괴적 이성주의자인 버크가 예언한 폭력과 어리석음의 희생물이었다"고 말한다. 버크와 페인의 지지자들 사이에 격렬한 충돌은 계속되고 있다.

20) Bickel, 앞의 책, p. 34.

21) Burke, 앞의 책, p. 73.

장하였다.[22]

인쇄업자 존 윌크스(John Wilkes)는 그의 《북부 영국》(*North Britain*)에서 조오지 3세 왕을 격렬히 비난한 덕분으로 미국의 혁명반도들에게 영웅이 되었던 진정한 신념가였는데, 그의 글에 대한 논란이 극에 달했던 시점에 의회에서 행한 한 연설에서 버크는 언론의 방종에 대해 모종의 조치가 취해져야 한다고 주장하였다. “중상모략이 법을 정복했다. 언론의 자유가 정부로서는 너무나 지나치다 할 정도로 방종으로 치달았다.”[23]

페인과 버크가 간직했던 언론관은 흥미로울 정도로 현대적인 성격을 띠고 있다. 두 사람 모두가 나름으로는 도덕적인 사람이었으며, 그들의 차이점에서 우리는 자유와 면허에 대해 갈등적인 견해를 발견할 수 있다. 이 갈등적인 견해는 18세기의 언론 이데올로기 성장을 지배했을 뿐만 아니라 현대 미국에서 간직하고 있는 언론의 이미지에 여전히 강력하게 나타나고 있는 것이다.

---

22) 위의 책, p. 73.

23) Robert Rea, *The English Press in Politics*, 1760~1774, Lincoln: University of Nebraska Press, 1063, p. 192.

| 제 21 장 |

혁명 : 언론인의 신비

Revolution : A Mystique for Journalists

페인은 그의 저작에서 루소를 수없이 거론했다. 실제로 페인이 루소의 사상에 의지했다는 것은 그가 살아 있던 당시에도 잘 알려져 있었다.[1] 1790년대의 미국에는 루소와 페인의 민주주의 사상을 전 세계에 확대시키고자 하는 일련의 단체가 나타났다. 이러한 단체들이 미국 최초의 정당이라고 할 수 있는 제퍼슨의 민주공화당(Democratic-Republicans)을 만드는 핵이 되었다.[2] 바로 이 당명은 18세기 말의 급진주의자들이 그들의 조직

1) Harry H. Clark, "Thomas Paine's Relation to Voltaire and Rousseau," *Revue Anglo-Americaine*, (April-June, 1932).

2) Eugene Perry Link, *Democratic-Republican Societies* 1790~1800, New York: Columbia University Press, 1942. 이 책은 Link의 컬럼비아대학 박사학위 논문이다. 또한 다음 책도 참조하라. A. J. Beitzinger, *A History of American Political Thought*, New York: Dodd, Mead, 1972, p. 304.

을 "민주공화파 협회"(Democratic-Republican Societies)라고 했던 데에서 나온 것이다. 이들의 민주주의 개념은 공공연히 루소의 일반의지에 근거하였다. 그들에게 정부는 국민의 기관이며 선거로 뽑힌 정부대표는 국민의 대리인에 불과했다. 그들의 지극히 낙관적인 가치체계에서 그 핵심은 자유롭고 공개적인 토론이었으며, 이것은 공개 토론회와 신문 지면상의 공개적 논쟁을 포함하는 것이었다. 이들 단체의 최고위 지도자들 가운데에는 연방파인 알렉산더 해밀턴이나 존 아담스와는 적대관계에 있었던 당시의 저명한 편집인들도 들어 있었다. 이들은 필라델피아의 편집인 윌리암 듀앤의 말처럼 해밀턴이나 아담스를 경멸하여 "인간의 내면적 타락"을 신봉하는 자들이라고 주장했다.[3)]

듀앤은 필라델피아에서 발행되었던 《오로라》(*Aurora*)의 편집인이었는데, 프랭클린의 사위이자 협회회원이었던 벤자민 프랭클린 바크(Benjamin Franklin Bache)의 뒤를 이어 그 자리에 올랐다. 듀앤은 루소와 페인의 말을 따라 민주적인 교육을 주장하면서 이것이 모든 미국인을 위한 삶의 길이 될 수 있을 것이며, 이 때에 필요한 모든 것은 자유로운 표현과 신문을 통한 정보의 공개적인 유표일 뿐이라고 주장하였다. 듀앤은 치안방해법에 의해 기소되었으나 제퍼슨이 1801년에 대통령에 취임한 뒤 오직 주정부만이 언론의 자유에 간섭할 권리가 있다는 이유로 면소되었다.[4)]

해밀턴과 아담스 그리고 이들의 연방파 동료들은 민주공화파 단체의 회원들을 프랑스 혁명의 지지자인 "쟈코뱅당"이라고 비난하였다. 연방파

---

3) William Duane, *A Letter to George Washington*, Jasper Wright라는 필명으로 썼음. Link, 앞의 책, p.115 참조.

4) 날짜가 명시되어 있지 않은 Thomas Jefferson의 1801년도 메모로 다음 책에 수록. Paul L. Ford, ed., *The Writings of Thomas Jefferson*, New York: Putnam, 1892~1899, 8:56. 또한 다음 책도 참조. Leonard W. Levy, *Emergence of a Free Press*, New York: Oxford University Press, 1985, p.307.

의 전성기에 끊임없는 공격을 받고 공화파 단체들은 19세기로 접어 들면서 독자적인 정치세력의 힘을 상실하고 정치무대에서 사라지고 말았다. 그러나 사라지기 전에 이 단체들은 미국인의 가치체계에 중요한 영향을 남겼고 한동안 상당한 인기를 얻었다. 사실 이들은 제퍼슨의 강력한 지지자들이었으며, 이들 가운데에는 듀앤, 바크, 조엘 발로우(Joel Barlow), 필립 프레뉴(Philip Freneau), 튜니스 워트맨(Tunis Wortman) 등과 같은 언론인과 편집인들이 있었다. 루소나 페인 그리고 (이들 보다는 정도가 좀 덜하지만) 제퍼슨과 마찬가지로, 그들 모두가 인간의 본성과 인간의 민주주의적 잠재력에 낙관적이었다. 시인 발로우는 이 점을 분명히 하고 있다. "의지를 행사하고 행복을 즐길 수 있는 것은 재산이 아니라 사람이며, 따라서 정부는 바로 이 사람을 위해 구성되고 이 사람에 의해 정부의 기능이 실행된다."[5)]

이들 단체의 한 선도적 인물은 말하기를 그들의 주요 목적이 "루소의 대중적 주권을 실제적인 정치적 삶으로 전화시키는 것"이라고 하였다. 여기에 더하여 그는 다음과 같이 말했다.

> 광범위한 공중의 참여를 얻기 위해서는 새로운 커뮤니케이션 매체가 절대 필요하다. 상호연결된 마을 집회와 기자 위원회의 연합을 통하여 우리 클럽은 일반의지를 현실적이고도 활동적인 것으로 만들기를 원했다. 우리 클럽은 이것을 상당한 정도로 달성하였다.[6)]

---

5) Joel Barlow, *A Letter to the National Convention of France on the Defects in the Constitution of 1791 and the Extent of the Amendments Which Ought to Be Applied*, New York: Thomas Greenleaf, 1793, p. 32. 토마스 제퍼슨은 이 책을 한 부 가지고 있었으며 이니셜을 해 두었는데 국회도서관에 증정하였다. 다음 책을 참조하라. William K. Bottorff and Arthur L. Ford, eds., *The Works of Joel Barlow*, 2 vols., Gainesville, Fla.: Scholars' Facsimilies and Reprints, 1970, 1:52.

6) Link, 앞의 책, p. 124.

미국의 언론 이데올로기 발전에서 차지하는 이들의 중요성이 그동안 충분히 인식되어 온 것은 아니었다. 이 이데올로기의 발전에서 핵심적이었던 한 인물은 뉴욕의 정치인이자 언론인이었던 튜니스 워트맨이었는데, 그는 당시에 미국의 주요 언론이론가였다. 자유언론의 의의를 워트맨보다 더 강력하게 주장한 사람은 별로 없었고 그 당시에 그의 영향력은 광범위한 것이었다. 워트맨이 1813년에 뉴욕에서 《더 스테이트 오브 더 유니온》(*The State of the Union*)이라는 신문을 발간했을 때 제퍼슨은 이 신문의 열렬한 독자였다. 1800년에 출현한 워트맨의 논문 〈정치적 탐구와 언론의 자유에 관한 고찰〉은 여론은 일반의지의 목소리를 표현한다 라고 주장함으로써 루소의 입장을 따르고 있다. 그에 의하면 여론은 언론에 의해 형성된다. 언론인들이 때로는 자신들에게 부여된 신뢰를 남용할 수도 있겠으나 그들은 "자연스럽게 진리와 미덕을 향하게 될 것이다."[7] 그리고 언론이 방종에 빠지게 된다면 그것을 고치기 위하여 "우리는 확고하게 여론의 지혜에 의존할 것이다"[8]라고 워트맨은 말한다.

뉴욕의 워트맨에 의해 표현된 자유언론을 위한 이러한 열정은 민주공화파 회원들의 가치체계의 한 부분이 되었다. 이 점에서 그들은 일찍이 조오지 헤이(George Hay)에 의해 이루어진 급진적 선언의 정신을 따르고 있었다. 헤이는 버지니아주 출신으로 제퍼슨의 가까운 동료였으며, 1807년 아론 버의 반역죄 재판 때 검사로 일했던 인물이다. 초기의 절대론자 가운데 한 사람이었던 헤이에게는 언론자유에 대한 어떠한 제한이라도 용납할 수 없는 것이었다. "언론의 자유라는 말이 어떤 의미가 있다면 그것은 발행물을 범죄로 만드는 어떠한 종류의 법으로 부터도 완전히 자유로움을 의미한다."[9] 그렇지 않으면 그 말은 아무런 의미가 없다고 그는

7) Tunis Wortman, *A Treatise Concerning Political Enquiry and the Liberty of the Press*, New York: George Forman, 1800, pp. 261~262.

8) 위의 책, p. 245.

9) George Hay, ("Hortensius"), *An Essay on the Liberty of the Press Respectfully*

말한다. 헤이의 주장에 의하면 건국의 아버지들은 "탐구와 토론의 정신"이 신생 미국에서 뿐만 아니라 "모든 나라"에서 지극히 중요한 것으로 보았으며, 그것은 "오직 절대적인 보호에 의해서, 심지어는 지나칠 정도로 보호할 때에만 보전될 수 있는" 것으로 보았다는 것이다.[10] 헤이는 그러한 지나침의 성격은 중요한 것이 아니라고 말한다. 언론보도의 내용이 때로는 유해하거나 거짓인 경우도 있으며, 추잡스럽거나 터무니없는 것일 수도 있고 심지어는 비도덕적일 수도 있다. 하지만 "인간은 언론의 성역 내에서 안전하기 때문에"[11] 그 내용은 여전히 인쇄될 권리가 있다.

헤이의 이 말들은 1960년대와 1970년대의 "새로운 언론인들"에 의해 퍼진 사상의 초기 형태라고 할 수 있다. 헤이에 의하면, 권력자들에 대한 언론의 공격이 진실에 근거하고 있다고 주장함으로써 언론을 옹호하려고 시도하는 것은 아무런 의미가 없다. 왜냐하면 이러한 주장은 "도덕적으로 올바른" 것만 보호하게 되며 또한 사실과 의견을 구별하는 것이 불가능하

Inscribed to the Republican Printers Throughout the United States, Richmond, Va.: Samuel Pleasants, Jr., 1803, pp. 21~30.

10) 위의 책, p. 23. 또한 다음 책 참조. Levy, *Emergence of a Free Press*, New York: Oxford University Press, 1985, p. 195. 외국인법과 치안방해법을 둘러싸고 일어난 이념투쟁에 대해 Walter Berns는 이 책의 해석과 Levy의 해석과는 상당히 다른 해석을 제시하고 있다. 다음 책과 글을 참조하라. Berns, *The First Amendment and the Future of American Democracy*, New York: 1976; "Freedom of the Press and the Alien and Sedition Laws: A Reappraisal," in Philip B. Kurland, ed., *The Supreme Court Review*, Chicago: University of Chicago Press, 1971, pp. 265~322.

11) Hay, 앞의 책, p. 29. Hay는 언론자유에 관한 두번째 논문을 1803년에 썼다. 이 두개의 논문은 Pleasants社에 의해 한 권의 책으로 발간되었다 (위 주9 참조). Hay는 버지니아주 하원의원이었으며 제퍼슨 정부에서 연방검사를 지냈을 뿐만 아니라 제임스 먼로의 사위였다. Hay에 관해 더 알고 싶다면 다음 글을 참조. Stephen H. Hochman, "On the Liberty of the Press in Virginia: From Essay to Bludgeon, 1798~1803," *Virginia Magazine of History and Biography*, 84 (1976): 431~435.

지는 않더라도 어렵기 짝이 없는 현실을 무시하고 있기 때문이다. "그 증거가 충분하고 직접적이며 긍정적이지는 않더라도 법정이나 배심원 앞에 충분히 내세울 수 있는 진실들, 사회에 중요한 많은 진실들"을 발견할 수 있다고 헤이는 말한다.[12]

오늘날의 언론인들 가운데는 튜니스 워트맨이나 조오지 헤이의 이름이라도 들어 본 적이 있는 사람은 극히 소수에 불과하며, 토마스 페인의 말에 대해서 보통 이상으로 알고 있는 사람도 그렇게 많지는 않을 것이다. 그렇다고 하더라도 전국의 편집국에서 기자나 편집인들이 매일같이 표현하는 사상들은 19세기로 바뀌던 무렵 이 세 사람에 의해서 널리 대중화되었던 사상들이다. 아무도 모르는 사이 이 사상들은 미국인들이 호흡하는 공기 속에 스며들어 기자와 편집인들이 매일 그들의 일에서 부닥치는 선택을 처리하는 방식에 심대한 영향을 주었다.

페인에게, 그리고 헤이와 워트맨과 발로우와 그들의 민주공화파 동료들에게 자유언론은 민주적 제도의 성장과 보다 나은 세계를 위해서 없어서는 안되는 것이었다. 19세기에서 이 사람들 뒤에 나타났던 언론인들, 즉 베네트(Bennett)와 그릴리(Greeley), 다나(Dana)와 퓰리처(Pulitzer) 등은 모두 이러한 생각을 기쁘게 지지했다. 어떤 사람은 급진적인 공화파 편집인들이 언론을 교육의 도구로 보았다고 말한다. 그들의 접근 방식은 경험적이었다. 한 클럽의 성명은 다음과 같이 주장했다. "우리는 정보에 대해서 말할 것이며, 심사숙고하여 우리의 성명을 쓰고 발행할 것이다."[13]

어떤 의미에서 미국의 실험은 인간의 권리에 대한 페인의 신념을 경험적으로 검증하는 것이기도 하다. 대부분의 건국의 아버지들이 가지고 있던 민주주의에 대한 두려움은 19세기에서 사라지기 시작했다. 혁명적인 실험이 본격적으로 시작되었던 것이다.

12) Hay, 앞의 책, pp. 26~28.

13) Link, 앞의 책, p. 161.

| 제 22 장 |

칸트와 헤겔 그리고 반혁명

Kant, Hegel, and the Counterrevolution

계몽주의가 역사의 방향을 보통민주주의로 나아가게 했던 것만은 아니었다. 사실 19세기는 민주적인 정부와 자유로운 표현을 위한 실험뿐만 아니라 반혁명(*counterrevolution*)을 낳기도 하였는데, 흥미롭게도 이 반혁명에서 루소의 사상은 페인과 그 동료들의 사상과는 완전히 다른 방식으로 이용되었다. 민주공화파가 신생 미국에서 민주주의 사상의 확대를 촉구하고 있을 때, 대서양 건너 프러시아에서는 역사가이자 철학자였던 게오르그 빌헬름 프리드리히 헤겔이 민주주의를 거부하며 역사에 대해 완전히 다른 해석을 발전시키고 있었다. 헤겔은 루소의 일반의지 개념을 빌려왔으나, 루소에게는 일종의 저주일 수도 있는 종교적 성격을 그것에 부여하였다. 실제로 헤겔의 일반의지는 형이상학적 성격을 내포하고 있으며, 그것을 헤겔은 이데아(*Idea*), 신(*God*), 이성(*Reason*), 세계정신(*World-Spirit*), 심지어 "역사의 종언"(*the end of history*) 등으로 다양하게 표현하고 있다.[1]

일찍이 계몽사상가들과 프랑스혁명에 열광하였던 헤겔은 나중에는 루소가 지나치게 추상적이며 볼테르는 전통적인 종교를 무시하였다면서 그들을 공격하기에 이르렀다.[2] 돌이켜 보건대 헤겔이 다른 사람들을 추상적이라고 비난하면서 그 자신은 구체적인 사상가로 생각했다는 것은 신기한 일이다. 하지만 헤겔이 그 자신의 언어를 고안했음을 알게 될 때 이러한 의문은 쉽게 이해할 수 있을 것 같다. 그 자신의 언어, 그것은 아마도 모든 철학자들 가운데 그를 가장 이해하기 어려운 철학자로 만든 그의 접근방법을 말하며, 바로 이것 때문에 헤겔은 철학적으로 좌우파 사상가들 모두에게 영웅이 되었다. 어떤 것이 루소의 일반의지 개념처럼 내면적이거나 잠재적인 것이 아니라 이 세계에서 표현된다면, 헤겔에게 그것은 구체적인 것이었다.

사실 헤겔은 루소에게서 신비적이고 낭만적인 요소만을 보았다. 그는 루소에게 그토록 중요했던 대중교육에 대해서는 전혀 관심이 없었다. 또한 루소의 혁명적 열정이나 인간의 권리에도 관심이 없었다.[3]

---

1) 헤겔에 관한 문헌은 방대하기 짝이 없다. 특별히 본서와 관련있는 연구로는 다음이 있다. Bruce Mazlish, "Hegel," in B. Mazlish, *The Riddle of History : The Great Speculators from Vico to Freud*, New York: Harper & Row, 1966 ; Jean Hyppolite, *Studies on Marx and Hegel*, New York: Basic Books, 1969 ; Daniel J. Cook, *Language in the Philosophy of Hegel*, The Hague: Mouton, 1973 ; George D. O'Brien, *Hegel on Reason and History*, Chicago: University of Chicago Press, 1975 ; Charles Taylor, Hegel, Cambridge: Cambridge University Press, 1975. 헤겔에 대한 비판적 분석으로는 다음 책 참조. Karl Popper, *The Open Society and Its Enemies*, 4th ed., Princeton, N.J. : Princeton University Press, 1963. 또한 다음 책도 참조. Bertrand Russell, *A History of Western Philosophy*, New York: Simon and Schuster, 1972, pp. 730~746.

2) Mazlish, 앞의 책, p. 135.

3) Isaiah Berlin, "Two Concepts of Liberty," *in Four Essays on Liberty*, London: Oxford University Press, 1984, p. 148 참조. 또한 다음 책들도 참조. Russell, 앞의

사상사에서 헤겔이 차지하는 중요성은 결코 과소평가될 수 없는 것이지만, 특히 중요한 것은 그가 받아들였던 연구방법, 즉 **변증법적 분석**의 개념이었다. 소크라테스를 좇아, 그러나 기질적으로는 분명히 시인이었던 헤겔은 모든 개념은 다른 무언가로 **화(化)함**(*becoming*)으로써 모든 사고(思考)는 역동적이라고 주장하였다. 이 **화(化)함** 또는 **된다는** 개념은 지극히 중요하다. 고전적인 예로써 전기불을 들 수가 있다. 전기불을 켠다는 것은 그것이 또한 꺼질 수도 있음을 의미하고, 존재(*Being*)는 무(無; Naught)를 내포한다. 현상을 이해하기 위해서는 현상을 하나의 전체, 즉 반대되는 것들의 의식적인 통일로 보아야 한다.[4] 한가지 중요한 점은 헤겔이 그가 신랄하게 비판하였던 과학적 연구의 경험적 방법을 순수한 사색가들의 직관적 방법과 조화시키려고 노력했다는 것이다. 그의 주장에 의하면 모든 관념은 내부 모순으로 가득 차 있고, 한 관념(正)과 그것의 모순(反) 사이에서 일어나는 투쟁으로 새로운 관념, 즉 합(合)이 나타나고, 합은 **그 자신의** 모순을 내포하고 있다. 따라서 역사는 관념과 모순 사이의 투쟁이며, 순수사고와 열정 사이의 투쟁이다.

나중에 맑스는 헤겔의 변증법적 분석에 전심으로 몰두했지만, 헤겔의 추상적인 관념을 내던지고 헤겔의 관념론 보다는 **변증법적 유물론**을 택함으로써 그는 자신이 "헤겔을 일으켜 세웠다"고 주장했다.

미국의 사상에 미친 헤겔의 영향은 상당한 것이지만, 그것은 19세기 말에 이르러서야 느껴지게 되었다. 즉 이 무렵에 독일로 여행을 갔거나 베를린대학, 하이델베르그대학, 예나대학과 같은 유명한 대학에 유학하러 갔던 수많은 사람들이 헤겔의 사상을 대서양 건너 미국으로 들여 오게 되

책, pp. 730~746; George H. Sabine, pp. 628~668; Geoffrey Hawthorn, *Enlightenment and Despair: A History of Sociology A History of Political Theory*, 3rd ed., New York: Holt, Rinehart and Winston, 1961, Cambridge: Cambridge University Press, 1976.

4) Mazlish, 앞의 책, p. 141.

었다.[5] 19세기 독일의 "낭만적 각성"(*romantic awakening*)은 하나의 반혁명으로 볼 수 있다. 그것은 계몽주의의 합리적 세계를 지배했던 개인적 자유에 대한 관심을 거부하고, 루소에 의해 표현되고 페인과 민주공화파에 의해 더욱 발전되었던 신비적인 사회개념을 헤겔의 형이상학적 구성에서 재확인하였다.

헤겔은 1770년에 태어났다. 프랑스혁명 당시에 헤겔은 19세였으며, 버크나 페인과 마찬가지로 그도 프랑스혁명으로부터 심대한 영향을 받았다. 그의 저작 중 많은 것들이 1807년과 1821년 사이에 나타났는데, 이 시기는 반혁명적인 탈(脫)나폴레옹시대(*post-Napoleonic Era*)로서 강력한 지배자들이 입헌주의와 시민적 자유에 새로운 재갈을 물리고 있었다. 같은 시기에 미국은 제퍼슨과 그의 버지니아주 출신 동료들인 매디슨과 먼로가 대통령이 되어 미국을 통치하고 있었다. 헤겔의 가장 중요한 공헌 가운데 하나는 임마누엘 칸트(1724~1804)의 철학이 널리 알려지도록 한 것이었다. 왜냐하면 칸트의 사상이 19세기에 퍼졌던 것은 비록 왜곡된 점은 있지만 주로 헤겔의 해석을 통해서였기 때문이다. 20세기에 칸트에 대한 관심이 재등장함으로써 칸트는 사상사에서 차지해야 할 그의 위치를 되찾았고 무엇보다도 오늘날 언론인의 윤리에 관한 논의에서 중요한 역할을 차지하게 되었다.[6]

---

5) 이들 여행자, 학자 그룹에는 에머슨(Ralph Waldo Emerson), 그릴리(Horace Greeley), 아담스(Henry Adams)와 그외 많은 사람들이 있다. 미국학문에 끼친 독일의 영향을 분석한 글로는 다음 책 참조. Gerald Graff, *Professional Literature:An Institutional History*, Chicago: University of Chicago Press, 1987.

6) 언론윤리에 관한 문헌 가운데 특히 다음 두 책의 칸트 관련 부분을 참조하라. Clifford G. Christians, Kim B. Rotzoll, and Mark Frackler, *Media Ethics Cases and Moral Reasoning*, 2nd ed., New York: Longman, 1987; Edmund B. Lambeth, *Committed Journalism:An Ethic for the Profession*, Bloomington: Indiana University Press, 1986. 또한 다음 책도 참조. Sissela Bok, *Lying:Moral Choice in Public and Private Life*, New York: Vintage Books, 1979, passim.

영국과 프랑스는 독일보다 훨씬 전에 정치적 사회적 통합을 이룩했지만, 독일은 정치적으로 통일되었던 전통이 없었으며 미국의 남북전쟁까지도 지난 뒤인 19세기 말에 이르러서야 비로소 국가적 실체로 등장했다. 독일어권 세계에서 사회변화를 겨냥한 노력은 강력한 지배자들에 의해 좌절되어 왔다. 사실 칸트와 헤겔의 독일에서는 경험적 또는 과학적 탐구라고 진정으로 말할 수 있는 그러한 전통이 없었다. 실제로 헤겔은 특히 과학의 경험적 방법을 거부했다. 그의 말에 의하면 경험적 방법은 변증법적이지 않고,(이성이나 이데아의 "실현"과 같은 그러한) 목적도 없으며, 추상적인 것, 즉 인간의 경험 바깥에 있기 때문이다

헤겔에 영향을 주었고 또 헤겔에 의해 어느 정도 그 뜻이 왜곡되었던 칸트는 온화한 성격의 소유자였다. 비록 그는 위대한 프랑스 계몽사상가들과 동시대의 사람이었고 또 영국과 프랑스 학자들의 저작에도 익숙해 있었지만, 평생을 그가 사랑했던 동 프러시아의 쾨니히스베르그에서 격리된채 살았다.[7] 칸트는 그 자신을 과학적 방법에 헌신한 경험주의자로 생각했지만, 그럼에도 불구하고 그의 전통은 독일적이었으며 따라서 당시의 프랑스나 영국 사상가들보다는 관념적이었고 또 헤겔을 통해 여과되었을 때는 보다 "낭만적"이었다. 그렇지만 칸트는 오늘날 여전히 18세기 계몽주의의 가장 영향력있는 철학자로 우뚝 서 있다.

---

7) 쾨니히스베르그에서 하루도 빠짐없던 칸트의 산책을 지적했던 시인 하인리히 하이네의 칸트 묘사는 부분적으로 프러시아의 이미지이자 문화적 전통이었다. 칸트에 관한 무수한 문헌 가운데 특히 다음 책들을 참조하라. Carl J. Friedrich, *The Philosophy of Kant*, New York: Modern Library, 1969; Ernst Cassirer, *Kant's Life and Thought*, New Haven, Conn.: Yale University Press, 1981; John Stuckenberg, *The Life of Immanuel Kant with a New Preface by Rolf George*, Lanham, Md: University Press of America, 1986. 또한 Mazlish, 앞의 책, pp. 101~125와 Russell, 앞의 책, pp. 701~718을 참조하라. 칸트 자신의 저작에 대해서는 특히 다음을 참조하라. *A Critique of Pure Reason*, New York: St. Martin's Press, 1965; *Perpetual Peace and Other Essays on Politics History and Morals Indianapolis*: Hackett, 1983.

수많은 공국으로 이루어진 이 나라(독일)에서 통일을 위한 투쟁이 독일 철학자들의 가치체계에 현저했다는 것은 놀라운 일이 아니다. 볼테르처럼 칸트도 역사와 도덕 그리고 사회적 관습을 보편적인 것으로 생각했다. 한 곳에서 좋은 것은 다른 곳에서도 좋은 것이었다. 하지만 동시에 그는 흄에 의해서 커다란 영향을 받았는데, 흄의 회의론적 경험주의가 그를 "독단의 잠"으로부터 깨워 주었다고 칸트는 말했다.[8] 흄은 모든 절대적인 것을 거부했고, 인간의 행동과 도덕적 기준은 전통과 관습적 이용에 의해 결정된다고 보았다. 칸트는 다른 방향으로 떠났다.

칸트 철학에서 중심적인 것은 "사물 그 자체"(*things-in-themselves*)에 대한 관심이다. 삶의 원재료, 즉 시공에 존재하는 "객관적 현실"은 사물 그 자체의 객관적인 특성은 아니다. 우리는 선험적인(*transcendental*) 과정을 거치지 않고서는, 말하자면 우리의 이성에 의하지 않고서는, 사고에 의하지 않고서는 우리 주변의 세계를 이해할 수 없다. 랄프 왈도 에머슨이 이러한 사상으로부터 영향을 받았음은 분명하다. 칸트는 말하기를 사물은 본질적으로 우리를 위해 존재하는 것이 아니라 사물에 대한 우리의 이해를 통해서 존재한다고 한다.[9] 무엇보다 중요한 것은 사물에 대한 우리의 지각이다. 감각을 통해 경험하는 것에 정신이 부과하는 형식이 시간과 공간이다. 우리의 정신은 간단히 말해 현실을 초월한다. 마찬가지로 자유는 우리가 그것이 존재하기를 원하기 때문에 우리를 위해 존재한다. 우리는 우리의 이성적인 정신을 이용하여 이성의 법을 창조할 수 있는 힘이 있다. 말을 바꾸자면 우리 자신이 자유롭기를 원하는 꼭 그 정도로 우리는 자유로울 수 있다.

---

8) 다음에서 재인용. Dagobert D. Runes, ed., *Dictionary of Philosophy*, Towota, N. J.: Littlefield, Adams and Co., 1982, p.158.

9) Sabine, 앞의 책, pp.745~753과 Russell, 앞의 책, pp.717~718 참조. 또한 다음 책도 참조. Raymond Williams, *Culture and Society* 1780~1950, New York: Harper & Row, 1966.

칸트는 이것을 '궁극적인 참모습을 우리가 알 수 없는 세계에서 자유를 어떻게 획득하는가' 하는 형이상학적 문제에 대한 실용적인 답으로 생각했다. 칸트의 해결책은 도덕적인 것이었으며, '인간을 우리의 목적을 달성할 수 있는 수단으로 취급하지 말라'는 황금률에 대한 일종의 철학적 변종이었다. 칸트에 의하면, 이성적인 피조물로서 우리는 이성적인 의지를 행사할 수 있는 능력이 있고, "어떤 경우에라도 인간성을 결코 수단이 아닌 목적으로 취급하는" 법을 우리 자신에게 부가할 수 있는 능력이 있다.[10]

낙관주의자였던 헤겔은 인간이 필연적으로 이성의 법을 만들고 도덕적으로 행동할 것이라고 주장했지만, 칸트는 이것을 다르게 보았다. 칸트의 판단에 의하면, 우리가 그렇게 하느냐 하지 않느냐는 것은 우리가 경험의 세계를 초월할 수 있느냐 없느냐에 달려 있다. 이렇게 하고 또 자유를 획득하는 것은 칸트의 견해에서 보면 정말로 어려운 일이었다. 이것이 가능하려면 자신의 의무에 철두철미 헌신적이고 다른 사람들을 목적으로 대하는 것 등이 반드시 필요하다.[11] 인간으로서 우리의 도덕적 의무는 절대적인 법으로 간주될 수 없는 방식으로는 결코 행동하지 않는데에 있다. 칸트는 이 엄격한 원칙을 "범주적 당위"(*categorical imperative*)라고 표현했다. 이 원칙하에서 사람은 결코 도덕을 어겨서는 안 된다. 예를 들면, 심지어 자신의 목숨이나 친구의 목숨을 구하기 위해서라도 결코 거짓말을 해서는 안 된다. 범주적 당위의 법칙은 진리에의 절대적 복무를 요구했다.[12]

사실 루소와 미국 건국의 아버지들에게도 그랬었지만, 칸트에게 중요

10) Runes, 앞의 책, p. 159에서 재인용.

11) Hawthorn, 앞의 책, pp. 41~42.

12) 칸트의 범주적 당위에 대한 문헌도 역시 방대하다. 예컨대 Christians et al., 앞의 책과 Bok, 앞의 책 참조. 《순수이성비판》(*A Critique of Pure Reason*)에서 이 주제와 관련된 칸트의 광범위한 논의를 참조하라.

한 문제는 어떤 개인의 자유가 다른 사람의 자유와 충돌할 때 어떻게 해야 하느냐는 것이다. 계몽주의가 제공했던 답은 사회계약이었다. 공동체에 참여하기 위해 자연상태에서 누리던 자유를 포기하는 자는 그 대가로 계약법 하에서 누릴 수 있는 자유와 안전을 보장받는다는 것에 로크와 루소는 동의했다.[13] 하지만 칸트의 해결책은 특별한 것이었다. 즉 그 자체가 대단히 합리적이어서 이성있는 모든 사람들이 받아 들일 수 있는 법을 만들라는 것이다. 칸트에 의하면 완전한 자유란 개인이 "그의 야만적이고 무법적인 자유를 완전히 포기한 후 그것이 법에 의존하는 상태에서 전혀 손상받지 않음을 다시 알게" 될 때 주어진다.[14]

칸트는 이 표현의 함의에 대해 대단히 신중했다. 그는 인간이 그 정도로 그렇게 이성적일 수 있다는 것을 결코 확신하지 못했다. 칸트의 생각을 차용했던 독일의 낭만주의자들 — 헤겔과 시인 쉴러와 횔더린 그리고 정도는 덜하지만 괴테 — 는 아무런 의문도 없었다.[15] 칸트는 점잖고 겸손한 철학자였지만 헤겔은 오만하고 거만한 사람이었다. 그는 답을 알았고 의문이란 그에게 없었다. 헤겔의 추종자들은 칸트의 의문을 잊고, 독일(또는 헤겔의 상상에서는 떠오르는 프러시아 제국)의 지혜 속에서 그들 나름대로의 이성을 추구해 나갔다. 시인 쉴러는 대단히 열정적으로 모든 지식의 초월적인 통합의 가능성을 독일의 경험에서 그려 보았다. 그에 의하면 "모든 국민은 역사에서 그 전성시대가 있지만, 독일 국민의 시대는 이제 바야흐로 수확기이다."[16] 칸트는 이러한 선언들에 몹시 경악하여 그의 이름으로 이루어진 많은 진술들을 부정하기에 이르렀다. 널리 유포된 한 논평에서 그는 "신이여 우리 친구로부터 우리를 보호하소서"라고 적고 있

13) 헤겔은 특별히 이러한 생각을 거부했다. Mazlish, 앞의 책, p. 171 참조.

14) Berlin, 앞의 책, p. 148에서 재인용.

15) Mazlish와 일부 학자들은 헤겔이 낭만주의자였다는 것을 부정한다. Mazlish, 앞의 책, pp. 132~134 참조.

16) Hawthorn, 앞의 책, p. 42에서 재인용.

다.[17] 그의 철학 위에 헤겔이 세운 사상체계를 부인할 기회도 갖기 전에 칸트가 저승으로 갔다는 것은 안타까운 일이다.

헤겔은 최고의 목적을 가지고 있던 인물이었다. 그의 꿈은 이성적 도덕의 세계였다. 독일의 많은 낭만주의자들과 마찬가지로 그도 그가 "인간정신의 천국"이라고 부른 고대 희랍으로의 복귀를 꿈꾸었다. 그에게 희랍은 도덕(*Sittlichkeit*)의 땅이었는데 여기서는 관습과 도덕이 혼합되어 하나의 조화된 전체를 이루었다. 역사의 끝, 관념과 반관념의 변증법적 갈등의 끝이 헤겔이 세계정신 또는 이데아로 표현한 것, 즉 도덕이 다시 한번 넘쳐 흐르는 일종의 새로운 희랍사회에서 등장하게 되어 있었다. 헤겔의 변증법은 진보의 세계를 가정하고 있었고, 이것의 이데아로 이르는 일련의 단계들은 그 전의 단계보다 우월한 그러한 세계였다.[18]

헤겔의 복잡한 형이상학적 상상에서 자유는 사람이 개인적 의지를 역사의 명령, 이데아의 궁극적 승리에(맑스는 이것을 사회주의의 궁극적 승리로 고쳐 말할 것이다) 순응시킬 때 오게 된다. 헤겔에게 이것은 또한 도덕의 핵심이었다. 이성의 승리를 보여주는 살아 있는 표현이자 헤겔이 말하는 이데아의 정치적 화신인 독일 국가에의 복종을 통해서 자유에 도달한다.[19] 헤겔에 의하면 "국가는 지상에 존재하는 그대로 신성한 이데아이다."[20] 말할 것도 없이 이 원리는 히틀러와 20세기의 다른 범게르만주의자들에게 철학적인 자극이 되었다.

여기서 일반의지의 원리는 매디슨과 헤이와 워트맨 또는 칸트에 의해 상상되었던 것과는 완전히 다른 쪽으로 나아가게 되었다.

---

17) 위의 책, p. 42.

18) Friedrich, 앞의 책, 1954, pp. 9~14.

19) Mazlish, 앞의 책, p. 167은 게르만인을 헤겔의 선민(選民)으로 묘사하지만, 헤겔이 어느 특정 게르만 국가의 시민에 대해서 말했던 것이 아니라 그 보다는 로마의 몰락 이후 유럽에 거주한 게르만인에 대해서 말했던 것이라고 한다.

20) 위의 책, pp. 156~158.

헤겔은 가톨릭교회에 의해 지배되었던 과거의 전복에서 진보를 볼 수 있었다. 프러시아에서 소중히 받아들여지고 있던 개신교는 진보의 확연한 상징이었다.[21] 헤겔의 자유의 원칙은 이성에 대한 그의 생각 내에서는 완벽하게 합리적이었다.

> 의지와 행동에서의 이성인 국가의 법에 대한 복종은 인간행위의 원리이다. 특수가 일반에 복종하기에, 이 복종에서 인간은 자유롭다. 인간은 그 자신 양심을 가지고 있고, 따라서 그는 기꺼이 복종한다. 여기에 이성과 자유의 발전 가능성이 있고, 이성과 자유가 인간관계에 도입될 가능성이 있다.[22]

헤겔은 최고의 반혁명가로서 자유는 개인이 할 수 있는 선택에 있는 것이 아니라, 국가(또는 아마도 국가 내부의 일반의지)가 그를 위해 내린 선택에 있음을 말하고 있었다. 복종을 거부할 자유란 없다. 총체적 세계관을 갖고 있는 다른 사람들도 그러하듯이, 헤겔은 "전체적인 진리 외에는 어떤 진리도 없다"[23]고 주장했다. 이러한 관점에서라면 언론은 기꺼이 국가에 봉사한다. 왜냐하면 국가는 도덕적이며 진리를 구현하고 있고, 국가에 복종하기를 거부하는 것은 비이성적이고 진리를 부정하는 것이 되기 때문이다. 헤겔의 뜻은 좋았고 분석적이었지만, 추상적인 개념화에 의존했다는 점에서 아주 잘못하였고, 더욱이 거친 현실세계를 직면하기를 거절

---

21) 위의 책, p. 97. 헤겔은 역사의 진행을 동방(the Orient)에서 부터 현재까지 추적하였는데, 현재에 이르러 게르만인은 "이 높은 정신의 원칙을 지닐수 있는 능력"을 보여주었다고 보았다.

22) 위의 책, p. 128.

23) Russell, 앞의 책, pp. 743~745. 총체적 오류에 관한 논의는 다음 책도 참조. David Hackett Fischer, *Historians Fallacies: Toward a Logic of Historical Thought*, New York: Harper Torchbooks, 1970, pp. 65~66.

했다는 점에서 몹시 잘못하였다. 그는 국가의 미덕을 가정함으로써 지배자와 피지배자 사이의 피할 수 없는 갈등을 맹목적으로 무시했다.

18세기가 19세기로 바뀌던 무렵에 극히 중요한 사상적 논쟁은 버크와 페인 사이에 일어났던 것이지만, 19세기의 사상전은 한편에는 헤겔의 사상에, 다른 한편에는 존 스튜어트 밀의 사상에 초점을 맞추는 경향이 있었다. 헤겔이 보통민주주의의 첫째가는 적이었다면 밀은 첫째가는 지지자였다. 미국에서 지배적이었던 것은 밀의 사상이었다. 그러나 완전히 그런 것은 아니었다.

제 5 부

개인과 사회 : 민주주의의 패러독스
Weighing the Individual Against Society: The Paradox of Democracy

존 스튜어트 밀(John Stuart Mill, 1806~1873) : "모든 사람이 한 가지 의견을 가지고 있고 오직 한 사람만이 반대되는 의견을 가지고 있을 때, 그 한 사람이 힘이 있다고 해서 나머지 모든 사람을 침묵시키는 것이 정당화 될 수 없는 것처럼 모든 사람이 그 한 사람을 침묵시키는 것도 정당화 될 수 없다."

칼 맑스(Karl Marx, 1818~1883) :

"언론활동의 목적은 '진리'라는 하나의 일반개념 아래에 포섭된다… 그 결과 뿐만 아니라 과정도 진리에 속한다. 진리의 추구는 진실되어야만 한다. 진정한 탐구는 발전된 진리이며 이것의 흩어진 부분들이 모여서 결과를 이룬다."

| 제 23 장 |

서론 : 제레미 벤담과 기쁨 – 고통의 원칙

Introduction : Jeremy Bentham and the Pleasure-Pain Principle

앞에서 이미 민주주의의 패러독스를 만난 적이 있지만, 이러한 패러독스를 가장 분명하게 볼 수 있는 것은 19세기 중반에 전성기를 맞이한 두 유럽인, 즉 칼 맑스와 존 스튜어트 밀의 상반된 관점에서이다. 어떤 면에서는 이 두 사람의 시각에 공통적인 데가 있었다. 두 사람 모두 강력한 신념을 갖고 자유로운 표현의 권리를 찬미했다는 점에서 밀턴의 후예라고 할 수 있다. 또 이 두 사람은 인간이 그 자신의 신념을 주장할 권리를 가지고 있을 때에만 변화가 있을 수 있고, 오직 변화만이 이 세상 사람의 운명을 개선시킬 수 있다고 주장했다. 이 두 사람의 가장 큰 차이점은 가장 근본적인 철학적 주제 가운데 하나라고 볼 수 있는 다음의 질문에 의해 구분된다. 인간 삶의 목적은 개인을 찬양하는 것인가, 그렇지 않으면 사회의 공익을 획득하는 것인가? 밀은 '개인'을 위해 대변한 사람 중 가장 위대한 대변인이었고 반면에 맑스는 '사회'를 대변한 사람 중 가장 위대한 사람이었다.

맑스는 특히 미국에서 나쁜 언론의 희생물이 되어 왔다. 그것은 맑스와 그의 사상이 부정확하게도 흔히 소련의 도그마와 교조에 연결되어 왔기 때문이다. 맑스는 러시아의 볼셰비키 혁명보다 한 세대 전인 1883년에 죽었으며, 본질적으로 인간주의적이었던 그의 가치체계는 소련의 지도자와 이념가들이 입으로는 그토록 맑스를 내세웠지만 결코 소련에 안착했던 것은 아니었다. 많은 점에서 맑스는, 밀과 마찬가지로, 고전적인 19세기의 휴머니스트였으며 그의 집단주의 철학은 밀의 개인주의와 같이 미국의 사상에 심대한 영향을 주었다.

밀은 맑스가 태어나기 12년 전인 1806년에 태어났으며 맑스보다 10년 먼저인 1873년에 죽었다. 구질서를 완고하게 고집하는 광신자들이 오늘날에도 없는 것은 아니지만 이 두 사람의 일생 동안에 구질서는 멸망하였다. 밀이 태어나던 무렵에 토마스 제퍼슨 대통령 치하의 신생 미국은 그 영토가 이미 서쪽으로 로키 산맥까지 확장하였다. 프랑스혁명을 배경으로 권력에 오른 나폴레옹은 유럽의 면전을 거인처럼 활보하며, 왕정과 귀족의 통치로부터 해방을 꿈꾸던 모든 사람의 상상력에 불을 붙이고 있었다. 산업혁명으로 야기된 거대한 변혁이 이제 막 시작되었다. 버크(Burke)와 보수주의자들은 프랑스의 쟈코뱅당 등장을 싫어했는지 모르지만, 영국의 자유주의자들은 프랑스로부터 해협을 건너 불어오는·평등주의의 바람이 홉스와 로크와 흄의 사상에 의해 부채질되는 것을 만끽하며 개혁적 가치관의 철학체계를 이룩하기 시작했다. 그들은 이러한 철학체계가 시대에 맞는 것이라고 믿었고 그것은 미국 언론인의 가치체계에 심대한 영향을 주었다.

이 철학의 발전에서 핵심적인 인물은 제레미 벤담이었으며, 그는 범상하지 않았던 시대의 범상하지 않았던 인물이었다. 인자한 할아버지 모습의 그는 꼭 산타클로스와 벤자민 프랭클린을 반쯤 섞어 놓은 것처럼 보였다. 퀘이커 교도의 단순한 복장에다 사회를 걱정하는 자신을 두고 "우스꽝스러운 노인네"[1)]라고 불렀다. 그의 주변에는 일단의 제자들이 모여 들었으며 그들은 플라톤과 아리스토텔레스의 제자들이 스승을 존경했던 것처럼 그를 존경했다. 벤담은 60년 동안 영국의 철학 발전에서 지배적인 인물이었다. 그리고 실제적인 측면에서도 그랬다. 왜냐하면 잉글랜드에서 여태까지 절대적이었던 지주와 공장주들의 권한을 제한하는 사회입법의 통과에 벤담과 그의 동료제자들의 역할이 컸기 때문이다. 벤담이 죽은 것은 영국의 구선거법이 마침내 개혁된 1832년이었으며, 그의 후배이자 언론인이었던 제임스 밀이 그의 전통을 물려 받았고, 나중에는 그 보다 더 유명한 그의 아들 존 스튜어트 밀에게로 전해졌다.

벤담은 일반적으로 "공리주의의 창시자"로 불리워지고 있다.[2] 물론 우리가 앞에서 이미 살펴 본 바와 같이, 사람들이 자기에게 유용한 것을 따라 행동한다는 생각은 대단히 오래된 것으로서 고대 희랍인들로부터 시작하여 홉스와 흄 그리고 엘베띠외의 철학에서 본격적으로 드러났다. 그럼에도 불구하고 공리주의에서 으뜸가는 사람이 벤담이라는 것은 의문의 여지가 없다. 효용성(*utility*)의 개념에 근거하여 정식으로 철학을 세우는데 가장 관심이 많았던 사람이 그였다는 사실은 분명한 것이었다. 벤담은 런던의 부유한 법률가의 아들로 태어나 처음에는 보수주의자로 출발했지만 자유주의적 개혁가로 일생을 마감했다. 그의 제자들은 스스로를 "철학적 급진주의 학파"(*School of Philosophical Radicalism*)로 불렀다.[3]

벤담이 64년간의 철학연구에서 집필했던 수만 페이지의 글 가운데 가장 잘 알려진 것은 기쁨-고통의 원칙에 대한 확고한 주장으로서, 이것은 《도덕과 입법의 원리 입문》(*An Introduction to the Principles of Morals and*

1) Emery Neff, *Carlyle and Mill:Mystic and Utilitarian*, New York: Columbia University Press, 1924, pp. 87~88.

2) 예컨대, *The World Almanac and Book of Facts*, 1989, p. 373을 참조.

3) 다음 책 참조. A. Seth Pringle-Patterson, *The Philosophical Radicals and Other Essays*, Edinburgh: William Blackwood and Sons, 1907; Elie Halevy, *The Growth of Philosophic Radicalism*, London: Allen & Unwin, 1928.

Legislation) 서두에 가장 잘 표현되어 있다. 이 책은 프랑스 혁명이 일어났던 해이자 흄이 죽은지 10년이 지난 1789년에 발간되었고 이때 벤담은 이제 막 마흔 살이 되던 때였다. 벤담은 여기서 "자연은 인간을 두 개의 주인, 즉 **고통**과 **기쁨**의 지배 아래 두었다"라고 말한다. 우리가 무엇을 해야 할 것인가를 말해주는 것은 기쁨과 고통이라고 하면서 그는 다음과 같이 말한다.

> 그것(기쁨과 고통)은 우리가 하는 모든 것, 우리가 말하는 모든 것, 우리가 생각하는 모든 것을 지배한다… 인간은 말로는 그것의 통치를 거부하는 척할 수 있을지 모른다. 그러나 실제로는 언제나 그것에 복종하고 있을 뿐이다. **효용성의 원리**는 이 복종을 인식하고 있다… 여기에 의문을 갖고자 하는 체제는 감각 대신에 소리를, 이성 대신에 변덕을, 빛 대신에 어둠을 다루는 것이다.[4)]

벤담이 생각하기에 인간은 그가 무엇을 이용할 수 있는가, 그에게 어떤 **효용성**이 있는가에 근거해서 행동한다. 그리고 기쁨은 추구하고 고통은 피하는 것이 인간의 본성이기 때문에 전통적인 미덕이나 행복은 주로 고통을 피하는데 있다.[5)] 벤담과 공리주의자들이 기쁨이라는 것을 단순히 좋은 시간을 가진다든가 육체적 안락을 즐긴다는 것으로 의미했던 것은 아니었다. 그들에게 기쁨은 본질적으로 고통의 정반대였다. 건강은 기쁨이었다. 마찬가지로 인간의 "선"도 기쁨이었다. 근본적으로 모든 인간은 기쁨을 향한 욕망에 의해 움직인다. 예를 들면 좋은 법을 만드는 것은 입

---

4) Jeremy Bentham, *An Introduction to the Principles of Morals and Education*, London: 1787, reprinted in Mary Peter Mack, ed., *A Bentham Reader*, New York:: Pegasus, 1969, pp.85~86. 강조는 벤담의 것.

5) 벤담의 공리주의를 간결하고도 훌륭하게 검토한 것으로는 다음 책 참조. Alan Ryan, ed., *John Stuart Mill and Jeremy Bentham:Utilitarianism and Other Essays*, New York: Viking Penguins, 1987, pp.43~60.

법자에게 기쁨을 가져다 준다. 도덕적 의무를 수행한다는 것은 마치 부채를 갚는 것처럼 떳떳치 못한 마음의 고통을 덜어주는 것이다. 정의와 중용은 왜 미덕인가? 라고 그는 묻고, 그 이유는 인간의 행복을 증진시키기 때문이라고 대답한다.

벤담은 "나의 눈을 뜨게 한 것"은 흄의 덕분이라고 했지만, 그가 영국의 공리주의를 발전시키는데 가장 큰 영향을 주었다고 본 것은 프랑스인 엘베띠외의 저작이었다.[6] 오늘날 "사회적으로 책임있는" 미국 언론인들에게서 구체적으로 표현되지는 않지만 가장 근본적인 이데올로기가 된 것을 벤담이 만들 수 있었던 것은 주로 엘베띠외의 저작을 통해서였다. 여기서 이 이데올로기는 다름 아니라 최대 다수의 사람에게 최대의 기쁨과 최소의 고통을 제공하는 정보를 발행하는 것은 윤리적이라고 하는 도덕적 원리를 말한다.[7]

고속도로 교통사고의 희생자 사진을 공표하는 것이 희생자 가족에게는 고통을 가져다 줄지 모르나, 독자들에게는 고속도로 안전수칙을 지키지 않으면 어떤 일이 일어날 수 있는가를 보여 줌으로써 피해자 사진의 공표가 더 큰 선에 기여할 수 있으리라는 것은 분명하다. 그 사진이 실제로 이

---

6) Jeremy Bentham, *A Fragment on Government*, 1776. Mack, 앞의 책, p. 62~63에 재인쇄.

7) 벤담의 저작에 대한 논평으로는 특히 다음을 참조하라. Eric Halivy, *The Growth of Philosophical Federalism*, London: Faber, 1972; John Plamenatz, *The English Utilitarians*, 2nd ed., Oxford: Basil Blackwell, 1958; Leslie Stephen, *The English Utilitarians*, London: Duckworth & Co., 1900; Bhikhu Parekh, ed., *Bentham's Political Thought*, London: Croom Helm, 1973; David Baumgardt, *Bentham and the Ethics of Today*, Princeton, N. J.: Princeton University Press. 또한 Neff, 앞의 책, pp. 61~147도 참조. 벤담에 대한 흥미로운 견해는 그의 제자 존 스튜어트 밀의 연구에서도 찾아 볼 수 있다. John Stuart Mill, *Mill on Bentham and Coleridge*, with an introduction by F. R. Leavis, London: Chatto and Windus, 1950. 또한 Ryan, 앞의 책도 참조.

러한 효과를 가지고 있느냐 없느냐 하는 것은 벤담의 원칙에서 고려되지 않는다. 효과가 있을지도 모른다. 그리고 이것이 중요한 점이다. 벤담의 제자 존 스튜어트 밀에 의해 이룩된 벤담 사상의 발전과 수정은 미국인의 가치체계와 언론 이데올로기에 크게 공헌하였다.

벤담은 기쁨-고통의 원칙에 대해 자신의 독창성을 주장하지는 않았다. 그는 이 원칙을 산소를 발견한 조셉 프리스틀리(Joseph Priestley)의 저작과 계몽사상가들에게 영향을 주었던 베카리아(Beccaria)의 저작에서 처음으로 발견했다고 말했다. 어느 저명한 벤담 전문가에 의하면 벤담이 기쁨-고통의 원칙이라는 생각을 갖게 된 것은 "세계의 시민정신"을 외쳤던 스토아 철학자 키케로를 통해서라고 한다.[8] 여하튼 "욕구"와 "혐오"를 구별한 홉스로부터 벤담이 영향을 받았던 것은 분명한데, 그러나 인간의 동기에 대해서 그는 좀더 관대하게 생각했다. 홉스나 벤담 모두가 인간을 이기적인 존재로 보았지만, 벤담은 사람들이 경험을 통해서 한가지 커다란 관심을 공유하고 있음을 알고 있다고 주장함으로써 조금은 융통성을 보여주고 있는데, 그것은 바로 최대 다수의 최대 선(善)에 대한 믿음이었다.[9]

벤담의 강점이라고 할 수 없는 것은 일관성의 부족이었다. 그의 기나긴 생애동안 몇 차례 중대한 입장의 변화가 있었고 때로는 그 자신이 부정하였던 초기의 견해로 돌아간 적도 있었다. 이러한 일관성의 부족과 감정적 측면을 고려하지 않는 그의 세계관으로 말미암아 벤담은 오랫동안 세찬 공격을 받아 왔으며 때로는 심한 욕설까지 들었다.[10] 뉴잉글랜드의 초월론자인 랄프 왈도 에머슨(Ralph Waldo Emerson)은 벤담의 공리주의를 "역겨운 철학"이라고 비난했고, 독일의 위대한 자유주의 시인이었던 괴테는

---

8) Pringle-Patterson, 앞의 책, p. 6.

9) Plamenatz, 앞의 책, pp. 83~88.

10) 예컨대 John Rawls, *A Theory of Justice*, Oxford: Oxford University Press, 1972 참조.

벤담을 "지독히 급진적인 놈"이라고 비난하였다. 벤담을 열심히 읽었던 맑스도 그를 "교활한 속물… 진부한 부르주아 지식의 입담 센 예언자… 부르주아의 어리석음에 있어서는 천재"라고 불렀다.[11] 벤담의 직계 제자였던 존 스튜어트 밀도 나중에는 벤담의 윤리학을 "차갑고 기계적이며 냉정"하다고 비난하였다.[12] 이 "차가운" 윤리체계를 따뜻하고 자비로운 휴머니즘으로 전환시키는 것이 밀에게 남겨진 일이었다.

사실 벤담은 지나치게 이지적인 사람이었다. 그는 세계를 전적으로 지적이고 이성적인 측면에서만 보았고, 이러한 경향은 너무 심해서 젊은 밀이 괴로와했던 사회계급의 존재를 보지 못했고 어떤 점에서는 인정하지를 않았다. 벤담에게도 훌륭한 점은 있었다. 그는 개인적으로는 가난한 사람들과 무언가를 필요로 하는 사람들에게 동정적이고 친절했으나, 밀이 말한 바와 같이 그의 철학은 대단히 기계적이고 심리적으로 불안한 것이었다. 벤담 그 자신은 밝고 명랑한 성격을 가지고 있었으나, 그의 추종자들 가운데 많은 사람들이 가혹한 교의를 설파했으며 그 누구보다도 존 스튜어트 밀의 아버지인 제임스 밀이 그랬다. 여하튼 인간이 이기적이며 특히 고통을 피하는데 관심이 많다고 본 벤담의 해석은 결국 나쁜 짓을 한 사람에게는 그것으로 얻는 기쁨을 상쇄하고도 남을 충분한 고통을 줄 수 있는 처벌의 위협이 있을 때 사람들의 반사회적 행위를 억제할 수 있다는 결론에 도달하였다. 벤담의 해결책은 일종의 "도덕적 산수"와 같은 것이었다. 비록 그가 수에 사로잡혀 있었다 하더라도, 그는 결코 최대 다수의 최대 선을 어떻게 결정할 수 있느냐에 대한 구체적인 계획을 제시할 수는 없었다. 이기적인 인간들이 그들 자신의 이익 속에서 공동의 선을 위해 노력하는 가운데 그것을 발견하게 될 것이라는 희망만이 그가 제시할 수 있는 대답이었다.[13] 메리 피터 맥의 말을 빌리자면 벤담은 "명맥한 환

11) Mack, 앞의 책, p. viii에서 재인용.

12) Mill, 앞의 책, p. 93.

13) 이 점들에 대한 논의로는 특히 Neff, 앞의 책, pp. 72~78과 Mack, pp. xii~xix 참조.

상을 꾸밈없이 좇고 있는 자칭 낭만주의자"였다.[14]

벤담은 개인주의자의 표상이라고 볼 수 있다. 모든 인간행동은 이기적인 것이며 각자는 자신만의 기쁨을 찾고 고통은 피한다. 나중에 논의하게 되겠지만 경제학적 용어를 빌리자면 벤담은 자유방임주의에 철저했다고 볼 수 있겠는데, 자유방임주의란 정부나 다른 사회기관의 간섭없이 각 개인이 자신의 부를 추구하는 것을 인정하는 이기적인 체계이다. 사회개혁가로서 이러한 입장을 가졌다는 것이 신기하며, 벤담의 공리주의를 궁극적으로 좌초하게 만든 암초는 바로 이것이었다.

벤담은 자기 주변의 영국사회를 특징짓기 위해 기막힌 비유를 의학에서 찾았다. 그는 정치가 "치명적인 부상… 고름이 흐르는 상처… 부패… 염증, 부종, 응혈, 콜레라… 기형과 더러운 노출로 고통받고 있다"고 말한다. 그에 의하면 영국은 병들고 거짓과 부정부패의 독약으로 질식하고 있으며 따라서 개혁이 필요하다.[15] 벤담은 "끊임없는 발열"로 인해 종교가 "아편에 대한 끝없는 수요"를 필요로 하게 되었다고 말한 바 있는데[16] 아마도 이것은 맑스가 종교를 "대중의 아편"이라고 했던 그 유명한 말에 영향을 주었을지도 모르겠다.

벤담의 견해에서 보면, 개인이 그의 사회와 사회제도에 헌신하는 정도는 그 사회와 제도의 **효용성**에 달려 있다. 말하자면 그에게 좋은 어떤 것을 그 사회와 제도가 해줄 수 있느냐는 것이다. 흄은 자연권, 자명한 진리, 영원한 도덕성, 자연의 조화 등을 대체하는 말로 효용성을 사용했다. 효용성은 자기이익을 측정한다. 사람들이 그들의 환경을 개혁하기 위한 노력은 효용성이라는 기치아래 이루어진다. 각 개인이 사회제도가 주는 고통을 피하고자 할 때, 각자는 최대다수의 사람들이 보다 잘 살 수 있도록 그 제도를 변화시키고 수정해야 할 책임감을 자동적으로 느끼게 되는

14) Mack, 앞의 책, p. x.

15) 위의 책, p. xxv.

16) 위의 책, p. xxv.

것이다.

공리주의를 주의깊게 살펴보면, 복잡하고 때로는 모순적인 점도 있지만 미국언론 이데올로기에서 중요한 역할을 해 온 사회적 책임의 원칙에 대해 시사하는 바가 있다. 사회적 책임은 물론 ~하여야 한다와 관련이 있는 것이다. 그러나 벤담이 (아마도 1776년이라는 역사적인 해에 출간된 그의 첫 주요 저서에서) 지적한 바와 같이, ~이다와 ~하여야 한다 사이에는 필연적으로 분명한 차이가 있다.[17] 벤담은 그가 존재와 당위를 함께 묶는 방법을 발견했다고 주장하면서, 그것을 "자연체계"(*novum organum: natural system*)라고 불렀다.

그가 흔히 하던 식으로 법정의 판사 관점에서 벤담은 그 당시의 법이 인간행동을 설명하는데 돈이라는 한 가지 동기만을 고려했다고 결론지었다. 그것은 마치 돈만 있으면 어느 누구라도 살 수 있고, 권력이나 명성에 대한 사랑이나 섹스에의 열정과 같은 심리적 동기는 없는 것처럼 돈만 고려했다는 것이다. 벤담의 자연체계에서는 인간행동에 네 가지 단계의 동기가 있는데, 그것은 평등에서 풍요로, 풍요에서 안전으로, 안전에서 생존으로 이르는 것이다. 그리고 이 모든 것 위에 그 자신의 황금률, 즉 최대행복의 원칙이 있다.[18] 훌륭하고 사회적으로 책임있는 정부라면 언제나 최대다수 시민의 최대선을 목적으로 해야 한다. 이와 동시에 정부는 악의 제거를 위해서 노력해야 할 것이다. 내버려 두면 사람들 모두에게 닥쳐 올지 모르는 더 큰 악으로부터 사람들을 보호하는 것, 바로 이것이야 말로 개인생활에 대해 정부가 간섭할 수 있는 유일한 정당성이라고 벤담은 보았다. 벤담은 유명한 블랙스톤(Blackstone)의 법학 제자였으며, 그가 《단편》(*Fragment*)을 쓴 것은 부분적으로는 블랙스톤의 법전에 응답하기 위해서였다. 그러나 젊은 벤담은 블랙스톤의 법전 뿐만 아니라 사회계

17) Bentham, *Fragment*, in Mack, 앞의 책, p. 44.

18) Bentham, *Introduction*, chap. 10, "Of Motives," in Mack, 앞의 책, pp. 107~113.

약과 자연법 사상까지도 뒤엎어 버리고 말았다.[19] 수에 열중하는 그에 걸맞게 벤담은 최대의 악은 최대의 고통을 야기시키는 것이라고 보았다.[20] 따라서 악은 그 결과에 의해 측정되는 것이고, 이러한 척도는 20세기의 실용주의자들에 의해 채택되어 미국 언론인의 직업 이데올로기에서 핵심이 되었다.

---

19) Ryan, 앞의 책, pp. 8~9.

20) Bentham, *Introduction*, chap. 12, "Of the Consequences of a Mischievous Act," in Mack, 앞의 책, pp. 117~120.

| 제 24 장 |

자본주의의 발흥과 급진경제학

Radical Economics and the Rise of Capitalism

산업혁명이 초래한 우울한 결과 가운데 하나가 도시 빈민층의 급격한 증가였다. 특히 영국에서 도시빈민층의 수는 급증하였으며 이들은 도시의 불결하기 짝이 없는 길거리에 거주하며 일종의 반영구적인 하층계급을 형성하고 있었다. 이 가난한 사람들의 삶과 혁명세력으로서의 잠재성에 대한 관심은 19세기의 서구에서 핵심적인 요소였다. 이스트 런던의 악취나는 템즈강변 한 열악한 공장에서 가진 첫 직장의 경험을 결코 잊지 않았던 소설가 찰스 디킨스(Charles Dickens)는 가난한 사람들의 비참한 생활을 강렬하게 묘사했는데, 특히 1854년에 발간된 소설 《곤경》(*Hard Times*)에 잘 드러나 있다. 밀과 맑스 모두가 디킨스의 소설을 읽었고 또 그들 스스로가 런던의 가난한 사람들을 관찰할 기회가 있었다. 디킨스의 경우와 마찬가지로, 곳곳에 널려있는 하층계급의 존재는 두 사람의 사상에 깊은 영향을 주었다. 이 문제에 대한 그들의 해결책은 물론 판이하게 달랐다. 밀은 개혁을 외쳤고 맑스는 혁명을 부르짖었다. 무엇보다도 벤담과 철학적 급진주의자들은 도시빈민의 비참한 삶의 조건을 완화시키고자 노력하지 않을 수 없었다.

경제학적 측면에서 벤담은 아담 스미스(Adam Smith)의 추종자였는데, 아담 스미스는 흄의 제자로서 자본주의의 지적 아버지로 추앙받는 사람이다. 독립선언문이 발표된(그리고 청년 벤담의 《정부에 관한 단편》(*Fragment on Government*)이 발간된) 바로 그 해에, 스미스는 자본주의의 기본 교의를 분석한 그의 고전 《국부론》(*An Inquiry into the Nature and Causes of the Wealth of Nations*)을 발간하였다. 경제철학자인 동시에 도덕주의자이며 인간본성 연구가였던 스미스는 미국 건국의 아버지들에게 막대한 영향을 끼쳤는데, 특히 존 아담스를 비롯해 제퍼슨과 매디슨에게 영향을 주었다.[1] 흄의 정신을 따라 스미스는 인간에게서 으뜸가는 동기는 자기이익이라고 보았다. 그에 의하면 우리의 부를 증대시키고 우리의 권력을 확대시키는 것이 크든 작든 우리 모두의 이익이다. 일찍이 부와 권력은 악으로 간주되었으나 스미스는 이를 다르게 보았다. 그에 의하면 부와 권력은 "위대하고 아름답고 고상한 것이며, 이것을 달성하는 것은 우리가 모든 수고와 고통을 쏟을 만한 가치가 있는 것"이다.[2]

우리 스스로 부와 권력을 획득한다는 것, 우리 자신의 이익을 위해 움직인다는 것, 이는 모든 인간의 이익을 위해 일하는 것이라고 스미스는 말한다. 그는 주장하기를, 우리가 우리 자신의 이익을 위해 움직일 때 우리 자신 뿐만 아니라 다른 사람들에게도 선을 가져 온다고 말한다. 그리하여 이익의 추구는 윤리적으로 정당하다. 이익을 위해 일하는 것은 사회 전체를 위해서 소중한 일이다. 스미스는 자본주의의 도덕적 기초에 관한

1) A. J. Beitzinger, *A History of Anwrican Political Thought*, New York: Dodd Mead, 1972, pp. 189~193.

2) Adam Smith, *A Theory of Moral Sentiments*, pp. 303~305. 다음에 재인쇄. Benjamin A. Rogge, ed., *The Wisdom of Adam Smith*, selected and edited by John Haggarty, Indianapolis: Liberty Press, 1976, p. 125.

고전적인 진술을 다음과 같이 말하고 있다.

> 그(개인)는 단지 그 자신만의 이익을 의도한다… 여기서 그는 다른 모든 경우에서와 마찬가지로, 결코 그의 의도가 아닌 어떤 목적을 증진시키고자 하는 보이지 않는 손에 의해 인도된다… 자기 자신만의 이익을 추구함으로써 그는 사회의 이익을 효과적으로 증진시키게 되는데, 이것은 그가 실제로 사회의 이익을 증진시키고자 의도할 때보다도 더 효과적이다. 내가 알기로는 공공이익을 위해 무역에 영향력을 행사했던 사람들로 인해 실제로 많은 이익이 이루어진 경우는 결코 없었다.[3)]

공공의 이익보다 개인의 이익이 더 중요함 — 이것이 스미스가 전하고자 했던 메시지였다. 그가 말한 "보이지 않는 손"은 자본주의의 미덕을 상징화하기에 이르렀다. 자연의 손이 모든 것을 제공하며 이 세상에서 정의와 평화가 승리하게 할 것이다. 사람들은 단지 시장을 자유방임원칙 아래 내버려 두면 되고 나머지는 보이지 않는 손이 알아서 할 것이다. 개혁가나 이상주의자의 노력보다 계몽적인 자기이익이 인간에게는 훨씬 더 소중한 것이다. 이타심이란 사실상 신화에 불과하며 단순한 대중을 유혹하는 마취제이다. 맑스도 자본주의 사회에서 유혹적인 마취제를 보았다는 사실은 흥미롭다. 그러나 맑스에게 그 마약은 종교였지 이타심이 아니었다. 스미스와 벤담이 설파한 자기이익의 원칙을 수정하면서, 밀은 완전히 자연적인 인간본성의 하나로서 이타심과 자기희생의 가능성을 보았다.[4)]

자본주의 비판가들은 부와 권력의 무제한적 추구가 사회를 두 개의 적

---

3) Adam Smith, *Wealth of Nations*, p. 423. Rogge, 앞의 책, pp. 123~124에 발췌. 《국부론》에서 비교적 짧고 탁월한 부분이 다음에 재인쇄되어 있다. L. Earl Shaw, ed., *Modern Competing Ideologies*, Lexington, Mass. : Heath, 1973, pp. 236~248.

4) Graeme C. Duncan, *Marx and Mill: Two Views of Social Conflict and Social Harmony*, Cambridge: Cambridge University Press, 1973, p. 253.

대집단으로 나뉘게 한다고 주장하면서 자본주의의 이기심을 비난한다. 여기서 두 개의 적대집단이란 부유하고 힘있는 자(맑스의 용어로는 착취자)와 약하고 절망적인 억압받는 자, 피착취자를 말한다. 현대의 미국인 추종자 아인 랜드와 마찬가지로 스미스는 부와 권력에 대한 이러한 추구를 악과 부패에 대항하여 싸우는 것 만큼이나 유익하고 미덕인 것으로 보았다.[5] 이러한 견해는 낙관주의의 표상이다. 이것은 인간동기의 가장 근본을 욕심으로 보고, 욕심을 사회질서를 위한 미덕으로 만든 것이다.

아담 스미스는 인간행동에서 단순한 말보다 더 무익한 것은 없다고 보았다. 스미스는 "인간은 행동을 위해 만들어졌다"[6]라고 말함으로써 현대의 실용주의 원칙의 일단을 내비치고 있다. 그에 의하면 인간은 단지 행동을 통하여 환경을 변화시킬 수 있고 자기자신의 행복 뿐만 아니라 타인의 행복을 위해 일할 수 있다. 단순히 생각하고 말만 하거나 글만 쓰는 사람에게는, 설사 그가 표현하는 것이 아무리 소중하고 자애로운 것이라고 하더라도 우리는 아무 것도 빚진 것이 없다. "우리는 여전히 그에게 물을 수 있다. 당신은 무엇을 했단 말인가? 당신은 그토록 큰 보상을 받을 만큼 어떤 실제적인 도움을 줄 수 있는가? 우리는 당신을 존경하고 사랑한다. 그러나 당신에게 빚진 것은 아무 것도 없다."[7]

스미스가 서술한 바와 같이, 산업혁명은 이제 막 진행되고 있었고, 떠오르는 상인계급 즉 자본가들의 입장에서 보면 기업은 중세 길드(조합)에 의해 만들어진 규칙에 의해 제약받고 있었다. 길드는 또 그 나름대로 교묘한 정부의 규정에 의해 보호받고 있었다. 스미스의 자유방임 원칙은 바로 정부의 이러한 규제를 없애고 자유무역의 기치 아래 새로운 시장을 활짝 여는 것을 목표로 하였다. 스미스가 상상했던 행복한 새로운 사회질서

5) Ayn Rand, with Nathaniel Branden, *The Virtue of Selfishness:A New Concept of Egotism*, New York: Signet Books, 1964.

6) Rogge, 앞의 책, p. 50.

7) 위의 책, p. 51.

는 산업혁명으로 가능하게 되었으며, 그것은 인간의 본성에 대한 밝고 낙관적인 그의 태도에 뿌리를 두고 있다. 자기이익 중심의 인간은 자연적으로 다른 사람의 이익을 위해서 일하게 될 것이다. 왜냐하면 그렇게 하는 것이 합리적이기 때문이다.

모두가 그렇게 낙관적이었던 것은 아니었다. 토마스 맬더스보다 더 광범위한 반향을 불러 일으킨 사람도 없을 터인데, 세계인구가 너무나 빨리 증가하고 있기 때문에 통제를 해야 하고 그렇지 않으면 인류에 재난이 올 것이라고 1798년에 그가 말했을 때 그의 이 말은 수많은 사람의 가슴에 공포를 던져 주었다.[8] 목사였던 맬더스 자신은 결코 공리주의자가 아니었지만 철학적 급진주의자들에게 선도적인 예언가가 되었다. 그의 관찰 가운데 가장 명성이 높은 것은 — 이것은 너무나 강력하여 오늘날 여전히 "맬더스주의"라고 부르고 있다 — 식량은 산술적으로 증가하는데 반하여 인구는 기하급수적으로 증가한다는 것이다.[9] 그에 의하면 당시에 9명을 먹여 살리던 땅이 2003년에 이르게 되면 256명의 삶을 책임져야 할 것이라고 했다. 이렇게 기하급수적인 인구증가에 대해 유일한 저지책은 기아뿐이라고 그는 선언했다. 홉스의 정신을 따라 맬더스는 "생존을 위한 투쟁"에 대해 말하고 — 이것은 찰스 다윈의 연구에 영향을 주었다 — 무제한적인 인구증가의 공포로부터 인류를 벗어나게 할 수 있는 것은 오직 악("빈곤과 불행")의 존재 뿐이라고 결론지었다.[10]

계관시인 로버트 소우데이는 맬더스가 "하찮은 쓰레기"를 쓰고 있다고 비난하였다.[11] 어떤 사람들은 맬더스가 박애심 뿐만 아니라 자비로운 하

8) Thomas R. Malthus, *Essay upon Population*, London : J. Johnson, 1798. 맬더스의 저작을 탁월하게 개관한 책으로는 다음이 있다. Leslie Stephen, *The English Utilitarians*, vol. 2, London : Duckworth & Co., 1900, pp. 137~185.

9) Stephen, 앞의 책, p. 148.

10) 위의 책, p. 162.

11) 위의 책, p. 147.

느님의 계획까지 비난하였다고 공격했다. 반면에 맬더스는 자신을 과학자로 생각했고, 하느님이 우리에게 부여한 도덕적 물질적 악은 우리로 하여금 문제의 해결책을 강구하도록 자극하기 위해 "신이 고용한 도구"라고 주장하였다. 그에 의하면 질병은 우리가 자연의 법칙을 깨뜨렸다는 표시이며, 런던의 역병은 이 도시의 위생체계를 향상시켜야 한다는 암시였다. 정부의 간섭이 아니라 도덕적 절제가 궁극적인 해답이라고 맬더스는 말한다. 그에 의하면 사회적 불평등도 역시 하느님 계획의 일부분이다. 왜냐하면 무엇보다도 가난을 벗어나기 위해서는 아이를 많이 가지지 않아야 하고 따라서 성적 욕망을 자제해야 함을 사회적 불평등으로부터 배우기 때문이다. 자유방임의 정신에서 맬더스는 빈곤으로부터 탈출하기 위한 일종의 자력(自力) 프로그램을 제시했다. 그것은 말하자면 '네 스스로 하라'는 것이며 가난을 피하기 위해서는 일을 하는 것이 현명하다는 식이었다.[12]

1817년에 부유한 은행가였던 데이비드 리카르도는 "공리주의의 경제학적 성서"라고 불리우는 《정치경제학과 조세의 원리》에서 맬더스의 분석을 확대하였다.[13] 절친한 친구 제임스 밀의 격려 속에 쓴 이 책에서 리카르도는 스미스와 맬더스 뿐만 아니라 로크도 인용하였다. 그의 주요 업적은 가치이론이라고 할 수 있는데 이는 나중에 맑스에 의해 수정되어 그의 사회주의 이론에 적용되었다. 리카르도는 경제적 세계를 지주와 자본가와 노동자, 즉 "토지 소유자, 토지경작을 위해 필요한 자본이나 주식의 소유자, 토지경작에 노동력을 제공하는 노동자"의 세 계급으로 구분하였

12) 맬더스는 이렇게 말했다: "거대한 노동계급 대중의 삶의 조건을 개선하는 것을 사회의 주된 관심사로 생각해야 한다. 그들의 조건을 개선시키기 위해서는, 남들이 해줄 수 있는 것 보다 훨씬 더 많은 것을 스스로 할 수 있다는 확신과, 개선을 영속적인 것으로 만들 수 있는 〈유일한〉 원천은 그들의 도덕적 종교적 습관을 개선하는 것이라는 확신을 심어 주는 것이 필수적이다." Stephen, pp. 174~180에서 인용.

13) 위의 책, p. 187.

다.[14] 공리주의의 신념에 투철했던 리카르도는 지주가 기생충이며 죽은 과거의 퇴물이고 봉건귀족제의 승계자로서 자신의 권력기반을 이기적으로 보호하는 집단이라고 매도하였다. 그는 또한 지주들이 그들의 투자이익을 보호하고 채무자들을 감옥에 넣는 악법을 유지하며 새로운 소비자 계급을 야기시킬 수 있는 기계의 도입에 저항한다면서 지주계급을 비난하였다. 그의 친구 제임스 밀처럼 또 벤담과 맬더스처럼 리카르도도 친절한 사람이었으며 가난한 사람들에게는 관대하고 교육을 적극 지지한 인물이었다. 그는 가난한 사람들의 생활조건을 향상시킬 것을 수없이 촉구하였지만, 다른 공리주의자들과 마찬가지로 인간행동에 대하여 장미빛 견해를 가지고 있었다. 그도 역시 가난한 사람들에 대한 정부의 원조를 거부했고 가난한 사람들에게 스스로 일어날 것을 요구했다. 레슬리 스테픈은 리카르도의 구호를 다음과 같은 말로 표현할 수 있다고 말한다. "일하지 않는 사람은 굶어 죽게 내버려 두라, 그러면 일할 것이다."[15]

지주계급을 제외하고 볼 때, 리카르도의 가치이론에서 자본가의 이윤과 노동자의 임금은 복잡하게 연관되어 있다. 임금이 상승하면 이윤은 하락하고 그 역(逆)도 성립한다. 스스로 말한 바와 같이 부분적으로는 "자연의 인색과 인간의 욕심"[16]에 기인하는 이러한 상반관계를 어떻게 푸느냐는 문제를 놓고 리카르도는 씨름했다. 리카르도에게 그리고 그를 따랐던 많은 경제학자들에게 경제학은 참으로 음울한 학문이었다. 그는 벤담에게 눈을 돌려 해결책으로 최대행복의 법칙을 따랐다. 그로서는 이 해결책이 너무 어렵다고 느껴졌을 때 리카르도는 모호한 언어로 빠져나갈 구멍을 찾았지만, 결국에는 자본가든 노동자든 자신의 행복을 추구함으로

14) David Ricardo, *Principles of Political Economy and Taxation*, London: G. Bell and Sons, 1891, p. 1.

15) Stephen, 앞의 책, p. 223.

16) Emery Neff, *Carlyle and Mill:Mystic and Utilitarian*, New York: Columbia University Press, 1924, p. 87에서 재인용.

써 모두가 정치경제의 개선에 자연적으로 합류하게 될 것이라는 입장을 취하였다. 아담 스미스의 공급과 수요에 대한 분석 그리고 시장을 인도하는 보이지 않는 손에 대한 분석에 의존하여 리카르도는 다음과 같이 말한다. "개인적인 이익의 추구는 놀랍게도 전체의 보편적 선과 연결되어 있다."[17]

리카르도의 가치이론은 자유무역을 원하고 "인위적인" 정부규제에 반대하는 철학적 급진주의자들에게는 이상적인 도구였다. 최대행복의 원칙에 따르면, 의원들이 견딜 수 없는 고통을 받게 되면 그것을 완화시키고자 하는 행동을 취하게 마련이기 때문에, 급진주의자들은 의회에 압력을 넣기 위해 주로 언론을 통하여 끊임없는 캠페인을 벌였다. 그들은 제임스 밀의 지도하에 《웨스트민스터 리뷰》(*Westminster Review*)라는 새로운 잡지를 창간하였는데, 제임스 밀은 여기서 자유언론은 "나쁜 정부의 결함을 제거하는"[18] 수단이고 또 수단이어야만 한다고 주장함으로써 언론인의 직업 이데올로기에 "파수견"의 원칙을 힘있게 보태었다.

제임스 밀은 언론인의 직업 이데올로기 발전과 그리고 무엇보다도 공리주의 철학의 확산에 중요한 역할을 하고 있다. 밀이 벤담을 만났던 것은 젊은 시절이었다. 스코틀랜드인으로서 장로교 목사 수업을 받은 후에 자리를 잡는데 실패했던 밀은 런던으로 와서 언론인 생활을 시작했으며 1802년에는 29살의 나이로 의회에 진출했는데, 이로써 밀은 귀족혈통에 의해서가 아니라 순전히 자신의 재능에 의해 의원이 된 최초의 인물 가운데 한 사람이 되었다.[19] 벤담은 공리주의 사상에 대한 밀의 젊은 열정과

17) George H. Sabine, *A History of Political Theory*, 3rd ed. New York: Holt, Rinehart and Winston, 1961, p.690에서 재인용.

18) James Mill, "Liberty of the Press," 1825년판 *Encyclopedia Britannica*, 특별부록 속의 논문으로 J. Innes, London, n.d.에 의해 재인쇄. 또한 Joseph Hamburger, *James Mill and the Art of Revolution New Haven*, Conn.: Yale University Press, 1963, p.28도 참조.

19) Neff, 앞의 책, p.89.

헌신이 단순히 매력적일 뿐만 아니라 엄청난 가치가 있음을 발견했다. 그리하여 벤담은 자신이 살고 있던 '퀸 스퀘어' 지역의 한 집에 밀을 살게 하고 그를 재정적으로 지원했는데 이 집은 전에 밀턴이 살던 집이었다.[20] 똑똑하고 분명했던 밀은 이후 30년 동안 벤담의 공적인 대변인 역할을 했다. 에머리 네프가 전하는 말에 의하면, 말솜씨가 뛰어난 사람이 많았던 그 시대에도 밀의 대화는 탁월하게 매력적이었다고 한다.[21] 버트랜드 러셀은 제임스 밀의 사고방식이 "감수성의 부족"으로 제한되어 있다고 싫은 기색을 숨기지도 않았지만, 그가 "근면성과 공평성과 합리성이라는 장점을 갖고 있음"을 인정하고 있다.[22] 나중에 살펴 보게 되겠지만 그가 아들 존 스튜어트 밀에 미친 영향은 특별한 것이었다.

언론에 대한 밀의 사상을 다루기 전에 급진주의자들이 기반을 두고 있던 정치적, 사회적 환경을 검토하는 것이 유용하다고 본다. 당시는 거대한 변혁의 시대였다. 역사상 프랑스 혁명보다 더 문명세계의 상상력을 뒤흔든 사건은 거의 없었다. 페인이나 제임스 밀과 같은 자유주의자들은 인간의 권리라는 기치아래 프랑스 혁명이 제시한 새로운 삶의 약속에 열광하였다. 한편 버크와 같은 사람들은 쟈코뱅당의 승리 뒤에 온 피비린내에 몸서리치게 되었다. 여하튼 프랑스 혁명의 직접적인 결과의 하나로 영국에서는 사회조직의 급격한 변화를 선동하는 움직임이 광범위하게 일어났는데, 이것은 가난한 사람들을 빈곤으로부터 끌어내고 노동계급에게도 산업혁명이 약속하는 행복한 삶에 참여할 기회를 주자는 움직임이었다. 스미스, 맬더스, 리카르도의 글에 대한 대중의 지지, 특히 진보정당인 휘그당 추종자로부터의 지지는 바로 이러한 맥락에서 보아야만 한다. 반면에 보수적인 토리당은 1830년대에 이르러 영국에 혁명이 일어날지도 모

20) Bertrand Russell, *A History of Western Philosophy*, New York: Simon and Schuster Touchstone, 1972, p.776.

21) Neff, 앞의 책, p.88.

22) Russell, 앞의 책, p.777.

른다는 두려움을 갖게 되었다.

영국과 프러시아의 보수세력의 이익을 대변하는 양국 군대는 워털루에서 나폴레옹을 패퇴시키고 그를 유폐지로 추방하였다. 1815년의 평화는 영국상품의 국내외 시장에 심각한 불황을 초래했고 급진주의자의 개혁운동에 하나의 계기를 마련해 주었다.

자신들의 기득권 보호에 전전긍긍하던 토리당은 급진주의자들의 분노를 야기시킨 일련의 법률을 비준하였다. 이에 대해 급진주의자들은 궁극적으로 무질서한 법률들을 폐기하고 개혁에 대한 교회와 대학의 완강한 저항을 종결짓는 프로그램을 내세워 반격하였다.[23] 증오의 대상이 된 법률 가운데에서도 가장 악명이 높았던 것은 가난한 사람들의 식량에 과세하는 곡물법(Corn Laws)이었다. 그 법률들 가운데 많은 것이 1846년에 와서야 폐기되었지만, 그것은 사실은 10년전부터 진행된 의회의 개혁운동으로 인한 필연적인 결과였다. 19세기의 사회적 입법을 가능하게 한 배경은 1832년의 선거법개정(Reform Bill)이었다. 왜냐하면 수많은 지주들에게 의석을 보장함으로써 모든 개혁법안을 좌절시켜 왔던 수백년에 걸친 구체제가 바로 이 선거법개정으로 무너졌기 때문이다. 완강한 전통의 수호자이자 과거의 수혜자이기도 한 에드먼드 버크는 벤담주의자들이 "다수의 폭정은 몇 곱절의 폭정"[24]이라는 점을 알지 못하고 있다고 주장하면서 개혁법안에 강력히 반대했으나 뜻을 이루지는 못했다. 제임스 밀은 바로 이러한 개혁법안들의 핵심 선전가였으며, 이보다 더 중요한 것은 그동안 좀처럼 명확하게 강조된 바 없었던 언론인의 실천원칙을 전파하는데 중요한 역할을 하였다는 점이다.

---

23) Stephen, 앞의 책과 A. Seth Pringle-Patterson, *The Philosophical Radicals and Other Essays*, Edinburgh: William Blackwood and Sons, 1907, pp. 7~8 참조.

24) Neff, 앞의 책, pp. 143~144.

| 제 25 장 |

제임스 밀 : 선동으로서의 언론

James Mill : The Press as Agitators

언론의 힘에 관한 질문은 언론 이데올로기에서 중심적인 것이다. 신문은 얼마나 강력한 것인가? 또는 현대적 용어로, 매스미디어는 얼마나 강력한가? (철학적으로 여기에는 아무런 차이가 없다.) 언론인이나 언론교육자들의 모임 가운데 이 질문이 주요 화제로 등장하지 않는 모임은 거의 없다. 실제로 이 질문은 모든 대화에서 권력에 대해 이야기할 때는 언제나 중심적인 질문이 되어 왔다. 미국 역사가들은 종종 가볍게 보아 왔지만 이 주제에 대한 제임스 밀의 공헌은 지대한 것이었다. "뉴스"가 정치적 무기가 될 수 있다는 이론을 개발한 사람은 바로 밀이었다. 의견이나 논평이 아니라, 뉴스 즉 실제 사건의 보도, 사실의 유포가 바로 정치적 무기였다. 밀이 주장했던 핵심은 1825년에 출간된 《대영백과사전》 제 5판의 부록을 위해 그가 썼던 논문에 담겨 있다.

밀은 혼란스런 시대에 성장했다. 세계는 새로운 산업의 자극하에 급속히 변화하고 있었다. 공업도시들이 여기저기서 솟아났으며 특히 잉글랜드 북부와 밀이 태어난 스코틀랜드에서 그랬다. 역사상 처음으로 대규모의 도시 노동자들, 즉 "노동계급"인 프롤레타리아가 등장했다. 이 노동자들은 정치적 힘이 없었다. 당시의 영국법으로는 공민권이 없었던 것이다. 그들은 선거에 참여할 수가 없었다. 그들이 직장을 잃었을 때는 (역주 : 실업수당과 같은) 공공복지를 주장할 수도 없었다. 그러나 이들이 비록 아무런 힘도 가지고 있지는 않았지만, 영국의 많은 사람들에게 이 새로운 계급은 두려운 존재였다. 프랑스혁명 후의 공포에 대한 기억이 길게 남아 있었다. 영국에도 반역이 올 수 있다는 사실에 정치 지도자들은 두려워했다.

혁명이란 대개 지식인들에 의해 조직되고 수행되어 왔지만, 영국에서 벤담과 그의 급진적 추종자들을 비롯한 지식인들은 프랑스 혁명의 기억으로 인해 비교적 냉정을 잃지 않았다. 그들은 노동자에게 진심으로 지지를 보냈지만 개혁에 대한 그들의 희망은 지배계급, 또는 벤담에서 비롯된 용어를 사용하자면, "기성체제"(*the establishment*)의 자비에 의존하였다. 그들은 효용성의 원칙이 최대다수의 영국시민에게 이익이 되는 사회개혁을 필연적으로 유도하게 될 것이라고 보았다. 밀에게 보다 나은 생각이 떠올랐다. 왜 언론을 개혁의 도구로 사용하지 않는단 말인가? 《대영백과사전》에 "언론의 자유"라는 논문을 싣기까지 12년 동안 밀은 언론자유에 대해 쓰고 있었다. 당시에는 무시무시한 정부기관이 급진적인 언론인이 쓰는 개혁적인 글에 대해 단호한 조치를 내리고 있었다. 심지어 벤담조차도 검열의 위협을 충분히 느끼고 있어서 그의 저작 가운데 하나는 12년 동안이나 발표를 미루고 있었다. 밀이 공공연히 내세운 목표는 명예훼손법의 개정이었다. 그는 언론보도 가운데 정부가 금지시키는 것이 적절한 것은 오직 한 가지 뿐이라고 결론지었다. 그것은 구체적인 정부조처에 대하여 무력이나 폭력을 사용할 것을 촉구하는 것으로서, 예컨대 특정 재판이나 경찰의 임무수행을 방해할 목적으로 "군중을 흥분"시킬 수도 있는 삐라를 인쇄하는 경우이다.[1] 적어도 밀의 이론에서는 그 밖의 모든 것이 수용 가능하였다. 심지어 일반적인 저항을 촉구하는 글조차도 그것이 구체적인 행동이 아니라 "정부전체의 어떤 큰 변화"를 목적으로 하기 때문에 수용 가능한 것이었다. 어떤 발간물이 직접적이고 공공연한 행동을 촉구하는 경우는 드물기 때문에, 밀의 제안은 언론이 "나쁜 정부의 결함을 제거"[2]하려는 분명한 목적을 가지고 정부를 공격할 수 있는 거의 완전한 자유를 의미하였다.[역주1)]

밀의 목적은 근본적인 변화였으며 근본적인 변화를 가져 오기 위해 밀이 생각한 것은 언론이었다. 나중에는 더욱 분명해졌지만, 실제로 밀은 정부로 하여금 사회를 변화시키도록 강제할 수 있는 주요 수단이 언론이라고 생각했다. 여기서 중요한 것은 인간이 언제나 자기이익에 따라 행동한다는 공리주의자의 기본신념을 기억하는 일이다. 개혁하는 것이 정부자신에게 이익이라는 사실을 정부가 깨닫도록 만들 때, 오직 그 때에만 개혁이 일어날 수 있다고 밀은 확신하였다. 따라서 언론의 임무는 정부로 하여금 혁명에 잔뜩 겁먹게 하여 정부 자신이 거리의 폭동보다는 훨씬 좋은 개혁을 직접 명령하게 만드는 일이었다.

밀의 이론에서 아주 중요한 요소는 언론활동가들이 대중홍보 전문가의 역할을 하는 것이 필요하다는 것이다. 말하자면 그들이 달성하고자 하는 것이 무엇이든지 간에 그것을 위해 "선동가와 대리인"의 역할을 해 주어야 한다는 것이다. 그들의 힘은 현실의 이미지를 창조하고 그 이미지를 널리 전파하는데 있다. 선거법 개정안(*Reform Bill*)을 지지하는 한 사람이 의회에서 토론하는 가운데 이 점을 분명히 하였다. 그에 의하면 이러한

---

1) James Mill, 'Liberty of the Press,' *in Essays on Government, Jurisprudence, Liberty of the Press, and Law of Nations*, London: ca. 1825, pp. 14~15 ; Joseph Hamburger, *James Mill and the Art of Revolution*, New Haven, Conn.: Yale University Press, 1963. p. 29에 발췌되어 있음.

2) Mill, 앞의 책. Hamburger, 앞의 책, p. 28에서 재인용.

역주1) 인용문의 원문은 "removing the effects of vicious governments"이다. 그러나 여기서 effects는 defects(결함)의 오식이라 본다. 제24장에서 동일한 인용이 나타나는데 여기서는 defects로 표기되어 있다.

언론 선동가들은 "예정된 민주운동"의 불가피한 요소라는 것이다.[3)]

밀의 이론을 채택하고 실천에 옮겼던 급진 언론인들 가운데 혁명가로 볼 수 있는 사람은 거의 없었다. 밀을 포함해서 그들 대다수가 바리케이드를 치고 투쟁에 나설 준비는 되어 있지 않았다. 그러나 그들은 사람들이 특히 도시의 새로운 노동계급이 혁명을 할 상태에 있는 것처럼 보여주기로 작정하였다. 밀의 "협박이론"에 영향을 받아 그들은 "위협의 언어"를 완벽하게 만들어 내었다. 런던의 《크로니클》과 《이그재미너》의 기자였던 올바니 폰블랑크에게 보낸 편지에서 밀은 다음과 같이 말하고 있다.

> 최선의 상태에 있기 위해서는, 사람들이 실제 행동으로 폭발하지는 않으면서 폭발할 준비가 되어 있고 또 곧 폭발할 것 처럼 보여야만 합니다. 우리의 유일한 수단인 언론은 벌써 어떤 세력이라도 이 나라에서 수행해야만 했던 것을 행하는 가장 미묘하고도 고귀한 기능을 이 순간에 가지고 있습니다.[4)]

이 말에 충실하게도 폰블랑크는 선거법 개정안이 의회에서 부결된다면 잉글랜드 북부에는 "즉시 반란이 일어날 것이다"[5)]라고 썼다. 밀의 친구인 존 블랙도 《크로니클》에서 똑 같이 위협하였다. 즉 블랙은 오늘날에도 쉽게 알아 들을 수 있는 언어로 "힘은 인민에게 있고, 인민이 간단히 결심만 하면 그들의 목적은 달성된다는 점을 결코 잊지 말도록 하라"고 썼다. 그는 밀이 했던 말을 부연하여 다음과 같이 말했다. "두려움 외에는 그

---

3) Hamburger, 앞의 책, p.51n에서 재인용.

4) James Mill, 1831년 10월 25일 Albany Fonblanque에게 보낸 편지, *Mill-Taylor Collection 49A*, British Library of Political and Economic Science. Hamburger, 앞의 책, p.61에서 인용. Fonblanque는 아들의 이름을 제레미라고 지을 정도로 벤담주의에 열광하였다.

5) *Examiner*, 1831년 9월 25일. Hamburger, 앞의 책, p.62에서 재인용.

어느 것도 이 얼빠진 사람들에게 통하지 않을 것이다."[6] 그 당시에 가장 능력있는 언론인 가운데 한 사람이었던 조셉 파크스는 조심스럽게 말하기를, 그 자신은 온건한 사람이지만 인민의 비이성적인 충동을 결코 무시할 수 없고, 따라서 "파멸의 위기를 외면할 수는 없으며, 만약에 무정부 상태가 초래되면 그 공포는 이 나라에서 지금껏 있었던 그 어떤 공포보다 더 심한 것이 될 것"이라고 했다.[7]

밀과 파크스는 급진주의의 수사적 전략을 재구성하기로 작정했다. 일반적으로 생각하는 언론의 힘에 뿌리를 둔 그들의 전략은 인민이 느끼고 믿고 있는 바에 대한 지배계급의 생각을 바꾸고 그리하여 여론을 있는 그대로 보도하기 보다는 만들어 내자는 것이었다. 파크스는 언론의 위력에 대해 말하기를 결코 주저하지 않았다. 그가 본 언론은 정치적 세계의 증기기관이었다. "증기의 힘을 제임스 와트가 과학에서 적용했던 것을 우리는 이제 정치학에서 적용하기를 원한다" 라고 그는 말했다.[8] 언론인의 직업 이데올로기에서 언론을 여론의 거울로 묘사하는 부분에 대해서 우리는 밀과 그의 동료들에게 빚을 지고 있는 셈이다. 역사는 아이러니로 가득 차 있다지만 여기서 나타난 아이러니보다 더 한 경우는 드물 것이다. 말하자면 19세기의 영국에서 언론이 변혁의 대리인으로 복무하여, 실제로는 혁명이 거의 일어날 것 같지 않은 사회에서 혁명의 이미지를 의식적으로 만들어 냄으로써 사회를 대규모로 변혁시켰다는 것은 역사의 아이러니이다.

영국의 정치적 사회적 개혁에 관한 흥미있는 역사를 상세하게 검토하

---

6) *Morning Chronicle,* 1831년 9월 19일. Hamburger, 앞의 책, p. 63에서 재인용.

7) *Times* (London), 1831년 10월 3일. Hamburger, 앞의 책, p. 64에서 재인용.

8) Joseph Parkes, 1835년 7월 21일 벤담의 초기 제자 G. Grote에게 보낸 편지. Hamburger, 앞의 책, p. 274에서 재인용. 일찍이 언론의 권력과 여론을 분석한 흥미있는 연구로는 다음 책 참조. G. C. Lewis, *An Essay on the Influence of Authority in Matters of Opinion,* London : 1849.

는 것은 이 책의 범위를 넘는 일이지만, 한 가지 알아 두어야 할 것은 급진적인 언론인들의 영향하에 소위 말하는 선거법개정이 마침내 이루어진 것은 1832년의 봄이었다는 사실이다. 이 조치로 인하여 "독점 선거구"(*pocket boroughs*)의 구체제가 전복되었는데, 독점 선거구란 영국의 귀족들이 독점적으로 의회에 진출할 수 있는 선거구로서 결과적으로 사람보다 소가 더 많이 사는 지역을 대표하는 셈이 되었다. 이 선거법 개정은 또한 선거권을 소지주까지 확대시켰지만, 그러나 이것은 급진주의자들이 원했던 바에는 훨씬 미치지 못하는 것이었다. 그리고 그 악명높은 곡물법의 폐지는 1846년에 와서야 가능하게 되었다. 밀의 아들 존 스튜어트 밀이 활약한 것은 곡물법 폐지운동에서였다.

돌이켜 보건대, 그 당시의 영국에서 혁명이 무르익었는지는 의심스럽다. 그러나 수많은 폭력사건이 있었고 때로는 대중폭동이 발생했다는 것은 사실인데, 특히 1831년에 브리스톨과 노팅햄에서 발생한 폭동은 7명을 처형하는 사태로까지 발전하였다. 당시의 의회 지도자들은 종종 개인적인 편지에서 대중봉기가 있을 것 같다는 의견을 밝히고 있는데, 이러한 견해가 언론의 극적인 위협기사에 의해 부추겨졌음은 거의 의심할 여지가 없다. 약 20년 후에 영국에 도착한 맑스는 그가 이미 대륙에서 발전시키고 있던 신념—즉 언론이 가지고 있는 선전선동의 커다란 잠재력은 노동계급의 의식수준을 그들이 자본가에 의해 착취되고 있다는 인식에까지 끌어 올릴 수 있다—의 역사적 증거를 영국에서 발견했다. 그는 제임스 밀과 그 제자들의 지도하에 영국의 언론이—노동자 뿐만 아니라 정치적으로 강력한 자들에게까지—사회경제적 계급간의 관계변화가 눈 앞에 다가왔다는 인식을 어떻게 불러 일으켰는지를 목격하였다. 예를 들면, 1833년에 상황을 직접 보기 위해 황급히 영국으로 돌아 왔던 토크빌의 글에서 맑스는 그것을 읽을 수 있었다.[9)]

9) Alexis de Tocqueville, *Journeys to England and Ireland,* reprint, London: Faber and Faber, 1918, September 7, 1833, pp. 66~68. Hamburger, 앞의 책, pp. 263~264에서

영국 언론인들은 해협건너 프랑스에서 일어나는 사태에 관심을 가지고 지켜 보았다. 프랑스에서는 극우정부의 검열기도가 거리의 폭동을 야기시켰고 급기야는 체제붕괴로 나아갔다. 미국에서는 극히 민주적인 대중이 일부에서 말하는 소위 "너구리가죽 민주주의"(*coonskin democracy*)를 지향하고 있었는데, 이는 버지니아주와 매사츄세츠주 출신의 정파적인 대통령들을 일반대중의 지도자로 교체하는 것을 의미하며 그러한 대중적 지도자로 대표적인 사람이 앤드류 잭슨이었다. 이즈음 미국의 신문은 "보통사람의 시대"를 찬양하고 있었다. 영국에서도 분위기는 유사했지만, 지배계급인 귀족들이 혁명의 언어를 외치는 신문에 의해 두려움으로 떨고 있었다.

최근에 사회학자들은 뉴스매체의 기능 가운데 하나가 사건의 재구성이라는 점을 지적하고 있다.[10] 뉴스기사가 사건발생 시간에 따라 제시되는 것은 아니기 때문에, 언론인이 사건을 해체하고 여기에 자신의 뉴스가치 ―또는 판단―를 적용하여 가장 중요한 요소를 실제 위치가 아닌 기사머리에 둠으로써 사건에 새로운 형태를 부여하는 것은 명백하다. 따라서 사실 가운데 일부는 포함되고 일부는 배제된다. 현실은 실종되고 언론인에 의해 재구성된 현실로 대체된다. 이러한 재구성은 대부분 정치적 목적을 위해서라기 보다는 뉴스 해석에 극적 요소와 순위를 부여하기 위해서 이루어진다. 그러나 밀의 재구성은 순전히 정치적 목적 때문이었다. 밀과 그의 동료 언론인들이 현실을 재구성한 방식은 온갖 종류의 일반독자 뿐만 아니라 개혁법안을 제정하도록 압력을 받고 있던 의원들까지 현실에 대한 어떤 이미지를 갖도록 하는 것이었다. 밀이 의도했던 것은 독자들의 머리 속에 떠오르는 세계의 그림이 개혁가들이 원하는 그림이 되도록 하는 것으로서 사실상 일종의 세뇌였다. 광고인들은 물론 제품선전에서 이

인용.

10) 예를 들면 Edward Jay Epstein, *News from Nowhere,* New York: Random House, 1973.

와같은 마케팅 전략을 따르고 있다.

여기서 작용한 기제는 두려움과 협박이었다. 의회의 개혁운동은 밀의 언론인들을 고무시켰다. 휘그당 지도자였던 에드워드 엘리스는 파크스에게 계속 해 나가라며 다음과 같이 말했다. "다가오는 천둥소리에 대한 불안은 종종 실제 폭풍에 대한 두려움보다도 훨씬 큰 법이니, 본인은 귀하가 그것을 알리기 위해 합당한 모든 수단을 쓸 것이라고 봅니다."[11] 그 목적은 보수주의자들로 하여금 "혁명을 피하는 유일한 길은 이 필연적인 일에 대한 반대를 포기하는 것"[12]임을 확신시키는 것이었다. 파크스는 그가 말하는 "여론의 법칙"에 스스로가 열광적이었으며, 개혁을 위해서는 죽을 때까지 선동하겠노라고 다짐했다. 파크스가 "바깥 사람들"(*out-door men*)이라고 불렀던 데모군중은 개혁 언론인들에 대해 광신적이었으며, "광신은 종교에서 핵심적인 만큼이나 정치에서도 핵심적이었다."[13]

확실히 그 당시는 야단법석 제멋대로인 언론이 일상화되어 있던 시대였다. 비록 밀의 친구는 결코 아니었지만 개혁운동에 참여했던 사람 가운데 윌리엄 코벳이라는 이름의 언론인이 있었는데, 그는 영국을 떠나 미국으로 도망친 후 미국의 혁명세력을 마구 비난함으로써 토마스 제퍼슨의 분노를 샀던 인물이었다.[14] "피터 폴큐핀"(Peter Porcupine)이라는 필명으

11) Hamburger, 앞의 책, p.273에서 재인용.

12) 위의 책, p.281.

13) Joseph Parkes, 1841년 12월 16일 Edward Ellice에게 보낸 편지. Hamburger, 앞의 책, pp.281~282에서 재인용.

14) Cobbett에 대한 묘사로는 Justin Wintle, ed., *Makers of Nineteenth Century Culture 1800~1914*, London: Routledge and Kegan Paul, 1982, pp.123~124 참조. 또한 다음 책도 참조. Samuel Bradford, *The Imposter Detected* 혹은 *A Review of Some of the Writings of Peter Porcupine by Tmothy Tickletoby: to which is Annexed A Refreshment for the Memory of William Cobbett,* Philadelphia: 1796 (개인적으로 인쇄); George Spater, *William Cobbett, the Poor Man's Friend,* London: Routledge and Kegan Paul, 1982.

로 많은 글을 쓰면서 코벳은 미국의 혁명기간 동안에 영국의 입장을 가장 열렬히 옹호한 인물이 되었다. 제퍼슨이 한 기자에게 확인해 준 바에 의하면 코벳은 "극도의 증오" 속에 제퍼슨을 비방했는데, 예컨대 제퍼슨이 동료에게는 편지를 쓰지만 "신문에는 결코 한 문장의 글도 싣지 않기로"[15] 작정했다는 등의 중상모략을 했다.

코벳은 미국에서 쫓겨나 영국으로 돌아 와서 개혁운동에 참여했다. 그는 밀을 경멸하여 스코틀랜드 출신의 "엉터리 철학자"[역주2] 가운데 한 사람이라고 비웃었다.[16] 코벳은 또한 밀의 언론전술을 결코 사용하지 않았으며, 호의적인 기사를 써준 대가로 관리로부터 돈과 선물을 받았던 영국 언론인의 부패를 신랄하게 비난하였다. 청렴강직한 제임스 밀이 어떤 부정의 혐의가 있느냐에 대해서는 아무런 증거도 없다. 하지만 그의 유명한 아들 존 스튜어트를 키운 방식만큼은 아무래도 오늘날 정당화시키기가 어려울 것이다.

---

15) Thomas Jefferson, 1798년 8월 22일 Samuel Smith에게 보낸 편지. Leonard W. Levy, ed., *Freedom of the Press from Zenger to Jefferson,* Indianapolis: Bobbs-Merrill, 1966, pp. 353~354에 재인쇄. 또한 Edwin Emery and Michael Emery, *The Press and America : An Interpretive History of the Mass Media,* 4th ed., Englewood Cliffs, N. J.: Prentice-Hall, 1978, pp. 79~80 참조.

역주2) 원문은 feelosopher이다. '지혜를 사랑하는 자'로서의 철학자가 아니라 감정(*feel*)에 치우친 엉터리 철학자라는 경멸적인 뜻으로 사용하였다.

16) A. Seth Pringle-Patterson, *The Philosophical Radicals and Other Essays,* Edinburgh: William Blackwood and Sons, 1907, p. 21에서 재인용.

| 제 26 장 |

존 스튜어트 밀 : 공리주의의 수정

John Stuart Mill : Utilitarianism Revisited

미국에서 그리고 미국 언론인 사이에서 존 스튜어트 밀보다 더 많은 추종자를 갖고 있는 철학자는 없다. 저명한 정치학자이자 신문 칼럼니스트인 막스 러너가 1961년에 말한 바에 의하면, 밀은 "내일 아침신문 만큼이나 신선하고 가장 최근에 보도된 이 시대의 위기 만큼이나 우리와 관련이 많은 탁월한 지성인"이다. 널리 받아 들여지고 있는 견해를 요약한 것이지만, 러너에 의하면 서구의 자유사상에서 밀의 사상적 독창성은 어느 누구보다도 뛰어나며 그 사상은 너무나 독창적이어서 "우리가 호흡하고 있는 지적 공기의 일부분이 되었다"고 한다[1] 밀에 경탄해 마지 않는 이사야 벌린은 그가 근대 자유주의의 창시자이며, "모욕받고 억압받은 자들의 열렬한 옹호자로서 영국에서 가장 잘 알려진 사람"이라고 하였다.[2]

---

1) Max Lerner, ed., *Essential Works of John Stuart Mill,* New York : Bantam Books, 1961, p. vii.

실제로 밀은 자유주의의 화신이며, 밀턴 이래로 자유로운 표현의 원칙을 가장 강력하게 주장한 사람이다. 그의 《자유론》은 60페이지에 불과한 책이지만, 1859년에 발간된 이후 자유로운 말과 자유언론을 지지하는 사람들이 수없이 인용하여 왔다.[3] 조지 사빈이 말한 바와 같이, 밀의 《자유론》은 밀턴의 《아레오파지티카》와 더불어 "영어권에서 가장 고전적인 자유의 옹호"[4]로 우뚝 서 있다. 찰스 다윈이 진화론을 다룬 《종의 기원》을 발간하고 또 그 당시에는 거의 무명이었던 칼 맑스라는 독일 경제학자가 《정치경제학 비판》을 발간한 것 역시 1859년의 일이었다.

제임스 밀의 장남으로 태어난 존 스튜어트 밀은 자유를 논한 그의 수많은 글과 공리주의 철학에 대한 급진적 수정으로 유명할 뿐만 아니라, 역사상 가장 기이한 어린시절을 보내고 그것을 극복한 인간승리로서도 유명하다. 밀은 아주 어릴 때부터 벤담주의의 미덕을 교육받았다. 실제로 그는 벤담과 그의 아버지가 설파한 교의를 위해 **공리주의**라는 단어를 만들었다고 주장했다. 그가 스스로를 공리주의자로 생각한 것은 사실이지만, 그러나 밀은 공리주의 철학을 새로운 방향으로 이동시킴으로써 그것을 재정의하였다. 그러한 방향이동은 말하자면 벤담에 의해, 무엇보다도 그의 아버지에 의해 특징지어졌던 공리주의의 차갑고 분석적이며 냉정한 사고로부터의 이동이었다.

밀은 다양한 것을 완벽하게 종합해낸 사람이었다. 그는 그의 모든 저작에서 기조가 되는 종합성을 최초의 주요 저서인 《논리학 체계》에서 설정

2) Isaiah Berlin, "John Stuart Mill and the Ends of Life," in *Four Essays on Liberty*, Oxford: Oxford University Press, 1984, p. 179. 이 논문은 원래 1959년 12월 2일 런던에서 밀의 탄생 100주년을 맞이하여 Robert Whaley Cohen 기념강연으로 처음 이루어진 것이다.

3) 밀의 《자유론》(*On Liberty*)은 때로는 낱권으로 때로는 모음집으로 여러번 재인쇄되었다. 완본은 Lerner, 앞의 책, pp. 249~360에서 볼 수 있다.

4) George H. Sabine, *A History of Political Theory*, 3rd ed., New York: Holt, Rinehart and Winston, 1961, p. 709.

했으며, 여기서 그는 “서로 다른 이론의 진실된 부분을 조화시키겠다”[5]는 의도를 천명하였다. 수백년 동안 서구의 사상을 지배했던 논리학 이론을 뒤집어 엎기 위해 이 작업을 시작했을 때 그의 나이는 불과 22세였고 그 후 13년 동안 그는 이 책에 매달렸다.

과거의 모든 이론에서 거짓과 반증된 것은 버리고 진리인 것만을 조화시키는 것, 그리고 모순된 수많은 사상의 틀 위에 좋은 사회를 어떻게 건설할 수 있는가를 증명하는 것 — 이것이 밀이 작업을 개시했을 때 마음속에 두었던 뚜렷한 목적이었다. 쉽게 말해서 이것은, 18세기와 19세기의 가장 좋은 점, 계몽주의의 합리적 사상과 낭만적 운동의 열정적 활동에서 가장 좋은 점, 진보적이며 공리주의자였던 벤담과 보수적이며 낭만주의 시인이었던 샤무엘 테일러 콜릿지(Samuel Taylor Coleridge)의 가장 좋은 점 등, 이처럼 서로 다른 것에서 가장 좋은 점을 취하여 통합하는 철학을 건설하는 것이었다. 물론 이것은 방대한 작업이고 끝내 이루지 못한 일이지만, 이 임무를 감당할 수 있도록 밀만큼 특별히 교육받은 사람도 거의 없으며, 아마도 그 이전에는 아무도 없었을 것이다.

그것은 제임스 밀의 생각이었다. 1806년 존 스튜어트 밀이 태어난지 7주 후에 그리고 벤담을 만나기 2년 전에, 그는 최근에 역시 아들을 보았던 한 친구와 내기를 하였다. 그것은 20년 후에 두 아기 중 누가 “가장 완벽하고 고결한 젊은이”가 되어 있는지, 말하자면 누가 지식이 뛰어나고 완전한 이성적 인간이 되어 있는지 두고 보자는 것이었다.[6] 그 내기가 받아 들여졌는지, 받아 들여졌다면 누가 승자가 되었는지 알 길은 없지만, 제임스 밀이 졌으리라고는 상상하기 어렵다. 교육의 힘을 믿었던 밀은 그

5) John Stuart Mill, *A System of Logic, Ratiocination and Inductive,* London: John W. Parker, p. 5. 또한 Graeme C. Duncan, *Marx and Mill : Two Views of Conflict and Social Harmony,* Cambridge: Cambridge University Press, 1973, p. 209 참조.

6) Quoted in A. J. Mill, “The Education of John-Some Further Evidence,” *Mill Newsletter,* no. 11 (Winter 1976), pp. 10~12. 또한 Glassman, *J. S. Mill : The Evolution of a Genius,* Gainesville, Fla.: University of Florida Press, 1985, pp. 7~8도 참조.

가 생각할 수 있는 모든 분야에서 아들 존을 완벽하고 고결한 젊은이로 만들기 위해 필요한 지식을 가르치기 시작했다. 존 스튜어트 밀의 교육은 그의 《자서전》에 뛰어난 감수성으로 묘사되어 있는데, 수십년 뒤에 밀이 쓴 이 자서전은 그를 매력적인 연구대상으로 생각하는 수많은 심리역사학자들에게는 중요한 교재가 되어 왔다.[7)]

자신의 계획을 실행하면서 제임스 밀은 아들을 엄마와 놀이친구로부터 떼어 놓고 혼자서 아들의 교사 노릇을 도맡았다. 나이 세 살에 이 꼬마는 희랍어를 배우고 문학, 언어, 수학, 논리학, 정치학, 경제학, 지리, 역사, 심리학, 그리고 수사학과 씨름을 하였다. 또한 홉스와 로크와 흄과 벤담의 저작을 광범위하게 읽었다. 존 스튜어트 밀은 혼자 있지 않을 때에는 배운 것을 아버지와 토론하고 아버지의 질문에 대답하며 긴 산책을 하면서 모든 시간을 아버지와 함께 보냈다. 그 밖에 다른 활동은 전혀 없었다. 그의 교육은 거의 완전한 지적인 것이었다. 교육과정에서 종교나 형이상학을 배울 여지는 전혀 없었고 시에 대한 공부도 거의 없었는데, 이러한 분야는 모두 벤담에 의해 "인간의 어리석음과 실수의 축적물"[8)]로 낙인 찍혔던 것들이다. 글래스맨은 자서전에 등장하는 제임스 밀을 "무정하고 심지어 정신병적인… 괴물"[9)]이라고 말하는데 주저하지 않는다. 제임스 밀에 대한 비판은 다소 과장된 느낌도 있지만 존 스튜어트 밀의 정서적인 성장에 장애가 있었다는 점은 의심할 수 없다. 실제로 존 스튜어

---

7) John Stuart Mill, *The Autobiography of John Stuart Mill,* reprint, ed. Jack Stillinger, London: Oxford University Press, 1971. 심리역사학자의 연구로는 특히 다음 책들 참조. Glassman, 앞의 책 ; Bruce Mazlish, *James and John Stuart Mill,* New York: Basic Books, 1975 ; A. W. Levi, "The 'Mental Crisis' of John Stuart Mill," *Psychoanalytic Review,* 32 (January 1945) : 86~101. 보다 관대한 시각은 Emery Neff, *Carlyle and Mill: Mystic and Utilitarian,* New York: Columbia University Press, 1924, pp. 181~182.

8) Berlin, 앞의 책, p. 175.

9) Glassman, 앞의 책, p. 10.

트 밀은 그의 《자서전》에서 말하기를, 모든 문제는 깊은 생각과 면밀한 분석에 의해 해결할 수 있다고 아버지가 가르쳤기 때문에 인간 감정의 힘에 대한 이해가 없이 어른이 되었다고 한다.[10] 이런 맥락에서 러너는 제임스 밀의 가정을 "지성의 집"(*house of intellect*)이라고 부르고 있다.[11]

돌이켜 보건대, 존 스튜어트 밀의 성격이 잘못 형성되지 않고 이를 극복할 수 있었다는 것은 놀라운 일이다. 대단히 흥미롭게도, 이 젊은이가 나이 스물이 되었을 때 그를 완전한 파멸의 길로 위협했던 치명적인 좌절감에서 벗어나게 한 것은 바로 문학과 프랑스 여행이었다. 밀의 "치료약"이 되어 준 것은 낭만주의 시인들의 작품이었고 특히 윌리엄 워즈워드의 시가 큰 도움이 되었다. 밀의 말을 직접 인용하면, "나의 정신상태에 워즈워드의 시가 약이 되었던 것은… 나에게는 그의 시가 내가 찾고 있던 바로 그 감정의 문화로 보였기 때문이다."[12] 프랑스에서 밀은 계몽사상가의 저작으로 풍부한 또 하나의 지성세계를 만나게 되었다. 이들 계몽사상가는 바로 그의 아버지와 벤담이 그토록 찬양했던 엘베띠외와 그 백과전서적 정신이 그를 매혹시킨 볼테르 그리고 그의 《참회록》이 밀의 《자서전》과 닮은 데가 있는 루소 등이다. 프랑스에서 밀은 두 명의 중요한 19세기 프랑스인으로부터 영향을 받게 되었다. 그들은 바로 앙리 드 생시몽과 오

---

10) Levi(앞의 책)는 존 스튜어트가 그의 아버지를 증오하며 자랐으나 그러한 감정을 인식하지는 못했다고 확신한다. Glassman(앞의 책, pp. 21~39)은 여기에 동의하고 밀이 전형적인 오이디푸스 신드롬의 희생자라라고 생각한다.

11) Lerner, 앞의 책, p. xi. Lerner는 이 말을 Jacques Barzun의 말이라고 한다.

12) Mill, *Autobiography,* p. 89. 밀의 잠자고 있던 감정을 뒤흔든 것 가운데 가장 영향력이 컸던 것은 Jean Francois Marmontel가 그의 아버지의 죽음에 대해 쓴 감동적인 글 *Memoires d'un pere*였는데, 이 글로 인해 밀은 처음으로 자기 아버지의 죽음에 대해 생각 하고 눈물을 자아내게 되었다. Levi에 의하면, 밀의 위기는 아버지가 죽기를 바라는 억압된 소원에서 비롯된 것인데, 이제 그 억압에서 해방되고 그리하여 눈물과 함께 자신의 감정도 표현할 수 있었다고 한다. Glassman도 이 말에 동의하고 있다. Levi, 앞의 책, p. 94와 Glssman, 앞의 책, p. 89를 보라.

귀스트 꽁트인데, 밀이 전통적인 벤담주의를 벗어나는데 이들의 저작이 중요한 역할을 하였다.

프랑스로부터 돌아온지 2년 후, 스물 세살이 된 밀은 해리엇 하아디 테일러(Harriet Hardy Taylor) 부인과 숙명적인 만남을 갖게 된다. 테일러 부인은 제임스 밀의 뒤를 이어 존 밀에게 커다란 영향을 준 사람이다. 그녀는 런던의 부유한 상인의 아내로서 뛰어난 지성을 소유한 대단히 매력적인 여성이었다. 그후 남편 테일러가 죽기까지 19년 동안 밀과 테일러 부인은 절친하면서도 그러나 플라토닉한 관계를 유지해 나갔다. 이들의 관계는 그들이 살았던 빅토리아 시대 사람들에게 충격을 주었으며 밀은 소설 속의 연인을 표현하는 것과 같은 강렬한 언어로 그들의 관계를 《자서전》에서 상세히 묘사하였다. 테일러가 죽은 1851년에 그들은 결혼했고 8년 후 해리엇이 죽을 때 까지 두 사람은 함께 일했다. 밀은 《자유론》을 그녀에게 헌정하면서 《자유론》에 표현된 사상은 그의 것이라기 보다는 그녀의 것이라고 밝힌 바 있다.[13)]

해리엇을 만나기 오래 전부터 개혁주의자의 충동이 밀을 사로잡고 있었다. 나이 15세에 밀은 이미 자신을 "세계의 개혁자"로 생각했다.[14)] 그러나 해리엇은 이러한 충동에 사회적·정치적 급진주의라는 새로운 차원을 보태주었다. 거의 완전한 자유의 세계, 종교없는 완전한 도덕성의 세계라는 멋진 신세계를 두 사람은 함께 꿈꾸었다. 때때로 개혁을 향한 밀의 노력은 그를 거의 사회주의에 이르게 할 정도였다.

밀은 정력적인 작가였다. 평생을 통해 그는 수많은 논문과 잡지기사를

13) 《자유론》(*On Liberty*)의 헌사에서 밀은 이렇게 말하고 있다. "그녀의 무덤 속에 묻힌 그 위대한 사상과 고상한 감정의 절반만이라도 세계에 해석해 줄 수 있는 능력이 나에게 있다면, 그녀의 그 탁월한 지혜의 격려와 도움을 받지 않고 쓴 나의 글이 줄 수 있는 어떠한 혜택보다 더 커다란 혜택을 세계에 줄 수 있을 것이다." Lerner, 앞의 책, p. xv에서 재인용.

14) Neff, 앞의 책, p. 184.

썼으며, 그 중에서 벤담과 콜릿지에 대한 비평은 다른 어떤 것보다 흥미로운 것인데 물론 이들 연구는 제임스 밀이 죽고 난 후에야 세상에 나오게 되었다. 밀은 이미 십대에 아버지가 주로 아담 스미스, 맬더스, 리카르도에 의거하여 《정치경제학의 제요소》를 쓰는 것을 도왔다. 그 자신의 《논리학 체계》는 1843년에 세상에 나왔으며 그의 《정치경제학 원리》는 5년 후에 발간되었다. 그의 철학저서 가운데 오늘날 가장 널리 읽혀지고 있는 것은 《자유론》과 《공리주의》이며, 특히 후자는 1861년에 쓴 세 개의 논문을 묶은 것으로 2년 후에 책으로 발간되었다. 밀의 《자서전》은 1873년에 그가 죽은 직후 발간되었는데 역사상 가장 뛰어난 자아탐구 가운데 하나로서 많은 사람의 갈채를 받았다.

벤담과 콜릿지에 대한 논문들과 공리주의에 관한 책은 하나로 묶을 수 있다. 밀의 입장에서 보면 이것들은 모두 벤담의 교의를 인간적인 것으로 만들고자 하는 그의 시도를 표현한다고 할 수 있다. 말하자면 그가 생각하는 벤담주의의 협애하고 냉혹한 성격, 즉 "차갑고 기계적이며 냉정한 공기"[15]를 제거하고 그것을 개혁의 원리로 재해석하는 것이다. 밀의 글은 논증적이었으며 그가 늘 했던 식으로 상반된 관점을 조화시키고자 하였다. 여기서 그는 벤담의 제자들과 콜릿지의 추종자들에게 효용성의 원칙이 좋은 삶의 지침으로 재해석 될 수 있음을 확인시키고자 했다.[16] 밀은 벤담주의의 그 적나라한 이기주의를 비난하였다. 그는 기쁨 — 또는 행복 또는 효용성 — 이 모두에게 똑 같은 선이 될 수 있다는 생각을 부정했다. 그에 의하면 선이란 기쁨보다 좀더 복잡한 것이며, 벤담은 많은 점에서 옳았지만 이 점에서 지나치게 일방적이고 또 너무 완고하게 법률적이었

15) John Stuart Mill, *Essay on Bentham, London and Westminster Review,* 1838. Alan Ryan, ed., *John Stuart Mill and Jeremy Bentham : Utilitarianism and Other Essays,* New York: Viking Penguin, 1987, p. 172에 재인쇄. 또한 F. R. Leavis, ed., *Mill on Bentham and Coleridge,* London: Chatto and Windus, 1950 참조.

16) Ryan, 앞의 책, pp. 17~18.

다는 것이다. 예를 들어 브루투스가 그의 아들에게 내린 사형선고는 그가 이 땅의 법을 실천했기 때문에 **옳을지** 모르나, 분명히 그 행위에 **사랑스러운** 점은 하나도 없다는 것이다. 최대 기쁨의 원리는 인간행동을 오직 올바름이라는 하나의 측면, 즉 도덕적 측면만이 있는 것처럼 다루었다. 그러나 실제로는 인간행동에 세 가지 측면이 있다고 밀은 말한다.

> 모든 인간행동에는 세 가지 측면이 있다. 옳으냐 나쁘냐의 **도덕적** 측면과 아름다움과 관련된 **미학적** 측면, 그리고 사랑스러움과 관련된 **동정적** 측면이 있다. 첫번째는 우리의 이성과 양심에 관한 것이고, 두번째는 우리의 상상력에 관한 것이며, 세번째는 우리 인간의 동포애에 관한 것이다.[17]

밀이 했던 일은 알고 보면 벤담주의의 핵심을 파괴하는 것이었다. 밀은 벤담주의가 의거했던 인간관이 잘못된 것이었으며 그것은 사회를 실제로 결합하는 것이 무엇인가를 제대로 이해하지 못했기 때문이라고 말했다. 그에 의하면 벤담주의는 삶의 "사업적" 측면만을 알았지, 그것의 이상, 충성, 미의 사랑, 질서의 사랑, 권력, 심지어 행위까지도 보지 못했다는 것이다. 한마디로 벤담과 제임스 밀의 공리주의에는 인간정신에 관한 것, 즉 콜릿지가 "내면적 인간"이라고 부르는 것이 들어 설 여지가 없었다. 또 거기에는 서로 다른 취향이 들어 설 여지도 없었다. 주로 나쁜 의미에서 인용되는 것이지만, 벤담의 말 가운데 가장 자주 인용되는 것은 "기쁨의 양이 동등하다면 압핀도 시(詩) 만큼이나 좋다"는 표현이다. 밀은 벤담이 기쁨과 고통의 원리에 지나치게 집착함으로써 이와 같은 어처구니 없는 불합리를 초래했다고 말한다.[18] 밀에 의하면 벤담이 그런 말을 할 수 있었던 것은 그의 "인간성에 대한 지식이 한정되어" 있었기 때문이며, 항상 이성적이었을 뿐 감정은 결코 인식하지 못했기 때문이라고 한다. 벤

17) Mill, *On Bentham* Ryan, 앞의 책, p.172.

18) 위의 책, pp.173~174.

담과는 달리 밀은 그 자체로 선(善)인 이타심을 인간의 특성으로 받아 들였다. 그는 "인간의 사회적 감정, 다른 사람과 하나가 되고자 하는 욕망"에 대해 말했다. 그에 의하면, 이러한 감정은 사람으로 하여금 "그의 감정을 더욱 더 다른 사람의 선과 동일시하고… 거의 본능적으로 그 자신을 당연히 다른 사람을 존경하는 존재로 의식하게"[19] 한다. 그가 20세 때 격심한 좌절감을 맛보게 되었던 것도 바로 벤담의 공리주의가 갖고 있는 잘못 때문이었다.[20]

하지만 밀이 벤담을 완전히 포기했던 것은 아니었다. 벤담주의를 재정의하고자 했던 노력에도 불구하고 밀은 여전히 사람은 각자 필연적으로 자기 자신의 기쁨을 추구한다고 믿었는데, 이러한 도덕관은 버틀랜드 러셀이 지적한 것처럼 윤리의 의미를 축소시켜 현명함과 동일시하는 경향이 있다.[21] 밀이 심리적으로 그의 아버지를 공개적으로 부정할 수 없었음은 의심의 여지가 없다. 특히 다음의 감동적인 글에서 밀은 그의 스승(말하자면 그의 아버지)에게 경의를 표하였다.

> 진리의 다른 반쪽을 보지 못했다고 해서 그가 본 진리의 나머지 반쪽을 부정하는 것은 그의 실수에서 얻은 바 없이 그와 똑 같은 잘못에 빠져드는 것이 된다. 우리로서는 외눈박이들의 외눈이 통찰력있는 눈이기만 하다면 그들에 대해 커다란 아량을 가지고 있다. 그들이 더 많은 것을 보았다면, 아마도 그들은 그렇게 날카롭게 보지는 못했을 것이고, 또 한가지 탐구방향을 그렇게 열심히 추구하지도 않았을 것이다.[22]

---

19) John Stuart Mill, *Utilitarianism,* London: 1863. Ryan, 앞의 책, pp. 303~304에 재인쇄. 강조는 밀 자신의 것.

20) Mill, *On Bentham,* Ryan, 앞의 책, pp. 149~150.

21) Bertrand Russell, *A History of Western Philosophy,* New York: Simon and Schuster Touchstone, 1972, p. 778.

22) Mill, *On Bentham,* Ryan, 앞의 책, p. 151.

밀은 벤담과 제임스 밀을 영원히 기려야 하다고 말한다. 왜냐하면 그들은 모든 형태의 독단주의에 반대하고, 삶에 대하여 초월적이거나 직관적인 어떠한 이해도 반대했으며, 사고의 불명료성에 굳건히 반대했기 때문이다. 밀은 평생동안 공리주의의 이러한 원칙에 충실했고 행복을 인간존재의 유일한 목적으로 생각했다. 그러나, 결코 명확하지는 않았지만 행복에 대한 그의 정의는 벤담의 정의와는 분명히 달랐다. 그가 콜릿지로 돌아 선 것은 바로 여기서였다. 밀은 철학자들이 로크와 그의 후계자 벤담의 순전히 이지적인 교의에서 벗어나 "진짜 심리학의 시대"[23]로 돌아 갈 때가 왔다고 주장했다. 영국 철학자들의 이성적인 교의와 낭만적인 콜릿지의 교의를 통합할 시기라는 것인데, 콜릿지의 낭만적 교의는 "인간의 지성과 감정의 그 복잡함을 아주 깊숙이 보았던"[24] 독일의 철학자 칸트와 시인 괴테로부터 나온 것이다.

평생동안 충실히 종합을 추구한 밀은 언론인의 직업 이데올로기에서 아주 중요한 요소인 객관성에 대해 큰 영향을 주었다. 그는 모든 철학에는 두 가지 측면이 있다고 《콜릿지 평전》에서 말하고 있다.

> 따라서 중요한 모든 부분진리(*partial truth*)에 대해서는 이러하다. 사고에는 언제나 두 가지 대립적인 유형이 있는데, 하나는 그 진리를 지나치게 과장하는 것이고 다른 하나는 지나치게 축소하는 것이다. 그리고 의견의 역사는 일반적으로 이 두 극단 사이를 왕복하는 것이다… 어느 한 쪽 방향으로 치우치면 거기에 상응하는 반작용을 낳는다. 바로 여기에 개선이 있다. 즉, 극단 사이를 왕복할 때마다 매번 중앙으로부터의 거리는 좁아지고, 이러한 경향은 가속화되어 마침내 중앙에 안착하게 되는 것이다.[25]

23) John Stuart Mill의 *Essay on Coleridge*. Ryan, 앞의 책, p. 189에 재인쇄.

24) 위의 책, p. 178.

25) 위의 책, pp. 183~184.

객관성이라는 언론윤리를 표현한 것 가운데 이것보다 더 분명한 입장은 없을 것이다. "양 측면"을 제시함으로써, 한 가지 이상의 의견이 있음을 나타내 보임으로써, 객관적이고 균형적인 기자는 "양 극단 사이의 왕복"에 의해서만 발견할 수 있는 중앙으로 — 즉 진실로 — 독자를 보다 가까이 데려 가게 된다. 흥미롭게도 밀은 콜릿지나 독일의 철학적 교의를 찬미한 사람은 결코 아니었다. 밀은 그들의 철학적 교의가 "문제가 있는" 것으로 보았다. 말하자면 심리적으로는 충분히 건전하지만 오만한 진리관을 갖고 있고 독단적 확신을 거부하지 않았다는 것이다. 그러나 콜릿지의 낭만적인 교의는 문화와 역사를 강조하고 특히 상상력을 중시함으로써 부분적으로 진리인 점이 있었다. 콜릿지는 또 하나의 "외눈박이"였지만, "심리학의 시대"는 그에게 벤담이 그토록 중시했던 법적 유대보다는 사회적 유대가 훨씬 강하고 미묘하다는 것을 분명하게 해 주었다.

| 제 27 장 |

자유의 복음

The Gospel of Liberty

밀이 《자유론》을 출간했을 때는 그의 나이 53살이었다. 해리엇은 바로 얼마 전에 세상을 떠났고 밀 자신은 프랑스에서 은둔생활을 하며 병고에 시달리고 있었다. 세상과 격리된 가운데 그에게서 변한 것은 없었다. 큰 키와 마른 몸 그리고 벗겨진 머리에 침울하고 딱딱하며 책을 좋아하는 것이 빅토리아 시대의 전형적인 학교 교장 모습이었다. 밀은 전통적인 언론 영웅, 즉 자유와 정의를 위해 싸우는 외로운 투사의 살아있는 본보기였다. 그 당시 사람 가운데 밀의 엄격한 외모 아래 소용돌이치는 지적 불꽃을 인식하고 있던 이는 거의 없었다. 사실 밀 만큼 관념에 대해 열정적이었던 철학자도 별로 없었는데, 곧 알게 되겠지만 이러한 특성이 똑같이 열정적이었던 칼 맑스와 그를 뚜렷이 구분하는 점이기도 했다.

밀은 인간이 인간의 지성으로 할 수 있는 것에 대해 큰 꿈을 가졌고, 특히 사람들이 자유의 축복을 깨닫게 하기 위해 할 수 있는 것에 대해 생각했다. 분명히 《자유론》은 종교시의 성격이 있으며, 미국언론에 활력을 불어 넣은 많은 사상에 커다란 공헌을 하였다. 《자유론》의 논리나 일관성에 문제가 있다는 것은 중요하지 않으며, 이 책의 강력함은 바로 그 핵심 주제에 있다.

제임스 밀은 아들에게 종교의 함정이라고 생각되는 것에 빠지지 말라고 가르쳤고, 존 스튜어트 밀은 실제로 불가지론자였다.[역주1] 그의 종교는 자유였으며 그는 그것을 다음과 같이 간단명료하게 표현했다. "자유라는 이름을 가질만한 유일한 자유는, 다른 사람의 자유를 빼앗으려고 하지 않는 한, 우리 자신의 선을 우리 자신의 방식으로 추구하는 자유이다."[1] 밀의 휴머니즘은 선택의 자유에 뿌리를 두고 있다. 즉 생각하고 싶은 대로 생각하고, 자신의 의견을 말로든 글로든 행동으로든 원하는 대로 표현하고, 스스로의 취향을 만들고, 원하는 사람이면 누구와도 어울리는 것이다. 다른 사람의 자유를 방해하지 않는 한 그렇게 하라고 밀은 말한다. 사실 정부가 어떤 사람의 자유를 정당하게 제한할 수 있는 유일한 경우는 그가 "누군가에게 해악을 주고자" 다른 사람을 해치려고 할 때이다. 그렇지만 않다면 인간의 "자주성은 당연히 절대적이고, 개인은 그 자신에 대해서, 그의 몸과 정신에 대해서 지고한 존재"라고 밀은 말한다.[2]

자유사상에 대한 밀의 가장 큰 공헌은 자유에 대한 사회로부터의 위협과 정부로부터의 위협을 구별한 것이었다. 밀에 의하면, 인간의 자유에 대한 가장 큰 도전은 정부나 공식적인 것으로부터 오는 것이 아니라, 사회로부터 오는 것이며, 사람들 특히 다수의 사람들로부터 오는 것이다.

역주1) 불가지론자(*agnostic*)는 신의 존재 또는 물질을 제외한 어떤 것의 존재에 대해서도 알 수 없다고 믿는 사람을 말한다.

1) John Stuart Mill, *Essay on Liberty,* London: 1859. Max Lerner, ed., *Essential Works of John Stuart Mill,* New York: Bantam Books, 1961, p. 266. Lerner는 밀의 '종교'를 이렇게 표현하고 있다. "[그는] 종교의 '본질'을 종교의 초자연적 장식에서 추출하기를 원한다. 그 본질은… 결국 인간성의 종교, 또는 오늘날 흔히 말하는 인간주의적 종교로 밝혀지고 있다." (p. xxvii).

2) 위의 책, p. 263.

밀은 토크빌을 몇 번 만난 적이 있으며, 다수의 폭정이 사회구조에 손상을 야기시킬 수 있음에 대해 이 프랑스인 동료와 의견을 완전히 같이 하였다. 개인의 자유에 가장 큰 위협이라고 그가 생각했던 것은 여론이었다. 이 원칙은 그 어느 곳에서 보다도 밀이 했던 다음의 유명한 말에 가장 강렬하게 표현되어 있다.

> 모든 사람이 한 가지 의견을 가지고 있고 오직 한 사람만이 반대되는 의견을 가지고 있을 때, 그 한 사람이 힘이 있다고 해서 나머지 모든 사람을 침묵시키는 것이 정당화 될 수 없는 것처럼, 모든 사람이 그 한 사람을 침묵시키는 것이 정당화 될 수 없다.[3]

이 말 뒤에는 민주주의에 대한 밀의 심각한 의문이 깔려 있음을 알 수가 있다. 이러한 의문은 여론의 압력이 결과적으로 사회를 순응자들의 사회로 만들 가능성이 있다는 것이며, 순응(또는 복종)은 신선한 생각의 도래를 제한하고 사회를 무지하게 만들고, 새로운 사고의 도입으로만 가능한 성장을 어렵게 만든다는 것이다. 밀은 의견의 순응을 증오했고, 사회적 박해는 민주주의 사회를 그러한 방향으로 기울게 할 가능성이 많다고 보았다. 그에 의하면, "우리가 질식시키고자 하는 의견이 틀린 의견인지를 결코 확신할 수 없고, 설사 우리가 확신한다 하더라도 그것을 질식시키는 것은 여전히 나쁜 일이다."[4]

불복종은 긍정적인 미덕이었다. "간단한 불복종, 예컨대 단순히 관습에 무릎꿇기를 거부하는 것도 하나의 의무이다"[5]라고 밀은 말하였다. 그가 관심을 가진 것은 바로 "여론의 압력"이었으며, 영국의 교육은 사람들이 "이제 같은 것을 읽고, 같은 것을 듣고, 같은 것을 보며, 같은 곳에 가

---

3) 위의 책, p.269.

4) 위의 책, p.269.

5) 위의 책, p.315.

6) 위의 책, p.321.

고, 희망과 공포의 대상이 같음"[6]을 이미 목격하고 있다고 주장하였다. 토크빌과 마찬가지로 밀은 반대자와 이단자를 옹호하며, "희생물에 일제히 달려 드는 떼거리에 대한 그의 증오"[7]를 표명하였다. 특히 그는 성적(性的) 관계와 같은 개인적인 일에까지 순응을 강요하는 "도덕경찰"(*moral police*)을 두려워했다. 이런 맥락에서 밀은 수필가이자 역사가였던 토마스 카알라일처럼 그가 친구로 생각했던 사람을 포함해서 많은 이들이 그와 해리엇의 비전통적인 관계에 경악했을 때 특히 괴로와했다. 남자와 여자가 그들의 행동에 대해 사회나 여론에 책임질 필요는 없다는 것이 밀의 주장이었다.

밀에 의하면 자유로 인한 중요한 혜택 중의 하나는 틀릴 수 있는 권리, 실수할 수 있는 권리이다. 반대가 꼭 필요하고 진리의 "다양한 측면"을 자유롭게 표현할 필요가 있는 것은, 그렇게 하지 않으면 진리를 발견할 수 없기 때문이라는 것이 밀의 믿음이었다.[8] 진리가 자명할 수 있는 길은 없다. 《공리주의》 뿐만 아니라 《자유론》에서도 밀은 자신의 직관에 근거해서 진리가 무엇인지를 알고 있다는 소위 철학자들에게 반대하였다.[9] 따라서 칸트의 범주적 당위와 같은 그러한 고정된 윤리규칙은 결코 있을 수 없는 것이다. 밀의 비판자들 가운데 어떤 이들은 밀이 지나치게 직관주의에 반대하여, 자신의 목적을 달성하기 위해 다른 사람을 수단으로 취급하는 것은 잘못된 것이라는 칸트 윤리철학의 핵심요소를 밀이 자신의 윤리

---

7) Isaiah Berlin, "John Stuart Mill and the Ends of Life," in *Four Essays on Liberty,* Oxford: Oxford University Press, 1984, p. 193.

8) 바로 이 이유 때문에 밀은 스스로를 "무체계"의 인간으로 묘사하였다. *Autobiography of John Stuart Mill,* ed. Jack Stillinger, London: Oxford University Press, 1971, p. 136. 또한 Graeme C. Duncan, *Marx and Mill : Two Views of Conflict and Social Harmony,* Cambridge: Cambridge University Press, 1973, p. 211.

9) John Stuart Mill, *Utilitarianism,* London: 1863. Alan Ryan, ed., *John Stuart Mill and Jeremy Bentham : Utilitarianism and Other Essays,* New York: Viking Penguin, 1987, pp. 234~238에 재인쇄.

이론에 넣지 못했다고 믿고 있다.[10] 이 비판은 공정하지 못한 것 같다. 왜냐하면 칸트와 마찬가지로 밀의 사상 중심에는 우리의 행동에 의해 야기된 결과가 무엇이든간에 우리는 항상 그 결과에 대해 책임져야 한다는 생각이 있기 때문이다.

인간의 지식이 결코 완전하지 못하며 항상 거짓일 수 있다고 주장함으로써, 밀은 미국 언론인의 직업 이데올로기에서 발견되는 한 사상을 표명한 셈이었다. 그는 그 당시의 인간과학, 즉 오늘날 우리가 사회과학으로 알고 있는 것을 검토하면서 자신의 주장을 분명히 하였다. 그에 의하면 사회과학 분야의 결론은 너무나 복잡하고 불확실해서 정당하게 "과학"으로 지칭할 수 없다. 뿐만 아니라 인간행동에 대해서 타당한 일반화, 즉 법칙을 끌어낸다는 것은 불가능하다는 것이며, 이것은 또한 오늘날의 대다수 언론인들이 가지고 있는 생각이기도 하다. 밀은 사회적 진화론자 허버트 스펜서와 (그에 대해서는 나중에 살펴볼 것임) 프랑스 실증주의자 오귀스트 꽁트의 가르침에 거부감을 가졌는데, 이들은 모두 "사회의 과학"(*science of society*)을 자랑스럽게 선언했던 사람이었다. 여기서 밀은 또한 맑스와도 아주 다른 입장을 보여 주고 있다. 위대한 회의론자 데이비드 흄의 정신하에 밀은 우리가 발견할 수 있는 최선의 해답은 "개연성있는(확률적인)" 해답이며, 이것은 윤리, 정치, 종교, 역사와 같이 그가 말하는 "이데올로기적인" 영역 뿐만 아니라 자연과학에서도 마찬가지라고 주장하였다.[11]

다른 무엇보다도 밀은 존 밀턴이 제창한 자동조정의 원리를 《자유론》에서 수정하고자 했다. 주지하다시피 밀턴은 진리가 거짓과의 자유로운 싸움에서 언제나 승리할 것이라고 말했다. 그러나 밀은 여기에 동의하지 않았다. 그에 의하면, 밀턴의 이 금언은 "사람들이 말하고 또 말해서 상식이 되었지만 우리의 모든 경험이 그것을 부정하는 선의의 거짓말 가운데

10) Ryan, 앞의 책, p. 43.

11) Berlin, 앞의 책, pp. 187~189.

하나"이다. "진리가 단순히 진리이기 때문에 감옥과 화형대의 위협에도 불구하고 승리하는, 거짓에게는 없는, 그러한 고유의 힘이 있다는 생각은 한가로운 감상"일 뿐이라고 밀은 말한다. 그는 진리가 박해에 의해 억압된 역사는 너무나 많았다고 말한다. 그러나 한 가지 긍정적인 것은 그러한 억압이 한시적인 것이지 결코 영원한 것이 아니라는 점이다.

> 진리가 가지고 있는 진짜 이점은 여기에 있다. 즉 한 의견이 진실일 때, 그것은 한 번, 두 번 또는 여러 번 소멸할 수도 있겠지만, 시대의 흐름에 따라 일반적으로 그것을 재발견하는 사람들이 나타나게 되어 진리가 재출현하는 가운데 결국은 상황의 호전으로 진리가 박해를 벗어나서 진리를 억압하고자 하는 모든 시도를 극복하여 전진을 이루게 되는 그러한 때를 만나게 된다.[12)]

자유를 옹호하는 그의 확고한 헌신에도 불구하고 밀은 결코 민주주의자는 아니었다. 토크빌과 마찬가지로 밀은 민주주의의 바로 그 작용방식에 대해 회의적이었다. 그에게 다수는 두려운 존재였다. 그는 좋은 삶을 위해서는 반대와 불복종이 필수적이라고 믿었다. 그런데 다수가 도덕경찰을 자극하여 그러한 반대와 불복종을 질식시키려고 하지는 않을거라는 것을 그는 결코 확신할 수 없었던 것이다. 인간의 지식을 종합하는 일이 자신의 소명이라고 믿었기에 밀의 인간관은 일관성이 없었다. 어떤 때는 낙관적이었고 또 어떤 때는 비관주의자의 특성을 그대로 보여 주었다. 우리 인간은 선과 악의 증거가 함께 주어졌을 때 선을 선택하는 이성적인 존재라고 보았던 밀의 기본가정에서 낙관적인 인간관은 가장 잘 드러나고 있다. 분명한 것은 밀이 외롭게 고립되어 있는 가운데 19세기 유럽에서 힘을 모아 가고 있던 비이성적인 암흑의 세력을 깨닫지 못하고 있었다는 점이다. 맑스는 이 세력을 훨씬 잘 이해하고 있었다. 마치 지그문트 프로이드가 20세기에 그랬던 것처럼. 반면에 밀의 비관주의는 집단과 다

12) Mill, *On Liberty*, p. 280.

수와 여론 속의 사람들에 대한 그의 불신에서 잘 드러나고 있다. 그의 스승 제레미 벤담과 마찬가지로 그는 종종 사회적 질서를 의학적 용어를 사용하여 병든 것으로 묘사하였다. 민주주의가 폭도의 지배로 전락하고 마는 것을 밀이 두려워 한 것은 사실이지만, 그러나 그가 사람들이 그토록 원했던 자유를 경험할 수 있는 유일한 사회가 민주주의 사회라는 것을 믿었던 것도 사실이었다. 밀이 생각하는 인간은 복잡한 모순 덩어리이며, 예측불가능하고, 창조적이며, 틀리기 쉽고, 불완전 하며, 언제나 행복과 진리와 자유를 끊임없이 추구하지만 결코 이들 모두를 획득하지는 못하는 존재였다.[13)]

여기서 기억해 두어야 할 중요한 사항은 밀이 완전한 개인주의자였던 것은 사실이지만 그가 사회전체의 이익을 무시한 것은 결코 아니라는 점이다. 그는 아담 스미스와 같은 의미에서 자유방임주의자는 아니었다. 실제로 밀은 당시 유럽을 휩쓸고 있던 일부 사회주의 사상 뿐만 아니라 공산주의라는 새로운 개념에도 마음이 끌려 있었다. 물론 이때 밀이나 맑스가 생각했던 공산주의가 나중에 소련에서 실현되었던 그러한 체제의 공산주의는 아니었다.

밀은 그의 아버지와 마찬가지로, 또 맑스와 마찬가지로, 자유언론의 강력한 옹호자였다. 밀은 인쇄된 글로 스스로를 자유롭게 표현할 수 있는 권리는 모든 자유 가운데 가장 신성한 권리 중의 하나로 보았다. 그는 다음과 같이 말하고 있다.

> 〔언론을 검열하고자 하는 노력은〕 언론만이 유일한 안전장치인 무지와 어리석음을 부활시킨다. 동양의 전제정치 공포를 생각해 보라 — 이것으로부터 또는 이보다 더한 것으로부터 우리를 보호하는 유일한 장치는 언론이다. 다음에는 번영과 좋은 정부가 아니라 인간성과 양립할 수 있는 행복의 극한으로 상상의 나래를 펼쳐 보아라. 그리고 만약에 나쁜 권력자의 안전만을 위

13) Berlin, 앞의 책, p. 205.

> 해서 언론을 신음하게 하는 제한조치들이 제거된다면 얻을 수 있는 것이 무엇인지를 생각해 보라. 이러한 것들이 바로 자유언론의 축복이다.[14]

밀이 저서를 통해서 그리고 짧은 의원생활을 통해서 옹호했던 대의명분은 정치적으로 좌파적인(진보적인) 것이었다. 그는 19세기 전체를 통해서 여성의 참정권과 피임을 주도적으로 옹호한 인물이었다. 그는 비례대표제를 주장하고 부패한 영국의 선거제도 종식을 외쳤다. 그는 미국의 남북전쟁에서 북을 공개적으로 지지했고 노예제도를 공공연히 비판하였다. 실제로 당시의 정치이슈를 놓고 일어난 공개논쟁 가운데 가장 선풍적이었던 것 가운데 하나였던 논쟁에서 그가 토마스 카알라일과 결별하게 된 것은 소수의 권리라는 이슈 때문이었다. 당시에 영국에서 지도적인 보수사상가로 명성이 높았던 카알라일은 "검둥이 문제"(The Nigger Question)라는 잡지기사로 말미암아 밀의 분노를 사고 말았는데, 이 기사에서 그는 하나님은 흑인을 게으름뱅이로 창조했고 따라서 흑인은 노예상태에 있을 때에만 생산적일 수 있다는 논리하에 영국의 노예제도 복귀를 주장했다. 밀은 대노하여 곧 그 잡지에 편지를 보냈고 이 편지는 바로 다음 호에 게재되었다. 여기서 밀은 카알라일의 기사를 "진짜 악마의 작품"이라고 공격하고 "인간의 폭정과 불의"에 대해 설파했다.[15] 과거에는 친구였던 이 두 사람은 이후로 다시는 만나지 않았다.

밀의 진보적인 좌파적 성격은 이미 앞에서 언급한 바와 같이 그의 아내

---

14) John Stuart Mill, "Law of Libel and Liberty of the Press." G. L. Williams, ed., *John Stuart Mill on Politics and Society,* Hassock, England: Harvester Press, 1975, p. 169에 재인쇄. 이 논문은 원래 *Westminster Review,* 3 (1825)에 처음으로 게재되었던 것이다.

15) Emery Neff, *Carlyle and Mill: Mystic and Utilitarian,* New York: Columbia University Press, 1924, pp. 33~37. 문제의 이 기사는 잡지 *Fraser's*에 게재되었던 것이고, 밀의 글 제목은 *The Negro Question*이었다. Neff의 책은 19세기 영국지성계의 거장인 이 두 인물에 대한 흥미로운 책이다.

해리엇에 의해 자극받았다. 해리엇의 도움하에 밀은 8년 전에 초판이 나왔던 《정치경제학 원리》 개정판을 1852년에 내놓았다. 초판과 개정판 사이의 이 8년은 극적인 기간으로서 유럽전체가 사회주의 물결에 휩싸였던 시기였다. 맑스와 그의 동료 프리드리히 엥겔스가 대서양 양편의 좌파지식인들을 뒤흔들어 놓은 《공산당선언》을 발표한 것이 1848년이었다. 상반되는 두 가지 관점을 통합시키려는 그의 목적에 충실하게 밀은 《정치경제학 원리》 초판에서 자유방임주의 자본주의 원리와 정부개입 사이에 공통부분을 찾고자 했으나, 개정판에서는 그 자신이 "모든 고통과 불의로 가득찬 사회의 현상황"으로 공산주의에 호의적임을 선언하고 있다.[16] 그러나 동시에 밀이 맑스의 저작에 영향을 받았다는 아무런 증거도 없다. 이때 맑스는 프랑스로부터 추방되어 대영박물관의 자기 작업실에서 《자본론》을 집필하고 있었다.

여하튼 밀이 자유방임주의 자본주의에 몰두했던 것 이상으로 공산주의나 사회주의에 몰두한 것은 아니었다. 그는 체질적으로 어떤 "주의(主義)"(*ism*)를 받아 들일 수 있는 사람이 아니었다. 제퍼슨이 능력있는 사람들에 의한 귀족정치를 신봉했다는 점에서 그를 엘리트주의자라고 한다면 그런 의미에서 밀은 엘리트주의자였다. 그러나 밀의 엘리트는 언제나 창조적인 엘리트였다. 막스 러너가 지적한 바와 같이 밀은 엘리트주의를 적극적으로 주장하지는 않았다. "그는 일반대중이 교육을 통하여 어느정도 향상되리라는 생각을 가지고 있었다."[17] 그는 노동자에 대하여 항상 동정적이었으나, 리카르도가 제시한 사회주의의 가정, 즉 사회계급간의 갈등은 "신의 섭리 중 하나"로서 불가피하다는 것을 받아 들이려 하지 않았다. 1834년의 한 글에서 밀은 계급간의 관계가 "사회의 진보 속에"[18] 변

---

16) John Stuart Mill, *Principles of Political Economy,* 앞의 책, p. xxiii에서 재인용.

17) Lerner, 앞의 책, p. 252.

18) John Stuart Mill, "On Miss Martineau's Summary of Political Economy," *Monthly Repository,* (May 1834) : 320.

화되어 갈 것이라고 보았다. 나중에 사회주의 사상에 더욱 마음이 끌리게 되었을 때에도 그는 이 입장을 바꾸지 않았다. 어쨌든 밀은 급진주의자들이 그들 자신의 노력에 의해 꼭대기에 오르게 될 것이라고 믿었다. 토크빌과 마찬가지로 밀도 자발적인 지방단체 참여가 진보의 중요한 메커니즘이 되리라고 보았다. 그러나 종합을 위한 그의 노력에 걸맞게 밀은 좋은 사회의 성장에 정부가 똑같이 강력한 역할을 할 수 있음을 부정하지 않았다.[19] 사회를 이롭게 하기 위해 규제가 꼭 필요한 때에는 개인의 행동을 규제해야만 한다. 그리고 동시에 정부의 간섭은 사회의 이익을 위한 조치에 국한되어야만 한다. 이러한 점에서 밀은 선한 자유주의자의 전형이었다. 그리고 사회적 책임의 원칙이라고도 특징지울 수 있는 바로 이러한 관점에서 밀은 미국 언론인의 직업 이데올로기에 공헌한 수많은 인물의 전당에서도 가장 우뚝 솟아 있다.

19) John Stuart Mill, "Centralization," *Edinburgh Review,* 115 (April 1862) : p. 342. 또한 Duncan, 앞의 책, pp. 248~250 참조.

| 제 28 장 |

맑스와 또 하나의 종합

Marx and the Other Side of Synthesis

비록 맑스와 밀은 한번도 만난 적이 없는 것 같지만 두 사람은 분명히 서로를 인식하고 있었으며, 역사가들이 비교의 목적이든 대조의 목적이든 때때로 이 두 사람을 함께 연구하는 경향이 있는데 이는 지극히 자연스런 일이다. 이 문제는 나중에 다시 다루기로 하고, 먼저 맑스 사상의 주된 내용을 간략히 살펴 보고 그것을 미국 언론인의 신념체계라는 맥락 속에 놓고 보는 것이 중요하다고 본다. 분명한 것은 미국 언론인들 가운데 그들의 사상을 맑스의 공으로 돌리고자 하는 사람은 거의 없다는 점이다. 왜냐하면 맑스의 이름은 흔히 공산주의와 함께 사용되어 왔고 또 공산주의는 미국인에게 낯설 뿐만 아니라 미국의 사상에 적대적인 이념이기 때문이다.

자본주의와 그 제도의 분석에 관한 것을 비롯하여 맑스의 수많은 사상들은 현대 공산주의 이념을 이루어 왔으며, 심지어 1883년에 맑스가 죽은 이후 엄청나게 변모한 세계에 실제로 적용되었다. 그러나 사회적 및 역사적 문제와 관련된 맑스 사상의 많은 다른 부분은 수많은 미국인의 신념체계에, 그 중에서도 언론인의 신념체계에 눈에 드러나지 않게 영향을 주었다.

맑스는 "지성의 집"에서 성장한 밀과는 비교도 하기 어려운 분위기에서 성장했다. 직접적인 비교가 가능한 유일한 것은 두 소년이 모두 일찍부터 재능이 많아 장래 학자감으로 인정을 받았다는 점이다. 맑스는 독일과 프랑스를 연결하는 모젤강변의 트리에르에 살던 중산층 유태인 가정에서 태어났다. 나중에 베를린으로 가서 학업을 마치고 기자가 된 후 주변에서 본 세계를 변화시키고자 애썼다. 밀과 맑스가 모두 대지주나 공장주에 의한 노동자 탄압에 적대적이었으나, 밀은 자신을 개혁가로 생각한 반면에 맑스의 자화상은 혁명가였다.

맑스에게 가장 강력한 영향을 준 것은 헤겔철학이었는데, 헤겔은 그 당시 독일 지성계의 지배적인 인물이었다. 맑스는 헤겔의 형이상학을 경멸하고, 세계정신이라고 말하는 이데아의 승리 속에 "역사의 끝"이 실현된다는 헤겔의 주장을 비난하였다.[1] 맑스는 헤겔이 인간의 본질을 잘못 이해했다고 생각했으며, "인간은 실제의 객관적 세계에 살고 있고 그 세계에 의해 결정된다"고 보았다.[2] 그러나 맑스는 헤겔의 변증법 개념만은 빛과 같은 지혜로 받아 들였다. 그리하여 맑스는 그의 임무가 "헤겔을 일으켜 세우는" 것이라고 보았다.

헤겔의 방법론을 사용하여 맑스는 변증법적 관념론을 변증법적 유물론으로 전환시켰다. 헤겔과 맑스 모두 궁극적인 역사의 끝이 있다고 믿었다. 그러나 헤겔이 역사의 운동 뒤에서 작용하는 제도가 궁극적으로 세계정

1) 헤겔의 사상에 대해서는 제22장 참조.

2) Karl Marx and Friedrich Engels, *The Holy Family*, trans. R. Dixon, Moscow: 1956 [originally published in 1845], p. 24. Graeme C. Duncan, *Marx and Mill: Two Views of Conflict and Social Harmony*, Cambridge, Cambridge University Press, 1973, p. 59에서 재인용.

신을 완성시킬 것이라고 보았던 반면에, 맑스는 그 움직이는 힘이 자본주의라고 보았다. 물론 그 결과는 아주 다르게 나타날 수밖에 없었다. 헤겔은 인류가 스스로를 세계정신의 작용에 일치시키기를 원했고, 맑스는 인류가 착취자본의 폭정을 전복시키기를 원했다.[3)]

이러한 사상을 발표하기까지 맑스는 고향 모젤 계곡의 농장노동자들이 겪는 참상에 대한 글을 열정적으로 쓰고, 《공산당선언》을 발표했으며, 실패로 끝난 1848년의 프랑스 혁명에 참가하고, 프랑스로부터 추방되어 영국에 정착했는데, 이때 영국에서는 착취받는 노동자들의 참상에 대한 비난이 이미 비등하고 있었다.[4)] 독자들은 여기서 제임스 밀의 지도하에 당시의 영국언론이 영국의 개혁에 어떤 역할을 하고 있었는지 기억하고 있을 것이다. 맑스의 《정치경제학 비판》이 발간된 것은 1859년이었으며, 같은 해에 밀의 《자유론》도 출현하였다. 《자본론》이 나타난 것은 3년 뒤였다.

맑스가 헤겔과 결별하게 된 가장 큰 이유는 관념에 대한 견해 차이였다. 헤겔은 물(物 : *thing*), 즉 물질은 오직 우리의 이해를 통해서, 우리의 정신을 통해서만 존재한다는 칸트의 이론을 받아들이고 있었다. 우리 주변세계에 대한 우리의 의식이 우리의 관념을 발전시킨다는 생각에 칸트와 헤겔은 의견을 같이 했다. 말하자면 관념이 세계를 움직이는 것이다. 헤겔을 "일으켜" 세움에 있어서 맑스는 정반대의 주장을 하였다. "관념은 역사의 원동력이 아니다"라는 말은 그가 남긴 유명한 말이다. 그 원동력은 물질이고, 따라서 유물론이다. 그러면 이 물질은 무엇으로 구성되는가? 맑스의 대답은 객관적 조건이었으며, 이 객관적 조건은 생산력과 계

---

3) 이 구별에 대한 탁월한 분석으로는 다음 글 참조. Alan Ryan, "Marx and the Philosophers: More Like Milton's Satan Than an Agnostic," *Listener,* May 8, 1986, pp. 13~14.

4) 맑스의 삶에 대한 해설로서 언론이데올로기에 초점을 맞춘 책으로는 다음을 참조. J. Herbert Altschull, *Agents of Power: The Role of News Media in Human Affairs,* New York: Longman, 1984, pp. 85~98. 참고문헌은 316~318쪽을 보라.

급투쟁으로 특징지어진다. 맑스의 경제학에 대해서는 잠시후에 다시 논의하게 될 것이다.

모순은 변증법의 핵심적인 특징이다. 헤겔은 주장하기를, 모든 관념과 모든 역사발전은 그 자신의 내부적 모순을 간직하고 있고, 한 관념 즉 정(正 : *thesis*)과 그것의 모순인 반(反 : *antithesis*) 사이의 투쟁의 결과로 새로운 관념 합(合 : *synthesis*)이 나타난다고 했는데, 여기서 말하는 합은 또 그 자신의 모순을 간직하고 있다. 맑스는 투쟁의 중심으로서 **관념**을 생산력과 계급투쟁이라는 **물질**로 대치하였다. 그는 이 투쟁이 관념적인 것이 아니라 사실은 생물학적인 것이라고 보았다. 그것은 설명을 필요로 하지 않으며 그냥 사실이 그럴 뿐이다. 그것은 인간조건의 일부분이다. 관념과 같은 것은 존재하지 않기 때문에 이데올로기와 같은 것도 존재하지 않음은 명백하다. 맑스의 목적 중의 하나가 자본주의 이데올로기를 뒤엎는 것이기 때문에 이러한 결론이 그에게 문제가 되지는 않을까 생각할 수도 있겠다. 그러나 맑스는 이 딜레마에 대한 해답도 가지고 있었다. 그는 이데올로기를 재정의했다. 그렇게 하는 동안에 그 탁월한 상부구조의 원리를 발전시켰는데, 이 원리는 그 나름의 독특한 방식으로 많은 언론인들의 신념체계 속으로 나아갔다.

맑스의 주장에 의하면, 이데올로기는 세계에서 자연적으로 발생하는 것이 아니라 만들어지는 것이다. 여기서 맑스는 이데올로기의 개념을 자본주의 분석에 연결지었다. 자본가 즉 부르주아지는 — 맑스는 이 두 개념을 같은 의미로 사용하는 경향이 있었다 — 권력을 유지하기 위해 부르주아 이데올로기를 만들어 내었다. 맑스에 의하면, "물질적 생산수단을 소유하는 계급은 동시에 정신적 생산수단도 통제한다."[5] 이렇게 생산된 부

---

5) Karl Marx and Friedrich Engels, *The German Ideology,* 1846. 다음 책에서 재인용. Philip Corrigan, Harvie Ramsay, and Derek Sayer, *Socialist Construction and Marxist Theory : Bolshevism and its Critics,* New York : Monthly Review Press, 1978, pp. 22 ~23.

르주아 이데올로기는 대단히 강력해서 자본주의 체제 하에 사는 모든 사람의 의식 속으로 조용히 잠입한다. 모든 사회 구성원이, 심지어 자본주의 체제하에서 착취받는 노동자까지, 그들의 일상생활의 일부분이 되어 있는 이 이데올로기를 믿게 된다. 아니, 실제세계를 깨닫게 될 때까지는 그것을 믿게 된다. 이것은 말하자면, 그들의 의식이 반드시 일깨워져야 함을 의미한다. 즉 그들이 실제로는 생산수단을 통제하는 부르주아 계급에 의해 착취받고 있다는 것을 반드시 깨닫게 해 주어야 함을 의미한다. 그들은 자신들이 계급투쟁의 희생물이라는 객관적 진리를 배워야만 한다.

맑스의 분석에서 실제세계의 구조, 즉 자본가 또는 부르주아지와 노동자 또는 프롤레타리아 사이의 계급투쟁의 구조를 제공하는 것은 생산력이다. 여기까지 보면 리카르도와 맑스 사이에 큰 차이는 없다. 그러나 맑스는 더욱 전진하여 상부구조라는 탁월한 개념에 이르게 되었다.[6] 맑스의 주장에 의하면, 부르주아지의 권력유지는 노동계급의 생각과 행동을 조작함으로써 가능한 것이다. 부르주아지는 정부, 교회, 학교, 언론과 같이 그것이 만들어 낸 제도를 통하여 그러한 조작을 달성한다. 사실은 이런 제도에 수반하는 철학도 그와 같은 조작을 한다. 맑스와 엥겔스는 이데올로기 뿐만 아니라 철학도 거부했다. 그들의 이러한 거부는 상부구조의 이데올로기와 철학적 요소가 만들어지는 구도를 설명함으로써 이루어졌다. 누군가가 이데올로기나 철학에 대해 말할 때 실제로 그는 부르주아 이데올로기나 부르주아 철학을 말한다는 것이 맑스와 엥겔스의 지적이다. 실제세계, 객관적 세계는 이러한 개념과는 아무 상관이 없다.

이러한 지적은 《정치경제학 비판》에서 예리하게 이루어졌다. 맑스와 엥겔스는 자신들이 젊었을 때에는 철학적 문제를 즐겁게 연구했다고 말하고, 그러나 이것은 그들이 상부구조의 음험한 작용을 이해하기 전의 일이며, 자본주의 체제가 노동자들을 어떻게 그들의 생물학적인 진짜 자아

6) 맑스의 저작을 독일어에서 영어로 번역하는 문제를 논의한 것으로는 다음 책 참조 : Altschull, 앞의 책, pp. 95~97.

로부터 소외시키는가를 이해하기 전의 일이었다고 한다. 이제 그들은 철학을 포기하고 그것을 낡아빠진 담요처럼 내던지며 과학적 사회주의로 대체하고 있다는 것이다.[7] 그들은 말한다. "우리는 우리가 전에 갖고 있던 철학적 의식을 청산할 준비가 되어 있다."[8]

알랜 라이언은 맑스가 헤겔과 독일 관념론을 결코 결별할 수 없었다는 점을 힘껏 강조하고 있다. 라이언이 생각하는 맑스는 사물에 대해 철저히 실제적인 설명으로 일관하는 진부한 불가지론자이기 보다는 밀턴의 《실락원》에 나오는 사탄을 닮고 있다. 사탄은 신을 어디서나 보았고 신에 대항했다. 맑스가 자신의 주변에서 보았고 또 대항하고자 했던 것은 바로 철학적 환상이었다.[9]

헤겔이 그의 역사분석에서 세계정신을 발견했던 것과 똑같이 맑스는 그의 역사분석에서 사회주의의 승리를 보았다. 맑스의 해석에서 역사의 끝은 모순이 궁극적인 종합의 형태로 끝날 때 오게 된다. 바로 이런 맥락에서 그는 공산주의를 역사의 끝에 존재하는 상태라고 정의하였다. 어느 누구도 더 이상 생산수단을 지배하지 않게 될 때, 계급투쟁이 끝나게 될 때, 부르주아지에 의해 만들어진 제도가 아무 것도 아닌 것으로 되고 말

---

7) 다음 책 참조. Karl Korsch, *Marxism and Philosophy,* New York: Monthly Review Press, 1970, p.48. Korsch의 이 연구는 원래 1922년에서 1930년 사이에 4개의 논문 형식으로 발간된 것이다.

8) Karl Marx and Friedrich Engels, 《정치경제학 비판》(*Critique of Political Economy*) 서문, 1859. Erich Fromm, *Marx's Concept of Man,* New York: Frederick Ungar, p.74에서 인용. 프롬은 이 말이 피상적인 것이라고 생각한다. 왜냐하면 맑스는 1844년에 발간된 《경제학-철학 초고》(*Philosophical and Economic Manuscripts*)와 같은 초기 저작에서 보여준 철학적 사고패턴을 후기저작에서도 계속 보여주고 있다는 것이다. Ryan(앞의 글, p.14)도 여기에 동의하는 듯 하지만 해석은 조금 다르다. "자신이 바탕으로 삼고 성장해 온 철학을 맑스가 거부했을 때 그것은 교화의 거부였으며; 무엇보다 그의 시각에서는 '도덕'의 거부였다."

때, 더 이상 상부구조가 존재하지 않게 될 때, 모든 사람의 의식이 일깨워질 때, 모든 사람이 자신의 진정한 자아를 깨닫게 될 때, 공산주의는 필연적으로 나타나는 결과이다. 이것이 바로 맑스의 공산주의 개념이었다. 그는 인간의 개성을 부정하는 "조야한(*crude*) 공산주의"를 거부했다.[10] 《공산당 선언》의 목적은 인간에게 "진정한 정체의식"을 복구해 주는 것이었다.

맑스 그 자신은 유토피아적 관념에 대해 철저한 반대자였다. 사실 그는 루소나 꽁트 그리고 페르디난드 라쌀레와 같은 사상가들이 주장한 전통적인 사회주의는 공상적(유토피아적)인 것이라고 강렬히 주장하였다. 그러나 맑스는 자신의 사회주의는 과학적이라고 주장한다. 칼 콜쉬에 의하면, 맑스 평생의 작업은 사회주의를 이론적이고 공상적인 환상으로부터 "실제적이고 물질적인 과학"으로 변환시키는 것이었다.[11] 하지만 맑스 그 자신이 관념의 세계를 믿었다는 것은 분명하다. 에리히 프롬은 맑스가 "본질적으로 예언적 메시아신앙" 형태의 사회주의를 제시한 것으로 보고 있다.[12] 과학을 옹호하고 교화(教化 : *moralizing*)에 대해 반대했던 사람으로서 맑스는 아이러니컬하게도 그 자신이 탁월한 교화가였다. 맑스의 모든 말 뒤에는 라이언이 말하는 "자유의 윤리"에 대한 호소가 깔려 있다.[13] 초기의 저작을 보면 맑스는 헌신적인 휴머니스트였으며 그의 관점은 밀의 그것과 거의 구별되지 않는다. 많은 맑스 연구자들은 맑스가 청년시절에 갖고 있던 민주주의적 성향을 버리고 "붉은 테러리스트 박사"가 되었다고 믿고 있는데, 여기서 붉은 테러리스트 박사란 맑스의 적들이 후기의 맑스를 묘사한 표현이다.[14] 그러나 프롬은 맑스가 평생동안 "인간(노동자와 자

10) Fromm, 앞의 책, p. 39.

11) Korsch, 앞의 책, p. 152.

12) Fromm, 앞의 책, p. 5.

13) Ryan, 앞의 글, p. 14.

14) 맑스에 대한 수많은 전기물 가운데 그의 삶과 철학을 가장 잘 다루고 있는 책 가운데 하나가 다음 책이다. Isaiah Berlin, *Karl Marx : His Life and Environment,* London :

본가 모두) 스스로가 만든 사물과 환경에 의해 이루어진 인간의 노예상태에 관심을 가진" 휴머니스트였다고 주장한다.[15] 맑스가 추구한 것은 사람이 다른 사람을 착취하지 않는 세계, 참혹과 빈곤과 공포와 억압이 없는 세계, 정의의 세계, 심지어는 놀랍게도 개인적 자유의 세계, 인간성 그 전체가 인간자신의 사회적, 경제적 조직에 대한 지배를 재설정하는 세계였다. 맑스는 이러한 생각을 낭만적인 것으로 치부했을지 모르겠으나 그 자신의 글들은 그것을 부정하지 않는다. 이런 점에서 맑스와 밀은 적이었다기 보다는 형제였다.

맑스의 경제이론에서 사유재산제는 부르주아지가 권력을 유지하기 위해 만든 또 하나의 제도이다. 아담 스미스의 노동이론과 리카르도의 가치이론을 기반으로 여기서 더욱 나아간 맑스는, 재산을 생산하지만 그 재산의 운명을 결정하는데 아무런 역할도 하지 못하는 것이 바로 불행한 노동자라고 주장하였다. 이익을 거두어 들이는 자는 바로 부르주아 유산계급이다. 사실 사유재산제란 다름이 아니라 노동자를 진정한 자아로부터 소외시키는 방식이다. 맑스에게 소외란 인간이 자신의 진정한 자아에 대한 인식으로부터 멀어진 것을 의미한다. 모든 것의 가치는 원자재와 투입된 노동의 비용에 의해 매겨진다. 여기서 자본가 자신은 아무것도 기여하는 바가 없다. 자본가가 이익을 얻고 그의 계급위치를 유지하기 위해서 해야만 하는 전부는 가능한한 최저임금을 지불하고 노동자를 빈곤상태에 두는 것이다.[16] 맑스는 자본가의 이 악질적인 행동을 도덕적으로 응징하는 것에는 관심이 없던 것으로 보인다. 아담 스미스는 자본가의 그러한 행동

Oxford University Press, 1963. Korsch의 앞의 책도 참조하라. 맑스의 저작을 요약한 것으로는 다음 책 참조. John Lachs, *Marxist Philosophy, a Bibliography*, London: Oxford University Press, 1968.

15) Fromm, 앞의 책, pp. 48~49.

16) 맑스의 경제이론은 조금씩 해석을 달리하여 여러 곳에서 논의하였다. 좀더 명확하고 간결한 설명은 Duncan, 앞의 책, pp. 97~138 참조.

이 보이지 않는 손의 작용에 의해 방해받을 것이라고 말했지만, 맑스는 탐욕스런 자본가가 노동자를 착취하는 것을 당연한 것으로 보았다. 그러나 맑스의 흥미로운 교화의 목표는 자본가 개인이 아니라 자본주의였다.

개혁가인 밀은 교육을 통하여 자본주의를 변형시킬 수 있다고 확신했다. 또 맑스와 그가 산업화된 영국에서 직접 보고 있는 그 억압적인 현실을 자본주의가 포기하게 할 수 있다고 믿었다. 그러나 맑스의 대답은 그렇지 않다는 것이었으며 그것은 그의 또 다른 신념이기도 했다. 정부규제의 결과 발생하는 자본주의 사회의 그러한 수정은 어떤 인도주의나 개혁열망에 의해 이루어진 것이 아니라, 단순히 타산적인 조치 아니면 "겁먹은 탐욕"의 조치에 불과하다는 것이다. 자본주의는 역사적으로 계급투쟁을 끝장낼 수 없으며, 그것은 새롭게 자아를 인식한 노동자, 즉 프롤레타리아에 의해 자본주의가 전복될 때에만 가능하다는 것이다.[17]

맑스의 관점에서 볼 때, 언론은 상부구조 내에서 자본가 이데올로기를 유지하고 노동자들이 그들의 계급과 그 고통스런 착취를 깨닫지 못하게 작용하는 경향이 있다. 이런 개념으로 보면 언론은 단순히 부르주아지의 도구로서 기능하며 체제유지에 핵심적인 역할을 수행함으로써 특별한 관심과 지위를 획득한다. 말하자면 언론은 학교나 교회 또는 정부기관과 마찬가지로 사회통제의 대리인이다. 그러나 혁명을 위한 잠재성이란 측면에서 맑스는 언론이 현실세계에 대한 교육의 도구이자 변혁과 혁명의 선동가로 활동함으로써 떠오르는 노동계급의 중요한 무기가 될 수 있다고 믿었다. 지향하는 목적은 다르지만 바로 이런 점에서 맑스가 생각한 언론의 활동은 영국에 대한 반역을 선동한 아메리카 식민지의 혁명언론과 유사한 것이었다. 형태는 조금 다르지만 많은 언론인들이 이와 같은 언론관을 가지고 있고, 특히 탐사언론의 깃발아래 스스로를 강고한 폭정의 반대자로 생각하는 기자들의 생각이 그러하다.[18]

---

17) 위의 책, pp. 154~155.

18) 맑스주의 이데올로기의 언론에 대한 논의로는 특히 다음을 참조하라. Altschull, 앞의

독일과 프랑스에서 언론인으로 활동하고 호레이스 그릴리의 《뉴욕 저널》 유럽 특파원으로 활동했던 맑스는 언론자유에 관한 글을 상당수 남겼다.[19] 맑스 언론관의 핵심은 자유로운 탐사는 좋은 것이며 검열은 그 자체가 나쁠 뿐만 아니라 비생산적이라는 것이다. 맑스가 본 언론의 목적은 진리의 탐구였다.

> 언론활동의 목적은 "진리"라는 하나의 일반개념 아래에 포섭된다… 그 결과 뿐만 아니라 과정도 진리에 속한다. 진리의 추구도 역시 진실하여야만 한다. 진실된 탐구는 발전된 진리이며 이것의 흩어진 부분들이 모여서 결과를 이룬다.[20]

청년시절에 자신의 신문기사가 프러시아 당국의 검열에 의해 계속해서 억압받을 때, 맑스는 편집인들의 용기를 호소하고 또 호소하였다. 그러나 맑스는 결론짓기를 여론이 자유언론의 편이 아니면 검열을 피할 길은 없다고 보았다. 따라서 해결책은 의식의 고양, 즉 독자와 발행인의 의식을 고양시키는 것 뿐이었다.[21]

인간 맑스를 피상적으로 정의하는 일은 어렵지 않다. 확실히 그의 성향은 일반적으로 분개하고 화를 잘 내며 조급한 편이었다. 심리역사학자들은 맑스의 반항성이 더듬어 올라가면 그의 어린 시절부터 유래되고 또 그

책, pp. 93~97; Patrick Daley and John Solosky, "Marxism and Communication," paper presented at the annual convention of the Association for Education in Journalism, Seattle, 1978.

19) 다음 책 참조. Henry M. Christian, *The American Journalism of Marx and Engels : A Selection,* New York: New American Library, 1966.

20) Altschull, 앞의 책, p. 91에서 인용.

21) 위의 책, p. 92. 또한 다음 책도 참조. Lloyd D. Easton and Kurt H. Guddat, eds., *Writings of the Young Marx on Philosophy and Society,* Vol. 1, Garden City, N. Y.: Doubleday, 1967, p. 146.

가 가족의 중산층 생활양식과 조상의 종교로부터 유리된 것에서 찾고 있다. 경위야 어쨌든 그의 조급성은 사회변혁을 은근하게 기다리지 못하는 데에서도 잘 나타나고 있다. 무엇보다도 맑스에게는 부분적인 해결이 기질적으로 맞지 않았다. 그는 "인간의 본성"과 같은 것이 있다는 어떤 생각도 경멸하고 무시하였다. 그가 생각하는 인간은 사회적 힘의 산물이다. 이 인간의 "본성"은 역사적 힘에 달려 있다. 그 본성을 깨닫기 위해 인간은 자신의 계급을 인식해야만 한다. 맑스는 영국인을 대표하는 "표준인"이 있다고 상상한 벤담을 터무니없다고 생각했다. 그는 이렇게 빈정되었다. "이 괴상한 표준인과 또 그의 세계에 유용한 것은 무엇이든지 절대적으로 유용하다."[22)]

맑스의 인식은 전부(全部) 아니면 전무(全無)의 총체적이라는 말로 가장 잘 표현할 수 있다. 과학적 유물론은 모든 것을 설명한다. 자본주의와 사회는 맹목적 힘으로서 완전하고 완벽하다. 자본주의와 사회를 부분적으로 수정할 수는 없다. 왜냐하면 각 부분은 분리될 수 없기 때문이다. 엥겔스는 이렇게 말했다. "세계의 진정한 통일성은 그 물질성에 있으며, 이것은 증명된 것이다."[23)]

어쨌든 맑스가 혁명을 설파한 것은 사실이지만 그 자신은 활동가가 아니었다. 그가 주로 머문 곳은 도서관이었으며, 평생동안 일하는 시간의 대부분을 여기서 보냈다. 인간의 생각과 사상에 그가 기여한 공헌은 말할 수 없을 정도로 엄청나다. 역사, 철학, 경제학, 사회학에 대한 그의 연구는 후세의 모든 중요한 사상가들에게 영향을 주었다. 하지만 "맑스주의"(*marxism*)를 구성하는 것이 무엇인가에 대해서 어떤 일반적인 합의가 있

---

22) Karl Marx, *Das Kapital,* London: Swan Sonnenschein, Lowrey, 1887, 1 : 609.

23) Friedrich Engels, *Anti-Duehring,* Moscow: 1959. 다음 책에서 재인용. Andrew Collier and Timothy O'Hargan, *Social and Political Philosophy,* Atlantic Highlands, N. J.: Humanities Press, p. 58. Kilroy-Silk는 엥겔스의 《반듀링론》이 맑스주의를 종합적으로 가장 잘 요약한 책이라고 한다. Robert Kilroy-Silk, *Socialism Since Marx,* Harmondsworth: Penguin Books, 1972, p. 4.

는 것은 아니다. 사실 맑스 자신도 자신이 맑스주의자가 아니라는 말을 언젠가 농담조로 한 적이 있다. 맑스와 부합되는 "주의"(*ism*)의 본질을 찾기 위해 그의 글을 놓고 수수께끼 풀이를 한 사람은 수도 없이 많다. 혹자는 맑스를 선동가, 선전가, 역사철학자, 경제학자, 경제사학자, 사회학자, 정치학자, 도덕가, 휴머니스트 등으로 규정하기도 했다.[24] 맑스와 밀이 예언한 결과는 사뭇 다른 것이었다. 맑스는 이기적인 개인에 대해 사회가 궁극적으로 승리하리라고 보았고, 밀은 사회의 압력에 대한 개인의 승리를 예견했다. 하지만 이 두 사람은 그들이 상상했던 이상으로 많은 공통점을 가지고 있었다. 펠릭스 오펜하임은 맑스와 밀이 자유에 대한 강력한 복무, 즉 "각자의 자유로운 발전이 모든 사람의 자유로운 발전의 조건이 되는 그러한 사회라는 궁극적으로 똑같은 목적"을 공유하고 있다고 주장한다.[25] 카우프만은 같은 생각을 좀더 완곡하게 표현하고 있다. "밀이 생각하는 좋은 삶이란 벤담의 행복한 인간 개념보다 맑스의 소외받지 않은 인간 개념과 더 비슷하다."[26] 그레이엄 던칸은 맑스와 밀이 그들의 사상적 차이에도 불구하고 "자율성과 활동성 그리고 진정한 의식과 사회성이 돋보이는 그들의 인간개념 사이에는" 분명히 유사한 점이 있다고 본다.[27] 여기에 한마디 보태자면, 두 사람 모두가 자신의 합리성을 주장하고 관념적인 세계를 반대함에도 불구하고 그들의 상상 속에는 유토피아적 이상이 깔려 있다는 것이다. 한편 제이콥 탈몬과 같은 사람들은 두 사람 사이에 거대한 간극이 있다고 본다. 즉 맑스의 구원사상은 "모든 모순의 최종적인 해결을 갈망하는" 전체주의적 성격이 있는 반면에 밀의 사

24) Kilroy-Silk, 앞의 책, p. 5.

25) Felix Oppenheim, *Moral Principles in Political Philosophy,* New York: Random House, 1968, p. 54.

26) W. A. Kaufman, "Wants, Needs, and Liberalism," *Inquiry,* 14, no. 3 (Autumn 1971): 202.

27) Duncan, 앞의 책, p. 293.

상은 자유주의적이고 개방적이라는 것이다.[28] 살윈 샤피로는 훨씬 더 단정적으로 말하고 있다. "밀의 글에서 맑스의 글로 넘어 가 본 사람이면… 참을성 많은 민주주의적 자유주의에서 참을성 없는 권위주의적 공산주의에로의 변화를 예민하게 느끼게 된다."[29]

논평가들 사이의 이러한 논쟁은 최종적으로는 이데올로기에 대한 논쟁으로 빠지는 경향이 있다. 확실히 맑스는 밀보다 더 규정적인 편이었다. 그의 사고방식은 총체적이었는데, 말하자면 사회의 다양한 부분이 결합하여 하나의 완전한 전체성을 이루어 사회가 철저히 통합된 것으로 보았다. 맑스가 본 사회의 중심에는 계급투쟁이 있고, 자본주의가 전복당하고 지배계급의 노동자 착취가 멈추는 그 날까지 계급투쟁은 계속될 것이라고 말했다. 밀의 입장은 다원주의적이었다. 즉 사회는 통합되어 있지 않고 다른 많은 부분들로 이루어져 있다. 이들 각 부분이 제대로 작동하지 않을 때에는 개혁할 수 있다. 아니다, 개혁시킬 수 없다 라고 맑스는 말한다. 부분은 전체로부터 분리될 수 없다는 것이다. 오직 혁명만이 체제를 고칠 수 있지 개혁은 그렇게 할 수 없다. 밀과 맑스 모두가 자기 주변의 사회가 부당하고 횡포한 것으로 보았다. 밀은 그것이 점진적인 개혁으로 고칠 수 있다고 믿었던 반면에 맑스는 밀의 자유주의적 처방이 소용없다고 믿었던 것이다.

맑스가 밀에 대해 언급한 적은 드물지만 실제로 이와 같은 내용을 말한 적은 있다. 그는 밀이 호감이 가는 사람이긴 하지만, 자본주의 정치경제학과 노동계급이라는 양립할 수 없는 것을 조화시키려고 함으로써 불가능한 것을 이루고자 애쓴다고 생각했다. 맑스가 보기에 밀은 너무나 혼란스런 타협가였다. 하지만 부르주아 학자들에 대한 그의 비판이 거의 모두

28) Jacob Talmon, *The Rise of Totalitarian Democracy,* Boston : Beacon Press, 1952, p. 254.

29) J. Salwyn Schapiro, "Comment on Lewis Feuer's Discussion of John Stuart Mill and Marxian Socialism," *Journal of the History of Ideas* 4 (1943) : 304.

대단히 혹독했음에도 불구하고, 맑스는 신기하게도 밀에 대해서는 부드러웠다.

> 비록 존 스튜어트 밀과 같은 사람들은 그들의 전통적인 경제적 도그마와 그들의 근대적 성향 사이에 존재하는 모순 때문에 비난받아 마땅하지만, 이들을 천박한 경제 옹호자의 속물로 분류하는 것은 잘못일 것이다.[30)]

모든 점을 고려할 때 맑스와 밀 사이의 유사성은 부인할 수 없고, 특히 언론의 역할에 대해서는 그러하다. 두 사람 모두가 각자의 방식으로 언론을 조작자 내지는 사회에 크게 도움이 될 수 있는 도구로 생각했다. 맑스에게는 언론이 독자가 자기 삶의 실상을 깨닫는데 이용되어야 할 존재였고, 밀과 그의 아버지에게는 언론이 보다 나은 삶을 위해 필요한 변화의 길을 지시하는 도구였다. 그들의 길은 각각 달랐으나 신기하게도 두 사람은 모두 종합가였다. 맑스는 모순적인 세력간의 종합을 발견했고, 밀은 모순적인 사상을 조화시키는 종합을 발견했다. 미국 언론인의 직업 이데올로기는 밀과 맑스, 두 사람 모두에게 많은 빚을 지고 있는 것이다.

30) Marx, *Das Kapital,* pp. 610~611. Duncan, 앞의 책, pp. 293~294 참조.

제 6 부

대중사회 : 자본주의와 진화론
The Mass Society : Capitalism and Darwinism

월트 휘트맨(Walt Whitman : 1819~1892) :
"당신은 사물을 더 이상 간접적으로 얻지 않을 것이며… 죽은 자의 눈을 통해 보지도 않을 것이며… 책 속의 허깨비에 매달려 살지도 않을 것이며, 내 눈을 통해서 보지도 않을 것이며, 나로부터 사물을 얻지도 않을 것이니, 당신은 모든 측면을 듣게 될 것이고 당신 스스로 그것을 걸러내게 될 것이다."

호레이스 그릴리(Horace Greeley : 1811~1872) : "사건을 일차적으로 해석하고, 정책을 제시하며, 오래된 잘못을 수정하고, 진보의 길을 따라 더 많은 탐색의 빛을 앞으로 내던지지 못하면 결코 언론의 참맛을 보여 주었다고 할 수 없다. 언론의 직분은 인도하는 것이다."

| 제 29 장 |

서론 : 무한정 기회의 땅

Introduction : The Land of Unlimited Opportunity

아메리카 대륙에서 19세기는 성장의 시기였다. 미국은 국경선을 서쪽으로 서쪽으로 확대시켰고 경제는 계속 상승하고 있었다. 유럽인들에게 미국은 무한정 기회의 땅이었다. 이런 이미지를 결정적으로 촉진시킨 것은 그 무엇보다도 언론이었다. 자신의 땅임을 주장하는 말뚝을 받고 힘자라는대로 열심히 일한다면 경제적으로 나아지게 되고 잘하면 큰 재산을 모울 수 있을 뿐만 아니라, 이보다 훨씬 어려운 일이긴 하지만 더 높은 사회계층으로 신분상승까지도 가능하다는 것이었다. 토크빌이 관찰한 바와 같이 평등은 당대의 신이었다. 물론 그 평등은 제한적인 것이었다. 흑인은 평등을 감히 꿈꿀 수 없었고 인디언과 여자도 그랬다. 그러나 백인은 이 문제로 크게 고통받을 일이 없었다. 백인들은 성장이 약속하는 보상을 찾는데 몹시 분주하였다.

19세기의 성장은 미국적인 현상만은 아니었으며, 산업혁명의 과실은 전유럽에서도 볼 수 있었다. 그러나 여기에는 중요한 차이가 있었다. 유럽에서는 한정된 땅이라는 심각한 문제가 있었다. 거기서는 모험적인 개인이 말뚝을 박아 자기 땅임을 주장하는 것이 불가능하였다. 미국의 유혹은 땅의 유혹이었다. 그리고 땅과 더불어 기회의 균등도 왔다. 대서양 건너 행운을 찾아 수많은 이민들이 유럽 각국에서 몰려 들었다. 이민들과 함께 다양한 각종 문화도 함께 들어 왔고, 그들은 다른 언어를 사용하고 다른 역사를 기억하고 있었다. 이 다양한 사람들을 하나로 묶고 있었던 것은 억누를 수 없는 낙관론, 즉 이 신세계에서는 그들의 꿈을 실현시킬 수 있는 기회가 반드시 온다는 믿음이었다.

이 새로운 나라를 하나로 통합하는데 있어서 신문과 잡지는 없어서는 안될 존재였다. 극도의 다양성 속에서 공동체에 대한 관심이 발전하기 까지에는 다른 어느 기관 못지 않게 언론이 큰 책임을 지게 되었다. 오직 학교만이 통합의 도구로서 언론과 견줄 수 있을 정도였다.[1] 미국 언론의 이데올로기를 이해하기 위해서 기억해 두어야 할 중요한 사항은 언론이 19세기 미국의 팽창에 결코 방관자가 아니었다는 사실이다. 오히려 언론은 미국의 팽창과정에서 필수불가결한 요소였다. 사실 언론은 전진의 나팔이었고 낙관론의 복음이었다.

19세기는 대중사회의 등장으로 특징지어진다. 과학기술은 대량생산, 대량판매, 대중광고의 수단을 제공하고, 물론 대중매체까지 가능하게 하였다. 신문과 잡지에서 전파되는 수많은 목적과 열망 가운데 근본적으로 언론에서 비롯된 것은 있다고 하더라도 극히 드물었다. 이것들은 자본주의의 목적과 열망이며, 팽창하는 자유시장경제의 목적과 열망이었다. 이 자유시장에서 신문과 잡지는 경제적·사회적 상향이동의 중요한 매개물

---

1) 미국사회의 발전에서 학교와 협회가 차지했던 중요성에 대한 설명으로는 다음을 참조하라. Peter Dobkin Hall, *The Organization of American Culture, 1700-1900: Private Institutions, Elites, and the Origins of American Nationality*, New York: New York University Press, 1984. 또한 다음 책도 참조. Carl Kaestle, *Pillars of the Republic: Common Schools and American Society 1780-1860,* New York: Hill and Wang, 1983.

이었다. 편집인과 기자는 그들 환경의 산물이다. 따라서 언론이 이제 등장하고 있던 대중사회의 복음을 전파했다는 것은 놀라운 일이 아니다. 대중사회의 복음과 관련하여 온갖 논의가 19세기의 마지막 30여년 동안에 주로 쏟아져 나왔다. 그러나 이러한 논란은 수단에 관한 것이었지 목적에 관한 것은 아니었다. 오늘날 우리가 아메리칸 드림이라고 부르는 것을 충실히 믿고 있던 사람들의 희망과 낙관은 수정이 됐을 망정 외면되지는 않았다.

미국 건국의 아버지들은 그들 자신이 과학을 존중한 사람들이었고 기회와 진보의 세계를 예견하고 있었다. 그들은 젖과 꿀이 흐르는 땅을 꿈꾸었고 이제 그 꿈은 가까이 왔다. 언론인의 사상이란 대부분 독창적인 것이 아니기 때문에, 19세기의 위대한 언론인들이 미국 철학에 공헌한 바는 그 독창성에 있는 것이 아니라 20세기에 우리가 흔히 홍보(PR)라고 부르는 바로 그러한 점에 있다.

19세기와 20세기에 미국 언론인의 신념체계가 어떻게 발전했는가를 알고자 하는 사람이라면 마음 속에 주의깊게 간직해야 할 몇 가지 사항이 있다. 우선 이데올로기란 대부분 분명하게 드러나지 않는 법이지만 때로는 그 조용함 때문에 더욱 강력하다. 우리가 여기서 말하는 것은 가슴 속에 잠겨 있는 개념과 태도이며, 이것은 거의 사상과 의식적 철학의 영역 바깥에 있는 것이다. 잊어서는 안될 것이 미국인들, 그중에서도 미국의 편집인들은 자신들이 영국의 사상과 프랑스 계몽주의 사상이 함께 실험되고 있는 일종의 실험실에 살고 있는 것으로 생각했다는 점이다. 사상은 언제나 경험에 의해 수정된다. 그러나 근본적인 이데올로기는 그대로 남아 변하지 않고 미화된다. 또 한 가지 염두에 두어야 할 것은 사상의 성장을 검토하는데 있어서 시대순으로 유형을 나열하는 것은 종종 아무런 쓸모가 없다는 점이다. 어떤 사상은 사라져서 갑자기 다른 형태로 나타난다. 이런 이유 때문에 우리가 여기서 사용하는 접근방식은 연대기적 방식이 아니라 주제와 토픽 위주의 방식이다. 말하자면 어느 시대에서 다음 어느 시대로 시대순서에 따라 움직이지 않는 것이다. 사상이란 시대순서에 따라 나타났다가 사라지는 것이 아니기 때문이다.

따라서 제 6 부와 그 다음의 4개부는 각 부를 하나의 패키지로 보아야 하며, 각 부는 미국 언론인의 신념체계인 직업 이데올로기에서 중요한 요소 하나씩을 다루게 된다. 제 6 부에서 중심적인 요소는 **낙관주의**이다. 낙관주의는 미국인의 경험에서 언제나 중심적인 것이었으며, 19세기에 미국이 서부로 팽창함에 따라 사람들 사이와 신문의 지면에서 극적으로 성장하였다. 제 7 부의 핵심주제는 미국인의 가장 위대한 철학적 공헌인 **실용주의**인데, 실용주의는 막 20세기로 접어들 무렵 발생하여 그후 오랫동안 미국의 기자와 편집인들에게 삶의 길이 되었다. 제 8 부의 핵심주제는 **탐사언론**이며, 이것은 추문폭로가(muckraker)의 시대에 새로운 절정을 맞았다가 오늘날까지 지속되고 있는 언론전통이다. 제 9 부는 **언론의 힘**을 주제로 하고 있는데, 과학기술의 진보가 미국 뿐만 아니라 세계 전체의 진로를 변화시키고 있는 이 상황에서 미국의 매스미디어, 특히 텔레비전의 상대적인 위력에 대해 질문을 던진다. 제10부의 핵심주제는 **회의론**인데, 회의론은 하나의 이상으로서 사실상 오늘날 미국 언론인의 명시적인 직업 이데올로기를 대표한다고 볼 수 있다.

19세기와 20세기에서 사상과 경험의 상호작용을 추적하기란 결코 용이한 일이 아니다. 스위스의 역사학자 부르크하르트는 복잡한 사건을 무의미하게 축소시켜 세계에 대한 그림을 왜곡시킴으로써 우리를 현혹시키는 "끔찍한 단순주의자"에 대해 경고한 바 있다.[2] 왜곡은 종종 사건을 억지

2) Jakob Burckhardt, *Kultur und Macht,* ed. Michael Freund, Potsdam: Alfred Protte, 1934. Peter Viereck, *Conservativism Revisited: The Revolt Against Revolt,* New York: Scribner's, 1949, pp. 34~36, 143에서 재인용. Burckhardt는 제1차 세계대전 전에 이렇게 말하였다. "유럽을 횡행할 끔찍한 단순주의자들에 대해 내가 생각하고 있는 그림은 결코 유쾌한 것이 못된다… 야만적인 힘이 지배하고 반대파에 대한 침묵이 강요되고… 이러한 권력은 오직 악마로부터만 나올 수 있다… 일인의 독재자 지배하에 기나긴 자발적 복종이 전망된다." Burckhardt의 견해를 좀 더 알고 싶다면 그의 《힘과 자유》참조하라; *Force and Freedom,* New York: Pantheon Books, 1943.

로 연대기적 형태로 만들고자 할 때 나타난다. 주제에 따른 접근방식은 연대기적 나열에 의한 왜곡은 피할 수 있지만 다른 문제를 야기시킨다. 즉 순환과 반복의 문제를 어떻게 피하느냐는 것이다. 우리는 여기서 부르크하르트의 충고를 따르기로 한다. 따라서 우리가 실수하게 된다면 그것은 복잡한 문제에서 단순한 해답을 찾는 그런 실수라기보다는 같은 말을 되풀이하는 실수가 될 것이다.

제 6 부는 철학적 낙관주의와 관련된 네 가지 주제하에 미국 언론인의 신념체계를 검토함으로써 시작한다. 이 네 가지 주제는 그 자체로 독립적인 하나의 단위를 이루지만 마치 노래의 멜로디처럼 각 주제가 다른 주제와 서로 관련되어 상호작용한다.

첫번째 주제는 미국이 과거나 지금이나 기회의 땅이라는 확신으로부터 나온 것이다. 즉 지금은 더 이상 옛날처럼 그렇게 무한정 기회의 땅은 아니더라도 그래도 여전히 스스로 열심히 일하면 기회를 잡을 수 있는 곳이라는 확신이다. 두번째 주제는 오늘날까지 언론인을 포함해서 미국인 대부분의 가슴과 정신을 지배하는 시장경제 자본주의의 힘과 또한 다윈의 진화론에 의한 경제체제와 미국 혁명사상과의 상호작용을 다룬다. 세번째 주제는 미국의 팽창과 확대를 다룬다. 지리적으로 미국은 서쪽으로는 태평양, 남서쪽으로는 리오 그란데강까지 팽창했고, 이 팽창은 수백만의 이민을 끌어 들였다. 또한 모든 남자가(때로는 모든 여자까지) 동등한 가치와 중요성을 갖게 되는 대중사회의 발전을 수반했으며, 대중사회는 과학과 기술의 성취에 의해 가능하였고 미국에서 과학기술의 업적은 자본주의의 그것에 비길만한 영광스런 지위가 부여되었다. 제 6 부의 네번째 주제는 미국인의 삶에서 차지하는 지역사회(지역공동체)의 중요성을 다룬다. 여기서 말하는 지역사회는 로크와 루소가 공표한 사회계약 아래 우리가 “소속”되어 있는 곳으로서의 지역사회일 뿐만 아니라, 불운하게도 그곳에 살지 않는 모든 사람이 부러워 하는 그러한 장소로서의 지역사회이다. 이런 맥락에서 우리는 미국의 언론 이데올로기에서 “지역주의”의 참뜻이 지니는 중요성을 보게 되는데, 지역주의는 종종 지역경계선 밖에 대한 경멸을 수반하였으며 미국인의 독특한 편협성을 보여준다.

제 7 부는 개혁적인 인민주의(*populist*)운동과 혁신주의(*progressive*)운동이 미국의 대외적 팽창과 상호작용할 때, 그러한 운동을 자극시킨 개혁주의 정신이 언론인의 이데올로기에 끼쳤던 영향에 주목한다. 동시에 가장 미국적인 철학인 실용주의 사상의 진수도 살펴 보고자 한다. 여기서 우리는 윌리암 제임스와 존 듀이의 철학적 공헌을 검토하고 이들이 미국 언론인들에게 엄청난 영향을 주었음을 보여 주게 될 것이다. 이런 맥락에서 국민의 알 권리라는 개념의 철학적 뿌리에 대해 생각해 보고, 지역사회에 대한 믿음의 부산물인 강렬한 애국심에 주목한다.

제 8 부는 황색 언론인과 추문폭로가의 생각과 행동이 남긴 영향을 다룬다. 이들은 19세기 말경에 나타났는데, 이 당시는 그 동안의 희망이 너무 높았고 그 꿈은 너무나도 컸으며 세상의 이미지는 왜곡되었고 무한정한 진보는 환상에 불과하다는 것이 점점 분명해졌던 시기였다. 초기의 낙관적 열정은 점점 사라지고 많은 신문과 잡지들이 비판과 부정의 매개물로 되어 갔다. 그러나 심지어 추문폭로가조차도 그러한 이미지를 비난하는 것은 질색이었다. 대부분의 경우 그들의 비판은 꿈에 대한 비판이 아니라 현실에 대한 비판으로 한정되었다. 그들은 식민지 시대의 비판적 언론의 전통을 따르고 있었으나 젱거나 알렉산더보다 결코 덜 낙관적이었던 것은 아니었다. 그것은 간단히 말해 또 하나의 다른 낙관주의였던 것이다. 그 꿈은 똑같은 것이었다. 현대적인 추문폭로, 즉 오늘날 탐사언론이라고 알려진 현상을 살펴 보기 전에, 우리는 점점 증가하는 언론의 자기비판과 허친스위원회와 같은 외부로부터의 비판에 의해 입증된 언론인 신념체계상의 변화를 검토하고자 한다.

제 9 부는 언론인의 신념체계 속으로 최근에 유입된 요소들을 다루고자 한다. 이러한 것들은 언론인이자 철학자인 월터 리프만이나 신학자 레인홀드 니버를 포함해서 좌우파의 많은 사회사상가나 정치사상가의 글에 의해서 뿐만 아니라 메카시즘이 남긴 상처에 의해서도 영향을 받았다. 우리는 또한 탐사적 언론의 성장과 어깨를 겨누는 일련의 "새로운" 언론(뉴

저널리즘)에 대해서도 주목하고자 한다. 언론인의 "힘"에 대한 질문은 전 부통령 스피로 애그뉴에 의해서 가장 극적으로 제기되었다. 우리는 애그뉴 주장의 핵심을 검토하고 그것을 언론인의 신념체계라는 맥락에 놓고 볼 것이다.

제10부는 현대 과학기술의 영향과 그것의 최고 대변인인 낙관론자 마샬 맥루한과 비관론자 해롤드 이니스를 추적한다. 또한 현대 미국 언론인의 신념체계가 미국인의 사상적 주류에서 벗어나 "적대문화"를 형성하게 되었다는 주장을 심도있게 검토할 것이다. 이런 맥락에서 언론인과 매스미디어 학도 모두가 언론윤리에 대해 보여주고 있는 최근의 관심을 깊이 살펴 보고, "직업적 회의론"을 미국 언론인의 기본 이데올로기로 지적하고자 한다.

하지만 당장의 우리의 관심은 언론인이자 시인이었던 월트 휘트맨과 같이 그 꿈(아메리칸 드림)을 찬양했던 사람에게 있다. 휘트맨은 아마도 무조건적 낙관주의 시대의 첫째가는 홍보인(*PR man*)이라고 할 수 있는데, 그의 찬양은 너무나 심하여 아메리카가 그 꿈을 노래하는 것을 들을 수 있다고 할 정도였다.

| 제 30 장 |

월트 휘트맨과 아메리카의 복음

Walt Whitman and the Gospel of America

믿음은 19세기 미국의 신념체계에서 결정적인 요소였다. 그리고 이 믿음과 함께 미국 특유의 낙관주의가 나타났다. 유럽의 오래된 나라 사람들에게는 신세계의 그 어떤 것도 이 낙관주의가 풍기는 분위기보다 더 매력적인 것이 없었다. 버트랜드 러셀은 19세기를 "자유주의적 낙관주의의 시대"[1]라고 묘사한 적이 있다. 미국은 그러한 낙관주의의 가시적인 상징이었다.

철학적으로 낙관주의는 인간본성에 대한 특별한 형태의 믿음에 뿌리를 두고 있는 목적론적 교의이다. 우리의 삶은 어떤 목적을 가져야만 한다. 고대 스토아 학파가 그랬던 것처럼 인간의 삶을 단순히 영웅적인 고난의 형태로만 생각하는 것은 충분치 않으며, 로마 가톨릭 철학자들이 주장하

---

1) Bertrand Russell, *A History of Western Philosophy*, New York: Simon and Schuster Touchstone, 1945, p. 746.

는 바와 같이 단순히 내세에 들기 위해 이 지상의 고통을 감내하는 것도 충분하지 않다. 철학적 낙관주의자들에게 인생은 결코 비극적인 체험이 아니라 긍정적인 선이다. 자유롭고 개인적인 인간으로 행동함으로써 각자는 하느님의 의지를 표현하는 동시에 이 지상에서 그 보상을 수확하는 것이다.

계몽사상가들이 촉발시킨 낙관주의의 정신을 가장 강력하게 받아들인 미국인은 미국 역사상 가장 유명한 시인인 월트 휘트맨이었다.[2] 휘트맨은 미국의 영광, 미국의 종교, 미국의 사상과 같은 말들을 처음으로 만들어낸 사람은 아닐지 몰라도 이러한 은유가 상징하는 이데올로기를 가장 잘 대변한 인물이었다. 우리는 이러한 은유에서 헤겔의 이데아 사상의 전통을 볼 수가 있다. 헤겔의 이데아 사상은 유럽에서 공부한 미국 지식인들에 의해 대서양을 건너 왔는데, 그러한 지식인들 가운데서 특히 시인이자 논설가였던 랄프 왈도 에머슨이 유명하며 에머슨이 휘트맨에게 끼친 영향은 방대하였다.

휘트맨에 의하면 미국의 위대함은 전세계 보통사람들의 마음을 끄는 매력과 억누를 수 없는 낙관주의, 개인을 국가의 사회구조 속으로 융합시키는 비전(vision), 서부해안까지 펼쳐진 땅에 의해 제공되는 무한한 기회

---

2) 패링턴은 휘트맨을 가르켜 "장담하건대 우리 문학에서 가장 위대한 인물"이라고 말하고 있다(Vernon L. Parrington, *Main Currents in American Thought,* 3 vols, New York : Harcourt Brace, 1958, 2 : 86). 패링턴의 이 기념비적 저작은 첫 두권이 1927년에 발간되었고, 제3권은 그의 사후인 1930년에 발간되었다. 제2권의 부제는 〈미국의 비판적 사실주의의 시작, 1860~1920〉 (*The Beginnings of Critical Realism in America,* 1860~1920)이다. 미국 시문학에 대한 휘트맨의 역사적 공헌이라 할 수 있는 《풀잎》(*Leaves of Grass*) 그 초판이 1855년에 발간되었다. 휘트맨은 이 시집을 계속 개정했는데 최종판은 그가 죽던 해인 1892년에 발간되었다. 우리는 여기서 카플란이 쓴 휘트맨의 다음 전기에 주로 의존하고 있다. Justin Kaplan, *Walt Whitman: A Life,* New York : Simon and Schuster Touchstone, 1986. 간략한 설명으로는 Parrington, 앞의 책, 3 : 69~86을 참조.

에 있다고 한다. 그 어느 누구보다도 휘트맨은 미국에 대한 열정적인 헌신을 구체화했으며, 그것은 미국 역사와 신문의 지면을 지배해 왔다. 그리고 그 많은 미국의 복음전도사들과 마찬가지로 휘트맨도 처음 언론인으로 출발했다.

휘트맨은 "미국의 사상"이 미국 국민 그 모두의 사회적 정신적 연대에 있다고 말했다.[3] 토마스 페인의 열렬한 찬양자였던 휘트맨은[4] 페인이 죽은지 반세기 후에, 페인의 낙관주의 이데올로기의 핵심을 다시 주장했는데 여기에는 다만 한 가지 중요한 차이점이 있을 뿐이었다. 그 차이점은 휘트맨이 논설가가 아니라 기자로 활동했다는 점이다. 휘트맨은 그 사상의 철학적인 내용을 논의하기 보다는 그것이 실행되는 모습을 묘사하였다. 그에게 사실은 절대적인 것이었다.[5]

휘트맨의 언론인 경력은 그가 16세 견습생이던 1831년부터 시작되었다. 그 이후 중간에 몇 번 쉬었던 적은 있지만 생애 대부분을 언론인으로 보냈고, 1855년에 혁명적인 걸작시 《풀잎》을 발간하고 난 뒤 몇 년 후 신

---

3) Horace Traubel, *With Walt Whitman in Camden,* 5 vols., Philadelphia : University of Pennsylvania Press (1906~1964), 1 : 13에서 인용.

4) 휘트맨은 페인이 "지독한 비방을 받았던" 위대한 인물이라고 평가했다. Moncure D. Conway, *The Writings of Thomas Paine,* New York : AMS Press, 1967, 2 : 422~423을 참조. Conway는 휘트맨이 페인에게 바친 시적 찬사를 인용하고 있다. Kaplan, 앞의 책, p. 57, 116~117도 역시 참조하라.

5) 휘트맨의 언론활동이 그의 시인으로서의 예술성에 미친 영향을 탁월하게 검토한 것으로는 다음을 참조. Shelley Fisher Fishkin, *From Fact to Fiction : Journalism and Imaginative Writing in America,* Baltimore: Johns Hopkins University Press, 1985, pp. 13~51. 또한 Kaplan의 앞의 책도 참조. 휘트맨의 또 다른 전기작가인 Zweig는 휘트맨의 언론에 대해 전적으로 경멸감을 표시하며 그것을 "우중충하다"고 묘사한다 (Paul Zweig, *Walt Whitman : The Making of a Poet,* New York : Basic Books, 1984, pp. 3~4). 놀랍게도 Zweig는 휘트맨이 썼다고 알려져 있는 기사 가운데 일부가 정말로 휘트맨이 썼는지 의문을 표시하고 있다.

문사 전임생활을 포기했다.[6] 그는 언론을 떠나는데 좀 망설였던 것으로 보이나, 결국은 시간과 공간 및 편집인의 기대 등에서 오는 제약이 스스로에게 너무 부담스럽다고 생각하였다. 지금까지 이것은 비단 그만의 생각은 아니었다. 어쨌든 휘트맨은 자신이 훌륭한 언론인이 되지 못했다고 주장한다. 왜냐하면 그의 의견은 모호하고 "너무 뒤늦게 나타나서 즉각적인 결정을 요구하는 상황에는 쓸모가 없었다"는 것이다.[7] 실제로 휘트맨이 자신과 뜻이 맞는 상사를 만났더라면 마지막 날까지 언론인으로 남았을지 모른다.[8] 당시에 신문일이란 어느 역사학자가 말한 것처럼 "끔찍하게 불안정한 직업"이었다.[9] 분명히 휘트맨은 신문이 미국인의 생활에서 대단히 중요한 요소라고 생각했다. 한번은 그가 미국과 유럽의 차이를 이렇게 말한 적이 있다. 즉 미국은 국왕에 의해서가 아니라 신문에 의해 지배된다는 것이다.[10]

대부분의 전기작가들은 언론인으로서의 휘트맨이 뛰어났던 것으로는 보지 않는다. 그러나 휘트맨은 신문기사를 통해 뉴욕의 세계를 살아있는 생생한 글로 만드는 탁월한 재능을 보여 주었고, 이러한 스타일은 발전되어 나중에 그의 작품을 지배하게 되었다. 언론인으로서 그리고 나중에는 시인으로서 그는 사실에 많은 흥미를 느꼈다. 안목이 대단히 예리한 기자였던 그는 뉴욕시의 거리를 따라 일련의 "산책"을 하면서 목격한 사건을 상상력 풍부한 눈으로 해석하여 《오로라》지에 기고했다.[11] 훗날 월트 크

6) 특별한 언급이 없으면 휘트맨의 《풀잎》에 대한 인용은 1855년에 발간되고 코울리의 다음 책에 재인쇄된 초판에서 따온 것이다. Malcolm Cowley, ed., *Leaves of Grass*, New York: Penguin Books, 1975.

7) Kaplan, 앞의 책. p. 248; Traubel, 앞의 책, 1 : 249.

8) Kaplan, 앞의 책, passim.

9) 위의 책, p. 104.

10) 위의 책, p. 128. *Brooklyn Eagle*의 기사에서 인용한 것.

11) 예를 들면, 화재장면을 보도한 그의 기사(1842년 4월 1일자 New York Aurora의 'Scenes of Last Night') 가운데 일부인 다음을 보라. "여기저기 물웅덩이와 긴 호스파

롱카이트의 CBS 저녁 뉴스를 아마도 이런 이미지로 표현할 수 있겠지만, 휘트맨은 그가 "삶의 그림을 있는 그대로" 제공하고 있다고 말했다.[12)]

휘트맨은 소설이나 지어낸 이야기보다 사실이 훨씬 낫다고 말했다. 그는 1851년에 《뉴욕 포스트》지의 한 기사에서 말하기를, 드라마보다는 산책을 하다가 만나는 들판과 물과 나무와 사람들이 그의 흥미를 더 끈다고 했다.[13)] 4년 뒤 《풀잎》의 서문에서 휘트맨은 "모든 픽션과 소설보다 진짜가 우월함"을 믿는다고 선언하였다.[14)] 그리고는 다음과 같이 말하고 있다. "미국 자체가 본질적으로 가장 위대한 시(詩)이다… 역사를 적절히 말해 주는 순간 소설은 더 이상 필요하지 않다."[15)] 휘트맨은 독자들에게 촉구하는 다음의 말에서 언론인의 사실과 시인의 상상력 그리고 미국의 이상을 함께 연결하고 있다. "당신은 더 이상 사물을 간접적으로 얻지 않을 것이다. 당신은 모든 측면을 듣게 될 것이고 당신 자신이 그것을 걸러내게 될 것이다."[16)]

이프들은 보행자들의 안전을 위협하고, 어지러운 소란과 소방차의 사이렌소리와 탁탁 소리내며 치솟는 불길과 이번 불로 집을 잃은 사람들의 한탄소리가 가까이 다가갈수록 더욱 크게 들려 보는 이의 귀를 멍멍하게 만들었다… 이 수라장 가운데에서도 제일 안타까운 것은 와들와들 떨고 있는 여자들의 모습으로 그들의 눈은 눈물로 충혈되어 있었다. 많은 여자들이 군중 속으로 거칠게 뛰어 다니고 있는데, 근처 연기나는 잿더미에 묻혀 있을지도 모르는 가족을 찾고 있음이 틀림없었다. Fishkin, 앞의 책, pp. 20~21에 재인쇄.

12) 'Life in a New York Market,' *New York Aurora,* March 16, 1842. Fishkin, 앞의 책, p. 15에 재인쇄.

13) *New York Evening Post,* July 27, 1851. Emory Holloway, ed., *The Uncollected Poetry and Prose of Walt Whitman,* Garden City, N. Y.: Doubleday, Page, 1921, p. 248에서 인용.

14) Whitman, 《풀잎》, p. 5.

15) 위의 책, p. 5.

16) 위의 책, p. 26. 두번째 페이지에 휘트맨은 다음과 같이 썼는데, 이것은 분명히 의식하

휘트맨의 민주주의에 대한 이미지는 대중의 상상력을 사로잡았을 뿐만 아니라, 언론인을 비롯한 일반 미국인의 가치체계로 스며 들어 갔다. 휘트맨의 민주주의에 대한 이미지는 결코 독특한 것은 아니었다. 개척자를 이상화(理想化)한 점에 있어서 새로운 것은 전혀 없었다. 간단히 말해서 미국은 결국 개척자의 나라가 아니었던가. 그러나 휘트맨은 새로운 무언가를 보태었다. 그의 민주주의에 대한 이미지에서 중심적인 인물은 분명히 건축인 — 목수와 벽돌공 — 이었다. 그러나 이 건축인은 서부개척자의 통나무집 뿐만 아니라 도시의 구조물도 건설했다. 휘트맨의 이미지에서, 구체적으로 마천루 속에 나타난 것이든 목장 속에 나타난 것이든 간에 프런티어의 도전이 끌어들인 "새로운 민주적 인간"은 바로 이것이었다. 그리고 토크빌이 미국에서 (다소의 불안감을 갖고) 탐지했던 평등사상을 뛰어넘어, 휘트맨은 박애사상과 미국인의 형제애 그리고 "다양함 속의 일치" 또는 "하나 속의 다수"를 찬양하였다. 이렇게 함으로써 그는 당대의 사람들을 뛰어넘어 — 은유로서 또 현실의 이미지로서 — 오늘날까지 지속되고 있는 미국의 형상을 그려냈으며, 그것은 신성한 개인과 그 개인과 똑같이 신성한 통일된 사회질서를 함께 영원히 포용하게 하는 것이었다. 민주주의에 대한 이와 유사한 관점이 20세기에 미국의 위대한 철학자 존 듀이에게 나타났는데, 이에 대해서는 나중에 살펴보게 될 것이다.

휘트맨의 이미지에서 민주주의는 "완전한 개인주의"와 "집단의 개념"을 결합시킨 것이었다. 여기서 "위대한 단어"는 단결이었다. 그는 (미국의) 남북전쟁에 대해 쓴 글에서, 국가도 개인과 마찬가지로 안타까운 갈

고 쓴 것은 아니지만 언론인에게는 좋은 충고가 될 것이다.

이 낮과 밤을 나와 함께 멈추시오. 그러면 그대는 모든 시의 원천을 갖게 될 것이니…

그대는 사물을 더 이상 간접적으로 얻지 않을 것이며… 죽은 자의 눈을 통해 보지도 않을 것이며… 책 속의 허깨비에 매달려 살지도 않을 것이니,

그대는 내 눈을 통해서 보지도 않을 것이며, 나로부터 사물을 얻지도 않을 것이니,
그대는 모든 측면을 듣게 될 것이며, 그대 스스로 그것을 걸러 내리라.

등 속에서 자신이 "하나라는 일체감"(*one identity*)을 찾기 위해 때로는 폭력적으로 투쟁한다고 말했다.[17] "하나 속의 다수"라는 휘트맨의 은유적 표현에서 전미국인은 이 하나라는 일체감에 동참하여 휴머니스트로서, 이상주의자로서, 혁명가로서 정의롭고 계몽된 사회질서를 만들기 위해 노력하였다.

> 미국의 의미는 민주주의이다. 민주주의의 의미는 개인의 주권과 자유와 신성함이라는 사상을 실천시키는 것이다. 이 사상은 모든 남자와 여자에게 정체감과 고립을 준다. 그러나 사랑이라는 사상은 억제할 수 없는 힘으로 모든 것을 융합하여 결합시킨다… 세번째 사상 — 말하자면 종교 — 역시 여기서 말해야 될 터인데, 이것은 다른 모든 사상과 사물을 삼켜서 정화시키며, 인간에게 무한한 의미와 운명을 제공하고 그를 모든 것에서 응축시킨다.[18]

휘트맨의 미국에 대한 비전은 그전과 그후에도 미국 언론인 사이에 존재해 왔던 것으로서 어디엔가 예언적인 구석이 있었다. 미국은 위대하고 훌륭하며, 미국이 훼손되었을 땐 이를 갈고 옷을 쥐어 뜯을 만한 이유가 있었다. 성경의 환상은 틀림이 없는 명백한 것이었다. 사실 휘트맨은《풀잎》을 "새로운 성경"이라고 말했다.[19] 그 당시의 많은 미국 지식인들과 마찬가지로 휘트맨도 시인이자 논설가였던 랄프 왈도 에머슨(1803~1882)이 제시한 자주적이고 민주적인 미국이라는 비전으로부터 큰 영향을 받았다. 휘트맨은《풀잎》원본의 서문에서 에머슨을 인용하여 다음과 같이 말했다. "세계는 젊다. 우리 역시 천상과 지상세계를 다시 통합하기 위해

---

17) Kaplan, 앞의 책, p. 300.

18) Whitman,《풀잎》, in C. J. Furness, ed., *Walt Whitman's Workshop,* Cambridge, Mass.: Harvard University Press, 1928, p. 171.

19) Kaplan, 앞의 책, p. 228. 또한 Richard Maurice Bucke, *Notes and Fragments,* London: A. Talbot & Co., 1899, p. 57.

성경을 써야만 한다."[20] 현세의 복음서를 쓰는 임무, 새로운 성경을 쓰는 임무는 익숙한 것이었다. 이 일을 하는데 있어서 에머슨을 비롯해 당대의 헨리 데이비드 쏘로우 (1817~1862)와 허만 멜빌(1819~1891)은 요한 볼프강 폰 괴테(1749~1832)와 프리드리히 폰 쉴러(1759~1805)와 같은 독일 소설가나 그들의 영국 찬미자 토마스 카알라일(1795~1881)로부터 커다란 영향을 받았다.

휘트맨의 생애 당시는 무언가에 들뜬 시대였다. 미국으로서는 성장과 팽창의 시대였을 뿐만 아니라, 탁월한 사상가와 작가 집단에 의해 서구인을 지배했던 사상이 의문시되고 있던 시기였으며, 우연하게도 이들의 대부분은 한번쯤은 언론인이었던 사람들이다. 거의 전 19세기에 걸쳐 살았던 휘트맨은 1819년에 태어나서 1892년에 죽었다. 당대의 유럽인으로서는 카알라일과 존 스튜어트 밀(1806~1873), 찰스 다윈(1809~1882), 칼 맑스(1818~1883) 등이 있었다. 또한 당시의 영향력있는 미국 작가와 지식인으로는 에머슨, 쏘로우, 멜빌, 호레이스 그릴리(1811~1883), 마크 트웨인(1835~1910) 등이 있었다. 이들 모두가 나름대로 미국 언론인의 이데올로기에 뚜렷한 자국을 남겼지만, 그 어느 누구보다도 휘트맨은 열정적인 감각의 "아메리카주의"에 불을 붙였고 이것은 그후 미국의 언론을 지배해 왔다.

비록 그 방법은 무척 달랐지만, 에머슨과 트웨인도 미국 언론인의 사고에 중요한 지적 영향을 남긴 사람들이다. 에머슨은 인간의 잠재성에 대한 경이로 가득찼던 최고의 낙관론자였다. 트웨인은 심한 비관론자로서 인간의 사악함에 실망하였다. 비록 마지막에 가서는 에머슨과 트웨인 모두 때때로 휘트맨의 지나친 화려함을 비난하였지만, 휘트맨의 "하나 속의 다수"라는 이미지는 에머슨과 트웨인을 모두 포용할 정도로 폭이 넓었다. 에머슨과 트웨인에 대해서는 나중에 좀더 다루게 될 것이다.

휘트맨은 개혁가라는 용어를 좋아하지 않았지만, 언론인으로서 그리고

---

20) Whitman, 《풀잎》, 3rd ed. Kaplan, 앞의 책, p. 228에서 재인용.

시인으로서 그는 어찌할 수 없는 개혁가였다. 개혁가로서의 언론인이라는 전통은 존경할 만한 전통이고 이 전통은 여전히 우리와 함께 하고 있다. 1937년에 워싱턴 기자들에 관한 한 연구에서 레오 로스튼은 "언론인을 한꺼풀 벗겨내면 개혁가를 보게 될 것이다"[21]라고 말한 적이 있다. 개혁가로서 휘트맨은 무엇을 추구했는가? 그가 주장하며 내세웠던 것은 모든 새로운 민주적 인간을 위한 교육, 모든 사람들에게 자유로운 땅, 노예제도의 종식, 정부 그 자체가 더 이상 필요하지 않을 정도로 정의롭고 완벽한 정부였다. 이것은 작은 정부를 요구하는 낯익은 주장인데, 이미 루소와 제퍼슨과 페인에 의해 주창되었던 주장이다. 그러나 휘트맨의 상상력 속에서 그 주장은 강한 호소력을 가지고 있었다. 존 스튜어트 밀이 산문에서 요구한 것을 휘트맨은 시로 토로하였다. 이 두 사람은 같은 시대 사람으로서 나름대로 모든 미국인의 상상력과 꿈에 불을 붙였다.

미국의 언론인들은 휘트맨의 요구에 앞장 서기를 아직도 멈추지 않고 있는데, 휘트맨은 정치세계의 "부패"와 상업과 부의 추잡함을 경멸하고 그의 믿음을 "건전한 남자와 여자와 아이들"에 두었으며 이러한 그의 지혜는 계속되고 있다.[22]

여기서 한 가지 주목해야 할 것은 자본주의 시장체제가 미국의 경제적 토대로 확고히 자리잡은 것은 휘트맨의 생애 동안 일어난 일이라는 점이다. 이 기간 동안에 인쇄인과 편집인들은 언론이 부와 명예를 가져다 주는 수단이 될 수 있음을 알게 되었다. 따라서 19세기에 성장하고 번성했던 대부분의 신문이 그들 자신의 번영을 가능하게 해 준 그 경제체제를 적극적으로 지지했음은 지극히 당연하였다. 대부분의 편집인이 그 체제에 편안한 마음으로 적응해 나갔다. 이 체제에 도전했던 사람은 언론의 제도적 강제성에 의해 압박감을 갖고 있던 휘트맨과 같은 정신의 소유자들이었다. 하지만 휘트맨이 그 경제체제의 잘못을 알고 있었다 하더라도

---

21) Leo C. Rosten, *The Washington Correspondents,* New York: Arno Press, 1984, p. 6.

22) Furness, 앞의 책, pp. 56~62.

그는 그 체제가 작용하고 있는 미국을 위해서는 가장 위대한 응원대장이 되었다. 앞뒤가 맞지 않는 이러한 변칙은 그 당시에는 오늘날처럼 잘 인식되지 않았다. 만년에 휘트맨은 그의 낙관주의의 일부를 상실하였지만, 오늘날까지 살아 남아 있는 것은 그의 초기의 열정적인 글들이다.

미국에 대한 휘트맨의 생각에서는 과거를 무시해서는 안 되지만 압도적으로 중요한 것은 미래이다. 그는 유럽문화의 수입을 개탄하고 새로운 미국문화를 주장했다. 다니엘 지트롬은 그 문화가 휘트맨이 죽은 지 한 세대가 지난 후 영화의 형태로 결실을 맺게 되었다고 말한다.[23] 사실이야 어쨌든, 휘트맨이 꿈꾼 미국인의 문화는 분명히 미국인의 실제적인 경험에 기초를 둔 보통사람의 문화였으며, 그것은 결코 강의실에 한정된 것이 아니라 어느 곳에서나 이용가능하고, "서부와 노동자, 농장과 대패와 기술자의 현실, 여성과 중산층과 노동계층 등 광범위한 사람들의 현실"[24]을 포함하는 것이었다.

맥빠진 지식인 엘리트보다는 "보통사람"의 관심과 경험에 뿌리를 둔 미국문화를 외친 휘트맨의 호소는 신문의 지면에서 (그리고 방송매체에서) 비옥한 땅을 발견하고 번창하였다. 실제로 언론이 저질적인 대중의 취향에 영합한다는 비판은 토크빌의 시대부터 오늘날에 이르기까지 미국이라는 풍경에서 익숙한 장면이 되었던 것이다.

23) Daniel J. Czitrom, *Media and the American Mind : From Morse to McLuhan,* Chapel Hill: University of North Carolina Press, 1982, p. 37.

24) Walt Whitman, *Democratic Vistas,* New York: J. S. Redfield, 1871, p. 43.

| 제 31 장 |

언론과 개척사회

The Press and Frontier Society

휘트맨이 불렀던 미국의 노래, 미국의 종교는 도시와 개척지(프런티어)를 모두 포함하고 있었지만, 나라 전체로 보아서 그 당시 미국의 종교에서 핵심이었던 것은 개척지였다. 휘트맨과 마찬가지로, 미국인들은 자유롭고 민주적일 뿐만 아니라 자신감과 힘과 낙천의 땅이었던 그들의 신세계에 기뻐했다. 모험가를 비롯해서 서부개척자들과 편집인들은 이 땅을 구세계와는 다른 것으로 보았다. 그들은 구세계를 폐쇄적이고 변화가 없으며, 개인적인 문제해결보다는 집단적인 해결이 앞서고, 반동적이고, 척박하고, 운명적이며, 비관적인 곳으로 보았다.[1)]

19세기 마지막에 와서야 미국의 사상을 과학적으로 지지한다고 볼 수

1) 신세계와 구세계에 대한 인식차이를 저자가 이렇게 구분한 것은 Gene Wise로 부터 영향받은 바가 크다. Gene Wise, *American Historical Explanations : A Strategy for Grounded Inquiry,* Homewood, Ill.: Dorsey Press, 1973, p. 191.

있는 것이 나타났는데, 그것은 프레드릭 잭슨 터너라는 위스콘신대학 교수가 1893년에 미국 역사학회에서 발표한 논문이었다.[2] 터너의 "프런티어 명제"(*frontier thesis*)로 알려지게 된 이것은 개척자를 미국의 민주주의를 가능하게 한 전형적인 미국인으로 묘사했다. 이것은 휘트맨의 새로운 민주주의적 인간을 학문적으로 다시 그린 것이었다. 한 저명한 역사학자가 말한 바와 같이, 터너의 명제는 "하나의 신앙 선언이자 위대한 국가적 경험에 대한 낭만적인 기원"이었다.[3]

자신의 생애중에 그처럼 큰 명성을 얻은 역사학자는 거의 없었다. 얼마 되지 않아 터너는 진보적 역사학자 또는 "휘그 역사"(*Whig history*)의 저자들이라고 알려진 그룹에서 가장 유명한 인물이 되었는데, "휘그 역사"라는 용어는 역사가 보다 높은 수준으로 언제나 전진한다는 낙관적인 역사관을 표현하는데 사용하는 말이다. 언론인들은 이미 이러한 미국의 비전을 보고 있었다. 휘트맨이 호소한 미국의 종교, 이 "위대한 국가적 경험에 대한 낭만적인 기원"은 그후 오랫동안 매일매일의 언론에서 일상적인 소재가 되었던 것이다.

미국인 뿐만 아니라 유럽인들에게까지 전달된 메시지는 팽창과 성장의 메시지였고 넘쳐나는 낙관론이었다. 이러한 메시지는 언론인 호레이스

---

2) 터너의 논문 제목은 "미국역사에서 프런티어의 중요성"이다. 이 논문은 1893년 미국역사학회(AHA) 연례보고서에 발표된 것이다(*Annual Report*, Washington, D.C.: 1984, pp.199~227). 터너의 저작과 그에 대해 긍정적이고 부정적인 갖가지 논평을 검토한 책으로는 다음을 참조. Ray Allen Billington, *The Frontier Thesis: Valid Interpretation of American History?*, New York: Holt, Rinehart, 1966. 여기서 터너의 원래 논문은 9~20쪽에 실려 있다. 빌링턴이 쓴 서론은 터너명제에 관한 광범위한 문헌을 잘 요약 정리하고 있다.

3) John Higham, "The Divided Legacy of Federick Jackson Turner," in his *Writing American History: Essays on Modern Scholarship*, Bloomington: Indiana University Press, 1970, pp.118~129. 인용문은 121쪽에 나온다. 히그햄의 분석은 간략하고 인상적이다.

그릴리의 충고에서 가장 집약적으로 나타나고 있다. "젊은이여 서부로 가라." 그릴리는 1837년에 그의 《뉴욕 트리뷴》 독자들에게 이렇게 말했다. "서부로 가서 이 나라와 함께 성장하라." 이 말은 그릴리가 맨 처음 사용한 표현은 아니다. 그는 존 소울의 수필을 《테리 하우트 익스프레스》(*Terre Haute Express*)에 재인쇄하는 가운데 이 표현을 만나게 되었다.[4] 그러나 그 메시지를 수도 없이 반복함으로써, 모든 사람이 미개척의 서부로 향하여 재산을 모우고 그리하여 풍성하고 정의로운 미국의 꿈을 실현시키도록 요구하는 나팔소리가 되게 한 사람은 그릴리였다. 그릴리는 소년시절 그 자신이 고향 버몬트에서 "서부로" 왔고 (그 당시에는 서쪽의 뉴욕이 뉴 잉글랜드 사람들에게는 서부였다), 제퍼슨을 사로잡았던 농민의 꿈, 즉 이마에 땀을 흘리면 개발할 수 있는 처녀지에 대한 꿈을 꾸었다.[5] 이 메시지에서 보면 미국은 새로운 에덴동산이었다.

월트 휘트맨의 시(詩)정신에서 이 처녀지는 님을 기다리는 처녀와 같았다. 휘트맨이 초판보다 3배나 긴 《풀잎》 제 3 판을 위해 1860년에 쓴 일련

---

4) Robert W. Jones, *Journalism in the United States,* New York: Dutton, 1947, p. 227. 또한 Maria Cooper, *Horace Greeley als publizistische Persoenlichkeit, Duesseldorf*: Rheinisch-Bergische Druckerei, 1966, p. 104도 참조. 헨리 스토다드는 이 뉴욕의 편집인이 1837년에 캠페인을 시작한 이후 많은 사람들에게 "고우—웨스트 그릴리" (Go-West Greeley)로 알려졌음을 주목하고 있다(Henry Luther Stoddard, *Horace Greeley : Printer, Editor, Crusader,* New York: Putnam's, 1946, p. 40).

5) 그릴리에 대해서 보다 자세한 것은 특히 다음을 참조하라. Glyndon G. Van Deusen, *Horace Greeley : Nineteenth Century Crusader,* Philadelphia: University of Pennsylvania Press, 1953; Luther D. Ingersoll, *The Life of Horace Greeley,* New York: Beckman, 1974 (1873년 판의 재판); Constance Rourke, *Trumpets of Jubilee, Henry Ward Beecher, Harriet Beecher Stowe, Lyman Beecher, Horace Greeley, P. T. Barnum,* New York: Harcourt, Brace and World Harbinger Books, 1927 and 1963, pp. 180~275; Vernon L. Parrington, *Main Currents in American Thought,* vol. 2, New York: Harcourt Brace, 1927. pp. 238~249. 저자는 특히 Constance Rourke의 탁월한 연구에서 많은 도움을 받았다.

의 신작시 제목은 여기에 걸맞게 "아담의 아이들"이었다. 무엇보다도 이 시들은 지나치게 성(性)적이었으며 유럽 시의 딱딱한 전형에 정면으로 도전하는 것이었다. 에머슨조차도 휘트맨이 너무 지나쳤다고 생각했다.[6]

미국인의 이동성을 거듭 이야기함으로써 실제로 강력한 신화가 만들어졌다. 애이브러함 링컨이 켄터키에서 인디애나로 인디애나에서 일리노이로 서부로 서부로 이동함으로써 위대한 인물로 성장했다는 이야기는 미국적인 우화이며, 이것은 자신의 운명을 개척하기 위해서 구세계를 포기하고 자신의 땅에서 뿌리를 구해야만 하는 국가에게 살아있는 상징을 제공하였다. 제임스 올리버 로버트슨이 지적한 바와 같이, 미국의 개척시대에 천국은 바로 "기회의 땅 켄터키"였다. "아빠와 엄마가 사는 마을을 뒤로 하고 떠날 수 있는 용기"[7]만 있다면 천국은 저기서 기다리고 있었다. 사실은 미국 어느 곳에서도, 그릴리와 그의 동료 이상가들의 부름을 좇아 고향을 실제로 떠났던 미국인의 수는 전설에 나오는 것처럼 그렇게 엄청나지는 않았다. 그러나 종종 미국 언론에 의해 광범위하게 전파된 그 신화는 제지할 수 없게 되었다.[8] 그리하여 분명한 것은 이 신화가 역사상

6) Justin Kaplan, *Walt Whitman : A Life,* New York : Simon and Schuster Touchstone, 1986, p. 248. 그 외에도 많은 비평가들이 휘트맨을 비웃었는데, 특히 성에 대한 그의 솔직한 표현 때문에 말이 많았다. 당시 빅토리아 시대에는 단순히 나체나 사지를 언급하는 것 조차도 금기시되었다. 카플란에 의하면, 여성의 성욕은 "사악한 비밀"이었다(248~250쪽 참조). 에머슨의 불만은 〈아담의 아이들〉(Children of Adam)의 내용 때문이 아니라, 휘트맨이 스스로 강조하고 있는 시장성 문제 때문이었다.

7) James Oliver Robertson, *American Myth, American Reality,* New York : Hill and Wang, 1980, pp. 147~148.

8) 위의 책, p. 151 : "미국인에게 '이동성'—신체적, 사회적, 경제적이며, 신념과 실천으로 굳게 결합된—이란 자유롭고 독립적인 개인의 상징인 동시에 현실이다. 많은 미국인의 실제 삶은 종종 이동적이지 못하고 좌절을 맛본다. 신체적, 경제적 이동은 그렇게 크지 않고 또 실제로 크지도 않았다. 그러나 현실은 미국인에게 상징으로서 또 현실을 인식하는 논리로서 그렇게 중요한 것이 아니었다. 그들은 자신이 이동적임을 너

비교할 수 없을 정도로 많은 수의 이민을 미국으로 끌어 들였다는 것이다.

미국에서 행운을 찾기 위해 정확하게 얼마나 많은 사람이 19세기에 대서양과 태평양을 건너 왔는지는 아무도 모르지만, 1820년과 1930년 사이에 약 3,200만의 이민자가 미국에 도착했고, 그중에서도 약 1,400만명이 19세기의 마지막 40년 동안에 온 것으로 생각된다.[9] 한 학자는 이러한 이동을 "고난과 희망과 새로운 문명건설 참여의 대서사시"라고 말한 바 있다.[10] 이민이 미국의 발전에 끼친 영향은 엄청나다. 그것은 단지 미국의 인구를 몇 배로 증대시켰을 뿐만 아니라, 미국에서 태어난 사람과 외국에서 태어난 사람을 하나의 사회질서 안에 어떻게 조화시켜야 하는 가를 미국은 배워야 했기 때문이다. 이런 조화의 과정에서 언론은 필연적으로 중요한 요소가 되었다. 언론의 실제 관행뿐만 아니라 그 사상까지도 영향을 받았다.

이민의 물결이 있을 때마다 영어를 말할 수 없는 사람들이 읽을 수 있는 새로운 신문에 대한 수요가 일어났다. 외국어로 된 신문이 광범위하게 나타났고, 조셉 퓰리처를 비롯해서 미국의 가장 뛰어난 언론인 중에는 자신의 언론인 경력을 외국어 신문에서 처음 시작한 사람들도 있었다. 그리고 영어로 된 신문은 영어가 부족한 사람도 읽을 수 있도록 쉽고 단순한 영어를 강조함으로써 수백만의 새로운 독자들의 요구에 맞추어 나갔다. 이것은 볼테르와 루소의 승리였다. 그리고 심지어는 문맹자도 즐길 수 있

무나 강하게 믿고 있기에 이동성은 미국인 자신과 외국인들이 미국인의 삶을 묘사하는데에 불변적인 요소가 되었다. 그리고 이 믿음은 2백년 이상동안 이야기와 역사와 통계에 의해서 강화되어 왔다."

9) *Columbia-Viking Desk Encyclopedia,* 3rd ed., New York: Viking Press, 1968, 1 : 503. 또한 Charles Sellers and Henry May, *A Synopsis of American History,* 2nd ed., Chicago: Rand McNally, 1969, p. 255 참조.

10) Abraham S. Eisenstadt, *American History : Recent Interpretations,* 2nd ed., New York: Crowell, 1970, 2 : 169.

도록 제목과 컷, 사진에 비중이 두어졌고 새로운 과학기술은 이것을 가능하게 만들었다. 영어가 익숙하지 않은 사람에게 개념의 세계에 대한 이해를 기대할 수 없기 때문에, 이제 액션과 극적인 사건이 "뉴스"의 주 메뉴가 되었다.

미국이 처음부터 이민의 땅이었던 것은 사실이지만, 독립혁명 기간이 끝날 무렵의 미국은 문화적으로 영국적인 데에 만족하고 있었다. 언어에서 제도에서 그리고 언론에서 미국은 영국적이었다. 19세기에 대서양을 건너온 이민들은 "영국을 닮은"[11] 땅에 합류하였다. 1818년에 당시 국무장관이었던 존 퀸시 아담스는 그것을 이렇게 표현하였다. 즉 이민들이 "유럽의 껍데기를 벗어 던지고 그것을 다시 걸치지 않는 한,"[12] 그들을 환영한다는 것이다. 아담스는 이민들이 앞을 내다 보아야지 뒤를 돌아 보아서는 안 된다고 말했는데, 이것은 오늘날까지 수십년 동안 반복되고 있는 이 말, 즉 당신은 이곳이 싫다면 언제든지 당신이 왔던 곳으로 돌아 갈 수 있다는 말을 대변한 것이다. 아담스는 "그들이 고향과 고국으로 돌아갈 수 있도록 대서양은 항상 열려 있다"[13] 라고 말했다.

미국이 다양한 민족과 문화의 거대한 "용광로"라는 비유가 나타난 것은 이때 쯤이었다. 아마도 "용광로"라는 이미지를 창안해 낸 사람은 그릴리의 《뉴욕 트리뷴》에 기고도 했던 에머슨이었을 것이다. 1855년에 에머슨은 이른바 무지당(無知黨 : *Know-Nothing Party*)으로 몰려든 인종차별주의자와 반가톨릭주의자들을 그가 얼마나 혐오했는가를 자신의 일기에서 밝히고 다음과 같이 말했다.[역주1)]

---

11) 이 말은 Stewart G. Cole과 Mildred Wiese Cole의 *Minorities and the American Promise,* New York: Harper, 1954, chap. 6에서 유래한 것이다.

12) 아담스의 이 편지는 Fuerstenwaerther 남작이 제기한 질문에 대한 대답으로서 *Niles' Weekly Register,* 18 (April 29, 1820) : 157~158에 게재되었다.

13) 위의 글.

역주1) 무지당(無知黨)은 아메리카당(*American Party*)이라고도 하는데 1850년대 초 이민의 대량입국에 반대하여 아메리카의 순수성을 보호하자는 목적하에 결성된 정치단체이다.

> 코린트 사원의 옛 가마에서는 금은과 다른 금속을 녹여 혼합함으로써 코린트 황동이라는 어떤 것보다 값진 새로운 합금을 만들어 내었다. 마찬가지로 모든 민족의 피난처인 이 대륙에서도 아일랜드인, 독일인, 스웨덴인, 폴란드인, 코사크인 등 모든 유럽 종족의 에너지와 아프리카인과 폴리네시아인 등 모든 인종의 에너지는 새로운 인종, 새로운 종교, 새로운 국가, 새로운 문학을 건설할 것이며, 이것은 중세 암흑시대의 용광로로부터 나온 새로운 유럽만큼이나 활기찬 것이 될 것이다…[14]

용광로 개념은 미국 언론을 사로잡았다. 남북전쟁의 상처가 아물 무렵, 《시카고 트리뷴》지는 저 멀고 높은 곳을 향한 발전과 영광의 미국을 힘차게 노래했다.

> 유럽은 정복된 도시처럼 문을 활짝 열 것이다. 유럽인들은 우리의 영광을 동경하고 우리의 완전한 평화를 부러워하며 우리에게 달려 올 것이다. 로키산맥으로 더 나아가 태평양으로 우리의 막강한 인구는 퍼져 나갈 것이다.[15]

한 세대 뒤에는 《뉴욕 타임즈》도 미국이 기꺼이 백만명의 이탈리아 거지들을 잘사는 시민으로 바꾸어 놓을 것이라고 약속하면서 이민들을 힘차게 환영하였다.[16] 그러나 사회질서를 위협하는 스트라이크와 다른 형태

---

14) 셔먼의 다음 책 서문에서 재인용. Stuart P. Sherman, *Essays and Poems of Emerson,* New York: Harcourt Brace, 1921, p. xxxi. 또한 Milton M. Gordon, "Assimilation in America: Theory and Reality," *Daedalus,* 90(Spring 1961): 263~285 참조. Lawrence W. Levine and Robert Middlekauff, *The National Temper: Readings in American History,* New York: Harcourt, Brace, 1968, pp. 265~284에 재인쇄되었으며, 에머슨의 말은 274쪽에 인용되어 있음.

15) "Our Country's Future," *Chicago Tribune,* September 28, 1864. John Higham, *Strangers in the Land: Patterns of American Nativism* 1858~1925, 2nd ed., New York: Atheneum, 1969, p. 14 인용. Higham의 책은 이 방면에서 인정받고 있는 고전이다.

16) *New York Times,* June 2, 1874. Higham, Strangers, p. 47에서 인용.

의 사태들이 발생함으로써 용광로의 이미지는 곧 훼손되었다. 에머슨이나 휘트맨과 같은 이상주의자들은 이민의 도래를 미화했으나 언론은 색깔이 조금 다른 노래를 부르기 시작했다.

그러나 그렇다고 하더라도 초절주의자(*transcendentalist*) 에머슨이 미국의 사상에 끼친 영향은 의심할 수 없다.[역주2] 수세대에 걸쳐 많은 학생들이 극히 개인주의적인 미국인의 정신, — 즉 이민자에게 관대하고, 자립적이며, 복종을 경멸하고("어리석은 일편단심은 마음이 좁은 사람의 짓이다"), 하느님의 이 땅에 대한 축복에 감사하며, "악정에 대한 반란처럼 우리에게 봉사하는" 미국의 위인들에 만족하는 — 그러한 정신을 찬양한 에머슨의 영향을 받으며 성장해 왔다.[17]

에머슨의 지적 열정은 추상적인 헤겔의 철학적 관념론과, 괴테와 쉴러의 낭만주의를 영국과 미국에 설파했던 카알라일의 낭만적 격정을 기묘하게 혼합한 것이었다. 에머슨과 휘트맨 두 사람 모두 영웅숭배로 널리 알려진 카알라일의 열렬한 추종자였다.[18] 두 사람은 또한 열정이 생각보

역주2) 1836년 유럽에서 돌아 온 에머슨은 보스톤 근교인 콩코드에 은거하며, 파커나 쏘로우와 같은 젊은 지식인과 사상적 교류를 도모하는 트란센덴탈 클럽을 만들고 《다이얼》(*Dial*)이란 기관지를 발행하면서 초절주의(*transcendentalism*)라는 독특한 사상을 발전시켜 나갔다. 이것은 협의의 철학도 순수한 종교도 아닌 것으로서, 동서고금의 철인들의 지혜를 모아 놓은 하나의 절충적 사상이었다.

17) 에머슨 사상을 요약한 것으로는 다음의 매력적인 소책자를 참조. *Emerson on Man and God,* Mount Vernon, N. Y.: Peter Pauper Press, 1961. 또한 에머슨의 *Essays,* New York: Oxford University Press, 1936도 참조.

18) 카알라일의 저작 가운데 미국에서 가장 영향력이 컸던 것은 1833년~1834년에 *Fraser's History Magazine*에 게재된 그의 영적 자서전 *Sartor Resartus*와 그의 책 *On Heroes, Hero-Worship, and the Heroic in History*(London: Chapman and Hall, 1841)이다. 카알라일의 사상을 예리하게 분석한 책으로는 다음 책들을 참조. Sir Leslie Stephen, *History of English Thought in the Eighteenth Century,* 2 vols., 2nd ed., New York: Putnam's 1881 과 Emery Neff, *Carlyle and Mill: An Introduction to Victorian*

다 훨씬 강력하다고 본 장-쟈크 루소의 지적 발자국을 따르고 있었다. 혁명적인 루소와 보수적인 헤겔이 똑 같이 칼 맑스의 지적인 아버지라는 것은 참 흥미있는 일이다. 그런데 이 두 사람은 또한 휘트맨과 에머슨의 사상적 배경이 되었고, 미국 언론인들의 종종 상반된 생각 중 많은 부분에는 그들의 사상이 뒤에 있다.

에머슨이 남긴 영향력은 한때 영웅숭배적인 미국 언론인의 총아였던 산업가 헨리 포드가 에머슨으로부터 영향을 받았음을 인정한 것에서도 알 수 있다. 포드가 남긴 에머슨의 책을 보면 무수한 표시가 되어 있고, 그는 자신이 이 초절주의자에게 의존하고 있음을 여러번 밝힌 바 있다. 포드는 하느님이 모든 인간의 영혼 안에 계시며, 죽어가는 이성의 제약으로부터 벗어나 우리 자신의 재능이 갖고 있는 불규칙적이고도 창조적인 충동에 따를 때 인간의 신성이 풀려난다는 에머슨의 생각에 동감하였다. 책 가장자리에 그가 했던 표시 중의 하나는 에머슨의 다음 말에 주의를 환기시키고 있다. "우리는 우리가 쉽고 간단하고 자발적인 행동을 할 때에만 강하다. 우리는 추진력있고 자발적인 성격의 사람을 그만큼 더 사랑한다."[19] 언론의 관례에 대해서도 같은 말을 할 수가 있다. 신문의 제 1 면을 만드는 사람은 추진력있고 자발적인 성격의 소유자다.

유럽으로부터의 이민에 대하여, 지적수준이 상대적으로 낮은 미국인들은 에머슨이나 조그만 미국의 지식인 사회처럼 그렇게 이민에 호의적이

Thought, 2nd ed., New York: Columbia University Press, 1926. 이사야 벌린은 카알라일과 맑스를 "빅토리아시대의 위대한 설교자"라고 부른다. 그의 "John Stuart Mill and the Ends of Life," in *Four Essays on Liberty,* Oxford: Oxford University Press, 1984, p. 173 참조.

19) Robert Lacey, *Ford: The Men and the Machine,* London: Heinemann, pp. 113~114. 인용은 에머슨의 Essays, 앞의 책, p. 93. 에머슨은 포드에게 자신의 약점으로부터 배우라고 가르쳤다. 포드는 에머슨의 *Essays* 가운데 다음 귀절에 표시를 남기고 있다. "그의 약점을 찾는 것은 그들(그의 적)의 관심사가 아니라 그의 관심사이다." Lacey, p. 206.

었던 것 같지는 않다. 무지당으로 상징되는 순수 미국인 제일주의 운동이 일어나서 외국어를 사용하는 사람이나 "외국 종교"로 간주되는 로마 가톨릭 신자를 모멸하는 사례가 빈번해졌다. 토크빌이 목격했던 평등의 사랑은 실제로는 미국에서 태어난 순수한 미국인들 사이의 평등이었으며, 특히 신교를 믿는 앵글로-색슨 백인남성의 평등이었다. 미국인이 어떤 의미에서 앵글로-색슨 "종족"에 속한다는 생각은 미국인의 의식 아래에 잠복해 있었다. 잠복한 것이라고 하더라도 이 생각은 분명히 존재하는 것이고 언론인의 생각뿐만 아니라 그들의 신문내용에도 영향을 주었다.[20] 미래에 대한 낙관과 믿음은 미국적인 (또는 앵글로-색슨적인) 특성이었다고 보여진다. 그리고 미국의 언론은 이민들에게 어필할 수 있도록 내용을 극화시키는 동시에, 존 퀸시 아담스와 같이, 이민들이 스스로를 "미국화"시킬 것을 촉구하였다.

그러나 한때 미국 역사가들은 미국이 용광로라는 이야기를 무비판적으로 받아 들였다. 하지만 최근의 학자들은 이 주장에 회의적이며 순수 미국인 제일주의운동이 지녔던 위력과 영향, 특히 19세기의 마지막 25년 동안에 보였던 위력과 영향에 주목하고 있는데, 이 때는 빈곤에 찌든 남부 이탈리아와 산산히 분열된 오스트리아-헝가리 제국 및 민족학살로 고통받는 폴란드와 러시아로부터 폭정을 피해 수많은 피난민들이 대서양을 건넜던 시기였다.[21] 그들의 대부분은 농부였고 가톨릭교도와 유태인이었다. 그들은 그다지 마음에 드는 사람이 아니었다. 우선 생김새가 달랐고 행동도 달랐으며 또 대다수가 대도시의 빈민가에 정착하지 않을 수가 없었다.[22]

---

20) Higham, *Strangers,* p. 9.

21) Higham의 *Strangers,* pp. 401~405에 나오는 참고문헌은 언론이 이민문제를 어떻게 다루었는가를 연구하고자 하는 사람들에게 좋은 자료를 제공하고 있다. 또한 Milton M. Gordon, "Assimilation in America: Theory and Reality," *Daedalus,* 90 (Spring 1961) : 163~185도 참조.

22) Stephen Thernstrom, "Urbanization, Migration, and Social Mobility in Late

미국팽창의 시기는 공교롭게도 세계 도처와 특히 "용광로" 미국에서 일어났던 인종문제 열풍과 일치하고 있다. 다윈의 자연선택 이론(*theory of natural selection*) 발표는 앵글로-색슨의 이상형에 맞지 않는 사람들의 "적합성"에 대하여 심각한 의문을 불러 일으켰다(다윈이 미국의 이데올로기에 미친 영향은 잠시 후에 살펴 보겠다). 19세기말 경에는 학자와 정치인 공히 동유럽과 남유럽으로부터의 이민물결이 "북유럽적인(*nordic*)" 미국의 이상형에 미치게 될 나쁜 영향에 대해 두려움을 표하였다. 미국 우생학운동의 지도자였던 찰스 다벤폴트는 새로운 이민 인구가 외형상 미국인의 피부를 더 검게하고 키는 더 작게 만들 뿐만 아니라, "절도, 유괴, 폭행, 살인, 강간, 외설 등의 범죄가 더욱 많아지게"[23] 될 것이라고 두려워했다. 과반수 이상의 주(州)가 육체적으로나 정신적으로 결함이 있는 자를 당시에 유행하던 "정신박약"이란 말로 규정하여 그들의 불임을 합법화하는 법률을 통과시켰다.[24] 테오도어 루즈벨트는 비노르딕 계열 주민의 높은 출생률에 주목하고, 산아제한을 옹호하는 중산층이 "인종적 자살"을 하고 있다고 나무랐다.[25] 표현의 자유를 지지한 자유주의자로서 언론에 의해 크게 존경받고 있던 대법원 판사 올리버 웬델 홈즈는 어머니와 할머니가 정신박약으로 보였던 17세 소녀의 불임을 지지하는 판결을 하기도 했는

Nineteenth-Century America," in Barton J. Bernstein, ed., *Towards a New Past : Dissenting Essays in American History,* New York : Random House Pantheon Books, 1968, pp. 158~175. 인용은 160쪽에 나옴. 또한 Higham, *Strangers,* pp. 3~11, 91~96도 참조.

23) Charles B. Davenport, *Heredity in Relation to Eugenics,* New York : Holt, 1911, pp. 216~222. 우생학운동이 미국인의 삶에서 차지했던 역할에 대한 탁월한 연구로는 다음을 참조. Daniel J. Kelves, *In the Name of Eugenics : Genetics and the Uses of Human Heredity,* New York : Alfred A. Knopf, 1985. Kelves는 Davenport와 그의 영향을 철저히 보여주고 있는데, 특히 44~56쪽을 보라.

24) Kelves, 앞의 책, p. 111.

25) 위의 책, p. 74.

데, 그의 주장은 "이미 국가의 힘을 약화시킨 자"의 희생을 요구하는 것은 적절하다는 것이었다.[26)]

자유의 여신상에 새겨져 있는 엠마 라자루스(Emma Lazarus)의 1886년 시는 새로 도착하는 이민을 "폭풍우에 시달리고 자유를 갈망하는" 비참한 유럽의 인간쓰레기로 인식하고 있다. 용광로라는 아름다운 시각은 여전히 미국의 민속에 남아 있지만, 비노르딕계 사람을 미국적 가치에 대한 위협으로 봄으로써 이 멋진 모습에 추한 오점이 있었던 것으로 보인다. 20세기의 독일에서 나치가 인종차별의 극치를 행했을 때, 비록 인종대학살은 특별히 나치가 저지른 일이지만, 그 이데올로기는 나치만의 것이 아니었다. 20세기 초에 매디슨 그랜트라고 하는 파크 에비뉴 사교계의 명사는 책 한 권으로 상당한 인기를 얻었는데, 이 책에서 그는 북유럽인(노르딕)과 지중해인 (유태인은 제외하고) 사이의 결혼은 미국인의 "잡종화"를 낳게 될 것이라고 경고하였다.[27)] 1924년의 이민제한법은 이러한 형태의

26) Buck v. Bell, 247 U. S. 280 (1927). 시민의 자유에 관한 대법원 자료를 조사해 온 언론학자들이 Carrie Buck 사건에는 대개 소홀했던 것으로 보인다. 인구과잉이 사회에 미칠 수 있는 잠재적 영향을 오랫동안 염려해 왔던 홈즈판사가 8대 1로 결정된 다음의 판결문을 썼을 때 그는 86세였다 : "우리는 공공의 복리를 위해서는 최고가는 시민에게 그들의 생명을 요구해야 하는 경우도 있음을 여러번 보아 왔다. 우리가 무능력의 늪으로 빠지는 것을 방지하기 위해서… 이미 국가의 힘을 약화시킨 그들에게 이 작은(!) 희생을 요구할 수 없다면 오히려 그것이 이상한 일일 것이다… 예방주사를 강제할 수 있다는 원칙은 나팔관 절제에도 충분히 적용될 수 있다고 본다… (조건으로는) 3대가 백치라면 충분할 것이다." Henry J. Abraham, *The Judiciary : The Supreme Court in the Governmental Process,* 4th ed., Boston : Allyn & Bacon, 197, pp. 65～66.

27) Madison Grant, *The Passing of the Great Race,* Scribner's, 1916. Kelves, 앞의 책, p. 329에서 인용. 또한 Higham, *Strangers,* pp. 143～144, 271～272 참조. 스코트 피츠제랄드의 《위대한 갯츠비》에 나오는 톰 부캐넌(Tom Buchanan)은 그랜트(Grant)의 책 내용을 말하고 있는 듯 하다(F. Scott Fitzgerald, *The Great Gatsby,* New York : Scribner's, 1925) : "말하자면 우리가 정신차리지 않으면 백인종은 완전히 몰락하고 말

잡종화를 방지하고자 했던 것이다.

용광로 이념의 열렬한 지지자인 에머슨 조차도 미국에 도착한 초기의 외국인들이 푸른 눈에 흰 피부였음을 감사해 했다.[28] 에머슨조차도 그랬다면, 언론의 이중적인 메시지가 전혀 놀라운 것도 아닐 것이다. 편견은 도처에 있었으며, 미지의 두려움에 대한 명확한 표현이 있었다. 피부색이 검은 이민은 이제 순수한 미국적 가치에 대한 "외국의 위험"이었다. 미국의 토착신문과 잡지들은 미국적 가치의 옹호에 열을 올리며, 이민들이 비미국인이고, "유럽의 찌꺼기"이며, "털이 길고, 눈은 핏발서고, 나쁜 냄새가 나고, 무신론자에다, 평생에 한번도 정직한 일을 한 적이 없는, 분별없는 외국놈"이라고 매도하였다.[29] 이탈리아 이민은 특별히 이러한 비난의 목표가 되었다. 《볼티모어 뉴스》지는 이탈리아인의 암살 경향을 "이 충동적이고 냉혹한 종족"의 특성으로 보았다.[30]

유럽대륙의 분규와 혼란과는 상관없이 그 자신의 발전과 그 자신의 문제에 눈을 두고 있던 미국에서, 언론이 국내문제에 집착하고 있었다는 것은 놀라운 일이 아니다. 미국인의 이데올로기, 휘트맨의 노래는 미국의 "명백한 운명"[역주3]으로 불리웠던 팽창, 즉 남쪽으로는 멕시코 국경, 서쪽

거라는 생각이다. 이건 완전히 과학적 근거가 있는 말이며 또 증명되고 있다. 주의하고 안하고는 지배인종인 우리에게 달려 있고, 우리가 주의하지 않으면 다른 인종이 지배권을 갖게 될 것이다."(p. 13).

28) Higham, *Strangers,* p. 65.

29) 위의 책, pp. 52~54.

30) 위의 책, p. 90.

역주3) 텍사스 합병이 시간문제로 되어 있던 1845년 여름 뉴욕에서 발행되는 《데모크라틱 리뷰》(*Democratic Review*)지의 편집인인 존 오설리반(John L. O'sullivan)은 '합병'이라는 제목의 논설에서 "텍사스는 이제 미국의 것이다… 미국의 '명백한 운명'(*manifest destiny*)은 대륙 전체에 확대하여 이것을 소유하는 것이며 이것이야말로 자유와 자유정치의 위대한 실험의 발전을 위하여 신이 미국인에게 부여한 운명"이라고 하고 멕시코가 영유하고 있던 캘리포니아 지방도 머지 않아 미국의 것이 되리라고 예

으로는 태평양 연안에 이르는 팽창 속에 닻을 내렸다. 자신에게 몰두해 있는 이 나라에서 바다건너 세계는 잊혀진 세계였다. 미국의 언론은 오늘날까지도 다른 나라의 언론과는 대조적으로 압도적으로 국내 지향적이다. 미국의 성장과 팽창을 나타내는 힘과 열정은 마운트 러시모어의 거대한 초상에 새겨진 것처럼 신문의 지면에 각인되어 왔다.[역주4] 19세기의 마지막 10년에 미국이 외부로 눈을 돌렸을 때 그 임무는 여전히 "명백한 운명"이었지만, 이제 그것은 물리적인 영역을 지향한 것이라기보다는 세계를 "미국화"시키고자 하는 보이지 않는 욕망이었다. 팽창에 대한 도덕적 정당화는 비단 정치가의 연설문이나 문인들의 수필 뿐만 아니라 신문에서도 나타났다. 미국 이데올로기의 이런 측면은 나중에 다시 살펴보게 될 것이다.

언하였다. 미국의 영토확장을 신이 미국인에게 부여한 운명이라고 합리화한 이 이론은 당시의 호전적인 영토 팽창론자를 만족시켰고 이 뒤에 일어난 태평양 연안으로의 미국의 세력팽창을 정당화하는데 이용되었다.

역주4) 마운트 러시모어(Mount Rushmore)는 미국 사우스 다코타 주에 소재하는 국립기념물(National Monument)로서 미국의 역대 위인들의 얼굴을 절벽에 새겨 놓은 '큰바위 얼굴'로 유명한 곳이다.

| 제 32 장 |

다윈과 낙관적 사회

Darwin and the Optimistic Society

19세기의 미국은 남북전쟁으로 두 동강이 나고 말았다. 역사상 남북전쟁 만큼 미국을 크게 분열시킨 사건은 없었다. 영국에서 10년을 체류한 후 1868년에 미국으로 돌아왔던 역사학자 헨리 아담스는 말하기를, 10년 동안 고향을 떠났던 3천년 전의 지중해 무역업자라 할지라도 "10년 동안에 너무나 변한 세계에 그토록 낯설어 하지는 않았을 것" 이라고 했다.[1] 무엇보다도 아담스를 당황하게 만든 것은 작은 마을의 자유주의 전통이 사라지고 도시의 새로운 "상업적 윤리"가 등장한 것이었다.[2] 그러나 아담스가 개탄했던 그 변화를 낳은 것은 남북을 분열시킨 그 혹독한 전쟁만이 아니었다. 그것은 또한 남북전쟁이 시작하기 2년 전인 1859년에 찰스 다

1) Henry Adams, *The Education of Henry Adams,* New York: Random House Modern Library, 1931, pp. 237~238.

2) Van Wyck Brooks, *New England : Indian Summer,* New York: Dutton, 1946, p. 97.

윈이 발표한 혁명적인 생물학 때문이기도 했다.

미국에서 다윈의 메시지는 이 당시에 이미 광범위하게 수용되고 있던 자본주의 교의에 이중으로 덧씌워졌다. 자본주의 교의와 다윈 생물학의 독특한 이 결합이 신세계의 이데올로기에 방대한 영향을 주었고, 기업이나 과학계 뿐만 아니라 언론과 일반대중 전체에 큰 영향을 주었다.

19세기를 연구하는 사람이면 상호 연결될 수 없는 모순과 역설이 서로 얽혀 있음을 발견할 수 있을 것이다. 헨리 아담스의 관찰은 그 당시가 계몽주의의 농경세계로부터 과학과 기술의 근대세계로 이행하는 불안정한 변화의 시기임을 말해주고 있다. 그러나 모순과 역설에도 불구하고 미국인의 삶에서 어떤 요소는 변함없이 19세기 전체의 지배적인 특성이 되었으며, 성장의 충격하에 일부 변하고 수정되면서도 신기롭게도 살아 남아 미국 언론인의 사상에 뚜렷한 영향을 주었다. 그러한 특성 가운데 미래에 대한 낙관적인 믿음보다 더 지속적인 것은 없었다.

다윈의 이론이 신세계에 도입되었을 때 신세계에는 동물생활에 관한 그의 연구를 쉽게 인간사회에 적용할 수 있게 만든 일단의 가치관이 존재하였다. 다윈의 이론은 미래에 대한 무한한 믿음과 해결할 수 없는 문제는 아무 것도 없다는 낙관적 신념으로 충만한 "할 수 있다(*can do*)" 정신의 사회를 만났던 것이다. 미국인은 계몽주의적 자유주의의 후손이었으며 과학적 방법론을 숭배하였다. 하지만 다윈의 진화론이 사회적으로 적용됨으로써 모든 철학적 자유주의자들이 분명히 알고 있던 것에 심각한 의문이 제기 되었다. 즉 어떤 인간도 (적어도 프로테스탄트 백인 남성은) 자기 동료보다 열등한 사람은 없으며 그가 행한 일은 그보다 "나은" 사람까지 포함하여 다른 모든 사람이 행한 일 만큼이나 의미가 있다는 사실에 심각한 의문이 제기되었던 것이다.

다윈 이전의 구(舊) 철학적 낙관주의는 인간에 대한 특별한 믿음, 즉 우리의 삶은 목적이 있는 것이며 단순히 영웅적인 고통감내의 형태로 생각하는 것은 불충분하다는 믿음에 근거하였다. 철학적 낙관주의자에게 인생은 결코 비극적인 체험이 아니라 긍정적이며 좋은 것이다. 자유롭고 개인적인 인간으로 행동함으로써, 각자는 하느님의 의지를 표현하고 있으며, 동시에 이 지상에서 그 대가를 수확하는 것이다.

이러한 자유주의적 시각을 스코틀랜드인 아담 스미스보다 더 생생하게 간직했던 사람은 없었다. 자본주의의 기본 교의를 분석한 스미스의 고전 《국부론》이 발간된 것은 바로 미국의 독립선언문이 발표된 그 해였음을 상기해야 할 것이다. 스미스가 행동의 중요성을 강조하며 촉진시킨 "할 수 있다" 정신은 19세기의 급변하는 사회를 통합했던 접착제였다. 이 때에 미국의 영토는 대서양에서 태평양까지 확대되었고 세상은 부와 권력에 대한 욕망을 결코 숨기지 않았던 행동파에 의해 굴러가고 있었다. 아담 스미스와 그후의 사회진화론자들은 부와 권력의 추구가 그 자체로 좋은 것이며 사회의 모든 사람에게 이익이 된다는 논리를 제공해 주었다.

비록 19세기의 일부 언론인은 상업가나 산업가를 몹시 혐오했지만 대부분의 언론인에게 그들은 새로운 종류의 영웅이었다. 그들은 가만히 앉아서 하느님의 은총이 오기만을 기다리지는 않았다. '메이플라워'호의 청교도와 함께 온 프로테스탄트 노동윤리를 수용하면서 이 사람들은 하느님이 스스로 돕는자를 돕는다는 것을 증명해 보였다. 이것은 바로 스미스를 따랐던 사회진화론자들의 메시지이기도 했다.

이 나라의 신문은 단순히 말 뿐인 사람에게는 거의 관심이 없었다. 처음부터 미국언론의 지면을 장식하는 인물은 주로 행동파 인간이었다. 편집인에게는 사람들의 견해보다 그들이 무엇을 했느냐가 더 중요하였다. 언론의 주성분은 바로 사건이었다. 이와 같은 행동중시는 대중신문의 여명기에 토크빌도 이미 간파했던 사실이었다. 과학기술이 신문의 외형을 바꿈에 따라, 그리고 초기의 대중신문이 황색신문과 추문폭로신문으로 변해감에 따라 신문 편집인은 온갖 행동파 인간들의 매력에 홀린 듯 그들에게 빠져들어 갔다.

19세기의 신문편집인들이 어떤 정치가를 비판할 때 그들이 비난했던 것은 그 정치가의 행동, 즉 그가 했던 일에 대한 것이지 그의 생각을 비판한 경우는 드물었다. 이러한 평가는 공리주의적인 것이다. 즉 편집인들이 갖고 있던 윤리적 가치의 원천은 바로 제레미 벤담과 존 스튜어트 밀 그리고 이들의 미국인 추종자였다. 만약에 어떤 행위가 편집인이 보기에 최대 다수의 최대선을 위한 것이라면 그 행위는 지지되어야 되고, 그렇지 않으면 비난받아야 했다.

리차드 호프스타터는 미국역사 전체에 반(反)지성주의의 흐름이 있다고 말한 적이 있다.[3] 기업계나 개신교단의 관심은 부와 권력의 획득에 있지 예술, 음악, 문학의 발전에 있는 것이 아니다. 깊은 사색이나 조용한 역사 연구, 철학 연구, 또는 지식의 탐구나 순수한 연구로 지적 자극과 관심이 향하지 않고, 생산과정에 도움이 되는 기계나 대중의 상품소비를 증대시키는 기계를 발명하는 것과 같은 아주 실용적인 목적의 응용연구로 향하였다.

19세기 언론은 인간성에 대해서도 이러한 관점으로 충만하였다. 가장 핵심적인 질문은 그것이 잘 되느냐, 그것이 국가의 부와 힘을 증대시킬 수 있느냐 하는 것이었다. 만약에 이런 일을 하게 되면 "좋은 것"이고, 그렇지 않으면 "나쁜 것"이었다. 사회진화론은 진보와 성장이라는 종교에 과학적 타당성을 부여하였다. 사회진화론이라는 이름하에 스펜서와 그 동료들은 다윈의 생물학적 통찰력을 사회구조에 접합시켰고 이것은 미국에서 강력한 지지를 받았는데, 미국은 이미 사회진화론의 토양이 준비되어 있었고 대중언론의 편집인은 그 대열에서 결코 뒷줄에 물러서 있지는 않았다.

"적자생존"(*the survival of the fittest*)이라는 이 유감스런 말을 처음 도입하여 인간의 발전에 적용한 사람은 스펜서였다. 진화의 개념는 결코 새로운 개념은 아니었다. 이미 고대 희랍인들도 이 개념을 생각하였다. 그러나 환경의 변화에 적응할 수 있는 종(種)만이 그러한 변화로부터 살아남을 수 있다는 것을 과학적으로 증명한 것은 다윈이 처음이었다. 다윈의

3) Richard Hofstadter, *Anti-intellectualism in American Life,* New York: Macmillan, 1976.

"자연도태"가 스펜서에게는 "적자생존"이 되었다.[4)]

적응 할 수 있는 종만이 진화과정에서 살아 남을 수 있다는 다윈의 이론은 가장 잘 적응할 수 있는 종만이 살아 남을 수 있다는 의미로 고쳐졌다. 이것은 달리 말하자면 가장 잘 적응할 수 없는 종은 멸망하고 만다는 의미이기도 하다. 박물학자였던 다윈은 마음 속에 동물 생물학을 생각하였지만, 스펜서는 다윈의 개념을 인간행동에 적용하였다. 그의 《사회정태학》(*Social Statics*)은 이제 남북전쟁에서 벗어나 방대한 새로운 산업기계를 맞이하게 된 미국인들을 매료시켰다. 사회진화론의 주문(呪文)하에, 정의와 사랑의 승리에 이르도록 가르쳤던 과거의 자연법은 이제 경쟁의 자연법이 되었고, 이것은 19세기 말의 황색언론시대를 지배했던 발행부수 경쟁에 도덕적 정당성을 제공하였다. 스펜서의 으뜸가는 미국인 제자 윌리엄 그래함 섬너는 이 "법"에 대해 다음과 같이 말하였다.

> 생존을 위한 투쟁은 자연에 대한 대항이다. 우리는 바로 이 자연의 인색하기 짝이 없는 손에서 우리의 욕구충족을 빼앗아 내야 하고, 우리의 동료는 이 빈약한 공급을 놓고 다투는 경쟁자이다. 경쟁은 따라서 자연의 법이다. 자연은 전적으로 중립적이며, 자신에게 가장 맹렬하고 단호하게 공격하는 자에게 복종한다. 자연은 그러므로 어떤 종류의 다른 고려도 하지 않고 가장 적합한 자〔適者〕에게 그 보상을 수여한다.[5)]

---

4) Herbert Spencer, The Principles of Biology, published as vols. 2 and 3 of Spencer's *A System of Synthetic Philosophy,* New York: Appleton, 1896, 3 : 12. 또한 스펜서의 Social Statics, New York: Appleton, 1892~1897도 참조. 다아윈도 이러한 견해를 지지했음을 주목하라. Bergen Evans는 그의 《인용사전》(*Dictionary of Quotations,* New York: Delacorte Press, 1968)에서 이렇게 말하고 있다 : "적자라는 단어는 불행하게도 모든 사람이 원하는 거의 모든 가치에 적용되는 단어였다. 이러한 맥락에서 이 단어가 '적자생존'을 의미할 수도 있다는 으시시한 사실이 한참 후에 나타나게 되었다." (p. 238).

5) William Graham Sumner, "Earth Hunger or the Philosophy of Land Grabbing," in Albert G. Keller and Maurice R. Davie, eds., *Essays of William Graham Sumner,*

섬너는 계속해서 말하기를, 가장 적합한 자, 즉 가장 부유한 자에게서 빼앗아 가장 적합하지 않은 자, 즉 가장 가난한 자에게 줌으로써 이 경쟁의 법으로 인한 자연의 불균형을 고치려고 한다면, 정당한 경쟁을 통해 목적을 이루고자 하는 인간의 자유를 파괴하는 셈이 된다고 하였다. 스펜서와 섬너의 이론으로부터 대산업가 앤드류 카네기가 자랑스럽게 외쳤던 "부의 복음"이라는 것이 나타났다.[6] 카네기는 당시의 많은 종교지도자들의 가르침을 따라 부를 가난한 사람들을 위해 쓰는 것이 부자의 의무라고 보았다. 한편 섬너와 같은 사람들은 개인의 자유 — 경쟁시장에서 성공하여 자신의 적합성을 과시함으로써 그가 획득할 수 있는 정당한 이익을 얻고자 하는 자유 — 를 간섭하려는 "이상주의자"들을 경멸하였다.

섬너가 설파한 이론은 아담 스미스의 고전경제학적 자유방임주의가 스펜서에 의해 "생물학과 물리학에 근거한 믿음직한 진보이론"으로 통합된 것이었다.[7] 계몽적인 자기이익 또는 이기심의 추구는 경제적으로 미덕일 뿐만 아니라 도덕적인 품성의 상징이다. 스펜서는 미국에서 엄청난 인기

New Haven: Yale University Press, 1934, 1 : 174. A. J. Beitzinger, *A History of American Political Thought,* New York: Dodd, Mead, 1972, p. 405에서 재인용. 섬너의 전기에 대해서는 Harris E. Starr, *William Graham Sumner,* New York, H. Holt, 1925 참조. 사회진화론 일반에 대해서는, Richard Hofstadter, *Social Darwinism in American Thought,* rev. ed., New York: Braziller, 1959 참조.

6) Andrew Carnegie, "Wealth," *North American Review* 148, (June 1889) : pp. 653~664. Gail Kennedy, ed., *Democracy and the Gospel of Wealth,* Lexington, Mass.: Heath, 1968, pp. 1~8에 재인쇄. 또한 Beitzinger, 앞의 책, pp. 410~411도 참조하라. 여기서 바이징거는 신학적 또는 종교적 이유로 부의 획득을 정당화하려는 시도는 숭고한 것과 천박한 것 두가지 유형이 있음에 주목하고 있다. 예컨대 Russell H. Conwell (1843~1925)은 그의 유명한 강연 "Acres of Diamonds"에서 말하기를, "부자가 된다는 것"은 기독교인의 의무이며 또 "돈을 정직하게 버는 것은 복음을 전파하는 것"이라고 했다.

7) Hofstadter, *Social Darwinism,* pp. 31~32. 스펜서에 대한 그의 평가는 35~44쪽을 보라.

를 얻어 19세기의 마지막 40년 동안에만 그의 책이 3십 6만 5천권 이상 미국 독자에게 팔려 나갔다.[8] 극도의 낙관주의자로서 인간의 완전성을 외쳤던 스펜서는 미국인에게 과학적이며 포괄적인 이론을 제공하였는데, 그것은 호프스타터의 생생한 표현을 빌리자면, "원생동물에서 정치에 이르기까지 자연의 모든 것을 하나의 일반법칙 아래"[9] 충분히 통합할 수 있을 정도로 커다란 이론이었다.

마틴 로크너라는 뉴욕의 제빵업자 사건이 20세기 초의 미국에서 사회진화론이 얼마나 강력한 사상이었는가를 예시해 주고 있다. 1905년에 대법원은 제빵노동자의 건강을 위해 최대노동시간을 설정해 놓은 뉴욕주법을 묵살하고 말았다. 로크너는 자신의 사업방침에 따라 자기의 재산, 즉 그의 빵가게를 운영할 수 있는 헌법적 권리를 뉴욕주법이 침해했다고 주장함으로써 승소했는데, 그의 주장은 바로 스펜서의 경쟁의 법칙에 근거하고 있었던 것이다. 이것은 훗날 재산권과 인권 사이의 갈등이라고 부르는 상반된 권리가 정면대결한 사건이었다. 뉴욕주법을 파기한 이 판결은 5 대 4의 근소한 차이로 결정났는데, 홈즈판사가 작성한 소수의견이 오래지 않아 로크너 평결을 무효화하고 입법화 되었다. 홈즈의 의견은 그것이 자유방임의 원칙에 사형선고를 내렸다는 점에서 놀라운 것이었다. 권리장전의 시민적 자유를 모든 주가 따르도록 규정한 남북전쟁 후의 수정헌법 조항을 지칭하며, 홈즈는 통렬한 붓으로 다음과 같이 썼다.

---

8) Sidney Fine, *Laissez-Faire and the General-Welfare State : A Study of Conflict in American Thought, 1865～1901*, Ann Arbor: University of Michigan Press, 1956, p. 41. 스펜서에 대한 그의 평가는 32～46쪽을 보라.

9) Hofstadter, *Social Darwinism,* pp. 31～32. Hofstadter에 의하면, 스펜서는 "국산 지식의 형이상학자, 소박한 불가지론의 선지자"가 되었다. 스펜서에게 하느님이란 전혀 상관이 없는 "알 수 없는 존재"였다. 그토록 많은 개신교 지도자들이 사회진화론의 가르침에 긍정적이었다는 사실이 신기하다.

수정헌법 제14조는 허버트 스펜서씨의 사회정태학을 법률로 제정하지 않는다… 헌법은 특정의 경제이론을, 그것이 시민과 국가의 유기적 관계와 온정주의에 관한 것이든 자유방임에 관한 것이든 간에, 그 이론을 구현시킬 의도를 갖고 있지 않다.[10)]

10) Lochner v. New York, 198 U. S. 45 (1905). 3년 뒤 Muller v. Oregon, 208 U. S. 412 (1908)에서 대법원은 세탁소 여성노동자들의 최대노동시간을 10시간으로 못박은 오렌곤주법을 지지했다. 이 두 사건에 대한 흥미로운 해석으로는 다음을 참조. John A. Garraty, ed., *Quarrels That Have Shaped the Constitution,* New York: Harper Colophon Books, 1966, pp. 176~190. 또한 Alfred H. Kelly and Winfred A. Harbison, *The American Constitution : Its Origin and Development,* 3rd ed., New York: Norton, 1963, pp. 523~528도 참조.

| 제 33 장 |

대중사회와 대중언론

Mass Society and a Mass Press

미국의 성장은 아무래도 19세기 미국의 산업과 깊이 연관되어 있다. 산업에는 두 가지 모습이 있었는데 모두가 산업혁명으로 나타난 과학기술의 발전에 뿌리를 두고 있었다. 첫번째 모습은 중공업으로서 증기기관과 함께 출현하여 배와 기차를 만들어 냄으로써 (지리적) 팽창을 가능하게 하였다. 두번째 모습은 소비재산업으로서 배와 기차로 실어 보낼 상품을 창조하고 발전시켰다. 이 두 가지 경우 모두에 언론은 깊이 관련되어 있다. 인쇄기, 인쇄용지, 자동주조식자기, 사진기, 사진제판기, 전신, 타자기 — 이것과 다른 부문의 혁신은 중공업 발전의 결과로 나타난 한 양태로서 언론이 대량의 독자를 갖는 것을 가능하게 하였다. 신문과 잡지의 광고는 더 많은 독자를 광고난에 끌어 들임으로써 소비재산업의 성장을 촉진시켰다. 19세기 초에 미국언론이 이 모든 발전을 가능하게 만든 산업환경에 응원대장의 역할을 했다는 것이 조금은 놀라운 일이다. 미국언론에서 상업정보는 언제나 중요한 위치를 차지했지만, 1833년에 저가의 대중신문 — 페니 페이퍼 — 이 도입됨으로써, 언론과 독자 사이에 새로운 사업관계가 확립되었다. 페니 페이퍼는 벤자민 데이라는 뉴욕의 영리한 사업가가 고안해 낸 것인데, 데이는 그의 일간지 가격을 6센트에서 단돈 1페니로 인하하여 엄청난 상업적 성공을 거두었다.[1] 6센트라는 지대는 대부분의 뉴욕 시민에게는 너무 비싼 것이어서 오직 부자들만이 그 신문을 구독하였고, 바로 이런 이유로 신문은 또 우선적으로 부자들의 관심 — 주로 상업적인 관심 — 에 부응하지 않을 수 없었다. 페니 페이퍼의 등장과 함께 나타난 대중독자는 발행인에게 다른 종류의 독자층을 제공하게 되었다. 신문의 모습은 바뀌었고 그 외형상의 변화와 함께 내용의 변화도 일어났다. 대중독자는 대중의 관심을 가졌다. 새로운 이데올로기가 필요하지도 않았다. 신념체계는 이미 확고히 자리잡고 있었다. 100년도 더 전에 벤자민 프랭클린은 광범위한 독자에게 먹혀 들어가는 오락적인 방식으로 기사를 쓰게 될 때 신문이 최대의 이익을 거둘 것이라고 말한 적이 있다. 아담 스미스의 자유방임주의에서 미국의 편집인들은 보다 많은 독자에게 도달하고자 하는 그들의 노력에 들어 맞는 가치체계를 발견하게 되었다.

이미 우리가 살펴 본 바와 같이, 진화론으로 인해 기업경제의 가치확립에 훨씬 많은 재료가 공급되었다. 다윈, 스펜서, 미국의 편집인들 — 이 모두가 경쟁과 팽창과 성장을 정당화하고 심지어는 찬양하는 듯이 보였다. 그릴리가 그토록 열렬히 주창했던 서부로의 팽창은 하느님의 계획의 일부로 여겨졌다. 미국 도시의 새로운 영광은 휘트맨의 예언이 달성되는 것으로 보였다. 여러 개의 강을 연결하는 운하가 건설되어 원자재가 시장으로 수송되고 신기한 제조상품들이 먼 지역까지 운반되었다. 철도는 그 상품을 지리적으로 훨씬 먼 지역까지 유통시키는 것을 가능하게 하였다.

---

1) Day의 *Sun*은 1833년 9월 13일에 창간되었다. Edwin Emery and Michael Emery, *The Press and America : An Interpretive History of the Mass Media,* 4th ed., Englewood Cliffs, N. J.: Prentice-Hall, 1978, pp. 120~121을 참조.

언론이 전달하는 메시지는 모든 측면에서 성장을 찬양하고 아메리카의 밝은 면을 노래하는 것이었다. 미국의 성장은 끝이 없는 듯 보였고, 하느님이 특별히 선정한 곳이라는 생각은 미국의 부와 힘이 급격히 성장하는 것으로 분명히 알 수 있는 듯 했다. 남북전쟁은 성장의 스토리가 불행하게도 잠시 중단된 어두운 막간에 불과했다. 휘트맨과 같은 사람에게 그것은 무제한적 성장의 위험을 나타내는 상징일 뿐이었다.[2] 19세기 후반의 무제한적 성장은 사회진화론의 정신에 고취되어 신문을 황색언론시대로 들어가게 하였다. 일부 언론인 특히 마크 트웨인 같은 사람은 그러한 과도함을 문제삼았지만, 과학과 성장은 신성불가침의 가치로 남았다.

미국이 남북전쟁 기간을 포함하여 전쟁 이전과 이후 계속 성장하고 팽창함에 따라 언론도 함께 성장하고 팽창했다. 데이의 《뉴욕 선》(*New York Sun*)지 성공사례는 뉴욕시의 신문들에 의해 반복되었고, 산업적으로 발전하고 있던 대서양 연안을 따라, 마침내는 서부의 새로운 도시와 마을의 신문에 의해서도 반복되었다.[3] 언론이 전달한 메시지는, 투쟁의 와중에서도 약간의 운이 따르고 열심히 노력하기만 한다면 어떤 미국인이라도 성공할 수 있고 기독교의 윤리강령에 따라 훌륭한 삶을 영위할 수 있다는 것이었다. 호레이쇼 알거가 쓴 백 권도 더 되는 책은 바로 이러한 메시지의 살아있는 상징이었다. 삶을 위해 투쟁하는 가난하지만 씩씩한 젊은이가 열심히 일하고 땀흘려서 또 약간의 행운도 따라 주어 미국의 중산층 사회에서 존경을 받게 된다는 이야기를 알거는 다양한 형태로 엮어냄으로써 커다란 인기를 모았다.[4] 알거가 그린 주인공은 일반적으로 상

---

2) 남북전쟁으로 야기된 휘트맨의 참담함에 대해서는 특히 1871년에 발간된 그의 84쪽 짜리 소책자 *Democratic Vistas*를 보라. 또한 Justin Kaplan, *Walt Whitman : A Life*, New York: Simon and Schuster Touchstone, 1986, pp. 334~339도 참조하라.

3) 페니프레스(대중신문)의 간략한 역사에 대해서는 Emery and Emery, 앞의 책, pp. 119~135를 참조하되, 특히 그들의 문헌목록(pp. 133~135)을 보라.

4) 문학과 정치사에 있어서 Alger(1834~1899)의 위치를 균형있게 논의한 것으로는 다음 책이 있다. Gary Scharnhorst, with Jack Bales, *The Lost Life of Horatio Alger,*

상하는 것처럼 바로 정상에 올라 백만장자가 되지 않고, 자신의 길을 꾸준히 계속하여 성공함으로써 사회적 상향이동의 모델이 되었다. 가난을 벗어나 부자가 되는 이러한 이야기는 무한정한 기회의 세계에서 자유방임적 자본주의의 미덕을 알리기 위한 정치선전으로 변형되었다. 실제로 알거의 이야기들은 19세기에 지도적 언론인이 된 사람들의 삶을 재탕한 것이었다. 예를 들면 데이, 그릴리, 제임스 고든 베넷트, 찰스 다나, 아돌프 옥스, 조셉 풀리쳐 등을 들 수 있는데, 이들 모두가 가난한 생활에서 시작하여 부와 명예와 권력을 갖춘 지위까지 올랐다.

이미 지적한 바와 같이, 언론인은 흔히 새로운 사상을 창안하는 사람이 아니다. 그보다는 사상의 위대한 전달자이다. 그 전달은 극적인 형태로 이루어지고, 그 사상은 우리가 흔히 여론이라고 하는 것의 원재료를 이루게 된다. 사람들이 믿고 있는 추상적인 것은 그들 자신의 내부로부터 온 것이 아니라 외부로부터, 즉 그들의 부모, 친구, 교사, 지도자로부터 온 것이며, 그들이 신문에서 읽고, 라디오에서 듣고, 텔레비전에서 본 것으로부터 온 것이다. 그러므로 뉴스 매체는 새로운 사상을 창안하는 것이 아니라, 받아들인 사상을 따르고 그것을 대중에게 널리 전파하는 것이다.

기업의 가치체계는 언론인에 의해 만들어진 것이 아니지만, 언론인 가운데 가장 저명한 사람들은 그 가치체계의 수혜자로서 거기에 잘 적응하여 그 이데올로기를 촉진시키는데 일조했다. 우리는 이러한 형태의 극적인 변화를 19세기 말 추문폭로가의 등장과 함께 살펴 볼 것이다. 한가지 기억해야 할 것은 초기의 언론재벌이 자수성가한 사람들로서 그들 자신이 호레이쇼 알거가 대중화시킨 그 메시지의 살아 있는 본보기였다는 점이다. 1811년에 버몬트의 궁벽한 시골, 소박한 가문에서 태어난 호레이스

Bloomington: Indiana University Press, 1985. 알거에 대한 추가자료로는 다음 책이 있다. Ralph D. Gardner, *Horatio Alger; or, The American Folk Era, including Road to Success: The Bibliography of the Works of Horatio Alger,* rev. ed., New York: Arco, 1978.

그릴리는 15살에 신통찮은 인쇄인의 견습공으로 인생의 첫 발을 내디뎠는데, 5년 후에는 행운을 찾기 위해 대도시 뉴욕으로 갔다. 알거의 소설 주인공의 전형이랄 수 있는 그는 오직 자신감과 커다란 희망만을 갖고 단돈 10달러만 지닌 채 — 아마도 전해지는 이야기처럼 이 돈은 어깨에 걸친 막대기의 붉은 보자기에 들어 있지는 않았을 것이다 — 뉴욕에 도착했다. 그러나 행운과 근면과 의욕이 그의 꿈을 실현시켰다. 그는 식자공으로 안정된 직장을 얻고 3년 후에는 조그만 신문을 매입할 정도로 돈을 벌었다. 1841년 경에 그는 자기 돈 1,000 달러와 빌린 돈 1,000 달러를 합쳐 자신의 페니 페이퍼를 출범시키고 그 이름을 《뉴욕 트리뷴》(*New York Tribune*)이라 불렀다. 이제 부와 명성은 그의 것이었다. 언론계와 정계에서 하늘높이 출세한 그는 한 세대 후에는 율리시즈 그랜트를 상대로 미국 대통령선거에 나서게 되었다. 1872년에 그가 죽었을 때 그릴리의 재산은 십만 달러로 추산되었다.[5)]

그러나 언론에 대한 그의 생각은 결코 황색 언론가의 그것은 아니었다. 그에게 신문은 이익을 얻기 위한 도구라기보다는, 사람들을 교육시키며 단순히 정보뿐만 아니라 아름다운 삶의 교훈을 제공하는데 사용해야 할 도구였으며, 새로운 미국인 — 특히 새로운 서부의 땅을 경작하는 정직한 미국인 — 과 보다 밝은 새로운 미래로 이끌어 갈 기구였다. 휘트맨이나 그의 지적 동료였던 뉴잉글랜드의 휴머니스트들 처럼, 미국에 대한 그릴리의 이미지는 인생 이상의 스케일로 그려진 것이었다. 콘스탄스 로우크가 적절히 묘사한 것처럼, 그는 "환희의 나팔수"였다.[6)] 그릴리의 삶에서 차지하는 이 부분은 나중에 다시 다룰 것이다.

대중언론의 시대에 언론인으로 보나 경제적인 면으로 보나 그릴리보다

---

5) Emery and Emery, 앞의 책, pp. 128~130. 또한 그릴리의 *The Autobiography; or Recollections of a Busy Life,* new ed., Port Washington, N. Y.: Kennikat Press, 1971 참조. 이 《자서전》은 1872년에 처음으로 발간되었다.

6) Constance Rourke, *Trumpets of Jubilee,* New York: Harcourt, Brace and World Harbinger Books, 1927 and 1963 참조.

훨씬 더 놀라운 성공을 거둔 사람은 그릴리의 최대 라이벌이었던 제임스 고든 베넷트이다. 그의 《뉴욕 헤럴드》는 1835년에 창간되자마자 미국에서 가장 널리 읽히는 신문이 되었으며, 미국신문의 특징 — 즉 범죄, 경제, 정치와 같은 "경(硬 : *hard*)" 뉴스와 인물이나 오락과 같은 보다 부드러운 뉴스 모두에 열중하는 것 — 을 확립하는데 개척자가 되었다. 그 당시의 수많은 사람과 마찬가지로 베넷트는 1795년에 외국(스코틀랜드)에서 태어났다. 23세에 미국으로 이민왔을 때 그는 "프랭클린이 태어난 곳을 보기 위해서"라고 말했다.[7] 베넷트는 여러 곳에서 교사, 세일즈맨, 교정원으로 일했고, 마침내 500달러를 긁어 모은 후 다음의 모토를 내세우고 《뉴욕 헤럴드》(*New York Herald*)를 발간하였다.

> **헤럴드의 모토 — 싸구려 남발지폐(*shinplaster*)는 받지 않는다** — 그것을 발행하는 놈들은 모두 망할 놈이다 — 알맞게 살고 — 적당히 마시며 — 금주회(禁酒會)는 피하고 — 6페니를 아끼며 — 결코 성인(聖人)을 믿지 말고 — 10시에 잠자리에 들고 — 6시에 일어나며 — 결코 외상으로 물건을 사지 말고 — 전지전능한 하느님을 무서워하고 — 미인을 사랑하며 — 밴 뷰렌에게 반대투표하고 — 정치인과 목사는 모두 꺼져라.[8]

일 년도 되지 않아 헤럴드의 발행부수는 일만 부에 이르게 되었다. 베넷트는 아들 제임스 고든 베넷트 2세에게 큰 재산을 물려 주었다. 1918년에 베넷트 2세가 죽었을 때, 평생동안 난봉과 방탕으로 신문사의 자산을 낭비했음에도 불구하고 《헤럴드》와 그후에 취득한 베넷트가의 신문을 4백만 달러에 팔 수 있을 정도로 아버지가 물려 준 황금의 알은 깰 수 없었다.[9] 《헤럴드》나 《선》(*New York Sun*) 그리고 여타 성공한 신문재벌이

---

7) Isaac C. Pray, *Memoirs of James Gordon Bennett and His Times,* New York : Stringer & Townsend, 1855, p. 37에서 인용.

8) *New York Herald,* September 25, 1835.

9) Emery and Emery, 앞의 책, p. 432. 또한 Richard O'Connor, *The Scandalous Mr. Bennett,* New York : Doubleday, 1962, pp. 308~319 참조.

자유방임과 기업의 신화(종교)를 나쁘게 말할 이유가 없었는데, 사실 사업적 성공을 거둘 수 있다는 믿음이 미국에서 태어난 수백만의 미국인과 베넷트 1세의 뒤를 따라 무한정한 기회의 땅으로 이민 온 다른 수백만 사람의 상상력을 불태우고 있었던 것이다.[10)]

19세기 중반까지 거슬러 올라가면 우리는 미국 언론의 이데올로기적 구성에서 그릴리와 베넷트로 상징되는 두 가지 다른 유형이 나타나고 있음을 알 수 있다. 그릴리의 경우 언론의 첫째 임무는 교육이었고, 베넷트가 생각한 언론의 첫째 목적은 정보를 전달하는 것이었다. 두 사람 모두 자신이 공공이익을 위해 봉사하며 사회의 요구에 대해 충분한 책임을 지고 있다고 주장했다. 그릴리의 관점에서 보면 베넷트가 독자에게 정보를 전달하는 방식은 대단히 사악하고 비도덕적인 것이었기에, 그릴리는 《헤럴드》와 베넷트의 방식을 추종한 다른 대중신문에 대하여 "도덕 전쟁"을 선언하기에 이르렀다. 한 선정적인 대중신문의 살인사건 기사를 비난한 1841년도 어느 날의 《트리뷴》지 기사는 그릴리의 도덕전쟁을 전형적으로 보여 준다.

> 이 참혹한 살인과, 살인범의 재판 및 처형, 또 사실인지 지어낸 것인지는 몰라도 살인범의 입에서 나왔다는 고백 등, 이에 관한 모든 내용을 세세하게 수집하고 발표하고 읽게 만드는 그 탐욕은, 사사로운 이익을 위해 공중의 지성 샘에 독약을 타고 지금 사회 깊숙이 잠자고 있는 흉악한 열정에 파멸의 불꽃을 부채질하고 싶은 — 아니, 그렇게 하고 싶어 안달이 나 있는 자들의 결과를 생각하지 않는 그 무원칙과 무모함 만큼이나 지역사회의 저열한 성향을 증명하는 것이다. 우리가 도덕적인 범죄행위를 말할 때는 신중해야 하며, 이 끔찍한 사건을 미주알 고주알 떠드는 자들로 인해 사회질서와 개인의 행복에 가해진 그 격렬한 고통은 이 가증스런 범인 자신이 끼친 고통보다 열 배나 더 크다…[11)]

---

10) 1821년과 1850년 사이에 대략 250만명이 미국으로 이민을 왔다. *The New York Times Encyclopedic Almanac* 1971, p. 192 참조.

11) *New York Tribune*, April 19, 1841. Robert W. Jones, *Journalism in the United States*,

이 기사에서 그릴리는 "사회에 대한 언론의 의무"를 이행하기 위해서 아주 사실적인 범죄기사를 제공하고 있다는 대중신문 편집인들의 주장에 주의를 환기시키고 있는데, 그들이 말하는 언론의 사회적 의무란 대중으로 하여금 세상사를 알고 있도록 해야 한다는 것이며 오늘날의 "공중의 알 권리" 이론과 유사한 말이다. 그러나 그릴리에게 그러한 주장은 "최선의 사회이익과 이웃의 공동선 그리고 최상의 정의와 훌륭한 도덕성을 위해 바쳐야 할 더 높은 수준의 의무"를 저버리고 "공공의 이익을 해치는" 위선자들의 "가증스런 변명"에 지나지 않았다.

그릴리는 때때로 이익이란 개념을 경시했다. 반면에 베넷트는 결코 그런척 하지 않았다. 그가 자신의 신문은 싸구려 남발지폐를 받지 않겠다고 했을 때, 그것은 화폐로서의 안정성이 없고 그 가치가 크게 떨어져 형편없게 된 지폐를 경멸적으로 표현한 것이었다. 그가 존경했던 벤자민 프랭클린과 같이, 베넷트가 신문업에서 우선적으로 기대한 것은 돈을 버는 것이었다. 동시에 그는 정보를 공중에게 전달하는 그 자체가 위대한 도덕적 힘이라고 보았다. 언론에 대한 베넷트의 생각은 《헤럴드》의 지면에 아주 명확하게 나타나고 있는데, 그것은 개인적인 부의 획득과 그로 인한 공공의 이익은 결코 분리될 수 없기에 일간신문은 유익한 기관이라는 것이다.[12] 그는 이것을 다음과 같이 표현하고 있다.

New York: Dutton, 1947, p. 277과 Maria Cooper, *Horace Greeley als publizistische Persoenlichkeit,* Duesseldorf: Rheinisch-Bergische Druckerei, 1966, p. 150에서 재인용.

12) Bennett의 도덕적 입장에 대해서는 Emery and Emery, 앞의 책, p. 125를 보라. 좀 더 상세한 논의는 다음 책들 참조. Pray, 앞의 책, pp. 264~282; Willard G. Bleyer, *Main Currents in the History of American Journalism,* Boston: Houghton Mifflin, 1927, pp. 293~296; Frank Luther Mott, *American Journalism,* 3d ed., New York: Macmillan, pp. 236~237.

> 나는 무슨 일이 있더라도 《헤럴드》를 이 세상에 나온 신문 가운데 가장 위대한 신문으로 만들 작정이다. 아직 일간신문을 통해서 최고 수준의 정신적 활동이 이루어진 것을 본 적이 없다. 그것을 한번 해 보겠다. 무엇이 일간신문을 사회생활의 가장 위대한 기관으로 만들지 못하게 한단 말인가? 책은 나름대로 전성시대가 있었고 — 극장의 전성시대도 있었다 — 종교적 사원도 그 나름의 전성시대를 가진 적이 있다. 인간사상과 인간문명의 거대한 운동에서 신문이 이 모든 것을 주도하게 할 수 있다. 신문은 — 돈을 버는 것말고도 동시에 — 뉴욕의 모든 교회와 예배당이 할 수 있는 것보다 더 많은 영혼을 천국에 보낼 수 있고 또 지옥으로부터 구원할 수도 있다. 그것을 한번 해 보겠다.[13]

그렇다면 실제로 미국 언론인의 신념체계에서 편집인의 기능은 무엇인가? 우리는 이미 앞에서 프랭클린이 생각한 이상적 편집인이란 위대한 학문적 소양과 글솜씨를 지닌 "희귀한" 인간이었음을 살펴 보았다.[14] 베넷트가 생각하는 편집인이란 교회 목사나 정치 지도자보다 훨씬 더 강력하게 역사의 진행을 이끌 수 있는 힘을 가진 사람이었다. 반면에 그릴리는 편집인을 주로 교사로 보았다. 매디슨과 함께 그릴리는 지식이 곧 힘임을 믿었고, 때때로 스스로가 "공중의 교사"임을 자처했다.[15] 그가 자신의 신문 《트리뷴》을 정보와 의견의 도구로 묘사했지만, 그를 가장 매혹시킨 것은 편집인의 선교사적 역할이었다는 것은 의심할 여지가 없다. 문학적인 것과 추상적인 것에 베넷트보다 훨씬 더 헌신적이었던 그릴리는 도덕가를 이상적인 편집인으로 보았다. "건전하고 진실된 의견을 전파하겠다는 열정이 아니면 편집인의 그 쉬임없이 고된 노동을 감당해 낼 수 있는 것은 없다."[16] 따라서 편집인의 적절한 역할은 사람들을 인도하는 것이었다.

13) *New York Herald*, August 11, 1836.

14) Franklin의 생각에 대해서는 제16장 참조.

15) Greeley, *Autobiography*, p. 456.

16) *New York Tribune*, February 24, 1868. Bleyer, 앞의 책, p. 233에서 재인용.

사건을 일차적으로 해석하고, 정책을 제시하며, 오래된 잘못을 수정하고, 진보의 길을 따라 더 많은 탐색의 빛을 앞으로 내던지지 못하면 결코 언론의 참맛을 보여 주었다고 할 수 없다. 언론의 직분은 인도하는 것이다."[17]

역사학자 헨리 스틸 컴메이저는 그릴리가 "그 당시의 가장 위대하고 가장 영향력있는 편집인"이었을 뿐만 아니라, 뉴욕에서 가장 철저한 개혁가였다고 말한다. 컴메이저는 말하기를, "그의 관심은 정치적이고 경제적인 것 뿐만 아니라 도덕적이고 지적인 것이었고 또 동서양 모두에 관심이 있었기에, 아마도 당시의 어떤 미국인보다도 개혁가들에 대해 폭넓게 알고 있었다."[18]

휘트맨의 편집인관(編輯人觀)은 보다 문학적이고 탐방기자적 요소가 강했지만 여전히 프랭클린과 베넷트 그리고 그릴리와 일치하는 데가 있었다. 휘트맨이 생각한 편집인의 일이란 "그의 주변 도처에 떠다니는 그 엄청난 양의 비현실적인 것으로부터 좋은 것을 구별해 내기 위해 날카로운 눈"을 배양하는 것이었다.[19] 휘트맨이 말하는 "좋은" 것은 그릴리가 생각하는 좋은 것과 크게 다르지 않았다.

그러나 휘트맨과 그릴리는 미국의 미래를 다르게 보았다. 휘트맨은 도시화된 동부에서 눈부신 사회적 질서가 나타나는 것으로 보았고, 그릴리는 서부에서 낭만적이고 전원적인 이상향을 보았다. 실제로 미국의 농촌사회에 미친 그릴리의 영향력은 막대한데, 그것은 주로 전국 곳곳의 농촌에 보급되어 "파파 호레이스"를 농부의 영웅으로 만들었던 그의 《위클리

---

17) 위의 책, p. 233.

18) Henry Steele Commager, *The Era of Reform 1830~60,* Princeton, N. J.: Van Nostrand, 1960, p. 29.

19) Emery Holloway, *Whitman : An Interpretation in Narrative,* New York: Knopf, 1926, p. 7에서 재인용. 또한 Shelley Fisher Fishkin, *From Fact to Fiction : Journalism and Imaginative Writing in America,* Baltimore: Johns Hopkins University Press, 1985, p. 23도 참조.

트리뷴》(*Weekly Tribune*)을 통해서였다. 1850년대에 서부와 뉴잉글랜드에서 뉴욕을 찾는 사람은 반드시 《트리뷴》지 사무실로 그릴리를 방문하곤 했는데, 거기서 그들은 세계정세와 국내상황, 다가오는 선거와 심지어 그들의 가을 수확물에 이르기까지 그릴리의 의견을 구하곤 했다. 그릴리는 이 사람들을 그들의 논밭까지 찾아가서 아직 구독기간이 만기가 되지 않았음을 확인시켜 주곤 했다.[20]

진보적 역사학자들은 항상 그릴리를 존경해 왔다. 그것은 개혁의 시대였던 그 시대에도 특히 그가 교육, 감옥, 가정생활, 그리고 무엇보다 노예제도 개혁에 헌신적이었기 때문이다. 1841년 《트리뷴》이 창간된 바로 그 해에 에머슨은 "세계 역사상 개혁의 주장이 바로 이 시간보다 더 광범위했던 적은 없었다"라고 말했다.[21] 버논 패링턴은 에머슨이 민주주의의 발전에 대해 "낭만적 신념"을 소유하고 있는 "확고한 이상주의자"로서 더할 나위없는 양키 급진주의자라고 보았다.[22] 반대자들이 보기에는 진짜 개혁의 광란으로 보였지만, 그릴리는 노동조합의 필요성과 여성운동, 노예제도의 폐지, 심지어 일종의 기초적인 공산주의까지 이 모든 것을 새로운 신문의 지면을 통하여 정열적으로 주장했다.

그릴리의 모델은 프랑스 계몽주의시대 사람으로 일반인에게 잘 알려져 있지 않은 샤를르 푸리에(1772~1837)라는 사람이었다. 푸리에는 자본주의 경제 뿐만 아니라 종교, 결혼, 가족과 같은 확립된 제도에 대해서도 비판을 서슴치 않았던 철저한 이상주의자였다.[23] 그가 꿈꾸었던 "미래"는

---

20) Rourke, 앞의 책, pp. 199~200.

21) 위의 책, p. 200에서 재인용. Rourke는 계속해서 이렇게 말하고 있다 : "여기에 그들 자신 가운데 한 사람으로 크게 출세한 가난한 젊은이가 있었으니, 미국의 전설은 구체화되고 그릴리는 그의 소박한 모습으로 그것을 만들어 가고 있었다."

22) Vernon L. Parrington, *Main Currents in American Thought,* 3 vols., New York : Harcourt, Brace, 1954~1958, 3 : passim.

23) Jonathan Beecher, *Charles Fourier : The Visionary and the World,* Berkeley : University of California Press, 1987. Fourier와 그릴리에 대한 그의 영향 그리고 그의

정치적으로 독립적이며 자주적 공동체 단위인 수천개의 소규모 "공산촌"(*phalanxes*) — 그릴리와 그의 미국인 동료들의 생각에서는 "조합"으로 수정됨 — 으로 구성된 네트워크였다. 푸리에의 공산촌은 일련의 미국 공동체에서 재현되었는데, 가장 대표적인 것이 뉴 햄프셔의 브룩 농장(Brook Farm)으로서 이 농장은 그릴리와 에머슨뿐만 아니라 쏘로우를 매료시켰고 또 그릴리가 자기 신문의 편집국장으로 고용했던 찰스 다나와 같은 주요 언론인의 주목을 받았다.[24)]

그릴리의 신문은 당대의 거물들이 쓴 수필과 시, 그리고 정치분석 등을 담고 있었다. 에머슨과 휘트맨의 글도 《트리뷴》에 모습을 드러냈다. 찰스 디킨스의 소설 《바아너비 루지》(Barnaby Rudge)도 이 신문에 연재되었다. 그리고 편집국장 다나가 유럽으로 여행갔을 때는 칼 맑스를 정치평론가로 고용하는 계약을 맺기도 했다. 맑스의 칼럼은 10년 동안 《트리뷴》에 게재되었다.[25)]

친구 Arthur Brisbane에 대해서는 다음을 참조. Rourke, 앞의 책, p. 194, 201~204, 208, 214, 219~222; Parrington, 앞의 책, 2 : 243; A. J. Beitzinger, *A History of American Political Thought,* New York: Dodd, Mead, 1972, pp. 346~347; Leon P. Baradat, *Political Ideologies : Their Origins and Impact,* Englewood Cliffs, N. J.: Prentice-Hall, 1979, pp. 180~182.

24) 양키 개인주의자들의 삶에서 브룩농장이 차지했던 역할에 대한 간략한 설명은 Parrington, 앞의 책, 2 : 338~342 참조. 패링턴이 지적한 바와 같이 에머슨은 푸리에에 대해 거의 동조하지 않았으며 푸리에의 체제를 "한 은행가의 공상"이라고 불렀다. Katherine Burton, *Paradise Planters,* New York: AMS Press, 1973도 참조하라.

25) 비록 강조점은 조금씩 다르지만 언론인으로서의 그릴리를 분석한 다음 책들은 모두가 흥미로운 연구이다. Rourke, 앞의 책; Maria Cooper, *Horace Greeley als publizistische Persoenlichkeit,* Duesseldorf: Rheinisch-Bergische Druckerei, 1966; Henry Luther Stoddard, *Horace Greeley : Printer, Editor, Crusader,* New York: Putnam's, 1946; Glyndon G. Van Deusen, *Horace Greeley : Nineteenth Century Crusader,* Philadelphia: U. of Pennsylvania Press, 1953. 또한 Katherine Burton, *Paradise Planters,* New York: AMS Press, 1973도 참조하라.

그릴리의 개혁활동이 완벽하게 일관적이었던 것은 아니었다. 개혁에 대한 옹호와 신중함 사이를 열심히 왔다 갔다 했던 것이다. 그럼으로써 그는 베넷트 뿐만 아니라 헨리 레이몬드(Henry Raymond)의 분노를 사기도 했는데, 레이몬드는 한때 《트리뷴》의 기자였지만 《뉴욕 타임즈》를 창간하여 《트리뷴》의 중요한 경쟁지로 발전시켰다. 공동체사회에 대한 그릴리의 — 또는 미국인의 — 변덕에 관한 그 시시콜콜한 이야기를 여기서 반복하지는 않겠지만, 한가지 기억해 두어야 할 중요한 사항은 개혁운동에 관한 그의 연재물이 미국 언론의 신념체계에서 언론인을 개혁가로 보는 이미지가 성장하는 데에 커다란 영향을 주었다는 사실이다.

푸리에는 세계의 문제가 근본적으로 사회적인 것이지 정치적인 것이 아니라고 주장했던데 반하여, 그릴리는 비록 사회적 개혁의 중요성도 주장했지만 정치세계로부터 결코 멀리 떨어져 있지는 않았다. 그릴리는 뉴욕주 정치에 수년간 참여했고 휘그당 출신으로 연방의원을 한번 지냈다. 연방의원 시절에 그는 미국 최초의 홈스테드법을 의회에 제출했는데 이것은 일종의 무상토지 조치로서 링컨 대통령 시절에 입법화 되었다.[역주1] 무상토지를 호소하는 그릴리의 꿈은 바로 천년왕국의 꿈으로서, "이처럼 토지 소유자를 보편적으로 만들어 내는 일은 옛날 순수했던 이스라엘 공동체국가 시절 이후로는 없었다."[26]

아마도 좁은 안경 너머로 빠끔히 응시하는 근시 눈에다 닳아빠진 칼라 모서리에 옅은 노랑머리가 흩으러진 그 구겨진 자루같은 모습 때문인지, 또는 고음에다가 곱지 못한 그 목소리 때문인지는 모르겠으나, 그릴리는 정치적으로 많은 반대에 부딪치고 심지어 경멸과 조소를 받기도 했다. 휘그당이 뉴욕주 부지사로 그릴리 대신에 선택한 《뉴욕 타임즈》의 레이먼드는 그릴리가 노동자를 선동할 뿐만 아니라 공산주의자이며 심지어는 자

역주1) 홈스테드법(Homestead Act) : 5년간 정주한 서부의 입주자에게 공유지를 160 에이커씩 불하할 것을 제정한 1862년의 연방입법.

26) Rourke, 앞의 책, p.211.

유연애를 옹호한다고 비난했다. 또 베넷트는 남북전쟁의 책임을 그릴리에게 덮어 씌웠다. 그 누구보다도 그릴리에게 가혹했던 사람은 유명한 만화가 토마스 내스트(Thomas Nast)였는데, 그는 《하퍼즈 바자》에 연재한 뉴욕의 윌리엄 마아시 "보스" 트위드(William Marcy "Boss" Tweed)라는 무자비한 풍자만화로서 명성을 얻은 인물이다. 1872년에 그릴리가 그랜트와 맞붙어 패배한 대통령선거에서, 내스트는 그를 가리켜 《뉴욕 트롬본》(*New York Trombone*)이라는 신문을 운영하는 "거짓말쟁이, 악당, 무뢰한"으로 묘사했다. 내스트가 그려낸 그릴리의 이미지는 "호러즈 그리디"(*Horrors Greedey*)였으며, 그가 가한 최대의 일격은 그릴리가 링컨의 무덤 위로 존 윌크스 부스(John Wilkes Booth)와 악수하는 모습을 그린 것이었다.[역주2] 파산하고 극도로 절망한 그릴리는 결국 무너지고 대통령선거가 끝난 지 한 달도 안 되어 죽고 말았다.[27]

역주2) "호러즈 그리디"(Horrors Greedey)는 호레이스 그릴리와 발음이 유사한 동시에 공포(*horrors*)와 탐욕(*greedy*)의 의미를 지니고 있다. 이것은 내스트가 그릴리를 얼마나 싫어하고 있는지를 단적으로 보여 준다. 한편, 존 윌크스 부스는 1865년 4월 14일에 워싱턴시의 포드 극장에서 링컨 대통령을 암살한 범인이다.

27) 위의 책, pp. 246~247.

| 제 34 장 |

지역주의와 고립적인 개척지 언론

Localism and the Insular Frontier Press

프레데릭 잭슨 터너의 프런티어 명제에서 핵심적인 요소는 "탈출구"라는 개념이었다. 19세기 전기간에 걸쳐 서부개척지는 미국의 탈출구였다. 그릴리의 말에 의하면 누구나가 서부로 갈 수 있었다. 서부개척지는 형편이 어려워질 땐 언제나 갈 수 있는 꿈의 장소였다. 직장이나 아내 또는 자신감을 잃은 미국인이라면 언제나 짐을 꾸려 서부로 떠날 수 있었다. 터너의 명제가 미국역사를 올바르게 해석한 것이든 그렇지 않든 간에, 미국 초창기부터 많은 사람들이 이동에 나섰다는 것은 분명한 사실이다. 그들은 대서양과 태평양이라는 두 대양(*ocean*)을 두 개의 바다(*sea*)로 바꾸며 미국을 거대한 섬으로 만듦으로써 유럽과 과거로부터 완전히 분리시켰다.

미국이 이동의 땅이라는 전설은 150년 전과 마찬가지로 지금도 널리 유행하고 있다. 모든 전설은 현실에 바탕을 두고 있으며, 확실히 19세기에는 수천 수만의 포장마차 대열이 서부로 향하고 있었다. 19세기는 또한 이동중인 자유인의 무리들로, "어딘가 딴 곳"으로 향하는 이민들로, 캘리포니아와 알래스카의 무지개 너머 금을 찾는 사람들로, 언제나 산맥 저편의 좀더 나은 것을 찾는 남녀들로 특징지울 수 있다. 그들의 관심은 개인적이고 즉각적이며 고립된 것이었다. 외부세계에는 거의 아무런 관심도 없었다.

그들이 정착한 곳이면 어디든지 새로운 공동체가 건설되었다. 그리고 그들이 했던 첫번째 일 가운데 하나가 지역신문을 만드는 일이었다. 소규모 마을 신문은 새 정착민의 삶에서 중심적인 것이었다. 땅은 곳곳에 널려 있었고 농장과 목장은 마을에서 멀리 떨어져 있었다. 농부와 목부들은 오직 신문지면을 통해서만 세상 돌아가는 것을 따라 갈 수 있었다. 지역신문은 지역사회의 게시판이 되었다. 실제로 지역신문이 없으면 지역사회도 있을 수 없었다. 서부개척시대를 그린 영화나 소설을 보면 이 점을 분명히 알 수 있다. 지역신문의 편집인은 변경의 개척지에서 가장 눈에 띄는 터줏대감이었다.

이들 편집인이 간직하여 독자에게 전달한 그 사상은 충분히 낯익은 것이었다. 그들은 언론인들이 그토록 숭배해 오던 토마스 제퍼슨의 말, 즉 꼭 필요하다면 정부보다는 신문을 택하겠다는 말을 이 새로운 공동체에서 실제로 적용할 수 있다고 보았음에 틀림없다. 개척시대 초창기에는 지방정부가 그다지 충실하지 못했다. 법과 질서를 유지하기 위해서는 시민들이 평화를 지키는 일에 공동으로 참여해야 할 필요성이 있었다. 그러다 보니 불가피하게 지역신문이 법과 질서를 옹호하는데 선도적인 역할을 맡게 되었다. 하지만 결국에는 갈등이 신문의 활동을 흔들어 놓고 말았다.

신문은 곧 지역사회의 양심이 되었다. 그것 뿐만이 아니었다. 편집인들은 재빨리 신문의 미래와 지역사회의 미래를 연계시키게 되었다. 마을 마다의 꿈은 새로운 필라델피아나 새로운 아테네를 대평원 위에 세우는 것이었다. 신문 편집인들은 이 꿈을 부추겼고 전파시켰다. 19세기 초에 토크빌은 미국여행에서 이러한 경향에 주목하고, 미국의 광대함은 자기 신문을 만들어 개인적인 영향력을 행사해 보고 싶어하는 거의 모든 언론인에게 그것을 가능하게 한다고 보았다. 이 프랑스인 방문객은 미국의 신문 수가 "거의 믿을 수 없을 정도로 많음"을 발견했다.[1] 더욱이 지면은 거의 전적으로 지역문제에 집중하고 있음을 보았다.

이 관찰에서 토크빌은 미국 언론인이 간직하고 있는 모든 사상에서 가장 지속적이고 중요한 사상 가운데 하나를 확인하고 있다. 그것은 신문의 진짜 업무는 지역 뉴스의 보도라는 것이다. 근본적으로 바로 이 점에서 미국 언론인의 사상과 다른 나라 언론인의 사상은 다르다. 미국 신문과 프랑스 신문의 차이점은 19세기 초에 토크빌이 이미 지적하였다. 그것은 미국신문이 광고와 간단한 정치정보 및 지역문제에 관한 "사소한 일화"로 이루어진 반면에 프랑스 신문은 전국적인 정치문제에 대한 "열정적 토론"으로 충만해 있다는 것이다.[2] 이러한 경향은 오늘날에도 여전히 계속되고 있다.

토크빌이 반세기 후에 미국에 다시 왔더라면, 이전의 그의 관찰이 여전히 유효할 뿐만 아니라 신문의 수와 마을의 수가 몇 곱절 늘어났고 언론은 옛날에 그가 보았던 다소 너저분한 신문보다도 훨씬 더 지역공동체 건설에 열중하고 있음을 발견했을 것이다.[3]

미국언론의 지역주의는 부분적으로는 미국의 성장 방식의 유산이기도 하다. 그러나 그 뿌리는 개척지 신문편집인이 서부로 올 때 가져온 사상에서도 발견된다. 로크와 루소에게 그토록 중요했고 또 제퍼슨의 독립선언문에서 중요한 부분을 이루는 사회계약론, 그리고 프랑스혁명과 토마스 페인에게 무척 소중했던 인간의 권리 — 이 모든 것이 지방 편집인들과

1) Alexis de Tocqueville, *Democracy in America,* ed. Phillips Bradley, 2 vols., New York: Vintage Books, 1945, 1 : 193~194.

2) 위의 책.

3) 1840년에 인구 1,700만의 미국에서 발행된 일간지의 수는 모두 138개였다. 1900년에 이르러 인구는 7,600만명이 되고 신문의 수는 2,226개로 증가했다. Alfred Lee McClung, *The Daily Newspaper in America,* New York: Macmillan, 1937, p. 718 참조.

함께 서부로 옮겨졌다. 그들이 떠났던 귀족주의적 세계의 사회적, 경제적 한계와, 심지어는 "활기잃은" 동부 해안지역의 그것은 결코 서부의 것이 될 수 없었다. 서부에서는 개인주의, 즉 카우보이의 개인주의와 편집인의 개인주의가 대폭 강조되었다.

서부 개척지의 지역사회에서 사회계약론은 실천되었다. 자유로운 개개인은 정의가 지배하는 새로운 사회를 건설하기 위해 이웃 사람들과 자유롭게 협력했다. 중요한 것은 저 멀리 있는 워싱턴도 아니고 그보다 훨씬 먼 유럽도 아니며, 바로 이곳 지역사회의 내 마을이었다.

이러한 신념체계의 상당부분이 신화라고 하는 사실이 그 신화의 영향력을 바꾸지는 못했다.[4] 사실 우리의 신념체계에서 때로는 환상이 현실보다 더 중요하다. 인간의 권리가 서부개척지에서 실천되었을 때, 그것은 인디언과 흑인, 이민과 여자 등 모든 인간에게 권리를 부여한 것은 결코 아니었다. 정의가 개척사회에 넘쳐 흘렀던 것도 아니었다. 오래지 않아 사회적, 경제적 구분이 이루어져 유럽이나 동부의 그것처럼 어디에나 있는 계급체계를 확립시켰지만, 정치인이나 편집인 어느 누구도 이것에 대해 말하지 않았다. 하기야 그러한 것이 존재하는지 조차도 깨닫지 못하고 있었는지 누가 알겠는가.

신문편집인은 곧 지역권력 구조의 중요한 일원이 되었다. 한 개척신문 연구자가 말했듯이, 지역신문 편집인은 "고위 방문객의 비공식 접견인이며 역사적 사건의 기록자이고 중요한 행사의 사회자이며 정치지도자나 시민지도자의 고문"이었다.[5] 실제로 편집인들은 종종 자신의 신문을 정

---

4) John Higham은 이것을 미국의 "가장 소중한 신화"라고 한다. 그의 "The Divided Legacy of Frederick Jackson Turner," in *Writing American History : Essays on Modern Scholarship,* Bloomington : Indiana University Press, 1970, p. 127을 참조. 또한 James Oliver Robertson, *American Myth, American Reality,* New York : Hill and Wang, 1980도 참조.

5) William H. Taft, "Local Newspapers and Local History," in Ronald T. Farrar and John Stevens, eds., *Mass Media and the National Experience,* New York : Harper and

계로 뛰어 들기 위한 발판으로 삼았다.

게다가 지역사회 신문은 국민적 일체감을 극대화하기 위한 도구였으며, 특히 남북전쟁 전의 남부에서는 남부의 단결을 위한 도구였다. 우편배달이 몹시 늦고 또 불확실했으므로 지역신문은 진정한 의미에서 주민들이 바깥세계를 볼 수 있는 유일한 창이었다. 동부에서 활용되고 있던 "교환"제도는 서부에서 훨씬 더 중요했다. 신문의 교환은 우편료가 무료였기 때문에 편집인은 자기 신문의 상당 부분을 다른 편집인이 그에게 보낸 신문의 내용을 재인쇄해서 채웠다.[6] 아메리카주의의 열정이 심화되는데 있어서 개척신문 편집인들이 끼친 영향력을 과소평가할 수 없을 것이다. 형제적 유대로 뭉친 편집인 사회가 등장하여 미국 민주주의의 이상을 위해 헌신했으며, 이들은 하나같이 미국과 미국인을 무한정한 축복의 미래로 나아가고 있는 국가와 국민이라고 생각하였다.

아무리 먼 서부 개척지의 신문이라 하더라도 그것이 사용한 언어는 낙관주의의 언어였다. 이것은 아이오아나 캔자스의 농업지대에서도 그랬고, 콜로라도와 와이오밍의 목장에서도 그랬으며, 네바다나 캘리포니아 심지어는 알래스카의 골드 러쉬 분위기에서도 그랬다. 이 편집인들은 그들이 그려낸 그림 만큼이나 낙관적이었다. 미국은 휘트맨에게 그랬던 것처럼 그들에게도 건설인의 나라였다. 낙관주의가 언제나 미래에 대한 믿음과 함께 하였다. 보다 산업화된 동부의 각 주와 유럽에서 산업성장이 순수한 축복만은 아니며 많은 결함이 화려한 미래에 드러나게 될 것임이 명백해 졌을 때에도 서부 개척지의 편집인들은 대부분 코웃음쳤다. 그들의 신념체계에서 비관주의는 바로 비미국적인 것이었다. 낙관적이면 안되는 이유가 뭐야? 그들의 지역사회의 미래는 끝이 없는 듯 보였다.

물론 모든 편집인들이 이러한 메시지를 주장했던 것은 아니었다. 산업

Row, 1971, p.174.

6) Culver Smith, *The Press, Patronage and Politics,* Athens: University of Georgia Press, 1977, 특히 pp.68~71.

발전과 관련된 갖가지 과도함은 일부 편집인을 불안하게 했고 심지어는 환상에서 벗어나게 했다. 마음이 무거워진 버논 패링턴은 "낙관주의의 환상은 미국문명의 위대한 환상"이라고 보았다.[7] 패링턴이 이러한 환상의 건축사로 지목한 사람 중에 핵심은 미국 언론의 영웅 가운데 한 사람인 윌리엄 알렌 화이트(William Allen White)였다. 패링턴은 화이트가 감상적인 시골 촌사람 연애를 주로 그린 인기 소설가 부스 탈킹턴(Booth Tarkington)과 함께 "아름다운 사람들"과 "푸근한 고을"이라는 거짓 환상을 촉진시켰다고 본다.[8]

캔자스주 엠포리아 출신인 화이트는 젊은 시절부터 유망한 소설가이자 헌신적인 언론인으로 기대를 모았던 사람이다. 그의 소설은 꽤 성공적이었으며, 그 역시 19세기 말에는 뉴욕에서 젊은 추문폭로가로 상당한 명성을 얻었다. 그러나 화이트가 결정적으로 유명하게 된 것은 주간지 《엠포리아 가제트》의 지방 편집인이 되면서였다. 한 저명한 언론사가는 화이트가 "아메리카의 시민이 되었으며 엠포리아로 상징되는 미국의 소규모 도시의 대변인이 되었다"고 말한다.[9] 자기 평생의 그 소란스런 시절에도 불구하고 화이트는 낙관론과 언론의 도덕적 가치에 대한 헌신을 잃지 않았다. 실제로 그는 도덕적이고 품위있는 미국언론의 이상을 대변했을 뿐만 아니라 그것의 상징이기도 했다. 그는 작은 도시의 편집인이었는데, 그 자리는 미국의 모든 기자나 편집인들이 되고 싶어하는 자리이다. 아담 스미스가 미덕으로 보았고 프레데릭 잭슨 터너가 개척지의 영예로 평가했던 부와 권력의 유혹만 받지 않는다면 말이다. 서부 개척지에서 자유롭고

---

7) Vernon L. Parrington, *Main Currents in American Thought,* vol. 3, New York: Harcourt, Brace, 1958, p. 376.

8) 위의 책, p. 376. 탈킹턴의 가장 유명한 작품은 *The Magnificent Ambersons* (1899)과 *Penrod*(1914) 이다.

9) Edwin Emery and Michael Emery, *The Press and America : An Interpretive History of the Mass Media,* 4th ed., Englewood Cliffs, N. J.: Prentice-Hall, 1978. 또한 Sally Foreman Griffith, New York: Oxford University Press, 1988도 참조.

숨김없이 말하는 제 2 의 화이트가 된다는 것은, 부와 권력이 기자와 편집인을 순수한 도덕가치로부터 유혹하는 것을 두려워 하는 이상주의적 언론인들의 열정어린 꿈이었다. 화이트가 지방 편집인이었을 뿐만 아니라 도회풍의 세련된 사람으로서 모든 것에 조예가 깊었다는 사실은 그러한 바램을 더 크게 할 뿐이었다. 언론윤리에 대한 현대의 지적 검토는, 순수한 도덕가치는 부와 권력이 그 목적인 세계에는 맞지 않는다는 냉정한 인식으로부터 상당 부분 나온다.

언론의 고귀한 원칙에 대한 화이트의 헌신을 가장 분명하게 보여주는 증거는 1905년에 스탠다드 오일사가 그를 비롯해 모든 캔자스주 편집인들에게 자료를 보내면서 그 자료를 보도하고 "원하는 액수"를 요청하라고 했을 때 그가 그것을 거부했다는 점이다. 화이트가 때때로 기고했던 폭로전문잡지 《맥클루어스》는 이 제의가 일천 달러에 상당하는 거액이라고 했는데, 이것은 연간 수익이 대개 이 돈의 두 배를 넘지 못하는 신문사에겐 엄청난 거액이었다. 그 기사에 의하면 화이트는 유혹을 거절한 반면에 다른 캔자스 신문들은 실제로 이 썩어빠진 사과를 먹었다는 것이다.[10)]

편집인들은 엠포리아로 정기적인 순례를 가곤 했는데, 이때 그들과 나누는 이야기에서 화이트는 미국언론의 이상을 소리높이 외치고 그 이상에 진실하지 못하다고 믿는 편집인들을 비난하는데 결코 주저함이 없었다. 화이트는 1895년에 주간지 《가제트》를 매입한 이후부터 1944년 죽을 때 까지 그 잡지에 칼럼을 기고하였다. 1896년에 쓴 "캔자스에 무슨 일이 있는가?"라는 제목의 유명한 시론에서 부터 1939년에 쓴 언론자유에 관한 탁월한 논평에 이르기까지 화이트는 동료 편집인들이 존경하는 인물이었는데, 심지어 그가 그들을 지독히 비난하고 있을 때에도 그 존경심은 여전하였다.[11)] 왜냐하면 그의 메시지는 그들이 할 수만 있다면 그렇게 쓰

---

10) J. Herbert Altschull, *Agents of Power : The Role of the News Media in Human Affairs,* New York: Longman, 1984, p. 68. 또한 William Allen White, *Autobiography,* New York: Macmillan, 1946도 참조.

고 싶어했던 바로 그것이었기 때문이다. 일반적으로 많은 사람이 주장하는 바로는 거대한 대도시 일간지보다는 지방 주간지의 운영이 편집자에게 훨씬 더 많은 자유를 준다는 것이었다.

화이트가 표현했던 사상은 로크와 루소가 파악했던 사회계약 사상, 페인과 제퍼슨이 감지한 인간의 권리, 무지를 없앤다고 매디슨이 주장한 교육의 힘, 벤담과 밀의 공리주의 주장, 그리고 19세기 미국언론의 호된 비판 속에 정세(精細)된 맑스의 사회적 진보에 대한 인식이었다.

화이트는 과거의 통찰력으로부터 나온 이 사실을 사용해 일세기 동안 지속된 모델을 짜내었다. 그것은 물론 낙관주의의 모델로서, 미래를 바라보고, 인간 특히 미국에 거주하는 사람들의 고결성 내지는 존엄성을 믿는 것이었다. 뉴 잉글랜드의 초절주의자인 에머슨과 휘트맨, 쏘로우와 헨리 워드 비이쳐(Henry Ward Beecher)를 따라, 화이트는 그릴리와 그 후의 이상주의적 언론인들과 마찬가지로 민주적인 정부에 대한 확신과 보통사람에 대한 신뢰를 토마스 페인의 열정이나 개척지의 "멍청한 민주주의자들"의 열정에 필적할 정도로 열심히 표현하였다.

《엉클 톰의 오두막집》의 저자와 형제였으며 당대에 가장 존경받는 설교가였던 비이쳐는 매사추세츠주 플리머스에 있는 그의 강단에서 이 사랑과 믿음의 복음을 설파했다. 그는 "보통사람의 삶이 세계의 삶에서 가장 훌륭한 부분"이라고 선언했다. "보통사람의 삶은 하느님의 삶이다."[12] 남북전쟁의 살육과 "악덕자본가"의 착취에 대한 혐오를 억누를 수 있을 정도로 보통사람에 대한 신뢰가 대단히 강했던 휘트맨은 1888년에 자기 생의 마지막을 향하며 이렇게 말할 수 있었다. "나이가 들면 들수록… 나의 낙관주의, 나의 민주주의에 더욱 더 확신을 갖게 된다."[13]

11) 캔자스시론은 *Gazette*지 1896년 8월 16일자에 그리고 언론자유에 관한 글은 1939년 7월 2일자에 각각 게재되었다.

12) Constance Rourke, *Trumpets of Jubilee,* New York: Harcourt, Brace and World Harbinger Book.9, 1927 and 1963, p.171에서 재인용.

보통사람에 대한 믿음과 미래에 대한 낙관은 19세기의 대부분을 통하여 언론인의 신념체계에서 핵심이었고 그것은 20세기에 들어 와서도 계속되었다. 사건에 따라 때때로 흔들리기도 했지만, 그럼에도 불구하고 이러한 신념은 전쟁의 충격과 산업적 탐욕 그리고 인간의 인간에 대한 잔혹행위를 잘 견뎌낼 수 있을 정도로 튼튼하였다. 탐욕과 착취의 이 시대를 "도금(鍍金)시대"(*Gilded Age*)로 이름붙인 사람은 언론인이자 소설가였던 마크 트웨인이었지만, 트웨인조차도 그의 생애 대부분은 보통사람의 미덕에 대해 믿음을 견지할 수 있었다.

이러한 유형의 믿음과 낙관은 그들 보통사람의 행동에 심대한 영향을 주었다. 현실적이고도 중요한 의미에서 그것은 보통사람이 자신의 삶에 만족하도록 하거나, 적어도 미래를 지향하게 함으로써 현재의 처지를 받아들일 준비가 되어 있게 했다. 이런 점에서 그것은 희랍의 스토아 학파나 중세 기독교의 그것과 유사한 믿음이었다. 즉 그 메시지는 보다 나은 미래를 기대하면서 현재를 감내하는 것이었다. 이미 우리가 살펴 본 바와 같이 억눌리고 짓밟힌 이민조차도 휘트맨이 미국의 종교라고 말한 이 신념체계를 받아 들였다. 이것은 또한 미국이라는 거대한 섬 내의 미국인에 국한된 지역종교였다. 새로 온 사람들도 참여할 수 있으나 그러기 위해서는 먼저 미국화 되어야만 했다. 외국인은 다른 세계에 속했던 것이다.

이런 식으로 미국인은 현재의 상태에 자기 자신을 적응시켜 나갔다. 다른 모든 미국인과 마찬가지로 신문 편집인들도 이 신화적인 믿음의 감정적 힘에 휩쓸렸고 또 미국이 이 새로운 종교아래 더 강하고 부유하게 발전하고 있다는 사실에 의해 그러한 믿음이 더욱 강화되었다. 당연히 그들은 이 축하대열에 앞장서 나갔다. 19세기 말에 진보주의 개혁운동이 절정

---

13) Horace Traubel, *With Walt Whitman in Camden,* 5 vols., Philadelphia: University of Pennsylvania Press, 1906~1964, 1:195에서 재인용. 또한 Justin Kaplan, *Walt Whitman: A Life,* New York, Simon and Schuster Touchstone, 1986, pp. 338~339과 Rourke, 앞의 책, p. 211도 참조.

에 달하게 됨에 따라 이 믿음은 큰 위기를 맞게 되었다. 휘트맨은 의혹에 시달렸고, 화이트는 아메리칸 드림을 더럽힌 사람의 명단에 올랐다. 그리고 트웨인은 모든 사람을 난타하였다.

제 7 부

미국의 실용주의 : 개혁과 민주주의
The Pragmatic Americans : Reform and Democracy

윌리엄 제임스(William James : 1842~1910) : "[철학]은 진솔하고 깊이있는 인생의 의미에 대한 우리의 다소 불명료한 감각이다. 그것은 책을 통해서는 다만 일부분만 얻을 뿐이다. 그것은 바로 우주의 삼라만상을 보고 느끼는 우리 각자의 방식이다… 실용주의는 사실로부터 떨어져서는 불편함을 느낀다… 실용주의자는 사실과 구체성에 집착하고, 진리의 개별적인 작용을 관찰하여 그것을 일반화한다."

존 듀이 (John Dewey : 1859~1952)
"언어의 발명은 인간에 의해 이루어진 발명 가운데 아마도 가장 위대한 발명일 것이다. 인위적인 힘을 대신하여 상징을 발전시킨 것은 또 다른 위대한 발명이었다… 그러나 상징은 그 배후의 현실과 관련지어질 때에만 의미가 있다… 민주주의의 방법이란 각자의 특수한 주장들을 보고 이해할 수 있고 또 토론하고 평가할 수 있는 공개적인 곳으로 갈등을 내놓는 것이다."

| 제 35 장 |

서론 : 우울은 우리 스타일이 아니다

Introduction : Gloom Is Not Our Style

미국이 비관주의로부터 완전히 자유로왔던 것은 결코 아니었다. 처음부터 이 신생국에 대한 유럽문화의 영향은 불가피한 일이었다. 비록 페인이 18세기 말에 있었던 그 위대한 지적 투쟁에서 버크에 승리를 거두었지만, 인간과 인간의 제도에 대한 믿음이 결코 완전했던 것은 아니었다. 아담 스미스와 그의 후예들이 그렸던 자본주의의 밝은 미래는 그 혜택을 즐길 수 없는 사람들로부터는 멀어지고 말았다. 산업혁명으로 전위된 도시대중과 거대한 새로운 상업자본가와 경쟁할 수 없는 농민들에게 허버트 스펜서와 사회진화론자의 약속은 너무나 거리가 먼 약속이었다. 수백만의 이민 가운데 극히 일부만이 아메리칸 드림을 쉽게 맛볼 수 있을 뿐이었다. 산업과 상업이 폭발적으로 성장하던 그 기간 동안에 휘트맨이 내세웠던 전망은 대부분의 미국인이 도달하기에는 먼 것처럼 보였다.

그러나 기이하게도, 19세기 말에 유럽대륙을 휩쓸었던 비관주의 사상의 물결은 미국의 활력에 단지 피상적으로 침입되었을 뿐이었다. 갖가지 비관주의가 침입할 때마다 이에 대한 미국의 반격이 있었다. 이러한 형태는 사실 사회의 다른 모든 부문과 마찬가지로 언론에도 적용되었다. 만년의 그릴리는 절망감을 맛보았다. 사실 휘트맨도 나중에는 그랬다. "도금(鍍金)시대"의 방종에 격분했던 마크 트웨인은 점점 더 신랄해져 갔다. 1890년대에 샌프란시스코의 언론인 암브로스 비어스(Ambrose Bierce)는 끝없이 우울하고 절망적인 글을 썼다. 많은 현대 언론인의 영웅인 고드킨(E. L. Godkin)은 분별없어 보이는 이 세대 앞에서 초기의 낙관주의를 잃고 말았다. 사회진화론자 윌리엄 그래함 섬너는 스토아 학파의 엄하기 짝이 없는 가르침으로 돌아섰다. 이 모든 사람이 자연주의의 영향을 강하게 받았고 또 니체와 쇼펜하우어, 졸라와 플루베르 같은 유럽의 지식인과 작가들의 절망에 의해 커다란 영향을 받았다. 스테픈 크레인, 잭 런던, 테오도어 드레이저 등은 모두가 언론인에서 소설가로 변신한 사람들인데 인간을 비인간적인 운명의 손아귀에 놓인 무기력한 존재로 보았다. 지그문트 프로이드의 발견, 즉 인간이 의식적인 생각보다는 맹목적인 감정의 힘에 의해 움직인다는 주장은 낙관적인 인간관이 딛고 있던 이성의 틀을 더욱 더 약화시켰다.

그러나 이들 우울한 작가들 사이에서 조차도, 그 마음 속의 어두움이 미국의 타고난 낙관주의를 없애버릴 만큼 강하지는 않았다. 간단히 말해, 유럽인들과는 달리 하나의 출구를 발견했던 것이다. 인간은 한가하게 앉아 운명의 장난을 단순히 기다릴 수는 없었다. 사람들은 프로메테우스와 같이 운명에 대항하고 자신의 진로를 가로막는 장애물을 뛰어넘을 수 있는 힘을 얻고자 노력한다. 카알라일이 하나의 해결책을 제시했다. 19세기말과 20세기 초의 미국 소설가들 가운데 가장 우울한 소설가 중 한 사람이었던 프랭크 노리스는 그것을 이렇게 표현했다. "세계는 위대하고 강하고 거칠고 잔인한 인간을 원한다 — 어느 것도 그 어느 것도 자신의 길을 막게 내버려 두지 않는, 목적을 지닌 인간을 원한다."[1)]

1) John Higham, *American History : Essays on Modern Scholarship,* Bloomington : Indi-

존 아담스의 증손자이자 헨리 아담스의 동생인 브룩스 아담스(1848~1927)는 미국 낙관주의의 힘을 상징한다. 아담스가 젊은 시절에 기술한 역사책은 터너의 민주주의적 진보의 전망에 대한 통렬한 반격이 되었다. 그것은 실로 모든 서구 문명의 멸망을 예언하는 것이었지만, 19세기에서 20세기로 전환할 무렵 미국의 낙관주의는 아담스의 견해를 바꾸어 놓았다. 즉 쇠퇴하고 있는 것은 유럽문명이지 미국문명이 아니라는 것이다. 그는 "나는 새로운 세계 — 새로운 미국, 새로운 제국을 옹호한다"라고 말했다. "우리는 하느님의 백성이다."[2)]

19세기의 마지막 10년은 또한 미국 언론이 내용적으로나 외형적으로 커다란 변화를 겪었던 시기이다. 기사내용은 야하고 편집은 그보다 더욱 야했던 황색언론 시대가 도래했으며 언론, 그 중에서도 특히 잡지가 놀랍도록 성장한 시기였는데, 두 가지 현상이 모두 사회 변화와 직접적인 관련이 있다. 과학기술의 급속적인 성장에 힘입어 이루어진 빠른 산업화는 대량시장의 발전을 가속화시켰다. 대중은 새로운 사회에 참여하기를 바라고, 최신의 상품을 소비하고자 했으며, 부자와 유명인에 관한 새로운 기사 읽기를 갈망하였다. 미국의 미래는 정말로 밝게 보였으며 브룩스 아담스만이 이 새로운 제국을 꿈꾼 것은 아니었다. 미국인은 정말로 하느님의 백성인 것처럼 보였다. 여하튼 이것이 바로 언론이 진화론적으로 생존투쟁하는 가운데 보여 준 메시지였다. 발행부수도 이 새로운 아메리카제국과 함께 확대되었다.

---

ana University Press, 1962, p. 93에서 재인용. Higham은 이 책의 73~102쪽에서 19세기말에 대해 탁월한 분석을 제시하고 있다. 이와 함께 다음 두 문헌도 참고하라. Donald Pizer, "Romantic Individualism in Garland, Norris and Crane," *American Quarterly,* 10 (Winter 1958) : 463~475 ; Kenneth S. Lynn, *The Dream of Success : A Study of the Modern American Imagination,* Boston: Little, Brown, 1955.

2) Higham, 앞의 책, pp. 91~94. 또한 Brooks Adams, *The Law of Civilization and Decay : An Essay on History,* London: S. Sonnenschein, 1895 ; Arthur Beringause, *Brooks Adams, A Biography,* New York: Knopf, 1955.

| 제 36 장 |

윌리엄 제임스 : 실용주의의 등장

William James : The Rise of Pragmatism

철학사상에 대한 미국의 가장 위대한 공헌은 두말 할 여지 없이 오늘날 실용주의로 알려져 있는 개념이다. 실제로 미국 언론인에게 그들의 철학적 지향을 말해 달라고 하면 거의 모두가 자신이 실용주의자라고 대답한다. 그들이 의미하는 실용주의가 실제적인 것을 찬양하고 이론적인 것을 조소하는 것이라면 정확하게 대답한 셈이다. 하지만 실용주의의 개념은 이보다는 상당히 더 복잡하다. 사실, 흔히 실용주의의 아버지로 불리우는 윌리엄 제임스에 의할 것 같으면, 실용주의는 철학이 아니라 하나의 방법이다. 이 점에서 실용주의는 독일의 관념론자 헤겔의 시각과 견줄 수 있는데, 철학사상에 대한 헤겔의 가장 큰 공헌은 그의 탐구방법, 즉 변증법에 있다.

실용주의를 모두가 만족할 수 있는 방식으로 기술한다는 것은 어려울지 몰라도[1] 그 기본 요소는 비교적 분명하며 특히 미국 언론인과의 관련성은 아주 명확하다. 실용주의라는 말 자체는 "행위"를 뜻하는 희랍어 프라그마(*pragma*)에서 나왔고, 프라그마는 또한 우리에게 친숙한 실천(*practice*)이나 실제적(*practical*)이란 말의 어원이기도 하다. 이처럼 어원학상의 뿌리로 볼 때 실용주의는 이론과 추상에는 반대적인 개념이다. 그러나 실용주의의 의미가 단순히 실제적인 것의 옹호와 이론적인 것의 거부라고 할만큼 그렇게 간단한 것은 결코 아니다.

먼저 실용주의를 역사적 맥락 속에 놓고 그것을 검토해 보자. 이렇게 함으로써 우리는 실용주의가 이 책 제 7 부의 다른 주요 주제들과 어떻게 관련되는지를 살펴 볼 수 있을 것이다. 그 주요 주제는 모두 현대의 미국 민주주의관 및 미국 언론인의 기본신념과 연관된 것으로서, (1) 역사가들에게 인민주의와 혁신주의로 알려져 있는 정치적 개혁운동의 발전, (2) "국민의 알 권리"에 대한 신념의 현저한 성장, (3) 일반적으로 미국인의 삶을 특징짓고 특히 매스미디어의 내용에 두드러졌던 19세기의 애국적 열풍의 가속화이다.

기억하고 있겠지만 남북전쟁은 호레이스 그릴리와 그 동료들이 추구한 사회개혁 운동 뿐만 아니라 에머슨과 쏘로우 같은 사람의 철학적 탐구에도 종지부를 찍었다. 지적 자양분을 찾던 헨리 아담스와 같은 사람들은 유럽 쪽으로 관심을 돌렸다. 여기서 한편으로는 칸트와 헤겔의 사상이 다른 한편으로는 맑스와 엥겔스의 사상이 미국인의 관심을 끌게 되었다. 이미 살펴 본 바와 같이 남북전쟁 뒤의 전후시기에는 진화론과 허버트 스펜서의 새로운 결정주의가 종교와 정치의 기반, 특히 민주주의 그 자체의 기반에 도전했다. 이 '도금시대'를 휘트맨도 마크 트웨인 만큼이나 냉정한 마음으로 바라 보았다. 남북전쟁 후 10년 내에 변화의 바람은 다시 한번 불어 왔다. 어떤 사람에게는, 특히 맑스의 추종자에게는, 이 시대는 바야흐로 혁명의 시대였다. 약 1세기 전에 인간의 권리를 요구하는 혁명

1) Arthur O. Lovejoy, "The Thirteen Pragmatisms," *Journal of Pilosophy,* 5 (1908): 29~39 참조. 러브조이교수의 이 논문은 실용주의에 관한 제임스의 그 유명한 저작이 발간된지 1년 후에 나타났다.

의 발생지였던 파리에서는 1871년에 코뮌정부가 설립되었고, 비록 단명하였지만 이 좌익정권은 미국의 새로운 급진주의자들의 마음에 불을 질렀다. 한편 다른 사람들은 혁명보다는 개혁을 호소하였다. 두 세력 모두에게 때는 바야흐로 과거에 의문을 던지고 철학적 실험을 시도할 시기가 무르익었던 것이다. 이제 실용주의는 가까이 다가와 있었다.

실용주의라는 용어는 하버드대학 철학교수였던 찰스 퍼어스가 1878년에 《월간 대중과학》(*Popular Science Monthly*)에 발표한 논문에서 처음으로 사용하였다. 퍼어스는 그의 스승 칸트의 사상을 성찰함으로써 실용주의에 대한 시각을 갖게 되었다. 왜 사상의 실제적 결과를 생각하여 형이상학의 혼란을 해결하려 하지 않는단 말인가![2] 다른 지도적인 실용주의자와 마찬가지로 도덕주의자였던 퍼어스는 스펜서와 사회진화론을 증오했고 그것에 의해 자극받았다. 그는 칸트 외에 로크로부터도 많은 영향을 받았는데, 특히 인간의 커뮤니케이션을 가능하게 하는 언어나 다른 기호의 중요성을 강조한 칸트의 사상에 큰 영향을 받았다. 현대의 기호학과 의미론 연구는 퍼어스에게 많은 빚을 지고 있다.[3]

퍼어스의 실용주의는 당시에는 별다른 주목을 끌지 못했다. 20년이 지난 뒤에야 비로소 또 다른 하버드대학 교수 윌리엄 제임스가 실용주의 개념에 생명을 불어 넣게 되었다. 그것은 제임스가 서부에서 미국문화의 새로운 전진기지였던 캘리포니아 대학 버클리 캠퍼스에서 행한 연설을 통

---

2) Charles Hartshorne and Paul Weiss, eds., *Collected Papers of Charles Sanders Peirce,* vol. 5, Cambridge, Mass.: Harvard University Press, 1931, p. 18 : "어떤 지적 개념의 의미를 확인하기 위해서는 그 개념의 진리로부터 필연적으로 어떤 실용적 결과가 나타날 것인가를 고려해야 하며, 이들 결과의 합계가 그 개념의 완전한 의미를 구성하게 될 것이다."

3) Thomas A. Seboek, "A Signifying Man," *New York Times Book Review,* March 30, 1986, pp. 14~15. 여기서 Seboek의 서평대상이 되었던 책은 바로 이 책이다 : *The Semiotic of John Poinsot,* edited and translated by John N. Deely, with Ralph Austin Powell, Berkeley: University of California Press, 1986.

해 이루어졌는데, 아이러니컬하게도 제임스는 수년 전에 버클리를 "빈약한 곳"이라고 무시했던 적이 있었다.[4] 내성적이었던 퍼어스의 말과는 달리 제임스의 연설은 10년 내에 전국 대학캠퍼스의 관심을 흔들어 놓았고, 실용주의를 가장 널리 논의되는 철학개념으로 만들어 놓았다. 아마도 미국의 모든 사상가 가운데 가장 영향력있는 사상가라고 말할 수 있는 제임스는 그가 품었던 사상을 전파하는데 정열적으로 나선 운동가이기도 했다.

19세기의 마지막 10년은 지적 혁신의 시기이기도 했다. 우리는 이미 제임스의 버클리 연설보다 5년 전에 프레드릭 잭슨 터너의 프런티어 명제가 등장한 것을 보았다. 이 10년은 또한 미국 잡지가 눈부시게 성장한 시기이며, 잡지의 성장은 우리가 나중에 살펴 볼 폭로운동의 발전을 가져온 주요 요인이기도 하다. 건축분야에서 1890년대는 유럽 스타일을 미국 고유의 "프레리 학파" 디자인으로 전환시킨 프랭크 로이드 라이트(Frank Lloyd Wright)의 혁명으로 특징지어진다. 존 필립 소우사(John Philip Sousa)의 애국의 횃불 "성조기여 영원하라"는 1896년에 나타났다. 젊음의 문화, 실외 문화, 체육의 문화가 솟아나서 번창하였다. 유럽에서도 세기 전환기의 충동 — 과거를 거부하고 미래를 향한 시선 — 은 유사했으나 거기에는 차이점이 있었다. 유럽에서 다윈과 프로이드에 대한 반응은 주로 시선을 내면으로 향하고 체념과 절망에 굴복한 것이었지만, 미국에서 이제 위력을 발휘하게 된 관점은 주로 외향적이고 앞으로 펼쳐지는 영광된 미래를 낙천적으로 노래하는 것이었다.[5] 실용주의는 미국의 미래에 대한

---

4) 제임스가 1898년에 버클리에서 행한 강연의 제목은 〈철학적 개념과 실용적 결과〉(Philosophical Concepts and Practical Results)였다. 이 강연의 배경자료에 대해서는 다음을 참조. Justin Kaplan, *Lincoln Steffens : A Biography,* New York : Simon and Schuster, 1974, pp. 29~30. 제임스의 철학사상에 대한 포괄적이고도 냉정한 분석으로는 다음을 참조. Gerald E. Myers, *William Janws : His Life and Thought,* New Haven, Conn. : Yale University Press, 1986.

5) 이 마지막 10년의 분위기에 대한 저자의 분석은 존 히그햄의 다음 글에 힘입은 바 크

이러한 신념에 철학적 토대를 제공하였다.

남북전쟁의 상처가 치유되는데 시간이 걸리고 전후 재건기간 동안에 추악한 공장과 혼잡한 도시가 급속히 팽창함으로써 월터 휘트맨이 들었던 미국의 노래는 거의 들리지 않게 되었다. 그러나 세기 전환기의 실험가들은 휘트맨을 재발견했고 그의 글에서 보다 철학적인 새로운 내용을 찾게 되었다. 어떤 저명한 자연작가는 망해가는 유럽의 나약하고 회의적인 세속성에 의해 미국이 위협받고 있다고 보고 유럽으로부터 수입된 "문화의 부패"에 대한 해결책을 휘트맨에게서 발견했다. 터너는 휘트맨의 말을 인용했고 라이트는 그를 찬양했다. 그리고 제임스는 휘트맨을 "건강한 마음의 종교"의 사제장이라고 부르며, 그의 작품에서 낙관적인 실용주의 원리의 시적 주장을 발견했는데, 특히 제임스가 말하는 "모든 수축적인 (contractile) 요소"를 휘트맨이 거부했다는 점에서 그러하였다.[6)]

실용주의 개념을 향한 제임스의 가슴 속 열정을 일깨운 것은 헤겔과 그의 추종자들 – 특히 영국인 그린(T. H. Green)과 미국인 조시아 로이스(Josiah Royce) – 의 철학에 나타나는 "수축적인 요소"에 대한 혐오감이었다. 제임스는 실용주의에 구현되어 있는 사상에 새로운 것은 아무 것도 없음을 지적하면서, 소크라테스와 아리스토텔레스, 로크와 흄 그리고 밀은 실용주의라는 용어는 사용하지 않았지만 모두가 실용주의자였다는 말을 즐겨 했다. 확실히 많은 미국인과 함께 편집인들은 오랫동안 제임스의 사상에 따라 행동해 왔다. 제임스의 말에도 불구하고 그러나 실용주의의 핵심은 전혀 새로운 것이었으며, 제임스가 말한 것처럼 그것은 (로크와 흄

다. John Higham, "American Culture in the 1890s," in *American History : Essays on Modern Scholarship,* Bloomington : Indiana University Press, 1962.

6) 위의 책, pp. 98~99. 다음 두 책도 참조. John Burroughs, *Whitman : A Study,* New York : Haskell House, 1896, p. 223 ; William James, *The Varieties of Religious Experience : A Study in Human Nature*, New York : Longmans, Green, 1902, p. 84. 또한 Charles B. Willard, *Whitman's American Fame,, Providence*, R. I. : Brown University Press, 1950도 참조.

과 프랑스의 계몽사상가와 같은) 경험주의자들과 (칸트와 헤겔과 같은) 이성주의자들의 지식이론을 통합하는 틀을 제공하고 있다. 게다가 실용주의는 언론인이 철학적 지원을 얻기 위해 의지할 수 있는 하나의 법전을 제공했다.

제임스가 무엇보다도 혐오했던 것은 그가 "폐쇄우주"(*block universe*)라고 부른 개념이었는데, 그것은 모든 것이 하나의 도그마나 하나의 지도원리 또는, 그가 휘트맨을 이야기할 때 사용한, "수축적인 요소"의 도그마에 따라 구조화되고 조직화되는 세계의 이미지이다. 실용주의는 우주의 문제에 대하여 답을 제공하려는 노력은 결코 하지 않으며, 대신에 그 용어가 나타내 주는 것처럼 행동을 위한 일련의 지침을 제공한다. 실용주의자는 실험실이나 편집실에 있을 때 마음이 편하며 안락의자에 앉아 명상 따위는 하지 않는다. 실용주의는 그 힘을 사색이 아닌 경험에서 끌어 낸다. 실제로 어떤 비판자는 실용주의가 반지성적이라고 비난한다. 또 어떤 사람들은 그것을 단순한 것으로 치부해 버린다.[7] 실용주의에서 진리라고 하는 것은 실제로 작동하는 것을 말한다. 실용주의의 복음은 과학의 복음이다. 게다가, 널리 말해지고 있는 것처럼, 실용주의는 도덕적 상대성이론을 가르치고 있다. 행위는 그 자체로 좋은 것도 아니고 나쁜 것도 아니며, 순전히 그 결과에 근거해서 판단해야 한다. 상대적이든 아니든 간에, 실용주의의 창시자들인 퍼어스, 제임스, 존 듀이는 모두가 대단한 도덕성을 지니고 자유와 민주주의와 정의의 근본원리에 철저했던 사람들이다. 실제로 제임스는 그의 실용주의 이론에서 감성적 이해와 정신적 사고 그리고 종교적 표현의 풍부한 여지를 발견했던 종교적 신비주의자였다.[8]

제임스의 철학이 가장 명확하게 설정된 것은 1907년에 이루어진 두 강

---

7) Stuart Sutherland, review of *William James : His Life and Thought,* by Gerald E. Myers, *Listener,* January 15, 1987, pp. 21~22.

8) 위의 글. Sutherland는 제임스의 연구가 인간의 사고는 그의 도덕적 본능에 봉사해야 한다고 믿음으로써 오류가 있다고 주장하며, "그러한 믿음은 과학적 진리 또는 심지어 철학적 진리에 이르는 길로서도 좀처럼 최선의 길이 될 수 없다"고 말한다.

연에서 였는데, 의심할 여지 없이 이 두 강연은 지금껏 미국인에 의해 이루어진 강연 가운데 가장 영향력있는 강연이었다. 제임스는 유명한 소설가 헨리 제임스와 한 형제로서 그 당시 미국사상의 보고인 하버드 대학에서 대단히 인기있는 철학교수였다. 처음에 그는 심리학자로 교육을 받았으며, 대체로 사람들이 어떤 식으로 생각 해야만 하는가 보다는 어떻게 생각하는가에 더 관심이 많았다. 철학에 대한 그의 접근방식은 불가피하게 심리학적인 것이었다. 그에 의하면, 실용주의는 칸트와 같은 이성주의자나 로크와 같은 경험주의자를 함께 만족시키는 신념체계인데, 그는 이들을 각각 "부드러운 마음"과 "굳센 마음"이라는 유명한 말로 표현하고 있다. 사실 그는 실용주의를 일견 반대되는 사고방식을 조화시키는 "행복한 조화자"라고 보면서[9] 실용주의 철학에 대해 이렇게 말하고 있다. "이것은 이성주의처럼 종교적일 수도 있고, 동시에 경험주의처럼 사실과 가장 풍부한 친교를 유지할 수도 있다."[10]

비록 제임스가 실용주의를 경험주의자의 생각과 이성주의자의 생각을 통합하는 하나의 방식으로 보았지만, 그가 이성주의적 사고방식을 거부했음은 의심할 여지가 없다. 그는 폐쇄우주를 혐오했고 그 보다는 다원주

---

9) 자신의 견해에 대한 제임스의 언명은 그의 저서 《실용주의》(*Pragmatism*)에 잘 나타나 있는데, 《실용주의》는 그가 하버드에서 쓴 논문을 모은 논문집으로 1907년에 뉴욕의 Longmans, Green에 의해 출판되었다. 이 책의 주요 부분은 실용주의에 대해 찬성 또는 반대하는 각종의 논평 및 논문과 함께, Heath출판사의 '미국문명의 제문제' 시리즈 가운데 하나인 다음 책에 실려 있다. Gail Kennedy, ed., *Pragmatism and American Culture,* Lexington, Mass.: D. C. Heath, 1950. "행복한 조화자"(happy harmonizer)라는 표현은 《실용주의》의 66쪽(Kennedy, p. 20)에 나온다. 제임스에 대한 추가자료로는 무엇보다도 다음을 참조하라. Myers, 앞의 책; Ralph Barton Perry, *The Thought and Character of William James,* Boston: Little, Brown, 1936. 제임스와 듀이의 견해를 잘 요약한 것으로는 다음 책 참조. A. J. Beitzinger, *A History of American Political Thought,* New York: Dodd, Mead, 1972, pp. 461~481.

10) James, *Pragmatism,* p. 33. Kennedy, 앞의 책, p. 9에 재인쇄.

의적 세계, 하나보다는 다수의 세계, 다수의 물음 외에는 어떠한 답도 없는 세계를 지지했다. 제임스는 특히 헤겔에 적대적이었다. 1867년에 독일에 머무는 동안 그는 헤겔을 읽고 이데아에 대한 헤겔의 헌신이 비난받아 마땅하다고 생각했다. 제임스의 주장에 의하면 이데아는 정신 속에서 독립적으로 존재하지 않는다. 그것은 생각이 아닌 사실 속에서 우리의 경험을 통해서만 발생하는 것이다. 자유의지와 자유선택을 전적으로 지지하는 제임스로서는 헤겔의 절대주의와 결코 함께 할 수 없었을 것이다. 선(善)은 인간이 그것을 선택할 자유가 있을 때에만 의미가 있고, 그렇지 않으면 악이라는 것이 제임스의 믿음이었다.[11] 그는 거친 헤겔보다는 부드러운 칸트에 심정적으로 더 동조했지만, 칸트는 또 지나치게 지성적이라고 보았다. 어쨌든 그로서는 세계에 어떤 종류이든 유일성이 있다는 주장은 받아 들이려 하지 않았다.[12]

제임스에 의하면, 실용주의는 "고정된 원칙과 폐쇄체제 그리고 가장된 절대와 기원"에 근거를 둔 모든 추상과 현실을 거부한다. 그것은 한 마디로 열린 마음이고 구체적인 것에 전념하며, "행동과 힘을 지향"한다.[13] 도덕적 원칙과 인간의 존엄에 대한 그의 헌신 뿐만 아니라 바로 이런 이유 때문에, 제임스는 스펜서와 사회진화론자에게서 오류를 발견했다. 제임스에 의하면 스펜서가 생물학적 사실에 관심을 가진 것은 옳았지만, "긍정적인 종교적 구성물을 문 밖으로 쫓아낸 것"은 잘못이라는 것이다.[14] 제임스는 다윈이 천상의 설계가 부족함을 명확하게 보여 준 것은

11) 헤겔에 대한 제임스의 견해는 제임스의 다음 책 참조. *The Will to Believe,* New York: Longmans, Green, 1897, pp. 294~295. 또한 Burleigh T. Wilkins, "James, Dewey, and Hegelian Idealism," *Journal of the History of Ideas,* 3 (1956) : 336~338 참조.

12) William James, *A Pluralistic Universe,* New York: Longmans, Green, 1909, pp. 238~241.

13) James, *Pragmatism,* p. 51. Kennedy, 앞의 책, p. 14에 재인쇄.

14) 위의 책, p. 40 (Kennedy, p. 12).

인정하지만, 그가 본질적으로 “사물 위에서가 아니라 사물 안에서 작용하는” 신성의 가능성을 해소하지는 못했다고 말한다.[15)]

미국사회에서 제임스보다 더 분명하게 다원주의 개념과 연관되어 있는 철학자는 없다. 실용주의를 미국인의 기본적 신념체계의 일부분으로 수용하고 또 사실에 헌신적인 대다수 미국 언론인은 제임스에 대해 마음 편하게 생각한다. 사회계약론자들, 그 중에서도 홉스, 로크, 루소, 몽테스키외는 공동의 이익을 위해 다원적 요소 간에 힘의 균형이 이루어지는 사회를 생각해 왔다. 그것은 휘트맨의 정열적인 선언이 지성적으로 표현된 것이라고 할 수 있다. 여기에 세계를 전체적인, 단일적인, 또는 “일원적인” 것으로 볼 여지는 없었다. 제임스는 하느님의 유일성에 대한 기독교의 전통적인 “일원적” 개념 뿐만 아니라, 헤겔이 그린 프러시아 국가의 유일성 또는 물질세계의 유일성에 대한 맑스주의자의 관점을 거부했다. 뿐만 아니라 그는 “이원론적” 세계관에도 등을 돌렸는데, 플라톤에서 칸트에 이르기까지 많은 철학자들은 이 세계를 정신이 물질과 경쟁하고 신성(神性)이 수성(獸性)과 다투는 곳으로 보았다. 그러나 제임스의 주장은 이 지상에는 만물을 수용할 충분한 여유가 있다는 것이었다.

제임스의 견해에서 보면, 실용주의적 방법이란 그대로 두면 영원히 계속될 형이상학적 또는 이데올로기적 논쟁을 정착시키는 방식에 다름 아니었다. 문제는 그것이 어떤 차이를 만드는지를 점검하는 것이었다. 널리 인용되고 있는 다음 글에서 제임스는 이 점을 분명히 하고 있다.

> 그것이 무엇이든 간에 아무런 실제적인 차이도 발견할 수 없다면, 그 대안은 실제적으로 동일한 것을 의미하며 모든 논쟁은 무익한 것이다. 어떤 논쟁이 심각할 때마다 언제나 우리는 어느 한 측면에서 반드시 어떤 실제적인 차이가 도출됨을 보여 줄 수 있어야만 하고 그렇지 않으면 다른 한 측면이 옳은 것이다.[16)]

15) 위의 책, p.70 (Kennedy, p.20).

16) 위의 책, p.45 (Kennedy, p.13). 또한 다음 책 참조. Ernst Cassirer, *Language and*

중요한 것은 행위의 결과였다. 또한 퍼어스가 말한 언어적 상징의 중요성을 강조하며, 제임스는 논쟁에서 핵심적 요인은 개념이 의미화되는 바로 그 방식과 그 개념을 표현하기 위해 사용되는 단어로부터 나옴을 여러 곳에서 지적하였다. 언어는 힘의 원천이다. 마술의 경우에 마술사가 그의 유령이나 귀신에 이름을 부여하면 그 피조물의 힘을 마술사가 통제할 수 있다. 이와 유사하게 실용주의는 마치 이론이 그런 것처럼 단어도 수단 — 그에 의하면 도구 — 이지, "우리가 의지할 수 있는, 수수께끼에 대한 답이 아님"을 가르쳐 주고 있다고 제임스는 말한다.[17]

영국의 철학자 버트랜드 러셀은 실용주의가 행위는 포용하면서 사고(思考)는 무시했다는 이유로 실용주의에 대해 몹시 비판적이다. 그는 제임스가 "회의론에 근거한" 이데올로기를 건설했다고 경멸적으로 말하였다.[18] 진리인 것은 오직 관찰할 수 있는 것이며 선한 것은 오직 행위의 결과에만 근거한다고 제임스가 주장했을 때, 그것은 최대다수에게 최대행복을 가져 오는 행동이라면 무엇이든지 도덕적이라는 공리주의 원리의 미국적 구현에 불과하다고 러셀은 주장하였다. 따라서 제임스에게는, 하느님에 대한 믿음이 너를 행복하게 한다면 너는 하느님을 믿어야만 했다. 이런 식으로 너는 그 어느 누구도 해치지 않고 너자신을 행복하게 할 수 있을 것이다. 그러나 러셀의 입장에서 보면, "이것은 대부분의 현대 철학의 특징인 주관적 광기의 한 형태일 뿐이다."[19] 또 다른 비판자는 제임스의 철학이 한마디로 혼란스러우며, 그 자신이 종종 인용하는 유아세계의 모습, 즉 "몹시 와글와글한 혼잡"[20]에 빠지고 말았다고 본다.

Myth, New York: Dover, 1946; John C. Condon, *Semantics and Communication,* 2nd ed., New York: Macmillan, 1975.

17) James, *Pragmatism,* p. 53. Kennedy, 앞의 책, p. 15에 재인쇄.

18) Bertrand Russell, *A History of American Philosophy,* New York: Simon and Schuster Touchstone, 1972, p. 818.

19) 위의 책, p. 818.

20) Sutherland, 앞의 책.

경험주의의 객관적 가치를 그토록 찬양했던 신념체계가 "주관적 광기"로 매도될 수 있다는 것이 참으로 아이러니컬하다. 하지만 제임스에 대한 러셀의 비판은 알고 보면 "경험주의적" 언론이 받아 왔던 비판의 전형이라고 할 수 있다. 그 신념체계가 객관성에 뿌리를 두고 있다는 언론인들 자신이 뉴스를 주관적으로 왜곡하고 선정적으로 만든다는 비난에 대해 끊임없이 자기변명을 해야만 했던 것이다.

그러나 제임스는 자신이 공리주의적 가치를 옹호한다고 보지는 않았다. 사실 그의 말에 따르면, 실용주의는 공리주의를 포함하여 다양한 철학체계의 가치를 포용할 수 있다. 어느 것이 사실이든, 제임스는 어떤 종류이든 객관적 진리가 있다는 생각만은 전적으로 거부했다. 제임스가 보기에 객관적 진리를 찾는 것은 "구체성에 몸서리치는 초추상주의자"의 일이었다.[21]

제임스에 대한 러셀의 논박과 많은 언론인에 대한 독자의 반박은 진리의 본질과 관련있는 것이다. 제임스에게 진리는 존재하지 않는 것이며 발견하는 것이다.[22] 제임스의 관점에서 보면 진리는 "그 자신이 좋은 것임을 증명하는 모든 것의 이름"이기 때문에[23] 실용주의는 진리를 발견하는 방법과 진리에 대한 이론을 제공한다. 다르게 말해서 그 결과가 좋으면 그것은 "진실적"이다. 만약에 어떤 기자가 선정적이라거나 편향적이라는 비난으로부터 자신을 옹호하기 위해 전통적인 미국언론의 신념체계에 의지한다면 — 즉 자신의 기사가 아리스토텔레스 이래의 사유방식에 따라서 진리를 탐색한 것이라고 말한다면 — 그는 제임스를 따르고 있는 셈이다. 그러나 탐색이 진리는 아니다. 왜냐하면 진리는 오직 사실을 수집하여 논란되는 것의 모든 측면을 객관적으로 제시함으로써만 접근할 수 있기 때문이다. 이렇게 함으로써 언론인은 독자가 스스로 진리를 파악하는 것을

21) James, *Pragmatism*, p. 68. Kennedy, 앞의 책, p. 19에 재인쇄.

22) 위의 책, p. 64 (Kennedy, p. 18).

23) 위의 책, p. 76 (Kennedy, p. 22).

도와주게 된다. 제임스는 진리를 관계의 문제로 취급함으로써, 자신을 단순한 전달매체가 아니라 해설자로 생각하는 언론인의 마음을 북돋워 주었다. 그에 의하면, 어떤 사상이 우리로 하여금 "우리 경험의 다른 부분과 만족스런 관계를 갖도록" 도와 주는 한 그 사상은 진리이다.[24)]

---

24) 위의 책, p. 58 (Kermedy, p. 16).

| 제 37 장 |

존 듀이와 도구로서의 언론

John Dewey and the Press as Instrument

윌리엄 제임스와는 달리, 존 듀이는 실용주의 원리 내에서 종교의 위치를 발견하고자 하는 어떠한 노력도 하지 않았다. 그의 관심은 윤리에 있었지 도그마에 있지 않았다. 실제로 듀이는 그의 윤리적 입장을 명확하게 하는 글에서, “독단주의와 그것의 아들인 편협”[1]을 억제하고자 한다면,

1) John Dewey, “Pragmatic America,” *New Republic,* April 12, 1922, pp. 185~187. Gail Kennedy, ed., *Pragmatism and American Culture,* Lexington, Mass.: D. C. Heath, 1950, p. 58에 재인쇄. 존 듀이의 저작은 방대하기 짝이 없으며 평생동안 약 30권의 책과 수백편의 논문 및 모노그래프가 발간되었다. 전부는 아니더라도 존 듀이의 저작과 그에 관한 논평을 정리한 목록을 원한다면 다음을 보라. A. J. Beitzinger, *A History of American Political Thought,* New York: Dodd, Mead, 1972, p. 480 n. 18. 시드니 훅의 다음 책은 듀이를 뛰어난 솜씨로 묘사하고 있다. Sidney Hook, *John Dewey: An Intellectual Portrait,* Westport, Conn.: Greenwood Press, 1971 [originally published in 1939]. 또한 John J. McDermott, ed., *The Philosophy of John*

사람의 행위는 그 행위의 좋고 나쁜 결과에 근거해서 판단하는 것이 절대적으로 필요하다고 말했다. 듀이의 관심은 언제나 사고와 행위의 결과에 있었지 그것의 원인에 있지 않았다. 그는 실용주의를 뛰어 넘어 그가 "실험주의"와 "도구주의"로 부르는 것까지 나아갔는데, 이것은 과학의 방법론을 윤리가치의 체계로 변환시킨 것이었다.

진보적 교육의 아버지로 알려진 듀이는 선생이나 교수로부터 지식을 흡수하는 전통적인 방식보다는 스스로 행함으로써 배우는 방식을 권장한 것으로 유명하다. 그의 주장에 의하면 인생은 발전의 연속이기 때문에, 사람들이 받아 들이는 사상과 가치체계는 커뮤니케이션을 통하여 — 선생으로부터 그리고 (비록 그가 언론에는 관심이 별로 없었지만) 뉴스 매체를 통하여 — 도달한다.

> 학교교육이 교육의 일부분이긴 하지만, 완전한 의미에서의 교육은 정신과 성격의 지배적 습관을 구성하는 (믿음 뿐만 아니라 욕망의) 태도와 성향의 형성에 영향을 미치는 모든 것을 포함한다.[2)]

제임스보다 활동적이었던 듀이는 인간환경을 통제하고 자연을 인간의 필요와 욕구에 부응하게 만들고자 하는 욕망으로 가득찼다. 이 목적을 위해 듀이의 도구주의는 사고가 인간의 가장 중요한 도구라고 보았다.[3)] 이

Dewy, New York: Putnam's, 1973. 특히 읽어 둘 만한 부분은 듀이의 1908년 개정판 《윤리학》(Ethics)의 제16절과 제17절인데 다음 책에 재인쇄되어 있다. John Somerville and Ronald E. Santoni, eds., *Social and Political Philosophy*, Garden City, N. Y.: Doubleday Anchor, 1963, pp. 478~499.

2) John Dewey, *Liberalism and Social Action,* New York: Putnam's, 1935, p. 58. 이 책을 발췌한 일부가 Kennedy, 앞의 책, pp. 94~111의 같은 제목의 절에 포함되어 있는데, 인용문은 95쪽에 나온다.

3) John Dewey, *Reconstruction in Philosophy,* New York: Holt, 1920, pp. 86~121; *Essays in Experimental Logic,* New York: Dover, 1953, p. 30. 또한 Beitzinger, 앞의

점에서 듀이는 헤겔과 또는 보다 극적으로는 맑스의 생각과 크게 틀리지 않았다. 즉 한가하게 앉아 주변세계를 철학하거나 해석하면서 보내지 말라는 것이다. 거기서 일어나 행동하라. 변화를 가져 오는데 정신을 쓰라. 진보적 교육은 행함으로써 배우는 것만을 의미하지는 않고, 세상을 변화시키기 위해 단순한 배움 이상을 하는 것이었다.[4] 듀이의 실용주의는 힘에 관한 원리였다. 진보적 교육에 대한 그의 개념에서는 수백년 동안 고등교육에서 표준이 되어 왔던 엄격히 고정된 교과목이 들어설 여지는 없었다. 새로운 연구를 도입하라는 것이 듀이의 충고였다. 보다 나은 세계를 만들기 위해 과학적 탐구의 방법을 사용하라. 그러나 대단히 흥미롭게도, 그의 동료들이 듀이에게 가한 주요 비판 가운데 하나는, 그가 사회개혁을 열심히 주장하고 일반적인 것보다는 구체적인 것을 요구했음에도 불구하고 그 자신은 결코 구체적인 프로그램을 실제로 제시한 적이 거의 없었다는 점이다. 맑스와 마찬가지로 듀이도 거리의 바리케이드 앞에 서는 것보다는 도서관에 있는 것이 더 마음이 편했던 모양이다.[5]

제임스는 현대 전체주의 국가의 출현과 두 차례의 세계대전이 발발하기 전인 1910년에 67세의 나이로 사망했다. 반면에 듀이는 아주 장수했다. 1859년에 태어나 1952년까지 살았으며 그의 사상 중 많은 부분이 20세기의 현실에 의해 영향받은 것이었다. 그는 만년에 민주주의 사상의 승리가 필연적이라고 본 전통적인 낙관적 세계관을 포기했다. 이런 점에서

책, p. 472와 Somerville and Santoni, 앞의 책, pp. 488~490을 참조하라.

4) Dewey, *Reconstruction,* pp. 31~33과 Beitzinger, 앞의 책, p. 470. 듀이는 "지식은 힘이다"라는 프란시스 베이컨의 금언을 종종 인용했다. 한편 맑스에 대해서는 "포이에르바하 테제"(Feuerbach's Thesis)를 참조하되 다음 책에 수록되어 있음. Erich Fromm, *Marx's Concept of Man,* New York: Praeger, 1961, p. 74. 제28장을 보라.

5) Sidney, Kaplan, "Effects of World War I on Some Liberals," *Journal of the History of Ideas,* 17, no. 3(1956) : 348 : "그의 사상에서 치명적인 오류는 바로 이용가능한 정책의 부재였다." 또한 M. G. White, *Social Thought in America : The Revolt Against Formalism,* New York: Viking Press, 1949, p. 161.

그의 관점은 우리가 제 8 부에서 살펴보게 될 추문폭로가의 관점과 어느 정도 유사하였다. 듀이는 자신을 낙관주의자로도 보지 않았고 비관주의자로도 보지 않았다. 대신에 그는 자신이 현실세계의 실험에서 토론을 통하여 진리를 찾고자 노력하는 "개량주의자"라고 말했다. 동료 실용주의자들과 마찬가지로 그도 언어가 선전가들에 의해 조작될 수 있음을 인식하였고, 과학기술은 언론의 말 — 상징적 언어 — 을 통한 선동가의 대중조작을 훨씬 더 용이하게 만들고 있다고 보았다.

> …상징은 그 뒤의 현실과 연결될 때에만 의미가 있다. 내 생각으로는 아무리 지적인 관찰자라 하더라도 상징이 현실과의 접촉을 위한 수단이 아니라 현실의 대체물이라는 것을 부인할 수 없다고 본다. 전신과 저렴한 우편료 및 인쇄기와 더불어 대중의 높은 문자 해독률은 영향을 받는 사람의 수를 엄청나게 증가시켰다.[6]

이렇게 해서 듀이는 낙관주의로부터 떠났을 뿐만 아니라 로크와 제퍼슨의 개인주의 그리고 제임스와 다른 과학적 탐구론자의 개인주의로부터도 떠나게 되었다. 그는 또한 그의 "개량주의"에 루소의 사상을 위해 자리를 마련해 두었다. 그에 의하면, 진짜 민주주의는 개인적 행위보다는 협동적인 행위를 통해 "공공 의지"를 수행하는 것이다.[7] 반면에 제임스는 카알라일과 에머슨을 따라 역사의 진행은 종종 위대한 인간의 행위에 의해 지도된다는 입장을 취했다. 듀이는 위대한 사회운동이 사회의 주요 형성력이라는 루소의 견해에 찬동했다. 이러한 압력과 싸우기 위하여 그리고 자연을 인간 의지에 굴복시키기 위하여 개개의 인간은 단결해서 집단적인 행동을 하여야 한다. 듀이는 새로운 종류의 이러한 활동을 제퍼슨의 개인주의의 연장이라고 보았다. 실제로 그는 말하기를, 현대 민주주의에

6) Dewey, *Liberalism and Social Action,* p. 72. Kennedy, 앞의 책, p. 101에 재인쇄.

7) 위의 책, p. 87. Kennedy, 앞의 책, p. 108에 재인쇄.

서 인간은 모든 인간의 완전한 평등과 자유를 보장하기 위하여 경제영역에서 사회정치적 행동에 참여할 적극적인 의무가 있다고 한다.[8)]

듀이에게 민주주의는 "하나의 투쟁적 신념"으로서, 미국인의 지성을 모두 결합한 그러한 도구를 통해서만 인식될 수 있는 것이었다.[9)] 그 지성을 풀어 놓을 수 있으려면 모든 생각과 사상을 국민들 사이에 널리 유포시키는 것이 반드시 필요했다. 이들 생각과 사상을 국민이 들을 "권리"는 듀이의 분석에 내재해 있었다. 여기서 미국 민주주의의 기본가정에 대한 언급이 학교와 언론을 통한 교육의 강조로서 현대적 모습으로 재현되고 있는 것이다.

단체 속의 개인이라는 그의 이미지에서, 듀이는 민주주의가 일반적으로 모순적인 두 개의 신념체계를 통합하는 "이상"으로 생각했는데, 그것은 공상적인 꿈이 아니라 아직도 완전한 성숙에 도달해야 할 이상이었다.[10)] 사람들은 이 우주를 두 가지 방식 중 하나로 보는 경향이 있다. 즉 (아담 스미스의 자유방임 체제에서 보는 것처럼) 개인에 초점을 맞추어 개인의 자유를 지고적인 것으로 보거나, (맑스주의자의 개념에서 보는 것처럼) 사회의 필요에 초점을 맞추어 인간을 개인적이기 보다는 집단적으로 보는 경향이 있다. 듀이는 민주주의의 진정한 의미는 이 두 가지 사상의 결합, 즉 "한편으로는 개인의 해방이며 다른 한편으로는 공동선의 증진"에 있다고 보았다.[11)] 다른 말로 표현해서 민주주의는 듀이에게 보수철학과 급진철학을 함께 묶는 "도덕적 이상"을 제공했다. 여기서 우리는 철학자 듀이가 시인 휘트맨의 관점에 얼마나 가까운가를 알 수가 있는데, 휘트맨

8) John Dewey, *Freedom and Culture,* New York: Putnam's, 1939, pp. 156~160.

9) Dewey, *Liberalism and Social Action,* pp. 91~92. Kennedy, 앞의 책, p. 110에 재인쇄.

10) Dewey, *Ethics.* Somerville and Santoni, 앞의 책, pp. 497~499에 재인쇄. 물론 민주주의에 대한 듀이의 견해와 공산주의적 미래에 대한 맑스-레닌주의자의 이미지에는 약간의 유사성이 있다.

11) 위의 책, 497~499.

은 민주주의의 진수가 "완전한 개인주의"와 "집단의 이상"이 합쳐서 하나 속의 다수가 되는 그 연대에 있다고 보았던 것이다.

듀이의 도구주의는 제임스의 실용주의 만큼이나 광범위한 도전을 받았다. 두 사람 모두가 행동을 선호하여 사고를 포기했다는 비난을 받았는데, 한 마디로 말해 반지성주의라는 비난이며, 이러한 비난은 특히 비미국인에 의해 이루어졌다. 듀이와 동시대 인물인 버트랜드 러셀과 조지 산타야나는 듀이가 방법에 치중하고 실험의 목적에 관심이 없어 보이는 것을 반대했다. 헤겔주의자 산타야나에 의하면, 듀이에게는 "절대적이고 실제적인 모든 것을 상대적이고 변동적인 것으로" 해체하는 경향이 있다는 것이다.[12] 산타야나는 듀이의 실용주의가 무사고(無思考)의 도그마를 만들고 하느님과 무한한 도덕적 가치를 배제한 "세속종교"를 도입함으로써 "에덴동산의 뱀"이라고 보았다.[13] 하버드대학에서 제임스의 동료였던 산타야나는 청년 월터 리프만에게 중요한 지적 영향을 줌으로써 리프만이 처음에 제임스의 견해에 매료되었던 것을 극복하게 했는데, 따라서 결과적으로 산타야나는 현대 미국 언론사상의 발전에 꽤 중요한 요인이 된 셈이다. 스스로를 독단주의(*dogmatism*)의 적이라고 생각하는 듀이가 모든 사람이 쉽게 상상할 수 있는 독단주의자로 불리워졌을 때 그의 심경은 얼마나 고통스러웠겠는가.

러셀은 개인적으로는 듀이의 친구였고 듀이의 목표를 열렬히 찬양했음에도 불구하고 그의 사상에서 끊임없는 고민거리를 발견하였다. 공동체

---

12) Bertrand Russell, *A History of Western Philosophy,* New York : Simon and Schuster Touchstone, 1972, p. 827.

13) George Santayana, (1863-1952), "Dewey's Naturalistic Metaphysics." Richard C. Lyon, ed., *Santayana on America : Essays, Notes, Letters on American Life, Literature, and Philosophy,* New York : Harcourt, Brace and World, 1968, pp. 109~126에 재인쇄. 또한 Paul A. Schilpp, *The Philosophy of George Santayana,* Evanston : Northwestern University Press, 1940, p. 522 참조.

에 살고 있는 사람들이 민주주의의 정신에 따라 협동함으로써 그들의 욕망을 현실화시킬 수 있다는 듀이의 생각은 대단히 위험한 힘의 철학을 수용하고 있다는 것이 러셀의 주장이었다. 과학기술과 노하우로써 "사회적 힘"을 가진 공동체는 자연의 힘을 무시하고 공동체가 추구하는 목표는 무엇이든지 이룰 수 있다는 생각을 듀이는 받아 들이고 있었다. 이 점에서 러셀은 "철학자든 아니든간에 현대인이 갖기 쉬운 일종의 광기 — 힘의 도취"에 수반하는 오만의 비극, 자부심의 비극을 보았다.[14] 이러한 도취는 "우리 시대의 가장 커다란 위험"이라고 러셀은 주장하였다.[15]

자신에 대한 이러한 비판에 대하여 듀이는 협동하는 인간의 사회적 힘이 인간에게 행복한 미래를 저절로 보장하지 않는 것은 사실이지만 그러나 그것을 포기하기 보다는 시도하는 것이 낫다고 말한다.

> 나로서는 제퍼슨과 링컨의 전통에 살고 있는 미국인이 마음이 흔들려서 민주주의를 살아있는 현실로 만들겠다는 노력을 성심껏 하지 않고 포기하리라는 것을 믿지 않는다.[16]

듀이의 이런 말은 바로 미국 언론인의 사상에서 가장 근본적이라고 할 만한 것 — 즉 공공문제를 지면과 전파로 제시하는 것은 민주주의의 미래를 위해 절대적으로 필요함 — 을 표현하는 것이었다. 이런 식의 선언은 오만하고 자부심에 넘친 것일지 모르나 그러한 오만과 자부심의 인식조차도 그 신념체계를 방해하지는 않는다. 아마도 듀이는 자신이 개량주의자이지만 낙관주의자는 아니라고 보았을지 모르나, 그 어느 것도 (휘트맨과 같이) 듀이와 다른 실용주의자들이 간직하고 있던 믿음, 즉 민주적 정치체제와 국민의 궁극적인 지혜에 대한 믿음보다 더 낙관적인 것은 없다.

14) Russell, 앞의 책, p. 828.

15) 위의 책, p. 828.

16) Dewey, *Liberalism and Social Action,* p. 92. Kennedy, 앞의 책, p. 110에 재인쇄.

유럽의 편집인과 기자의 이데올로기에 스며 있는 철학적 비관주의는 대부분 미국 언론인의 신념체계 바깥에서 머물고 있었다.

심지어 미국인이 신봉하는 가치를 경멸하고 분개했던 마크 트웨인 조차도, 진리의 탐구가 그 자체로 좋을 뿐만 아니라 전체적으로 사회의 이익에 도움이 된다고 보는 언론의 낙관주의적 신념체계에 대한 그의 믿음을 간직하려고 애썼다. 1889년에 아서왕(King Arthur) 궁전의 코넥티컷 양키(Connecticut Yankee)를 묘사한 신비스런 글에서, 트웨인은 이러한 신념체계의 핵심을 끊임없이 표현하였다. 그는 19세기의 양키를 16세기 아서왕 시대의 궁전에 옮겨 놓고 이렇게 관찰했다.

> 당신은 나의 충성심이 국가에 대한 것이지 국가의 제도나 관리에 대한 것이 아님을 알고 있습니다. 국가는 현실적인 것이고 실질적인 것이며 영원한 것입니다. 국가는 지켜보고 보살피고 충성을 해야 하는 것입니다. 그러나 그 제도는 무관한 것이며 단순히 국가의 옷에 지나지 않습니다. 옷은 닳아서 해질 수 있고 누더기가 되어 더 이상 편안하지 않고 우리 몸을 겨울과 질병과 죽음으로부터 보호할 수 없게 됩니다.
>
> 누더기에 충성하고, 누더기를 위해 외치고, 누더기를 숭배하는 것 — 이것은 비이성에 대한 충성이며 순전히 동물적인 것입니다. 그것은 군주제에 속하며 군주제에 의해 만들어졌으니, 군주제가 지켜 나가도록 합시다. 저는 코넥티컷에서 왔으며, 코넥티컷의 헌법은 이렇게 선언하고 있습니다. "모든 정치권력은 국민에게 있고, 모든 자유정부는 국민의 권위에 기초하고 국민의 이익을 위해 구성되며; 그리고 국민은 편리하다고 생각하는 방식으로 그들의 정부형태를 변경할 수 있는 명백하고도 파기할 수 없는 권리를 언제나 소유한다." 이 복음하에서는, 국가의 정치적 옷이 닳아 해졌다고 보지만 자신의 평화를 생각해 새로운 옷에 대한 관심을 선동하지 않는 시민은 불충이 되는 것이며, 그는 반역자입니다. 그가 이러한 부패를 아는 유일한 사람일지 모른다는 사실이 그에게 변명이 되지는 않습니다. 어떤 식으로든 선동하는 것이 그의 의무이며, 다른 사람들이 그 일을 그가 보는 식으로 보지 않는다면 그를 투표로 반대하는 것은 그들의 의무입니다.[17)]

---

17) Mark Twain, *A Connecticut Yankee in King Arthur's Court,* rev. ed., with

듀이는 또한 그 시대의 "봉건화된 상업주의"에 낙담하였다. 트웨인에게 그랬던 것처럼 그에게도 사고와 토론은 그가 말하는 "새로운 도그마"와 싸우기 위한 "도구"였다. 미국인을 위하여 그는 이렇게 썼다.

> 미래를 믿고, 지성에 의해 지도되는 실험을 믿고, 커뮤니케이션이나 지식을 믿고, 정신의 열매에 대한 보통사람의 권리를 믿는, 진정한 믿음의 이상주의가 있다.[18]

윤리적 문제에 열광한 듀이는 편집인과 기자로서의 임무수행시 도덕적 행위에 대한 안내를 찾는 언론인과 언론학도의 수가 늘어 가고 있음에 비상한 관심을 갖게 되었다. 절대적인 가치체계를 신봉하는 칸트주의자들은 듀이를 경멸하는 경향이 있는데, 듀이의 윤리체계는 명백히 실용주의적이며 모든 것을 망라하는 어떠한 체계에도 전적으로 반대한다. 한번은 신헤겔주의자 그린(T. H. Green)의 형이상학을 비판하는 글에서 듀이는 그 점을 분명히 하고 있다.

> 나는… 형이상학적 이론의 부적절함을 지적하고 싶다. 그 이유는 형이상학적 이론은 진짜 윤리적인 이론의… 요구를 충족시키지 못하기 때문이며, 진짜 윤리적인 이론은 구체적인 언어로 번역하기가 쉽고 그리하여 실제 행위의 지도와 안내에 적합해야 한다.[19]

---

introduction by Justin Kaplan, Harmondworth, England: Penguin Books, 1986 [originally published in 1889], pp. 128~129.

18) Dewey, "Pragmatic America." Kennedy, 앞의 책, p. 60에 재인쇄.

19) John Dewey, "Green's Theory of the Moral Values." Burleigh T. Wilkins, "James, Dewey, and Hegelian Idealism," *Journal of the History of Ideas* 3 (1956) : 346. 또한 듀이의 "The Philosophy of T. H. Green," *Andover Review,* 11 (1889) : 344~345 참조.

달리 말해서 듀이는 도덕적 가치가 구체적이어야만 한다는 것을 말하고 있었던 것이다. 즉 도덕적 가치는 대상이 되는 구체적인 행위와 관련이 있어야 한다. 말하자면 도덕성은 상대적인 것이며 실제 상황에 근거하고 있다. 이러한 입장은 가치가 불가피하게 관습과 전통적인 행동으로부터 나온다는 흄의 견해와 아주 유사하다. 이리하여 듀이의 원칙은 흔히 "상황적 윤리"이며 따라서 진정한 가치가 전혀 없다는 비판을 받게 되었다. 듀이는 결코 짧지 않았던 그의 평생을 통해 이러한 비판을 거부했다. 듀이의 주장에 의하면 그가 말하고자 했던 것은, "지금은 도움이 되는 것이 나중에는 해로운 것으로 판명될 수 있기 때문에" 어떤 사회이론 속에서 "도덕적 행위를 위한 구체적인 지침"을 발견할 수는 없다는 것이다.[20] 게다가 다른 체계의 도덕적 가치는 — 예컨대 헤겔의 "제도적 관념론" 같은 것 — 모두 무엇이 가장 좋은가에 대한 권위주의적 견해에 반드시 복종해야 하고 따라서 개인은 스스로 생각할 자유가 없다는 것이다.[21] 다른 곳에서 듀이는 이렇게 말했다.

> 개인적 행위의 문제가 사회적 조건에 의해 너무나 복잡해져서 전자의 결론을 얻기 위해 후자를 결정해야만 하는 방식은 이루 헤아릴 수 없이 많다.[22]

듀이가 제 1 차 세계대전 전에 전쟁을 지지하기 위해 반전론을 떠났다가 그 후 다시 반전론에 복귀한 것은 그가 상대적인 도덕 가치체계와 씨름하고 있음을 보여주는 하나의 예다. 리프만이나 다른 자유주의 사상가

---

20) Dewey, *Ethics,* chap. 5, "Historic Individualism." Somerville and Santoni, 앞의 책, p. 479에 재인쇄.

21) John Dewey, *Democracy and Education : An Introduction to the Philosophy of Education,* New York: Macmillan, 1916, p. 351. Wilkins, 앞의 책, p. 341에서 인용.

22) Dewey, *Ethics,* chap. 16, "Morals and Social Problems." Somerville and Santoni, 앞의 책, p. 479에 재인쇄.

와 마찬가지로 듀이도 결국 설득되어, 자비로운 과학의 기제에 의해 추동되는 보다 정의롭고 보다 민주적인 세계를 향한 하나의 단계로서 그 전쟁을 지지하였다. 듀이의 초기 제자 가운데 한 사람인 랜돌프 보우언은 "듀이 교수를 우두머리로 하는 실용주의 지식인들은 비교적 손쉽게 그들의 철학과 신념을 교육에서 전쟁으로 이동시키고 말았다"라고 가시돋친 말로 듀이를 비난했다.[23] 세월이 흘러 전쟁이 유럽을 다시 위협하게 되었을 때, 듀이는 자신이 미국의 1차 대전 참전을 지지했음을 부인했다. 다른 많은 사람들과 마찬가지로 그는 자신이 연합국의 선전에 오도되었다고 말했다.[24] 도덕적 문제와 씨름하는 언론인과 여타 사람들은 미국이 낳은 지도적인 철학자 존 듀이의 지적 투쟁을 검토하면서 틀림없이 마음이 편해짐을 느끼게 될 것이다.

23) Randolph Bourne, *Education and Living,* New York: Century, 1917, p. 66. Kaplan, 앞의 책, p. 360에서 인용.

24) John Dewey, "No Matter What Happens — Stay Out," *Common Sense*, 8 (March 1939) : 11. Kaplan, 앞의 책, p. 362에서 인용.

| 제 38 장 |

언론인과 실용주의

Journalists and Pragmatism

실용주의는 미국의 언론인 사이에서 지도적인 철학자였던 월터 리프만에게 직접적이고 강력한 영향을 주었는데, 리프만은 하버드 재학시절에 제임스를 알게 되었다. 제임스의 실용주의만이 유일하게 리프만에게 지적 영향을 준 것은 결코 아니었다. 사실은 역시 하버드 대학 교수이자 제임스의 학문적 적이라 할 수 있는 신관념론자(*neo-idealist*) 산타야나(Santayana)도 리프만의 발전에 중요한 역할을 했다. 하지만 리프만의 사고를 지배한 것은 과학과 실험에 대한 믿음이었으며, 여기에는 또한 듀이의 영향도 컸다. 듀이의 글은 청년 리프만이 편집했던 잡지 《뉴 리퍼블릭》(*New Republic*)에 종종 발표되었다.

이 책의 제 9 부에서 리프만을 보다 자세히 다루게 되겠지만, 여기서는 제임스가 하버드대학 학부생들이 발간하는 한 잡지에서 17세의 리프만이 쓴 논문을 발견한 것이 《실용주의》 발간 다음 해인 1908년이었음을 주목할 필요가 있다. 이 논문에서 리프만은 당시 하버드대학 교수인 바렛 웬델의 엘리트주의적 관점을 비판하였다.[1] 제임스는 매주 목요일 리프만을 초대해서 그와 함께 차를 나누고, 이런 기회를 통해서 이 명랑하고 활기찬 철학자는 그의 새로운 제자에게 "아주 단호하게 완전히" 논리를 포기하고 그 대신에 "현실과 삶과 경험과 구체성과 즉시성"을 믿으라고 격려하였다. 과학과 실험과 탐구정신에 의지하라. 사실을 추구하라, 그러면 결코 잘못된 길을 가지 않으리라. 제임스는 이렇게 주장하였다. 리프만이 자신의 이름으로 처음 발표한 기사는 1910년에 제임스가 사망했을 때 그를 기리며 쓴 송덕문이었다. 리프만의 기사에 의하면 제임스는 "진리를 위한 것이라면 사람과 장소와 형태를 가리지 않고, 엠마 골드만이나 교황이나 대학 2학년생으로부터도 진리를 경청하였으며, 강단에서나 왕좌에서나 가두연단에서도 가르침을 설교했던"[2] 인물이었다.

대단히 많은 언론인이 자신을 실용주의자로 생각한다는 것은 상당히 놀라운 일이다. 따지고 보면 실용주의는 일차적으로 "사실"을 추구하는데 관심이 있기 때문에, 이것이 미국 언론인을 거의 그렇게 만든 것 같다. 하지만 제임스와 듀이는 사실과 진실을 동일시하지 않도록 하고 실용주의와 실제적인 것이 같지 않음을 주지시키는데 늘 주의하였다. 실제로 언젠가 제임스는 실용주의를 영국 옥스포드 대학의 페르디나드 쉴러 교수가 제창한 "휴머니즘"과 같은 것으로 보는 것 같기도 했다.[3] 쉴러와 듀이는 다윈과 다른 생물학자들의 주장을 따라서 진실(진리)의 발현을 귀납적으로 설명하였다. 즉 진실은 구체적인 것으로부터 일반적인 것에 이르

1) Ronald Steel, *Walter Lippmann and the American Century,* New York: Vintage Books, 1981, pp. 17~23.

2) Walter, Lippmann, "An Open Mind: William James," *Everybody's Magazine,* December 1910.

3) William James, *Pragmatism,* New York: Longmans, Green, 1907, p. 65. Gail Kennedy, ed., *Pragmatism and American Culture,* Lexington, Mass.: D. C. Heath, 1950, p. 18에 재인쇄.

는 귀납의 과정에 의해 새로운 사실이 이미 확립된 과거의 사실 위에 쌓임으로써 나타난다는 것이었다. 사실이 곧 진실은 아니지만, 제대로 먹혀드는 일련의 사실은 진실이다. 진실은 성장하는 그 무엇이다.

제임스는 미국 언론인이 모인 곳이라면 거의 어느 곳에서나 환호를 받았을 다음과 같은 말을 했다. "실용주의는 사실로부터 떨어져서는 불편함을 느낀다." 그런 반면에 이성주의자는 "눈 앞에 오직 추상을 대할 때에만 마음이 편하다"고 그는 말했다.[4)]

사실은 구체적이다. 제임스에 의하면, "실용주의자는 사실과 구체성에 집착하고, 진리의 개별적인 작용을 관찰하여 그것을 일반화한다."[5)] 그는 아마도 미국 언론인에 대해서 말하고 있는지도 모르겠다.

한편 제임스는 전형적인 "초추상주의자"(*ultra-abstractionist*)는 구체성에 몸서리친다고 말한다. 초추상주의자는 흐릿하고 희미한 것을 선호하고, "현실의 풍요한 수풀보다는 앙상한 윤곽"을 선호하는데, 사실을 좋아하는 언론인은 물론 이러한 수풀을 사랑한다. 제임스가 보는 사실에는 심지어 도덕성까지 있었다. 즉 "그것(사실)은 너무나도 순수하고 깨끗하며 고상하다."[6)]

아주 분명한 것은 제임스의 철학이 미국 언론인의 지적, 정서적 욕구를 건드리고 있다는 점이다. 그것은 또한 전체적으로는 "할 수 있다" 정신의 행동지향적인 미국인들의 욕구도 건드리고 있다. 그러나 실용주의를 이처럼 단순히 실제적이며 사실에만 관심이 있는 것으로 보는 관점은 제임스와 듀이의 철학을 지나치게 단순화하거나 오도할 우려까지 있다. 제임스와 듀이의 철학은 극도의 엄격성과 개방정신을 요구하는 철학이다. 데니스 체이즈는 언론인이 "비철학적" — 말하자면 하나같이 철학을 부정하고 이론 대신에 실천을 선호한다고 할만큼 비철학적 — 이라고 보는 사람

---

4) 위의 책, p. 67 (Kennedy, p. 19).

5) 위의 책, p. 68 (Kennedy, p. 19).

6) 위의 책.

인데, 언론인이 실용주의의 몇 가지 측면에 무척 집착하고 있음을 지적하고 있다. 그러나 체이즈가 볼 때, 이론의 거부는 비극적인 결과를 낳는다.[7] 그는 철학적 문제에 대해 반성하는 주요 언론인들이 스스로를 실용주의자 또는 경험주의자로 생각하는 경향이 있음을 주목한다.[8] 마이클 셔드선은 언론인이 정말로 "소박한 경험주의자"라고 말하는데[9] 이 표현은 스스로를 "실제적"이라고 보지만 "실용주의"의 엄격한 요구를 인식하지 못하는 사람들의 특성을 아주 정확하게 나타내고 있다.

제임스는 그와 관련이 있는 다른 개념 즉 "급진적 경험주의"와 실용주의 개념을 구별하기 위해 노력했지만, 그 차이점을 명확하게 하는데 언제나 성공적이었던 것은 아니다. 제임스의 추종자들은 필연적으로 이 두 개념을 연결시켜 왔으며, 듀이의 경우에서 보는 바와 같이 실용주의는 경험적 탐구에 뿌리를 두고 있는 과학적 방법과 거의 동의어로 여겨졌다.

객관성이라는 기준에 대한 믿음은 과학적 방법에 대한 몰두로부터 나온다. 사실 위에 사실을 쌓고, 고통스런 연구를 통해 여러 가지 사실에 도달하면, 진실은 마침내 나타난다. 이것이 존 로크 시대 이후 경험주의 철학자들의 메시지였다. 그러나 제임스는, 별로 주목받지 못한 글에서, 객관성의 단단한 땅으로 보이는 것 아래 놓여 있는 아마도 가장 교묘하다고 할 수 있는 함정에 주의를 돌렸다. 제임스는 말하기를, 흔히 "어느 날의 사건내용은 (나중에) 다시 정리하지 않을 수 없다"고 한다.[10] 사실은 단순히 존재하는 것이 아니다. 사실은 기만적이다. 오늘은 과학적 진실로 받아들여진 것이 내일은 거짓으로 드러날 수도 있다. 제임스가 보기에 라

---

7) Dennis Chase, "The Aphilosophy of Journalism," *Quill,* September 1971, p.15.

8) 위의 글.

9) Michael Schudson, *Discovering the News,* New York: Basic Books, 1978, pp.6, 122. Schudson의 이 책은 사실지향의 언론인 사이에 나타난 객관성이라는 목표의 등장을 탁월한 솜씨로 개관하고 있다.

10) James, *Pragmatism,* p.62. Kennedy, 앞의 책, p.18에 재인쇄.

듐의 발견은 세계의 본질에 대한 인간의 생각을 뒤흔들어 놓은 것처럼 보였다. 그러나 이 문제가 앞에서 이미 살펴 본 바와 같이 객관적 진리에 대해서는 어떠한 생각도 거부했던 제임스를 당황하게 하지는 못했다. 그에 의하면 새로운 진리는 그것을 받아들이게 함으로써 발견된다. 새로운 진리가 그렇게 되기 위해서는 제대로 먹혀들어야 한다. 말을 바꾸어 거짓말을 알면서도 인쇄하는 것은 비도덕적인 것이 아니다. 만약에 그것이 제대로 먹혀 들지 않으면 진실이 아님이 드러나게 될 것이다. 이것은 진리의 탐구인 연구가 가치중립적 과정이라는 경험주의의 표준적 관점을 반영하는 것으로 보인다. 가치 — 또는 진리 — 는 탐구가 엄밀하게 추구된 이후에만 나타나는 것이다.

상반되는 철학적 관점에 따르면 거짓말을 인쇄하는 것은 진실을 발견하는데 결코 도움이 되지 않을 뿐만 아니라, 이 가치중립적인 진리탐구의 결과는 나쁘기까지 하다. 산타야나와 러셀에 의해서, 그리고 제임스와 듀이가 이성주의자로 (칸트와 헤겔이 가장 주요한 인물인데) 간주하는 다른 사람들에 의해서 제기된 실용주의 사상에 대한 도전은 바로 이러한 확신에 뿌리를 두고 있다. 제임스는 그들의 주장을 진리와 도덕의 실제 "작용"과 무관하게 독립적으로 존재하는 것으로 믿는 "초추상주의자"의 짓거리로 일축했다. 미국 언론인 대부분의 신념체계에서 기본이 되는 것은 이처럼 선(善)은 탐구 그 자체에 있다는 제임스 식의 확신이다. 이것은 바로 제임스와 듀이에 의해 수정된 아리스토텔레스 윤리체계의 재표현이다. 체이즈의 표현에서 "비철학적"이라는 것은 주어진 시대에서 문화적으로 지배적인 철학이면 무엇이든지 수용하는 것을 의미한다. 체이즈는 실용주의에 대한 "수동적이고 삼투압적인 수용이 언론과학의 기회를 질식시키고 있다"라고 말한다.

> 아무것도 고정된 것이 없고 모든 것이 계속해서 변하는 가운데, 편집인은 자신과 독자의 기호에 영합하는 것이면 그 무엇이든지 기자들을 자유롭게 풀어 놓고 있다. 신문의 기능을 묻는 의무나 또는 신문의 주요 상품인 뉴스

> 를 정의하는 의무 같은 것은 결코 없다. 이 마지막의 것은 가장 비극적인 테러이다.[11)]

일부 편집인들, 그 중에서도 그릴리와 윌리엄 알렌 화이트 그리고 고드킨은[12)] 물론 더 큰 문제에 관심을 가졌지만, 분명한 사실은 체이즈가 주목한 것처럼 전통적으로 편집인들이 신문의 기능에 대한 질문을 하지 않았고 뉴스에 대한 정의도 찾아 보려고 하지 않았다는 것이다. 베넷트와 그릴리의 시절부터 비롯된 패턴을 따라 편집인들은 어떤 목적으로 무엇을 보도할 것인가를 결정하는데 순전히 자신의 판단에 의존해 왔다.[13)] 그들은 자기 경험에 의존해 왔고, 바로 이런 점에서 실용주의 정신에 따라 행동하고 있는 것이다.

미국의 편집인들이 항상 존경해 왔던 "할 수 있다" 정신의 사회는 바로 행동의 사회이다. 이것은 미국 언론인의 거의 모든 사상이 편안하게 들어맞는 사회이다. 이 사회는 낙관적이며, 과학과 경험적 탐구의 깃발아래 아무런 증거없이 진보와 성장을 신봉하며, 그 사회질서는 민주적이고 도덕적이며, 교육은 미래에 대한 열쇠이고, 국민은 학교와 신문을 통해서 교육받을 권리가 있다는 사회이다. 이러한 신념체계에서, 그리고 이러한 일련의 조건하에서, 언론이 선을 위한 엄청난 잠재력을 가진 막대한 힘의 도구임은 의심할 바 없다. 이러한 신념체계 하에서는 많은 언론인이 다양한 형태로 헌신해 온 그 도덕운동의 타당성을 누구도 의심할 수 없다.

---

11) Chase, 앞의 글, p. 15.

12) 제임스는 고드킨(Godkin)의 위대한 찬양자인데, 고드킨의 삶과 사상에 대해서는 제 41장에서 자세히 살펴 볼 것이다. 제임스는 이렇게 말하고 있다 : "고드킨의 사상은 공공문제에 관한 모든 사상에서 분명히 우뚝 솟은 존재였다." Justin Kaplan, *Lincoln Steffens : A Biography*, New York: Simon and Schuster, 1974, p. 55에서 재인용.

13) J. Herbert Altschull, "What Is News?" *Mass Comm.* Review, Winter 1978, pp. 17~23. 보다 자세한 논의는 Altschull, *Agents of Power : The Role of the News Media in Human Affairs*, New York: Longman, 1984, pp. 45, 224~238 참조.

도덕운동은 초창기부터 미국언론에서 특징적인 요소였다. 우리는 이미 식민지시대 인쇄인이나 남북전쟁 전의 활동가들, 예컨대 제임스 프랭클린과 호레이스 그릴리 그리고 그들의 많은 후예들에게서 그러한 운동의 일면을 보았다. 미국의 언론인이 "귀족"과 "부패"에 대항하여 "보통사람"과 "민주주의자" 편에 굳건히 서야 한다는 것은 때때로 거의 의무적인 것으로 여겨졌다. 미국 역사상 이런 경향이 "악덕자본가" — '도금시대'의 산업가 — 의 시대보다 더 농후했던 적은 없었다.

대충 19세기의 마지막 30년과 20세기 초반을 도금시대라고 명명한 사람은 마크 트웨인으로서 동료 언론인 찰스 두들리 워너(Charles Dudley Warner)와 함께 1873년에 발간한 《도금시대》라는 제목의 책에서 비롯된 것이다. 아마도 미국 역사상 가장 유명한 작가라고 할 수 있는 트웨인은 이 책과 다른 많은 글을 통해 그의 주변에서 목격하는 위선을 통렬히 비난하였다. 이러한 도덕적 분노감은 25년간(1847~1871)에 걸친 그의 언론 활동과 그 후의 소설에서 나타나고 있다. 트웨인은 그보다 앞선 휘트맨이나 그 후의 수많은 창조적 작가들과 마찬가지로 언론의 관습이 그의 취향에 맞지 않고 너무 제한적이라고 보았기 때문에 작가로 전향했다.

여러 가지 면에서 미국문학에서 가장 매력적인 인물인 트웨인은 날카롭고 통렬한 풍자를 통해 의외로 최고의 국제적 명성에 도달한 자수성가형 인물이며, 기자로서 또 소설가로서 자신의 임무가 위선과 거짓을 벗기는데 있다고 본 좌절한 낙관주의자였다. 악습을 찾아내고 고치는 것은 공중의 의무라고 말한 어느 동료 언론인을 한번은 호되게 질책한 적도 있었는데, 트웨인은 이렇게 말했다. "세상의 어느 편집인이라도 악습을 고치는 것은 당신의 의무라고 말할 것이다. 당신은 무엇 때문에 봉급을 받는가? 당신은 이 사회에 무슨 소용이 있는가? 이런 일들을 할 수 없다면 신문 관리자로서 무엇을 한단 말인가?"[14]

---

14) Henry Nash Smith, *Mark Twain of the Enterprise : Newspaper Articles and Other Documents* 1862~1884, Berkeley : University of California Press, 1969, p.160에서 재인용. 이 말은 1864년 2월 12일 네바다주 버지니아 시티에서 발간된 *The Territorial*

트웨인은 철저한 실용주의자였다. 그는 열린 마음을 주장했고 특히 과거로부터 물려 받은 모든 도그마를 거부했다. 비록 자주 좌절에 빠지긴 했지만, 그러나 인간에 대한 실존적 믿음과 미국적 에덴동산에 대한 꿈을 버리지는 않았다.[15] 그는 휘트맨의 환상적 민주주의를 경멸했지만 자신은 언제나 여기에 대해 양면적이었다. 따라서 그다지 놀랄 일도 아니겠지만 트웨인과 휘트맨 두 사람 사이의 분위기는 냉랭하였다.[16] 우리가 곧 알게 되겠지만 만년의 휘트맨은 그 자신이 미국의 행동에 대해 양면적이었다. 여기서 우리는 익히 알고 있는 패러독스 하나를 발견한다. 미국의 역사를 통해 많은 언론인이 일견 모순적인 트웨인의 입장과 같은 편에 섰다. 즉 신문지면에서는 그들이 보았던 약점과 방종과 위선에 대해 비판적이었으나, 여전히 유토피아적 신조를 간직하려고 — 뿐만 아니라 거듭 되풀이하기조차 — 했다.

거짓말과 마찬가지로 감상주의도 트웨인의 공격대상이었다. 그의 주요 공격목표 가운데는 기업계의 부정부패와 흑인박해 뿐만 아니라 월터 스코트경의 감상적 소설도 있었고, 미국의 언론과 소설이나 여행안내서 등에 나타나는 유럽에 대한 낭만적 태도도 문제가 되었다. 1867년에 트웨인은 어느 샌프란시스코 신문의 특파원 자격으로 세계여행을 하고 기사를 보냈는데 그릴리의 《트리뷴》지와 베넷트의 《헤럴드》지 두 신문 모두에 게재되었다.[17] 《아서왕 궁전의 코넥티컷 양키》에서 '옛날 나라'(*the Old*

*Enterprise*의 한 기사에 나타난다.

15) Justin Kaplan, introduction to Mark Twain, *A Connecticut Yankee in King Arthur's Court,* rev. ed., Harmondsworth, England: Penguin Books, 1986, p. 22.

16) Justin Kaplan, *Walt Whitman : A Life,* New York: Simon and Schuster Touchstone, 1986, p. 27. 휘트맨은 트웨인을 이렇게 특징짓고 있다 : "그가 대단한 사람이었을 수도 있겠지만, 거기에 가깝게 다가 오나 결코 이르지는 못한다." 휘트맨이 죽은지 20년 후에 트웨인은 중요하다고 생각하는 미국작가의 명단을 상원의 한 위원회에 제출하도록 요청받았는데, 휘트맨의 이름은 그 명단에서 제외하였다. 트웨인은 또한 멜빌, 쏘로우, 호오손, 헨리 제임스의 이름도 제외했다.

Country)의 타락에 대한 공공연한 비난과 함께 이 기사들은 당시에 미국 사회를 지배하고 있던 반유럽적, 제국주의적 분위기에 일조했으며, 이러한 상황전개는 특히 전쟁과 위선의 적에게는 결코 유쾌한 일이 될 수 없었다.

휘트맨과 마찬가지로 트웨인도 그가 일했던 신문의 발행인들이 자신이 원하는 만큼 그렇게 강하고 통렬하게 진리를 대하지 않으려 함을 알게 되었다. 실제로 신문들은 종종 그가 쓴 글을 인쇄하기를 거부했다. 《코넥티컷 양키》를 쓸 때에 트웨인은 바로 그런 식의 검열에 반발하여 좌절된 언론인들이 흔히 쓰는 수법인 픽션 형식을 사용하였다. 신문에 대해 무한한 애정을 갖고 있던 트웨인은 이 책에서 주인공 양키가 아서왕 시대의 영국에서 《더 캐밀롯 위클리 호산나 앤드 리트러리 볼케이노!》를 만들게 하고 이 신문의 묘사에 상당한 지면을 할애하였다.[18]

주인공 양키의 빈정거리는 말에 의하면, 이 신문은 지나치게 건방지고 엉뚱하며 요란스럽다. 이것은 물론 그의 기사를 못마땅하게 여기고 사실보도 보다는 독자와 광고주를 건드리지 않는데 더 관심이 많은 그의 편집인에 대한 빈정거림이었다. 당국을 공격하고 웃음이 절로 나게 하는 오식투성이의 《볼케이노!》지에서 "아칸소 언론"(*Arkansas journalism*)에 죄가 있다고 주인공 양키는 말하는데, "아칸소 언론"이란 트웨인이 찬양하는, 엉성하지만 불손한 그런 종류의 언론을 줄여서 간단하게 표현한 말이다. 그는 《볼케이노!》의 편집인을 위해서, 아마도 부정직한 언론인에게는 하나의 묘책이 될 수 있는 조언을 이렇게 빈정대고 있다.

> 할 수 있는 최선의 방법 — 사실인즉슨 사리에 닿는 유일한 방법 — 은 사실의 반복성을 다양한 형태하에 숨기는 것이다. 즉 매번 당신의 사실을 껍

17) Shelley Fischer Fishkin, *From Fact to Fiction : Journalism and Imaginative Writing in America,* Baltimore: Johns Hopkins University Press, 1985, p.66.

18) 위의 책, p.65.

질 벗기고 새로운 단어의 표피를 씌워라. 이렇게 하면 눈을 속일 수 있고, 당신은 그것이 새로운 사실이라고 생각하고, 궁전이 몹시 잘 되어가고 있다는 생각을 갖게 되고, 당신은 흥분되어 먹성좋게 칼럼 전체를 쭉 들이키고, 아마도 그것이 단 한 알의 콩으로 만든 한 통의 수프임을 결코 알아채지 못할 것이다.[19]

트웨인의 문학기법이 과장과 해학에 의존하는 경향에도 불구하고, 또는 아마도 바로 이러한 경향 때문에, 그는 독자들에게 사실과 현실을 제시하는 일에 전념하였다. 그는 자신의 많은 이야기들이 현실과 거짓 사이의 차이점을 보여주기 위해 씌여졌다고 말한다. 진정한 의미에서, 트웨인은 100년 뒤 우리가 "뉴 저널리즘"이라고 하는 것의 신봉자였다. 현실은 흐릿한 사실들의 지루한 반복 속에 있는 것이 아니라 사실 뒤에 숨어 있는 현실의 제시에 있다. 실제로 언론인 트웨인은 허위날조를 참을 수 없었다. 예를 들어 트웨인은 네바다주에서 다리 하나가 나무로 된 100년 묵은 석상이 앉아서 윙크하며 발굴자들을 향해 엄지 손가락을 코에 대며 조롱하는 모습으로 발굴되었다고 태연하게 보도하였다. 전국의 멍청한 편집인들이 이 기사를 아무런 해설없이 인용하였고 심지어는 런던의 어느 화학연구지도 이를 보도하였다.[20] 트웨인은 깜짝 놀랄 일만 찾아 헤매는 "점점 커지는 해악"을 놀리기 위해 이 이야기를 썼노라고 주장했다. 비슷한 이유로 그는 스코트의 "사이비 위엄, 사이비 연회, 사이비 기사도"를 호되게 질책했다.[21] 작가는 오직 구체적인 세부사항을 면밀하게 주목함으로써만 현실을 보여 줄 수 있다. 《헉클베리 핀》에서 관용어와 사투리의 세심한 사용은 현실성을 얻고자 하는 트웨인의 노력을 충분히 증명해 주

---

19) Twain, *Yankee,* p. 249.

20) Fishkin, 앞의 책, pp. 60~61. 트웨인의 이 기사는 *Territorial Enterprise* 1862년 10월 4일자에 처음으로 나타났다.

21) Mark Twain, *Life on the Mississippi,* Boston: J. R. Osgood, 1883, pp. 375~376. Fishkin, 앞의 책, p. 75 참조.

고 있다. 100년 후에 일부 사람은 여전히 《헉클베리 핀》에서 "검둥이"와 같은 단어들을 삭제할려고 애쓰는데, 이러한 행위야 말로 트웨인이 진리를 추구하며 싸웠던 바로 그것이었다.

이미 살펴 본 바와 같이 '도금시대'의 방종은 많은 미국인의 확신을 뒤흔들어 놓았는데, 처음에는 완전히 선으로 보였던 산업성장에도 어두운 측면이 있음을 그들은 이제 분명하게 인식하게 되었다. 아담 스미스가 모든 사람의 목표라고 보았던 부와 권력은 실제로 달성되었지만, 그러나 모든 사람에 의해서가 아니라 산업가, 은행가, 공장주, 토지투기인, 철도재벌 같은 소수의 사람에 의해서만 달성되었던 것이다. 잦은 불경기는 산업성장을 더디게 했을 뿐만 아니라 도시의 공장 노동자와 서부와 남부 농업지역의 농민들을 파멸의 위협으로 몰아 넣었다. 오늘날 인민주의(Populism)와 혁신주의(Progressivism)로 알려져 있는 정치운동이 점차 세력을 얻게 됨에 따라 간과할 수 없는 세력이 되었다. 이런 모든 운동이 미국 언론인의 사상에 미친 영향은 적지 않은 것이었다.

| 제 39 장 |

언론인과 개혁의 시대

Journalists and the Age of Reform

남북전쟁 기간에 남과 북의 편집인들은 모두 사상의 원천을 로크와 제퍼슨, 볼테르와 밀이라는 같은 근원에 두고 있었다. 물론 사상적 해석은 달랐는데 특히 노예제도의 선악을 해석하는 데는 서로 판이하였다. 이러한 패턴은 19세기가 거의 끝날 때까지 변함이 없었다. 트웨인과 같은 구습타파자를 제외하고 미국의 기본교의에 도전한 사람은 별로 없었다. 그 기본교의는 실상 너무나 강력한 것이었다. 모든 인간이 동등한 기회를 가지고 있다는 아메리칸 드림은 누구나가 인정하고 있었다. 그러나 서부의 인민주의적 편집인들이 볼 때, 미국의 보통사람이 그 과실에서 정당한 자기 몫을 차지하는 것을 방해하는 탐욕스런 인간들로 인해 아메리칸 드림은 이미 흔들리고 있었다.

이들 편집인의 주요 목표물은 그 '도금시대'에 산업왕국을 건설한 사람들이었으며, 일단의 논설가들에 의하면 그들은 아메리칸 드림을 배반한 악한으로서 그들의 행동으로 말미암아 미국의 이상이 전복되고 말았다는 것이다. 인민주의 편집인들은 개인에 대한 찬미에서 돌아서기 시작했다. 그들은 개인의 자유는 오직 집단행동만을 통해서 보호될 수 있다고 하였다. 인민주의적 선동에 앞장섰던 시인 햄린 갈랜드는 페인과 제퍼슨으로 돌아가서 "인간의 자유와 권리"를 위한 투쟁을 주장했다.[1] 페인의 말은 다수의 인민주의 편집인들에게 구호가 되었다.[2] 그들은 "악덕자본가들"이 돈과 재산을 장악하고 있을 뿐만 아니라 일반 미국인의 노동의 과실까지 차지하고 있다고 말했다. 네브라스카주 콜럼버스의 한 신문은 산업가와 은행가를 "도덕적 겁쟁이며 공중의 약탈자"라고 공격했다.[3]

하지만 인민주의 편집인의 공격대상은 산업가만이 아니었다. 농부와 임금노동자의 이익을 보호하는 입법을 거부했던 의회도 경멸의 대상이었다. 서부의 소규모 일간지와 주간지를 장식했던 인민주의 연설가들은 의회의 정치인들이 재계의 의지대로 움직이며 보통사람을 배반한 범죄꾼이라고 매도했다.

정치인을 공격대상으로 삼는 일은 하나의 전통이 되었다. 로크가 주창하고 미국 편집인들에 의해 오늘날까지 발전된 개인주의 교의는 그 안에 정치인에 대한 멸시를 포함하고 있다. 물론 대부분의 경우 정치인에 대한 비난은 편집인과 견해를 달리하는 정치인을 향한 것임이 사실이다. 그렇다고 하더라도 기본적으로 정치인 일반에 대한 비난이 그 밑에 깔려 있었다. 편집인 가운데 《뉴욕 헤럴드》지의 창시자였던 제임스 고든 베넷트보다 더 노골적인 비판자는 없었다. 베넷트는 하나님에 대한 경외와 아름다운 여인에 대한 사랑 그리고 마틴 밴 뷰렌에 대한 반대 등을 지침으로 삼

1) Norman Pollack, "Populism: Realistic Radicalism," in Allen F. Davis and Harold D. Woodman, eds., *Conflict or Consensus in American History*, Boston: Heath, 1966, p. 244에서 재인용.

2) 위의 책, p. 245. 또한 Pollack의 *The Populist Response to Industrial America*, Cambridge, Mass.: Harvard University Press, 1962 참조.

3) Pollack, "Populism," p. 248에서 재인용.

았지만, 이보다 더했던 것은 "정치인과 목사는 모두 꺼져라"[4]는 것이었다.

물론 베넷트는 인민주의자는 결코 아니었지만, "정치인과 목사"에 대한 그의 비난은 인민주의자들의 신념체계 가운데 일부였다. 인민주의 정치인에 대한 화이트의 통렬한 비난도 그 정신은 결국 같았다.[5] 19세기 초에 디킨스와 토크빌은 정치인에 대한 언론의 비난에 주의를 환기시켰다.[6] 비록 서부의 개척지는 이제 점점 사회적 품위와 우아함을 갖춘 도회사회로 대체되고 있었지만 정치인에 대한 언론의 비난은 크게 줄어 들지 않았다. 그러한 경멸은 공공 인물을 "단순한 정치인"이라고 부르는 지칭에서 여전히 알 수 있다. 미국 언론에 유포된 생각 가운데 아마도 가장 변함없는 것 가운데 하나는 정치인에 대한 경멸일 것이다. 이 점에서 미국 언론인은 150년 전에 토크빌이 주목했던 바와 같이 지구 반대편의 동료 언론인과는 판이하게 달랐다.

(정치인을 경멸하는 이러한 표현은 현실적으로 정말 그렇다기 보다는 의례적인 성격이 더 클 지 모른다. 여하튼 필자의 견해로는 정치인에 대한 미국 언론인의 태도가 글에 나타난 것보다는 실제로 훨씬 덜 경멸적이라고 본다. 미국역사는 언론인과 정치인 간의 지속적인 우정을 보여 주는 이야기로 가득 차 있고, 실제로 기자와 편집인들 스스로가 정치적 경력을 쌓기도 했다. 어떤 생각을 주장하고 표현하기 위해 그것을 반드시 실천할 필요는 없다. 신문독자와 텔레비전 시청자들이 의례적인 것과 현실 사이의 구분을 인식하지 못했다면 충분히 이해할 수 있는 일이다).

베넷트는 정치인에 대해서 뿐만 아니라 성직자에 대해서도 비판적이었

---

4) *New York Herald,* September 22, 1835.

5) William Allen White, "What's the Matter with Kansas," *Emporia Gazette,* August 16, 1896. 이 기사에서 화이트는 인민당의 주지사후보가 "주지사 관저의 욕조 때문에 씨근거리며 악을 쓰는 낡아빠진 구닥다리 잭슨주의자일 뿐"이라고 말했다.

6) 토크빌에 대한 문헌은 제14장의 각주 참조. Dickens, *American Notes for General Circulation,* Middlesex: Penguin Books, 1972를 참고하되 특히 pp. 282~287을 보라.

다. 여기서 그는 흔히 미국 언론인에 의해 이야기되는 사상 가운데 또 다른 하나를 토로하고 있는 것이다. 그것은 조직화된 종교의 주장과 실천에 대한 의심, 또는 적어도 거기에 대한 회의이다. 옛날부터 지금까지 성직자들은 언론의 내용에 대해 비판적이었다. 그들은 어떤 때는 언론인을 단순히 비신자로 보기도 했지만, 그보다는 이단자나 종교생활의 적으로 간주했고 때로는 악마의 협력자로 보기까지 했다.

언론에 대한 종교 근본주의자들의 비판은 상당 부분 언론인의 자유적 또는 진보적 신념체계 때문에 비롯된 것인데, 이 신념체계에서 과학과 기술은 중심적인 위치를 차지했던 것이다. 물론 예외는 언제나 있었다. 미국에서 종교언론은 항상 최고의 위치를 유지해 왔다. 그러나 하나의 제도로서 주류 언론은 지식과 진리와 미덕에 이르는 길은 근본적으로 경험적인 과학의 방법을 통해서만 발견할 수 있다고 확신했던 건국의 아버지들의 철학적 관점을 채택해 왔던 것이다. 종교적 신앙은 과학적 교의와는 몹시 갈등적인 것으로 보였다. 과학적 교의에 따르면, 인간은 그가 스스로 관찰할 수 있고 그런 다음 이 관찰의 타당성을 확인하기 위한 과학적 검증이 가능한 것만을 알 수 있을 뿐이라고 주장한다.

19세기의 마지막 수년 동안에 미국의 분위기는 비록 유럽에서 볼 수 있는 그런 감성적 힘은 어느 정도 부족했지만 유럽의 사회주의 운동과 유사한 혁명적 정신이 흐르고 있었다. 세기 전환기에 그러나 그 운동은 추진력을 상실하였다. 인민주의의 그 거칠고 난폭하며 거의 프롤레타리아적인 성격은 보다 온건한 개혁가들의 진보운동에 의해 먼저 대체되었고, 나중에는 프랭클린 딜레이노 루즈벨트의 강력한 리더십하에 뉴딜(New Deal) 정책으로 대체되었다.

이 시기를 통하여 미국은 중요한 사회적 변화를 겪었고 정부는 아담 스미스의 자유방임이론 지지자들이 신성불가침으로 간주했던 경제와 사회의 사적 영역에 개입하였다. 그러나 그 변화는 언제나 온건한 것이었다. 개인주의 이상은 너무나 강력하여 비록 인권을 위한 것일지라도 집단적 행동의 요구는 거부할 정도였다. 사실 처음부터 미국의 지배 이데올로기는 인간의 문제에 대해 집단적인 해결방식을 거부하고 있었다. 예외적인 경우는 항상 있었지만, 그러나 언론인 자신이 성공한 개인이었기에 집단행동에 대한 비난이 어렵다고 본 사람은 별로 없었다.

실제로 노동조직의 집단행동이 미국의 주류 언론으로부터 지지를 획득한 경우는 드물었다. 미국에서 마지막으로 노동조합을 형성한 집단이 언론인이었으며, 그들이 1930년대에 노동조합을 조직했을 때에도 스스로를 유니언(*union* : 노동조합)이라고 부르지 않고 길드(*guild* : 동업조합)라고 부를 정도로 조심성을 보였다. 왜냐하면 유니언이란 말은 집단적 성격을 띠고 있고 어떤 면에선 심지어 "외국적" 요소까지 지니고 있기 때문이다. 여하튼 '도금시대' 동안 미국의 상황을 특징지운 파업의 물결은 언론의 공격을 받게 되었으며, 심지어 파업노동자들의 목적에 호의적인 언론인들 조차도 이를 비난하였다.

하루 8시간 노동과 임금향상 및 노동조건의 개선을 위해 철도노동자들이 일으킨 1870년대와 1880년대의 선동은 일련의 스트라이크로 발전했으며, 1886년에 시카고의 헤이마켓(Heymarket) 광장에서 일어난 군중집회는 이민이 다수 포함되어 있었는데 결국 대규모의 경찰개입을 초래하였다. 경찰의 과잉진압이 있기 전까지 이 집회는 평화적인 집회였다. 그러나 갑자기 폭탄이 터졌으며 폭탄투척자의 신원은 결코 밝혀지지 않았지만 6명의 이민자가 체포되어 사형선고를 받았다. 시카고의 언론은 폭력의 공포를 강조하며 이 사형선고를 환영했고 이어서 동부와 중서부 산업지대의 대다수 신문이 그 뒤를 따랐다. 《시카고 트리뷴》지의 다음 표현은 당시 언론의 태도를 잘 보여 주고 있다. "시카고는 유럽의 사회주의적, 무신론적 알콜중독 계급의 가장 나쁜 요소가 모인 집결지가 되었다."[7]

---

7) David Nord, "The Business Values of American Newspapers : The 19th Century Watershed in Chicago," *Journalism Quarterly,* 61, no. 2 (Summer 1984) : 265~277에서 재인용. *Chicago Tribune*(May 6, 1886)에서 인용한 이 구절은 Nord의 논문 270쪽에 인용되어 있다. 이 주제를 보다 정교하게 다룬 연구로는 Nord가 1982년 7월 언

노동자 요구의 정당성에 대해서 시카고의 주요 세 신문은 다른 의견을 보였음에도 불구하고 전반적으로 그들이 찬양했던 가치는 동일한 것이었는데, 그것은 상업적 질서와 사회적 조화에 대한 집착과 공익소비주의에 대한 복무였다.[8] 리블링(A. J. Liebling)은 20세기의 노동문제에 대한 언론보도를 검토하면서 이와 동일한 가치체계를 확인하였다.[9] 파업과 노동자 소요에 관한 언론보도는 언제나 소비자들의 불편을 강조하는데 그 초점을 맞추었고 사회경제적 이슈는 항상 뒷전으로 밀려났다.

헤이마켓 사건 보도뿐만 아니라 일반적으로 노동문제 보도에서 시카고 언론은 "조용하고 이성적이며 신중한"[10] 분위기에서 문제가 평화적으로 해결될 수 있도록 산업변화를 선동하는 사람들에게 여론의 압력이 가해져야 한다고 주장하였다. 이들 신문은 바로 미국 언론인의 가치체계에 널리 퍼져 있지만 트웨인이 개탄해 마지 않았던 미국언론의 태도, 즉 언론의 의무는 대중으로 하여금 급격한 혁명적 변화를 요구하게 하는 것이 아니라 미국 민주주의의 미래가 달려 있는 조용하고 이성적이며 신중한 판단에 도달할 수 있게 보도하는 것임을 말해주고 있다. 이러한 인식의 기본 가정은 예나 지금이나 마찬가지지만, 법과 질서, 거리의 평화, 폭력의

론교육학회(Association for Education in Journalism) 질적연구분과(the Qualitative Studies Division)에서 발표한 같은 제목의 논문이 있다. 한편 John Higham, *Strangers in the Land: Patterns of American Nativism* 1858~1925, 2nd ed., New York: Atheneum, 1969, pp. 52~96도 참조하라. 헤이마켓 사건에 대해 좀 더 알고자 한다면 다음 책을 보라. Henry David, *The History of the Haymarket Affair,* New York: Farrar & Rinehart, 1936.

8) Nord, 앞의 논문, p. 272.

9) 리블링의 기사를 모은 책으로 《언론》(*The Press,* New York: Ballantine Books, 1964)이 있는데, 그중의 일부는 언론의 노동조합활동 보도를 다루고 있다. 예를 들면 1946년 12월 7일에 쓴 "The Great Gouamba"(pp. 90~98)와 1947년 10월 18일에 쓴 "The Impossible Headline"(pp. 98~107)이 그것이다.

10) Nord, 앞의 논문, p. 272.

부재 등 — 이 모든 것이 질서있는 성장과 진보를 위해서는 필요하다는 것이다. 이 가정에 도전하는 자들은 당연히 미국적 방식을 따르지 않는 것으로 간주되었다. 한마디로 그런 사람은 "외래분자"였다. 애당초 출범부터 미국은 상당한 폭력으로 점철되어 왔지만, "대화와 합의와 공동체"라는 미국의 가치체계를 주장하는 대부분의 신문에게 폭력적인 갈등은 이국적인 것이었다. 갈등이 이국적인 것으로 보였다면, 그 갈등의 책임이 외국인에게 돌려지고 그들이 비난받게 된 것이 그다지 놀라운 일은 아니다.[11] "아메리카주의"에 대한 지지와 동시에, 유태인과 이탈리아인, 러시아인과 폴란드인 등 외래분자에 대한 이같은 비난이 '도금시대'와 그 이후의 언론지면을 뒤덮었다.

인민주의자들이 내세운 집단주의는 언론의 지지를 별로 받지 못했다. 훗날 자유주의가 확고부동했던 반세기 동안 "보통사람"을 지지하고 그 원리를 옹호했다고 찬양받았던 윌리엄 알렌 화이트조차도 애초에는 인민주의에 대해 철저히 적대적이었다. 사실 그를 유명하게 만든 것은 그의 고향 캔자스주에서 인민주의 운동의 정치적 리더십을 철저히 공격한 그의 논설이었다. 화이트가 그의 《자서전》에서 회고한 바에 따르면, 그는 1896년 대통령선거의 인민당 후보였던 윌리엄 제닝스 브라이언(William Jennings Bryan)에 대해 비판적인 기사를 쓴 후에 그 논설을 생각하게 되었다. 화이트는 그가 《엠포리아 가제트》지의 일터로 가는 길에 "야유하고 조롱하며 성가시게 구는" 일단의 브라이언 지지자들에 의해 길거리에서 저지당했다는 것이다.[12]

---

11) 위의 논문. 또한 Michael Wallace, "The Uses of Violence in American History," *American Scholar,* vol. 40/41, 1971, pp. 81~102 참조. 한편 Shalom Endelman, ed., *Violence in the Streets,* Chicago: Quadrangle, 1968, pp. 19~23도 참조.

12) William Allen White, *Autobiography,* New York: Macmillan, 1946. 다음 책에 나오는 Hofstadter의 짧은 논평을 보라. Richard Hofstadter, ed., *Great Issues in American History: A Documentary Record,* vol. 2, 1864~1957, New York: Random House Vintage Press, 1958, pp. 173~174.

화이트에 의하면, 인접 주들은 부와 인구가 모두 늘고 있었지만 캔자스 주에서는 이 두 가지 모두 감소하고 있었다. 하지만 그는 인민당 정치지도자들을 캔자스에서 일소함으로써 해결할 수 없는 "캔자스주의 잘못은 전혀 없다"고 말하면서, 이들 인민당 정치지도자들은 "눈에 핏발선 광신자"로서 성공한 사람은 하나같이 그들을 혐오하고 오직 "남루한 바지에… 게으르고 기름때에 전 사람들"만이 그들을 좋아하고 있다고 말했다.[13] 인민당이 강세였던 중서부지역에서 나온 이 논설은 공화당 지도부의 커다란 환영을 받게 되었으며, 화이트는 공화당 전국의장 마크 한나(Mark Hanna)의 부하가 되고, 마침내는 1896년 선거에서 브라이언과 민주당이 캔자스주에서 우세했다는 사실에도 불구하고 테오도어 루즈벨트의 측근이 되었다.

역사가들은 인민주의 운동에 대해 명확한 평가를 내릴 수가 없었다.[14] 어떤 사람은 인민주의 운동이 미국의 이상이 배반된데 대해 민주적이며 급진적이기까지 한 분노의 폭발이었으며 미국 역사상 가장 분명하게 국민의 소리를 표현한 것으로 보고 있다. 반면에 화이트의 논설이 보여 주

13) White, "What's the Matter with Kansas?" pp. 174~177.

14) 인민주의에 대한 문헌은 상당히 많다. 그 중에는 Norman Pollack처럼 일반적으로 인민주의 사상을 지지하는 사람의 글도 있고, 또 Richard Hofstadter처럼 인민주의운동을 진보적인 것이 아니라 퇴행적인 것으로 보는 사람의 글도 있다. 특히 친인민주의 입장을 지닌 고전적인 역사적 문헌으로는 다음 책이 있다. John D. Hicks, *The Populist Revolt,* Minneapolis: University of Minnesota Press, 1931. 한편 반인민주의 입장의 고전적 연구로는 Hofstadter의 *The Age of Reform,* New York: Knopf, 1956이 있다. Davis와 Woodman의 앞의 책은 Hofstadter의 책 뿐만 아니라 Cochran과 Miller의 다음 책에서도 일부를 발췌, 게재하고 있다. Thomas Cochran and William Miller, *The Age of Enterprise,* New York: Macmillan, 1942. 인민주의에 대한 찬반 논의를 간략하게 정리한 것으로는 다음 책을 참조. Irwin linger, ed., *Populism : Nostalgic or Progressive?* Chicago: Rand McNally, 1964. 당시 언론의 정치적 철학적 이슈에 대해 광범위한 조사를 하는데 필요한 제1차자료는 거의 남아 있지 않다.

는 것과 같이 인민주의자들이 전통가치의 파괴자일 뿐만 아니라 반개인주의적이고 반유태적이며 매사에 부정적인 국수주의자라고 보는 사람도 있다. 두 가지 모두 그렇게 주장할 만한 증거가 있다. 역사가들이 인민주의에 대해 합의를 내리지 못하고 있는 것 만큼이나 혁신주의에 대해서도 의견이 일치되지 않고 있다. 그러나 한가지 분명한 것은 이 두 "개혁"운동이 "보통사람"의 찬양뿐만 아니라 국민의 알 권리라는 미국 언론인의 기본신념 가운데 하나를 고양시키는데 많은 공헌을 했다는 점이다. 결국 안다는 것이 커다란 차이를 낳는다는 것은 국민이 문제를 해결하는 민주사회에서만 가능한 일이다. 언론인은 이 두 운동에서 핵심적인 역할을 했고 또 그렇게 함으로써 국민의 알 권리라는 개념을 전통적 지혜의 하나로 만들고 일반적으로 미국인 특히 언론인의 신념체계 가운데 하나로 만들었다.

그것이 무엇이었든간에 인민주의는 혁명운동의 요소를 대부분 가지고 있었다. 무엇보다도 그것은 사회질서의 밑바닥에서 부풀어 올랐다. 화이트가 개혁을 진정으로 환영했던 때는 인민주의가 1890년대에 쇠퇴하고 혁신주의라는 도시의 세련된 지성주의가 그것을 대체하였을 때였다. 이때 화이트는 인민주의가 "텁수룩한 수염을 깎고 셔츠를 세탁하고 중절모를 쓰고 중산층으로 나아갔다"고 말했다.[15] 그에 의하면 혁신주의자가 "수영하는 인민주의자를 붙잡아 은화의 자유주조라는 닳아빠진 팬츠를 제외하고는 모든 옷을 훔쳤다"는 것이다.[16]

훗날까지 많은 사람들이 화이트의 의견을 수긍하여 혁신주의가 인민주

---

15) George Mowry, *The Era of Theodore Roosevelt* 1900~1912, New York: Harper & Row, 1958에서 재인용한 것으로, Davis and Woodman, 앞의 책, p. 302에 발췌되어 있다.

16) 위의 책. 은화의 자유주조는 인민당 지도자인 William Jennings Bryan의 공약 가운데 핵심이었는데, 그는 민주당 후보로 대통령선거에 세번이나 낙선했다. 혁신주의자들은 개혁은 지지했지만 Bryan에게는 적대적이었다. 민주당의 영웅은 Woodrow Wilson이었다.

의의 직계 후손으로서 인민주의의 반기업적 전통 위에 건설되었다고 보았다.[17] 그러나 오늘날 대부분의 학자들은 혁신주의가 혁명적이지 않음은 말할 것도 없고 반기업적이라는 생각까지 부정하고 있다.[18] 개혁은 더 이상 전원적이며 지방적인 것이 아니라 "도회적이고 중산층 중심이며 전국적인" 것이었다.[19] 따라서 혁신주의는 언론인의 사회구원정신에 강력한 영향력을 주었는데, 특히 전국적인 지적 엘리트의 위치를 자력으로 확보하여 그 자신이 힘과 영향력을 가졌던 지도자들, 즉 윌리엄 제임스나 여타 실용주의자들이 찬양했던 그 지도자들에게 커다란 영향을 주었다. 혁신주의자의 영웅으로서 개혁언론인들이 몹시 찬양했던 테오도어 루즈벨트는 자신을 바로 그러한 지도자로 보았다. 청년 리프만의 관찰에 의하면, 혁신주의자들은 국민이 "자비로운 보호자"를 고대하고 있다고 확신하였고 루즈벨트와 윌슨을 비롯한 혁신주의 운동의 정치지도자들은 그들 자신을 바로 그러한 보호자로 생각하고 있었다는 것이다.[20]

철학적으로 보면 이것은 플라톤의 이상국가 개념을 말하는 것인데, 이상국가에서 일종의 자비로운 경찰력을 의미하는 "보호자"는 주로 국민에게 육체적으로나 도덕적으로 힘과 용기를 지닌 모델을 제시함으로써 사

---

17) 역사학자 가운데 이 관점을 대변하는 대표적인 사람은 Russell Nye이다. 그의 책 *Midwestern Progressive Politics,* East Lansing: Michigan State University Press, 1951을 참조하되, 일부가 Davis and Woodman, 앞의 책, pp. 304~314에 인용되어 있다.

18) 역사학자 가운데 이 관점을 대변하는 대표적인 사람은 Mowry로서 그의 앞의 책을 참조. 또한 Robert Wiebe, *Business and Reform : A Study of the Progressive Movement,* Cambridge, Mass.: Harvard University Press, 1962와 Richard Hofstadter, *Social Darwinism in American Thought,* New York: Braziller, 1959를 참조하라.

19) Hofstadter, *Age of Reform*, Davis and Woodman, 앞의 책, p. 302에 인용.

20) Walter Lippmann, *Drift and Mastery*, p. 189 참조. 또한 Davis and Woodman, 앞의 책, p. 318에 인용되어 있는 Theodore Roosevelt, "Who Is A Progressive?" *New Outlook,* vol. 102 (1912)도 참조.

회정의를 보장하였던 것이다. 플라톤의 이상국가에서 공화국의 밑바탕이 되는 철학적 원칙을 설정하는 사람은 보호자가 아니라 소수의 지식인 — 플라톤의 말을 빌면 철인군주 — 이었다. 플라톤이 말하는 이상적인 공화국은 물론 엘리트 국가로서 그것은 바로 혁신주의자들의 꿈과 같은 것이기도 한데, 플라톤의 보호자처럼 혁신주의자도 결코 국민의 사람은 아니었다. 루즈벨트와 윌슨은 스스로를 보호자와 철인군주를 잘 혼합한 것으로 보았음에 틀림없다. 사실이야 어쨌든 바로 이런 식으로 리프만은 그들을 바라 보았던 것이다.

혁신주의 운동은 그 자신이 혁신주의 역사가의 전형으로 추앙받는 프레데릭 잭슨 터너에 의해 유포된 새로운 역사이론과 맥을 같이 한다. 프런티어는 훌륭한 삶의 상징이 되었다. 그것은 흘러간 과거에 대한 국민적 염원 속에 자리잡고 그 분위기는 도회생활의 불안한 소요와 좌절에 의해 부추겨졌다. 나중에 간단히 살펴 보게 되겠지만 터너의 프런티어 이론은 세기 전환기에 미국인의 삶을 지배했던 애국주의와 제국주의의 등장에도 중요한 역할을 했다. 게다가 혁신주의에 의해 촉진된 도시개혁은 추문폭로 언론가들을 전면에 내세운 채 과거를 낭만적으로 미화하는 향수병적 충동과 적절히 맞아 떨어졌다.

상류층 혁신주의 개혁가를 대표하는 전형적인 인물은《시카고 트리뷴》지 창설자의 손자이자 편집인이었던 조셉 메딜 패터슨(Joseph Medill Patterson)이었다. 패터슨과 그의 사촌 로버트 맥코믹(Robert McCormick)은 — 그는 체제옹호적인 신문발행인의 전형이었다 — 1914년에《트리뷴》지를 맡게 되었지만, 패터슨은 사촌과는 다른 성격의 소유자였다. 젊은 시절 강렬한 사회주의 웅변가였던 그는 자본주의 하에서는 시카고도 미국도 개혁될 수 없다고 주장하는 소설을 쓰기도 했다. 이 두 사람은 그들 사이의 정치적 견해차이를 해결하기 위해《트리뷴》은 맥코믹이 운영하고 대신에 새 신문을 사서 패터슨이 운영할 것을 합의하였다. 이렇게 해서 태어난 것이 미국 최초의 타블로이드판 신문인《뉴욕 데일리 뉴스》인데, 발행인 패터슨은 이 신문이 가난한 자와 억압받는 자, 특히 영어지식이 부족한 이민들의 요구에 부응하는 "민중의 신문"으로 보았다.[21] 오랫동안 패터슨의 신문은 그의 사촌 버티 맥코믹(Bertie McCormick)에게는 유감스런 일이지만 진보적인 민주당을 지지했는데, 그러나 결국에는 주로 대외정책 문제 때문에 프랭클린 루즈벨트와 결별하고 말았다.[22]

아마도 인민주의자와 혁신주의자를 가장 뚜렷하게 구별했던 것은 사고방식의 차이였을 것이다. 인민주의는 미국의 분위기가 비관주의로 향했던 특이한 변화 속에 성장한 것으로서 그러한 변화는 '도금시대'에 수반된 혼란과 은행가, 산업가, 기업가 등 새로운 부유계층의 놀라운 등장에 의해 자극되었던 것이다. 그러나 혁신주의 시대의 분위기는 정반대의 것이었다. 경제적으로 미국은 1893년 공황 뒤에 상승국면에 있었다. 전국적인 분위기는 확장일로의 평온하고 밝은 분위기로 낙관주의가 철철 넘쳐 그야말로 미국역사의 주류에 있었다.[23] 어느 역사가는 인민주의의 시련이 미국의 기업적 가치관을 열렬히 받아 들인 "세찬 여명의 자신감"으로 대체되었다고 기술하였다.[24] 혁신주의자들의 영웅은 이미 언급한 바와 같이

---

21) Edwin Emery and Michael Emery, *The Press and America : An Interpretive History of the Mass Media,* 4th ed., Englewood Cliffs, N. J.: Prelitice-Hall, 1978, pp. 364~368. 또한 Mowry의 앞의 책과 (Davis and Woodman, 앞의 책, p. 314에 인용), Joseph Medill Patterson의 *Little Brother of the Rich,* Chicago: Reilly and Britten, 1908, 그리고 *Independent,* 61 (1906) : 493~495과 Public, April 8, 1905에 게재되어 있는 Patterson의 기사 참조. 추가자료로는 다음 책들 참조. Simon M. Bessie, *Jazz Journalism,* New York: Dutton, 1938; John Chapman, *Tell It to Sweeney : The Informal History of the New York Daily News,* New York: Doubleday, 1961.

22) Emery and Emery, 앞의 책, pp. 367~368.

23) Mowry, 앞의 책. Davis and Woodman, 앞의 책, p. 325에 인용.

24) Eric Goldman, *Rendezvous with Destiny : A History of Modern American Reform,* New York: Knopf, 1932. 또한 Davis and Woodman, p. 328 참조. 현대 좌파 역사학자인 John Chamberlain은 그의 *Farewell to Reform* (New York: John Day, 1932)에서 혁신주의의 어두운 측면을 보았고 혁신주의를 이제 등장하고 있던 파시즘의 전조로 생각했다.

테오도어 루즈벨트였는데, 그가 대통령 재임기간 동안에 이룬 개혁은 후임자들 보다 오히려 적었지만 그의 지도력은 결코 과소평가할 수 없다. 그는 프랭크 노리스와 같은 소설가나 윌리엄 제임스가 요구한 위대한 지도자의 이미지에 정확히 맞아 떨어졌다. 루즈벨트는 적어도 그가 추문폭로가들에게 등을 돌리기 전까지는 그들의 총아였다. 그는 또 영어의 귀재로서 부드러운 말씨에 큰 지팡이를 들고 다녔으며, 불편부당한 공무원제도를 확립하고 독점자본의 무제한적 위력에 종지부를 찍는 진보적 개혁을 열렬히 지지하였다. 루즈벨트는 아메리카의 영광과 일반 미국인의 강인한 정신을 거듭 호소했으며, 이들 보통사람이 프런티어의 실용적 인간의 정신으로 위대한 미국을 만든다고 보았다.[25]

25) Nye, 앞의 책. Davis and Woodman, 앞의 책, pp. 311~314에 인용.

| 제 40 장 |

국민의 알 권리

The Doctrine of the Right to Know

국민의 알 권리 개념을 직접적으로 표현한 것은 바로 혁신주의자들의 다수에 대한 믿음이었다. 혁신주의의 지적 지도자는 로버트 라 폴렛트인데 그는 위스콘신주에서 주지사와 연방상원의원을 역임했던 인물이다. 친구들은 그를 "투사 보브"(*Fighting Bob*)라고 불렀는데, 적극적이고 의식있는 유식한(*informed*) 공중에 의해 의사결정이 이루어지는 민주체제를 그가 확고하게 믿었음은 거의 의심할 여지가 없다. 라 폴렛트는 장 자크 루소의 지혜에 화답하여 "여러 사람의 뜻을 모은 복합적인 판단이 어떤 한 개인의 판단보다 항상 더 안전하고 더 현명하고 더 강하고 더 유용하다"고 주장하였다. "국민은 역사상 어떤 큰 위기에도 실패한 적이 없었다 … 진정한 대의정체(代議政體)의 핵심지주는 국민의 직접적인 참정(參政)이다."[1]

1) Russell Nye, *Midwestern Progressive Politics,* East Lansing: Michigan State Universi-

이 말은 국민의 알 권리에 대한 분명하고도 정확한 지지표명이었다. 라 폴렛트가 언론에 그토록 인기가 있었다는 사실이 조금은 놀라운 일이다. 그는 1924년의 대통령선거에서 패배했는데, 이때 그는 그 전의 테오도어 루즈벨트와 같이 혁신당 후보로 출마했으나 여전히 언론으로부터 호평을 받았다. 인간 라 폴렛트는 마치 그의 혁신당처럼, 또는 터너의 역사관에 기초한 혁신주의 운동처럼, 또는 루즈벨트의 정치처럼, 또는 화이트와 리프만의 언론처럼 언론으로부터 호의적인 반응을 받았는데, 이들은 모두가 인민에 대한 믿음과 낙관주의 정신 그리고 국민의 알 권리를 구현한 화신이었다. 그러나 대단히 흥미로운 것은 이들 중 어느 누구도 "국민의 사람"은 아니었다. 모두가 자기 나름대로 국가 엘리트의 한 사람이었고, 심지어 스스로를 국민의 알 권리를 위한 "보호자"라고 천명한 언론인들도 마찬가지였다.

공중의 알 권리라는 개념을 지지하는 합창에 존 듀이의 목소리도 포함되었다. 그 개념은 바로 듀이가 민주주의에서 보았던 "투쟁하는 신념"의 일부분이기도 한데, 듀이는 민주주의를 자유주의 및 실용주의와 동일시했다. 이러한 입장은 듀이가 나이를 먹어감에 따라 그리고 히틀러의 독일에서 표현의 자유가 사라짐을 봄에 따라 더욱 강해졌다. 듀이는 1935년에 다음과 같이 말했다. "자유에 대한 최대의 위협은 생기없는 국민이다."[2] 듀이에게 정치적 이슈의 공개적인 토론은 바로 "정치적 의무"였으며, 어느 누구도 사람들이 주변의 돌아가는 상황을 알지 못하게 막을 권리는 없었다.

---

ty Press, 1951에서 재인용. Allen F. Davis and Harold D. Woodman, eds., *Conflict or Consensus in American History,* Boston: Heath, 1966, pp. 309~310에 발췌되어 있음.

2) John Dewey, *Liberalism and Social Action,* New York: Putnam's, 1935, p. 66. Gail Kennedy, ed., *Pragmatism and American Culture,* Lexington, Mass.: D. C. Heath, 1950, p. 99에 인용. 무엇보다도 듀이는 표현의 자유에 역행하는 듯 보이는 미국 대법원의 최근 결정을 한탄하고 있었다. 그는 특히 Louis D. Brandeis 대법관의 소수의견을 지지하고 있었다.

공중의 알 권리라는 원칙은 물론 보통사람에 대한 확신과 미래에 대한 낙관에 뿌리를 두고 있다. 언론인이 실제로 보통사람에 대해 그런 확신을 갖고 있느냐는 것은 쉽사리 대답할 수 없는 질문이다. 그러나 그런 확신과 낙관이 미국 언론인의 신념체계를 이루는 진짜 요소이든 아니든 간에, 언론인은 그 반대의 것, 즉 국민에 대한 확신이 없고 미래에 대해 비관적이라는 것을 공개적으로 표현하지는 않을 것 같다. 그 밖의 무슨 말을 하더라도 분명한 것은, 오늘날의 미국 언론인은 지식은 힘이라는 매디슨의 말에 동의하고 모든 자유인은 지식과 시대의 지혜에 접근할 자격이 있음을 충심으로 주장할 것이라는 점이다. 이러한 신조는 계몽주의의 표상이었다.

정부가 하는 일에 대해 국민이 알 권리가 있다는 개념은 실제로 계몽주의 이전의 시대까지 거슬러 올라간다. 사실 그것은 미국대륙에서 표현된 가장 오래된 사상 가운데 하나이다. 《메이플라워》호가 도착한지 한 세대 지난 후인 1641년에 매사추세츠 "자유헌장"이라는 비망록이 보스턴에 나타났다. 여기에 따르면 식민지의 모든 남성은 행정위원회의 것만 제외하고 어떤 법원이나 관청의 기록이라도 검토하고 그 서류의 복사본을 가질 수 있는 "자유"가 있었다.[3)]

공중의 알 권리 개념은 권리장전에 선언된 시민의 자유라는 기본권 원칙에 의해 아무런 문제없이 수용되었다. 정당한 법절차를 보장하는 권리장전은 시민이 자신의 혐의내용을 전달받지 않은 채 연방법원에(1868년에 수정헌법 제 14조가 채택된 후에는 모든 주법원에) 기소 될 수 없음을 분명히

---

3) *The Public Interest and the Right to Know : Access to Government Information and the Role of the Press, A Selective Bibliographic Guide,* Boston Public Library, 1971, p. ii. 이 귀중한 소책자는 원래 "집필의 자유, 인쇄의 자유, 출판의 자유"(Freedom to Write, Freedom to Print, Freedom to Publish)라는 주제하에 개최된 제3회 연례 '뉴잉글랜드 서적 축제'(New England Book Festival)에서 초심자들에게 이 방면의 기초지식을 제공하기 위해 만든 것이었다.

하고 있다. 또한 재산침해를 인가하는 법원영장이 제시되지 않으면 시민이 소유하는 어떤 재산도 압수당하거나 수색될 수 없었다. 시민은 자신의 혐의를 "알 권리"가 있고 영장을 제시받을 권리가 있었던 것이다.

무언가를 새롭게 하는 교육의 특성을 강조하면서 매디슨과 제퍼슨은 미국인의 신념체계에서 지식의 소중함을 생각했다. 즉 지식은 미국시민이 자신의 헌법적 역할을 수행하는데 필요한 원자재를 공급한다고 본 것이다. 이러한 지식을 얻기 위해서 시민은 정부가 하는 일을 알 수 있는 적극적인 권리를 가지고 있어야 했다. 공식 속기사가 의회의 의사록을 기록하고 이 의사록은 절차에 따라 발간되었다. 정부인쇄소는 시민의 이러한 "알 권리" 정신 하에 창설된 것이다. 건국의 아버지들은 또한 밀턴의 자동조정 원칙에 의존하고 있었는데, 진리가 사상의 시장에 들어 갈 수 있는 길은 그밖에 달리 없기 때문에 자동조정 원칙은 공중의 알 권리를 내포하는 것으로 해석 할 수 있다(또 나중에 그렇게 해석되었다).

비록 초창기에 공중의 "알 권리"라는 용어가 사용되었다는 증거는 없지만, 초기의 신문과 잡지가 그 원칙을 지지했다는 사실은 결코 놀라운 일이 아니다. 편집인들은 자신들이 독자의 눈과 귀로서 공적인 기능을 수행하는 것으로 보았다. 그들이 수정헌법 제 1 조의 혜택을 누렸던 것은 사실은 공중의 대표로서 그랬던 것이다. 이 혜택은 개인으로서의 혜택이 아니라 오직 국민의 봉사자로서 누렸던 혜택이었다. 어떤 의미에서 그들은 제도로서의 언론, 즉 민주주의 사회에서 국민에 대한 정보전달을 그 기능으로 하고 있는 언론에 부여된 권리의 수혜자였다.

물론 실제로 건국의 아버지들이 보장했던 것은 공중에 대한 정보제공이 아니라 의견을 인쇄물로 표현할 권리였다. 어느 쪽이든 간에 그들이 국민의 이성과 지혜에 대해 깊은 믿음을 표현했던 것은 분명하다. 지역공동사회로 형성되는 과정에 있던 촌락과 마을의 편집인들이 그러한 믿음에 반향한 것은 지극히 필연적인 것이었다. 자신을 무시하는 편집인의 신문을 볼 사람은 거의 없을 것이다. 이 말은 초기의 편집인들이 독자를 경멸한 위선자였다는 의미는 아니다. 그것은 단지 편집인들이 명확하지는 않지만 독자의 권리를 보호한다는 생각을 얼마나 깊이 간직하고 있었는가를 보여줄 뿐이다. 미국 언론인이 간직했던 신조 가운데 가장 강력했던 것은 언론의 자유에 대한 믿음이었다. 철학적 관점에서 볼 때, 어떤 봉사의 개념없이 이 신조를 유지하기는 어려운 것이다.

"공중의 알 권리"라는 말이 현대적 모습으로 처음 나타난 것은 1945년에 AP통신사의 국장인 켄트 쿠퍼가 행한 연설에서였다.[4] 이 개념이 공공연하게 표현되었든 또는 단순히 명백한 것으로 수용되었든 간에 언론이 국민의 "알"권리에 봉사한다고 보았던 쿠퍼는 미국언론의 주류를 차지하고 있었던 셈이다. 쿠퍼는 미국언론이 보호자의 역할로서 – 도구로서 그리고 무엇보다도 국민의 공복으로서 – 갖는 권리와 특권을 정당화할 수 있었다. 8년 뒤에 해롤드 크로스가 쿠퍼의 이 새로운 개혁운동에 동참했는데, 크로스는 정부문서를 이용할 필요가 있는 시민에게는 정부가 그것을 개방할 것을 요구한 3백년 묵은 조항에 근거해서 공중의 알 권리를 정당화했다.[5] 여기에 대해 1956년에 쿠퍼의 책이 뒤따름으로써 이 운동은 절정에 도달했다.

"알 권리"로서 명확하게 확립된 것은 미국법 어디에도 없다는 점을 분명히 해둘 필요가 있다. 현존하는 법적 보호는 대단히 구체적이다. 국민은 어떤 정보에 대해서는 분명히 법적 권리가 있다. 예를 들면 국민은 소송이 제기된 구체적 혐의에 대해서는 알 권리가 있다. 그러나 신문이 모든 것에 대해 알려 주어야 한다는 그런 포괄적인 권리는 가지고 있지 않다. 방송의 경우 대법원은 시청자가 정보를 제공받을 권리가 있다고 판결하였지만, 이 경우에도 그 권리가 아주 명확한 것은 아니다. 1969년의 역

4) Cooper의 이 연설은 1945년 2월 18일 B'nai B'rith 회합에서 이루어졌다. 1945년 2월 19일자 *New York Times*를 참조하고, 또 Kent Cooper, *The Right to Know,* New York: Farrar, Strauss and Cudahy, 1956을 참조하라.

5) Harold L. Cross, *The People's Right to Know — Legal Access to Public Records and Proceedings,* New York: Columbia University Press, 1953.

사적인 판결에서 바이런 화이트 판사는 이렇게 말하고 있다. "무엇보다 중요한 것은 시청자와 청취자의 권리이지 방송사의 권리가 아니다."[6] 법률가나 법률학자 어느 누구도 조만간에 공중의 알 권리가 갖는 법률적 지위를 해결할 수 있을 것 같지는 않다.

알 권리에 대한 가장 강력한 법적 주장은 1960년에 예일대학 교수 알렉산더 마이클존에 의해 제기되었다. 마이클존은 미디어가 국민에게 정부의 행동에 관한 정보를 제공해 주는 목적하에서만 수정헌법 제 1조의 뉴스매체 보호를 정당화 할 수 있다고 주장했다. 흔히 인용되는 그의 말에 의하면, 중요한 것은 "모든 사람이 말해야 된다는 것이 아니라 말할 가치가 있는 것은 모두 말할 수 있어야 된다"는 점이다.[7] 저명한 헌법학자인 토마스 에머슨은 공중이 주권자로서 "그의 공복인 정부를 지도하기 위해 이용가능한 모든 정보를 가져야만 한다"는 점에 동의하고 있다.[8] 그러나 마이클존도 에머슨도 절대적인 알 권리를 주장하려고 했던 것은 아니었다.

스코퍼즈는 공중의 알 권리라는 개념이 법원이나 의회가 언론의 비밀정보 접근을 보장하도록 하자는 희망하에 언론인들이 만들어낸 것이라는 입장을 취하고 있다.[9] 뉴스매체에 제도적 권리를 부여하고자 하는 노력은 정부의 권리남용으로부터 제도가 아닌 개인을 보호하고자 하는 수정헌

6) Red Lion Broadcasting Co. v. Federal Communications Commission, 394 U.S. (1969).

7) Alexander Meiklejohn, *Free Speech and its Relation to Self-Government,* New York: Harper, 1948. 그의 *Political Freedom,* New York: Harper, 1960. p. 26에 재인쇄. 알 권리 원칙에 대해 보다 최근에 있었던 강력한 옹호로는 다음 책 참조. Franklyn S. Haiman, *Speech and Law in a Free Society,* Chicago: University of Chicago Press, 1981.

8) Thomas I. Emerson, "Legal Foundations of the Right to Know." *Washington University Law Quarterly,* Vol. 1976, no. 1, p. 14.

9) Everetts E. Dennis and John C. Merrill, *Basic Issues in Mass Communication,* New York: Macmillan, 1984, p. 32.

법 제 1 조의 기본정신에 위배된다는 지적이 종종 있었다.[10] 공중의 눈과 귀라는 언론개념은 언론이라는 제도에 여타 제도보다 우월한 위치를 부여하는데, 이러한 특권을 수정헌법 제 1 조는 보호하고 있지 않다. 1982년에 《디트로이트 자유신문》(*Detroit Free Press*)의 전 편집주간 칼 뤼트케의 기사를 읽은 신문발행인들은 경악하고 말았다. 뤼트케는 신문발행인들이 "그들 자신을 위해 새로운 권리와 특권을 만든 오만한 자들"이라고 했던 것이다. 같은 해에 뤼트케는 말하기를 공중의 알 권리 개념은 언론인이 자기 자신의 이익을 위해 만들어낸 것이라고 했다.

> 공중은 당신들이 그 이상도 그 이하도 아닌 그것을 말하기 위해 무엇을 선택할 것인가를 알고 있다. 만약에 공중이 알 권리를 가지고 있다면, 당신들이 뉴스라고 부르며 선택하는 것이 무엇이냐에 대해 말할 것이 있을 것이다.[11]

그의 말의 핵심은, 만약에 공중이 알 권리를 가지고 있다면 공중은 또한 언론에게 무엇을 보도하라고 말할 권리를 가지고 있어야만 한다는 것이다. 또 어떤 사람들은 다음과 같은 점을 분명히 하고 있다. 즉, 알 권리를 법적으로 보장하면 정부는 그 권리를 강제할 위치에 있기 때문에 결국 정부가 검열할 수 있는 길을 열어 주게 된다는 것이다.[12] 《뉴욕 타임즈》의

---

10) 위의 책, p. 32.

11) *Bulletin of the American Society of Newspaper Editors,* May-June 1982, p. 16에 게재된 Karl Luedtke의 기사와, 1982년 샌프란시스코의 미국신문편집인협회(ANPA) 대회에서 행한 그의 연설("The Twin Perils: Arrogance and Irrelevance").

12) 이 주제에 관한 John C. Merrill의 주장은 흥미롭다. "The People's 'Right to Know' Myth," New York State Bar Journal 45 (November 1973) : 461~466에서 메릴은 알 권리와 같은 것은 결코 없다고 주장했다. 1984년에 발표된 한 논문에서 그는 반대입장을 취했다. Dennis and Merrill, 앞의 책, pp. 38~41에 나오는 그의 "There Is a Right to Know" 참조. 데니스와 메릴은 이 책에서 다루고 있는 수많은 문제에 대해 흥미있

법정대리인은 말하기를, 만약에 법원이 알 권리를 인정하게 된다면 "오직 법원만이 알 권리에 내재된 권한을 적용할 수 있기 때문에"[13] 법원 자신이 편집인의 역할을 하게 될 것이라고 하였다. 미국 헌법하에서 신문은 무엇을 발간할 것인가를 결정할 전적인 권리를 보유하고 있음을 법원은 분명히 하고 있다. 정부나 공중 어느 누구도 그것을 신문에 말할 수는 없다. 대부분의 언론법 학자들도 여기에 동의한다. 사실, 어떤 유명한 법학 연구지는 한 논문에서 다음과 같은 결론을 내리고 있다. "알 권리"라는 말은 잘해야 "슬로건의 외침"이고, 잘못하면 "수정헌법 제 1 조의 권리를 파괴하는 유해한 헌법원리"이다.[14]

공중의 알 권리에 대한 법률적 주장은 철학적 또는 윤리적 주장보다는 훨씬 덜 강력한 것이다. 마이클존과 에머슨 그리고 이들과 같은 생각을 하고 있는 사람들은 반드시 밀턴과 매디슨에게서 미국 민주주의의 기본 가정을 찾고, 제임스와 듀이에게서는 문화적 다원주의의 개념을 찾는데, 문화적 다원주의는 올리버 웬델 홈즈 판사가 말하는 "사상의 시장"[15]에 좋든 싫든 모든 견해가 적용될 수 있는 장소를 마련한다. 이 문제의 복잡

는 논의를 제공하고 있는데, 각 문제에 대해 두 사람은 상반되는 견해를 보여주고 있다. '알 권리' 이데올로기에 반대하는 또 다른 견해에 대해서는 다음을 참조. Gerald J. Baldasty and Roger A. Simpson, "The Deceptive Right to Know: How Pessimism Rewrote the First Amendment," *Washington Law Review*, 56 : (1981) : 365~395 ; Walter Gellhorn, "The Right to Know: First Amendment Overbreadth?" *Washington University Law Quarterly*, vol. 1976, no.1 : 25~28 ; James C. Goodale, "Legal Pitfalls in the Right to Know," pp. 29~36.

13) Goodale, 앞의 논문, p. 32.

14) Baldasty and Simpson, 앞의 논문, pp. 393~394.

15) Holmes의 사상의 시장 개념은 '아브람스 대 미합중국'사건 (Abrams v. United States, 250 U.S. 616, 1919)에서 그의 소수의견 가운데 나타났다. J. Herbert Altschull, *Agents of Power : The Role of the News Media in Human Affairs*, New York: Longman, 1984, p. 21의 논의 참조.

성은 1978년에 대법원이 코미디언 조지 칼린의 "외설적인 일곱개의 단어"가 라디오 방송에 적합한지를 다룬 판결에서 알 수 있다. 이 판결의 다수의견에 의하면 "수정헌법 제 1 조의 핵심은 정부가 사상의 시장에서 중립적이어야만 한다"는 것이기 때문에 대법원은 그것이 방송될 수 있다고 보는 듯 했다. 그러나 조금은 놀랍게도, 대법원은 칼린의 풍자가 사회의 가치를 고려하지 않았다는 이유로 그의 말을 부적절한 것으로 판결하였다. 언론인 대부분의 "알 권리" 가치에 더 가까왔던 것은 윌리엄 브레난 판사의 소수의견이었는데, 브레난 판사는 다수의견이 "문화적 다원주의의 이 땅에서는 많은 사람이 대법원의 구성원과는 다르게 생각하고 행동하고 말하며 동일한 감수성을 갖지 않음을 인식"하지 못했다고 통렬히 비난하였다.[16)]

공중의 알 권리를 법률로 수렴할 수 있는 법적 장치가 있든 없든간에 미국인은 그 권리를 "수정헌법 제 1 조에 구현되어 있는 표현의 자유에서 핵심적인 부분"으로 생각해야 한다고 에머슨은 말하고 있다.[17)] 그의 주장에 의하면, 언론은 "정부기구의 때로는 교활하고 부패한 내부활동에 관한 지식의 주요 정보원이다."[18)]

에머슨과 의견을 같이 하는 언론 교육자 존 메릴은 알 권리가 추론컨대 수정헌법 제 1 조에 있는 것으로 보고 있다. 그는 감동적인 언어로 첨언하기를, 그러한 권리는 "바로 미국정부와 공공토론과 현명한 투표와 여론과 민주주의의 구조와 본질에서 기본이 되는 근원"이라고 말한다.[19)] 이것이 바로 건국의 아버지들이 권리장전 속에 언론보장 조항을 넣은 이유라는 것이다.

---

16) Federal Communications Commission v. Pacifica Foundation, 438 U. S. 726 (1978).

17) Emerson, 앞의 책, p. 2.

18) 위의 책, p. 18.

19) Merrill, "There Is a Right to Know," p. 39.

> 공화국의 국민(국가의 주권적 통치자)이 공공문제와 정부의 일에 대해 모른다면, 그 국민은 틀림없이 좋은 주권자가 될 수 없고 그들 자신을 잘 다스릴 수도 없다. 그들 스스로가 그 안에 있다고 보는 철학적 틀에서 볼 때, 그들은 **알아야만** 한다. 그들의 정부는 그들이 알 것이라는 가정 위에 건설되며, 따라서 안다는 것은 분명히 그들의 "권리"이다.[20]

공중의 알 권리라는 문제는 오늘날에도 여전히 뜨거운 논의를 야기시키지만, 모든 철학적 문제와 마찬가지로, 이 문제도 오직 각자의 신념체계와 이데올로기를 고려할 때에만 해결될 수 있다. 오늘날 미국 언론인의 대부분은 그들이 매일의 뉴스 보도에서 독자의 흥미 뿐만 아니라 그들의 권리에도 봉사하고 있다고 굳게 믿고 있다. 언론인의 가치체계에서 중심적인 것은 신념이다. 하지만 **모든** 것을 다 알 수는 없는 일이며, 따라서 공중의 알 권리를 주장하는 어떤 철학적 논쟁에서도 답을 구해야 할 큰 문제는 바로 이것 — **무엇을** 알 권리인가? — 이다.

20) 위의 책, p. 38.

| 제 41 장 |

환희 : 애국적 언론

The Jubilee : The Patriotic Press

미국의 고립은 지리학적인 사실이며 동시에 심리적인 현실이기도 하다. 미국 동서편의 두 대양은 미국을 구세계로부터 물리적으로 고립시켰을 뿐만 아니라, 독특한 형태의 믿음을 확립시켜 이 나라를 세계 역사상 가장 내부지향적인 대국 가운데 하나로 만들었다. 미국 언론인의 사상은 이 지리적 고립과 심리적 고립 모두에 의해 심대한 영향을 받았다. 예를 들면 우리가 앞에서 보았던 "미국화"(*Americanization*)의 개념이 있다.

19세기와 그리고 특히 20세기의 언론은, 패터슨의 《뉴욕 데일리 뉴스》지의 경우에서 보는 바와 같이, 새로 온 이민이 훌륭한 미국시민이 되는 것을 도와주기 위해 이민의 "미국화"를 사명으로 생각했다. 미국시민이 된다는 것은 위대한 축복이며 그것도 어쩌면 인류에게 일어 날 수 있는 가장 위대한 축복이라는 생각에 대해 언론인 사이에는 거의 의문이 없었다. 이러한 생각이 프랭클린과 페인의 저작에서 나타나는 것으로 보아 그것은 건국 초기부터 있었던 것으로 보인다. 그 후에 수백만의 새로운 이민이 도착하고 서부의 프런티어가 확장됨에 따라 과거에는 신념이었던 것이 이제는 종교적 성격을 지니게 되었다. 휘트맨의 엘레지와 인민주의자들의 순수한 아메리카 운동은 물론 이 "미국화" 이념과 밀접한 관련이 있다. 미국의 팽창과 함께 미국화를 위한 선교의 열정도 확대되었다. 미국을 대서양에서 태평양까지 확대시키는 것은 이 나라의 "명백한 운명"을 달성하는 것이었으며, 그 축복을 열악한 사람들 — 그것이 인디언이든 멕시코인든 간에 — 에게 가져다 주는 것은 선교적 소명이었다. 인디언과 멕시코인과 이민에게 전달된 것은 민주적인 삶의 방식에 대한 찬양이었다. 이 선교사업의 지적 지도자 가운데에는 언론인 고드킨(Edwin L. Godkin)도 있었는데, 그는 아일랜드 태생으로 크리미아전쟁에서 《런던 데일리 뉴스》지의 종군기자로 짧지만 뛰어난 경력을 쌓은 후 1856년에 미국으로 왔고, 9년 후에는 《네이션》(*Nation*)이라는 영향력있는 지성지를 창간했다.[역주1)]

전국에 민주주의의 경이를 설파하고, 그가 자신의 "예언자"라고 부른 존 스튜어트 밀의 자유주의 철학을 전파하는 것이 고드킨이 선언한 그의 사명이었다. 한 세대 전의 토크빌과 마찬가지로 고드킨도 거칠고 소란스런 미국의 서부개척지에 낙담하였다. 그러나 토크빌이 민주주의 본래의 고유한 것으로 본 것을 고드킨은 미국 서부의 원시적 조건이 단순히 반영된 것으로 보았다. 터너보다 한 세대 전인 1865년에 고드킨이 쓴 글에 의하면, 신세계와 구세계의 차이점은 "프런티어의 삶"에 있으며, 여기에 미국 민주주의의 원천이 있다고 보았다.[1)] 그러나 이제는 프런티어의 다듬

역주1) 여기서 《네이션》은 시사주간지 《더 네이션》(*The Nation*)을 말한다. 이 책의 저자는 《네이션》이 고드킨에 의해 창간되었다고 하지만, 실제 창간인은 제임스 밀러 맥킴(James Miller McKim)이었으며 고드킨은 초대 편집인이었다. 《네이션》지는 정치적 부패에 반대하는 등 당시 19세기의 정치 문학 예술에서 진보적인 목소리를 대변했다.

1) E. L. Godkin, "Aristocratic Opinions of Democracy," *North American Review*, January 1865.

지 않은 생생한 에너지를 교양인의 문화적 지적 가치로 전환할 때가 되었다고 그는 말했다. 이것은 고드킨의 영웅인 밀의 정신을 좇아 개인에 대한 찬양을 의미했다. 열렬한 개인주의자이며 집단적인 국가의 적이었던 고드킨은 그 전의 버크와 같이 국가의 조치로 인간을 동등하게 하고자 하는 어떤 시도도 거부했다. 왜냐하면 그러한 조치는 모든 인간을 가장 저급한 문화수준으로 후퇴시킬 것이 분명하기 때문이다.[2]

고드킨의 지도하에서 《네이션》지의 발행부수는 일만부를 넘지 않았지만 그 영향력은 대단하였다. 윌리엄 제임스를 비롯해서 그 당시의 지도급 문예인과 정치적 인물들이 《네이션》지와 《뉴욕 이브닝 포스트》지의 열렬한 독자로서 또는 기자로서 활약했는데, 고드킨은 그의 생애 마지막 20년 동안을 (그는 1902년에 죽었다) 《뉴욕 이브닝 포스트》의 편집인으로 지냈다.[3]

위대한 휘그 역사가 버논 패링턴은 고드킨이 추종자없이 "황야에서 외치는 하나의 목소리에 불과한" 지도자라고 했지만, 이 경우는 패링턴이 고드킨의 정치 때문에 그를 제대로 보지 못했다고 본다.[4] 고드킨은 휘그당이 정부의 기업개입을 지지한 것을 비난했다. 그가 생각하기에 "국가의 위대함"은 산업성장에 달려 있는 것이 아니라 "개인적 명예, 자존, 공공정신, 이상에의 충실함 등"에 달려 있었다.[5] 이것은 아담 스미스의 자유방임주의를 대폭 강조하는 것이었다. 고드킨은 결코 단순히 황야의 외로운 목소리는 아니었으며, 실제로는 개인이 세계무대의 중앙을 차지한다

---

2) 버크에 대해서는 제20장 참조.

3) 열렬히 참여한 이들 중에는 하버드대학의 Charles W. Eliot 총장, 존즈 홉킨즈대학의 Daniel Colt Gilman 총장과 James Russell Lowell, James Bryce, Charles Eliot Norton 같은 사람이 있었다. Edwin Emery and Michael Emery, *The Press and America : An Interpretive History of the Mass Media*, 4th ed., Englewood Cliffs, N. J.: Prentice-Hall, 1978, p.189 참조.

4) Vernon L. Parrington, *Main Currents in American Thought,* vol.3, New York: Harcourt, Brace, 1958, p.162.

5) *Nation,* January 30, 1873.

는 프런티어 정신의 대변자였다. 고드킨이 그 소란스런 프런티어의 삶을 아무리 싫어 했다 하더라도, 또 그가 아무리 귀족적인 동부인(東部人)이었다 하더라도, 그는 미국의 선교이념, 즉 미국의 위대함은 집단이 아닌 개인으로서의 그 국민의 어깨에 달려 있다는 이상을 표현한 사람이었다. 사실 이 열정적인 편집인은 서부의 프런티어를 동부의 지식인에게 "팔았던" 것이다.

19세기에 서부의 프런티어가 태평양까지 확대되었을 때, 동부의 공장 노동자 뿐만 아니라 서부의 농부와 목부 등 모든 미국인은 발전적이고 낙관적인 사회정치 체제 속에 적응해 나갔다. 이 체제는 존 로크와 아담 스미스와 토마스 제퍼슨과 존 스튜어트 밀의 자유주의 철학에 뿌리를 둔 것이며, 그것은 개개의 시민을 중심적인 것으로 받아 들였을 뿐만 아니라 미국의 기본적인 도덕성에 대한 믿음을 포함하는 것이었다.

그토록 많은 이민이 그들이 사용하는 언어만큼이나 이국적이었던 그 체제 속에 적응해 나갔다는 사실이 구세계에서 빠르게 부상하고 있던 맑스주의 학파에게는 하나의 수수께끼였다. 미국에도 일부 맑스주의자는 있었지만 아직 그들의 시대는 도래하지 않았다. 현대 맑스주의 분석가 가운데 한 사람의 관찰에 의하면, 이민들이 — 심지어 프런티어와는 거리가 먼 도시의 추악한 성장지역에 정착한 이민이라 할지라도 — "적응을 부추기고 체계적 저항을 어렵게 만든 어떤 과정에 의해 그 새로운 사회 속으로 끌려 들어 갔다"고 한다.[6)]

이러한 적응과정에서 수행했던 언론의 역할이 그 동안 제대로 평가되지 않았다. 고드킨의 《네이션》지는 지면을 통해 동부의 지식인 엘리트의 동의를 얻어 내는데 일조했다. 서부에서 민주주의와 개인주의의 신비를

6) Stephen Thernstrom, "Urbanization, Migration, and Social Mobility in Late Nineteenth Century America," in Barton J. Bernstein, ed., *Towards a New Past : Dissenting Essays in American History,* New York, Random House Pantheon Books, 1968, p. 173.

설파한 것은 화이트의 《엠포리아 가젯트》와 같은 신문이었다.

팽창주의 전쟁도 그와 같은 선교의 충동성을 반영하였다. 미국군이 1846년에 벌였던 멕시코전쟁의 결과로 미국은 텍사스에서 캘리포니아까지 남서부 전체를 합병할 수 있었다. 폴크(Polk)대통령 정부나 언론은 이 전쟁을 하게 된 권력적 동기나 경제적 타산을 완전히 무시하지는 않았다 하더라도 별로 중시하지 않았고, 그 보다는 전체적으로 미국군의 승리가 멕시코에 민주주의를 가져다 주고 멕시코 영토의 기름진 땅을 "유익한 이용"을 위해 보다 뛰어난 국민의 손에 맡기는 하느님의 계획이 이루어지는 것으로 보았다.[7)]

《뉴욕 선》지의 사설은 멕시코전쟁 기간 동안 대부분의 언론이 보여 준 "미국화" 신화의 전형이다. 《뉴욕 선》의 사설은 멕시코 "종족"이 정복당하는데 익숙해 있고 또 멕시코인이 현명하다면 피정복의 경험에 의해서만 이익을 볼 수 있음을 깨닫게 될 것이라고 주장하였다.

> 해방시키고 고상하게 하는 것 — 노예화하고 품위를 떨어 뜨리는 것이 아니라 — 그것이 우리의 임무이다… 만약에 그들'멕시코인'이 — 노예적 존재의 깊은 암흑에서 — 우리 손에 의해 자유인의 지위와 권리를 받아 들일 지능과 인격이 없다면, 우리는 그들의 무지를 참아야만 한다. 그들의 역사가 시작된 이래 그들이 가졌던 어떤 것보다 무한히 높은 위치를 우리가 제시하는 이 때에, 우리가 "멕시코인에게 잘못하고 있다"고 말하는 사람은, 그가 우리 제도 하에서 교육받은 사람이라면 전혀 변명의 여지가 없다.[8)]

---

7) Armin Rappaport, ed., *The War With Mexico : Why Did It Happen?* Berkeley : University of California Press, 1964, p.1에서 인용.

8) *New York Sun,* October 22, 1847. Rappoport, 앞의 책, p.45에서 재인용. 또한 47쪽도 참조. 여기서 Rappoport는 1847년 10월 15일자 Baltimore Sun에서 다음과 같이 인용하고 있다. "그러한 상황을 변혁하고 정부의 권력을 국민의 주권에 되돌리는 것이 자비로운 행위가 아니겠으며, 또 말할 수 없는 도덕적 극치가 아니겠는가?"

휘트맨도 똑 같이 멕시코와의 전쟁을 열렬히 옹호하였다. 《브룩클린 이글》(*Brooklyn Eagle*)지에서 휘트맨은 미국인에 대해 "악마적 살육"을 자행했다고 극도의 분노로 비난한 인디언과 멕시코 사람을 동일시했다.

> 냉혹하게 수백명의 사람에게 기꺼이 총질하는 그 잔인한 대량 살육자들의 넌더리나는 기사를, 인디언 나라의 그 비겁한 탐욕을 채워주는 것 외에 어떤 목적에도 소용이 닿지 않는 그 기사를 — 그 피의 기도가 응답되는 날을 열망하지 않고서, 하느님의 모습을 하고 그토록 무자비하고 불필요하게 대량학살한 자들에게 심판자 하느님의 복수가 주어지는 그 날을 열망하지 않고서 — 누가 그 기사를 읽었단 말인가?[9)]

물론 모든 미국신문이 그토록 격렬하게 보복적인 또는 제국주의적인 감정을 표현했던 것은 아니지만(특히 북동부의 신문은 정반대의 논조를 보였다), 압도적인 메시지는 '명백한 운명'의 수행이었다. 그 후에 있었던 전쟁들도 유사한 방향으로 흘러갔으며 심지어 남북전쟁도 그러했다. 남북전쟁의 핵심적인 이슈는 바로 명백한 운명에 관한 문제, 즉 남과 북의 분쟁이 미국과 미국의 운명을 흔들어 놓을 것인가 하는 것이었다. 남북전쟁은 남과 북이 연방과 주의 권력관계나 노예문제에 타협하지 못함으로써 비롯되었다. 노예제도에 반대하는 북부 연설가들의 분노와 여기에 찬성하는 남부 선동가들의 외침은 모두 분리주의적인 지역언론에 남김없이 보도되었는데, 그 논조는 지극히 도덕적인 것이었으며 처음부터 미국언론의 지면을 지배했던 격렬한 열정을 그대로 보여주고 있었다. 그러나 역사학자 스탠리 엘킨스가 관찰한 바 처럼, 이 격렬한 도덕주의의 폭발에

---

9) "The Mexican War Justified," *Brooklyn Daily Eagle,* May 11, 1846. Shelley Fisher Fishkin, *From Fact to Fiction : Journalism and Imaginative Writing in America,* Baltimore: Johns Hopkins University Press, 1985, p. 47에서 재인용. 9년 후 휘트맨은 《풀잎》에서 전쟁을 정당화하는 같은 표현을 사용한 바 있다. 그 시에서 나타나는 이미지는 그러나 공포의 이미지였다. Fishkin, 앞의 책, p. 48 참조.

초점을 맞추어 이성적 타협을 끌어 낼 수 있는 채널을 제공할 기관이 미국에는 없었다.[10] 엘킨스에 의하면, 노예제도에 대한 찬반 운동 모두가 "실제적인 목적 때문에 지적 자양분을 회피했다"는 것이다.[11] 매이슨-딕슨 라인(Mason-Dixon line) 양측의 흥분한 언론은 확실히 멕시코전쟁 당시의 도덕주의적 언론 만큼이나 유혈사태 예방에 도움을 주지 못했다.[역주2)]

노예문제가 격렬해짐에 따라 북부와 남부의 신문은 점점 더 많은 지면을 이 문제에 할애하게 되었다.[12] 북부신문의 지면은 흑인에 대한 부당한 대우를 신랄하게 비판하는 이야기로 가득 메워졌고, 남부의 신문은 거의가 헛소문이거나 상상에 불과한 흑인폭동을 대대적으로 보도했다.[13] 1831년의 냇 터너(Nat Turner)의 반란 이후 대규모의 흑인폭동이 일어 난 적은 없었다. 토크빌의 경고는 현실로 나타났다. 남북전쟁이 일어나기 한 세대 전에 토크빌은 말하기를, 미국에서 다수의 힘은 너무나 커서 모든 논란을 억누르게 될 것이라고 했었다.

이미 앞에서 언급했지만, 호레이스 그릴리에 관한 콘스탄스 로우크의 책은 그 제목이 《환희의 나팔수》(*Trumpets of Jubilee*)이다. 그릴리는 로

---

10) Stanley Elkins, *Slavery, A Problem in American Institutional and Intellectual Life*, Chicago: University of Chicago Press, 1959, pp. 193~222, 특히 p. 202.

11) Elkins, 앞의 책, pp. 205~206.

역주2) 매이슨-딕슨 라인은 펜실바니아주와 메릴랜드주의 경계로서 옛날 미국의 북부와 남부의 분계선이었음.

12) Donald L. Shaw, "News About Slavery from 1820~1860 in Newspapers of South, North and West," *Journalism Quarterly* 61, no. 3 (Autumn 1984) : 483~492. 무작위로 신문을 선정하고 이를 분석한 Shaw의 연구는 1845년까지는 분석대상으로 삼은 남부신문에서 노예제도에 관한 뉴스항목이 전체의 10% 이하였음을 보여 주고 있다. 1845년 부터 전쟁이 발발하기까지 그 비율은 20% 이상이 되었다. 1844년에 발간된 트웨인의 《헉클베리 핀》(*Huckleberry Finn*)은 부분적으로는 당시 대부분의 신문의 비인간적인 노예문제 보도방식에 실망한 트웨인이 이에 자극받아 쓴 것이 틀림없다.

13) Elkins, 앞의 책, p. 221.

우크가 기술했던 유일한 나팔수는 아니었다. 그들 가운데는 매사추세츠의 그 유명한 비이처가문의 사람들도 있는데, 금주(禁酒)주창자 리만 비이처(Lyman Beecher)를 비롯해서 그의 아들이자 조합교회(*Congregation*) 연설가인 헨리 워드 비이처(Henry Ward Beecher), 그리고 남부흑인을 묘사한 19세기의 가장 유명한 소설《엉클 톰의 오두막집》의 저자 해리엇 비이처 스토우(Harriet Beecher Stowe)가 바로 그들이다. 로우크는 그녀의 책 제목 가운데 핵심어인 '환희'라는 말을 "조지아의 행군"(Marching Through Georgia)이라는 시의 한 귀절에서 따 왔는데, 북부는 이 시에 곡을 부쳐서 복수의 슬로건으로 삼았다. 이 시에는 "만세, 만세! 우리는 환희를 가지고 오노라! 여러분을 해방하는 깃발을!" 이라는 귀절이 있다.[14] 그것은 '명백한 운명'의 메시지였으며, 투쟁적인 아메리카교회(Church of America)의 행군의 메시지였다. 북부는 환희 즉 아메리칸 드림을 남부의 노예흑인들에게 가져 왔던 것이다.

환희(*jubilee*)라는 단어의 출전이 성경일 것이라고 함은 맞는 이야기다. 고대 유태인들은 숫양의 뿔을 사용해 희년(禧年 : *Year of Jubilee*)을 선포했는데, 희년이라 함은 50년마다 돌아 오는 해방과 부흥의 기간으로 온 땅에서 일제히 나팔을 불어 그것을 선언하였다. 희년 기간 동안 들판은 경작하지 않고 내버려 두어야 하고 유태인 노예는 자유의 몸으로 해방시켜야 하며 방임지역의 집과 땅은 원주인에게 돌려 주어야만 했다.[15] 말하자면 희년은 복권과 사면과 석방의 시간이었다.

미국이 개입했던 모든 전쟁 가운데 가장 공공연하게 제국주의적이었던 것은 미국과 스페인간의 전쟁이었다. 서부와 남부를 확보함으로써 미국의 명백한 운명은 아메리카대륙에서 그 임무를 완수했다. 1890년대에는 아메리칸 드림을 확장시키기 위해서는 그것을 미국해안 너머로 전파시킬 필요가 있음이 분명해졌다. 허스트와 퓰리처의 주전론적 황색신문에 의

---

14) Henry Clay Work, "Marching Through Georgia," Chicago: Root and Cody, 1865.

15) *The Shorter Oxford English Dictionary,* Vol. 1, s.v. "Jubilee."

한 팽창주의적 수사에 부추겨져서 미국군대는 큐바와 필리핀을 스페인으로부터 강점했다. 명백한 운명은 이제 **맹목적 애국주의**(*jingoism*)가 되었다. 맹목적 애국주의, 즉 징고이즘이란 용어는 가장 뻔뻔스러운 팽창주의적 애국자들을 지칭하는데 사용된다. 이 용어는 1870년대에 영국과 러시아가 전쟁에 돌입할 무렵 음악당에서 인기를 모았던 영국 노래로부터 나온 말이다. "우리는 싸움을 원하지 않는다／ 그러나, 정말로(*by Jingo*) 싸우게 된다면,／ 우리에게는 배가 있고, 사람이 있고,／ 우리는 돈도 가지고 있다."[16]

스페인과의 전쟁을 부추긴 황색언론은 평생동안 언론의 책임을 신념으로 삼았던 고드킨의 분노를 유발시켰다. 허스트와 퓰리쳐가 방대한 발행부수를 목표로 점점 더 선정주의로 흘러 가고, 특히 스페인과의 전쟁을 소리높이 외치는 가운데 선정주의가 극에 달하자, 고드킨은 《네이션》지의 지면을 황색언론을 공격하는 포럼으로 만들었다. 전쟁이 선포되기 두달 전에 고드킨은 다음과 같이 썼다.

> 미국언론의 역사에서 지금까지 알려진 것 가운데 지난 주에 이 두 신문이 한 행동만큼 수치스러운 것은 없다. 사실을 전반적으로 왜곡시키고, 공중을 흥분시킬 목적으로 이야기를 고의적으로 지어내고, 심지어 이런 지어낸 이야기가 무색할 정도로 엉터리없는 제목을 달고, 이 모든 것이 결합되어 발행부수가 가장 많은 이들 신문의 이슈가 사회 전체로 전파되고 있다⋯ 단순히 더 많은 신문을 팔기 위해 인간이 이런 잘못된 일을 해야 한다는 것이 말할 수 없이 부끄럽다.[17]

---

16) 이 가사는 1878년에 W. G. Hunt의 시 "We Don't Want to Fight"에 나온다. "By Jingo"라는 말은 "By God"나 "By Jesus"의 완곡어구인데 마술사들의 전문용어에서 빌려온 것이다. Rabelais가 1694년에 "par Dieu" 대신에 "by jingo"를 사용했다. *The Shorter Oxford English Dictionary*, s.v. "jingo" 참조.

17) *Nation*, February 24, 1898. 여기서 말하는 두 신문은 허스트의 *New York Journal*과 퓰리처의 *New York World*이다. 황색언론과 허스트 및 퓰리처의 역할에 대해서는 제 8 부에서 다룰 것이다.

미국의 제국주의를 비난함으로써 대중의 도도한 물결에 저항하고자 했던 만년의 고드킨이야말로 황야에서 외치는 한 줄기 목소리였다. 그에게 1899년의 필리핀 정복은 "국가적 타락의 상징"이었다.[18] 고드킨의 눈으로 볼 때, 그 당시 최대의 악당은 영국시인 러드야드 키플링이었다. 제국주의의 미덕을 솔직하게 옹호한 키플링은 미국에서 몹시 인기가 높아 그의 시 "백인의 짐"(White Man's Burden)은 미국으로 전송되어 《맥클루어즈》(*McClure's*)라는 잡지의 톱기사로 게재될 정도였다.[19]

키플링은 특히 미국을 위해 시를 지었는데, 그는 앵글로-색슨 세계의 가치관을 세계의 보다 불행한 사람들에게 전달하는데 있어서 미국이 영국의 계승자는 아닐지라도 적어도 동반자라고 보았다. 앵글로-색슨 세계의 축복을 흑인과 황인과 갈색인종에게 전해주는 것은 바로 "백인의 짐"이었다. 맹목적 애국주의자(*jingoist*)는 결코 아니었던 키플링은 그 자신이 인도에서 젊은 기자로 인도에 대해 배운 도덕주의자였다. 어떤 형태의 부패에도 증오심이 가득했던 키플링은, 어떤 희생이 따르더라도 "반은 악마이고 반은 아이인 새로 만난 이 무뚝뚝한 사람들" 동양인에게 빛과 희망을 주기 위해 "여러분이 키워 온 최선의 것을 보내는 것"은 미국인에게 달려 있다고 믿었다.[20]

---

18) 이 말은 Parrington (앞의 책, p.166)의 것이다.

19) 이 시는 1898년에 씌여졌으며 *McClure's* 잡지 1899년 2월호의 2~3쪽에 나온다. 이 시는 1903년에 발간된 키플링(Kipling)의 시선집 "오국"(*The Five Nations*)에 실려 있다. 키플링의 작품 중에는 1897년 빅토리아여왕 즉위 60주년제를 위해 만든 "Mandalay," "Gunga Din," "Recessional" 같은 것이 있다. 대영제국의 제국주의에 문학적으로 가장 열렬하게 헌신했던 키플링은 1907년에 영국 최초의 노벨문학상 수상자가 되었다. 키플링에 대해 좀 더 알고 싶다면 Rutherford와 the *Listener review*를 보라.

20) 키플링의 이 시는 "미국과 필리핀군도"(The United States and the Philippine Islands)라는 부제가 붙어 있다. Angus Wilson, *The Strange Ride of Rudyard Kipling : His Life and Works,* London: Secker and Warburg, 1977, p.196에 의할 것 같으면, 이 시와 1년 전에 만든 "Rceessional"은 "인기있고 유명한 한 작가를 세계적

이것은 키플링의 맹우인 테오도어 루즈벨트의 가슴을 그 이상 더 따뜻하게 해 줄 수 없는 메시지였다. 키플링은 1898년에 루즈벨트를 아프리카의 대영제국 창설자인 세실 로데스(Cecil Rhodes)와 함께 런던의 사보이 하우스의 만찬에 초대한 적도 있는데, 오래지 않아 루즈벨트는 의용기병대(*Rough Riders*)를 조직하여 큐바의 산후안 힐을 점령함으로써 20세기의 미국을 이끌 영웅적인 애국자로 부상하였다.[21)]

고드킨만이 스페인과의 전쟁을 반대한 것은 결코 아니지만, 그의 목소리는 소수의 목소리였다. 결국 이 당시는 팽창의 시대였을 뿐이며, 허스트와 퓰리처 그리고 그 외에도 팍스 앵글로-색슨니카(Pax Anglo-Sanxonica)의 세계, 무정부주의와 외국 억압으로부터 자유로운 세계를 요구한 다른 편집인들이 루즈벨트에게 합류했던 것이다. 이러한 요구는 20세기에도 사라지지 않았으며 심지어 영국이 제국을 포기한 이후에도 마찬가지였다. 왜냐하면, 키플링이 바랬던 것처럼, '백인의 짐' 즉 앵글로-색슨 민주주의를 극동과 중동과 아프리카와 라틴 아메리카의 신구 국가들에 전달하는 것은 주로 영국의 협력하에 미국의 임무가 되었기 때문이다.

이 선교적 열망은 민주주의의 세계적 승리를 위해 싸웠다고 말하는 제

으로 논란많은 인물로 만들었다"는 것이다. 이 말은 키플링을 향한 반제국주의자들의 조소를 빗댄 말이다. 시의 전문은 *Rudyard Kipling's Verse, Definitive Edition*, New York: Doubleday, Doran & Co., 1940, pp. 321～323 참조. R. Thurston Hopkins은 *Rudyard Kipling : A Literary Appreciation,* New York: Frederick A. Stokes, 1915, p. 221에서 "백인의 짐"(the white man's burden)이라는 말이 10년 내에 작가와 연설가들이 진부하다고 할 정도로 자주 인용하는 말이 되었다고 말한다.

21) 루즈벨트는 1899년 1월에 "백인의 짐" 사본 하나를 미리 받고, 그것을 매사추세츠의 Henry Cabot Lodge 상원의원에게 보냈는데, Lodge의원은 나중에 윌슨대통령의 평화정책과 국제연맹에 맹렬한 반대자가 된 인물이다. 루즈벨트는 편지에서 키플링의 시가 "시적으로는 다소 빈약하나 팽창주의적 관점에서 보면 훌륭하다"고 촌평했다. J. I. M. Stewart, *Rudyard Kipling,* New York: Dodd, Mead, 1955, p. 180 참조.

1차 세계대전에서도 그대로 존재하였다. 폭력에 적대적이었던 존 듀이조차도 그런 가치있는 목적을 위해 싸우는 전쟁은 지지하기에 이르렀다. 미국 역사상 가장 긴 전쟁이었던 베트남 전쟁만이 언론의 심각한 반대에 부딪쳤는데, 그것도 전쟁이 거의 10년이나 질질 끌고 난 뒤에 일어난 일이었다.

고드킨에 관해서 말한다면, 그는 젊은 시절의 시야넓은 이상주의자에서 비참해진 노인으로 서서히 변해 갔다. 서부개척지가 태평양 연안에 도달하고 "안전판"이 대륙에서 사라지고, 스페인과의 전쟁이 점점 다가오고 있을 때, 만년의 고드킨은 점점 비관적이 되고 민주주의의 미래에 두려움을 갖게 되었다. 특히 농부와 노동자와 자본가 사이에 나타나는 적대감은 고드킨을 더욱 고통스럽게 만들었다. 패링턴이 멋진 말로 묘사한 바와 같이 고드킨은 "여느 신문기자와 같이 입으로 떠들기" 시작했다[22](패링턴의 이 말은 그 때나 지금이나 신문의 내용, 특히 라디오와 텔레비전의 내용에 대해 많은 학자들이 하고 있는 비난의 전형이다. 고드킨은 그가 평범한 언론인 이상의 그 무엇이었을 때 패링턴에게 중요한 인물이었다. 그러나 사실은 고드킨의 중요성은 언론인으로서 그의 위대함에서 비롯된다.)

전쟁기간에 미국 언론인은 거의 모든 주류 미국인과 마찬가지로 그것이 지역적인 것이든, 전국적인 것이든, 국제적인 것이든 간에 대의명분에 환호했다. 고립적인 환경 속의 미국인에게 그 대의명분은 대부분 미국의 대의명분이었으며, 그것은 바로 민주주의의 미덕과 동의어였다. 미국인이 외부인에 의해 도전받을 때(또는 도전받는 것으로 느껴질 때), 미국 언론인은 그 대의명분의 대변인으로 복무하곤 했다. 돌이켜 보건대, 그 대의명분은 때로는 (멕시코와 스페인과의 전쟁에서 보는 바와 같이) 국수주의적 명분이었으며, 때로는 남북전쟁이나 제2차 세계대전과 같이 국가생존의 진짜 위협에 대한 반응이기도 했다. 어떤 경우에라도 미국 언론인의 신념체계는 전체 미국인의 신념체계로부터 분리될 수 없는 것이었다. 그러나

22) Parrington, 앞의 책, p. 163.

같은 말을 국가 내부로 부터 나온 도전에 대해서는 할 수가 없다. 미국 언론인이 흔히 스스로를 정치적 권력자의 반대자로, 제 4 부의 구성원으로, 탐사자(조사자)로 생각하는 것은 이러한 맥락에서이다. 이제 우리는 오늘날 탐사언론이라고 부르는 것의 신념체계를 검토해 보고자 한다.

제 8 부

미국언론인의 탐사적 역할
The Investigative Role of the American Journalist

링컨 스티븐스(Lincoln Steffens : 1866~1936) : "기자가 화재사건에 더이상 흥분하지 않고 또 사건 기사에 너무 타성이 붙어 살인을 인간비극이 아닌 단순히 하나의 범죄로만 치부 한다면, 그 기자는 결코 우리 신문(뉴욕 커머셜 애드버타이저)에 사건기사를 쓸 수 없었다. 우리는 유식한 머리에 무딘 펜보다는 신선하게 빛나는 눈을 원했다."

A. J. 리블링(A. J. Liebling : 1904~1963) : "언론의 기능은 사회에 정보를 제공하는 것이지만 그 역할은 돈을 버는 것이다. 따라서, 먼 지역의 사건을 보도하는 데에 돈을 써야 한다는 말을 듣고 독점 발행인이 할 수 있는 반응은 살찐 큰 암소를 가진 자가 이 암소를 경마대회에 내보내야 한다는 말을 듣고 보여 줄 반응과 똑 같다."

| 제 42 장 |

서론 : 한 가지 근본요소

Introduction : An Essential Element

미국 언론인의 신념체계 또는 직업 이데올로기에서 핵심적인 것은 언론인이 미국사회에서 중심적인 위치를 차지하는 파수견이라는 확신인데, 이것은 말하자면 권력자가 그 권력을 가질만큼 충분히 현명하고 존경스러운가를 밝히는 감시의 기능을 시민에게 제공한다는 것이다. 언론인의 신념체계에서 이러한 확신은 비단 언론이 시민의 교육을 돕고 시민에게 정보를 제공하기 위해서 뿐만 아니라 언론인이 권력을 감시하는 시민의 눈과 귀로 복무하기 위해서도 없어서는 안 된다. 바로 이런 이데올로기적 틀 안에서 언론인은 탐사보고자의 기능을 수행한다.

현대에서 언론인의 탐사적 역할에 대한 관심은 워터게이트 시대로 지칭되는 시기에 특히 강화되었다. 그러나 애초부터 미국 언론인들은 자신을 탐사인으로 생각해 왔다. 즉 부정직한 자와 부패한 자에 대한 심판은 항상 남녀노소의 관심을 전국의 뉴스 편집실로 쏠리게 만들었던 것이다. 그러나 언론 때문에 국가의 최고위층인 대통령이 물러났다는 주장은 워터게이트 시대 이전에는 결코 할 수 없었다. 1974년에 리차드 닉슨은 언론이 면밀히 보도한 그의 월권행위 때문에 공격을 받고 미국의 대통령직을 사임하였다. 이후로 수많은 찬양자들의 환호와 또 이 환호에 따르는 부와 명예에 고무되어 점점 더 많은 수의 미국인이 갑자기 생겨난 탐사기자의 매력을 좇아서 저널리즘 스쿨에 쇄도했다.

제 8 부에서 우리는 철학적 개념과 행동양식에서 뿐만 아니라 실천적인 측면에서 탐사적 기능에 대한 이러한 강조가 어떻게 발전해 왔는가를 검토하게 될 것이다. 뉴스매체 비판자들은 흔히 탐사인 또는 파수견 역할이 언론인의 오만함과 엘리트주의를 증명해 주는 것이라고 말한다. 파수견 기능에 대해 이처럼 상이한 견해들의 타당성은 오직 언론인의 직업 이데올로기가 갖는 철학적 뿌리를 통해서만 검토될 수 있다. 파수견 기능에 대한 지지는 일찍이 존 밀턴의 《아레오파지티카》에서 나타난다. 영국의 시인이자 논평가였던 밀턴은 언론인이 진리를 인쇄하여 정통권력에 도전할 것을 요구했는데, 왜냐하면 그렇게 함으로써 정치영역을 통제해 온 오류의 힘을 뒤흔들게 될 것으로 보았기 때문이다. 우리가 이미 살펴본 바와 같이 이러한 철학적 개념은 곧 독자가 알 권리가 있다는 믿음, 즉 존 로크와 장 자끄 루소가 묘사한 사회계약 하에서 개인의 권리를 보전하기 위해서는 정보를 제공받을 권리가 있다는 믿음으로 연결되었다. 이 권리는 사회계약에 의해 보장될 뿐만 아니라 루소의 일반의지 안에 들어 있는 것이다. 오직 언론인의 탐사작업을 통해서만 로크가 천명한 반역권은 보장될 수 있다. 밀(Mill)은 기자가 아무리 권력자를 증오하는 기사를 쓰더라도 권력이 그것을 검열할 수 없다는 언론인의 격언에 철학적 지원을 제공했다. 미국에서 민주공화파는 파수견 원칙에 대한 지지를 맹세했다. 이미 살펴 본 바와 같이, 마크 트웨인은 기자가 부정직한 지배자에 대한 공격을 선도해야 한다고 주장했는데, 이때 그는 이미 언론인이 갈 수 있는 한계까지 나아갔던 것이다. 20세기에 존 듀이는 칼 맑스가 일찍이 말했던 사상, 즉 민주주의 사회에서 탐사언론인은 부패한 권력에 도전하는 막강한 힘으로서 변혁의 도구라는—그리고 도구여야만 한다는—사상에 대해 신선한 철학적 지원을 보내었다.

한마디로 말해서 파수견이라는 신념체제의 철학적 뿌리는 미국언론의 토양에 깊숙이 뿌리내려 있는 것이다.

제 8 부의 각 장은 이 신념체계를 수많은 관점에서 검토한다. 먼저 우리는 황색언론과 추문폭로가의 시대에 활동했던 그 막강한 근대 파수견들의 탐사적 실천에 불을 지핀 사상을 추적할 것이다. 그런 다음 사려깊은 작가들의 언론에 대한 비판을 잠시 살펴본 후, 이 비판에 대하여 사회적 책임이라는 깃발아래 제기된 철학적 반응을 살펴 볼 것이다. 사회적 책임이라는 깃발은 로버트 허친스가 이끄는 위원회 위원들에 의하여 높이 들려졌고, 언론의 4이론이라는 개념을 소개한 탁월한 연구자들에 의해 발전되었다. 마지막으로 우리는 오늘날 미국언론의 세계에서 탐사보도의 중요한 역할이라고 생각되는 것을 추적하게 될 것이다.

이 모든 논의를 통해 미국언론의 파수견 역할 개념에는 하나의 강력한 도덕적 기초가 있음을 알게 될 것이다.

| 제 43 장 |

황색언론인

The Yellow Journalists

"황색언론"(*yellow journalism*)은 언제나 나쁜 신문을 지칭하는 의미가 있다는 사실이 황색언론의 중요성과 심지어 그것이 미국인의 삶에서 차지하는 의미를 감소시키는 경향이 있다. 언론인이나 일반공중 모두가 진리와 객관성을 위해 황색언론을 마치 마치 공포의 악처럼 피해야 할 관행으로 생각하지만, 황색언론의 주요 내용은 그럼에도 불구하고 미국의 미디어 체계에서 보편적으로 받아들여지는 가치를 많이 따르고 있다.

황색언론의 목표와 가치는 황색언론과 가장 관련이 많은 사람으로 알려져 있는 두 발행인 즉 조셉 퓰리처와 윌리암 랜돌프 허스트에 의해 여러 번 이야기 된 바 있다. 즉 사람들에게 봉사하고, 정보를 제공하며, 가르치고 즐겁게 하고 미국인의 삶에서 부정과 부패가 발견될 때 그것을 폭로하는 것, 특히 권력의 바로 그 핵심에서 발견될 때는 언제라도 그것을 폭로하는 것이다.

1878년에 자신의 신문 《세인트루이스 포스트-디스패치》(*St. Louis Post-Dispatch*)에 게재된 그의 첫 사설에서 퓰리처는 자신의 신문이 "특정

정당이 아니라 국민에게 봉사할 것"이며 "진리의 기관"이 될 것이며 "편견과 당파성보다는 원칙과 사상을 옹호할 것"이라고 선언하였다. 그는 한 걸음 나아가 1893년에는 역시 자신의 신문인 《뉴욕 월드》(*Now York World*)에 실린 그의 첫 사설에서 다음과 같이 주장했다.

> 이 거대하고 세련된 도시에는, 값이 저렴한 동시에 밝고, 밝은 동시에 크고, 큰 동시에 진정으로 민주적인 — 부자나 권력가보다는 일반국민에 헌신하고 — 구세계보다는 신세계의 소식에 더욱 관심을 쏟고 — 모든 기만과 치부를 드러나게 하고 모든 공공의 악과 남용에 대항해 싸우고 — 진심으로 성실하게 국민을 위해 싸우고 봉사하는 — 신문이 들어 설 여지가 충분히 있다.[1]

말의 성찬이라는 점에서 퓰리처보다는 덜하지만, 허스트도 비슷한 신념체계를 선언한 바 있다. 국민을 위한다는 대의명분을 지지했고, 약자를 옹호했으며, 독자대중에게 정보와 오락을 제공하기 위해 막대한 돈을 소비했다. 퓰리처와 마찬가지로 허스트도 자신을 교사로 생각했다. 그의 협협한 선정주의를 비난하는 전기 작가들조차도 이 논란많은 발행인이 탐사언론 영역에서 차지하는 중요성은 인정하고 있다. 예를 들면 스완버거는 허스트가 《샌프란시스코 이그재미너》(*San Francisco Examiner*)의 편집인으로서 첫 3년 동안에 열두 개 또는 그 이상의 개혁운동을 벌인 것에 주목하고 있는데, 이 개혁운동 중 일부는 아주 중요한 것이었으며 특히 남태평양철도회사(*Southern Pacific Railroad*)의 무법적인 권력에 대항했던 장기 캠페인이 그러하였다.[2]

---

1) *New York World,* May 11, 1883. George Juergens, *Joseph Pulitzer and the New York World,* Princeton, N. J.: Princeton University Press, 1966, pp. 14~15.

2) W. S. Swanberg, *Citizen Hearst,* New York: Charles Scribners, 1961, pp. 48~50. "편집인이 된지 1년 남짓 되자, 광산재벌의 상속자인 이 홍안의 젊은 난봉꾼은 일약 그와는 조금치도 인연이 없는 목소리없는 대중 즉 '인민'의 대변인으로 인식되게 되었다"(p. 50).

허스트는 불편부당을 가장하지 않았다. 그는 말하기를 자신의 신문은 "미국인들에게 위대한 국가적 운동과 새로운 정신"을 단순히 말해 줄 뿐만 아니라 실제로 그것을 인도하고 있다고 하였다. 1906년에 허스트를 면담한 사람에 의하면 그가 "나는 미국에서 민주주의를 복구할 생각이다"라고 말했다는데, 이 면담자의 주장에 의하면 극히 개인주의적이었던 허스트는 "민주주의"보다는 "나"에 대해 더 많이 생각하고 있었으며, 허스트는 "단순히 자기 자신만의 운동을 가지고 있을 뿐이며, 이것은 민주주의적인 것이 아니라 금권주의적이며 귀족주의적인 것이다."[3]

만년의 허스트는 그가 왜 훗날 "나쁜 뉴스"라고 지칭되는 기사 – 권력자의 위법과 미국사회의 어두운 이면에 관한 기사 – 를 그토록 오랫동안 보도해 왔던가에 대해 설명한 적이 있다. 그것은 미국 언론인의 신념체계에 아주 적절하게 들어 맞는 말이었다.

> 사람들은 아주 근본적인 것과 사랑, 로맨스, 모험, 비극, 신비에 관심을 갖고 있다. 세계는 반드시 달콤하고 밝은 것 – 언제나 빛나는 햇빛만은 아니다. 거기에는 폭풍과 암흑이 있다. 고통과 죽음이 있다. 어느 누가 세계를 그린다 하더라도 밝은 빛뿐 아니라 깊은 그늘도 반드시 그려야 한다.[4]

황색언론과 파수견 신드롬 사이에는 어떤 관계가 있는 듯하다. 퓰리처와 허스트의 전성기 동안에는 훗날 그랬던 것처럼 그렇게 "적대 문화(*adversary culture*)"를 지지하는 언론에 대한 비난의 소리가 결코 제기되

---

3) Lincoln Steffens, "Hearst, Man of Mystery," *American Magazine* 57 (November 1906) : 14. 허스트와 스티븐스의 인터뷰에 대한 멋진 분석으로는 다음을 보라. Justin Kaplan, *Lincoln Steffens : A Biography,* New York: Simon and Schuster, 1974, pp. 156~158.

4) Swanberg, 앞의 책, p. 195에서 재인용. 원래 이 인용문은 1933년에 허스트가 W. J. Chalmers부인에게 보낸 편지에서 나온 것인데, 편지의 정확한 날짜는 알려지지 않고 있으며 현재 시카고 역사협회의 문서고에 보관되어 있다.

지 않았다. 그러나 정치 지도자나 사업가들이 그런 종류의 사상에 눈을 돌렸거나 또는 황색언론이 미국정신의 주류에서 조금만 벗어나 있었더래도, 그들은 그렇게 했을 것이다. 대신에 그들은 황색언론의 지나친 선정주의를 한탄하는 지식인들의 목소리에 동조했을 뿐이었다. 허스트 자신은 선정주의라는 말을 거부했다. 대신에 그는 자신의 신문을 "충격적"이라고 묘사했다.[5] 실제로 황색신문은 결코 적대적이지는 않았다 ― 황색신문이란 말은 퓰리처의 만화 주인공인 황색꼬마(*the Yellow Kid*)의 인기로부터 나온 것인데 황색꼬마는 컬러윤전기 시대의 여명기였던 당시에 노란 옷을 입은 아이로 그려졌던 만화 주인공이었다. 퓰리처와 허스트가 보여 준 것처럼 황색신문은 애국, 충성, 정직, 검약, 감상과 같은 미국의 전통적인 가치를 대변하고 있었다. 허스트의 《뉴욕저널》 편집인이었던 아서 맥이웬에 의하면 그가 자기신문의 필자에게서 바란 것은 바로 "원 세상에!"(*gee-wiz*)라는 정서였다. 다음과 같은 그의 말은 이제 황색신문의 고전적인 정의가 되고 있다. "우리는 독자가 신문을 펼칠 때 '원 세상에!'라는 말이 나오도록 그렇게 신문을 만든다."[6] 맥이웬에 의하면 각 기사의 첫 문단은 로맨스, 동정심, 증오, 돈벌이 등을 표현해야 한다. 여기서 강조되는 것은 맥이웬이 말한 인간의 기본 열정, 즉 "여자에게는 사랑, 남자에게는 힘"이었다.

우리가 이미 살펴 본 바와 같이 이 당시와 20세기 초의 미국은 혁신주의운동의 가치관이 등장했던 시기로 특징지워진다. 사회학자 허버트 갠스는 이것이 그때나 지금이나 언론인들이 간직했던 가치관이라고 말한다.[7] 그는 그것을 혁신주의 운동의 "이타적 민주주의" 가치관과 동일한 것으로 "지금까지 지속되고 있는 가치관"이라고 부른다. 갠스에 의하면

---

5) Steffens, 앞의 글, p. 11.

6) Swanberg, 앞의 책, p. 68.

7) Herbert J. Gans, *Deciding What's News : A Study of CBS Evening News, NBC Nightly News, Newsweek and Time,* New York: Vintage, 1980, pp. 39~69.

언론인들은 다소 신비한 방식으로 다음과 같은 믿음을 대다수 미국인과 공유하고 있다.

> 정직하고 능력 제일주의이며 반관료적인 정부를 보편적으로 옹호한다는 믿음과, 그리고 특히 인민주의적 성향을 가진 정치파벌과 선동정치에 대해 반감을 공유하고 있다는 믿음.[8)]

비록 황색신문이 구독률과 발행부수에서 기록을 세우고 선정주의적 색채가 농후하여 윌 어윈(Will Irwin)과 같은 온건한 비판자들의 분노를 사게 되었지만, 이것이 바로 사실은 황색언론이 표명했던 이데올로기였다.

그릴리와는 다르게 허스트와 퓰리처 그리고 여타 황색 언론인들은 뉴스에 새로운 정의를 제공했다. 그들은 독자대중에게 그들이 원하는 것 — 지성보다는 감성에 호소하는 "원 세상에!"식의 선정적이고 개방적인 호소뿐만 아니라, 높은 지위와 힘있는 권세에 도전하는 호소를 솜씨있게 혼합하여 제공했다. 황색 언론인들은 그들이 힘있는 자들의 추악한 권력으로부터 "목소리없는 대중"을 보호함으로써 그들에게 봉사한다고 주장했다. 구독률과 발행부수는 치솟았다. 황색신문 최초의 전성기였던 1880년과 1890년 사이에 발행부수는 135%나 증가했다. 1880년과 1920년 사이에 미국에서 발행되는 신문의 총 부수는 3,566,395부에서 33,741,742부로 증가했다.[9)]

황색 언론인들의 분노를 감지했던 일부 정치 지도자들은 언론이 주장하는 리더십 역할에 코웃음쳤다. 세 차례나 민주당 대통령 후보였던 윌리엄 제닝스 브라이언은 언론이 전혀 용기가 없다고 보았다. 그는 이렇게

---

8) Herbert J. Gans, "The Messages Behind the News," in Michael C. Emery and Ted Curtis Smythe, eds., *Readings in Mass Communication : Concepts and Issues in the Mass Media,* Dubuque, Iowa: William C. Brown, 1988, 6 : 167～168.

9) Robert E. Park, "The Yellow Press," *Sociology and Social Research,* 12 (September–October 1927) : 11.

말했다. "신문은 사람들이 가는 길을 보고 모퉁이에서 얼쩡거리다가 사람들 앞에 끼어 든다."[10)]

19세기도 저물어가는 그 당시에 표면화되고 있던 것은 언론의 탐사인 개념, 즉 퓰리처와 허스트가 말하는 보통사람을 대신해서 권력자들을 감시하는 성벽의 보초로서 언론을 바라보는 개념이었다. 이 보초들이 내세운 목표는 보통사람, 즉 약자들을 지도하고 그들의 정치적·경제적 이익을 보호하는 것이었다. 그들은 스스로가 권력의 적이며 자유주의적 대의의 지지자 — 한마디로 파수견 — 라고 선언했다. 그들은 자신들을 사랑하고 미워하고 연민을 느끼고 보호하는 따뜻한 마음과 양심을 가진 "생물"이라고 하면서, 보통사람을 교육시키고 그들에게 정보를 제공하는 것이 자신들의 임무이며 그들은 항상 이 임무에 의해 움직인다고 하였다.[11)]

황색 언론인들은 마크 트웨인과 고드킨과 함께 도금시대의 적이었다. 그럼에도 불구하고 트웨인이나 고드킨 어느 누구도 황색신문의 친구는 아니었다. 1890년대에 스페인과의 전쟁에서 허스트와 퓰리처가 "사실을 지독하게 왜곡"시켰다고 고드킨이 그들을 얼마나 심하게 비난했는가를 상기해야 할 것이다.[12)]

비록 퓰리처와 허스트가 논설면보다는 뉴스칼럼에 더 많은 관심을 가지고 있었지만, 그럼에도 불구하고 그들은 철학적으로 그릴리나 베넷트와 같은 대중신문(페니 프레스) 편집인들의 전통 속에 있었으며, 영국과 프랑스 자유주의자들의 철저한 지지자였다. 이들 자유주의자들이란 바로 로크와 같이 반역의 권리를 지지했거나 루소처럼 일반의지를 꿈꾸었던 사람들이며, 언론의 임무가 탐사적 활동의 전위로 복무하는데 있다고 생각한 사람들이었다.

---

10) W. J. Bryan and M. B. Bryan, *The Memoirs of William Jennings Bryan,* Philadelphia: John Winston, 1925, p. 299.

11) Lydia K. Commander, "The Significance of Yellow Journalism," *Arena,* 34 (August 1905) : 151.

12) 제 41 장 참조.

개혁운동가로 나섰던 것은 이들 황색 언론인 만이 아니었다. 그 중에는 보다 온건한 찰스 다나와 같은 사람도 있었는데, 다나는 그릴리를 떠난 후 오랫동안 《뉴욕 선》의 편집인으로 있으면서 개혁 언론인들의 슬로건인 "악당들을 몰아내자"[13]는 구호를 만들었던 사람이다. 그 전에 《뉴욕 타임즈》가 보스 트위드(Boss Tweed) 뉴욕시 정부의 독직을 보도했던 것과 마찬가지로, 다나의 《뉴욕 선》은 그랜트 행정부의 부패를 폭로했다.[14] 시대는 바야흐로 황색신문과 그 후예인 머크레이커(추문폭로가 또는 폭로언론인)의 탐사열풍 시대로 무르익어 갔다.

그러나 이 무슨 언론의 남용이란 말인가! 선정적인 황색신문의 남용을 가장 생생하게 묘사했던 사람은 윌 어윈일 것이다. 어윈은 황색신문 시대의 인물로서, 황색신문의 남용을 퓰리처가 죽은 1911년에 《콜리어즈》(*Collier's*)라는 잡지에서 15부로 구성된 글을 통해 철저히 보도하고 있다. 어윈은 이렇게 쓰고 있다.

> 네덜란드의 튤립 열풍이나 또는 미시시피 버블(Mississippi Bubble)만큼 놀라운 것으로 생각해야 할 사회역사적 에피소드인 황색광풍이 절정에 이르렀다. 이제 《월드》(역주 : 뉴욕 월드)와 《저널》(역주 : 뉴욕 저널)은 제 정신을 잃고 거친 특대 표제와 함께 "기사"에서 선정주의를 최후의 한방울까지 쥐어짜고 그것을 전면에 내던지고 있다. 이제 그들은 힌트에서 사실을 만들어 내고 루머에서 역사를 만들어 내며, 그들을 믿는 독자들에게 흥분과 선정주

---

13) Willard, G. Bleyer, *Main Currents in the History of American Journalism,* Boston : Houghton Mifflin, 1927, p. 303. 다나(Dana)에 대한 전기물은 다음책 참조. Frank M. O'Brien, *The story of the Sun*, rev. ed., New York : Appleton-Century-Crofts, 1928; Candace Stone, *Dana and the Sun,* New York : Dodd, Mead, 1938. 다나에 대한 바판적 견해는 Vernon L. Parrington, *Main Currents in American Thought,* vol. 3, New York : Harcourt, Brace, 1958, pp. 43~47 참조.

14) Tweed정부 폭로사건에서 뉴욕 타임즈가 행한 역할을 간략히 정리한 것으로는 다음이 있다. J. Herbert Altschull, *Agents of Power : The Role of the News Media in Human Affairs,* New York : Longman, 1984, pp. 76~77.

의로 가득찬 세계의 그림을 만들어 내고 있다. 이제 그들은 보드빌(*vaudeville*) 극장처럼 밤낮으로 간판을 바꾸면서, 군중을 끌어들일 새롭고 기발한 방법을 찾기에 혈안이 되었다. 이제 그들은 범죄자를 팡파르 나팔로 궁지에 몰아 넣음으로써 도둑을 추적하기 위해 군중의 약점을 이용하고 있다. 이제 범인이 잡혀 기소되고 판결이 나면 그를 집행유예시키라고 아우성치고 미친 듯이 그를 영웅시함으로써, 법의 제물에게는 오래된 군중의 동정심을 이용하고 법 집행자에게는 군중의 증오심을 이용한다. 이제 그들은 가장 어리석고 쓰잘데없는 토론을 몇몇 저명인사의 근엄한 의견을 담은 심포지움으로 치장하고 있다. 이제 그들은 더욱 뻔뻔스럽게도 포터주교(*Bishop Potter*)나 초운시 드퓨(*Chauncey Depew*)의 인터뷰 기사를 "포터주교 씀" 또는 "초운시 드퓨 씀"이라고 함으로써 마치 이 저명인사들이 실제로 기고한 것처럼 꾸미고 있다. 이제 그들은 모든 인간에게서 속물성을 발견하고 기자와 미술가와 사진사들을 "사회"에 풀어 놓았다. '뉴욕의 4백인'은 신문이 지어낸 허구에 불과한데 바로 이 군단의 표적이었다. 그들이 하는 일은 남김없이, 특히 어리석은 부분을 강조하여, 일요일까지 날마다 히스테리컬한 넋두리로 지면을 빼곡이 채우고 있다. 《월드》와 《저널》을 통해 걸러진 인간의 삶이란 한 편의 멜로드라마, 창공을 지르는 비명의 노래가 되고 말았다.[15]

퓰리처의 신문 《월드》의 정책과 행태상에 큰 변화가 일어난 것은 20세기로 들어 오면서인데, 이 변화란 다름이 아니라 퓰리처가 장님이 되고 유명한 언론인 프랭크 콥을 편집국장으로 선정한 것을 두고 하는 말이다. 퓰리처가 죽을 무렵 《월드》는 황색주의 및 노골적인 선정주의와 결별했다. 《월드》는 당시의 미국에서 가장 뛰어난 언론인들을 고용하였고 1931년에 폐간되기까지 "신문인의 신문"으로 유명해졌다. 젊은 월터 리프만이 바로 논설면의 부장이 되었고, 이 신문의 간부 중에는 그외에도 극작

---

15) 1911년 10월 Collier's에 발표된 Will Irwin의 연재물중 제3부. 다음 책에서 재인용. Will Irwin, *The American Newspaper,* ed. Clifford F. Weigle and David Clark, Ames, Iowa: University of Iowa Press, 1969, p. 17, col. 2.

가 맥스웰 앤더슨, 유머가 프랭크 설리반, 칼럼니스트 헤이우드 브로운과 같은 저명한 작가들이 포함되어 있었다.[16] 퓰리처는 끝까지 주장하기를 그의 신문이 "도덕적인 기구이며 공공이익을 위한 반향판"이었다고 했다. 탐사언론의 실천에 대한 그의 옹호는 감동적인데, 의문을 갖고 탐색하는 언론의 강력한 힘을 이렇게 주장했다.

> "언론인의 저열한 도덕성"에 대한 불평은 흔히 보는 바이지만 그것은 몹시 정당하지 못한 것이다. 신문은 하루의 사건을 말해주는 것이다. 부정이나 범죄에 대한 기록을 만들어 내는 것이 아니라 그런 것들이 발생하는대로 말해 줄 뿐이다. 만약에 신문이 이것을 하지 못하면 불충실한 기록자가 되고 말 것이다… 일간신문은 거울과 같다 — 그 앞에 있는 것을 반영할 뿐이다… 신문으로 인해 놀란 사람은 거울 앞에 있는 사람들을 탓해야지, 사람들의 모습과 행동을 반영할 뿐인 거울을 탓해서는 안 된다.[17]

황색언론 시대의 모든 미국언론이 선정주의적이며 여기에 그려진 삶이 멜로드라마 같다고 한다면 그것은 잘못일 것이다. 다나의 《선》, 아돌프 옥스의 《타임즈》, 스티븐스의 《커머셜 애드버타이저》와 같은 신문과 다른 많은 신문이 "원 세상에!" 신드롬에는 등을 돌리고 있었다. 이들 신문이 비록 이익을 무시했던 것은 아니지만 월트 휘트맨이 찬양한 문학적, 도덕적 가치 — 우리 주변세계의 진정한 모습을 독자들에게 조용히 계몽시키는 것 — 를 추구하고 있었던 것이다. 이익은 여전히 추구하면서 황색신문의 선정주의를 포기하려고 할 때 이들이 따랐던 모델은 벤자민 프랭클린의 모델인데, 프랭클린은 최저수준에 허리굽힘으로써 더 벌어 들일 수 있는 이익은 진리를 찾기 위해 거부하겠노라고 1731년에 말한 바 있다.[18]

---

16) Ronald Steel, *Walter Lippmann and the American Century,* New York: Random House Vintage, 1980, passim. 리프만은 《월드》지에서 9년(1922—1931)을 보냈고 그동안 약 1,200편의 논설을 썼다.

17) Juergens, 앞의 책, pp. 70~71에서 재인용.

18) 제16장, 각주 10~14 참조.

나중에 탐사적인 폭로언론가를 다루게 될 때 알게 되겠지만, 스티븐스는 휘트맨의 직접 후예로서 자신의 젊은 기자들에게 "딱딱한 도시의 하잘 것 없는 거리에서 아름다움을 찾아내 표현"할 것을 촉구했다.[19] 하지만 스티븐스는 탐사적 보도가 가져올 수 있는 발행부수의 증가와 수익의 증대를 예측하지 못할 만큼 그렇게 헌신적인 사회주의자는 아니었다.[20] 어쨌든 그는 퓰리처와 허스트의 냉소주의라고 생각되는 것을 비난하고, "뉴저널리즘"이란 말이 미국에서 보편화되기 반세기 전에 이미 그것을 생각하고 있었다. 낙관주의라는 미국의 전통적 정신하에 그 시대를 논하면서 스티븐스는 언론의 냉소주의가 단순히 겉치레에 불과함을 발견하고, 언론관행으로 지치고 염세적으로 된 모든 고참 기자들에게서 등을 돌렸다. 그에 의하면 그의 신문은 불에 대한 생각이 단순히 빨강색 뿐이거나 살인을 인간비극이 아니라 단순히 범죄로만 생각하는 기자는 원하지 않는다는 것이다. "우리는 유식한 머리에 무딘 펜보다는 신선하게 빛나는 눈을 원했다."[21] 하지만 스티븐스는 그러한 낙관주의 정신을 평생동안 간직하지는 못했다.

스티븐스와 마찬가지로 다나도 딱딱하고 과장된 글을 싫어했다. 그는 언론을 "문학의 작은 여동생"[22]이라고 표현하면서 기사에서 명료성, 간결성, 구체성을 요구했다. 이것은 만년의 퓰리처가 선정주의와 진부성을 버린 뒤 답습한 방식이기도 했다.

한가지 염두에 두어야 할 중요한 사항은 황색신문의 발행부수 증가와

---

19) Lincoln Steffens, *The Autobiography of Lincoln Steffens,* New York: Harcourt, Brace, 1931, p. 587.

20) 위의 책, p. 316.

21) 위의 책, pp. 314~315.

22) Bleyer, 앞의 책, pp. 297~298. 언론인은 무엇이어야 하는가에 대한 다나의 견해는 다음을 참조. Charles A. Dana, *The Art of Newspaper Making,* New York: Appleton, 1895, pp. 29~65. 그는 신문을 "위대한 문명의 견인차"로 보았고 신문의 독특한 문어체를 무척 강조했다.

미국언론의 탐사활동 확대를 가능하게 만든 것이 황색신문의 선정주의와 탐사보도 때문만은 아니라는 점이다. 이러한 언론관행은 19세기 말과 20세기 초에 미국의 급속한 도시화 및 과학기술의 엄청난 발전과 결합되었던 것이다.

어쨌든 황색언론의 시대는 미국의 언론인이 논설가나 평론가에서 기자나 뉴스전달자로 바뀌는 과정을 마감한 시대인데, 그 과정은 이미 페니 프레스 시대에 값싼 신문의 출현과 함께 시작되었다. 어윈은 황색신문 시대에 "논설신문"의 끝남을 애석해했던 사람 가운데 한 사람으로서, 이제 진리는 뉴스에 양보하고 신문의 논설 또는 의견기능은 특히 극적인 것을 강조하는 "하드 뉴스"(*hard news*)에 밀려났다고 했다.[23] 하지만 언론인의 이 직업 이데올로기는 여전히 남아 있고 신문은 여전히 자신을 국민의 옹호자로 생각하고 있다. 다시 말해서 언론인들은 스스로를 파수견이나 탐사자 또는 — 테오도어 루즈벨트가 부른 것처럼 — 폭로가(머크레이커)로 생각하고 있다.

23) Irwin, 앞의 책, p. 15.

| 제 44 장 |

파수견으로서의 폭로언론

The Muckrakers as Watchdogs

미국언론의 신화에서 그리고 대체로 미국인들 사이에서 추문폭로가(*muckraker*)는 언론의 탐사정신을 상징하는 심볼이다. 일부 사람들에게는 폭로가란 말이 추한 단어로서 황색신문의 모든 남용을 상징하는 의미로 사용된다. 또 일부 사람들에게는 이 단어가 민주언론의 가치 내지는 진정한 국민의 옹호자로서 언론인의 덕목을 대변하는 말로 사용된다. 미국 언론인의 이데올로기에서 핵심적인 수많은 요소가 바로 이 폭로정신에 반영되어 있다. 겉으로는 상충되는 것 같지만 미국이란 특수환경에서 공통성을 찾을 수 있는 갖가지 철학적 긴장을 엿볼 수 있는 것도 사실상 바로 이 점에서이다. 여기서 우리는 로크와 루소, 볼테르와 맑스, 밀과 헤겔과 같은 상이한 철학자들의 사상이 혼재되어 있음을 본다!

비록 인민주의와 혁신주의 세력이 이미 등장하여 그 복음의 의사생물학적(*pseudo-biological*) 전제에 도전하였지만, 사회적 진화론의 전성기에 미국은 앤드류 카네기의 '부의 복음'을 기꺼이 받아들인 것으로 보였다.[1] 카네기는 경제력을 소수의 손에 집중시키는 것이 "미국인의 장래 발전을 위해 유익할 뿐만 아니라 또 반드시 필요한" 것으로 보았다. 많은 정치지도자들과 신문편집인들이 카네기의 가설을 지지한 것이 사실이었다.[2] 사회적 진화론의 영향을 받아 철도회사, 석유회사, 철강회사, 은행 및 지주회사들이 믿을 수 없을 정도로 개인권력과 기업권력의 도구로 성장해 갔다. 정치인은 종종 산업자본가의 경제적 끈에 매달린 단순한 꼭두각시로 여겨졌다. 바로 이들—철도사업가, 석유사업가, 그리고 그들의 동료 사업가들—이 폭로언론의 주요 목표물로서 트웨인이 말한 도금시대의 해악에 대한 해독제로 부상하였다. 물론 폭로언론인 말고도 개혁가들이 있었지만 그들 중 많은 사람이 대학 캠퍼스에 머물렀으며, 사회변혁의 추동력은 우리가 이미 앞에서 살펴 본 새로운 정치운동과 함께 왔다.

19세기 말과 20세기 초에 미국경제는 급속히 팽창하였고 엄청난 도시화로 더욱 가속되었다.[3] 농촌에서 도시로의 변화는 놀라울 정도였다. 1870년에 인구 8천 이상의 도시에 거주한 사람은 단지 20%정도에 불과했다. 그것이 한 세대 후인 1903년 경에는 33%로 늘었다. 과거의 농촌사회는 사양길로 접어 들었다. 온갖 것이 넘쳐나는 대도시가 미국의 풍경을 지배하게 되었고, 또 이와 함께 엄청난 이민의 물결이 도래했다. 시카고와 뉴욕은 전체 인구증가의 50% 이상이 이민으로서 용광로의 신화를 창출하고 동시에 정치구조도 변화시켰다. 도시의 노동조건은 열악하기 짝이 없었다. 통상적으로 1일 노동시간은 10시간이었으며 대부분의 노동자가 주 6일 근무였다. 산업재해율 또한 엄청났으며 아동에 대한 무자비한 노동착취도 빈번했다. 도시의 이민거주지는 불량주택으로 넘쳐났고 이 흉한 슬럼가에는 질병이 창궐했다. 그러나 이와는 대조적으로 사회의 다른 한편

1) 카네기의 부의 복음(Gospel of Wealth)에 대한 논의는 제32장 참조.

2) Bernard M. Weisenberger, *Reaching for Empire : The Life History of the United States,* vol. 8, New York: Time, Inc., 1964, p. 10.

3) 조금 오래된 것이긴 하지만, 19세기 후반에 있었던 미국의 급격한 변화를 철저히 분석한 연구로는 다음 책 참조. Arthur M. Schlesinger, *Political and Social Growth of the American People,* New York: Macmillan, 1941.

에는 벼락부자가 있었으며 이들은 폭로언론인의 공격을 받게 되었다. 이 색다른 파수견들의 임무는 커뮤니케이션 혁명에 의해 훨씬 수월케 되었다. 철도가 미국대륙 전체로 퍼져 나갔고, 전보와 전화가 사상 처음으로 원거리 통신을 가능하게 하였다. 미국의 이쪽 끝에서 저쪽 끝까지의 커뮤니케이션이 전국적인 규모로 발간된 잡지라는 매체를 통하여 어느 날 갑자기 가능하게 되었다. 이 잡지들은 바로 황색신문의 후예였다. 실제로 허스트는 폭로전문 잡지 《코스모폴리탄》을 통해 그의 영역과 영향력을 확대했다. 퓰리처나 허스트 그리고 다른 일간지 발행인들이 바로 황색언론의 선도자격인 일요판을 새로 만들어서 전국적인 발판을 모색했다.

잡지에 있어서 1893년은 벤자민 데이가 대중신문 페니프레스를 소개해서 신문을 대중상품으로 만들었던 1833년에 비견될 정도로 중요한 해이다. 미국경제를 강타했던 불황은 잡지발행인들로 하여금 잡지구독료를 대폭 인하시켜 역사상 처음으로 대규모의 잡지독자를 끌어 들일 수 있게 만들었다. 잡지구독료 인하가 가능하게 된 것은 새로운 과학기술과 광고산업의 성장 덕택이었다. 새로운 기술의 발명은 잡지발행 비용을 대폭 절감시켰고, 광고산업은 독자들을 새롭게 급성장하는 소비자 상품으로 끌어들일 수 있었다. 전국 규모의 잡지 가운데 선도 역할을 한 것은 《맥클루어즈》(*McClure's*)인데 이 잡지는 1893년에 창간호를 낸지 2년 반 후에 다음과 같이 공언했다. "우리는 매달 세계 역사상 그 어떤 잡지보다도 더 많은 유가광고 지면을 발행하고 있다."[4]

폭로언론이 나타나기까지 전국 규모의 잡지는 조용한 편이었으며 주로

---

4) Harold Wilson, *McClure's Magazine and the Muckrakers,* Princeton, N. J.: Princeton University Press, 1979. 또한 Robert Stinson, "S. S. McClure and His Magazine: A Study in Editing of McClure's 1893~1913," dissertation, Indiana University, Bloomington, 1972 참조. 이러한 성공의 비판에 대한 맥클루어의 언급은 다음 책 참조. Theodore S. Greene, *American Heroes: The Changing Models of Success in American Magazines,* New York: Oxford University Press, 1970, p. 91.

문예기사나 도덕적이고 정치적인 주제를 다룬 칼럼에 치중하고 있었다. 고드킨의 《네이션》지는 초기의 전통적인 잡지언론을 대표하는 유명한 잡지였다.

새로 나타난 편집인들은 문학인이 아니었다. 야심만만한 청년 편집인 샘 맥클루어는 폭로잡지로 가장 유명한 그의 잡지를 1893년 6월에 창간했으며 1부당 가격을 25센트에서 15센트로 대폭 인하시켰다. 평소의 성향대로 허스트는 여기에 즉각 편승하여 자신의 《코스모폴리탄》지 가격을 12.5센트까지 인하했고, 또 다른 폭로잡지였던 《문지》(*Munsey's*)는 10센트까지 인하했다. 드디어 중하층 사람들이 잡지 소비시장에 진입할 수 있게 되었던 것이다.

이들 폭로잡지가 내건 슬로건은 지극히 탐사보도적인 것이었으며 기업권력과 정치악에 대한 무차별적인 공격이었다. 폭로잡지에 우호적인 비평가들 중에는 폭로가들의 구미에 맞게 전설같은 말을 만들어 내기도 했다. 예를 들면 버논 패링턴은 이들 잡지의 폭로를 "아버지를 다그치는 서출내기처럼 기업의 목을 죄는 미국정치의 부패를 파헤친 극적인 발견"이라고 묘사했다.[5] 결과적으로 폭로잡지들의 총 발행부수는 한 달에 3백만부에 이르렀고, 이것은 7가정에 1부씩 돌아가는 셈이었다.[6]

폭로가들의 폭로는 인정사정 없었다. 1904년에 《에브리바디즈》(*Everybody's*)라는 잡지에 실린 토마스 로오슨의 유명한 기사 "광란의 금융"의 첫 문단을 한번 보자.

> 〈아말가메이티드 코퍼〉사는 1898년에 만들어져 1899년에 태어났는데 설립 후 첫 5년 동안에 1백만 달러 이상을 일반 대중으로부터 수탈했다. 이 회사

---

5) Vernon L. Parrington, *Main Currents in American Thought,* vol. 3, New York: Harcourt, Brace and World, 1958, p. 406.

6) Louis G. Geiger, "Muckrakers—Then and Now," *Journalism Quarterly,* 43(Autum 1966) : 469.

> 는 바로 저 기업사기 양성소 뉴저지주의 산물로서, 표면상으로는 문명의 필수품이자 기초산물인 구리를 채광하고 제조하고 매매하기 위해 조직된 것이었다. 처음 시작할 때부터 이 회사는 "스탠다드 오일"사의 작품으로 알려져 있었다. 왜냐하면 이 회사의 출생지는 뉴욕의 내셔날 뱅크("스탠다드 오일"사 은행)이며, 그 부모는 바로 "스탠다드 오일"사의 주요인물인 헨리 로저스, 윌리엄 록펠러, 제임스 스틸맨이기 때문이다.[7]

보스톤의 주식투기꾼인 로오슨이 폭로가의 세계에서 명예로운 위치에 있는 것은 아니다. 그의 "광란의 금융" 시리즈는 《에브리바디즈》사의 발행부수를 엄청나게 늘려 놓았지만, 로오슨이 이 기사를 쓰게 된 동기는 공공의 이익보다는 그 자신의 이익을 위한 것으로 드러났다. 미국인의 신념체계로 보아서 그런 식의 동기가 칭찬받을 수는 없었다. 1907년에 《에브리바디즈》의 편집인 리지웨이에게 보낸 편지에서 로오슨은 자기가 국민에게 빚진 것은 아무 것도 없노라고 말했다. "내가 저 연골척추 새우들에게 무엇을 빚졌단 말입니까? 저 노란색 피를 가진 원숭이들이 나를 위해 무엇을 했단 말입니까?" 이렇게 반문하면서 그는 다음의 말을 덧붙였다. "친애하는 리지웨이씨, 저를 용서해 주십시요. 그러나 사람들은, 특히 미국인은 멍청이입니다."[8]

폭로전성시대에 씌어진 기사 가운데 아마도 가장 영향력이 컸던 기사는 한때 《커머셜 어필》(*Commercial Appeal*)지의 호쾌한 편집인이었던 링컨 스티븐스가 쓴 "도시의 수치"라는 대담한 제목의 연재물이었다. 정치이론가 막스 러너는 스티븐스가 "보다 풍부하고 건강한 미국문화 창조에 공헌한 그의 유용성" 때문에 "모든 학교와 대학에서 찬양받아야 할" 국민적 영웅이라고 생각했다.[9] 도시에 관한 스티븐스의 첫 연재물은 1903년

7) 로오슨의 기사는 확대되어 나중에 훌륭한 책으로 발간되었다. Thomas W. Lawson, *Frenzied Finance,* New York: Ridgway-Thayer, 1905.

8) C. C. Regier, *The Era of the Muckrakers,* Chapel Hill: University of North Carolina Press, p. 130에서 재인용.

《맥클루어즈》지 1월호에 게재되었는데, 이 기사와 함께 석탄광산업자들의 비인간성을 공격한 레이 스태나드 베이커(Ray Stannard Baker)의 기사와 존 록펠러와 스탠다드 오일사를 공격한 아이다 타아벨(Ida Tarbell)의 기사가 함께 실렸다. 흔히 폭로시대 탐사언론인의 사고방식을 특징짓는 말로 사용되는 "정당한 분노"라는 말은 바로 타아벨이 지어낸 말이다.[10]

맥클루어는 자신이 쓴 사설을 통해 이 탁월한 연재기사에 주목할 것을 요구하면서, 그의 잡지는 법과 정의를 옹호하고 그리고 무엇보다도 "자본가, 노동자, 정치인, 시민 등—법을 위반하거나 법이 훼손되도록 하는 모든 자"에 대항하여 국민의 자유를 옹호하는 "우리 모두"의 대표라고 자랑스럽게 선언했다.[11] 그는 물론 로우손과 같은 이윤추구자는 아니었다. 그것은 가장 좋은 시절의 폭로가, 즉 탐사언론인이었다. 이 시대의 신화는 바로 이러한 것이었다. 그 신화는 미국 언론인의 직업 이데올로기에서 핵심적인 것이다.

추문폭로가(*muckraker*)란 용어는 테오도어 루즈벨트 대통령 덕택에 일반언어가 되었는데, 루즈벨트 대통령은 폭로시대 초기에는 탐사언론인의 열렬한 팬이었으나 나중에는 그들이 들추어낼 수 있는 나쁜 뉴스—즉 쓰레기같이 더러운 일(*muck*)—에만 집중하고 좋은 뉴스—말하자면 루즈벨트와 같은 사람들의 업적—에는 관심을 보이지 않음을 몹시 비판하게 되었다. 이런 점에서 루즈벨트는 훗날 언론비평가들이 미국적 생활의 본류

---

9) Arthur Weinberg and Lila Weinberg, eds., *The Muckrakers : The Journalists Who Opened the Public's Eyes to Corruption Everywhere, and Shocked America into an Era of Reform,* New York: Capricorn Books, 1964, p. 121에서 재인용. 와인버그 부부의 이 책은 명료한 본문과 함께 추문폭로가들의 기사를 수집해 놓은 뛰어난 책이다.

10) 폭로운동의 핵심에 대한 간략한 정리는 다음을 참조. J. Herbert Altschull, *Agents of Power : The Role of the News Media in Human Affairs,* New York: Longman, 1984, pp. 77~82. 이 책 314~315쪽과 Weinberg and Weinberg, 앞의 책, 441~449쪽의 참고문헌을 보라.

11) Weinberg and Weinberg, 앞의 책, pp. 4~5에서 재인용.

를 벗어나서 활동하는 기자를 비난할 때 익숙하게 사용하는 근거를 마련해 준 셈이었다. 루즈벨트는 존 번얀의 17세기 소설 《천로역정》에서 "아래로 밖에는 볼 수 없는" "추문폭로인"의 이미지를 상기하였다. 루즈벨트는 "추문폭로 재주 외에는 아무것도 생각하지 않고 말하지도 않고 쓰지도 못하는" 언론인은 "사회에 도움이 되고 선에 유익한 존재가 아니라 악의 잠재적 원천 가운데 하나로 급속히 변해 간다"고 말했다.[12] 그러나 추문폭로가 베이커의 주장에 의하면, 그와 그의 동료들이 탐사를 하는 것은 "우리의 세계를 미워해서가 아니라 사랑하기 때문"이라는 것이다.[13] 기억나겠지만 퓰리처도 같은 주장을 하였다.

가장 흥미롭고 또 가장 영향력이 컸던 폭로가는 캘리포니아의 사회주의자 업톤 싱클레어였다. 싱클레어의 《정글》은 그가 1906년에 개인적으로 발간했던 책으로서 정육업계의 비리에 대한 신랄한 고발은 루즈벨트 대통령으로 하여금 조사를 실시하게 하였고 1년 뒤에는 '순수식품 및 약품법'을 제정하게 만들었다.[14] 루즈벨트의 개혁성과와 세계대전의 긴박함으로 인해 추문폭로가들의 격렬한 언어가 약화되고 혁신주의 운동의 열기가 무산되는 듯 하자 싱클레어는 스스로 침묵하기를 거부했다. 마침내 그는 그 자신과 추문폭로 동료들을 키워 준 산업, 즉 언론 그 자체에 탐사의 붓을 들이 대었다.

이렇게 해서 《브라스 체크》(*The Brass Check*)가 제 1 차 세계대전이 끝난 지 1년 후인 1919년에 나왔는데, 이 당시는 2년 전의 러시아혁명으로 풀려난 혁명사상이 세계를 휩쓸고 심지어 미국에서조차 사회주의자의 시위가 빈번하던 시기였다. 싱클레어는 언론 자체가 탐사보도를 외면하고

---

12) Altschull, 앞의 책, p. 81에서 재인용.

13) Ray Stannard Baker, *American Chronicle: The Autobiography of Ray Stannard Baker,* New York: Scribners, 1945, pp. 122~123. 또한 Altschull, 앞의 책, pp. 81, 314~315를 참조.

14) Weinberg and Weinberg, 앞의 책, pp. 205~206.

모든 개혁주의적 운동에 등을 돌림으로써 추문폭로는 죽고 말았다고 말했다. 그는 말하기를 "자본주의 체제는 자본주의 체제에 의해 살고 그 체제를 위해 싸우며, 본질적으로 그밖에는 달리 어떻게 할 수 없다"고 했다.[15]

싱클레어는 바로 탐사언론인의 화신이었다. 그에게 신성불가침인 것은 아무것도 없었다. 어떤 세력이 그를 가로 막더라도 사회정의를 위해 싸우는 것, 그것이 자신의 임무라고 수도 없이 말했다. 1958년 80회 생일을 맞아 그는 "나는 추문폭로에 매진했던 유일한 폭로가"라고 자랑스럽게 선언했다.[16] 비록 싱클레어 자신이 바랐던 것처럼 그렇게 사회주의 내지는 좌파적 성격을 갖진 못했지만 1933년에 미국신문조합이 결성됨으로써, 그는 언론노동조합이라는 자신의 꿈이 생전에 이루어진 것을 보게 되었다.

싱클레어는 《브라스 체크》—한 매춘부가 단골고객에게 부쳐 준 이름—에서 언론인들에게 말하기를 자신은 부정한 언론에 항의한다고 했다. "당신의 힘을 약화시키고… 당신의 영혼을 집어 삼키고… 산더미같은 거짓말로 당신의 사고를 질식시키는 부정한 언론. 당신은 쓰러지고 대기업의 전차가 당신을 깔아 뭉갭니다." 그는 계속해서 다음과 같이 말했다.

> 당신 직업의 고결함 때문에, 언론의 명예와 존엄 때문에 저는 당신에게 애소합니다. 언론이 더 이상 《뉴욕 선》의 대가 찰스 다나가 묘사한 것 처럼 "백지를 파운드당 2센트에 사서 파운드당 10센트에 파는" 그런 것이 되어서는 안됨을 저는 당신에게 애소합니다. 언론이 공공에 봉사하고, 언론에서 일하는 당신이 월급받는 노예나 특권층의 똘마니가 아니라 전체의 복지를 위한 종이 되고, 동료들의 삶에 대한 이해를 도와 주고, 그들 바깥과 그들 자신의 마음 속에 있는 악을 정복해 주기를 저는 당신에게 애소합니다.[17]

15) Upton Sinclair, *The Brass Check,* Muscatine, Iowa: Norman Baker, 1928, pp. 224. 원래는 싱클레어에 의해 1919년 캘리포니아의 롱비치에서 출판되었다.

16) Weinberg and Weinberg, 앞의 책, p. 433.

싱클레어의 상상력은 낭만적 성격이 분명해 보인다. 이런 점이 스티븐스, 타아벨, 베이커, 로오슨 등과 같은 다른 폭로가의 글에서는 덜 눈에 띈다. 하지만 그들에게도 분명히 그런 점이 있었다. 의심할 여지없이 이 언론인들은 철학적으로 루소와 페인의 자식들이었다. 그들은 자신들을 일반의지에 좋은 일이라면 어떤 수고도 개의치 않는 급진세력으로 생각했다. 하지만 그들은 또한 보다 보수적인 밀턴과 로크의 사상도 따르고 있었다. 주지하다시피 밀턴은 진리에겐 오류에 도전하는 자유가 주어져야 한다는 사상의 옹호자이며, 로크는 권력이 자의적이고 사악한 목적을 위해 사용될 때 그 권력에 반역할 수 있는 권위를 사회계약이 부여하고 있다는 사상의 옹호자이다.

폭로언론인들의 마음을 끌었던 온건한 혁신주의자와 싱클레어는 서로 맞지 않았다. 그렇다면 다른 사람들은 자본주의 체제에 우호적이었는가? 그렇지 않으면 그들은 미국의 개인주의라는 신비에 도전하는 사회주의적—또는 집단주의적—사상을 위해 일종의 전위로서 복무한 비밀공작원이었는가?

사실이야 어떻든 폭로언론인의 정수는 역시 스티븐스였다. 그의 전기작가 저스틴 카플란에 의하면, 스티븐스는 "도덕적으로 열정적인" 인물로서 "절대적인 대의"의 옹호자이며 "사람들을 생각하게 만들고자"하는 충동에 사로잡힌 사람이었다.[18] 싱클레어와 마찬가지로 스티븐스도 일부 비평가들이 말하는 "예수 콤플렉스"를 가지고 있었던 듯하다. 사실 폭로언론인들은 종종 그들의 먼 조상 가운데 가장 위대한 인물이 바로 예수라는 주장을 하곤 했다.[19]

월터 리프만의 전기작가인 로날드 스틸은 한때 스티븐스의 조수로 일

---

17) 위의 책, pp. 427~428.

18) Justin Kaplan, *Lincoln Steffens : A Biography*. New York : Simon and Schuster, 1974, pp. 192~193.

19) 위의 책, pp. 117~118.

한 적이 있는데 폭로언론인들을 혁신주의 개혁운동의 "파수견"이라고 묘사하였다.

> 정치기구의 부패를 폭로하고, 거대기업의 억압을 파헤치고, 이민과 흑인이 착취당하는 도시의 수치에 통곡하면서, 이 언론인들은 중산층의 양심을 일깨우고 개혁을 대중운동으로 만들었습니다.[20]

카플란은 종종 스티븐스의 낭만적 경향을 비판하였으나, 그럼에도 불구하고 스티븐스와 그의 동료들이 탐사보도의 진수를 보여 주었으며, 정부의 광범위한 부패와 언론공격에 대한 저항에도 불구하고 그들이 성취한 "빛과 공기를 들여옴"을 높이 평가하였다. "랄프 네이더, 미라이, 그리고 워터게이트의 시대"에 와서 현대의 탐사인이 부활하고 나서야 비로소 언론인들은 "폭로할 것이 정말 너무나 많거나 그렇지 않으면 폭로에 대한 저항이 너무나 큰" 현실에 직면한 자신을 발견하게 되었으리라.[21]

---

20) Ronald Steel, *Walter Lippman and the American Century,* New York: Random House Vintage, 1980, p. 36.

21) Kaplan, 앞의 책, pp. 331－332 : "링컨 스티븐스의 대담한 타격과 테오도어 루즈벨트의 과장된 듯한 핑계는 아직 해결되지 못하고 있는 그런 차원의 갈등을 이미 예시하고 있었던 것이다."

| 제 45 장 |

언론비평가

The Journalism Critics

미국언론이 비판으로부터 자유로왔던 적은 결코 없었으며, 특히 같은 언론계로부터의 비판은 말할 것도 없다. 사실 데이비드 루빈이 지적한 바와 같이, "언론은 오랫동안 서로 상대방의 뒷켠에서 험구를 해 왔다."[1] 적어도 1859년에 램버트 윌머의 《우리의 언론 갱》이 출현한 이후 오랜 세월 동안 미국 언론인들은 윌머가 미국신문의 "부패와 범죄"라고 묘사한

1) David M. Rubin, "Liebling and Friends: Trends in American Press Criticism, 1859~1963," paper presented at session of Mass Communications and Society division, Association for Education in Joumalism, Ottawa, August 16~19, 1975, p. 3. 또한 다음을 참조하라. Michael J. Robinson, "Fifty Years in the Doghouse: Blaming the Press is Nothing New," *Washington Journalism Review,* March 1986, pp. 44-45; Les Brown, *The Reluctant Reformation : On Criticizing the Press in America,* New York: David McKay, 1974; Tom Goldstein, ed., *Killing the Messenger : 100 Years of Media Criticism,* New York: Columbia University Press, 1989.

것을 공격해 왔던 것이다.[2] 윌머는 당시의 언론에 대해 몹시 가혹한 몇 마디를 했다. 남북전쟁이 발발하기 직전에 그가 쓴 글에 의하면 이렇다. "유익하고 건전하며 정당한 주제로부터 독자대중의 관심을 유리시킴으로써 국민 사이에 유용한 지식이 전파되는 것을 방해하고 있다는 점에서 나는 미국의 신문을 고발한다."[3]

이미 우리가 살펴 본 바와 같이 디킨스, 토크빌, 그리고 영국의 도덕주의자 해리엇 마르티뉴와 같은 유럽의 방문객들은 때때로 아주 날카로운 비판을 가했다.[4] 디킨스는 미국언론의 공격으로부터 크게 마음이 상하여 자신의 소설 《마틴 추즐위트》(*Martin Chuzzlewit*)에서 뉴욕 신문에 대해 몇 가지 오래된 독설을 퍼붓기에 이르렀다. 뉴욕 언론인에 대한 그의 이미지는 독설과 과장 그리고 재치였다. 디킨스의 소설 주인공 마틴은 부두에 도착하여 **하수구**(*sewer*), **암살자**(*stabber*), **염탐꾼**(*peeper*), **첩자**(*spy*), **약탈꾼**(*plunderer*)과 같은 제호의 뉴욕신문을 판매하는 신문팔이 소년의 "쉿소리 외침"을 듣게 된다.

> 여기 워싱턴 갱에 대한 **하수구**의 폭로기사가 있습니다. 국무장관이 여덟살 때 저지른 부정직한 비행을 **하수구**가 독점 취재했습니다. 엄청난 비용을 들인 끝에 이제 국무장관 유모가 직접 말해 주고 있습니다. 여기 **하수구**가 있습니다![5]

---

2) Lambert A. Wilmer, *Our Press Gang; or, A Complete Exposition of the Corruptions and Crimes of American Newspapers,* Philadelphia: J. T. Lloyd, 1859, p. 53.

3) 위의 책, p. 53.

4) Harriet Martineau, *The Martyr Age of the United States,* Boston: Weeks, Jordan & Co., 1839; *The "Manifest Destiny" of the United States,* New York: Amsterdam Anti-Slavery Society, 1857.

5) Charles Dickens, *The Life and Adventures of Martin Chuzzlewit,* London: Thomas Nelson and Sons, n. d., p. 278. 이 책은 원래 1844년에 출판되었다.

디킨스는 자신의 소설을 잡지에 연재하기도 했지만 미국에서는 칭찬할 만한 것을 거의 찾지 못했고, 특히 선정적인 대중신문은 말할 것도 없었다. 신문에 대한 그의 평가는 토크빌이나 다른 비평가들과 마찬가지로 체계적인 것은 아니었다. 많은 비판이 대중신문의 과도함을 향한 것으로서 신문의 철학적 임무 같은 것과는 직접적인 관련이 없었다. 언론에 대한 비판은 주로 윌머의 경우처럼 책으로 출간되거나, 고드킨의 《네이션》지와 같이 발행부수가 적은 정치 문예잡지나 화이트의 《엠포리아 가제트》와 같은 주간지에 기사형태로 나타났다.

이들 비판에는 흔히 도덕적으로나 정치적으로 나름대로 근거가 있었다. 편집인들은 그들의 보수적인 입장 때문에 공격을 받았다. 이들 비판의 대부분은 정치적 좌파로부터 나온 것이었다. 후기의 언론비평가 중에 가장 끈질긴 사람 가운데 한 사람이었던 조오지 셀데스는 솔직히 고백하기를, 자기로서는 진보적인 정책을 갖지 않는 위대한 신문이란 생각할 수 없노라고 말했다.[6] 1918년부터 1932년까지 《네이션》지의 편집인이었던 오스왈드 빌라드는 "논설면의 악화"를 한탄한 적이 있는데, 그에 의하면 이러한 현상이 야기된 것은 많은 잡지 소유자들의 "어리석음와 무지 그리고 공중에 대한 책임감 결여"때문이라는 것이다.[7]

일반적으로 셀데스와 빌라드 그리고 진보적인 그들의 동료 비평가들이 원했던 것은 좀더 탐사적 전망을 갖춘 언론, 악행자를 수색하는 정치적 개혁운동에 참여하는 언론, 억압받는 자들의 이익을 위해 일하는 언론이었다. 그들의 영웅은 폭로 언론인들이었으며, 이 폭로가들이야말로 식민지시대 혁명언론의 상속자라고 보았다. 폭로보다는 이윤 중시를 공공연하게 내비쳤던 아돌프 옥스의 《뉴욕 타임즈》는 그들의 주요 공격목표였다. 《타임즈》를 비난했던 사람 중에는 실라스 벤트가 있었는데 그는 일류

---

6) George Seldes, *Lords of the Press,* New York: Julius Messner, 1938, p. 183.

7) Oswald Garrison Villard, *How Stands Our Press?* no. 19 in the Human Events Pamphlet Series, Chicago: Human Events Associates, 1947, p. 10.

기자이자 동시에 미주리대학의 언론학 교수였다. 벤트는 옥스에 대해 이렇게 말하고 있다.

> 그의 재산(역주 : 뉴욕 타임즈)은 개혁언론의 열정은 하나도 가지고 있지 않다. 그들 자신이나 그들의 영주로부터 국민을 구원하겠다는 사명감 같은 것은 전혀 없다. 그것 〔타임즈〕은 윌리엄 알렌 화이트가 쿨리지 대통령의 속성이라고 본 신비한 믿음 즉, 번영은 신성이거나 또는 적어도 신성한 것이라는 믿음을 같이 공유하고 있다. '가장 긴요한 백 가지 사례'를 뉴스라고 부를 수 없다면, 그것은 결코 뉴스를 "만들지" 않는다. 그것은 부정부패나 기업악폐를 폭로하는 캠페인을 결코 벌이지 않는다. 그것의 편집상 전제는 '지금 그대로의 미국'이다.[8)]

언론비평가들 중에 신문소유자들의 이윤동기를 호의적으로 말한 사람은 거의 없었다. 가장 격렬한 공격을 퍼부었던 사람은 물론 업톤 싱클레어였는데, 그의 공격은 셀데스와 해롤드 익케스(프랭클린 루즈벨트의 내무장관)가 "언론의 군주"라고 명명한 것이었다.[9)] 싱클레어의 《브라스 체크》는 타락한 언론소유자의 고전적인 모습을 보여 주고 있다. 여기서 기억해

---

8) Silas Bent, *Ballyhoo,* New York: Boni and Liveright, 1927, p. 168. 또한 Rubin, 앞의 책, p. 13 참조. 다른 언론비평으로는 무엇보다도 《뉴욕 타임즈》의 볼셰비키혁명 보도에 대한 월터 리프만의 저 유명한 비판과 다음의 글들을 보라. Charles Merz, "A Test of the News; Some Criticisms," *New Republic,* September 8, 1920; Oswald Garrison Villard, *Some Newspapers and Newspapermen,* New York: Knopf, 1923 and 1926; 그리고 1911년 10월 *Collier's*에 발표된 추문폭로가 Will Irwin의 15부 연재물. Irwin의 이 연재물은 나중에 다음의 책으로 묶여 출판되었다. *The American Newspaper,* ed. by Clifford F. Weigle and David Clark, Ames, Iowa: Iowa State University Press, 1969.

9) Seldes, 앞의 책. Harold L. Ickes, *America's House of Lords,* New York: Harcourt, Brace, 1939, p. 11. 역사상 수많은 다른 대통령보좌관들과 마찬가지로 Ickes도 언론보도에 대해서는 몹시 비판적이었다.

두어야 할 것은 싱클레어의 상징법에서 그 수표(체크)는 갈보집에서 행해진 봉사에 대한 지불의 증거로서 창녀에게 주어진 것이다.[10] 싱클레어가 이 은유법을 창안한 것은 아니었다. 1859년에 윌머는 신문 영수증을 "매춘부의 임금"이라고 묘사한 적이 있었다.[11] 반세기 후에 또 다른 비평가는 한 잡지가 잡지의 의견을 가장 돈을 많이 부른 사람에게 판 것을 두고 "편집의 매춘"이라고 비유하였다.[12] 잡지《포럼》의 한 익명 기사는 "창녀와 기자는 그 직업상 저주받을 년놈들이다"라고 매도하였다.[13] 싱클레어는 한때 자신의 책의 부제를 "언론매춘의 연구"라고 함으로써 이러한 은유법을 더욱 추구하고자 했었다.[14]

명백한 것은 언론에 대한 비판이 언제나 커다란 열정을 수반했다는 점이다. 예를 들면, 노예폐지론자 윌리엄 로이드 개리슨의 손자이자 인종평등의 열렬한 지지자였던 빌라드는 1923년에《뉴욕 타임즈》에 대해 온갖 비난을 다 퍼부었다. 그는 이 신문을 일컬어 "미국시민에는 특권층과 불이익층, 흑인과 백인이라는 두 종류의 시민이 있다는 믿음을 확실히 하기 위해 안해 본 짓이 없는, 탁월한 인종 증오의 교사"라고 불렀다.[15]

언론의 자아비판을 면밀히 다룬 그의 연구에서, 루빈은 언론이 언론비평가들로부터 공격받은 여섯 가지 핵심항목을 다음과 같이 추출하였다.[16]

10) Upton Sinclair, *The Brass Check,* Muscatine, Iowa: Norman Baker, 1928 [원래 1919년에 초판 발행]. 싱클레어가 자기 책에다 '언론매춘부에 대한 연구'라고 부제를 붙인 것은 원래부터 그가 의도한 바였다. Rubin, 앞의 논문, p. 32 참조.

11) Wilmer, 앞의 책, p. 150.

12) Hamilton Holt, *Commercialism and Journalism,* Boston: Houghton Mifflin, 1908, p. 75.

13) "What Is the Matter with the Press?" *Forum,* April 1914, pp. 565~571.

14) Sinclair, 앞의 책, p. 437.

15) Villard, *Some Newspapers and Newspapermen,* pp. 11~12.

16) Rubin, 앞의 논문, pp. 16~29.

1. **"군중을 부채질하기"** : 이것은 흔히 말하는 "최소의 공통분모", 즉 독자의 가장 저급한 취향에 영합하기 위해 뉴스를 선정적으로 만드는 관행을 표현하기 위한 루빈의 용어이다. 벤트는 그가 《발리후》(*Ballyhoo*)라고 부른 그의 신문기사 선집에서, 뉴스평가의 "기준혼란"이 베이브 루스, 제르트루드 에블리, 차알스 린드버그, 미국-스페인 전쟁에 관해 "난잡한" 보도를 초래했다고 비난했다. 그는 언론을 군중의 입맛을 따라가는 "산초 판자"(*Sancho Panza*)라고 불렀다.[17]
2. **언론의 독점소유권** : "커뮤니케이션 제국"과 기업체인 그리고 언론시장에 뛰어드는 신생사의 부담비용 등을 질책한 1946년의 한 보고서에는 기업합병과 경쟁언론사의 감소에 대한 광범위한 비난이 있었다.[18] 이 보고서에 대해서는 다음 장에서 다루게 될 것이다.
3. **언론에 의한 개인의 프라이버시 침해** : 언론이 극적이고 선정적인 것을 추구하다보니 개인의 감정을 무시한다는 비난은 일찍부터 있었으며, 그러한 비난은 알렉시스 토크빌, 찰스 디킨스, 《엠파이어 가제트》의 유명한 편집인 윌리엄 알렌 화이트 등과 같이 아주 다양한 비평가들로부터 제기되었다. 알렌은 1911년의 한 칼럼에서 신문이 범죄와 스캔들을 아주 세세한 것까지 파헤치고 이미 깨어진 결혼의 잿더미를 함부로 다루는 것은 "공중도덕에 나쁘고" 따라서 "국가의 경찰력에 의해 억제되어야 한다"고 말했다.[19]
4. **뉴스내용에 대한 광고주의 통제** : 언론 상업주의의 오랜 적이었던 화이트는 이처럼 비통하게 선언했다. "우리는 이미 전문 직업인이기를 포기했고 이제 우리는 하나의 산업이다."[20]

---

17) Bent, 앞의 책, pp. 34~35.

18) Commission on Freedom of the Press, *A Free and Responsible Press,* Chicago: University of Chicago Press, 1947, pp. 43~44.

19) Rubin, 앞의 논문, pp. 16~29.

20) Ickes, 앞의 책, p. 11에서 재인용.

5. **노동조합에 대한 언론의 적대감** : 싱클레어가 전면적인 공격을 하기 전에도 이미 진보적인 언론비평가들은 노동운동에 대한 발행인들의 반대를 비난하였다. 1910년에 로스는 신문이 일반적으로 노동세력에 대한 사실을 왜곡하여 "자본세력의 대변인" 역할을 한다고 말하였다.[21] 언론의 자아비판가 가운데 아마 가장 유명한 리블링은 언론과 노동조합에 대한 감동적인 글들을 남겼다.[22]
6. **통신사의 "죄"** : 특히 AP통신사를 비롯해, 통신사는 19세기의 초창기부터 오랫동안 언론비평가들의 공격목표가 되어 왔다. 1914년에 《월간 아틀랜틱》지는 AP통신사가 뉴스독점체라고 말했다.[23] 싱클레어는 AP가 기업의 이익에 비호의적인 정보는 억누르고마는 "거대한 콩크리트 벽"이라고 비난했다.[24]

루빈의 판단에 의하면, "군중을 부채질하기"항목 정도를 제외하고는 이상의 6개 항목 가운데 어느 항목에서도 언론철학의 근본문제를 심도있게 다룬 비판은 없었다고 본다. 그보다는 주로 구체적인 언론관행에 관심이 두어졌고, 대부분은 뉴스칼럼의 내용에 관한 것이었지 그 내용의 선정뒤에 도사린 철학을 다룬 것은 아니었다. 뉴스가 확인되고 선정되고 보도되는 그 형태에 대한 검토도 전혀 없었다. 미디어가 뉴스를 선정적으로 만들고, 프라이버시를 침해하며, 광고주에 의해 움직이고, 공중을 "얕잡아 이야기하고," 대중의 취향을 저하시키고 공공의 이익에는 반하고 막강한

---

21) Rubin, 앞의 논문, p. 26에서 재인용.

22) A. J. Liebling, *The Wayward Pressman,* Garden City, N. Y.: Doubleday, 1947과 The Press, New York: Ballantine Books, 1961 참조. 두 권 모두 *New Yorker*에 게재된 리블링의 글들을 해설과 함께 묶은 것이다. 리블링의 전기물로는 다음을 보라. Raymond Sokolov, *Wayward Reporter: The Life of A. J. Liebling,* New York: Harper and Row, 1980.

23) "The Problem of the Associated Press," *Atlantic Monthly,* July 1914, pp. 132~137.

24) Sinclair, 앞의 책, pp. 87~88.

기업계의 이익을 반영한다는 비난은 오늘날에도 계속되고 있다. 이러한 비난은 점점 더 텔레비전 프로그램 쪽으로 향하고 있다. 그러나 여기서도 역시 그 비난은 성격상 너무 구체적인 것에 머물러 있는데, 특히 텔레비전의 특정 프로그램을 향하고 있는 것이다. 학계에서 장황하게 논의되는 보다 심도있는 철학적 이슈가 미국언론 역사에서 줄곧 언론인 자신들에게는 스쳐가는 관심 이상의 것이 되지 못했다.

아마도 언론인에 의한 가장 폭넓고 분석적인 언론비평은 1911년의 《콜리어즈》에 연재된 윌 어윈의 15부작 연재물이었을 것이다. 우리는 이미 앞에서 황색언론을 검토할 때 이 연재물을 다룬 적이 있다. 어윈은 그 자신이 탁월한 폭로가였으며 한때는 《맥클루어즈》지의 편집국장이었다. 나중에 제 1차 세계대전 중에는 조지 크릴 선전위원회의 대외국장이 되었다. 어윈은 광고주에 의한 신문내용 통제에 대해 특히 비판적이었다. 그는 발행인이 광고주와 한 패가 되어 공중에게 정보를 잘못 전달하는 일종의 음모상태에 있다고 보았다.[25] 언론이 대기업의 손아귀에 있다는 옛날의 비판이 현대에 와서는 반전되어, 이제 탐사기자들은 종종 반기업적이라는 비난을 받고 있다.

지금까지 미국언론에 대한 비판 가운데 가장 끈질기게 지속되고 있는 것은 언론이 기업에 의해 지배되고 있으며 이윤추구자들이 미국사회를 지배하고 있다는 것이다. 폭로언론인 스티븐스는 언론을 포함한 미국의 모든 제도가 기업이며 또 모든 기업이 정치라는 기업의 통제하에 있다고 주장했다. 그는 석탄과 철강재벌인 마크 한나에 대한 공격에서 자신의 이러한 관점을 선명하게 보여주고 있는데, 한나는 1920년에 워렌 하아딩을 공화당 대통령후보로 만드는데 막후에서 활동한 인물이다. 스티븐스에 의하면, 한나와 다른 공화당 보스들이 원했던 것은 "미국기업과 정치의 이익을 위해 미국민을 미국기업인의 관심대로 조정"하는 것이었다.[26]

25) Irwin, 앞의 책, p. 15.

26) Justin Kaplan, *Lincoln Steffens : A Biography,* New York: Simon and Schuster,

재계는 발행인들을 환영했는데, 발행인들은 그들 자신이 사업가였으며 또한 스티븐스와 언론계가 근본적으로 기업에 적대적이라며 공격했다. 이러한 자세는 오늘날까지 계속되고 있다. 예를 들어 최근의 보도에 의하면, 제네랄 푸드의 제임스 퍼거슨 회장은 언론매체가 "재계와 재계의 모든 일에 적대감을 갖고 있다"고 말했다는 것이다.[27] 이러한 비난에도 불구하고 언론인들은 자본주의사회 미국의 시민으로서 미국의 경제체제를 압도적으로 지지하는 경향이 있다. 심지어 스티븐스 조차도 궁극적으로는 사회주의를 포기했다. 그러나 언론인들은 사람의 마음을 흔들고 갈등하는 인간을 묘사하는 뉴스 기사에 항상 굶주려 있다.[28]

재계에 대한 언론인의 태도와 자기 일에 대한 언론인의 인식을 학문적으로 검토한 주요연구 가운데 최초의 것은 레오 로스톤의 시카고대학 박사학위 논문이었다. 1937년에 발간된 로스톤의 연구는 "언론계의 기능과 기법 및 구성, 워싱턴 특파원과 뉴스, 뉴스취재원, 그들의 고용주, 그들의 사회와의 관계"를 다룬 것이었다.[29]

그외에도 다른 연구자들이 로스톤의 선구적 작업을 계승했지만 언론인들의 관심을 끄는 데는 별로 진척을 이루지 못했다.[30] 모든 언론비평가들

1974, pp. 97~98에서 재인용.

27) Howard Simons and Joseph A. Califano Jr., *The Media and Business,* New York: Vintage Books, 1979. 이 책은 1977년 10월 포드재단 후원하에 개최된 언론계와 재계 지도자들의 주말세미나 발표문을 싣고 있다. 또한 저자의 다음 졸고도 참고하라. J. Herbert Altschull, "Journalist Aren't Anti-Business—They're Just Pro-Drama," *Business Horizons,* September-October 1972, p. 5.

28) Altschull, "Journalists Aren't Anti-Business," p. 5 : "내가 말하고자 하는 바는 언론이 기업에 반대하는 쪽으로 편향되어 있다는 재계의 목소리가 잘못되었다는 것이다. 그 편향은 갈등적이지도 않고 심금을 울리지도 않는 모든 것에 반대하는 편향이다."

29) Leo C. Rosten, *The Washington Correspondents,* New York: Harcourt, Brace, 1937, p. 6.

30) 언론인의 의견과 태도에 관한 탁월한 연구들 가운데 특히 다음 책을 보라. Jeremy

중에서 기자와 편집인 그들 자신으로부터 가장 많은 존경을 받았던 사람은 리블링이었다.

> 언론의 기능은 사회에 정보를 제공하는 것이지만 그 역할은 돈을 버는 것이다. 따라서 먼 지역의 사건을 보도하는 데에 돈을 써야 한다는 말을 듣고 독점 발행인이 할 수 있는 반응은 살찐 큰 암소를 가진 자가 이 암소를 경마대회에 내보내야 한다는 말을 듣고 보여 줄 반응과 똑같다.[31]

리블링은 언론인이었는데, "고집센 언론"(The Wayward Press)이란 그의 칼럼은 1944년에서 1963년까지 《뉴욕커》(New Yorker)지에 게재되었다.[32] 그의 칼럼은 거의 20년 동안 그 잡지의 주요대상인 지식인뿐만 아니라 언론인 사이에서 상당한 독자층을 확보하였다. 예나 지금이나 대부분의 언론비평가들이 그러하듯이 리블링도 혈관 속에는 인쇄공의 잉크가 흐르고 있었다. 자신의 칼럼을 모은 책 《고집센 언론인》 서문에서 리블링은 신문에 대한 자신의 사랑을 이렇게 묘사하고 있다. "나는 신문을 바닥에 깔고 그 위에 엎드려 눕거나, 나와 함께 침대로 가져 가거나, 화장실

Tunstall, *Journalists at Work : Sepecialist Correspondents, the News Organizations, News Sources and Competitors-Colleagues,* London : Constable, 1971. 또한 다음 책들도 참고하라. Leon V. Sigal, *Reporters and Officials : The Organization and Politics of Newsmaking,* Lexington, Mass. : Heath, 1973; John W. C. Johnstons, Edward J. Slawski and William Bowman, *The News People : A Sociological Portrait of American Journalists and Their Work,* Urbana : University of Illinois Press, 1976; David H. Weaver and G. Cleveland Wilhoit, *The American Journalist : A Portrait of U. S. News People and Their Work,* Bloomington : Indiana University Press, 1986.

31) Liebling, *The Press,* p. 7.

32) Rubin, 앞의 논문. 제목 "고집센 언론"은 원래 Robert Benchley가 Guy Fawkes라는 필명으로 1927년에서 1939년까지 집필한 *New Yorker*지 칼럼에서 사용되었던 이름이다.

로 가지고 들어간다."[33] 리블링은 언론이 이런 저런 뉴스사건을 취급하는 방식에 대해 종종 몹시 비판적이었고, 특히 반노조 편향이 심하다고 보았을 때는 더욱 그랬지만, 다른 많은 비평가들이 즐겨 사용했던 "매춘부로서의 언론"이라는 은유법은 적극 삼갔다.[34]

리블링은 언론인들의 "공식화된 사고"(*formula thinkg*)를 비난했는데, 특히 노동문제와 대외문제에 대한 사고방식에 비판적이었다.

> 대부분의 신문이 외신을 위해 의지해 온 공식이란 많지 않다. 그 하나가 "교회에 가는 사람은 착한 사람이고 거짓말을 않으며, 교회에 가지 않는 사람은 나쁜 사람이며 거짓말을 한다"이다. 그러므로 "프랑코, 살라자르, 아데나워, 기독교 민주당원은 착하고 진심이다. 공산당원은 나쁘고 그들이 하는 말은 모두 거짓말이다." 그런 다음 미국 바깥의 어떤 기사를 다룰 때에도 이것은 당연히 진리가 되고, 당신은 쓸데없는 수고나 비용을 들이지 않고도 당신의 문제를 해결해 왔던 것이다.[35]

1931년에 퓰리처의 상속인이 《월드》지를 포기하고 매각했을 때 리블링은 《월드》의 간부진에 있었는데, 이 매각이 그의 기념비적 칼럼 중의 하나를 낳게 되었다. 흔히 미국에서 제일가는 신문이라는 소리를 듣던 그 신문에서 약 3천명의 실직자가 나오게 된 것을 한탄하며 리블링은 쓰라린 마음으로 이렇게 썼다. "《월드》의 종말은 미국의 신문고용인과 고용주와의 관계에서 현실주의의 시작을 의미한다. 고용주들은 이미 오랫동안 현실주의적이었다. 이 메시지를 납득시키는데 《월드》와 같은 '기관'의 포기가 필요했다."[36]

---

33) Liebling, *Wayward Pressman,* p. 16.

34) Rubin, 앞의 논문, pp. 31~32.

35) Liebling, "The Pretzels," in *The Press,* p. 193.

36) Liebling, *The Press,* pp. 40~41. 이 기사는 원래 Wayward Pressman에 발표된 원문을 재수록한 것이다. 리블링은 Jim Barrett의 *The World, the Flesh and Messrs.*

오랫동안 미국 언론인의 신념체계 속에 반향되어 왔던 낭만적 기질의 종말을 리블링은 바로 자신이 기록하는 중이라고 생각했음에 틀림없다. 그는 언론매체 산업이 다른 모든 산업과 마찬가지로 시장의 원리에 지배받음을 자신이 사상 처음으로 인식했다고 생각했으리라. 그러나 리블링은 틀렸다. 저 낭만적 기질은 미국 언론인의 직업 이데올로기에서 결코 사라지지 않았다. 그 기질은 황색언론과 폭로언론 시대 기자들의 후예인 탐사 언론인에게서 튼튼한 보금자리를 찾았다. 《월드》의 종말과 그 뒤를 따른 다른 많은 위대한 신문들의 죽음은 낭만적 탐사인들을 죽이지 못했다. 왜냐하면 그들은 현대세계에 와서 훨씬 더 큰 명성과 지위를 얻었기 때문이다.

여하튼 리블링과 그의 동료들의 비판이 언론소유자와 편집인과 기자들의 행동에 큰 영향을 주었다는 증거는 별로 없다. 루빈의 결론은 미국의 매스미디어가 "위원회 보고서나 결의문 또는 비평가들의 괴롭힘에도 불구하고 전혀 변하지 않았다"는 것이다.[37] 물론 이 결론은 항상 수정의 여지가 있다. 어쨌든 낭만적 기질은 리블링의 "현실주의"에는 아랑곳 없이 지속되고 있는 것이다.

Pulitzer (New York: Vanguard, 1931)에 동의하면서, 퓰리처가 죽은 후 그의 상속인들이 2,500만 달러 이상의 이익을 보았다는 Barrett의 주장과 관련하여 이렇게 말하고 있다. "그들은 단 한푼도 신문에 재투자하지 않았다. 결국 뉴 잉글랜드의 섬유업자들과 다를바 없다는 이야기인데, 다른 것이 있다면 신문 발행인들은 자루짜는 사람들보다도 자신들이 더 이상주의적이라고 광고하기를 좋아한다는 점이다."

37) Rubin, 앞의 논문, p. 33.

| 제 46 장 |

사회책임주의

The Doctrine of Social Responsibility

언론의 기법과 관행에 대한 비판은 허친스위원회(Hutchins Commission)의 공식 보고서에서 절정에 이르렀다. 시카고대학 총장인 로버트 허친스 위원장의 이름을 딴 이 위원회는 제 2차 세계대전 직후에 구성되었는데, 그 목적은 뉴스보도가 과연 불공정하고 편파적인지, 사실적이지 못하고 선정적인지, 그리고 언론이 실제로 톰 스토파드가 그의 희곡《밤과 낮》에서 말한 일종의 "쓰레기 언론"인지를[1] 탐구하는 것이었다. 허친스위원회는 황색언론인과 추문폭로가들이 제공한 그런 형태의 기사에 특히 관심을 가지고 있었다. 1947년에 발간된 보고서에서 동 위원회는 언론의 자유와 수정헌법 제 1조를 확고히 지지하는 한편, 그 당시의 언론이 "무의미하고 천편일률적이고 왜곡되며 오해를 영속화"시킨다고 비난하였다.[2]

1) 저자서문 참조.

2) *A Free and Responsible Press : A General Report on Mass Communication : Newspapers, Radio, Motion Pictures, Magazines, and Books, 2* vols., Chicago:

위원회 보고서의 핵심은 언론이 다섯 가지 기본 서비스를 제공한다는 것이었다. 이 다섯 가지 기본 서비스는 (1) 그 날의 뉴스에 대한 정확하고 포괄적인 설명, (2) 논평의 교환을 위한 광장, (3) 집단의 의견과 태도를 다른 집단에 제기하는 수단, (4) 사회의 목표와 가치를 제시하고 명료화시키는 방법, (5) 사회의 모든 구성원에게 도달하는 길이다.[3] 하지만 결과적으로 동 위원회의 요구 중에서 가장 오래 지속되고 있는 것은 언론이 사실을 의미있는 맥락에서 제시해야 될 뿐만 아니라 사실에 관한 진실을 밝혀야 한다는 것이었다. 이 후자의 요구는 바로 언론의 직업 이데올로기에 탐사보도의 정수를 봉합하는 것이다. 허친스위원회의 기치아래 언론은 이제 "객관적" 사실 이상의 것을 추구하고, 취재원이 제공한 정보의 행간을 읽어야 하고, 사건의 아래와 위와 뒤에 무엇이 있나를 살펴 보아야 하고, 기자가 취재하지 못한 진실을 찾아서 제시해야 하는 도덕적 의무를 지게 되었다. 동 위원회는 선정주의를 거부하고 탐사보도에 도덕적 근거를 제공하였다.

존 밀턴의 메시지가 3백년 후에 여기서 재언급되고 있다. 밀턴과 허친스위원회는 이렇게 선언한다. 네가 어떤 것이 진리라는 말을 들었다면 그것을 그대로 받아 들이지 마라. 만약 그것이 거짓이라면, 진리와 오류를 "사상의 시장"에서 검증받도록 해서 진리를 인쇄하는 것이 너의 임무다. 여기에는 또한 국민이 알 권리—사실 뿐만 아니라 사실에 관한 진실도 알 권리—를 가지고 있다는 믿음에 대한 확인도 있다. 볼테르는 언론인들에게 취재원이 제공한 사실에 대해 회의하고 그 사실 뒤에 있는 진실을 찾을 것을 촉구했다. 영국과 프랑스 계몽주의의 지혜는 이제 미국 언론인의 직업 이데올로기에서 재확인되었다. 언론인은 사실을 제시하고 한 걸음

University of Chicago, 1947. 허친스위원회 보고서의 개요에 대해서는 다음을 참조. J. Herbert Altschull, *Agents of Power : The Role of the News Media in Human Affairs,* New York: Longman, 1984, pp. 179~187.

3) Altschull, 앞의 책, p. 181.

나아가서 사실 뒤의 진실을 제시해야 할 뿐만 아니라, 만약에 그렇게 하지 못한다면 사회에 설명할 수 있어야 한다고 허친스위원회는 주장했다.

여기서 설명가능성의 문제는 허친스위원회 보고서가 나온지 10년 후에 발간된 일련의 논문에서 미국언론의 틀 속으로 접합되어 갔다. 이 논문들이 바로 프레드 시버트, 테오도어 피터슨, 윌버 슈람이 공저한《언론의 4이론》(*Four Theories of the Press*)을 구성하게 되는데, 이 4이론 중 하나는 특별히 미국 언론인을 목적으로 하는 가치체계였다. 저자들은 그것을 사회책임주의(*social responsibility doctrine*)라고 부르면서 미국언론계를 비판하는데 사용하였다. 즉 허친스위원회가 그랬던 것처럼, 사실 뒤의 진실을 말하고 그럼으로써 미국공중에게 책임을 지고 설명할 수 있어야 한다고 말했던 것이다.

사회적 책임에 관한 그의 논문에서 피터슨은 윌 어윈, 조오지 셀데스, 해롤드 익케스, 업톤 싱클레어의 언론비판을 검토했는데, 이 비판들은 이미 허친스위원회에 많은 영향을 주었던 것들이다. 피터슨은 자신이 허친스위원회의 주요 결론에 전적으로 찬성한다고 선언했다. 이들 초기의 비판은 모두가 미국의 언론 이데올로기 교과서에서 가장 기본적인 항목인 "자유로운 표현에 대한 신념"에 충성을 맹세하고 있었다. 이 신념은 물론 미국 건국의 아버지들에 의해 거듭 주장되었던 것이다. 기억해야 할 것은 매디슨의 경우, 교육과 언론이 제공하는 지식이 없다면 사회는 무지에 빠져 들고 말리라는 이유 때문에 심지어 가장 통탄할 남용이 있었다 하더라도 그는 언론을 용서할 준비가 되어 있었다. 그러나 피터슨은 사회책임주의를 발표하면서 자유로운 표현에 대한 단순한 신념 이상의 것으로 나아갔다.

> 사회책임 이론하에서 표현의 자유는 자신의 생각과 양심에 대한 각 개인의 의무에 기반을 두고 있다. 그것은 하나의 도덕적 권리이다… 표현의 자유는 이기적인 목적을 위해 주장하는 그런 것이 아니다. 그것은 그것을 주장해야만 하는 사람의 정신적 존재와 아주 밀접하게 관련되어 있다. 그것은 개인을 위한 가치인 동시에 사회를 위한 가치이다.[4]

그렇다면 자유는 단순히 즐기는 어떤 것이 아니다. 자유로운 사람이라면 누구나 그 자유를 책임있게 사용해야 할 의무가 있다. 《언론의 4이론》의 저자들에 따르면 사회책임주의는 완전히 제한받지 않는 언론자유에 대한 믿음을 바꾸어 놓았다. 하지만 아무리 수정되었다 하더라도 사회책임주의는 여전히 자유가 인간발전에 핵심적임을 지지하고 있다. 피터슨은 말하기를, 인간의 본성에 대해 그와 허친스위원회는 순수한 자유주의하에 존재했던 것보다 좀더 현대적인 관점을 갖고 있다고 했다. 그에 의하면, 사회책임주의는 인간이 이성적 존재라는 자유주의적 관점을 부인하지 않는다. 그러나 실용주의의 정신에서 사회책임주의는 좀더 회의적인 입장이라는 것이다. "인간은 혼미하다고 할 만큼 그렇게 비이성적이라고 보지는 않는다"라고 그는 말했다. "인간은 그의 이성을 사용할 능력이 있지만 그렇게 하기를 싫어한다. 따라서 인간은 선동가와 광고선전꾼, 그리고 자신의 이기적 목적 때문에 그를 조종할려는 다른 사람들에게 좋은 희생물이다."[5] 그러나 언론의 탐사작업은 이성적이지만 무기력한 미국인을 일깨워 그들의 지도자가 실제로 무슨 일을 하고 있는가를 알게 할 것이다. 시버트의 논문에 대략 설명되어 있는 것처럼, 이러한 견해는 자유주의 원칙과 그 궤를 같이 하고 있다. 여기서 시버트는 자유주의 이론이 언론을 파수견으로 보는 사상의 지적 토대라고 보았고, 바로 이 점에서 "정부에 대한 초법적 견제기구로 복무하는 것은 언론의 권리이자 의무"였다.[6]

---

4) Theodore Peterson, "The Social Responsibility of the Press," in Fred S. Siebert, Theodore Peterson, and Wilbur Schramm, *Four Theories of the Press: The Authoritarian, Libertarian, Social Responsibility and Soviet Communist Concepts of What the Press Should Be and Do,* Urbana: University of Illinois Press, 1956, pp. 96 ~97.

5) 위의 책, p. 100.

6) Fred S. Siebert, "The Libertarian Theory of the Press," in Siebert, Peterson, and Schramm, 앞의 책, p. 56.

앞에서 우리는 자유로운 표현에 대한 권리가 절대적인 것인지 제한적인 것인지에 대해 건국의 아버지들의 의도가 명료하지 않았다는 사실에 주목한 바 있다. 언론이 사회 전체에 책임이 있다는 생각은 미국의 아주 초창기부터 있어 왔던 것으로 보인다. 그러한 생각은 물론 루소의 일반의지 사상에서 핵심적인 요소였으며, 18세기 말의 민주공화제 사회에서 튜니스 워트맨이나 그의 동료들에 의해 선언된 언론철학에서도 핵심적인 요소였다. 맑스는 언론을 자본가에 의한 착취로부터 노동자를 구하는 전위의 하나로 생각했는데, 이것은 그가 다른 형태의 사회책임주의를 표명한 것이라고 볼 수 있다. 심지어 완전히 자유로운 개인이라는 이상을 지지했던 밀조차도 언론을 사회—땅 위의 모든 개인의 총합—에 봉사하는 것으로 보았다.

간단히 말해서 사회적 책임이란 말은 용어법적 측면에서는 현대적인 표현이지만, 그것은 오래된 교의로서 이미 플라톤이나 아리스토텔레스의 저작에 언급되어 있고 밀턴 이후 모든 세대가 재확인했던 사상이다.

하지만 사회책임주의가 타당한 철학적 개념인가 하는 질문은 남아 있어야 한다. 이데올로기는 진짜일 수도 있고 허위일 수도 있으며 또 그 중간일 수도 있다. 철학적 담론은 복잡성, 모순성과 깊이 연관되어 있다. 실제로 본 저자는 다른 책에서 "사회적 책임이라는 용어는 의미가 없는 용어로서… 그 내용이 너무나 모호하여 어떤 의미라도 그것에 갖다 붙일 수 있다"[7]라는 입장을 취한 바 있다. 밀이나 루소 그 어느 누구도 "사회"라고 부르는 불확실한 실체가 언론이 사회에 책임이 있는지 또는 사회에 설명할 수 있어야 하는지를 결정할 의무—또는 힘—가 있다는 말을 듣는다면 즐거워 하지는 않을 것이다. 만약에 "사회"가 이러한 의무나 힘이 없다면 누가 그것을 가지고 있는가? 이미 정치적, 경제적 권력을 행사하고 있는 사람들만이 그러한 종류의 힘을 가지고 있다. 따라서 사회책임주의는 궁극적으로 언론을 권력자들의 권력유지를 위한 도구로 전락시킬

7) Altschull, 앞의 책, p. 302.

수도 있는데, 그렇다면 허친스위원회나 《언론의 4이론》 저자들의 진단과는 달리 그들의 본래 의도를 몹시 좌절시키는 일이다.

책임있는 언론인이 되기 위해서는 적극적인 사고를 필요로 한다. 단순히 기계적으로 또는 우연히 책임을 질 수는 없다. 언제나 선택이 있어야만 한다. 그리고 물론 그러한 선택을 하기 위해 자유로와야 한다. 만약에 당신의 선택이 자유롭지 않다면, 어떤 위협으로 행동을 강요당했다면, 당신은 그 행동에 책임이 없다. 위협을 한 사람에 책임이 있다. 그러나 언론인이 사고에 근거해서 행동한다는 것은 생각만큼 그렇게 쉬운 일이 아니다. 모든 직업에는 상당한 정도의 판에 박힌 일이 있는 법이다. 대부분의 결정은 사실 생각없이 이루어지고, 어떤 일은 단순히 습관이나 관례의 힘에 의해 또는 관습적인 방식으로 이루어진다. 데이비드 흄은 선이란 오직 관례, 습관, 관습과 같이 특정한 시간과 장소에 존재하는 기준에 의해서만 정의될 수 있다고 주장했다. 언론은 관습이 절대적인 분야이다. 20세기 말의 사회학자들은 언론의 실천에서, 특히 언론의 관습에서 연구할 것이 많음을 발견했다.

여기서 말하고자 하는 핵심은 관습적인 행동이 허친스위원회와 《언론의 4이론》이 옹호하는 사회적 책임에 종종 방해가 된다는 점이다. 윌리엄 제임스의 실용주의는 행동결과가 제대로 되었느냐 안되었느냐에 따라 미덕을 부여한다. 제임스의 가장 탁월한 언론학도 월터 리프만은 뉴스 구성물의 선택에서 관습의 중요성에 주목을 요구했다. 그에 의하면, 모든 신문은 "어떤 항목을 인쇄하고, 어떤 위치에 인쇄하며, 어느 정도 지면을 할애하고, 무엇을 강조하게 될 것인지에 관한 총체적인 선택의 결과이다."[8] 레온 시갈은 이른바 "언론인 강령"이란 것을 만들었는데, 그것은 주로 뉴스에 대한 그의 정의를 구성하는 요소에 기초한 것이다.[9] 뉴스가

8) Walter Lippmann, *Public Opinion,* New York: Macmillan, 1922, p. 223.

9) Leon V. Sigal, *Reporters and Officials : The Organization and Politics of Newsmaking,* Lexington, Mass.: D. C. Heath, 1973, pp. 65~100. Sigal의 이 책은 미국 언론인

치에 대한 언론인의 정의에서 핵심적인 요소는 잘 알려져 있다. 즉 시의성 (오늘 일어난 것은 어제 일어난 것보다 더 뉴스가치가 있다), 근접성(가까운 곳에서 발생한 것은 먼 곳에서 발생한 것보다 더 뉴스가치가 있다), 권위성(권위가 높을수록 더 뉴스가치가 있다), 독자의 생활과의 관련성, 극적인 요소, 갈등의 정도 등이다.

이 모든 관습적인 뉴스 정의가 기자나 편집인이 허친스위원회와 《언론의 4이론》의 처방을 따르는 것, 즉 사실에 대한 진실을 말하는 것을 어렵게 만든다. 비록 언론인이 사실에 대한 진실을 아는 것이 가능하다고 손치더라도 말이다. 뉴스를 새롭게 정의하자는 운동을 폈던 막스 웨이즈는 미국 언론인의 관습적인 행동에 "예술적 편향"이 있다고 주장했다. 이러한 편향은 신문이나 방송의 내용에 나타나는 것이 아니라 뉴스가 제시되는 형태(form)에서 나타난다는 것이다.[10] 웨이즈는 언론이 기술 내지는 전문직업이라는 전통적인 관점을 버렸다. 그에게 언론은 예술이다—"조야하고 아름답지는 않지만 그래도 예술이다." 모든 예술인은 전통과 규준의 영향을 받고, 언론인은 특히 언론형태라는 전통의 영향아래 있다.

> 언론이 전달할 수 있다고 보는 "기사"만을 선호하는 것은, 전해 줄 필요는 있지만 친밀성, 간결성, 극적 요소 등 기준에 맞지 않아 전하지 못하는 변화를 무시하게 만든다. 이러한 예술적 편향은 언론인 그 자신의 이데올로기나 정파의식과는 아무런 관계가 없다. 그가 뉴스기사의 실체를 중시하는 쪽을 택할 수도 있지만, 그러한 실체적 편향은 종종 그의 형식적 편향에 의해 쓸모없는 것이 되고 만다. 매력적인—예술적으로 말해서—기사를 발견한 언론인이라면, 설령 그것이 그의 정치적 편견과 상충되고, 친구들의 이익을 해치고, 어머니의 가슴에 슬픔을 가져온다 해도 말하게 될 것이다. 하지만 이

의 관행과 캐치프레이즈 그리고 자화상을 분석한 일급 연구서이다.

10) Max Ways, "What's Wrong With News?" *Fortune,* October 1969. William Hammel, *The Popular Arts in America : A Reader,* 2nd ed., New York: Harcourt Brace Jovanovich, 1977, pp. 409~425에 재인쇄. 특히 pp. 415~418 참조.

> 장한 독립성은 무거운 대가를 치르게 된다. 만약에 그 기사를 선정하고 구체화시킨 예술적 기준 그 자체가 현실과 조화되지 않는다면, 그로 인한 왜곡은 이슈의 한 "쪽"만을 향하는 실체적 편향으로 야기된 왜곡보다 훨씬 더 클 것이다.[11]

언론이 기업에 적대적이냐 하는 이슈를 웨이즈의 언론형태 분석에 적용하는 일은 어렵지 않다. 중요한 것은 기사이지, 옳고 그른 것이 아니다. 여하튼, 만약에 언론의 편향이 실체보다는 그 형태에 있다면 사회책임주의와 그리고 무엇보다도 탐사언론의 철학적 토대는 심각하게 손상된다. 이것이 사실이든 아니든 간에, 리블링의 우울함에도 불구하고 탐사보도의 미덕에 대한 믿음은 여전히 굳게 간직되고 있다.

텔레비전이 뉴스원으로 부상함에 따라 언론의 형태가 변했음은 물론이다. 방송인들은 텔레비전 시대에 와서 사실 뒤의 진실에 대한 공중의 이해가 대폭 증가했다고 주장하지만, 닐 포스트맨과 같은 비평가들은 다른 주장을 하고 있다. 즉 텔레비전의 오락 강조는 "오락 그 자체를 모든 경험을 표현하기 위한 자연적 형태로 만들었다… 문제는 텔레비전이 우리에게 오락적인 내용을 제공한다는 것이 아니라 모든 내용이 오락으로 제공된다는 사실이다."[12]

포스트맨이 아무리 텔레비전에 반대한다 하더라도, 웨이즈가 아무리 언론에 예술적 편향이 존재함을 주장한다 하더라도, 언론인을 파수견으로 바라보는 사회책임주의는 미국 언론인의 신념체계에서 중심적인 위치를 유지하고 있다. 이제 우리는 현대 미국의 탐사보도에 관심을 돌리기로 한다.

---

11) 위의 책, pp. 417~418.

12) Neil Postman, *Amusing Ourselves to Death : Public Discourse in the Age of Show Business,* New York: Viking Penguin, 1975, p. 87.

| 제 47 장 |

탐사언론 : 사회의 양심

Investigative Journalism : The Conscience of Society

어떤 면에서 "탐사"언론이란 말은 개념적으로 중복적인 말이다. 왜냐하면 모든 언론이 기자로서는 크든 작든 탐사를 요하기 때문이다. 한편 다른 면에서 보면 탐사언론인이 일반 기자보다는 "사실"의 뒤를 좀더 깊이 파헤쳐 줄 것을 기대한다. 따라서 이 용어는 정의하기가 어렵고, 또 실제로 일부 언론인은 탐사 언론인이라는 바로 이 개념에 코웃음치기도 한다. 그렇다고 하더라도 탐사보도 과목은 저널리즘 대학에서 보편적인 과목이 되었고 많은 학생들이 자신의 목표는 탐사 언론인이 되는 것이라고 분명히 말하고 있다. 이 용어를 어떻게 정의하더라도, 철학적으로 탐사기자는 자신을 '사회의 양심'으로 본다. 편향됨이 없이 공평하게 높은 자리의 부패를 추적함으로써 '새로운 폭로언론인'을 구현하는 것이다. 이 탐사인은 바로 사회책임주의의 실천을 모색하고 있는 것이다.

한 탁월한 언론교과서는 미국 언론인이 언제나 공공의 이익에 헌신적이었음을 주목하면서, 과거보다도 오히려 요즈음이 "공공봉사 언론과 탐사기자의 일을 더 크게 강조하고 있다"고 주장했다.[1] 보도관련 교재는 모두 언론의 중요성을 강조한다. 막스 웨이즈의 말에도 불구하고, 어떤 저자는 보도가 예술이며 기술일 뿐만 아니라 "민주국민이 원하는 그런 종류의 사회를 건설하고 유지하는 중요한 수단"이라고 말한다.[2] 한편 다른 교과서는 언론인을 "민주체제의 중요한 톱니바퀴"라고 말한다.[3] 어떤 선생은 말하기를 언론에서 탐사기자는 "공공신뢰의 옹호자, 스티븐스와 싱클레어처럼 정치인 학살자, 용을 죽인 것으로 명성높은 조오지 성인(St. George)"으로 간주된다는 것이다.[4] 그에 의하면, 탐사기자는 다른 보도에서는 그렇게 많이 발견되지 않는 두 가지 재능을 사용하는데 그것은 공공기록을 이용하는 능력과 보고 이해하는 능력이다. 하지만 이러한 재능을 일반적으로 다른 기자들이 높이 평가하는 재능과 구별하는 것은 쉽지 않은 일이다.

수많은 언론인 지침서가 탐사기자가 되는 비결을 제시하고 있다. 언론기법에 관한 저술로 유명한 커티스 맥도우갈은 말하기를, 탐사기자는 "해고나 체포의 두려움 외에 다른 어떤 이유로도" 불법침입, 엿듣기, 전화도청, 우편물 가로채기, 기타 불법행위를 하지 않도록 주의해야 한다는 것이다. 그러면서 맥도우갈은 첨언하기를 탐사기자가 "직업탐정의 기법 가운데 일부"를 사용하는 것은 괜찮을 것이라고 한다.[5] 최근에 나온 한 교

---

1) John C. Hohenberg, *The Professional Journalist : A Guide to the Practices and Principles of the News Media,* 4th ed., New York: Holt, Rinehart and Winston, 1978, p. iii.

2) Mitchell V. Charnley and Blair Charnley, *Reporting,* 4th ed., New York: Holt, Rinehart and Winston, 1979, p. x.

3) Julian Harriss, et al., *The Complete Reporter : Fundamentals of News Gathering, Writing and Editing,* New York: Macmillan, p. 3.

4) Stephen Hartgen, "There's More Here than Meets a Dragon's Eye," *Quill,* April 1975, pp. 12~15.

5) Curtis MacDougall, *Interpretive Reporting,* 8th ed., New York: Macmillan, 1982, p. 10.

재는 탐사기자에게 이렇게 충고하고 있다. 만약에 내밀하게 해야 할 일이 있어서 자신의 배경을 속여야 한다면 가급적 진실에 가깝도록 해야 하는데, 예컨대 이름만은 자신의 이름을 사용해야 누군가 자신을 부르더라도 즉각 반응할 수 있기 때문이다. 또 이 교재가 주장하는 바에 따르면 탐사보도의 주대상인 아동학대, 정부의 부정부패, 의료사기, 교도소 실태 등에 관한 기사는 우리가 항상 가까이서 접하는 문제이기 때문에 과장하기가 불가능하다.[6]

또 어떤 안내서에 따르면 독자에게 사실을 단지 나열만 하고 독자 스스로가 결론을 내리게 하는 전통적인 입장은 피하라고 한다. 그보다는 사실을 나열하고 그것이 무엇을 의미하는지를 독자에게 분명히 말해 주라는 것이다. 왜냐하면 언론인은 "과학자와 마찬가지로 무엇을 고취시키는 사람은 아니기 때문이다. 언론인은 진실을 찾는 사람이다."[7] 바로 여기에 현장에서 실제 적용되고 있는 허친스 위원회의 뜻이 있다. 이 안내서는 또한 탐사기자가 어떤 사람을 정보원으로 이용할 것인가에 대해 충고하고 있다. 바로 적과 패자, 어려움에 처한 사람들인데 이러한 사람들은 탐사대상자의 나쁜 점을 찾아낼 가능성이 가장 많은 사람들이기 때문이다.

탐사기자에게 스타일은 특별히 중요한 것이 못된다. 탐사기자의 임무는 정보를 얻기 위해 표면 아래를 파헤치는 것 뿐만 아니라, 그 정보를 가능한한 광범위하게 공개시키는 것, 암흑에 싸인 사실을 대낮의 밝은 햇빛 속으로 들어 올리는 것이다. 탐사기자는 부정행위에 굳게 반대하는 경우를 제외하고는 어떤 이슈에서 한쪽 편을 드는 것은 신중하게 피한다.

---

6) 위의 책, p. 10.

7) Brian S. Brooks, ed., *News Reporting and Writing,* New York: St. Martin's Press, 1980, p. 2. 이와 유사한 연구로는 다음 책 참조. M. Harry, *The Muckraker's Manual: How to Do Your Own Investigating Reporting,* Port Townsend, Wash: Loompanics Unlimited, 1980. 또한 다음 책도 참조. Louis Rose, *How to Investigate Your Friends and Enemies, St.* Louis: Albion Press, 1981; James Phelan, *Scandals, Scamps and Scoundrels,* New York: Random House, 1982.

따라서 그는 자신을 파벌기자나 논설기자로 생각하지 않는다. 그의 생각에 자신이 추구하는 모든 것은 진실일 뿐이다. 그는 자신의 일을 준비하는데 필요한 모든 형태의 공공서류를 포함해서 그 어떤 것도 회피하지 않는다.

일을 어떻게 준비하느냐에 대해 말하는 것은 사실 탐사 언론인의 작업방식을 확인하는 것과 같다. 《아리조나 리퍼블릭》지의 돈 볼레스는 결코 최초의 탐사기자는 아니었지만 죽고 난 후 탐사기자의 상징이 된 인물이다. 볼레스는 1976년에 피닉스 시내에서 암흑가의 전형적 수법인 자동차 폭발사고로 살해당했다. 그 당시 그는 아리조나 토지개발 사업의 부정을 탐사 취재하고 있었다. 살해되기 1년 전에 볼레스는 그와 뜻을 같이 하는 일단의 언론인들과 함께 IRE(Investigative Reports and Editors, Inc.)라는 조직을 결성했다.[8] 볼레스의 사망 후, 서른 대여섯 명의 언론인들이 힘을 합쳐 그 폭발사고를 조사했고 마침내 3명의 범인을 찾아 내는데 성공했다.[9] 볼레스 그 자신은 탐사 언론인을 서부개척지의 보안관에 비유했다. "신문은 우리와 총체적 무질서 사이에 존재하는 하나의 세력이다. 우리 주의 모든 중요한 발전과 부패소탕은 아리조나의 신문에 의해 이루어졌다."[10]

그들이 본보기로 삼는 폭로 언론인과 같이 탐사 언론인들은 높고 힘있

---

8) Edwin Emery and Michael Emery, *The Press and America : An Interpretive History of the Mass Media,* 4th ed., Englewood Cliffs, N. J.: Prentice-Hall, 1978, p. 372. 또한 볼레스(Bolles) 살해사건 이후의 자세한 상황은 다음 책 참조. John M. Harrison and Harry H. Stein, *Muckraking—Past, Present and Future,* University Park, Pa.: Pennsylvania State University Press, 1973; Michael F. Wendland, *The Arizona Project,* Kansas City: Sheed, Andrews and McNeel, 1977.

9) Emery and Emery, 앞의 책, p. 372.

10) 볼레스의 이 말은 다음 책의 서문에서 인용. J. Edward Murray, *The Investigative Reporter and the Democratic Process,* Tucson: University of Arizona Press, 1977. 이 얇은 책은 어떤 수상식에서 행한 Murray의 연설원고이다.

는 자들을 목표물로 삼았고 자신의 탐사작업을 종종 국민의 알 권리와 연결지었다. 아리조나의 볼레스에게 사후에 증정된 상의 이름은 '언론의 자유와 국민의 알 권리를 위한 존 피터 젱거 상'이었다.[11] 탐사 언론인들이 스스로를 대통령, 의회, 대법원과 동등한 힘을 갖는 '제 4 부'로 생각하고 있음은 의심의 여지가 없다. 그들은 상당한 명성을 얻어 왔다. 《워싱턴 포스트》의 탐사기자 봅 우드워드와 칼 번스타인의 이름은 워터게이트 사건의 탐사결과로 일반가정에서도 일상화된 용어가 되었다.[12] 텔레비전 프로그램 〈60분〉에서 인터뷰를 맡고 있는 탐사기자들은 대통령이나 교황만큼 시청자들에게 친숙한 존재이다. 그 프로그램은 가장 시청률이 높은 프로그램 가운데 하나인데, 이것은 탐사보도가 이타적 측면만 있는 것이 아니라 돈도 벌게 해 준다는 증거이다.[13]

그럼에도 불구하고 탐사 언론인이라는 용어에는 사심없는 봉사라는 어감이 분명히 있다. 국민은 알 권리가 있다라는 생각을 던져 버릴 미국인은 별로 없을 것이다. 그러나 일부 비평가들은 탐사 언론인들이 자만심이라는 치명적인 죄를 범하고 선출직 사정기관에 속함직한 지위를 함부로 누리는데 대해서 비난하였다.[14] 텔레비전 방송 언론인 로버트 맥닐은 탐

---

11) 위의 책.

12) Carl Bernstein과 Bob Woodward의 경험담은 그들의 다음 책에 잘 나타나 있다. *All the President's Men,* New York: Simon and Schuster, 1974. 이 책은 곧 베스트셀러가 되었고 동명의 영화도 상당한 수익을 올려 주었다. 두사람의 이름을 합친 "Woodstein" 현상에 관한 문헌은 방대하기 짝이 없다.

13) 〈60분〉(*60 Minutes*)은 닐슨 시청률조사에서 항상 10위권 안에 들었으며 1987년에는 점유율 23.1로 6위였다. *World Almanac and Book of Facts,* 1989, p.357.

14) 어떤 사람들은 볼레스사건에 대하여 IRE 언론인들이 제출한 장문의 보고서가 서류증거의 부족으로 잘못된 결론을 도출해 내었다고 주장하면서 이를 비난하였다. IRE는 물론 자신의 보고서를 굳게 옹호했다. Wendland, 앞의 책과 Melvin L. DeFleur and Everette E. Dennis, *Understanding Mass Communication,* Boston: Houghton Mifflin, 1981, p.436 참조. 탐사보도의 관행에 비판적인 글로는 특히 다음을 보라. John Lancaster, "Woodstein in Des Moines," *Columbia Journalism Review,* January-

사기자들을 "미국언론의 무뢰한"이라고 부르면서 뉴스매체가 불공정하다고 보는 "공중의 인식"에 그들이 한몫을 했다고 말한다.[15] 맥닐은 탐사 언론인에 대해서 비판적인 한편, 제 9 부에서 살펴 보게 될 또 다른 "새로운" 언론집단에 대해서는 경멸적이었다.[16]

일부 논평가들은 탐사 언론인들의 근본 목적이 개인적 위신과 권력으로 여기게 되었다. 왜냐하면 마치 그들이 건수를 올리고 자신의 성과에 만족을 얻기 위해 점점 더 많은 수의 희생자를 찾는 것처럼 보였기 때문이다. 여론조사가이자 '공공의제 재단'(Public Agenda Foundation)회장인 다니엘 양켈로비치는 매스 미디어와 탐사보도의 "열애"를 비난했는데, 그 이유는 사실과 허구가 구별되지 못하고 언론에 대한 공중의 불만이 야기되었다는 점이다. 양켈로비치는 탐사 언론인들이 스스로에게 이렇게 말하고 있는 것이 아니냐고 말했다. "글쎄, 우리가 마음바른 사람들이고 저 녀석들이 정말로 나쁘다는 것을 알고 있는 한, 사실을 조금만 과장한들 뭐 어떻겠어?"[17] 양켈로비치는 근래에 있었던 언론사기극 가운데 가장 유명한 자넷트 쿠크 사건을 특별히 지칭하고 있었던 것이다. 《워싱턴 포스트》지의 기자였던 쿠크는 1980년에 쓴 한 기사로 풀리처상을 수상했

February 1983, pp. 51~52; Timothy Ingram, "Investigative Reporting: Is It Getting Too Sexy?" in Michael Emery and Ted C. Smythe, eds., *Readings in Mass Communication,* 4th ed., Dubuque, Iowa: Wm. C. Brown, 1980, pp. 243~255.

15) Robert MacNeil, "The Mass Media and Public Trust," New York: Gannett Center, 1985, p. 6. 1985년 3월 13일 컬럼비아대학교 〈가네트 미디어연구소〉(the Gannett Center for Media Studies) 개소식에서 한 연설.

16) 위의 글, p. 5 : "뉴 저널리즘은 죽었다… 왜냐하면 평범한 기자들에게 사실의 수집이라는 노고를 면제해 주었기 때문이다… 주창언론은… 공정성을 낡아 빠지고 소심한 것으로 간주하고, 양 측면을 모두 말하여 공중이 옳고 그름을 결정하게 하는 것은 무력하고 심지어는 무책임한 짓이라고 생각한다…"

17) Daniel Yankelovich, 미국뉴스평의회(National News Council) 간부들에게 한 말. *Washington Post,* April 30, 1981 참조.

는데, 나중에 밝혀진 바에 의하면 그 기사는 그녀가 만들어낸 것이었다. 쿠크사건은 제 58 장에서 좀더 상세히 다루기로 하겠다.[18)]

탐사기자의 승리 가운데 워터케이트사건 폭로 다음으로 유명한 것은 DNS(Dispatch News Service)의 프리랜서 기자였던 세이무어 허쉬가 1970년에 보도한 미라이(My Lai) 학살사건이었다. 베트남의 미라이촌에서 일어난 미군의 베트남 양민학살을 폭로한 이 보도로 허쉬는 퓰리처상을 수상하였다. 2부로 구성된 《롤링 스톤》(*Rolling Stone*)지의 이 보도는 극찬을 받았고 허쉬는 미국 민주주의의 구원자로 부상했다.[19)] 나중에 허쉬의 회고에 의하면 미국신문으로 하여금 그 기사를 보도하게끔 확신시키는데 어려움이 있었다고 한다. 왜냐하면 허쉬가 학살장면을 사진찍었고 그 사진을 편집인들에게 제시했음에도 불구하고, 기사에 거명된 개인들로부터 명예훼손 혐의로 고발될지 모른다는 두려움 때문이었다. 그의 회사 DNS는 워싱턴의 한 유명한 법률사무소를 고용했는데, 이 법률사무소는 "국민의 알 권리는 관련된 일부 개인의 어떤 불이익보다도 훨씬 더 중요하다"는 입장을 내세웠다. 허쉬는 신문들이 그의 기사에 왜 그렇게 반응했는지를 생각해 보았다.

> 일부 책임있고 신중한 신문들은 내 기사를 보도한 반면에 똑 같이 책임있고 신중한 다른 신문들은 그것을 보도하지 않았는데 무엇이 그렇게 만들었는가? 그 대답 가운데 하나가 본능, 즉 기사나 취재원에 대해 많은 기자와 편집인들이 느끼고 있는 본능이라고 생각한다.[20)]

---

18) Janet Cooke의 기사 "지미의 세계"(Jimmy's World)는 1980년 9월 28일 《워싱턴 포스트》지에 게재되었다.

19) Eszterhas, "Rolling Stone Interview with Seymour Hersh," *Rolling Stone,* April 10 and 24, 1975.

20) Seymour M. Hersh, "The Story Everyone Ignored," *Columbia Journalism Review,* Winter 1969~1970. Emery and Smythe, 앞의 책, 1st ed., 1972, pp. 434~439에 재인쇄. 인용된 부분은 439쪽에서 인용.

탐사보도는 1960년대의 들뜬 혁명적 시기가 쇠퇴한 후 1970년대와 1980년대에 커다란 성장을 경험하였다. 70년대와 80년대의 '시대정신'(Weltgeist)은 낭만적인 60년대와는 판이하게 달랐다. 1961년에 케네디 대통령은 미국인들에게 개인적인 이익을 추구하기보다는 국가에 봉사할 것을 요구함으로써 60년대의 분위기에 어필하였다. 그러나 그와 동생 로버트 케네디와 마틴 루터 킹 목사가 암살 당한 후에, 거리의 끊임없는 시위와 소요 후에, 경찰과 반정부 집단간의 투쟁 후에, 미국은 "평화와 고요"를 갈망하고 평온에로의 복귀를 찾게 되었다. 60년대를 특징지웠던 낙관주의는 해체되고, 유럽사회를 오랫동안 특징지웠던 문화적 비관주의와 정신적으로 유사한 비관주의의 분위기가 미국 전체에 자리잡았다. 탐사언론인들은 바로 그 문화적 비관주의를 확산시킨 주요한 사람들이었다.

그러한 비관주의는 대부분 미국 땅에 존재하지 않았던 것이다. 여기서 생각해 보아야 할 문제는 다음과 같다. 미국언론은 문화적 비관주의로 가득찬 신념체계를 채택하지 않고서, 또는 최소한 채택하는 것처럼 보이지도 않고서, 지위높고 힘있는 자들에게 열정을 갖고 도전하는데 자신을 바칠 수 있을 것인가? 황색언론과 폭로언론 그리고 탐사 언론의 회의론적 자세를 선택하면서, 언론인들은 로크와 제퍼슨과 존 스튜어트 밀의 낙관주의를 거부하고 루소나 칸트와 같은 유럽 철학자들의 비관주의를 받아들이고 있는가? 비평가들로 하여금 오늘날의 사회에서 언론의 위치가 무어냐고 묻게 만드는 비관주의에 의해 미국의 언론이 지배되고 있다는 것은 언론인들의 인식인가? 언론이 나쁜 뉴스만 보도하고 사회의 좋은 뉴스는 무시한다는 주장은 비단 탐사언론 뿐만 아니라 뉴스매체 전체에 대한 비판 가운데 특히 중요한 부분이다.

맥닐은 매스미디어의 불공정성에 대한 공중의 인식이 그가 말하는 "과격한 부정주의(때로는 연극적 요소까지 있는), 즉 베트남 전쟁과 워터케이트 사건 이후 수많은 보도(특히 워싱턴으로부터의 보도)를 지배하고 있는 과격한 부정주의"와 관련이 있다고 본다.[21] 그에 의하면, 공중은 "공정성—공평성, 균형성, 객관성"을 원하고, "내가 듣는 불평 가운데 가장 큰 불평은 공정성이 없다는 것이다."[22]

앞에서 조심스럽게 지적한 바와 같이, 언론인은 전반적으로 철학적 복잡성의 문제에 의식적으로 관여하지 않는다. 그러나 탐사기자의 의식과 그리고 실제로 언론인 대부분의 의식 아래에는, 오래된 것이지만 동시에 새로운 어떤 편치 못한 의문감이 나타나고 있다. 과연 이렇게 하는 것이 올바른 일인가? 도덕적인 것인가? 윤리적 함의는 무엇이란 말인가? 다른 사람들과 마찬가지로 언론인들도 일종의 "발견된" 윤리를 가지고 있다. 이 발견은 과거 그 어느 때보다도 언론인의 이데올로기에, 그 신념체계가 어떻게 만들어져 어떻게 작용하는지에 커다란 비중을 두고 있다. 우리는 제10부에서 언론윤리를 주제로 다룰 것이다. 지금 당장 우리의 관심은 다른 주제에 있는데, 그것은 언론탐사 기능의 중요성 대두와 이 기능에서 파생된 윤리적 문제에 관련된 것이다. 이 주제는 바로 힘, 즉 미국 언론인의 권력에 관한 문제이다.

---

21) MacNeil, 앞의 책, p.5.

22) 위의 책, p.4.

제 9 부

이데올로기 없는 이데올로기

An Ideology Without an Ideology

월터 리프만(Walter Lippmann : 1889~1974) : "언론은… 민주주의 이론이 이제껏 인정하고 있는 것보다 훨씬 더 허약하다. 국민주권의 모든 부담을 떠맡으며 동시에 민주주의자들이 희망하는 천부의 진리를 공급하기에는 너무나 허약하다. 언론이 그러한 진리를 공급하리라고 기대한다면, 우리는 잘못된 판단기준을 사용하고 있는 것이다. 우리는 뉴스의 제한된 성격과 사회의 무한한 복잡성을 잘못 이해하고 있다. 우리 자신의 참을성과 공공정신 그리고 다방면에 걸친 능력을 과대평가하고 있는 것이다."

레인홀드 니버(Reinhold Niebuhr : 1892~1971) : "어떤 전면적인 매스컴 철학이 필요하다… 그 〔사회책임〕 이론이 제작자로 하여금 매스미디어의 뉴스와 오락 제작에 대해 도덕적으로 책임을 느끼게한다는 점에서는 옳지만, 제작자에게 책임있는 행동을 강요하기는 어려운 일이다."

| 제 48 장 |

서론 : 미디어와 권력

Introduction : Media and Power

제 9 부는 이론적으로나 실천적으로나 미디어 분야를 지배하는 핵심주제인 권력〔힘〕에 관한 것이다. 미디어가 얼마나 큰 힘을 가지고 있고 또—많은 사람들이 생각하는 것처럼 그렇게 큰 힘을 갖고 있다면—그 힘이 어떻게 다양하게 (바라건대 보다 현명하고 나은 방식으로) 사용될 수 있는가 라는 의문에 공중이 엄청난 관심을 가지고 있음은 시중에 범람하는 수많은 책과 팜플렛과 논문과 에세이가 증명하고 있다. 이 방대한 문헌들 가운데 많은 부분이 여기에 가장 직접적으로 관련된 사람들—언론인들—과 그들의 글쓰기 대상인 권력자들에 의해 만들어진 것이다. 그러나 또 상당한 분량의 문헌은 학자들—흔히 정치철학자나 사회철학자—에 의해 씌여지고 있다. 뉴스매체에 대한 매혹은 텔레비전이 미국인의 일상생활에서 점점 지배적인 역할을 차지함에 따라 현대사회에서 더욱 심화되었다.

확실히 뉴스매체의 권력에 관한 엄청난 수의 기사와 논평에 영향을 받지 않은 언론인은 아무도 없다. 텔레비전 뉴스 프로그램의 편재성(遍在性)이 새로운 언론 스타들을 창조해 낸 것은 분명하다. 이 언론 스타들은 워낙 유명하고 또 미국인의 일상생활의 한 부분이 됨으로써, 시청자의 사고와 신념을 형성하고 그리하여 미국의 공공생활을 지배할 수 있는 정말로 대단히 힘있는 사람들로 보인다. 매디슨이 무척 좋아했던 프란시스 베이컨의 경구 '지식은 힘이다'는 '정보는 힘이다'라는 주장으로 바뀌어 왔다. 말하자면 공공문제의 으뜸가는 정보원인 뉴스매체를 지배하는 사람이면 국가와 사회를 지배할 권력을 갖는 것이다. 이제 텔레비전의 시대는 도래했고, 권력에 대한 철학적 검토 가운데 어떤 식으로든 뉴스매체에 초점을 두지 않는 것은 더 이상 볼 수 없게 되었다.

비록 그 패턴은 최근에 좀 변했지만, 지난 오랜 세월동안 언론이 자신의 방대한 권력을 스스로 선언하는데 주저했던 적은 거의 없었다. 예를 들면 퓰리처는 이렇게 주장하기까지 했다. "《월드》지는 대통령보다 더 강력해야 한다. 대통령은 당파성과 정치라는 족쇄에 구속되어 있고 단지 4년의 임기를 가지고 있을 뿐이다."[1)]

모든 추상어와 마찬가지로, 권력〔힘〕이라는 개념도 해석이 몹시 다양할 수 있다. 경제학자 존 켄네스 갈브레이드는 권력을 개인적, 조직적, 정치적 목적을 얻기 위한 보편적 수단으로 정의하는 한편, 권력의 추구는 단순히 권력 자체를 목적으로 할 수도 있다고 주장한다. 갈브레이드의 견해에서 보면, 권력을 단순히 소유만 하는 것은 추구하는 목적과는 동떨어진 심리적 대가를 야기할 수 있다.[2)]

갈브레이드는 매스미디어가 조작력과 설득력을 통해 "조건화된(*conditioned*) 권력"을 행사하는 것으로 본다. 그에 의하면 이러한 식의 권력행사는 특히 염려스러운 일이다. 왜냐하면 영향을 받은 개인은 자신이 통제되고 있다는 것을 전혀 모르기 때문이다. 그는 단순히 미디어의 권력

1) Harold A. Innis, *The Press: A Neglected Factor in the Economic History of the Twentieth Century*, London: Oxford University Press, 1949, p. 24.

2) John Kenneth Galbraith, *The Anatomy of Power*, Boston: Houghton Mifflin, 1983, pp. 10~11.

에 복종하도록 조건 지워졌을 뿐이다. "한때 사제에게—그리고 아마도 정도는 덜하겠지만 교장 선생님에게—부여했던 믿음이 이제 텔레비전과 신문의 대변인들에게 부여되고 있다."[3]

이와 비슷한 점을 지적하면서 닐 포스트맨은 시청자가 텔레비전에서 받아들이는 정보는 필연적으로 맥락을 벗어나 광고 사이에 낀 작고 간결한 조각으로 유형화된다고 주장한다. 맥락의 부재, 관계의 부재는 생각하기를 억눌러서 시청자는 자신이 통제되고 있다는 것, 또는 조건지워지고 있다는 것을 의식하지 못한다.[4] 다르게 표현하면, 매스미디어 특히 텔레비전의 위력은 부분적으로 한 전제에 의존하고 있는데, 그것은 표적이 되는 수용자가 자신이 이용당하고 있지만 이용당하고 있다는 사실을 모른다는 점이다. 이데올로기는 전달되지만, 전혀 눈치채이지 않고 고통없이 전달된다. 토드 기틀린은 매스미디어도 다른 형태의 대중문화처럼 결코 신념을 만들거나 창조하지는 않는다고 주장한다.[5] 대신에 사회적 엘리트의 신념과 사회운동은 매스 미디어에 의해 전달되고, 재생산되며, 가공처리되고, 포장된다는 것이다. 이런 식으로 해서 매스미디어의 조건지우는 힘은 결코 사회의 반대를 압도하기 위해 사용되는 것이 아니라, 나중에 지하언론이라고 부르는 현상을 검토할 때 보게 되겠지만, 반대를 순치시키고 흡수하고 이용하는데 사용된다.[6]

---

3) 위의 책, p. 177. 갈브레이드는 권력을 세가지 유형으로 나눈다. 첫째는 불복종하는 경우에 형벌을 가할 수 있는 능력에서 나오는 정당한(condign) 권력이며, 둘째는 보상을 약속하는 보상적(compensatory) 권력, 그리고 마지막으로 조건화된(conditioned) 권력이다. 뉴스매체의 권력에 대한 갈브레이드의 흥미로운 논의는 6쪽과 29~30쪽, 176~180쪽을 참조하라.

4) Neil Postman, *Amusing Ourselves to Death: Public Discourse in the Age of Show Business*, New York: Viking Penguin, 1975, p. 70, 75, 90.

5) Todd Gitlin, "Prime Time Ideology: The Hegemonic Process in Television Entertainment," in *Social Problems*, 26 : 3 (February 1979), p. 254.

6) 위의 논문, p. 274. 또한 Raymond Williams, *Marxism and Literature*, New York:

어떤 식으로 정의하든간에 **권력**이란 용어는 일반적으로 경멸적인 의미를 함축하고 있다. 로마의 역사가 타키투스가 한 말은 아직도 많은 사람들이 수긍하고 있다. "남을 지배하고자 하는 권력욕은 다른 어떤 열정보다도 사람의 마음을 흥분시킨다."[7] 액튼 경(Lord Acton)은 100년 전에 이렇게 선언했다. "권력은 부패하기 쉽고 절대권력은 절대적으로 부패한다."[8] 대부분의 사람은 아마도 이 격언을 믿고 있으리라. 우리가 마음 깊숙이 내밀하게 아무리 권력을 획득하고 행사하기를 갈망하더라도 말이다.

앞으로 전개될 5개 장에서는 권력문제를 다양한 관점에서 접근해 보고자 한다. 첫째, 제 2 차 세계대전 후에 나타난 철학의 발전을 개괄적으로 살펴 볼 것이다. 제 2 차 세계대전은 인류역사를 가름하는 분수령이었다. 1945년 경에 유럽 식민제국의 지배는 끝이 났고, 미국은 과거 유럽의 영광을 짊어진 짐꾼—키플링의 "백인의 짐"을 진 짐꾼—으로 등장했다(적어도 지금은 그렇게 보인다). 이제 사상 처음으로 이데올로기적인 도전자—소련을 적으로 보게 되었는데, 이 도전자가 전하는 메시지는 집단주의와 확고한 국가통제였다.

이러한 정치적 변화와 함께 원자력이 출현하고 새로운 파괴체제에 의해 인류의 생존이 위협받게 되었다. 이러한 위협 자체가 모든 철학에 영향을 주었고 이론과 실천 모두가 이제 지구의 종말을 생각하지 않을 수 없게 되었다. 정치적으로 좌파와 우파 모두로부터 실용주의라는 지배적인 사상에 새로운 도전이 제기되었다. 이러한 맥락에서 미디어 권력과 관련하여 레인홀드 니버와 월트 리프만의 저작에 특별히 관심이 집중되었

Oxford University Press, 1977 참조.

7) Tacitus, *Annals*, Chicago: *Great Books of the Western World*, Encyclopedia Britannica, XV, p. iii.

8) Bergen Evans, *A Dictionary of Quotations*, New York: Delacorte Press, 1968, p. 547에서 재인용. Acton경(John Emerich Dalberg)의 이 유명한 경구는 1887년 Mandell Creighton 주교에 보낸 편지에 나오는 말이다.

는데, 니버와 리프만이 미국의 사상 특히 언론인의 사상에 끼친 영향은 광범위한 것이었다.

다음으로 우리는 전후세계의 수많은 도전에 대한 미국언론의 대응을 살펴보게 될 것이다. 그러한 대응 중 가장 많이 논의된 탐사언론은 이미 살펴 보았지만, 그외에도 다른 것들이 있었다. 이들을 하나씩 검토하고 그 이데올로기적 함의를 탐색해 보겠다. 여기에는 전문성의 개념, 객관성, 사회적 책임, 공중의 알 권리, 언론자유와 같이 언론인의 신념체계에 중요한 요소들이 관련되어 있다.

전후기간에 "전문성"은 다른 많은 직업에서와 마찬가지로 매스미디어에서 하나의 규범으로 등장했다. 전문성이란 개념이 교량건설자나 보험외판원 보다는 언론인에 더 어울리는 개념일 수도 있지만, 그럼에도 불구하고 하나의 기준으로서 전문성은 전사회에 퍼져 나갔다. 전문적이라는 개념은 물론 어떤 광범위하게 관찰된—비록 필수적인 것은 아니더라도—기준에 집착하는 것을 의미한다. 언론인에게 중요한 그 기준은 객관성이라는 보편적으로 인정되는 규범이다. 허친스위원회의 보고서에 따르면, 사회적 책임도 역시 언론의 수월성을 측정하는 시금석이 되었다. 전후기간에 매스미디어의 위력이 엄청나게 확대된 것으로 보이게 됨에 따라 이 모든 가치가 도전을 받게 되었고, 언론 그 자체가 점점 정치권력자나 일반공중으로부터 공격받게 되었다.

1969년에 애그뉴 부통령이 전개한 주장은 정부에 대한 언론의 상대적인 권력을 문제삼았기에 매스미디어의 권력에 관해 제기된 가장 유명한 도전이었다. 이 장에서 우리의 세번째 주요 주제는 바로 이러한 공격과 여기에 대한 대응을 다루고 이 상대적 권력의 문제가 던지는 이데올로기적 함의를 검토하는 것이다.

우리는 사물을 10년 단위로 묶는 것을 좋아한다. 예컨대 질풍노도의 20년대, 대공황의 30년대 따위가 그것이다. 10년이란 단위는 실제로 이 무질서의 세계에 일종의 질서를 제공하여 이해를 돕는 이정표이자 지름길이다. 하지만 우리는 이 10년이란 단위를 사용하는데 주의해야 한다. 대공황은 1929년에 시작하였고 결코 1940년에 끝나지 않았다. 순수주의자는 10년이란 단위를 이정표로 사용하는데 많은 잘못이 있다고 본다. 그러나 10년이란 단위가 현실을 그대로 묘사한 것이 아니라 대략적인 근사치의 표현임을 기억하는 한, 그것은 유용하다. 현대세계의 미국을(그리고 사실 서양사회를) 비교적 명확하게 묘사하기 위해, 시기를 10년 단위로 나누는 것을 두려워 할 필요는 없다고 본다. 그렇다면 미국의 전후시기는 전반적으로 보수의 50년대, 혁명의 60년대, 자족의 70년대, 과도기의 80년대로 묘사할 수 있다. 이들 시기에 사회의 중심세력으로서 언론인들도 마찬가지로 보수적이었고, 혁명적이었으며, 자족하였고, 과도기적이었다.

제 2 차 세계대전 직후 일반공중의 마음은 질서있는 사회로의 복귀를 염원하였다. 따라서 어떠한 종류의 실험도 환영받지 못했다. 표면상 놀라울 정도의 국민적 합의가 존재하고 있었다. 실제로 역사가들과 여타 학자들은 미국의 발전과 번영 그리고 승전은 바로 이러한 국민적 합의를 바탕으로 하였다고 말한다.[9] 문학비평가 라이오넬 트릴링은 1949년에 말하기를, 미국인은 자유주의를 "지배적인 정도가 아니라 유일한 지적 전통으로서"[10] 모두가 하나같이 믿고 있었다고 한다. 그러나 "자유주의적"이란 말이 경멸적인 단어가 된 80년대 말에는 그것이 얼마나 공허하게 들렸겠는가. 80년대 말에 레이건 대통령과 그 지지자들은 라이오넬 트릴링과 같은 생각의 사람들을 공격하기 위해 그 말을 사용했던 것이다. 그러나 전후세계에서 일부사람들은 이제 이상에 도달한 것으로 생각하게 되었다. 언론

9) 이러한 "합의" 또는 "조정" 입장을 대변한 인물들의 주요연구 가운데 특히 다음을 참조. Clinton D. Rossiter, *The First American Revolution*, New York: Harcourt, Brace, 1956; Hannnond Bray, *Banks and Politics in America from the Revolution to the Civil War*, Princeton, N.J.: Princeton University Press, 1957; David N. Potter, *People of Plenty*, Chicago: University of Chicago Press, 1954. "합의"이론과 이에 반대되는 "갈등"이론에 대한 검토는 Allen J. Davis and Harold D. Woodman, eds., *Conflict or Consensus in American History*, Boston: Heath, 1966 참조.

10) Lionel Trilling, *The Liberal Imagination*, Garden City, N.Y.: Doubleday, 1950, p. 5.

인을 포함해서 서양의 지식인 사회가 복지국가와 혼합경제(근본적으로는 자본주의이지만)의 미덕에 합의한 것처럼 보였기 때문이다. 1960년에 사회학자 다니엘 벨은 실용주의와 정치적 다원주의의 승리에 의한 이데올로기의 종언을 선언했다.[11)]

실용주의가 미국의 기본 신념체계가 될 것이라는 듀이의 예측이 증명된 것으로 보였다. 하지만 바로 이 시점에 대학 캠퍼스와 지식인 잡지에는 미국이 기초로 삼고 있는 기본 가정에 대해 심각한 재검토가 일어나고 있었다.

1960년대에는 합의가 증발해 버렸다. 미국의 지성사에는 보기 드물게 분극화라는 흥미로운 현상이 전개되었다. 이 도전에서 핵심적인 단어는 "새로운(*new*)"이라는 말이었다. 제임스 올리버 로버트슨은 "신선한 장소, 새로운 시작, 기회"라는 의미의 신세계에서 시작해 지금까지 새로움이라는 개념이 미국역사에서 차지했던 그 중요성을 지적했다.[12)] 이렇게 해서 미국사회에는 신좌파(*New Left*)가 출현했다. 그리고 신보수주의(*New Conservatism*), 신역사(*New History*), 신정치(*New Politics*), 신사회학(*New Sociology*)이 등장했다. 물론 뉴 저널리즘(*New Journalism*)도 나타났다. 이러한 운동 중 어느 것도 본질적으로 새로운 것은 없었지만

---

11) Daniel Bell, *The End of Ideology; on the Exhaustion of Political Ideas in the Fifties*, Glencoe, N.Y.: The Free Press, 1960, p. 397. 다원주의에 관한 문헌은 방대하기 짝이 없다. 예를 들면, Robert A. Dahl의 *Pluralist Democracy in the United States: Conflict and Consent*, Chicago: Rand McNally, 1967과 *A Preface to Democratic Theory*, Chicago: University of Chicago Press, 1956을 참조. 또한 다음의 두 책도 참조. Gabriel Almond and Sidney Verba, *The Civic Culture: Political Attitudes and Democracy in Five Nations*, Princeton, N.J.: Princeton University Press, 1963; David Truman, *The Governmental Process: Political Interests and Public Opinion*, 2nd ed., New York: Knopf, 1971.

12) James Oliver Robertson, *American Myth, American Reality*, New York: Hill and Wang, 1980, p. 29.

모두가 스스로를 새로운 것, 다른 것으로 묘사했다. 사회는 점점 더 동질적이고 기술화된 사회로 변해가고, 새로운 운동은 모두 처음에는 그러한 사회를 엄습했지만 그 다음에는 서서히 순응해 나갔다.

| 제 49 장 |

신보수주의자와 신급진주의자

The New Conservatives and the New Radicals

신보수주의자의 지도자 가운데 피터 비렉이란 사람이 있는데, 그의 지도지침은 균형이었다. 그는 조화와 자제와 자유를 찬양하며 루소를 직접적으로 비난했다. 그에 의하면, 루소는 오직 인간의 자연적 덕성만을 보고 "인간의 무절제한 자아 속의 악마적 자만"[1]으로부터 비롯되는 악을 무시함으로써 반란을 지지하고 전통에 대한 반대를 주장했다고 한다. 비렉은 자유를 신보수주의의 으뜸가는 원리라고 보았는데 그가 말하는 자유는 플라톤과 버크 그리고 헤겔과 독일 역사가들의 가르침으로부터 나온 것이었다. 비렉은 "확신"과 "열정"을 경멸하고, 법과 윤리의 합리성 아래 "점진주의"를 주장함으로써 루소뿐만 아니라 "진보적인" 언론논평가들에게도 반대했다.[2] 그에게 루소의 가르침은 성숙한 사고가 아니라 미성년

1) Peter Viereck, *Conservatism Revisited: The Revolt Against Revolt 1815~1949*, New York: Scribner's, 1949, p. 35.

2) 위의 책, pp. 132~133. Viereck은 버크의 저작이 특히 제 2 차 세계대전 이후의 시대

자의 반항으로 가득찬 것이었다. 비렉은 1949년에 보수주의 이념에 공헌한 자신의 주요 저작을 집필했다. 10년이 조금 지난 뒤 지하언론 운동은 비렉이 선언한 원칙을 거부하고 그가 경멸한 바로 그 "미성년자의 반항"을 주장하게 되었다.

신보수주의를 대변하는 또 다른 인물인 러셀 커크도 버크를 자신의 모델로 삼고 로크와 제퍼슨을 거부하였다. 그는 안정이 개혁 속에 있는 것이 아니라 가족, 사유재산, 종교에 있으며, 무엇보다도 헌법상의 권력균형이라는 미국적 전통 속에 있다고 주장하였다.[3] 비렉과 마찬가지로 커크도 전통의 고수를 선호하며 "이데올로기"에 대한 거부를 선언했다. 신보수주의자의 일원인 역사학자 클린톤 로시터가 명석하게 관찰한 바에 의하면, 커크는 그의 스승 버크와 마찬가지로 이데올로기를 경멸하기는 했지만 "지적 및 기질적 외로움으로 인해 진짜 이념가가 되지 않을 수 없었다"고 한다.[4]

만약에 이데올로기를 이 책에서 주장하는 것처럼 하나의 신념체계라고 한다면 우리 모두가 이념가라는 점을 상기할 필요가 있다. 이 점은 염두에 두어야 할 사항이다. 수많은 "실용적인" 미국인들과 마찬가지로 언론인들도 이데올로기를 나쁘게 말한다. 라디오와 텔레비전 그리고 신문이나 잡지에 나타나는 뉴스는 "단순한 이념가들"을 직접적으로든 암시적으

에 적용가능하다고 말한다. "오늘날 소위 많은 정치평론가들은 뉴스를 해석한다고 주장한다. 버크의 《프랑스혁명에 대한 반성》(*Reflections on the Revolution in France*)이 비록 1790년에 나왔지만, 미국인은 버크보다 더 시의적절한 사람이 없음을 알 수 있을 것이다. 그는 우리에게 세계혁명에 대해 이렇게 대답할 것을 가르치고 있다. 즉 우리 시대의 좌익이라는 지나치게 비싼 대가를 지불하거나 반동적인 우익폭정에 의해서가 아니라, 서방의 자유로운 제도를 보전함으로써 얻는 세계혁명이다."(p. 83~84).

3) Russell Kirk, *The Conservative Mind, from Burke to Santayana*, Chicago: Regnery, 1953, p. 32.

4) Clinton Rossiter, *Conservatism in America: The Thankless Persuasion*, 2nd ed., New York: Knopf, 1962, p. 16.

로든 비난하는 경향이 있다. 흔히 깨닫지 못하고 있는 것은 "미국적 전통"—또는 이것과 반대되는 전통—의 미덕을 주장하는 사람은 비렉만큼이나 진짜 이념가라는 사실이다. 생명의 권리, 자유의 권리, 행복을 추구할 권리와 같이 자명한 권리들은 특히 이데올로기의 산물이다. 왜냐하면 이러한 것들은 우리가 알고 있는 것이 아니라 믿고 있는 것을 기반으로 하기 때문이다. 언제든지 잠시 멈추고 흔히 말하는 두 가지 국민적 신념, 즉 자유와 행복추구를 어떻게 동시에 믿을수 있는지 자문해 보는 것도 좋을 것이다. 어느 한 사람의 자유는 필연적으로 다른 사람의 행복추구로 인해 제한되지 않겠는가? 어느 한 사람의 자유를 제한하는 것은 다른 사람의 행복에 도움이 되지 않겠는가? 그리고 그 역도 가능할 것이다. 말하자면 이 점을 모면할 수 있는 이데올로기란 아무 것도 없다!

신보수주의자 가운데 가장 혁명적이었던 사람은 역사학자 윌무어 켄달(Willmoore Kendall)인데, 그의 사상은 수십년 동안 많은 미국 지식인들에게 어필하였다. 그의 공격목표는 로크의 다수결 사상, 밀의 평등주의 원칙, 제임스와 듀이의 실용주의와 같은 미국 자유주의의 핵심 지주들이었다. 켄달은 그 철학자들의 저작에서 도덕적 기준의 부재와 "열린 사회"에 대한 지지를 발견했는데, 솔직히 그는 열린 사회를 몹시 싫어했다.

모든 신보수주의자들과 마찬가지로 켄달의 사상도 민주주의는 그 통제가 일반 인간의 손에 있다면 제대로 기능할 수 없다는 견해에 뿌리를 두고 있다. 왜냐하면 일반 인간은 매일 매일 자신의 것을 추구하는데 바쁘고, 도덕적으로 부패하기 쉬우며, 제대로 지적 훈련이 되어 있지 않기 때문이다. 따라서 인간사회의 주축이 되어야 하는 것은 개인이 아니라 공동체이다.

이런 점에서 켄달의 입장은 영국의 위대한 보수주의자 매튜 아놀드와 유사했다. 아놀드는 영국이라는 국가의 탁월함은 어떤 개인의 그것보다 더 크다고 주장한 사람이었다. 한편 켄달은 미국의 영향력있는 경제철학자 조셉 슘페터의 관점에 공감했는데, 슘페터는 지도자가 능력이 있고 공중이 의사결정에서 제한된 역할을 할 때에만 민주주의가 생존할 수 있다

고 주장했다.[5)]

간단히 말해서, 이러한 관점에 따르면 국민은 지도받아야 할 필요가 있다. 국민은 전통적인 자유주의에 의해 부여받은 의사결정 역할을 수행할 능력이 없기 때문이다. 따라서 그 답은 공동체이다. 루소 자신은 좋아하지 않겠지만, 켄달은 불온도서 금지와 공산주의자 배척을 지지하기 위해 루소의 일반의지를 끌어 들였다. 불온도서 금지와 공산주의자 배척이 "공동체의 사려깊은 뜻"[6)]이라면 그러한 행동을 비난할 수 없다고 본 것이다. 켄달의 주장은 방종한 자유언론을 비난하는데 지적인 논리를 제공한 셈이었는데, 그는 미디어와 시민이 하고 싶은 말을 모두 할 수 있는 무제한의 권리를 국가가 허용해서는 안 된다고 주장하였다.[7)]

보수주의적 반란의 씨앗은 1940년대 말과 50년대에 발아하여 상원의원 조셉 매카시와 동료의원들의 반공산주의 운동에 지지를 불러 일으키고, 1980년대에는 로날드 레이건과 정치적 우파의 승리를 계기로 미국사회 주류로 급격히 성장했다. 그렇다고 신보수주의 철학자들이 매카시의 지지자였다는 말은 아니지만, 그들이 공산주의와 "용납할 수 없는" 다른 이데올로기들을 미국적 가치의 보전에 위협으로 본 것은 사실이다. 아주 유명한 몇 사람을 포함해서 일부 미국 언론인들은 신보수주의 사상 가운데

---

5) Joseph Alois Schumpeter, *Capitalism, Socialism and Democracy*, 3rd ed., New York: Harper & Row, 1962.

6) Willmoore Kendall, *The Conservative Affirmation*, Chicago: Regnery, 1963. Allen Guttmann, *The Conservative Tradition in America*, New York: Oxford University Press, 1967, pp. 158~160에서 재인용. 또한 Jeffrey Hart, *The American Dissent: A Decade of Modern Conservatism*, Garden City, N. J.: Doubleday, 1966 참조.

7) Kendall, 앞의 책. 한편 Beitzinger는 Kendall이 또한 일견 이러한 주장과는 모순되게도 사회는 그 문을 열어 두어야 한다고 믿었음에 주목하고 있다(A. J. Beitzinger, *A History of American Political Thought*, New York: Dodd, Mead, 1972, p. 580). Kendall의 *John Locke and the Doctrine of Majority-Rule,* Urbana, Ill.: University of Illinois Press, 1941도 참조하라.

많은 것을 받아들였는데, 이것은 언론인들이 자유주의와 실용주의 가치를 주로 받아들였던 과거의 경향으로부터의 일대 변화를 의미한다.

라이오넬 트릴링과 다니엘 벨이 자유주의적 미국인의 합의라고 본 것에 대한 거부는 보수주의로부터 뿐만 아니라 신좌파로부터도 나왔다. 맑스의 현대적 해석을 통해 사회학자 라이트 밀즈는 맑스의 부르주아지 만큼이나 착취적인 "권력 엘리트"를 발견하게 되었다. 1956년에 발간되어 큰 파문을 던졌던 밀즈의 책은 미국을 합의 이상의 어떤 것으로 묘사했다. 즉 미국은 합의 대신에 기업엘리트, 군사엘리트, 정치엘리트에 의해 통제되고 조종된다는 것이다.[8] 밀즈의 분석에서 언론은 파수견이 아니라 지배귀족의 뒷주머니에 안주해 있는 미약한 존재일 뿐이다. 이러한 분석은 닉슨 대통령과 애그뉴 부통령이 곧 제시하게 될 분석과는 판이하게 다른 것이었다.

밀즈에 근거하여 신좌파는 "기성체제"로 부터 권력을 빼내어야 한다고 주장했다. 신좌파가 이상으로 그린 것은 "사랑과 반성과 이성과 창조성에 뿌리를 둔 권력과 유일성"이었다. 1962년에 발표된 〈민주사회를 위한 학생연합〉(SDS)의 〈포트 휴런 선언〉에서는 특별히 그 목적을 달성하기 위한 수단으로서 폭력을 사용하는 것을 거부했지만, 혁명의 분위기가 60년대에 힘을 얻게 됨에 따라 일부 신좌파 급진주의자들은 "폭력의 창조성"에 믿음을 표명하기 시작했다.[9] 1960년대가 저물어 갈 무렵 합의의 원칙

---

8) C. Wright Mills, *The Power Elite*, New York: Oxford University Press, 1956. 밀즈와 그 당시의 다른 급진주의자들의 사상과 그후 그들의 쇠퇴를 설명하려고 한 시도에 대해서는 다음을 참조. Norman Birnbaum, *The Radical Renewal: The Politics of Ideas in Modern America*, New York: Pantheon, 1988.

9) Tom Hayden이 기초한 〈포트 휴런(Port Huron)선언〉은 Paul Jacobs and Saul Landow, eds., *The New Radicals: A Report with Documents,* New York: Random House, 1966, pp. 150~162에 수록되어 있다. 동선언은 다음과 같이 말하고 있다(p. 156); "폭력적 수단은 없어져야 하고, 갈등의 조건으로서 비폭력을 고무하는 각종 ―지역적, 전국적, 국제적―제도를 발전시켜야 함은 피할 수 없는 일이다." 이 주제에

은 사라지고, 정치적으로 우파와 좌파 사이의 이데올로기 투쟁이 그것을 대신하였다.

신좌파와 그들의 우군이 발견한 무기 가운데에는 "미디어 이벤트"라는 것이 있었다. 자신들이 정당한 세력임을 사회에 인식시키는데 필요한 언론의 공간을 통상적인 수단을 통해서는 얻을 수 없다고 확신한 일부 그룹들은 시가행진과 항의시위로 눈을 돌리게 되었는데, 그것은 그렇게 함으로써 신문기자와 특히 텔레비전 기자들이 자신들을 널리 취재할 것이라고 믿었기 때문이다. 이 점에서 그들의 판단은 옳았음이 증명되었고, 얼마 되지 않아 자신들이 차별받고 있다고 믿는 모든 그룹들이 언론취재를 끌어들이기 위해 "미디어 이벤트"를 계획하기 시작했다. 신좌파는 바로 이것을 적대적인 정치세력의 언론지배에 대항하는 수단으로 보았다.

신보수주의가 비렉, 커크, 켄달에게로 눈을 돌렸다면 신좌파는 밀즈 뿐만 아니라 그보다도 오히려 허버트 마르쿠제와 독일의 프랑크푸르트 학파 사회과학자들의 저작에서 지적 토대를 발견하였다. 버크와 비렉과는 대조적으로 마르쿠제는 인간이 오직 "외부적·내부적 제약, 신체적·도덕적 제약으로부터 자유로울 때, 법률에 의해서도 필요에 의해서도 제약받지 않을 때"[10] 그 때에만 자유로울 수 있다고 보았다. 따라서 "기성체

관해 좀 더 알고자 한다면 Arthur M. Schlesinger, Jr., *The Crisis of Confidence: ideas, power, and violence in America*, Boston: Houghton Mifflin, 1969를 참고하고, 특히 30~31쪽을 볼 것. Schlesinger는 이렇게 말하고 있다: "신좌파를 특징짓는 것은 혁명 후에 그들이 목적하는 바가 무엇인지를 정의하지 않으려는 것 뿐만 아니라 그러한 신비화가 미덕이라는 믿음이다." 한편 Beitzinger, 앞의 책, p. 585와 George Kennan, *Democracy and the Student Left*, Boston: Little, Brown, 1968도 참조.

10) Herbert Marcuse의 사상은 그의 다음 책 영역본에서 찾아 볼 수 있다. *Eros and Civilization: A Philosophical Inquiry into Freud*, Boston: Beacon Press, 1955; *Reason and Revolution: Hegel and the Rise of Social Theory*, Boston: Beacon Press, 1960; *One Dimensional Man: Studies in the Ideology of Advanced Industrial Society*, Boston: Beacon Press, 1964; "Repressive Tolerance" in *A Critique of Pure*

제"는 그것이 언제 어디서든 발견만 되면 반대해야 하는 것이다. 마르쿠제에 의하면, 매스 미디어가 기성체제의 도구인 한 그것은 검열받아야 함이 타당하다.[11]

프랑크푸르트학파는 분석방법에서 맑시스트였지만 결코 공산주의자는 아니었다. 학파의 구성원 가운데 아마도 미국에서 영향력이 가장 크다고 볼 수 있는 위르겐 하버마스는 실제로 전통적인 자본주의적 정치철학을 받아 들였다. 그외 막스 호르크하이머, 테오도어 아도르노, 클라우스 묄러, 오스카 넥트, 알렉산더 클루게 같은 사람이 좀더 "급진적"이었는데, 그것은 말하자면 사회적, 정치적 문제에 대해 그들이 제안한 해결책이 미국 사회사상의 주류 밖에 있었다는 말이다. 예를 들면 넥트와 클루게는 노동계급을 대신해서 언론매체와 싸울 수 있는 "대항공중"(*counter-public*)을 요구했는데, 그들은 언론매체가 군산복합체의 손아귀에 있는 단순한 꼭두각시에 불과하다고 주장했다.[12] 프랑크푸르트학파는 특히 커뮤니케이션의 문화적 측면에 깊은 관심을 가지고 있었다. 그들은 매스미디어의 오락적 기능을 "기성체제"가 사회에 대한 통제를 행사하기 위해 사용하는 장치라고 보았다.[13] 이 관점에서 보면 언론인은 밀즈가 말하는

Tolerance, Boston: Beacon Press, 1965.

11) Marcuse, "Repressive Tolerance," p. 111.

12) Oskar Negt and Alexander Kluge, *Oeffentlichkeit und Erfahrung*, Frankfurt-am-Main, Germany: Suhrkamp, 1972, p. 33.

13) 프랑크푸르트학파의 저작 가운데 많은 것들이 아직 영어로 번역되지 않았다. 영역된 저작 중에는 Theodor W. Adorno, *Philosophy of Modern Music*, New York: Continuum, 1973이 있다. 이외에도 Adorno and Max Horkheimer, *Dialectic of Enlightenment*, New York: Herder and Herder, 1972와 Juergen Habermas, *Knowledge and Human Interests*, London: Heineman, 1978이 있다. 독일의 비판이론에 대해서는 다음을 보라. Hanno Hardt, *Social Theories of the Press: Early German and American Perspectives*, Beverly Hills, Calif.: Sage, 1979; Nicholas Petryszak, "The Frankfurt School's Theory of Manipulation," in *Journal of Communication*, 27, no. 3

권력 엘리트의 수중에 들어있는 단순한 도구에 불과하다. "비판이론"을 특징으로 하는 프랑크푸르트학파의 추동력은 결코 실용적이지는 않았다. 실제로 뮐러는 지식인을 민주사회의 생존을 위한 "유일한 희망"으로 보았는데, 그 이유는 오직 지식인만이 사회질서를 비판할 자원을 보유하고 있기 때문이다.[14)]

하버마스에게 사회비판과 그 기준은 오직 "정신분석가"로 부터만 나올 수 있는 것이었다. 하버마스를 추종하는 언론인들은 그들이 논평을 통해 단순히 사건을 해석할 뿐만 아니라 "뉴스메이커"의 행동에 대한 심리학적 설명을 제공한다고 보았기 때문에 이 정신분석가 역할을 기꺼이 자임했다.[15)] 하버마스는 현대 세계에서 "여론"은 단순히 허구에 지나지 않는다고 보았다. 그에 의하면, 권력이 "관료와 조직과 정당"의 수중으로 들어갔기 때문에 여론이란 것은 존재하지 않는다. 관료와 조직과 정당은 그들의 홍보기구를 통해 언론활동을 스스로 수행하고 있고, 홍보기구는 그들의 목적을 국민 뿐만 아니라 정부로부터도 숨기고 심지어 그들 집단 내의 대부분 구성원으로부터도 숨기고 있다.[16)] "허구적 공중" (넥트와 클루게는 이것을 "사이비 공중"이라 부름)에 대한 하버마스의 분석은 미국적 커뮤니케이션 연구의 바로 핵심에 도전하는 것인데, 미국의 커뮤니케이션 연구는 그들이 "여론"이라고 말하는 것을 연구하는데 점점 더 많은 관심을 보여

(Summer 1977), pp. 32~40. 독일어를 읽을 줄 아는 사람은 다음을 참고. Antje Stein, "Das 'Gespenst' der Oeffentlichkeit in der Kommunikationswissenschaft," unpublished thesis, University of Munich, 1986. 뮌헨대학에서 본저자의 제자였던 Stein양은 그녀가 여론의 "허깨비"라고 부른 것에 대해 뛰어난 연구결과를 내놓았다.

14) Claus Mueller, *The Politics of Communication: A Study in the Political Sociology of Language, Socialization and Legitimation*, New York: Oxford University Press, 1973.

15) Juergen Habermas, *Strukturwandel der Oeffentlichkeit*, Neuwied, Germany: 1974, p. 235. Stein, 앞의 책, 여기저기 참조.

16) Habermas, 앞의 책, pp. 248~ 249, 278. 또한 Thomas A. McCarthy, *The Critical Theory of Juergen Habermas*, Cambridge, Mass.: MIT Press, 1978.

왔던 것이다.[17)]

신좌파 학자들과 이들과 생각이 같은 소수의 언론인들은 밀즈의 권력 엘리트를 커뮤니케이션 부문에 적용한 하버마스의 분석이 특히 설득력이 있다고 보았다. 하버마스의 해결책— 정신분석가들이 확고히 자리잡고 시민들은 기성체제의 통제 밖에 그들 자신의 커뮤니케이션 네트워크를 만들고자 노력하는 것—은 일반적으로 수용하고 있는 객관적 관찰자와 중립적 보고자라는 역할과는 판이하게 다른 기능을 언론인들에게 제시했다.[18)]

17) Negt and Kluge, 앞의 책, p. 70. 이들은 “Scheinoeffentlichkeit”란 용어를 사용하고 있는데, 이 말은 “의사공중”(pseudo-public)이나 “가짜공중” 또는 “엉터리공중”이란 말로 번역될 수 있다.

18) Habermas, 앞의 책, pp. 230~250. 하버마스는 이렇게 말하고 있다. “공공질서(규칙)의 규범적 요구에 관한한 공중에 대한 자유주의 모델은 역사적인 의미 이상의 어떤 가치도 없다. 간단히 말해서 우리는 더 이상 그 용어를 산업적으로 발전된 대중민주주의 내의 사실적 관계를 기술하기 위해 쓸 수 없다는 것이다.”

| 제 50 장 |

니버와 리프만

Niebuhr and Lippmann

실용주의와 경험주의 사상의 미덕에 익숙해져 있는 대다수의 미국공중과 마찬가지로, 언론인들도 대부분 신보수주의자와 신급진주의자의 도전에도 불구하고 그들의 전통적인 낙관주의를 여전히 표명하고 있는 것으로 보였다. 언론의 전문성을 강조하는 전문주의가 우파와 좌파의 예언자들을 무시하는 대표적인 전략이 되었다. 두 세대에 걸친 양 극단으로부터의 압력에도 불구하고, 오늘날까지 옛날의 "할 수 있다" 정신—낙관주의, 온건주의, 고립주의의 미덕—은 여전히 미국인의 사고를 지배하고 있다. 이 모든 미덕을 갖춘 사람으로 여겨졌던 로날드 레이건은 미국 역사상 아마도 가장 인기있는 대통령이었는지 모른다.

그러나 지배적인 신념체계와는 아주 다른 개념들이 표면 밑에 숨어 있었다. 이제 앞으로 보게 되겠지만, 이 새로운 개념들은 일부 언론인의 생각에 강력한 영향을 주었다. 이 상반되는 철학의 대변인 가운데 가장 영향력이 컸던 사람은 언론인 월터 리프만과 신학자 레인홀드 니버였을 것이다. 버크나 루소와 마찬가지로 그들도 인간의 본성이 선하다는 것을 그

다지 확신하지 못했던 사람들이다. 리프만이나 니버 어느 누구도 휘트맨의 아메리카의 노래를 부를 준비가 되어 있지 않았다. 두 사람 모두 언론 지식인 사회에서 마음이 통하는 동조자들을 발견할 수 있었다.

니버(1892~1971)와 리프만(1889~1974)은 모두 젊었을 때 한때 경도했던 사회주의를 포기했다. 그리고 두 사람 모두 스스로를 진보적인 사람으로 생각한 것이 사실임에도 불구하고, 그들은 좌파 지식인들에 의해 숨겨진 보수주의자라는 비판을 받았다. 이런 시각이 너무 지나친 면은 있지만 그 나름대로 일리는 있다. 여하튼 우리가 이미 살펴 본 바와 같이, 리프만은 윌리엄 제임스의 열렬한 지지자에서 반실용주의적인 산타야나의 입장으로 변신했다.

물론 대공황과 두 차례의 세계대전을 겪은 짧지 않은 생애 동안 그들은 자신의 관점을 상당히 수정하였고, 주의깊은 비판자라면 많은 자기모순의 예를 발견할 수도 있을 것이다. 하지만 본질적으로 원숙한 시절의 리프만과 니버가 남긴 메시지는 인간의 본성에 대해 미국의 전통적인 신념체계보다는 훨씬 우울한 것이었다. 결국 두 사람은 민주주의 사회에서 "국민"에 의존하는 것은 치명적인 실수라고 결론지었다. 일이 잘못되어 간다고 잘못된 제도를 비난할 수는 없다고 니버는 주장했다. 잘못은 별에 있는 것이 아니라 우리 자신에게 있다는 세익스피어의 말을 인용하면서, 니버는 자신의 행위가 이기심에 의해 이루어진 것이라는 사실을 깨닫지 못하는 인간에게서 악을 발견한다고 주장했다. 리프만과 니버를 매료시킨 것은 제 9 부의 핵심주제인 권력의 문제였다.

니버가 특히 문제라고 보았던 것은 무죄를 주장하는 품성이었다. 그의 주장에 의하면, 사람이 자기는 순수한 마음을 가지고 있고 최선의 동기로 행동한다는 주장을 함으로써 자신의 행동을 정당화하려는 것은 충분치 못하다. 일반의 이미지와는 반대로 미국은 죄가 없는 나라가 아니다. 그는 말하기를, 미국을 정확히 묘사하면 그 실제 모습은 권력—정치적, 사회적, 경제적 환경에 대한 권력, 정보의 질과 범위에 대한 권력, 그리고 무엇보다 생명과 죽음에 대한 권력—의 모습이 될 것이라고 한다. 선의의 동기를 주장하는 것은 충분치 못하다. 왜냐하면 인생의 아이러니는 우리가 믿고 있다고 생각하는 것과 우리가 실제로 믿고 행동하는 것 사이에 엄청난 차이가 있다는 것이기 때문이다.

> 우리의 도덕적 위험은 의식적인 적대감의 위험도 아니요 노골적인 권력욕의 위험도 아니다. 그보다는 우리가 두 가지 얄궂은 경향—미덕에 지나치게 의지하게 될 때 미덕이 악으로 변하는 경향과 권력을 지도하는 지혜를 지나치게 확신하여 믿을 때 권력이 성가신 것으로 되고 마는 경향—을 깨닫기만 한다면 이해할 수 있는 그러한 위험이다.[1)]

현대생활에 대한 하나의 은유로서 신학자 니버는 루가(Luke)복음의 한 귀절을 인용한다. "이 세상의 자녀들이 자기네들끼리 거래하는 데는 빛의 자녀보다 더 약다."[2)] 니버에게 이 세상의 자녀는 사실상 어둠의 자녀이다. 이 어둠의 자녀는 비록 악과 적의로 가득 차 있지만, "이기심의 힘을 이해하고 있는"[3)] 그들이기에 약고 현명하다. 순진무구하고 마음이 착한 빛의 자녀는 현실에 눈이 어둡기 때문에 어둠의 자녀 만큼이나 비난받아

---

1) Reinhold Niebuhr, *The Irony of Human History*, New York: Scribner's, 1962, p. 133. 이 책은 1949년과 1951년에 미주리주 풀턴의 웨스트민스터 대학에서 했던 강의에 기초한 것이다. 니버의 사상에 대한 검토로는 다음을 참조. Gene Wise, *American Explanations : Strategy for Grounded Inquiry*, Homewood, Ill.: Dorsey, 1973, 특히 pp. 271~315; Robert M. Brown, *The Essential Reinhold Niebuhr: Selected Essays and Addresses*, New Haven, Conn.: Yale University Press, 1986; A. J. Beitzinger, *A History of American Political Thought*, New York: Dodd, Mead, 1972, 특히 pp. 551~562.

2) 루가복음서 16:8.

3) Reinhold Niebuhr, *The Children of Light and the Children of Darkness: A Vindication of Democracy and a Critique of Its Traditional Defense*, New York: Scribner's, 1944, pp. 9~10. 이 책은 1944년에 캘리포니아주 팔로알토의 스탠포드대학에서 했던 강의에 기초한 것이다.

야 한다. 오히려 그들은 오만과 자만에 물들어 어떤 증거를 보여 주더라도 자신은 도덕적이고 착하다고 믿기에 어쩌면 더 많은 비난을 받아야 할지도 모른다. 니버는 도덕적 냉소주의가 도덕적 감상주의에 비해 오히려 장점이 있다고 주장한다.

> 그것의 장점은 도덕적 양심이 부족하다는 점 뿐만 아니라, 빛의 자녀들의 도덕적 주장에도 불구하고 그들이 갖고 있는 이기심—개인적, 국가적 이기심—의 힘을 약삭빠르게 평가하고 있다는데 있다.[4]

그가 무척 큰 유혹을 느꼈을지는 몰라도 니버는 결코 민주주의를 거부하지는 않았다. 그러나 민주주의에 대한 그의 이미지는 전통적으로 미국의 신념체계에서 생각했던 민주주의보다는 훨씬 좁은 것이었고, 그것을 근본적으로 다시 생각해 볼 필요가 있다고 주장했다. 여하튼, 그 자신은 실용주의자로 생각했지만 그의 접근방식은 실용적이기 보다는 훨씬 도덕적인 것이었다. 민주주의는 각자가 다른 사람의 생각을 참고 견딜 줄 아는 아량을 요구한다. 그러나 니버는, 밀과 마찬가지로, 이것만이 유일한 길은 아니라고 주장했다. 무척 자주 인용되는 그의 말을 들어 보자. "민주주의는 해결 불가능한 문제에 대해 가장 근접한 해결책을 찾는 방식이다."[5] 다른 말로 표현하면, 모든 답은 부분적이며 오직 바보들만이 복잡한 문제에 절대적인 답이 있다고 믿는다. 잘 알려져 있는 다른 유명한 경구에서, 니버는 예의 그 풍자감각을 발휘해 이렇게 주장한다. "정의를 위한 인간의 능력이 민주주의를 가능하게 만든다. 그러나 불의를 향하는 인간의 성향은 민주주의를 없어서는 안될 것으로 만든다."[6] 따라서 민주적인 제도가 보전되려면, 미국은 "뱀의 지혜와 비둘기의 순진성"을 필요로 할 것이다.

---

4) 위의 책, pp. 11~12.

5) 위의 책, p. 118.

6) 위의 책, p. xiii.

> 빛의 자녀는 어둠의 자녀가 갖고 있는 지혜를 갖추어야 하지만 그들의 사악함과는 무관하여야 한다. 빛의 자녀는 인간사회의 이기심의 힘을 알아야 하지만 그것에 도덕적 정당성을 주어서는 안 된다. 그들은 공동체를 위해서 이기심—개인적, 집단적 이기심—을 속이고 이용하고 억제하기 위해 그러한 지혜를 가져야만 한다.[7]

인간의 본성에 대해 이처럼 다소 냉소적인 말에도 불구하고 니버는 자신을 재앙에 내맡긴 사람은 아니었다. 대신에 그는 자신의 금욕적인 기독교 정신에서 평안을 구했다. 자기초절(*self-transcendence*)에 대한 그의 숭배는 에머슨 사상에의 복귀로 특징지어진다. 단순히 이상향을 확언하는 것은 노력의 낭비일 뿐이라고 하면서, 그는 타인의 사악한 권력남용과 싸울 수 있는 충분한 힘을 얻도록 하는 것이 훨씬 낫다고 말한다. 불확실성과 역설에 매료당한 그는 절망은 받아들일 수 없다고 주장했다. 니버에게 특별히 중요했던 것은, "감상이 절망으로 빠지고 지나치게 철저한 낙관주의와 지나치게 철저한 비관주의가 번갈아 나타날 위험"[8]이 있는 맹목적 낙관주의를 피하기 위해, 인생의 아이러니를 인식하여 선과 악이라는 양극적 사고에서 벗어날 수 있는 능력이었다.

에드먼드 버크의 견해를 상기시키는 말이지만, 니버는 인간이 언제나 자유를 남용할 거라고 주장했다. 왜냐하면 자유롭다는 것은 선과 마찬가지로 악도 할 수 있는 자유가 있음을 의미하기 때문이다. 그러므로 자유는 신이 보내준 선물인 만큼 우리에게 지워진 짐이기도 하다. 이와 같은 생각에서 정신의학자 에리히 프롬도 인간은 실제로는 자유를 원하지 않는다고 주장했다. 그에 의하면, 자유와 안전이 경쟁할 때 인간은 언제나 안전을 선택할 거라는 것이다.[9]

인생의 아이러니라는 니버의 생각은 그로 하여금 합리성과 사회적 계

7) 위의 책, pp.40~41.

8) 위의 책, p.xiv.

9) Erich Fromm, *The Sane Society*, New York: Rinehart, 1955, pp.vii—viii, 95~97.

획에 대한 믿음을 거부하게 만들었다. 실상 듀이를 떠받치고 있던 것은 바로 그러한 믿음이었다. 계몽주의의 바로 그 핵심기초로부터 벗어난 니버는 인간에 대한 연구—말하자면 모든 사회과학—에서 과학적 방법에 의존한다는 생각에 등을 돌렸다. 과학적 방법에 의존한다는 것은 "이데올로기적 오염"을 불러들이는 것이라고 니버는 말한다. 왜냐하면 이른바 과학적 탐구자는 그 자신의 경험으로부터 자신을 결코 배제할 수 없기 때문이다.[10] 그의 주장에 의하면 인간은 결코 경험적으로 이해될 수 없다. 왜냐하면 과학적 탐구는 인간존재의 영적 차원과 "비논리적이고 모순적인 인간 드라마의 패턴"을 결코 설명할 수 없기 때문이다.[11]

허친스위원회의 위원으로서 니버는 "사회적 책임"의 원칙을 적극적으로 내세우며, "매스미디어의 뉴스와 오락 생산에 생산자로 하여금 도덕적 책임을 지게 한다"는 점에서 사회책임주의는 옳다고 주장했다. 그러나 인간의 지혜를 의심하는 그답게, 니버는 "미디어를 단속하기 위해"[12] 소비자 대중으로 하여금 압력을 행사하게 하는 것은 엄청나게 어렵다는 점을 인정했다.

미국 언론인의 신념체계에서 핵심요소가 되어 왔던 전통적 개념에 니버의 사상이 얼마나 위협적이었던가를 알 수 있을 것이다. 니버는 그 신념체계의 주요 요소들을 하나씩 하나씩 거부했다. 그는 미국인의 기본적인 순진성과 선성을 부인하고 미래에 대한 낙관적 이미지에 도전했다. 또한 경험주의적이고 과학적인 탐구원칙에 의문을 던졌다. 그는 미국이 "유럽에 등을 돌리고 새로운 시작을 했을 때"[13] 무언가 좀더 나은 것을 창조

---

10) Beitzinger, 앞의 책, p. 556에 인용. 이것은 '호오돈(Hawthorn)효과'라는 것을 지칭하고 있다. *Encyclopedia Britannica* (1988) 29 : 942~943 참조.

11) Niebuhr, *Irony*, pp. 83~88.

12) Niebuhr, "Introduction," in Wilbur Schramm, *Responsibility in Mass Communication*, New York: Harper & Brothers, 1957, p. xv.

13) Niebuhr, *Irony*, p. 28. 니버는 미국의 미덕이 "미국의 사회적 삶의 순수성"을 과장하여 미국의 "영적 자부심"을 부추기는 것만 아니었더라도 그것이 다른 나라의 미덕을 능가

했다는 생각에 의문을 가졌다. 그는 고립주의와 민족주의에 반대했는데, 그에게는 고립주의와 민족주의가 집단적 자부심과 같은 것이었으며 자부심이란 바로 원죄의 핵심이었던 것이다. 그러나 무엇보다 중요한 것은 니버가 자유는 미덕이라는 핵심사상을 거부했다는 점이다.

리프만의 견해는 니버만큼 그렇게 격한 편은 아니었다. 그러나 그가 언론인에 미친 직접적인 영향력은 니버보다 훨씬 컸다. 결국 말하자면 리프만은 그 자신이 언론이었으며 언론계에서 아주 광범위하게 존경을 받았던 사람이다. 예를 들면 그의 70회 생일에 《뉴욕 타임즈》의 저명한 칼럼니스트 제임스 레스톤은 리프만이 자기 세대의 언론인들에게 "우리의 임무에 대해 폭넓은 비전"을 제시했다고 주장할 정도였다. 리프만에 대해 레스톤은 이렇게 말하고 있다.

> 중요한 것은 그가 한번도 잘못한 적이 없다거나 한번도 자기 생각을 바꾼 적이 없다는 것이 아니라, 때때로 그의 이론이 모순적이었음에도 불구하고, 그가 사고를 진작시키고 토론을 북돋우었으며 정의를 내리게 하고 때로는 정책을 수정시키고 반세기 이상동안 중요한 주제에 관한 국민적 대화에 자양분을 제공했다는 점이다.14)

레스톤의 이 모든 지적은 전적으로 옳다. 리프만이 생각을 바꾼적이 있다거나 그의 견해가 종종 모순적이었다는 사실에 어느 누구도 놀라지 않는다. 결국 그는 18권의 책을 썼는데, 이 책 가운데 상당수는 젊은 시절에 쓴 것이었다. 그는 또한 수백편의 논설과 잡지기사를 썼으며 거의 40년동안 일주일에 세번씩 "오늘과 내일"이라는 신문칼럼을 썼다. 세계의 권력자들이 그의 독자였으며 대통령도 결정을 내리기 전에 그에게 자문을 구했다. 그리고 리프만은 종종 그러한 결정에 직접적으로 영향을 주었다.

한다는 것을 좀더 기꺼이 받아 들였을 것이라고 말했다.

14) Ronald Steel, *Walter Lippmann and the American Century,* New York: Vintage Books, 1980, pp. 512~515에서 재인용.

그는 또한 그의 글을 읽었거나 또는 직접 찾아와 만난 언론인들에게 상당한 영향을 주었다. 두 세대 동안 리프만은 언론계의 교황이었다.[15] 한마디로 말해서 리프만은 미국 역사상 가장 강력한 언론인이었던 것이다. 직업 언론인들은 논평 뿐만 아니라 "뉴스"를 얻기 위해서도 그의 칼럼을 정기적으로 열심히 읽었다. 왜냐하면 권력의 자리에 그가 얼마나 가까운가는 널리 알려져 있었기 때문이다. 그에게 공직에 출마하라는 권유도 종종 있었지만, 그는 공직자로 보다는 언론인으로서 더 큰 영향력을 행사할 수 있다고 생각했다.[16]

리프만의 견해 가운데 전부는 아니더라도 많은 부분이 니버의 견해와 궤를 같이 한다. 리프만도 역시 악은 제도에 있는 것이 아니라 인간에 있다고 믿었다. 또한 보통사람의 지혜에 의문을 표시하고 민주적 제도의 효율성을 의심했다. 평생동안 그도 때로는 과학적 방법에 등을 돌린 적이 있다. 그러나 궁극적으로는 니버와 달리 과학과 과학의 초월성 및 중립성에서 지도지침을 찾았다. 언론인으로서 그는 사고의 많은 부분을 기자와 편집인들이 직접적으로 관심을 갖는 문제에 바쳤다. 여론은 그를 평생동안 매료시켰던 주제였다.

기억해야 할 것은 리프만의 언론인 경력이 폭로언론가 링컨 스티븐스의 조수에서 시작됐다는 점이다. 그러나 비록 리프만이 스티븐스를 언제나 친절하고 다정한 사람으로 생각했지만 《에브리바디즈》에서 1년을 함께 일한 후 그와 결별했다. 왜냐하면 예수를 본뜸으로써 좋은 정부에 이를 수 있다는 스티븐스의 믿음이 "너무 별나다"고 여겼기 때문이다. 스티븐스의 낭만주의를 받아 들이기에 리프만은 너무 이지적인 인물이었다.[17]

---

15) 본저자는 리프만을 개인적으로 두번 만났고 또 전화로 두세번 이야기를 나눈적이 있다. 이 모든 것이 직업적인 일로 만난 것이지만, 그럼에도 불구하고 교황을 만나는 그런 분위기가 있었다.

16) Steel, 앞의 책, 여기저기에 나오지만 특히 pp. 208, 423, 496 참조.

17) 위의 책, pp. 37~38; Justin Kaplan, *Lincoln Steffans: A Biography*, New York: Simon and Schuster, 1974, pp. 176~178.

또한 보통사람의 타고난 선성을 의심하는 스티븐스의 회의론 중 일부는 리프만에게 남아 있지 않았으며, 부패가 미국체제의 어쩔 수 없는 일부라는 스티븐스의 믿음도 마찬가지였다. 리프만은 그 해결책이 그것을 그냥 내버려 두는 것이 아니라 완성시키는데 있다고 믿었다. 리프만이 스티븐스를 떠난지 3년 후 1914년에 펴낸 책의 제목은 바로 그의 이러한 생각을 강조하고 있다.

대체로 리프만의 메시지가 즐거운 것은 아니었다. 그는 보통사람에 대한 믿음을 거의 갖고 있지 않았으며, 걸작품인 《여론》에서 리프만은 미국 언론인의 직업 이데올로기에서 가장 존중되는 신념 중의 하나에 도전했다. 그 신념이란 언론인의 보도는 민주적 의사결정을 위한 원자료를 제공한다는 "민주주의적 가정"이다. 리프만에 의하면, 우리는 모두 고정관념(*stereotype*)을 갖고 생각하기 때문에 우리가 읽은 것을 보도된 "객관적 사실"에 근거해서 해석하는 것이 아니라 우리의 고정관념 시각에 따라 해석한다.[18] 우리는 플라톤의 동굴 속에 있는 사람과 같아서 현실의 참모습이 아니라 우리가 앞에 보는 벽의 그림자에 의해 영향을 받는다. 언론이 대기업의 매춘부라는 폭로 언론인 업톤 싱클레어의 비난을 거부하면서 리프만은 이렇게 결론짓는다.

> 싱클레어씨가 우리를 믿게 하려는 것처럼 그렇게 언론이 보편적으로 사악하거나 몹시 음모적인 것이 아니라면, 언론은 민주주의 이론이 이제껏 인정하고 있는 것보다 훨씬 더 허약하다. 국민주권의 모든 부담을 떠맡으며 동시에 민주주의자들이 희망하는 천부의 진리를 공급하기에는 너무나 허약하다. 언론이 그러한 진리를 공급하리라고 기대한다면, 우리는 잘못된 판단기준을 사용하고 있는 것이다. 우리는 뉴스의 제한된 성격과 사회의 무한한 복잡성을 잘못 이해하고 있다. 우리 자신의 참을성과 그리고 다방면에 걸친 능력을 과대평가하고 있는 것이다.[19]

18) 리프만은 인간이 고정관념에 근거해 세계를 해석한다고 주장한다. Walter Lippmann, *Public Opinion*, New York: MacMillan, 1922, pp. 29~38.

19) 위의 책, pp. 361~362.

허약한 갈대, 언론은 세계에 대해 믿을만한 그림을 결코 제공할 수 없다고 리프만은 말한다. 정부와 학교와 교회와 심지어 신문조차 "민주주의의 보다 명백한 실패에 대해 그토록 작은 진전밖에 이루지 못하는" 것은 그들이 세계에 대해 믿을 만한 그림을 전혀 갖지 못하고 움직여야 하기 때문이다. 여기서 리프만이 말하는 민주주의의 보다 명백한 실패란 폭력적인 편견, 무관심, 중요한 것보다 사소한 것에 대한 선호 등을 의미한다. 리프만은 이러한 실패가 "민주정부의 으뜸가는 결점이자 그 전통에 원래부터 내재하는 결점"이라고 결론지었다.[20] 리프만에 의하면, 우리는 민주주의의 문제에 대한 해결책을 결코 그 제도에서는 발견할 수 없고, 오직 그가 말하는 "사회적 조직"에서만 발견할 수 있다.[21] 여기서 리프만은 듀이의 도구주의를 장려하고 있지만 결코 듀이만한 열정을 갖고 그런 것은 아니었다. 듀이 그 자신은 리프만의 《여론》에 실망했다. 듀이는 리프만의 이 책을 "생각컨대 지금까지 나온 책 가운데 민주주의에 대해 아마도 가장 강력한 고발"일 것이라고 하였다.[22]

듀이의 논평은 리프만이 편집했던 《뉴 리퍼블릭》지의 1922년도 어느 호에 게재되었다. 2년 후 리프만은 퓰리처의 신문인 《뉴욕 월드》의 논설면 책임자가 되었는데, 이때 《월드》는 이미 황색신문으로부터 완전히 벗어나 있어서 리프만의 전기작가 로날드 스틸은 이 신문을 "미국의 진보적 양심을 대변하는 목소리"[23]라고 부를 정도였다. 리프만은 그 자신을 정치적으로나 철학적으로 현실주의자로 생각했다. 세계에 대한 그의 전망이 때로는 냉혹하게 보인 적도 있었지만, 그가 결코 독설과 냉소주의에 빠졌던 것은 아니었다. 그것은 아마도 젊은 시절의 낭만적 이상주의를 그가 완전히 극복할 수는 없었기 때문인지도 모른다. 어떤 점에서 리프만은 단

20) 위의 책, p. 365.

21) 위의 책, p. 364.

22) John Dewey, "Public Opinion," *New Republic*, May 3, 1922. Steel, 앞의 책, p. 183 참조.

23) Steel, 앞의 책, pp. 274～275.

순히 인내심을 강조했던 고대 스토아철학자〔금욕주의자〕의 재판이기도 했다. 그러나 그의 금욕주의는 젊은 시절의 스승 산타야나의 영향을 받고 수정된 것이었다.

절도(節度), 자제, 그리고 초연… 이것이 바로 산타야나가 제안한 도덕적 인간의 품성이었다. 리프만은 이것을 모두 받아 들였다. 그는 도덕적인 언론인은 투쟁으로부터 멀리 떨어져서, 가능하다면 (아마도 그러지 못하겠지만) 자신의 개입정도를 의식하지 않아야 한다고 말했다. 이 세상의 권력자와 한 식탁에서 저녁식사를 수없이 했더라도 리프만은 언제나 자신을 국외자, 즉 초연한 관찰자로 생각했다. 젊은 시절 그가 산타야나와 보통사람을 구별짓는 "비극적 장애"에 대해 글을 썼을 때 그는 어쩌면 자기자신에 대해 말하고 있었는지도 모른다.

> 마치 그는 모든 숲을 보면서 나무는 전혀 보지 않는 것 같다. 그는 어떤 완벽의 이상과 삐걱거리고 비틀거리며 진전하는 인간사 사이에 놓인 연결될 수 없는 간격으로 의욕적인 영혼을 채웠다. 그에게는 방관자의 애잔한 고독 같은 것이 있다. 당신은 그가 무대 위에 뛰어 올라 쇼에 참여하기를 원한다. 그러나 그가 그렇게 했다면 당신은 그가 《이성의 생명》의 작가가 아님을 깨닫게 된다. 왜냐하면 누구라도 연극을 보면서 동시에 그 연극 속에 들어 있을 수 없다는 것은 사실이기 때문이다.[24]

리프만이 한때 그의 친구이자 하버드대학 동급생이었던 존 리드(John Reed)에 대해 비난했던 것은 바로 초연함의 결여였다. 존 리드는 언론인으로 러시아에 가서 레닌의 혁명에 동참했던 인물이다. 리드는 자신의 보도에서 초연할 수 없었기 때문에 "그는 직업작가나 직업기자가 아니다"[25]

24) Steel, 앞의 책, pp. 21~22에서 재인용. 이 기사 "Santayana—A Sketch,"는 *International*, vol. 8 (1911)에 게재되었다.

25) 위의 책, p. 82. 이 기사는 *New Republic*, December 12, 1914에 발표된 것. 워렌 비티(Warren Beatty)가 제작한 영화 〈빨갱이〉(Reds)는 존 리드(John Reed)의 일대기를

라고 리프만은 결론지었다. 초기 저작을 제외하면 리프만은 절대적인 도덕가치를 추구한 산타야나의 노력에 동참했다. 산타야나와 마찬가지로 리프만도 과도한 민주주의가 일세기 전에 토크빌이 두려워한 다수의 폭정이 되지 않도록 하는데 관심을 기울였다. 거의 65세가 된 1955년에 출간된 《공공철학》에서 리프만은 국민이 너무 많은 권력을 획득한 바람에 보다 강력한 정부로의 회귀만이 국가를 "진짜 권력기능의 병적인 혼란"으로부터 구출하는 길이라고 불평했다. 심지어 니버조차도 리프만이 너무 지나쳤다고 말할 정도였다.[26]

한편 그 책은 인류가 대답해야만 하는 "상위법(*higher law*)"이 있다는 리프만의 근본신념을 여전히 지키고 있었다. 그러나 리프만의 상위법은 종교적 내용과는 전혀 관계가 없기 때문에 니버의 그것과는 무척 다른 것이었다. 그것은 "인간이 인간적 거래에서 작위적일 수 있음을 거부"[27]하는 것이다. 말하자면 모든 행동은 공평한 손익계산에 근거하여 이성적이어야만 한다는 것이다. 어떤 결정이라도 깊은 사고를 통해 이루어진 것이 아니라면 현명한 결정이 아니다. 단순히 감정에 근거한 결정이 들어설 여지는 한치도 없다. 공공철학—또는 리프만의 표현을 빌면 "정중함"—은 "인간사회의 이성적 질서의 법률"[28]에 기반을 두고 있다. 이 상위법에 민주사회의 모든 구성원은 복종해야 한다. 리프만의 관점에서 보면 그것은 계몽주의 사상의 절정이다.

결론적으로 말해서 리프만은 회의적인 계몽주의 이성주의자라고 볼 수 있다. 그의 견해가 때로는 극단적으로 보인 적도 있지만 미국의 대중적 분위기에서 그가 멀리 벗어났던 적은 거의 없었다.[29] 그의 가장 큰 자산

극화한 것이다.

26) Beitzinger, 앞의 책, p. 494.

27) Walter Lippmann, *The Good Society*, Boston: Little, Brown, 1937, p. 346.

28) Walter Lippmann, *Essays in the Public Philosophy*, Boston: Little, Brown, 1955. chap. 1.

29) 1980년 8월 22일자 《뉴욕 타임즈》에 게재된 Steel의 앞의 책에 대한 John Leonard의

은 대단히 복잡한 문제를 지성인 독자라면 누구나가 이해할 수 있는 정도로 간결하게 글로 쓸 수 있는 능력이었다.

니버와 리프만은 권력에 대한 매료라는 점에서 믿기 어려울 정도로 현대적이었다. 긴 생애 동안에 리프만은 수없이 권력의 문제를 다루었다. 정부의 권력, 대통령의 권력, 부자들의 권력, 일반시민 독자의 권력과 대중으로서의 권력, 그리고 언론 그 자체의 권력 등이 다루어졌다. 리프만은 자신은 관심없다고 여러번 주장했음에도 불구하고 그 자신의 권력이 어느 정도인가에 대단히 많은 관심을 가지고 있었다. 사실 그의 권력은 상당한 것이었다. 그의 전기들을 보면 대통령이 그에게 자문을 구했다거나 때때로 정부의 공직을 제의했다는 일화들이 무수히 많다. 리프만은 항상 그러한 제의를 거절했는데, 이것은 그 자신의 영향력이 정부 바깥에서 더 크다는 점을 정확하게 반영해 주고 있다. 리프만은 두 사람의 루즈벨트 대통령에게 거의 무제한적인 권력을 위임하자고 한 적이 여러 번 있지만, 또 다른 경우에는 권력의 제한을 요구하기도 했다.

1967년에 그가 "오늘과 내일" 마지막 칼럼을 쓴 후 워싱턴의 열광하는 언론인들을 상대로 행한 고별연설에서, 리프만은 자신이 오랜 언론인 경력으로부터 일찍이 확신한 것은 "언론인과 국가원수 사이에는 커다란 빈 공간이 있어야만 하는 것"이라고 말했다.[30] 하지만 그가 그런 빈 공간의 필요성을 확신했는지는 몰라도 자신은 그 충고에 유념하지 않았다. 그로서는 권력에 아주 가까이 있는다는 것이 절대적으로 중요한 일이었는데, 왜냐하면 오직 그렇게 할 때에만 그날의 가장 중요한 이슈를 인지하고 조명할 수 있었기 때문이다. 미국 언론인의 신념체계는 바로 그 빈 공간을 장려하고 있지만 실제관행은 그러한 확신을 거부하는 것으로 보인다.

서평. Leonard는 리프만을 한마디로 이렇게 요약하고 있다. "종종 외롭고 용감한 사람으로 인식되고 있지만, 일반적으로 그는 그가 그토록 무시했던 여론을 가까이 했던 사람이었다. 즉 시대가 요구한다고 생각되면 대중적인 혁신주의자로, 윌슨주의자로, 뉴딜주의자로, 고립주의자로, 개입주의자로, 국제주의자로 나섰던 것이다."

30) Steel, 앞의 책, p.582에서 재인용.

결국 리프만은 무제한적으로 보이는 권력을 통제하는 유일한 길은 대항권력의 행사를 통해서라는 니버의 견해에 동의하였다. 그러한 대항세력 가운데 언론은 최일선에 있으며 동시에 중심적인 것이었다. 때때로 리프만은 그와 유사한 권력을 과학자나 냉정한 전문가 또는 학자들에게 줄 용의도 있었지만 그가 언제나 주장했던 것은 언론인 관찰자였다.

균형과 온건함과 초연함과 합리성의 상위법을 위해 도덕성은 불가피한 요소였지만 교회는 결코 아니었다. 리프만은 미국의 성경, 말하자면 미국의 계약, 맹약, 헌법에 신뢰를 두지 않았다.[31] 물론 보통사람도 신뢰하지 않았는데, 리프만의 견해에서 보면 보통사람은 언제나 이끌림을 받는 존재이지 결코 이끄는 존재는 아니었다.

대외문제는 항상 리프만의 정치적 관심을 지배한 주제였다. 그의 영향력이 가장 컸고 적어도 어떤 면에서는 절대적이었던 분야가 바로 대외문제였다. 그는 많은 미국인의 생활을 지배했던 고립주의에 철저히 반대했다. 책과 논문과 칼럼을 통해서 리프만은 고립과 중립, 특히 "대서양 공동체"—그가 지어낸 말이다—내부의 고립과 중립이라는 미국의 입장에 종지부를 찍을 것을 주장했다.[32] 리프만은 만약에 자신이 개입하지 않으면 동료시민들—특히 그 중에서도 대통령—의 개입을 유도하기 위해 부단히 노력했다. 이러한 세계주의는 리프만이 언론철학에 기여한 주요 공적이 될 것이다. 왜냐하면 리프만의 후예들이—그 중에서도 제임스 레스톤이 유명하지만—그의 세계적 관점을 철저히 수용함으로써 적어도 미국 동부연안의 대도시에서는 언론의 낡은 고립주의가 세계문제에 대한 더

31) 미국의 성경(Holy Writ)에 대한 논의는 다음을 참조. James Oliver Robertson, *American Myth, American Reality*, New York: Hill and Wang, 1980, pp. 65~69.

32) 1980년 8월 24일자 《워싱턴 포스트》에 게재된 Steel의 앞의 책에 대한 서평에서 Elie Abel은 리프만이 1917년에 '대서양 공동체'란 말을 지어낸 것에 주목하고, 리프만의 국제주의가 갖는 협애성을 지적하고 있다. 즉 리프만의 국제주의는 거의 전적으로 미국이 뿌리를 두고 있는 서유럽국가만을 포용하는 국제주의임이 너무나 분명하다는 것이다.

큰 관심으로 서서히 변해갔기 때문이다.

지금까지 어떤 언론인도 리프만의 자리를 차지한 것으로 보이지 않는다. 어느 분석자가 말한 것처럼 독자들은 지혜를 구하기 위해 이제 더 이상 언론인을 바라 보지 않는다.[33] 그러나 어쩌면 대부분의 독자들은 과거에도 결코 그렇게 하지 않았을 것이다. 말이야 어떻든 오늘날 언론의 꽃은 텔레비전 앵커맨이다. 그러나 그 이유는 주로 그의 외모나 스타일 때문이지 지혜 때문에 그런 것은 아니다. 의심스럽겠지만 심지어 리프만의 전성시대에도 리프만이 그토록 경멸했던 대중 가운데 그의 칼럼을 애써 찾았던 사람은 별로 없었다. 마치 로크와 볼테르, 맑스와 밀의 시대에 일반시민은 그들을 의식하지 못했던 것 처럼 말이다. 그러나 힘있는 사람들은 종종 그들에게 깊은 관심을 보였고, 리프만의 시대에는 리프만이 쓰고 말한 모든 것을 읽고 숙고했다. 마찬가지로 리프만을 사로잡는 것은 권력을 행사하는 자들이었지 일반독자는 아니었다. 여하튼 그는 대부분의 현대 언론인처럼 자신을 기자로 생각하고 싶어했지 철학자로 생각한 것은 아니었다.

---

33) 위의 글. 그 자신이 경험많은 기자이기도 한 Abel은 이렇게 말하고 있다. "워싱턴의 수많은 칼럼니스트가 여전히 일하고 있다. 그러나 이제 우리는 병속에 든 지혜를 구하기 위해—우리가 한때 리프만에게 기대했던 것처럼—그들에게 기대하지 않는다. 오늘날의 이 무리는 보도자이지 철학자가 아니다." 또한 John Morton Blum, ed., *Public Philosopher: Selected Letters of Walter Lippmann*, New York: Ticknow & Fields, 1986 참조. 리프만의 서한을 엮은 이 책의 서평에서 Robert Manning은 이렇게 말하고 있다(*Washington Jouralism Review*, February 1986, p. 58). "누구든지 이 책을 읽은 사람이라면…… 자신과 제후 사이에 차이가 있기를 원했다고는 할 수 없는 월터 리프만이 스스로 그들 가운데 한사람이 되고 싶어했고 또 아마도 그렇다고 믿었던 것이 아니냐는 생각을 떨쳐 버릴 수 없다. 그는 분명히 고위공직에 합당한 두뇌를 소유하고 있었지만 언론을 위해 남겨지게 되었다. 그렇게 된 것은 바로 언론이란 이 고된 영역에 대한 그의 경멸과 미국의 권력자를 선출하는 다수대중에 대한 그의 불신에 의해서였다."

| 제 51 장 |

매카시즘의 충격

The Shock of McCarthyism

우리는 이제 시간적으로 조금 거슬러 올라가서 미국인(특히 언론인)의 신념체계에 도전했던 좌우파의 많은 주창자들과 함께 니버와 리프만의 삶에서도 중심적이었던 사건으로 돌아 가도록 하겠다. 여기서 우리는 미국의 언론인이 단순히 언론에 종사하는 사람만은 아니라는 점을 결코 잊어서는 안된다. 그들도 역시 자기 조국의 시민이고 무엇보다도 그들 자신의 사회경제적 환경의 산물이다. 그들이 접촉하는 사람들—그들의 스승, 그들이 애독하는 작품의 소설가, 논설가, 시인, 그리고 무엇보다도 동료 언론인과 뉴스 취재원—의 가치체계는 또한 그들의 가치체계이기도 하다.

과거에 으레 그랬던 것처럼 20세기 전반의 미국 언론인들은 그들이 소속된 사회의 신념을 학문적으로 검토하는 데에는 거의 관심을 보이지 않았다. 뿐만 아니라 그러한 가치해석을 수용자들에게 전달해 주는 데에도 대부분 관심을 갖고 있지 않았다. 실천적인 측면에서 그들은 늘 그렇듯이 낙관적인 자세로 일상적인 일에 열심이었고 제퍼슨과 밀이 선언한 언론

자유사상에 헌신하였다. 그들은 "뉴스"를 보도하는 실제적인 일에 너무 바쁜 나머지 주변에 진행되고 있던 양극화 현상을 깊이 주목하지 못했으며, "언론의 자유"에 대한 적개심이 학계에서 뿐만 아니라 일반 공중 사이에도 점점 커지고 있음을 제대로 깨닫지 못하고 있었다. 그것이 발생된 정치적 스펙트럼의 위치에 따라 적개심은 강고한 권력에 봉사하는 조작적이고 순치된 언론을 겨냥하거나 그렇지 않으면 사회의 도덕적, 정치적 가치에 도전하는 방종한 언론을 겨냥하였다.

치열하게 경쟁하는 언론세계에서 오늘날의 언론인은 과거의 언론인보다 오히려 사상에는 관심이 더 적은 것처럼 보인다. 언론의 사회개혁운동이 결코 사라진 것은 아니지만 오늘날의 탐사언론인은 대의의 증진보다는 범죄자 추적에 더 헌신적이었다. 언론인들은 전문인으로 사회에 봉사하는데 있어서 아무런 반성도 하지 않고 전통적으로 뉴스를 정의했던 관습—의견이 아닌 사실을 다루고, 오늘의 뉴스는 오늘 보도하며, 특이하고 기이한 일을 밝혀내고, 먼 곳의 사건보다는 가까운 곳의 사건을 보도하고, 정치지도자나 유명인에 대해 쓰고, 갈등적이고 극적인 일들을 찾는 것—에 집착하여 흔히 일을 기계적으로 하는 것 같았다. 루소적인 자기감정에 도취되어 관습을 경멸하고 칼을 마음대로 휘두르는 것보다 냉정한 전문인으로 일한다는 것이 언론인에게는 분명히 덜 재미있는 일이다. 그러나 그가 월터 리프만의 "상위법"을 추구할 때 그가 하는 일은 더욱 탄탄해진다.

전문성을 갖고 일한다는 것은 사실상 언론의 전통적인 뉴스관에 입각해서 움직인다는 것이며, 또 현대세계에서 언론의 탁월성을 논할 때 전문성이라는 기준보다 더 많이 받아들여지고 있는 기준은 없다. 객관성이나 사회적 책임이 강조되는 것은 거의 언제나 전문성이라는 기준을 충족시키기 위해 그러는 것이지 대중적 지혜에 도전하기 위해 그러는 경우는 좀처럼 없다. 정치지도자 개인이나 한 개인의 행위는 도전받을 수 있고 또 종종 도전받지만 체제나 제도 또는 사상은 도전받지 않는다. 그런 것에 도전하는 것은 비전문적인 일이다.

편집국의 편집인들은 전문성과 경험적 탐구를 계속 요구해 왔지만, 앞에서 언급한 것처럼 실용주의와 경험주의에 대해서 정치적으로는 좌우파 양쪽의 지식인 사이에 적개심이 형성되고 있었다. 경험적 방법의 맹목적 추종에 대해 좌우파 양쪽으로부터 비판이 늘어갔는데, 말하자면 경험적 방법의 관심이 목적이 아닌 수단에 있고 인간의 가치가 아닌 테크놀로지에 있다는 주장이었다. 니버와 리프만도 자질구레하고 미세한 "사실"의 단순한 축적을 날카롭게 비판하였다. "사회공학"과 가치중립적인 연구에 종지부를 찍고 관심을 "전인(全人)"으로 돌릴 것을 요구하는 주장이 나타나게 되었다.

우파는 플라톤적인 기준으로의 복귀를 요구하며 절대적인 도덕성을 주장하고 나섰다. 켄달은 실용주의 윤리의 "도덕적 상대주의"를 통렬히 비난하고 기독교의 근본핵심을 수용하자고 주장했다.[1] 고전 정치철학자 레오 스트라우스는 사회학과 경제학 그리고 정치학을 지배했던 행동연구를 배격하고, "정치적 사물에 대한 깊은 이해"를 촉구했는데 그것은 단순히 인간의 행동방식을 연구해서는 알 수 있는 것이 아니라고 주장했다. 그는 행동주의가 가치중립적인 것일 뿐만 아니라 "독단적 무신론"과 동의어라고 보았다.[2] 종교적 근본주의의 바람과 "거듭나기"운동이 이제 목전에 다가왔던 것이다.

좌파로부터는 정치의 영역을 벗어나 시의 영역으로 가자는 주장이 나

1) A. J. Beitzinger, *A History of American Political Thought*, New York: Dodd, Mead, 1972, p. 580 참조. 또한 Allan Guttmann, *The Conservative Tradition in America*, New York: Oxford University Press, 1967과 Frank Meyer, *In Defense of Freedom*, Chicago: Regnery, 1962 참조. Meyer는 주장하기를 자유는 단순히 올바른 것을 행하는 것 뿐만 아니라 "미덕과 악 사이의 선택"을 의미한다고 했다(p. 41). Beitzinger는 Kendall의 질문을 반복하고 있다: "어떤 사회의 구성원들 사이에 완전한 도덕적 상대주의가 이루어진다면 그 사회는 오랫동안 존재할 수 있는가?"

2) Leo Strauss, epilogue in Herbert J. Storing, ed., *History of Political Philosophy*, 2nd ed., Chicago: University of Chicago Press, 1981, pp. 313~327.

타났다. 고전학자인 노만 브라운은 과학적 방법이란 결국 직관을 대체하려는 시도라고 보았는데, 그의 말을 빌리면 "천재 대신에 범인(凡人)을" 쓰는 것과 같다는 것이다.[3] 테오도어 로스작은 인간을 "객관적으로" 연구한다면 인간은 결국 말도 안되는 무감각한 사물로 전락될 뿐이라고 주장하였다. 따라서 그는 사람은 반드시 주관적으로, 즉 개개의 "온전한" 인간으로 보아야 한다고 충고하였다.[4]

좌우파 모두에서 "사실"이나 기타 컴퓨터 입력자료로 쓰이는 객관적 데이타에 의존하는 것은 도덕적으로 잘못된 것이라고 보았다. 루소를 따라 양편은 이성을 열정으로 과학을 사랑으로 대체하려 하였다. 나중에 알게 되겠지만 이들 좌우파의 운동은 언론영역에서 각자 자신에게 반대되는 상대방을 만나게 된다.

이런 철학적 움직임에도 불구하고, 위스콘신주 상원의원 조셉 매카시의 등장은 특히 중요한데 그의 등장으로 오랫동안 미국언론의 신념체계 근간이 되었던 철학적 기반이 강타당했다. 여기에는 두 가지 중요한 요인이 있다. 하나는 언론의 전통에 기회를 제공하고 동시에 제약을 가져온 새로운 테크놀로지의 엄청난 발전이며 다른 하나는 양차 세계대전의 영향이다.

모든 대전쟁 뒤에는 반드시 반작용의 시기가 따른다. 제1차 세계대전 후 10년 간은 사상 유례없는 성장의 시기였으며 미국의 슬로건은 평화와 번영이었다. 모두가 혁명을 두려워하고 공산주의가 적이라는 점에 동의했기 때문에 반체제운동은 억제되었다. 그러나 1930년대의 대공황은 그

---

3) Norman O. Brown, *Life Against Death: The Psychoanalytical Meaning of History*, 2nd ed., Middletown, Conn.: Wesleyan University Press, 1985, pp. 314～315. 또한 Leo Hamalian and Frederick R. Karl, eds., *The Radical Vision: Essays for the Seventies*, New York: Crowell, 1970, pp. 107～112, 특히 pp. 109～111 참조.

4) Theodore Roszak, *The Making of a Counter-Culture: Reflections on the Technocratic Society and the Youthful Opposition*, Garden City, N. Y.: Doubleday, 1969, pp. 236～242.

러한 평온을 뒤흔들고 10년에 걸친 혁명적 활동을 야기했는데 그것은 한마디로 부와 전통의 강고한 힘에 대한 반발이었다. 폭로언론인이 마련한 길을 따라 1930년대의 언론인들은 혁명을 논하고 노동조합을 결성하고 부와 전통을 공격하였다. 제2차 세계대전 이후의 시대는 제1차 세계대전 이후 시대의 반복이었다. 먼저 평화와 번영이 다시 한번 슬로건이 되는 성장의 시기가 왔고 혁명과 공산주의는 다시 한번 모두의 적이 되었다. "냉전"이 시작된 것은 바로 이 시대였으며, 객관성이라는 마음편한 원칙이 절대적인 것이 되었다.

매카시가 공산주의에 대해 자신의 "개혁운동"을 벌이기 시작한 것은 제2차 세계대전이 끝난지 5년 밖에 안된 1950년이었다. 매카시 선풍을 경험한 언론인들은 그들의 전통적 가치체계에 의문하게 되었다. 왜냐하면 객관성이란 원칙이 무도한 정치인들에 의해 거짓을 공중에 제시하는 방법으로 얼마나 쉽게 악용되는지가 명백해졌기 때문이다. 일부 논자들은 매카시의 등장 이전에 이미 뉴스정의에 변화가 일어났다고 말한다. 그들의 주장에 의하면 보도기사는 보도면에 논설은 논설면에 있어야 한다는 전통적인 분리방식이 이미 사라지고 있었다는 것이다.[5] 사실 허친스 위원회는 이미 1947년에 해설기사를 늘리고 사실에 대한 진실을 더 많이 말하라고 촉구한 바 있다. 그러나 대분분의 신문은 객관성이라는 전통적인 가치체계에 계속 매달려 왔다.

매카시 상원위원이 등장하여 매카시즘이란 신조어가 만들어진 무렵에는 미국 언론인들의 자화상에 하나의 놀라운 획일성이 발전하였다. 언론의 미덕은 객관성이라는 개념 속에 있고 또 사실을 찾아내서 공중에게 보도하는데 있다는 생각이 널리 받아들여졌다. 언론인 자신은 보도되는 기사와 관계가 없었다. 뉴스가치가 있는 사람에 의해 만들어진 성명이나 선언을 공표하는 것으로 충분했다. 논란되는 문제의 "양 측면"을 똑같이 취급

5) Edwin B. Bayley, *Joseph McCarthy and the Press*, New York: Pantheon Books, 1981, p. 219.

해서 제시하는 한, 그러한 성명이나 선언의 진실여부가 기자에게는 단순한 관심 이상의 문제가 되지 못했다. 독자는 그 진실여부를 스스로 판단해야 하는 것으로 간주되었다. 이러한 자화상은 사실 결코 바뀐 적이 없었다. 매카시와 언론과의 관계를 설명한 한 역사적 분석은 매카시가 자신의 부정직하고 기만적인 목적을 위해 언론을 이용했음을 발견함으로써 "미디어에 끝없는 변화"가 초래되었다고 하면서도 그러나 이렇게 결론지었다.

> 신문의 일차적인 기능은 사람들에게 무엇이 일어나고 있는가를 말해주는 것이다. 사람들이 알아야 할 것이 무엇인지를 결정하는 일이나 보도하는 뉴스의 효과에 관심을 갖는 일 따위는 신문의 임무가 아니다. 신문의 임무는 정보를 공급하는 것이다. 매카시 사건의 경우에 언론은 이러한 기능을 적절히 수행하지 못했다.[6)]

이러한 생각, 즉 미국의 대의명분이나 민주주의의 대의명분 외에 언론인은 어떠한 대의명분도 옹호해서는 안된다는 생각은 탐사언론의 성행에도 불구하고 미국기자들의 신념체계에 깊숙이 뿌리내려 있다. 이러한 생각은 너무나도 강력히 자리잡고 있어서 심지어 조셉 매카시에 관한 어느 역사학자의 글에서도 그것은 표현되고 있다. 에드윈 베일리는 언론이 객관성 보도에 아무런 잘못이 없었으며 단지 충분한 정보를 제공하지 못하여 매카시의 거짓말이 폭로되지 못했을 뿐이라고 말했던 것이다.

매카시는 전후의 격렬한 반공 분위기 속에 전국적 인물로 부상했다. 나

---

6) 위의 책. Bayley의 책은 없어서는 안될 책이다. 매카시의 경력, 특히 언론과 연관된 부분에 관심이 있는 사람은 다음을 보라. Jack Anderson and Ronald W. May, *McCarthy: The Man, the Senator, the "Ism,"* Boston: Beacon Press, 1952; Fred J. Cook, *The Nightmare Decade: The Life and Times of Senator Joe McCarthy*, New York: Random House, 1971; Fred W. Friendly, *Due to Circumstances Beyond our Control*, New York: Random House, 1967; Richard H. Rovere, *Senator Joe McCarthy*, New York: Harcourt, Brace, 1959.

중에 거짓으로 밝혀졌지만, 그의 주장은 정부의 고위직 인사들이 공산주의자와 공산주의 동조자들에 의해 감염되었다는 것인데 이로 인해 많은 사람이 유죄판결을 받게 되었다. 매카시와 그의 동료들의 공격을 받고 어떤 사람은 직장을 잃었고 또 많은 사람들은 명예를 잃었다. 객관성이라는 원칙하에 움직이는 워싱턴의 언론은 매카시의 폭로와 아울러 혐의자들의 부인도 함께 보도했다. 그러나 그들의 부인은 종종 다음 판에 보도되었을 뿐더러 결코 매카시의 비난을 해소시키지 못했다. 베일리가 말했듯이 매카시는 자신의 근거없는 주장을 일반대중에게 전달하기 위해서 극적 요소를 갈구하는 기자들의 속성과 신문의 마감시간을 이용하는데는 명수였던 것이다. 신문사설은 심심치 않게 매카시를 비난했으나 사설을 읽는 독자의 수는 제한되었으니, 오직 10명 중 1명만이 사설면을 읽을 뿐이다.[7)]

"해석보도"의 필요성이 강력하게 제기된 것은 매카시의 폭로 이후였다. 맹목적인 객관성을 배격하고 보다 설명적인 보도로 나아가자는 운동에 허친스 위원회가 주창한 사회책임주의 사상과 노스웨스턴 대학의 커티스 맥도우갈이 이끄는 전후 세대 언론인과 학자들의 이상주의가 함께 나서게 되었다.[8)] 이제 언론은 사회철학계나 정치철학계에서 부글거리고 있던 사상들과 정신적으로 유사한 신선한 새 사상으로 방향이 분명해진 것이다. 매카시 선풍 이후 언론인 사이에는 그동안 그들이 얼마나 효과적으로 조작당했는가를 인식함으로써 객관성의 원칙에 대해 광범위한 반발이 일어났고, 간접적으로는 미국언론인의 역할과 기능에 대한 "새로운" 개념을 길게 나열한 목록을 낳기에 이르렀다. 비록 대의명분 증진보다는 범죄자 추적에 관심이 더 많은 경향은 있었지만, 탐사언론이 부활한 것은 바로 이런 환경 속에서였다. 이 "새로운" 개념 가운데 사실상 그 어느 것

7) 매카시에 대한 언론의 반응에 관해서는 Bayley, 앞의 책, pp. 113~124를 보라. 또한 J. Herbert Altschull, *Agents of Power: The Role of the News Media in Human Affairs*, New York: Longman, 1984, p. 128 참조.

8) Curtis MacDougall, *Interpretative Reporting*, New York: Macmillan. MacDougall이 죽기 전에 이 책은 8판을 거듭했고 최종판은 1982년에 발간되었다.

도 완전히 새로운 것은 없었다.

언론인은 자기들의 전문용어에 너무나 익숙해 있어서 그 용어의 정확한 의미를 다른 사람에게 설명하는 것이 거의 불가능할 정도이다. 모든 분야는 자기 나름의 언어와 행위방식을 가지고 있다. 식물학자가 아닌 사람에게 식물용어가 어려운 것 만큼 매스미디어의 전문용어도 비언론인에게는 애매한 것이다. 그러나 언론인은 예컨대 "역 피라미드"라는 용어를 보면 당장 어떤 구체적인 기사문장 양식을 연상하게 된다. 편집인이 그 피라미드를 "떼어 붙이는"(*shirttail*) 것은 바로 자기가 맡은 일을 하고 있는 셈이다.[역주1] 텔레비전 종사자들은 "스탠드어퍼(*standupper*)"가 무슨 말인지 모두 알지만 일반인들은 아마도 이 말이 무슨 자세를 의미하는 것으로 생각할 것이다.[역주 2]

"뉴스 가치판단"(*news judgment*)이란 말도 그러한 용어 중의 하나이다. 공격을 받게 된 언론인은 틀림없이 그의 뉴스 가치판단을 내세워 자신을 방어하려 들 것이다. "새로운" 언론양식은 뉴스 가치판단에 대한 근본적인 도전으로서 테크놀로지 사회의 등장과 함께 나타난 것이다. "뉴 저널리즘"이란 용어가 앞에서 이미 나온 적이 있다. 이 말은 거의 한 세기 전에 영국의 시인이자 문학평론가인 매튜 아놀드가 1887년에 아일랜드의 자치계획과 그 계획을 지지한 언론인들을 공격하면서 사용한 개념이다. 아놀드는 우리가 필요한 것은 사람들의 진정한 욕구를 보다 잘 반영하는 "뉴 저널리즘"이라고 했다. 사실 그가 주장한 것은 인간경험에서 최선이라고 생각되는 것에 대한 이해를 바탕으로 하는 "새로운 문화"였다.[9] 페

역주1) 여기서 "자기가 맡은 일"이란 바로 편집을 의미한다. 셔츠테일(*shirttail*)은 편집과정에서 지면사정으로 한 기사의 일부가 잘려 다른 곳에 놓인 관련기사를 말한다. 이 용어가 동사로 사용될 땐 기사의 일부를 떼어다 붙이는 행위를 의미한다.

역주2) "스탠드어퍼(*standupper*)"란 무대 위에 혼자 서서 재담을 하는 코미디언을 말한다.

9) Matthew Arnold, "Up to Easter," *Nineteenth Century*, May 1887, pp. 638~639. 또한 John Hollowell, *Fact and Fiction : The New Journalism and the Nonfiction Novel,*

니 프레스 시대에 베넷트가 했던 것처럼, 황색언론 시대에 퓰리처도 《뉴욕 월드》지의 개혁운동과 관련하여 다시 한번 뉴 저널리즘이란 말을 사용하였다.[10)]

현대에 와서 뉴 저널리즘과 더 큰 "사회적 책임"을 요구하는 운동은 매카시 상원의원으로 인해 객관성 원칙에 반발이 있었던 것처럼 상당부분 테크놀로지 혁신과 양차 세계대전으로 야기된 사회적 소요에 대한 반작용이었다.[11)] 사실 전쟁 후에는 항상 "새로운" 사상이 언론영역으로 밀어닥쳤다. 1930년대 언론에서 그 새로운 동력은 경제적인 것이었다. 루즈벨트 대통령의 뉴딜정책으로 시작된 사회변혁의 결과 가운데 하나는 언론인의 보수와 사회적 지위가 향상되었다는 점인데, 그로 인해 고등교육을 받고 사회적으로 수준이 높은 언론인 세대가 나타나게 되었다. 케네디 대통령의 도덕적 위대성 주장에 부응하여 언론인도 포함된 많은 젊은 남녀가 워싱턴에 입성해서 언론인 데이비드 할버스탬이 "가장 훌륭하며 가장 뛰어난"[12)] 팀이라고 부른 그룹에 동참하게 되었다. 수천명의 젊은이가 바로 그 평화봉사단에 가입하고 또 언론에 투신한 그 무렵에 신문과 방송에서는 진실을 추구하고 미국과 민주주의의 대의명분에 진정으로 봉사할 수 있는 훌륭한 무기가 있다고 확신하게 되었다.

언론에서 나타난 이 모든 새로운 운동은 언론인을 하나의 거울, 즉 자신은 "뉴스"에 개입하지 않으며 그대신 뉴스가 자신을 통해 제시된다고

Chapel Hill: University of North Carolina Press, 1977 참조. Arnold의 저작은 다음 책에서 대충 효과적으로 훑어 볼 수 있다. Matthew Arnold, *Essays, Letters, and Reviews*, Cambridge, Mass.: Harvard University Press, 1960. 또한 Edwin Emery and Michael Emery, *The Press and America: An Interpretive History of the Mass Media*, 4th ed., Englewood Cliffs, N.J.: Prentice-Hall, 1978을 보라.

10) Emery and Emery, 앞의 책, pp. 220~221.

11) 사회적 책임(social responsibility)이란 용어의 기원에 대해서는 Altschull, 앞의 책, pp. 301~305 참조.

12) David Halberstam, *The Best and the Brightest*, New York: Random House, 1972.

보는 통상적인 언론기준에 대한 반발이었다. 이러한 운동과 과거의 운동 사이에 차이점은 대중홍보의 테크놀로지가 엄청나게 발달했다는 점이다. 이러한 변화로 뜻이 같은 동료들과의 커뮤니케이션이 과거보다 훨씬 쉽게 되었을 뿐 아니라, 과거에는 지지부진했던 지역활동을 전국적 내지는 국제적 운동으로 전환시키는 일도 전보다 훨씬 수월해진 것이다.

이 새로운 운동 가운데 우리는 적어도 아홉 가지 흐름을 확인할 수 있는데, 물론 그 중에 하나가 탐사 언론운동이다. 여기서는 먼저 나머지 8개의 운동을 간략히 기술하고 제 52 장에서 좀더 구체적으로 살펴보도록 하겠다. 이 다양한 "새로운" 언론에 대한 논의는 비교적 혼란스러운 편인데 그 이유는 운동의 종류와 강도에서 많은 차이점이 있음에도 불구하고 용어가 종종 상호교환적으로 사용되어 왔기 때문이다. 다음은 이들 운동의 특성을 간략히 정리한 것이다.

(1) 기획언론(*enterprise journalism*) : 이 개념은 주로 통신사를 중심으로 나타났는데, 매카시 사건에 대한 통신사들의 "객관적"이고 무비판적인 보도방식은 호된 비판을 받았다. 기획언론은 기자가 뉴스 취재원이 직접 제공한 자료나 또는 취재원이 마련한 기자회견 자료에 의존하지 않고, 이해관계에 있는 취재원이 선정한 뉴스보다는 "진짜" 뉴스를 밝혀내기 위해 막후를 "파헤치는" 보도방식이다. 기자는 사실에 관한 진실을 추구하지만 자신의 의견을 밝히지 않음으로써 객관적인 보고자로 남는다.

(2) 해석언론(*interpretive journalism*) : 때로는 "뉴스 분석가"로 불리어지는 이 모델의 기자는 자신이 기사주제의 전문가로서 복잡하고 논란많은 문제를 정말로 의미있게 분석한 기사를 쓸 수 있도록, 관련문헌을 읽거나 다양한 취재원을 면담하고 또 때로는 강의나 세미나에 참석함으로써 스스로 기사주제를 공부한다. 뉴스분석가로서 기자는 주제의 "양 측면"을 모두 살펴보고 그런 다음 가능한한 기사로부터 자신의 의견을 분리하여 객관적 자세를 유지한다.

(3) 뉴 저널리즘(*new journalism*) : 언론인은 객관성이라는 목표를 완전히

거부하고 대신에 인간의 의식과 기억에 놓여 있는 숨겨진 진실을 찾는다. 기자는 소설가의 기법과 방식을 자신의 모델로 삼아 기사 속에 숨쉬며 살아있는 일부분이 된다.

(4) 지하언론(*underground journalism*) : 이것은 1960년대의 젊은이들이 발간한 신문에 붙여진 명칭으로서 그들은 자기들의 신문을 "대항문화"라고 자부했다. 대개가 대학생들인 이 젊은이들은 주류언론의 전통적인 패턴과 관행을 배격하고 권력가진 자들의 낡은 정치와 생활양식에 적대적인 언론형식이나 기사를 선호하였다. 객관성과 "사실"을 거부하며 진실보도라고 여겨지는 것을 선호했던 것이다.

(5) 주창언론(*advocacy journalism*) : 여기서 보는 언론인은 어떤 주장의 솔직한 대변인이다. 그는 이용 가능한 취재자원 가운데서 그 주장에 도움이 되는 무기를 찾아 선정한다. 이런 상황에서 객관성이란 말은 심히 불쾌하고 역겨운 말이 된다. 주창적 언론인은 말하자면 "뉴스"면의 논설위원으로서 일반 보도기사를 논설과 같은 시각에서 쓰는 사람이다.

(6) 적대언론(*adversary journalism*) : 여기서 언론인은 권력자가 진보적이든 보수적이든, 공화당이든 민주당이든, 누구든간에 정부당국의 적대자 위치에서 노골적인 파수견 역할을 수행한다. 언론인은 객관성과 냉정함을 유지하지만 영원히 반대자로 남는다.

(7) 정밀보도(언론)(*precision journalism*) : 언론인은 의식적으로 과학적 방법을 수용하고 공공의 공식자료를 으뜸가는 취재자료로 사용한다. 또한 설문지나 서베이를 통해 직접 연구를 수행하거나 또는 그 일을 하기 위해 전문연구자를 고용하고 그런 다음 컴퓨터나 다른 기술적 수단을 이용해 직접 데이타를 분석한다. 일반공중으로부터 정보를 얻고자 할 때는 닥치는 대로 인터뷰를 하기 보다 과학적인 표본추출 기법에 의존한다. 그가 중시하는 가치는 과학적 초연함이며 객관성이라는 표준을 받아들인다.

(8) 명사언론(*celebrity journalism*) : 이것은 어떤 철학을 나타내 주고 있지는 않지만 하나의 주목할 만한 경향을 반영하고 있는 것인데, 텔레비전

뉴스진행자 특히 워싱턴의 고위층에 가까운 텔레비전 뉴스진행자의 지위와 명성이 엄청나게 높아진데서 비롯된 것이다. 미국에서 주요 네트워크 뉴스의 앵커맨이 가장 신뢰할 만한 사람으로 간주되고 있음은 이제 상식이 되었다. 유명 언론인은 객관적인 관찰자가 아니라 교사나 안내자가 되고 있다. 그는 해설도 하지만 또한 자신의 의견을 말하기도 한다. 그는 저 멀리 높이, 심지어는 그가 말하고 쓰는 상대방 저 위에 서있는 것이다.[13)]

13) James Fallows, "The New Celebrities of Washington," *New York Review of Books*, June 12, 1985, pp. 41~49.

| 제 52 장 |

다양한 모습의 "새로운 언론"

A Potpourri of "New Journalisms"

앞 장에서 기술한 언론운동 가운데 그 어느 것도 혁명적인 것은 없었다. 하나 하나가 모두 미국의 철학적 지적 유산의 산물이었다. 그 사상의 거의 모두가 "민주적"인 것이었다. 결국 로크와 홉스, 제퍼슨과 매디슨은 모두 공동체에서 자신의 역할을 다하고 권위자의 의견에 대한 맹목적 수용을 거부하고 진리를 위해 그 의견의 배후를 파헤치는 "기획"이 개인의 의무라고 주장했던 것이다. "탐사"의 맥은 미국의 언론역사에 면면히 흐르고 있었다. 일찍이 젱거는 기획언론인이었다. 볼테르와 밀턴의 검열에 대한 비난과 정신적 압제에 대한 제퍼슨의 적대감은 "해석적"인 것이었다. 루소와 그를 따르는 집단주의자들은 "적대"와 "주창"을 가르쳤다. "지하"언론은 루소와 식민지 아메리카 사람들을 고무시켰고, 20세기 지하언론의 편집인들이 그랬던 것처럼 당시의 지하언론 편집인들도 그들이 생각하는 일반의지를 표현했다. "지하"언론인과 "탐사"언론인 그리고 "주창"언론인이 생각했던 도덕적 개혁운동은 처음부터 미국언론에서 핵심적인 요소였다. 과거 미국의 "위대한" 편집인과 기자들은 그들 나름대로 모두 "명사 언론인"이었다. 제임스와 듀이는 "뉴 저널리즘"의 제원칙을 지지했고, 그것은 벤자민 프랭클린과 그의 영국인 동료 애디슨과 스틸, 그리고 무엇보다도 월트 휘트맨과 마크 트웨인의 글을 상기시키는 언론관행이다.

"뉴 저널리즘"이란 말은 1960년대 초에 새로운 문학형태를 추구하던 작가와 기자들에게 자석과 같은 것이 되었다. 뉴 저널리즘은 객관성이라는 기준을 완전히 거부하고 뉴스사건 설명에 소설의 관행을 그대로 이용하고자 했다. 소설가이자 뉴 저널리즘의 초기 옹호자인 트루만 카포테는 그의 책 《냉혈》(*In Cold Blood*)을 "논픽션 소설"이라고 불렀다.[1] 뉴 저널리즘 운동의 핵심 이론가인 톰 울프는 기자가 독자의 정신보다는 감정을 건드려야 한다는 "리얼리즘의 심리학"을 내세웠다. 울프는 이렇게 말하고 있다. "가장 재능있는 작가란 독자의 진짜 감정에 공명하는 멋진 방식으로 독자의 기억을 조작하는 사람이다. 사건은 단순히 지면 위에 인쇄된 형태로 발생할 뿐이지만 그 감정은 진짜이다."[2]

어느 분석가는 "훈련받지 않은 다음 세대가 학습을 반복해야 할 본능적 언론관"을 울프가 거부하는 것으로 보았는데[3], 본능적 언론관은 정적인

1) Truman Capote, *In Cold Blood,* New York: Random House, 1966. John Hollowell의 *Fact and Fiction : The New Journalism and the Nonfictional Novel* (Chapel Hill: University of North Carolina Press, 1977)은 특히 40쪽에서 뉴저널리즘의 "주요주제"를 분류하고 있다.

2) Tom Wolfe and E.W. Johnson, eds., *The New Journalism*, New York: Harper & Row, 1973, p.48.

3) Everetts E. Dennis, "Journalistic Primitivism," *Journal of Popular Culture*, 9 (Summer 1975): 122~135. Everette E. Dennis, Arnold H. Ismach, and Donald M. Gillmor, eds., *Enduring Issues in Mass Communication*, St. Paul, Minn.: West, 1978, pp.205~215에 재인쇄. 인용된 부분은 206쪽에 나옴. 또한 215쪽의 후주 참조. 객관성에 대한 Dennis의 견해는 그동안 조금씩 바뀌었다. 그의 최근 견해에 대해서는 다음 논문 참조. Everetts E. Dennis, "Journalistic Objectivity is Possible," in Everetts E.

보도를 특징으로 한다. 울프는 부하 기자를 자기 생각대로 훈련시키는 만물박사 편집인과 고등학교와 대학교에서 방법 위주의 강의를 하는 언론학 교수를 모두 비난하였다. 에브리트 데니스는 사실 그 자체의 경험적 축적에만 열중하는 객관성이라는 해묵은 원칙은 신문양식과 보도방식에서 "원시주의"(*primitivism*)를 면치 못하는 것으로 보았다. 데니스는 잭 앤더슨과 세이무어 허쉬와 같은 "원시적" 탐사기자들의 문체가 결코 기억할 만한 것도 우아한 것도 아니라고 주장했다. 그는 이렇게 부연하고 있다.

> 문장표현에서 나타나는 그 원시인들의 상상력 부족은 개별적인 정보수집 방식을 고수하는 그들의 보수성과 딱 어울린다. 이 컴퓨터 시대에 언론인들이 제임스 고든 베넷트가 1830년대에 사용했던 뉴스수집 방법에 열심히 매달리고 있는 것은 놀라운 일이다.[4)]

울프와 카포테 그리고 뉴 저널리즘 운동의 다른 지도자들—게이 테일즈, 지미 브레슬린, 노만 메일러—은 특히 양식(*style*)상의 원시주의를 거부했다. 데니스가 지적한 바와 같이 그들은 또한 내용에도 관심을 보여 마약, 청년문화, 평화운동과 같이 감정이 개재된 사회문제를 조사하였다. 울프는 "급진적인 멋"이라는 생각을 레오나드 번스타인과 같은 "고급"인사 사이에 유행시켰고, 현대건축의 과도함과 같이 언론주제로서는 난해한 주제를 탐구하였다.[5)] 하지만 10년도 안 되어 뉴 저널리즘은 김이 새어

Dennis and John C. Merrill, *Basic Issues in Mass Communication*, New York: Macmillan, 1984, pp. 111~118. Merrill의 반대의견은 pp. 103~110 참조. 또한 무엇보다도 Irving Kristol과 Paul Weaver의 저작을 보라.

4) Dennis, "Journalistic Primitivism." Dennis, Ismach and Gillmor, 앞의 책, p. 209에 재인쇄.

5) *Redical Chic* (1978), *The Electric Kool-Aid Acid Test* (1968), *The Right Stuff* (1979) 처럼 Bantam Books에서 출판된 Wolfe의 유명한 "뉴 저널리즘" 작품들을 보라. 이 장르의 주요 작품에 대해 더 알고 싶다면 다음을 참고. Norman Mailer, *The*

버렸다. 주류 언론계는 객관성에 대한 철저한 모독을 소화해 낼 수 없었으며, 결국 울프와 그의 동료들이 픽션작가일 뿐 결코 언론인은 아니라고 단정하였다. 뉴 저널리즘의 주요 관심사가 내용이 아니고 양식이라는 점을 잘못 이해하고 있는 비평가들은 뉴 저널리즘을 "적대" 언론과 동일시하는 경향이 있다. 1974년 경에 울프는 뉴 저널리즘의 기치를 스스로 포기하고 말았다.[6)]

"지하"언론 운동은 비록 문장 양식에서 결코 우아함을 요구하지는 않았지만 뉴 저널리즘과 외견상 유사한 점이 있다. 지하언론은 조금도 숨김없이 대항문화의 목소리로 복무했다. 실제로 지하언론 가운데 가장 성공적이었던 한 신문은 **목소리**(*voice*)를 제목으로 선정했는데, 1955년에 뉴욕의 그린위치 빌리지에서 발간된 《빌리지 보이스》(*Village Voice*)가 그것이다. 지하언론인들에게 객관성이라는 주류언론의 기준은 저주와 같은 것이었다. 지하통신사의 하나인 해방통신사(Liberation News Service)의 설립을 도왔던 레이 먼고는 이렇게 말했다. "냉냉한 사실은 거의 언제나 지루하고 심지어 진실을 왜곡시킬 수 있지만, 진실은 인간의 표현에서 얻을 수 있는 최상의 것이다."[7)] "보수적인 사회"를 격분시키는 것이 지하언론의 의도였기 때문에 충격요법은 지하언론의 상투수단이었다. 지하언론은 젊음을 환영하고 성숙함을 매도했다.[8)] 젊은 언론인들은 나이든 사람들이

Armies of the Night: History as a Novel, the Novel as History, New York: Signet, 1967; Jimmy Breslin, *How the Good Guys Finally Won: Notes from an Impeachment Summons*, New York: Viking, 1975; Gay Talese, *Honor Thy Father*, New York: World, 1971.

6) Dennis, "Journalistic Primitivism." Dennis, Ismach, and Gillmor, 앞의 책, p. 206에 재인쇄. 이 부분의 출전은 1974년 3월 Dennis가 Wolfe로 부터 받은 편지이다.

7) Raymond Mungo, *Famous Long Ago: My Life and Hard Times with Liberation News Service*, Boston: Beacon Press, 1970, pp. 75~76.

8) 지하언론에 대한 문헌은 무척 풍부하다. 아마도 가장 포괄적인 연구는 Robert J. Glessing, *The Underground Press in America*, Bloomington: Indiana University

불편해 하는 록 뮤직과 마약, 자유로운 섹스와 비속어, 옷과 머리 유행 등에 대해 거리낌없이 써 나갔다. 지하신문 가운데 《롤링 스톤》(*Rolling Stone*)보다 더 많은 독자를 끌어 들인 신문은 없는데, 《롤링 스톤》은 처음에는 록 뮤직의 바이블로 시작했으나 1970년대에 대부분의 지하신문이 망하고 난 뒤에도 제도권 언론의 기본가치에 적응함으로써 생존할 수 있었다.

대항문화의 가치기준은 학교에서 가르치는 것과 상반되었을 뿐 아니라 미국언론의 전문적인 가치체계와도 같지 않았다. 1960년대의 사회혁명가들은 언론문제나 공공문제에 있어서 결코 로크와 제퍼슨의 사상을 따를 준비가 되어 있지 않았다. 지하언론인의 신념체계에는 객관성이나 공중의 알 권리, 또는 사회적 책임 같은 것조차도 들어설 여지가 없었다. 이들 혁명적 언론인에게 과거의 어떤 언론가치보다도 중요했던 것은 개개의 언론인이 스스로의 양심에 복무할 수 있는 권리였다.

대항문화 언론인들의 공격목표는 주류언론의 전통과 자기만족이었다. 그들은 결코 《뉴욕 타임즈》의 "틀에 박힌 탁월성"을 원하지 않았다. 하지만 이 젊은 저항가들은 톰 울프나 노만 메일러가 했던 것처럼 그렇게 새로운 철학적 기반을 마련해 내지는 못했다. 역사적 맥락에서 본다면 이 지하언론인들의 생산물이 100년도 더 전에 토크빌과 디킨스가 비난했던 신문보다 더 난폭했던 것은 아니었다. 식민지 시대의 혁명언론이나 루소 시대의 "폭로신문"과 마찬가지로 지하언론인들도 전통을 경멸하고 자신에 대한 비하를 결코 숨기지 않았다. 그러나 이들의 운동도 혁명의 60년

Press, 1970일 것이다. 그외에 주요연구로는 다음과 같은 것이 있다. Howard Good, *Outcasts*, Metuchen, N. J.: Scarecrow Press, 1989; Lauren Kessler, *The Dissident Press*, Beverly Hills, Calif.: Sage, 1984; Laurence Leamer, *The Paper Revolutionaries*, New York: Simon and Schuster, 1972; Roger Lewis, *Outlaws of America*, London: Heinrich Hanau, 1972. 어느 특정 도시의 지하언론 연구로는 다음을 보라. Gaye S. Smith, *The Underground Press in Los Angeles,* privately published, Los Angeles, 1968.

대가 끝나게 됨에 따라 종말을 고하였다.

뉴 저널리즘이 그랬던 것처럼 지하언론의 기자와 편집인들도 신문양식에서 중요한 유산을 남겨 주었다. 그들 자신의 목적 때문에 컴퓨터 테크놀로지를 받아 들인 대항문화는 그래픽과 비언어적 커뮤니케이션에서 새로운 가능성을 모색했다. 옵셋인쇄 기술이 등장했고 궁극적으로는 과거의 엄격한 1열 8행 체제의 흑백신문 형식을 일소하고 말았다. 지면의 흰색 공간이 중요하게 되었다. 단주(段柱)가 종종 수직적인 모습이 아니라 수평적인 모습으로도 나타났다. 공지사항, 프로필소개, 예술활동, 시, 예언, 점성술—신문의 이런 내용들이 때로는 아래 위가 바뀐 채, 때로는 비스듬히, 때로는 띠지가 둘린 채 나타났다. 환상적인 컬러 구도도 등장했다. 이러한 기술혁신이 언제 어디서 나타나건 간에 제도권 언론은 항상 그것을 빌려 왔고, 이런 상황에서 제도권 언론은 지하언론의 많은 인쇄방식에 적응하게 되었다.

"적대"언론과 "탐사"언론이 곧잘 혼동되고 있는 것처럼, "지하"언론은 종종 "주창"언론으로 오해되고 있다. 그러나 여기에는 중요한 차이가 있다. 확실히 지하언론의 수많은 편집인들은 특정 주장을 옹호하는 사람들이고, 그것도 주로 베트남전쟁의 종식을 주장하는 사람들이다. 그러나 그들은 "공평한" 언론이라는 현대 미국의 전통과는 너무나 거리가 멀어 어떤 종류의 언론인 분류에서도 단순히 각주에만 겨우 나타날 정도이다. 어쨌든 1970년대에 와서 그들 가운데 많은 이들이 언론을 포기하거나 주류언론에 합류하게 되었다.

열렬한 지하활동가들에게 언론은 대항선전을 목적으로 하는 도구였다. 그들은 제도권 언론을 "기득권 계층"의 선전도구를 보고 그들이 대안을 제공하고 있는 것으로 믿었다. 미국에서 흑인신문은 오랫동안 스스로를 이같은 맥락에서 보아왔다.[9] 여성, 남미계 미국인, 동성연애자, 기타 착

9) 흑인언론에 대한 철저한 연구서로는 Roland Wolseley, *The Black Press U. S. A.*, Ames, Iowa: Iowa State University Press, 1989를 보라. 이것은 Wolseley의 1971년

취당하고 있다고 생각하는 집단들의 권리신장을 요구하는 신문들과 함께 흑인의 사회경제적 지위향상을 목적으로 하는 신문들이 지하언론 계열에 나타났다. 흑인분리 운동도 나름대로 지하언론을 발전시켰다. 이 모든 집단들은 주창언론 실천자라고 할 수 있다. 그들은 대다수 미국시민의 주목과는 거리가 멀었지만 반역이 요구될 땐 반역에 대한 대중의 신념을 불러일으켰다. 비록 그들의 사상은 로크와 제퍼슨으로부터 나온 것이지만 사회현상에 대한 그들의 인식은 제도권 언론과는 본질적으로 달랐다. 결국 주류언론이 그들의 사회개혁 열망을 완화된 형태로 수용함으로써 흑인, 여성, 남미계 미국인, 동성연애자, 기타 소수집단에 관련된 문제에 좀더 큰 관심을 보이게 되었다.

"적대" 언론인들이 주장하는 가치관은 아주 초기의 미국언론으로 거슬러 올라간다. 통치자와 주지사와 기타 권력자들의 행동을 감시하고 폭정과 권력남용에 대해 주목을 요구하는 미국 편집인들의 전통은 대서양 연안의 식민지에서 나타났다. 이 식민지 편집인들은 미국 최초의 언론 파수견이었으며 밀턴 이래의 영국 논평가들로부터 영향을 받았다. 물론 순수한 적대적 언론인이라면 어떤 식으로든 권력자를 지지한다는 것은 생각조차 할 수 없는 일이며 따라서 올리버 크롬웰의 검열관으로 봉사한 밀턴은 더 이상 존경할 가치도 없는 변절자로 볼 것이다. 그러나 미국 언론인들의 적대적 입장이 그 정도로 순수했던 것으로 보이지는 않는다. 대부분

연구의 최신판이다. 보충자료로 다음을 참고. Armistead S. Pride, *The Black Press : A Bibliography*, prepared for the Assoiation for Education in Journalism, Ad Hoc Connnittee on Minority Education, 1968. 흑인언론에 대한 흥미롭고도 우울한 이야기가 다음 보고서에 실려 있다. *Report of the National Advisory* [Kerner] *Commission on Civil Disorders*, Washington, D.C.: U.S. Government Printing Office, 1968, pp. 362～380. 또 다음을 참조하라. James D. Williams, *The Black Press and the First Amendment*, New York: National Urban League, 1976; and J. Herbert Altschull, *Agents of Power : The Role of the News Media in Human Affairs*, New York: Longman, 1984, pp. 199～201, 330.

의 언론인은 그들이 감시하고 있는 자들이 그들을 화나게 할 때는 파수견 역할에 충실했지만, 그 피감시자들이 웬만하다면 감시의 눈을 점점 감아 버렸다.

"정밀"보도 언론은 전적으로 방법과 기법에 관한 것이다.[10] 그 정신상의 여러 가지 면에서 정밀보도는 실용주의적인 기획언론과 유사하다. 혹자는 "정밀"이란 말 대신에 "과학적"이란 말을 쓸 수도 있을 것이다. 왜냐하면 정밀보도의 목표가 과학적 탐구방법을 언론관행에 적용시키는 것이기 때문이다. 그러나 결정주의적인 말로 들리는 "과학적" 언론이란 개념에는 무언가 진실된 어감이 부족하다. 히틀러의 독일과 스탈린의 소련이 모두 자신들이 "과학적" 역사의 전위라고 선언한 바 있다. 게다가 제임스는 어떤 종류의 원리라도 변함없이 고정된 원리는 받아 들일 것을 거부하며 열린 마음을 주장했다. 이론적으로 정밀보도 언론은 어떠한 고정원리도 내세우지 않으며 예단과 가치로부터 자유로운 탐색을 수행한다. 여기서 실용주의자들은 그들의 "과학적 탐사"에서 생각을 무시했노라고 주장한 러셀의 말을 기억해 둘 필요가 있다. 만약에 제임스가 실제로 그렇게 했다면 그는 데니스가 원시인이라고 비난한 언론인들을 닮은 셈이다.

사실이야 어떻든, 정밀보도 언론은 그 지지자들의 주장에 따르면 오늘날 언론인이 직면하는 복잡한 문제를 명료하게 하기 위해 경험적으로 수합된 자료를 분석한다. 정밀보도의 대표적인 예로는 센서스 자료나 기타 공식적인 서류에서 원자료를 구하고 여기에 근거해 분석적이고 해석적인 뉴스기사를 만드는 것이다. 이런 자료를 수집하는 일은 대개 비용과 시간이 많이 들기 때문에 정밀보도의 관행은 대규모의 언론사에 한정되는 것으로 보인다. 정밀보도 언론을 해석언론의 하나로 보느냐 별개의 것으로 보느냐 하는 문제는 논란의 여지가 있다. 일반적으로 언론의 기준은 기자나 편집인이 모든 기사에서 가능한한 정확해야 함을 요구하고 있다.

---

10) Philip Meyer, *Precision Journalism*, Bloomington: Indiana University Press, 1979.

한편 명사언론은 완전히 다르다. 이것은 정밀과는 전혀 다른 것이다. 명사 언론인이 과거에 없던 새로운 존재는 아니지만 역사상 언제나 정치 권력과 관련되어 왔다. 19세기 언론인은 나름대로 모두가 명사였다. 좀 더 현대에 와서는 월터 리프만의 이미지를 갖는 칼럼니스트가 그런 사람들이었다. 그러나 기자와 앵커맨이 명사의 지위에 오르고 그들의 의견이 일반공중에 중요하게 된 것은 텔레비전이 미국 가정에 침입하고 난 이후였다. 언론인의 신념체계에 이들 명사가 남긴 영향은 조지 윌(George Will)의 경우에 잘 드러난다. 윌은 신문 칼럼니스트이자 텔레비전 논평가이며, 토크 쇼 참여자로, 책의 저자로 또 강연자로 활동하고 있다. 제임스 팔로우스는 윌의 방식이 리프만과 같은 초기 언론인 명사의 "해석적" 입장이나 워트게이트 사건의 우드워드와 번스타인의 "탐사적" 태도와는 판이하게 다르다고 본다. 그에 의하면 언론인으로서 윌과 그 동료들이 이룩한 새로운 유형의 성공은 "정치토론을 더욱 교활하고 경멸적으로 만드는데 조력하는" 새로운 언론철학을 퍼뜨리기 시작했다.

> 이러한 혹평을 하는 근본적인 이유는 현재 의견성 언론의 지면을 휩쓸고 있는 철학적 말들과 불편하고 불규칙적인 사실의 세계 사이에 커다란 간격이 있기 때문이다.[11]

이들 "새로운" 형태의 언론을 서로 구별하는 일은 결코 쉬운 일이 아니다. 언론운동 그 자체가 하나같이 모두 추상적이고 또 그것을 정의하는 방식도 정의하는 사람이 누구냐에 따라 달랐다.

정의와 관련하여 현대 언론에는 또 다른 중요한 문제가 남아 있는데, 그 파급효과가 정치적, 경제적, 도덕적으로 막강하여 법원과 언론대학 그리고 뉴스 매체 자체에 모두 영향을 주게 된다. 그 문제는 바로 이것이

---

11) James Fallows, "The New Celebrities of Washington," *New York Review of Books*, June 12, 1985, p. 47.

다. 언론과 뉴스매체를 구성하는 것은 무엇인가? 사실상 저널리즘을 어떻게 정의해야 하는가? 인쇄매체의 지면과 방송매체의 방송시간에서 절반 이상이 아무리 생각해도 "뉴스"로 볼 수 없는 내용으로 채워져 있다. 언론인은 뉴스를 다루는 사람이지 광고나 홍보사업에 종사하는 사람으로 간주되지는 않는다. 그러나 그들의 일은 근본적으로 상업적 이익에 의해 재정적으로 뒷받침된다. 그렇다면 언론인과 상업적 이익 사이의 적절한 관계란 무엇이어야 하는가? 오랫동안 편집인들은 뉴스는 언론인의 일이고 광고는 신문의 상업적 측면의 문제라고 설파한 퓰리처의 격언을 지지해 왔다.

지금까지 우리가 논의했던 "새로운" 언론운동의 대부분은 언론인 자신들에게 봉급을 지불하는 상업적 이익에도 기꺼이 도전하는 두려움 없고 독립적인 언론이라는 개념에 지지를 보내었다. 이것을 액면 그대로 받아들인다면 언론에서 뉴스매체의 상업적 요소를 배제하는 것으로 보인다. 이런 맥락에서 광고 및 홍보 과목을 언론대학 교과목에 포함시켜야 하느냐는 질문은 정당한 질문이 될 것이다.

어느 면에서 이 문제는 언론대학의 학생 가운데 광고 및 홍보 과목 수강생이 급증하고 있음을 볼 때 더욱 절박한 문제가 되고 있다. 하지만 전반적으로 대부분의 대학이 이 문제를 정면으로 다루기를 회피하고 있다. 흔히 광고와 홍보의 기법—발간소재에 대한 작문과 사진술, 그리고 인쇄나 비디오 소재물의 레이 아웃과 디자인—이 근본적으로 기자가 하는 일과 유사하다는 말을 한다. 이러한 설명은 단지 형식만을 두고 하는 말이지 내용을 두고 하는 말이 아니다. 뉴스의 개념이 이 정의에는 배제되어 있는 것이다. 뉴스를 어떻게 정의하든 언론의 의미가 뉴스를 발행하는 것이라고 한다면, 현실적으로 광고와 홍보를 언론의 요소라고 볼 수는 없다. 아무리 생각해도 광고와 홍보가 추구하는 목표가 그들의 상품과 사람에 관한 모든 주장과 관점을 공정하게 제시하는 것이라고 볼 수는 없는 것이다.

광고와 홍보는 본질적으로 편파적이며 배제적이다. 사실에 대한 진실을 제공하고자 하는 욕망을 가지고 있지 않다. 그들의 관심은 자기들의 상품을 마케팅하는데 도움이 되는 진실만을 알리는데 있다. 바로 이런 이유 때문에 언론인들은 전혀 불가능하지는 않더라도 일반 공중에게 다음을 확신시켜 주는데 어려움이 있다. 즉 언론 생산물의 절반 이상이 편파적이고 불완전한 진실을 제공하고 있는 상황에서 자신들의 변치않는 목표는 진실의 제시라고 말하기가 쉽지 않은 것이다. 미디어의 힘에 관한 모든 논쟁은 바로 이런 배경을 염두에 두고 바라보아야 한다.

| 제 53 장 |

언론의 "힘"

The "Power" of Journalism

"애그뉴 독트린"은 1969년 11월 13일 아이오아주 디모인에서 있었던 열성파 공화당원 집회에서 당시의 부통령 애그뉴에 의해 표현된 것이다. 시기적으로는 백악관이 베트남전쟁에 대한 중대한 발표라고 했던 닉슨 대통령의 연설이 있은 직후였다.[1] 3대 TV 네트워크에 생방송으로 중계된 닉슨의 연설은 즉시 텔레비전 언론인들로부터 호된 비판을 받았는데, 특히 CBS와 NBC로부터 많은 비판을 받았다. 3대 네트워크는 방송인 사이에 "긴급해설"이라고 알려져 있는 관행을 이용한 셈인데 말하자면 텔레비전 연설 끝에 즉각적인 논평을 제공하는 관행이다. 이번 경우에 기자들은 닉슨의 연설원고를 검토용으로 수시간 전에 건네 받았었다. 긴급해설에서 기자들은 연설의 주요부분을 요약하고, 그런 다음 이번 연설이 새로운 평화제의라고 발표되었는데도 불구하고 그 전의 정책과 아무런 차이가

1) 1969년 11월 13일 아이오아주 디모인에서 있었던 애그뉴의 연설문은 *New York Times*, November 14, 1969, p. 24 참조.

없다고 결론지었다.

애그뉴의 연설이 있을 것으로 발표되자 3대 TV 네트워크는 자신들이 그 연설의 공격목표가 될 것임을 알고 그것을 생중계하기로 결정했다. 애그뉴는 연설에서 그가 말하는 "한 줌도 안되는 사람들"에 초점을 맞추었다. "이 한 줌도 안되는 사람들은 대통령의 모든 연설에 즉각 반박할 수 있는 권리를 즐기고 있을 뿐만 아니라, 더욱 중요한 것은 우리 조국의 중대문제를 선정하고, 제시하고, 해석하기를 제 마음대로 하고 있다." 그리고 그는 이렇게 물었다.

> 이 네트워크 뉴스는 어떻게 결정되는가? 소수의 사람들, 아마도 기껏해야 열두 명도 안되는 "앵커맨"과 논평가와 프로듀서 책임자들이 일반공중에게 전달되는 〈20분〉(20Minutes)이나 기타 유사한 논평 프로그램을 정하고 있다… 그들의 **선택의 권력**〔강조는 저자의 것〕은 광범위하다. 그들은 매일매일 이 나라와 세계의 사건에 대해 4천만 내지 5천만의 미국인이 무엇을 배울 것인가를 결정하고 있다.[2]

애그뉴 부통령은 텔레비전 방송국이 방송을 할 수 있는 것은 오직 정부기구인 〈연방 커뮤니케이션 위원회〉(FCC)가 허가를 내렸을 때에만 가능함을 조심스럽게 지적했다. 그는 자신이 결코 검열제를 제안하고 있는 것은 아니라고 말하면서 그러나 이렇게 주장했다.

> 〔공중은〕당연히 이러한 종류의 권력집중을 정부에게는 허용하지 않을 것이다. 어느 누구에 의해서도 결코 선출되지 아니한 이 소수의 폐쇄적인 특권집단의 수중에 권력이 집중되고 또 이 소수집단이 정부에 의해 인가 및 허가된 독점권을 향유하는 것을 문제삼는 것이 과연 부당하며 사리에 어긋난단 말인가?[3]

---

2) 위의 글. '선택의 권력'을 강조한 것은 언론의 힘과 선택 간의 관계를 강조하기 위해서이다.

3) 위의 글.

거침없이 분노를 터뜨리는 텔레비전 네트워크의 반발에 많은 신문과 닉슨의 정적들이 동참했다. 그러나 틀림없이 닉슨으로부터 계속해 나가라는 암시를 받았을 애그뉴는 한 걸음도 물러서지 않았다.

사실을 말하면 그는 더욱 앞으로 나아 갔다. 11월 20일 앨라바마주 몽거메리시의 상공회의소에서 행한 두번째 연설에서, 애그뉴는 정부가 반정부인사들을 질식시키려 한다는 무수한 소문에 주목을 요구하면서 그러한 소문을 "터무니없는 소리"라고 일축하였다. 그는 자신의 첫번째 연설을 "못되먹고," "수치스럽고 무지하고 야비한" 것이며, 미국을 "가장 무서운 억압과 협박의 추한 시대로" 끌어 간다고 비난한 비판자들을 우습게 여겼다. 그러면서 그는 이렇게 말했다.

> 어느 네트워크 방송사 사장은 말하기를 "정부허가에 그 존재여부가 달려 있는 뉴스 매체를 위협한다는 것은 전례가 없는 시도"라고 했다. 또 다른 방송사 사장은 나를 "편견에 호소"한다고 비난하면서, 언제 어떤 정치집단이 권력에 있더라도 그 권력에 추종하는 그런 텔레비전을 내가 선호하고 있음이 틀림없다고 말했다. 그리고 그들은 내가 성미마른 사람이라고 한다. 과잉반응의 고전적인 예가 바로 이런 것이다.[4]

이 두번째 연설에서 애그뉴는 진보성향의 유명한 두 신문 《뉴욕 타임즈》와 《워싱턴 포스트》를 공격목표에 포함시킴으로써 공격의 범위를 넓혀 나갔다. 눈에 띄는 한 문장을 소개한다. "네트워크 방송사의 논평가나 심지어는 《뉴욕 타임즈》의 신사들까지 그들이 말한 내용이 논평과 비판으로부터 일종의 외교적 면책을 즐겼던 그런 시절은 지나갔다."

> 적절한 시기에 문제삼기 위해 정치가의 말이—현명하든 어리석든—신문과 텔레비전에 의해 충실히 기록되는 것처럼, 신문과 텔레비전의 말도 마찬

---

4) 1969년 11월 20일 앨라바마주 몽거메리에서 있었던 애그뉴의 연설문은 *New York Times*, November 21, 1969, p. 22 참조.

> 가지로 그렇게 기록되고 또 상기되어야 한다. 그들이 공정한 논평과 비판의 한계를 벗어 날 때는, 우리가 우리의 말과 입장을 해명하도록 요구받는 것과 똑같이 그들도 그들의 말과 입장을 해명해야 할 것이다.[5]

애그뉴와 그의 반대파로부터 쏟아져 나온 말의 물줄기는 전국에 소용돌이쳐서 아직도 끝나지 않은 공공토론을 야기시켰다.[6] 언론을 대변하는 측, 특히 3대 네트워크 방송사와 《뉴욕 타임즈》 그리고 《워싱턴 포스트》 측 사람들은 애그뉴의 말이 미국인의 심금을 울렸다는 것을 알고 놀랐다. 일반 공중은 애그뉴의 말에 적대감을 보이기는 커녕 알고보니 오히려 동의하고 있었다. 그의 연설에 대한 전화반응은 적어도 2대 1로 호의적인 것으로 드러났다. 오클라호마 시티의 한 방송국은 350통의 전화를 받았는데 단지 두 사람만 제외하고 전원이 애그뉴의 연설을 칭찬했던 것이다. 보도에 의하면 한 통화자는 이렇게 말했다고 한다. "야, 정말 멋집니다. 내가 수년동안 생각해 왔던 바를 그가 말해 주었습니다."[7] 이러한 반응은 전형적인 것이었다. 그 후에 있은 전화여론조사는 미국인 세 명 가운데 두 명 또는 그 이상이 뉴스 매체의 점증하는 힘에 놀랐음을 보여 주고 있

---

5) 위의 글.

6) 애그뉴현상에 대한 도서는 한동안 독서시장에 넘쳐 났으나 시간이 감에 따라 급격히 줄었다. 그 중에 가장 흥미로운 책들은 다음과 같다. Robert Marsh, *Agnew: The Unexamined Man*, Philadelphia: Lippincott, 1971; John R. Coyne, *The Impudent Snobs*, New Rochelle, N.Y.: Arlington House, 1972; Theo Lippman, *Spiro Agnew's America*, New York: Norton, 1972; Robert W. Peterson, *Agnew: The Coining of a Household Word*, New York: Facts on File, 1972; Richard M. Cohen, *A Heartbeat Away*, New York: Viking Press, 1974. 특히 Ben Bagdikian, "The Fruits of Agnewism," *Columbia Journalism Review*, January-February 1983, pp. 9−21 참조. 또한 Spiro T. Agnew, *Frankly Speaking*, Washington, D.C.: Public Affairs Press, 1970 도 참조.

7) *New York Times*, "Most Callers Back Agnew," November 15, 1969, p. 20.

다.[8] 일반공중으로 부터 엄청난 양의 편지가 신문사로 쏟아져 들어 왔고, 방송국의 전화교환기는 성난 전화로 불이 날 정도였다. 뉴스 매체의 공신력이 심각한 도전을 받고 있음은 거의 의심할 여지가 없었다.

NBC사장인 줄리안 굿맨은 애그뉴가 "텔레비전의 언론자유를 부정"하기 위한 노력의 일환으로 "편견"에 호소하고 있다고 비난하였다.[9] CBS 사장 프랭크 스탠톤은 애그뉴의 연설이 텔레비전 산업을 "위협하기 위한 전례가 없는 시도"라고 말했다. 그는 말하기를, CBS 기자들의 결합이 무엇이든 간에 "그것은 정부 권력에 추종하는 그런 언론의 결합에 비하면 사소한 것" 이라고 했다.[10] CBS 뉴스부문의 전 사장이었으며 당시에는 포드재단의 공공방송 고문이었던 프레드 프렌들리는 방송측에 어느 정도의 과잉반응이 있었던 것은 인정되나, 애그뉴의 말이—텔레 커뮤니케이션 정책국장인 클레이 화이트헤드와 당시 커뮤니케이션 국장으로 있었던 허버트 클라인과 같은 닉슨 행정부 관리들의 말과 표현을 종합적으로 검토할 때—텔레비전 산업에 "겁주기"(*chilling*)효과가 있다고 보았다.[11]

말이 나온 김에 부언하자면, 언론의 자유로운 표현을 구속하는 정부당국의 힘을 묘사한 말 가운데 "겁주기"라는 말은 그 어떤 용어보다 더 널리 사용되어 왔다. "겁주기"라는 개념은 역사가 오래된 것이며 연원을 따지자면 적어도 19세기 중반까지 거슬러 올라간다. 영국의 어느 목사는 한 유명한 설교에서 "불신처럼 사람의 마음을 오싹하게 하는 (겁주는) 것은 없다."라고 말했다.[12] 1972년에 진보적인 연방판사 데이비드 바젤론은 정

---

8) 공화당 전국위원회가 의뢰한 한 여론조사에 의하면 응답자의 64%가 애그뉴의 입장을 지지했고 24%만이 반대했다. CBS와 ABC의 여론조사도 비슷한 결과를 보여주고 있다. Lippmann, 앞의 책, p.194 참조.

9) Peterson, 앞의 책, p.61.

10) *New York Times*, "Rebuttal by Network," November 14, 1969, p.24.

11) *New York Times*, "Burch's Letter Appears to Rebuff Critics of TV," November 22, 1969, p.16.

12) 5권의 설교집을 낸 Frederick William Robertson 목사(1816~1853)의 설교. *Oxford*

부가 방송으로 피해를 입은 개인에게 반박의 기회를 주기 위해 라디오 방송국으로 하여금 방송국의 의견을 검열하도록 압력을 넣은 것은 표현의 자유에 "겁주기 효과"를 주었다고 주장했다.[13] 《워싱턴 포스트》의 리차드 하우드(Richard Harwood) 기자와 로렌스 스턴(Laurence Stern) 기자는 "수정헌법 제 1조로 자신을 포장"한다고 해서 "미디어도 미국사회의 다른 기관들 만큼이나 흠이 많다"[14]는 애그뉴의 비난을 모면할 수 없음을 확신한다고 말했다. 《워싱턴 포스트》의 또 다른 기자 로우 캐넌은 "방송인들이 얼마나 과민했는지—다른 표현을 원하신다면, 소심했는지"를 이해할 수 있을 것 같다고 하면서, 그러나 자신은 《워싱턴 포스트》나 《뉴욕 타임즈》가 흥분한 이유를 알 수 없다고 말했다.[15] 예일 대학의 법학교수이자 그 유명한 '국방성 문서'(Pentagon Papers)사건에서 《뉴욕 타임즈》측 변호인이었던 알렉산더 비켈은 언론이 애그뉴 연설에 너무 과민했다고 생각하면서, 애그뉴 부통령은 아무런 실질적 권한도 없다는 입장을 취했다. 그는 이렇게 반문했다. "도대체 세상에 왜 미국의 부통령이 매스미디어를 비판하는 그런 끔찍한 소동이 있어야 하는가? 그것이 협박이 된 것은 오로지 일이 그런 식으로 흘러 갔기 때문이다."[16]

언론비평가 벤 박디키안은 애그뉴사건을 철저히 분석한 글을 내놓았던 사람이며 그 자신이 애그뉴 부통령의 호된 비판자였는데 수년 후에 그는 다음과 같은 입장을 취했다. 즉 애그뉴의 언론비난이 광범위한 지지를 받음으로써 언론에 대한 공중의 적대감이 증명되었으며, 이것은 언론의 자세를 다시 한번 생각하게 하는 계기가 되었다는 것인데, 그것은 결코 정

English Dictionary (1933), S.V. "chill"에서 재인용.

13) Brandywine-Main Line Radio, Inc. v. Federal Communications Commission, 473 F 2d 16 (1972), cert. denied, 93 S. Ct. 2731.

14) Coyne, 앞의 책, p.49.

15) 위의 책, p.49.

16) *New York Times*, November 24, 1969.

부에 적대적인 자세는 아니라는 것이다. 박디키안에 의하면, "이상적인 관계는 미디어가 정부로부터 독립적인 관계이며, 미디어가 정부의 의무를 괜히 억측하지 않는 것이다."[17]

순전히 정치적인 영역을 떠나서 애그뉴의 관찰을 냉정히 분석해 보는 것은 의미있는 일이라고 본다. 애그뉴가 닉슨 대통령의 이익을 위해 봉사한 것은 의문의 여지가 없다. 1969년 대통령에 취임했을 때 닉슨은 진보적인 언론, 특히 텔레비전 네트워크와 《뉴욕 타임즈》 그리고 《워싱턴 포스트》의 영향력을 약화시키로 결심하였다. 그의 월남전 정책에 대한 반대는 특히 그를 괴롭힌 문제였다. 자신의 월남전 계획을 성공시키기 위해서는 전국적으로 광범위한 지지가 필요했다. 닉슨은 그러나 뉴스매체로부터 그러한 지지를 받지 못하고 있었다. 사실 그의 11월 3일 연설에 대한 에릭 세버레이드(Eric Sevareid)와 데이비드 브링클리(David Brinkley) 그리고 다른 사람들의 반응은 특히 그에게 고통스런 일이었다. 그리하여 뉴스매체를 직접 공격하는 극히 드문 일이 나타나게 된 것인데, 과거에 언론과 정면대결한 행정부는 거의 없었음을 기억해야 한다. 루즈벨트와 트루만조차도 단지 "살찐 발행인"을 조심스럽게 공격했을 뿐이고 개별적인 언론인은 찬양했던 것이다.

정치적 측면을 떼어 놓고 본다면, 애그뉴 독트린의 알맹이는 무엇이라고 말 할 수 있는가? 사실 면밀한 분석에 의하면 애그뉴나 그의 연설문 작성자들은 하나의 완전한 이론에 가까운 무언가를 만들어 내었음을 보여 준다. 그것은 간단히 말해 이런 것이다—뉴스 매체는 미국의 공공문제에 대해 엄청난(그리고 아마도 위험스러운) 영향력을 행사한다. 이 이론은 네 가지 명제로 나타낼 수 있다.

---

17) Ben H. Bagdikian, *Bagdikian on Political Reporting, Newspaper Economics, Law and Ethics*, Fort Worth: Texas Christian University Press, 1976, pp. 27~28. 또한 애그뉴 사건에 대해서는 Bagdikian, "The Fruits of Agnewism" 참조.

(1) 미디어는, 특히 텔레비전은, 극소수 사람들에 의해 운영된다.
(2) 이 소수의 사람들은 공공문제에 대해 공중에게 무엇을 말할 것인가를 결정한다.
(3) 투표소에서 공중의 결정은 상당부분 뉴스매체가 제공하는 세계의 그림에 의해 통제된다. 국민들은 이 그림에 근거해서 누구에게 투표할 것인가를 결정한다.
(4) 마지막으로, 그렇다면 소수의 언론인이 미국의 공공정책을 결정한다.

애그뉴 독트린을 분석해 보면 마침내 범상치 않은 주장에 직면하게 된다. 그것은 뉴스매체의 엄청난 권력을 암시하고 있는 것이다.

여기서 지적해야 할 것은 애그뉴 독트린의 관심대상이 오직 "전국적인" 뉴스매체이며 또 전국적인 뉴스와 국제적인 뉴스에 집중하고 있다는 점이다. 애그뉴 독트린을 확대하여 지역 언론과 지역 뉴스까지 적용해야 하느냐는 것은 말하기 어려운 문제이다. 애그뉴 자신은 전국적인 매체와 소도시의 언론을 분리하는데 주의를 기울였다. 사실을 말하자면 애그뉴는 그를 공격한 대규모 매체로부터 소도시의 언론을 분리시키고자 했다. 확실히 소도시 언론의 대표들 가운데는 그의 입장을 지지하는 사람들이 있었던 것이다. 하지만 그의 주장을 지역언론으로 확대하는 것은 가능한 일이다. 미국의 일부 독자나 시청자는 지역의 공공문제에 대해 지역언론이 막대한 힘을 행사한다고 보고 이를 통렬히 비난해 왔다.

중요한 것은 정당의 정치적 동기가 없는 가운데서도 애그뉴 독트린이 하나의 이론적 개념으로 존재한다는 것이다. 실제로 애그뉴가 제시한 언론권력에 대한 인식은 진보적 언론에 반대하는 보수주의자 뿐만 아니라 진보적이거나 급진적인 많은 사람에 의해서도 공유되고 있으며, 더욱 놀라운 것은 언론매체 종사자들 자신도 그러한 인식을 갖고 있다는 점이다. 언론의 힘에 관한 문헌은 점증하고 있는데, 그러한 글은 학자나 정치가로부터도 나오고 편집자에게 보내는 독자편지를 통해서도 나오며 언론인 자신으로부터도 나오고 있다.[18] 닉슨과 애그뉴가 권좌에서 물러난지 10년도 더 지나서 하버드 대학이 실시한 한 연구에 의하면 워싱턴의 정책결정자들은 언론매체의 권력이 증대하고 있는 것으로 보고 있다. 그 연구에 의하면 이와 같은 권력의 증대는 또한 워싱턴의 언론인 수가 대폭 증가한 것과 일맥 상통하고 있다. 1980년대 중반에 1만명에 달하는 워싱턴의 언론인 수는 한 세대만에 세 곱절로 늘어난 것이다. 심지어 어느 교수는 국가적인 결정에 미치는 영향력에 있어서 언론이 정당을 대체하는 "미디어 민주주의"로 미국이 변해가고 있다고까지 말했다.[19]

힘의 문제는 현대 생활에서 매스미디어의 위상을 논하는 모든 논의에서 중심이 되고 있다. 언론을 권력문제와 연결시키는데 있어서 특별히 새로운 것은 없다. 항상 존재해 왔던 것은 정보의 유통을 통제할 수 있는 사람이라면 누구나가 "뉴스" 수용자에게 권력을 행사할 수 있는 위치에 있다는 인식이다. 그러나 텔레비전의 등장과 함께 과거 어느 때 보다도 더 큰 관심이 공공정보의 원천에 쏠리고 있다. 애그뉴 독트린이 발표된 것은 바로 이런 맥락하에서 였다. 애그뉴의 주장을 거부한 거의 모든 사람들은 그가 주장하는 것처럼 언론매체가 그렇게 강력하지 않으며, 어떤 정치적 권위(예컨대 대통령)와 견주어 보더라도 미디어는 분명히 약자라는 입장을 취했다. 하지만 언론매체의 계속된 도전 뒤에 일어난 닉슨의 하야는 분명히 언론의 거대한 권력을 외치는 사람들의 주장을 전혀 약화시키지 않았다.

---

18) 예를 들면 다음을 보라. Thomas R. Dye and L. Harmon Ziegler, *American Politics in the Media Age*, Monterey, Calif.: Brooks Cole, 1983; David L. Paletz and Robert M. Entman, *Media Power Politics: A Timely, Provocative Look at How the Media Affect Public Opinion and Political Power in the United States*, New York: MacMillan, 1981. 또한 J. Herbert Altschull, *Agents of Power: The Role of the News Media in Human Affairs*, New York: Longman, 1984, 특히 제 6장 참조.

19) Martin Linsky, *Impact: How the Press Affects Federal Policy-Making*, New York: Norton, 1986. 인용문은 Gary R. Orren이 쓴 서문, "개념적 에세이"에서 인용.

그 권력관계의 실상이 무엇이든 간에(또한 언론이 정부보다 더 큰 권력을 행사한다는 것도 쉽게 증명할 수 있을 것 같지는 않다), 분명한 것은 오늘날의 세계에서 언론매체는 과거 어느 때 보다도 권력관계 문제에 매혹되어 있다는 점이다. 닉슨 대통령의 몰락과정에서 《워싱턴 포스트》의 봅 우드워드 기자와 칼 번스타인 기자의 활약상이 널리 알려지게 됨에 따라 미국 공중 뿐만 아니라 전세계의 이목이 언론의 힘에 쏠리고 탐사언론에 대한 관심이 고조되었다.

권력을 문제삼을 때에는 항상 진지함이 따르게 마련이다. 권력문제를 생각할 때 어떻게 가벼운 마음이 될 수 있겠는가? 권력문제와 직면하면 웃을 기분은 사라지고 유머는 우스개가 아닌 풍자로 변한다. 자신이 갖고 있는 권력의 정도를 곰곰히 생각하는 언론인은 자못 심각하다. 그가 생각하는 문제는 엄숙한 문제이다. 경솔하게 행동할 기회가 별로 없는 것이다. 권력을 강조하는 것은 언론인에게서 재미를 앗아가 버리는 것이다. 지방 텔레비전 방송국의 뉴스 프로그램에서 경솔한 농담을 바라는 경영자문인의 요구에서는 혹시 그러한 권력의 강조가 나타날지 모르겠다. 그 사람들은 시청자가 진지한 세계에서 살기를 원하지 않으며 뉴스를 몹시 심각하지 않게 다루는 채널을 더 선호한다고 믿고 있다.[20)]

하지만 우드워드-번스타인의 일화와 그보다는 덜하지만 유사한 수많은 사례들로 인해, 자신의 위치를 권력있는 자들을 치고 파수견 역할을 수행하는 받침대로 이용하는 경향이 언론인 사이에 증가되어 왔다는 주장을 반박하기는 어렵게 되었다. 아이러니컬하게도 권력관계에 대한 관심은 언론인과 권력을 행사하는 자들 사이의 관계 뿐만 아니라 언론 내부의 권력관계 문제에 대해서도 많은 관심을 낳게 되었다.

---

20) 예를 들면 Richard Townley, "The News Merchants," in Barry Cole, ed. *Television Today: A Close-Up View, Readings from TV Guide*, New York: Oxford University Press, 1981, pp. 158—165를 보라. 이 글은 1974년 3월 9일과 16일자 *TV Guide*에서 발췌한 것이다.

애그뉴 연설을 둘러싼 논란에서 한가지 흥미있는 현상은 언론분야 내에서 소수집단이 차지하는 취약성에 관한 문제가 제기되었다는 점이다. 1960년대의 인권 운동은 기성 언론체제 내의 소수집단의 취약성에 대한 인식의 성장에 분수령이 되었다. 확실히 흑인은 미국의 주류언론에서 전혀 권력을 갖고 있지 못했으며, 여성은 실제적으로 아무런 힘이 없었다. 미국의 인종차별을 조사하기 위해 존슨 대통령이 임명한 특별위원회의 보고서는 백인 중심의 언어체제에서 나타나는 흑인의 무력함에 한 장(章)을 할애하고 있다.[21] 그 혁명적인 60년대의 지하 언론운동에서 흑인과 여성 그리고 소수집단의 정치적 입장을 대표하는 사람들이 힘을 합쳐 무엇보다도 미국 언론계에서 자신들이 좀더 부각될 수 있는 위치를 요구했던 것이다. 자기 영역 내에서 최대의 권력을 자기 엘리트에게 부여하고 있다는 점에서 언론이 미국사회의 다른 모든 분야와 닮았음은 이제 너무나 명백해졌다. 애그뉴가 언론을 한 무리의 "구태의연한 동부 속물들"에 의해 지배되는 것이라고 말한 것은 틀렸는지 모르나, 빈틈없이 짜여진 미디어 권력구조를 제시한 것은 핵심에서 과히 먼 것이 아니었다. 이 미디어 권력구조에서 소수집단의 위치는 미국의 다른 모든 사회제도에서와 마찬가지로 형편없이 취약했다. 미국 언론인의 자화상은 권력의 파수견이지만 그들 자신의 제도적 관행은 다른 권력관료제의 그것과 차이가 없었다. 우리가 이 책에서 지금까지 살펴 본 바와 같이 현실은 자화상과 같지 않았던 것이다.

대체로 현대의 미국 언론인으로 하여금 실용주의를 받아들이고 폭로언론인의 유령을 따르게 만든 것은 권력관계에 대한 불확실성이다. 이러한 불확실성은 필연적으로 기자와 편집인들로 하여금 스스로를 회의론자로

---

21) *Report of the National Advisory Kerner Commission on Civil Disorders*, Washington, D.C.: U.S. Government Printing Office, 1968. 또한 다음 두 책도 참조. Louis L. Knowles and Kenneth Prewitt, eds., *Institutional Racism in America*, Englewood Cliffs, N.J.: Prentice-Hall, 1969; Carolyn Martindale, *The White Press and Black America*, New York: Greenwood Press, 1986.

정의하게 만들었다. 언론의 관행에 대해서, 뉴스 취재원의 정직성에 대해서, 독자와 시청자의 진지함에 대해서, 그리고 무엇보다도 그들이 주변에서 보는 사회적 질서에 대해서 회의하는 사람으로 정의하게 되었다. 미국의 언론인은 미국적 삶의 주류에서 떠났다는 입장을 취하는 사람들이 있다. 우리는 이제 이 심각한 문제와 이 문제가 미국 언론인의 도덕성에 미친 영향을 검토하게 될 것이다.

제 10 부

"회의적인" 적대자
The "Skeptical" Adversaries

다니엘 패트릭 모이니한(Daniel Patrick Moynihan : 1927~) : "언론은 엘리트직업은 아니라고 하더라도 엘리트에게 매력적인 직업이 되었다…… 언론의 사회적 지위가 향상됨으로써 나타난 정치적 결과는 언론이 일반적으로 미국사회와 미국정부에 적대적인 태도에 의해 점점 더 영향을 받고 있다는 점이다…… 문제는 진지한 탐구의 문제가 아니라 권력에 대해 거의 무책임한 적개심의 문제이다."

마샬 맥루한(Marshall McLuhan : 1911~1980) : "미디어는 메시지이다. 이것은 말하자면 모든 미디어—즉 우리 자신의 확장—의 개인적 사회적 결과는 우리 자신의 확장으로 인해, 말하자면 새로운 테크놀로지에 의해 우리가 맞게되는 새로운 규모의 삶으로부터 나온 결과이다…… 인간관계 및 행동의 규모와 형태를 결정짓고 통제하는 것은 바로 미디어이다. 그러한 미디어의 내용이나 이용은 그것이 인간관계의 형태를 결정짓는데 효과적이지 못한 만큼 그만큼 다양하다. 정말로 너무나 전형적인 사실은 어떤 미디어라도 그것의 "내용"은 우리로 하여금 그 미디어의 특성을 보지 못하게 한다는 점이다."

| 제 54 장 |

서론 : 회의론과 모더니즘

Introduction : Skepticism and Modernism

이 결론부의 통합주제는 회의론이다. 대부분의 미국 언론인이 마음 속에 그려야만 하는 자화상은 냉정한 관찰자의 모습으로서, 그것은 사람들의 말과 언행을 의심하고 심지어는 자신이 만나는 모든 사람의 외모까지 의심하는 세심한 인간 연구자의 모습이다. 그들은 홉스와 흄의 제자이다. 홉스와 흄은 그 어떤 것도 당연한 것으로 받아 들이지 말고 모든 정보는 과학적으로 조사해야 한다고 주장했다. 그들은 또한 볼테르의 제자이다. 볼테르가 18세기 언론인들에게 남긴 충고는 보고 듣는 모든 것을 냉정하게 회의하라는 것이었다. 그들은 또한 제임스와 듀이의 제자이다. 제임스와 듀이는 실용주의가 요구하는 엄격한 탐사법에 의해 모든 증거를 다루어야 한다고 주장했다. 그들은 또한 링컨 스티븐스와 월터 리프만의 제자이다. 스티븐스와 리프만은 이미 준비되어 있는 말은 무시했으며 그들자신이 제기한 질문의 답변에서만 해답을 구하려고 했다.

회의론자의 주요 임무는 필연적으로 질문이란 말로써 정의된다. 오직 질문을 던짐으로써 사실의 진실에 접근할 수 있다. 탐사언론인의 이미지는 가장 회의적인 파수견의 이미지 바로 그것이다. 탐사언론인은 검증가능한 증거로 설명하지 못하는 사람은 어느 누구도 믿지 않는다. 오직 경험적—말하자면 검증가능한—증거에 의해서만 진리에 도달할 수 있다. 사실은 신성하다. 그러나 먼저 검증되어야 한다.

파수견 역할에 대한 이런 강조가 어쩌면 20세기에 와서 언론인들을 다니엘 패트릭 모이니한이 말하는 "적대적 문화"속으로 인도했는지도 모르겠다. 적대적 문화라는 용어는 모이니한이 새로 만든 말이 아니다. 사실은 미국의 문학적 전통에서 성장한 말이다. 그러나 이 말을 언론인에게 적용하고 그렇게 해서 미국 언론인의 직업 이데올로기에 중요한 문제를 제기한 사람은 모이니한이었다. 만약 미국인의 지배적인 신념체계가 낙관주의로서 이른바 아담의 신화라고 말하는 개인주의의 미덕을 고수한다면, 언론인의 실용주의적 회의론은 주류를 벗어난 것이 아니란 말인가? 유럽의 문화적 비관론을 받아 들인 것은 "적대적 문화"의 일부분이 아니란 말인가? 스피로 애그뉴가 비판하는 것처럼, 미국 언론인들의 최근의 우여곡절은 그들로 하여금 미국의 신념체계에 적개심을 갖도록 만들지는 않았는가? 제10부는 바로 이런 문제를 탐색해 보고자 한다.

그 전에 먼저 우리는 한가지 관련사항을 주목할 필요가 있다. 그것은 방송산업과 "새로운 테크놀로지"라고 하는 컴퓨터화된 세계의 성장으로 나타난 권력 함수상의 변화이다. 이 새로운 함수는 긍정적 측면과 부정적 측면을 다 가지고 있다. 즉 평화로운 지구촌의 개념이 있는 반면에 미국의 가치관—민주주의와 평등—이 전체주의의 안개 속에 사라져버린 세계의 모습도 있다. 이런 맥락에서 우리는 테크놀로지의 약속과 위난을 현대 언론인의 회의론적 전제에 연결시킨 두 사람의 캐나다 사상가, 즉 마샬 맥루한과 해롤드 이니스의 사상과 영향을 살펴 볼 것이다. 마지막으로 개인주의, 낙관주의, 실용주의, 권력, 회의론 등의 주제를 언론의 윤리와 관련짓는 내용으로 결론을 삼고자 한다.

| 제 55 장 |

현대의 테크놀로지 : 맥루한과 지구촌

Modern Technology : McLuhan and the Global Village

무엇이 20세기의 마지막 사반세기를 특징짓는 자기성찰적 성격을 낳았는지 어느 누구도 자신있게 말할 수는 없다. 분명한 것은 전후 세계가 이룩한 그 엄청난 테크놀로지의 발달이 현대 미국의 신념체계를 이해하는데 핵심이라는 점이다. 동시에 우리는 사회가 점점 더 도시화되고 있음을 목격하였고, 그리하여 비정한 거대도시에서 평온과 사생활은 놀라울 정도로 위협받게 되었다. 우리는 또한 원자력의 등장을 경험하였고 그것이 앞으로 인류의 생존을 위협하고 있음을 알고 있다. 이러한 변화와 함께 정통적인 종교생활은 뚜렷이 쇠퇴하고 여가시간이 증가하고 있다. 아무튼 언론분야도 이러한 자기성찰의 과정으로부터 면제될 수는 없었다. 언론의 사회적 역할과 기능에 관한 대학 교과목의 증가는 언론분야에서 이러한 과정의 중요성을 말해주는 증거이다. 그리하여 정치, 법률, 과학, 윤리의 문제와 언론의 관계에 대해 심각한 질문들이 나타나게 되었다.

심오한 도덕적 질문들이 제기되었다. 미디어는 얼마나 강력한가? 이 질문의 대답은 이미 언급되었다. 우리의 배움과 지식에서 미디어는 어떤 역할을 하는가? 미디어의 권력이 크든 작든, 인류의 이익을 위해 그것을 어떻게 이용할 수 있는가? 미디어가 그 권력을 오용하지 않도록 제동장치를 마련해야 하는가? 외부적으로는 바깥 세계에서 그리고 내부적으로는 스튜디오와 편집실과 일선 사무실에서, 그들이 봉사한다고 주장하는 공중에게 미디어가 그 자신을 어떻게 좀 더 책임있고 좀 더 정확하고 좀 더 설명적으로 만들 수는 없는가?

이와 동시에 미국의 언론은 스스로를 순전히 오락의 세계로 확장시켜 왔으며 그것은 점증하는 텔레비전의 대중성과 수익성에 의해 가속화되었다. 오락산업이 급성장하였고 따라서 광고와 홍보분야에서 새로운 일자리의 수가 확대되었다. 매스미디어의 모든 분야에서 윤리강령이 채택되었으며, 모두가 결국은 우리가 앞서 이미 다루었던 전문성, 객관성, 사회적 책임이라는 세 가지 도덕적 가치를 복음으로 채택하였다. 주류 미디어는 이런 저런 식으로 각종 "새로운" 양태의 저널리즘을 채택했던 것이다.

거대기업과 재벌이 이 분야에 진입함에 따라 정보사업의 통제권은 더욱 소수의 수중에 집중되었다. 수익률과 사업확대에 골몰한 이들 거대기업은 필연적으로 과거의 편집인들보다 "딱딱한" 뉴스에는 관심이 적었으며, "부드러운" 피처물, 흥미물, 유명인에 대한 가십, 몹시 극화된 갈등과 대립의 이야기 등과 같이 판매가능한 상품에 더 많은 관심을 기울였다. 뉴스를 짧은 단문 속에 "꾸려 넣는"(*packaging*) 일은 이제 보편적인 관행이 되었다. 비록 대학원 수준에서는 언론윤리와 언론철학에 관한 과목이 늘어났지만, 저널리즘 대학은 학생들에게 미국언론의 규범을 실제로 적용시키는 실무교육에 치중하게 되었다.

현대 미국에서 과학적 방법은 일반시민과 마찬가지로 언론인 사이에서도 신성시되고 있다. 실제적인 것이 찬양되는 세상이지만 그러나 그것은 너무나도 자주 실용적인 것과 잘못 동일시되고 있다. 우리가 이미 본 바와 같이 합리성과 과학과 실용주의는 미국인의 신념체계에 확고히 자리를 잡았고 전국의 텔레비전 화면에서 의식화(儀式化)되고 있다. 조합국가(*Corporate State*)는 경험적 탐구에 의해 합리적으로 정당화되었다. 실제로 모든 생활영역에서 전문성, 객관성, 사회적 책임이라는 일반기준에 대한 합의가 번성하게 되었다.

테크놀로지 발달로 야기된 새로운 형태의 미디어—처음에는 라디오, 그 다음에는 텔레비전, 그 다음에는 각종 고도의 전자제품과 컴퓨터와 "뉴 미디어"—의 역할이 점점 가시화되자 미디어 권력이라는 문제에 대한 사회철학자나 정치철학자의 관심은 깊어져 갔다. 과학기술의 진보는 처음부터 미국인의 정신에 존재하고 있던 유토피아적 낙관론에 불을 붙였다. 그러나 그것은 또한 상반된 충격을 주게 되었으며, 유럽의 뿌리로부터 수입된 문화적 비관론의 경향을 최고조로 제기하였다.

미국의 성장은 언제나 과학적 탐구의 결실과 연관되어 왔다. 미국 최초의 영웅에는 독립의 애국 영웅뿐만 아니라 과학자도 포함되었다. 벤자민 프랭클린은 정치와 언론에서의 그의 역할보다도 연을 이용한 전기실험 때문에 더 명성을 얻었다. 토마스 페인은 교량건설가였다. 토마스 제퍼슨은 건축가이자 설계사였다. 이들 "할 수 있다" 정신의 만능인들은 머리뿐만 아니라 손으로 세계의 모델이 된 미국을 무에서 창조하였다. 때때로 에덴의 신화라고 말하는 이것에서 그 다음단계는 바로 서부 개척지로 향한 것이었다.[1] 옛날 서부의 영웅은 사라져 갔다. 산업의 거물들도 사라져 갔다. 그러나 또 다른 프런티어가 남아 있다. 그것은 말에 의한 속달우편(*pony express*)이나 제철소로 상징되는 것은 아니지만, 확실히 미국의 낙관적 유산의 한 부분이다. 그것의 상징은 텔레비전 수상기, 케이블 텔레비전, 컴퓨터이다. 에덴의 동산은 이제 첨단 커뮤니케이션과 뉴 미디어를 통해 발견된다. 이 새로운 에덴동산의 으뜸가는 예언자는 의외로 마샬 맥

---

1) 우리는 이미 제 6장에서 에덴의 신화를 언급한 적이 있다. 이 현상에 대한 철저한 분석으로는 다음을 참조. R. W. B. Leavis, *The American Adam: Innocence, Tragedy, and Tradition in the Nineteenth Century,* Chicago: University of Chicago Press, 1955. 이 신화의 끈질긴 생명력을 보여주기 위해 Leavis는 흥미롭게도 20세기 영국작가 D. H. Lawrence와 T. S. Eliot가 "미국의 진정한 신화"에 대해서 한 말을 인용하고 있다.

루한이라는 캐나다의 영문학자였다. 그의 구호는 바로 지구촌이었다.

시대는 맥루한이라는 사람을 다정하게 대하지는 못했다. 1960년대 그의 전성기에도 맥루한은 문학비평가나 학계로부터 공격의 표적이 되었는데, 한편으로는 전통적인 지혜에 조소적인 그의 성향 때문이었고 다른 한편으로는 방법론상의 치명적인 약점 때문이었다.[2] 그럼에도 불구하고 맥루한은 대중에게 널리 알려졌으며 텔레비전 방송인 사이에 많은 지지자를 확보하게 되었다. 그의 신조 가운데 핵심은 전자매체가 공공문제에서 중심이며 미디어의 힘이 보다 나은 세계를 가져 올 것이라는 믿음이었다. 이러한 믿음은 텔레비전 산업의 안팎에서 낙관적인 미국인의 신념체계 가운데 확연히 눈에 띄는 요소가 되었다.

맥루한은 프랭클린과 제퍼슨 그리고 그후의 기술혁신자들을 높이 받들어 온 오랜 전통의 일부였다. 전신의 아버지 사무엘 모르스는 맥루한에 조금도 못지 않게 강력한 어조로 전신을 통해 더 빠른 커뮤니케이션이 가능해질 뿐만 아니라 더 나은 세계가 올 것이라고 예언하였다. 맥루한의 저작이 나타나기 100년도 더 전에 모르스는 의회에서 이렇게 말했다. 즉 전자기적 전신을 통하여 인류는 "이 땅에 일어나고 있는 모든 것에 관한 지식을 생각과 같은 속도로 전파함으로써 전나라를 하나의 이웃으로 만드는" 인공적인 신경체계를 창조해 낼 수 있으리라고 말했다.[3] 모르스가 사상 처음으로 전신을 공개시범한 후 어느 날 《볼티모어 패트리어트》지는 그의 위업을 거듭 강조하고 그가 "공간을 소멸시키는데" 성공했음을 독자

---

2) 맥루한의 연구와 그의 커뮤니케이션이론에 대한 반응을 간결하고도 흥미롭게 논의한 것으로는 다음을 보라. Daniel J. Czitrom, *Media and the American Mind: From Morse to McLuhan,* Chapel Hill: University of North Carolina Press, 1982, pp. 165~182. 또한 Raymond B. Rosenthal, *McLuhan*: Pro & Con, New York: Funk and Wagnalls, 1968도 참조.

3) Czitrom, 앞의 책, p. 227에서 재인용. 모르스의 이 말은 1838년에 하원상공위원회의 한 회의에서 했던 것인데, 그의 전신에 대한 실험은 1844년에 성공적으로 끝났다.

들에게 전했다.[4] 그것은 1838년의 일이었다. 1964년에 맥루한은 《미디어의 이해》라는 책을 발간했으며, 여기에 붙인 "인간의 확장"이라는 부제는 참으로 적절한 것이었다. 인간의 확장인 이 신경체계는 이제 단순히 전신의 부산물이 아니었으며 그것은 실질적으로 생물학적 인간의 확대였던 것이다.

실제로 맥루한은 "미디어는 메시지"라고 말함으로써 자신의 사상을 가장 잘 표현하고 있다.

> 이것은 말하자면 모든 미디어—즉 우리 자신의 확장—의 개인적·사회적 결과는 우리 자신의 확장으로 인해, 말하자면 새로운 테크놀로지에 의해 우리가 맞게되는 새로운 규모의 삶으로부터 나온 결과이다… 인간관계 및 행동의 규모와 형태를 결정짓고 통제하는 것은 바로 미디어이다. 그러한 미디어의 내용이나 이용은 그것이 인간관계의 형태를 결정짓는데 효과적이지 못한 만큼 그만큼 다양하다. 정말로 너무나 전형적인 사실은 어떤 미디어라도 그것의 "내용"은 우리로 하여금 그 미디어의 특성을 보지 못하게 한다는 점이다.[5]

여기서 형태는 내용을 압도한다. 내용은 이제 더 이상 형태로부터 분리되지 않는다. 문학을 배경으로 하는 맥루한은 미디어의 형태, 즉 미디어의 언어와 그 구조에 특히 관심을 기울였다. 이런 점에서 그의 연구는 정보가 커뮤니케이션되는 방식의 중요성에 특히 관심을 갖고 있는 새로운 물결의 학문연구 가운데 하나였다. 이 새로운 물결은 다양한 모습으로 나타났는데, 그 중에는 언어학, 구조주의, 기호학, 구조주의적 인류학, 민

---

4) Alvin F. Harlow, *Old Wires and New Waves: The History of the Telegraph and Wireless,* New York: Appleton-Century, 1936, p.11. 또한 Neil Postman, *Amusing Ourselves to Death : Public Discourse in the Age of Show Business,* New York: Viking Penguin, 1985, p.66 참조.

5) Marshall McLuhan, *Understanding Media : The Extensions of Man,* New York: McGraw-Hill, 1964, p.7, 9.

족지학 방법론(*ethnomethodology*) 등이 있다.[6] 우리는 미국의 사상사를 추적하는 가운데 이들 분야를 이미 만난 적이 있다. 언어에 대한 로크의 성찰은 찰스 퍼스의 사상과 나아가서 실용주의의 성장에 큰 영향을 주었다. 독일과 미국의 비판철학자들, 그 중에서도 특히 하버마스, 아도르노, 마르쿠제는 대중문화에 미치는 텔레비전 언어의 영향력에 매료당했다. 헤겔의 형이상학은 대중문화와 언어에 대한 각종 연구 발전에 지배적이었고, 맥루한의 연구도 그러한 연구의 하나로 분류되어야 한다. 오래 전에 매디슨은 지식을 힘이라고 하면서, 헤겔이 말한 것처럼, 지식은 언어를 통하지 않고서는 전파될 수 없다고 말했다.[7]

미디어가 메시지라는 맥루한의 말은 헤겔적 맥락에서 보아야 한다. 헤겔은 결코 경험주의자가 아니었다. 오히려 그는 정반대였다. 그에 의하면 관념은 사고로부터 나오는 것이지 조사와 관찰을 통한 자료의 축적에서 오는 것이 아니다. 사람은 독서와 대화를 통해 관념을 얻고, 이 관념은 "지능의 자식이며 도구"인 언어 속에서 표현된다.[8] 오직 언어를 통해서만 인간은 상호간에 존재할 수 있다고 헤겔은 말한다. 미국의 언론인이 헤겔의 음울한 형이상학에 자신을 빠져 들게 할 것 같지는 않지만, 맥루한에 의해서 그리고 그보다 앞서 모르스와 휘트맨과 에머슨에 의해서 주장된 미디어를 통한 인간의 친족관계라는 개념에는 비교적 익숙해 있다. 헤겔과 마찬가지로 세계는 불가분하며 하느님의 손이 모든 인간행동에 초월

6) 이 분야의 사상을 흥미있게 설명한 것으로는 다음을 보라. Richard Macksey and Eugenio Donato, eds., *The Structuralist Controversy : The Languages of Criticism and the Sciences of Man,* Baltimore: Johns Hopkins University Press, 1972. 또한 Czitrom, 앞의 책, p. 182와 Varda L. Leymore, *Hidden Myth : Structure and Symbolism in Advertising,* London: Heinemann, 1975 참조.

7) Jean Hippolyte, "Hegel's Philosophic Language," in Macksey and Donato, 앞의 책, p. 162. 헤겔 자신의 견해에 대해서는 제 22장의 문헌 참조.

8) 위의 책, p. 161. Hippolyte는 부분적으로 다음 책에 의존하고 있다. Emile Benveniste, *Problemés de linguistique générale,* Paris: Gallimard, 1966, pp. 63~74.

한다고 본 에머슨은 "기계"가 초절주의(*transcendentalism*)와 조화한다고 말했다. 그는 "우리의 문명과 이들 〔과학기술적〕 사상이 세상을 하나의 두뇌로 축소시키고 있다"면서 이렇게 말했다. "전신과 증기기관에 의해 세계가 어떻게 인류학화(*anthropologized*) 되었는지 (말하자면 인간적으로 되었는지) 보라."[9)]

미국 언론인이 프랑스의 영향력있는 상징주의자 스테판 말라르메의 저작을 읽었을 것 같지는 않지만, 말라르메는 우리의 사고가 "메시지이며 동시에 메시지에 관한 메시지"라고 보았다.[10)] 막스 웨이즈(Max Ways)의 사상이 엿보이는 한 글에서, 말라르메는 내용뿐만 아니라 형태 속에도 의미는 들어 있다고 말했다. 문학자 맥루한은 인쇄시대에 살았던 헤겔과 말라르메의 사상을 전자매체 시대에 맞도록 각색하였다. 테크놀로지 시대의 대중신문은 이제 더 이상 한가지 관점만을 반영하는 단편적인 것이 아니며 세계적 관점을 포용한다는 말라르메의 사상을 맥루한은 지지하면서 그것을 "집합적 의식의 모자이크"[11)]라고 말했다.

존스 홉킨즈 대학에서 일한 경력으로 영어권 세계에 영향력이 있는 프랑스 문학자 조르쥬 뿔레(Georges Poulet)는 언어가 활자로 구현되거나 심지어 말로 구현될 때에도 사고를 전달하기에는 너무 느리다는 점을 지적

---

9) 레오 맑스의 다음 명저에서 재인용. Leo Marx, *The Machine in the Garden,* New York: Oxford University Press, 1966, pp. 232~234. 또한 Gene Wise, *American Explanations : A Strategy for Grounded Inquiry,* Homewood, Ill.: Dorsey, 1973과 Wilson P. Dizard, Jr., *The Coming Information Age : An Overview of Technology, Economics, and Politics,* New York: Longman, 1982, pp. 22~43 참조.

10) Macksey and Donato, 앞의 책, pp. 183~184에 나와 있는 Jean Hippolyte와 Reinhardt Kuhn 사이의 토론 참조. 그의 전기물로는 다음을 보라. Stephen Mallarme, *Mallarmé,* Harmondsworth, England, 1977; Jean-Paul Sartre, *Mallarmé,* Paris: Gallimard, 1986.

11) Marshall McLuhan, *The Gutenberg Galaxy : The Making of Typographic Man,* Toronto: University of Toronto Press, 1962, p. 272.

하였다. 쉽게 말해서 사람들은 말이나 쓰는 것보다 더 빠르게 생각한다는 것이다.[12] 맥루한은 선형(線形)시대의 마감을 선언하고 전자매체를 통하여 총체적 경험이 제공되는 새로운 세계의 도래를 선언함으로써 이 문제를 해결했다.[13] 지면상의 글자 행이나 면대면(面對面) 커뮤니케이션에서 보는 바와 같은 사고의 선형적인 전달이 오늘날과 같은 전자시대에는 우리가 보고 듣는 것을 하나의 이미지로 통합하는 TV화면의 총체적 환경으로 대체되었다는 것이 맥루한의 생각이다.

여기서는 결코 뿔레가 생각한 언어의 실패가 없다. 오히려 정반대로 언어의 승리, 새로운 미디어의 새로운 언어가 있을 뿐이다. 맥루한은 새로운 형태의 기독교신화를 가지고 있었다.[14] 낙원은 에덴동산에서 상실되었고, 수많은 언어로 인간 커뮤니케이션이 파멸되었던 바벨(Babel)에서 인간의 타락은 완결되었다. 그러나 새로운 미디어의 도래와 함께 낙원은 복원된다. 여기서 맥루한은 어떤 의미에서 밀턴의 논리를 따르고 있다. 그러나 밀턴은 열정에 대한 이성의 승리에 의해, 즉 그리스도가 토론에서 사탄에 승리함으로써 낙원을 다시 얻는다고 보았지만, 맥루한은 현대의 전자매체를 통해 낙원을 다시 얻게 되리라고 본 것이다.[15] 맥루한의 생각에 의하면 바벨은 인공두뇌학(사이버네틱스)에 의해 정복되며, 고대 촌락의 공동체 세계가 새로운 미디어에 의해 달성되는 지구촌을 통해 복원된다. 맥루한은 컴퓨터가 "오순절(Pentecost)의 세계적 이해와 통합의 상태를 테크놀로지 면에서 약속한다"고 말했다.[16]

12) Georges Poulet, Macksey and Donato, 앞의 책, p. 177에 인용.

13) Czitrom, 앞의 책, pp. 173~174.

14) 위의 책, pp. 174~175.

15) John Milton, *Paradise Regained,* bk. 1 참조. 이 책에 대한 탁월한 분석으로는 다음을 보라. James H. Hanford, *John Milton, Englishman,* New York: Crown, 1949, pp. 200~205.

16) James W. Carey and John J. Quirk, "The Mythos of the Electronic Revolution," in *American Scholar,* Summer 1970, p. 402에서 재인용.

맥루한이 테크놀로지에 대해 언제나 그렇게 낙관적인 것은 아니었다. 초기에는 그의 스승 해롤드 이니스의 정신을 좇아(그에 대해서는 잠시 후에 살펴 보겠다) 미디어를 경멸적으로 보면서 상업적, 정치적 선전의 보잘것없는 도구이자 단순한 확성기라고 비난하였다. 그러나 그가 처음으로 미디어 내용을 본격적으로 다른 책으로서 1951년에 발간한 《기계신부》(*The Mechanical Bride*)를 시작으로 맥루한은 테크놀로지의 잠재력을 찬양하는데 점점 더 극단적으로 되어 갔다. 1962년에 《구텐베르그 은하》(*The Gutenberg Galaxy*)를 내놓을 무렵 맥루한은 현대를 구텐베르그의 활판인쇄 발명으로 시작된 르네상스의 실현으로 보았다.[17]

맥루한은 현대의 과학기술이 "구테베르그 은하"와 함께 등장한 선형세계로부터 인류를 "해방시켰다"고 말했다. 그에 의하면, 이제 지금부터 "사람들의 시각은 부족적이고 집단적인 것이 될 것"이며, 18세기의 개인주의적 사상처럼 더이상 단편적이고 "조야한" 모습이 아닐 거라는 것이다.[18]

맥루한의 생각이 신화적이라는 사실이 '낙원의 문을 여는 전자 테크놀로지'라는 그의 개념의 영향력을 결코 손상시키지 않았다. 우리의 신념체계는 온갖 종류의 신화로 만들어진다. 프랑스의 문학자 르네 지라르가 말한 바와 같이 신화는 "빠르게 지나가는 진리의 드러남"이다[19] 식민지 시

17) Marshall McLuhan, *The Mechanical Bride : Folklore of Industrial Man,* New York: Vanguard Press, 1951; *The Gutenberg Galaxy : The Making of Typographic Man,* Toronto: University of Toronto Press, 1962. Czitrom, 앞의 책, pp. 171~181 참조.

18) McLuhan, *Gutenberg Galaxy,* pp. 272~273.

19) René Girard, in Macksey and Donato, 앞의 책, p. 181. 참고: Claude Levi-Strauss는 그의 《구조인류학》(*Structural Anthropology*에서 "신화는 그것을 생산한 지적 충동이 다할 때 까지 성장한다"고 말하고 있다. James Oliver Robertson, *American Myth, American Reality,* New York: Hill and Wang, p. 294에서 재인용. 이밖에도 신화에 대한 아주 멋진 자료를 좀더 원한다면 Robertson의 책 여기저기를 참조하라. 신화에 대한 문헌은 방대하기 짝이 없다. 언론부문에서 신화를 광범위하게 다룬 사람 중에는 물

대의 영향력있는 농부였던 끄레베꾸에는 미국이 "새로운 종족의 인간"을 만들어 내고 있다고 선언했다.[20] 이와 유사한 종교적 이미지로 휘트맨은 미국에서 양키의 발생을 인식하고 세계 창조에 대한 나름대로의 설명을 제시했다. 휘트맨에게 "미국은 본질적으로 가장 위대한 시(詩)이다."[21] 비록 휘트맨의 "아메리칸 드림"은 한 조각의 민화에 지나지 않지만, 그것은 에덴동산의 신화가 창조론자에 의해 진리로서 혹은 진화론자에 의해 은유로서 미국인의 신념체계 속으로 스며드는 것을 막지 못했던 것처럼 휘트맨의 이미지가 갖는 힘을 결코 손상시키지 못했다. 다른 곳과 마찬가지로, 휘트맨이나 맥루한과 같은 다양한 사람들의 종교적 상상에서 미국의 신화와 민화의 성장 곳곳에는 패러독스가 있다. 결국 휘트맨의 아담은 그의 에덴동산에서 성적으로 적나라하게 뛰놀고 있었음을 기억해야 한다. 밀턴도 맥루한도 낙원의 이런 측면을 검토하지는 않았다.

아무튼 역대 미국 대통령에 대한 역사가들의 평가에서 첫째, 둘째를 다투는 프랭클린 루즈벨트보다 미국을 지상낙원의 재현으로 받아들이는 신념체계를 무비판적으로 지지한 사람은 없었다. 사실, 전기작가 테드 모간이 말한 것처럼, 루즈벨트는 그의 자아인식에 다음과 같은 낙관적 신화를 그대로 간직하고 있었다.

> 프랭클린 루즈벨트는 하느님과 그의 계약을 맺었다. 그는 도덕적 계약을 맺었다. 그는 미국인의 집단적 의지의 표상이었고, 미국은 하느님을 자기 편에 두었으며, 그는 미국을 통합했고, 미국의 화신이었으며, 그리하여 하

론 월터 리프만이 있다. Walter Lippmann, *Public Opinion,* New York: Macmillan, 1922.

20) St. John de Crévecouer, *Letters From An American Farmer,* Gloucester, Mass.: P. Smith, 1968. 이 책은 원래 1782년에 처음으로 간행되었다.

21) Justin Kaplan, *Walt Whitman : A Life,* New York: Simon and Schuster Touchstone, 1986, pp. 100~101, 196~197 참조. 또 에머슨의 견해에 대해서는 제 30 장을 참조하라.

느님은 루즈벨트 안에 있었다.[22]

맥루한의 시각에서 그 신화는 긍정적이고 믿음직한 것이었다. 그러나 그의 스승 이니스의 생각에서는 부정적이고 무서운 것이었다. 두 사람 모두가 기술 결정론자였다. 즉 인간사에 엄청난 힘을 행사하는 테크놀로지의 도구에 의해 인간행동이 지배된다고 보는 사람이었다.[23]

테크놀로지는 결코 중립적이지 않다. 이 점을 닐 포스트맨은 인간의 신념체계에 미치는 테크놀로지의 영향에 관한 그의 연구에서 생생하게 지적하고 있다. 포스트맨에 의하면, 커뮤니케이션 테크놀로지의 변화는 필연적으로 인간의 가치관에 변화를 강요한다. "어떤 문화에 알파벳 철자를 도입해 보아라. 그러면 당신은 그 문화의 인식습관, 사회적 관계, 공동체 개념, 역사와 종교를 변화시킬 것이다."[24] 광속의 전달수단을 도입하면 "당신은 문화적 혁명을 이룰 수 있다"고 주장하면서 포스트맨은 이렇게 말한다. "여기에 이데올로기가 있다. 비록 평화롭지는 않지만 순전한 이데올로기가 있다."[25] 그에 의하면 미국인들은 테크놀로지의 결실이 당연히 긍정적이라고 가정함으로써 중대한 실수를 범하고 있다고 한다. 테크놀로지의 결실은 실제로는 반대되는 효과를 가질 수도 있는 것이다.

텔레비전 사회의 등장이 미국문화에 손상을 주었다는 이니스의 주장에 동의하는 한편, 포스트맨은("미디어는 메시지이다"라는) 미디어의 메타포가 우리의 세계를 설명하고 조직한다는 맥루한의 관점에도 전적으로 동의한다. 그러면서 그는 텔레비전이 거의 모든 정보를 오락으로 전환시켜 미국인을 즐겁게 함으로써 문화적 죽음에 이르도록 만든다고 결론짓는다.[26]

---

22) Ted Morgan, *FDR : A Biography,* London: Grafton Books, 1986, p. 552.

23) 기술결정론적 이론은 대부분의 서구문명에서 나타났던 것이었다. 이에 관한 개괄적 검토는 앞에서 인용한 Leo Marx와 Gene Wise의 저작을 보라.

24) Postman, 앞의 책, p. 157.

25) 위의 책, p. 157.

26) Postman의 책 제목 *Amusing Ourselves to Death*는 바로 이것을 아이러니컬하게 보여

사실 포스트맨은 미국에 의해 지도되는 세계가 서양교육의 "세번째 커다란 위기"에 놓여 있음을 본다. 첫번째 위기는 기원전 5세기의 아테네에서 발생했다. 이 당시에 구두(口頭)문화는 알파벳을 사용하는 쓰기문화로 대체되어 플라톤의 저작을 낳았다. 두번째 위기는 인쇄술의 발명과 함께 나타났는데, 존 로크의 저작과 영향을 남겼다. 세번째 위기에 대해 그는 이렇게 주장한다. 세번째 위기는 "전자혁명의 결과로, 특히 텔레비전의 발명으로, 지금 미국에서 일어나고 있다. 이것의 의미를 이해하기 위해 우리는 마샬 맥루한을 읽어야 한다."[27]

포스트맨은 인문주의 전통에서 나온 사람이다. 커뮤니케이션 연구분야를 지배하는 사회과학자들은 이니스와 맥루한의 중요성을 과소평가하는 경향이 있는데, 그것은 주로 그들의 미디어 연구가 보통의 경험적 분석체계 내에 맞아 떨어지지 않기 때문이다.[28] 하지만 이 두 사람의 사상은 언론인을 포함해서 많은 미국인의 신념체계에 강력한 구성인자가 되고 있다. 낙관적 경향을 가진 사람에게는 맥루한의 생각이 압도적이고, 포스트맨과 같이 비관적 경향을 가진 사람에게는 이니스의 영향력이 더 크다.

주고 있다. Postman은 자신의 주장을 뒷받침하기 위해 독일의 사회사상가 Ernst Cassirer의 말을 이렇게 인용하고 있다(p. 10) : "물질적 현실은 인간의 상징적 활동이 발전하는데 비례하여 퇴보하는 것 같다. 인간은 사물 자체를 다루는 대신에〈참조 : 칸트〉, 어떤 의미에서는 그 자신과 교섭하고 있다. 인간은 스스로를 언어적 형태나 예술적 이미지, 또는 신비한 상징이나 종교적 의식으로 둘러싸고 있어서 인위적인 매체의 해설에 의한 것을 제외하고는 그 어느 것도 본다거나 알 수가 없다." Cassirer, *An Essay on Man,* Garden City, NY: Doubleday Anchor, 1956, p. 43.

27) Postman, 앞의 책, pp. 144-145.

28) Melvin L. DeFleur and Sandra Ball-Rokeach, *Theories of Mass Communication,* 4th ed., New York: Longman, 1982, pp. 184-185 참조.

| 제 56 장 |

해롤드 이니스 : 비관적 측면

Harold Innis : The Dark Side

맥루한과 마찬가지로 이니스도 캐나다인이었으며, 남쪽의 긴 국경을 넘어 캐나다에 침입하고 있는 미국의 힘과 영향력에 대한 캐나다인의 불만이 그의 사상에 많은 영향을 주었다. 다니엘 찌트롬의 말과 같이 두 사람의 저작에서 핵심 대상은 “미국의 힘, 특히 미국의 기술력이라는 달리 어떻게 해 볼 수 없는 무정한 사실”이었다.[1] 이니스에게 (그리고 초기의 맥루한에게), 미국사회와 미국의 미디어는 캐나다 문화에 강력한 위협이었다. 나중에 맥루한은 이니스의 관점을 거부하고 그 힘을 찬양하게 되었는데, 그것은 새로운 미디어의 통합력을 통해 미국과 세계 앞에 영광의 미래가 놓여 있다고 본 그의 왕성한 낙관론 때문이었다.

1) Daniel J. Czitrom, *Media and the American Mind : From Morse to McLuhan,* Chapel Hill: University of North Carolina Press, 1982, p. 147. 또한 Robin Neill, *A New Theory of Value : The Canadian Economics of H. A. Innis,* Toronto: University of Toronto Press, 1972 참조.

이니스는 미디어에 대해 언제나 비관적이었다. 따라서 기계가 결코 보다 나은 세계를 만들 수는 없다고 본 과거와 현재의 비관적 논자들의 맥락에서 그를 보아야만 한다. 개인을 신성시하고 "권력은 독약"이라고 주장했던 역사학자 헨리 아담스는 현대생활의 기계화가 조화와 미를 파괴하는 장본인이라고 20세기 초에 말한바 있다.[2] 권력에 대해 오랫동안 회의적이었던 마크 트웨인은 《코넥티컷 양키》에서 기계화를 신랄하게 비판하였다. 주인공 양키는 그가 싸우고 있던 원시 브리튼족의 공격으로부터 보호받기 위해 자신이 설치한 전기 울타리에 걸려듦으로써 몰락하게 되었던 것이다. 루이스 멈포드, 앨빈 토플러, 쟈끄 엘울과 같은 현대분석가들의 저작도 이러한 전통을 잇고 있는 작품들이다.[3] 하지만 어느 누구도 이니스보다 더 위대한 통찰력을 갖고 미디어와 커뮤니케이션을 연구한 사람은 없었다. 미디어 분석가들—그 중에서도 특히 맑스주의자나 여타 좌파 분석가들—에 미친 이니스의 영향은 상당한 것이었다. 그러나 아이러니컬하게도 이니스는 맑스주의자는 아니었다. 보다 정확하게 분류하자면 이니스는 헨리 아담스와 같이 과거의 지적 품위와 우아함을 보전하려고 했던 사람이었다.

이니스의 사상을 단지 몇 귀절로 나타낸다는 것은 지극히 어려운 일이다. 1952년에 57세의 나이로 요절한 이니스는 비록 커뮤니케이션에 의해 인류역사를 바라보는 이론을 형성하는데 생의 마지막 삼분지 일을 바쳤지만 살아 있는 동안에 자신의 연구를 명확하고 일관된 형태로 정리하지는 못했다. 헤겔이 자신의 역사철학을 국가에 초점을 맞추었고 맑스는 생산수단에 주목했던 것처럼, 이니스는 인간존재의 통합력을 커뮤니케이션

2) Henry Adams, *Mont-Saint-Michel and Chartres : A Study of Thirteenth Century Unity,* Washington, 1904. 또한 James Oliver Robertson, *American Myth, American Reality,* New York: Hill and Wang, 1980, pp.172－174 참조.

3) Lewis Mumford, *The Myth of the Machine,* 2 vols., New York: Harcourt, Brace and World, 1967; Alvin Toffler, *Future Shock,* New York: Random House, 1970; Jacques Ellul, *The Technological Society,* New York: Vintage Books, 1964.

에서 찾았다.[4)]

경제학자이자 역사학자였던 이니스는 목재산업에 관한 연구를 하다가 커뮤니케이션 이론에 이르게 되었다. 그의 핵심 가정은 진정한 권력이란 공간과 시간을 통제하는 능력에 있다는 것이다. 이것은 오직 커뮤니케이션 테크놀로지의 통제를 통해서만 달성할 수 있다. 왜냐하면 오직 그렇게 함으로써만 그 자신의 영역과 시간대 내에서 정치과정을 지도해 나갈 수 있기 때문이다. 테크놀로지는 값비싼 것이기 때문에 그러한 통제력은 근본적으로 경제적인 것이다. 그렇다면 그 권력은 오직 커뮤니케이션 테크놀로지를 통제하는 사람들에게만 귀속된다. 자신의 목재산업 연구로부터 이니스가 얻은 결론은 미국의 신문이 종이를 저렴하게 공급받는 길을 찾는 가운데 그가 사랑하는 캐나다의 삼림을 착취함으로써 진정한 권력을 획득했다는 것이다.[5)]

이니스는 과거의 "문화"를 통해서 인류의 역사를 추적했다. 그가 생각하는 문화는 사회의 상호의존적인 정치적, 경제적 체제로 형성된 것이었다. 그는 이 문화가 커뮤니케이션의 물질적 수단—도로, 강, 운하, 철도,

---

4) 커뮤니케이션에 대한 이니스의 견해는 다음 책에서 가장 명료하게 표현되고 있다. *Empire and Communication,* Oxford: Clarendon Press, 1950; *The Bias of Communication,* Toronto: University of Toronto Press, 1971; *The Press: A Neglected Factor in the Economic History of the Twentieth Century,* London, Oxford University Press, 1949. 또한 Czitrom, 앞의 책, p.161과 그의 문헌주석(pp.221~224)을 참조.

5) Eric A. Havelock, "Harold Innis: The Philosophical Historian," *Et Cetera 38* (Fall 1981): 262~263. Havelock은 하버드와 예일대학에서 가르친 적이 있고 한때는 캐나다의 빅토리아 대학(Victoria College)에서 이니스와 동료였던 사람인데, 이니스와 그의 복잡한 이론에 대해서는 아마도 가장 잘 알고 있는 정보통일 것이다. 또한 그 자신이 뛰어난 커뮤니케이션 학자이기도 했다. Neil Postman의 *Et Cetera* 1981년 가을호 전부는 "그의 시대의 인간"(A Man of his Times) 해롤드 이니스에게 바쳐진 것이었다. 이니스에 관한 추가자료로는 빅토리아 대학에서 이니스의 또 다른 동료였던 Donald Creighton이 쓴 다음 전기를 보라. Donald Creighton, *Harold Adams Innis: Portrait of a Scholar,* Toronto: University of Toronto Press, 1972.

그리고 그 위로 다니는 수송수단들—과 언어를 어떻게 사용하는지를 설명했는데, 과거 어느 누구도 이런 식의 설명을 한 사람은 없었다. 그에 의하면 커뮤니케이션 언어를 통제하는 자는 누구라도 문화를 통제하고 따라서 진정한 권력을 갖게 된다. 또 문화를 향상시키기 위해 언어를 통제하는 자들은 테크놀로지에 의존하게 된다. 그들은 경제적, 정치적 지배력을 확보하고 있기 때문에 테크놀로지의 방향을 지도할 수 있고, 따라서 커뮤니케이션의 적용방식과 이보다 더 중요한 커뮤니케이션의 내용에서 고의적이든 무의식적이든 (그것은 이니스에게 중요하지 않았다) 그 체제의 편견과 고정관념을 만들어 낼 수 있다.

미국역사에 관한 연구에서 이니스는 미국의 정치적, 경제적 권력자들이 자신의 커뮤니케이션 미디어를 만듦으로써 유권자를 통제하여 권력을 유지할 수 있었다고 주장하면서, 그러한 예로 제퍼슨, 잭슨, 링컨, 테오도어 루즈벨트와 프랭클린 루즈벨트를 들었다. 커뮤니케이션 미디어는 신화와 슬로건과 고정관념을 유포시키는데, 문화의 통제는 바로 이러한 것들에 의존하고 그리하여 국가의 신념체계가 또한 거기에 의존하게 된다는 것이다.

미국의 힘에 대한 강한 불신에서 비롯된 것이지만, 이니스는 신문의 확고한 권력적 위상이 신문으로 하여금 거대한 커뮤니케이션 독점으로 나아가게 만들고 이러한 커뮤니케이션 독점은 과거의 모든 가치있는 것들을 체계적으로 또 무자비하게 파괴한다고 말했다. 변화 그 자체가 변하지 않는 유일한 미덕이 되었다는 것이다. 매카시선풍이 한창이던 시기에 이니스는 말하기를, 이미 권력을 가지고 있는 기득권층의 권력유지에 헌신적인 "커뮤니케이션 앞잡이들"로 인해 미국헌법이 개개의 국민에게 보장하던 오래된 보호정신은 쇠퇴하였다고 했다.[6]

---

6) Havelock, 앞의 책, p. 250: "그는 캐나다인 관찰자라는 유리한 관점에서, 그 당시 미국의 진보주의자 가운데 혹시 있었는지 모르겠지만 거의 누구도 깨닫지 못했던 현상, 즉 미국의 정치와 경제가 점점 더 군사화되어 가는 것을 정확하게 꿰뚫어 보았다."

분명히 해롤드 이니스의 글에는 강렬한 비관주의의 피가 흐르고 있었다. 대부분의 비관론자와 마찬가지로 이니스도 도덕주의자였다. 그는 미국의 미디어가 엄청난 권력을 갖고 있고 그로 인해 서양문명의 문화적 유산이 파괴되고 있다고 보면서 미국 미디어의 그러한 권력과 그 파괴에 전율하였다. 그의 연구는 라디오의 출현과 함께 중지되었으며 텔레비전의 영향에 관한 연구는 맥루한에게 남겨주었다. 그러나 그가 보았던 것은 즉흥적 경험—그의 이미지 속에서는 공간을 의미한다—으로 가득차고 인류의 과거—시간—와 역사의 경이에 완전히 무관심한 사회였다.

> 신문과 잡지에서 명백히 보이는 기계화의 엄청난 압력은 커뮤니케이션의 거대한 독점을 만들어 내었다. 그들의 확고한 위상은 문화활동에 없어서는 안될 불변의 요소를 끊임없이 체계적으로 무자비하게 파괴한다. 변화에 대한 강조만이 변하지 않는 유일한 특성이다.[7]

이와 아주 유사한 방식으로 포스트맨은 미국인의 역사감각과 지속성이 텔레비전이 제시하는 즉흥적이고 “단편적인” 이미지에 의해 파괴되고 있다고 주장했다. “사고를 개념적으로, 연역적으로, 연속적으로 할 수 있는 세련된 능력”을 가진 인쇄적 사고방식이 “흥행업의 시대”(*the Age of Show Business*)로 바뀌고 있다는 것이다.[8]

이니스의 비관적 전망에서 볼 때 지금 다가오고 있는 세계는 결코 멋진 신세계가 아니었다. 역사의식이 없는 사회는 과거의 잘못을 반복한다는 그의 거듭된 주장은 산타야나의 경구에 공명하는 것이었다. 이니스는 테크놀로지의 발달 때문에 오히려 산타야나가 예측했던 것보다 그 결과가 더욱 비참할 것이라고 보았다. 이니스를 단순히 시대에 뒤떨어진 급진주의자로 무시한다면 이는 잘못일 것이다. 왜냐하면 인간과 테크놀로지에

---

7) Havelock, 앞의 책, p.259에서 재인용.

8) Neil Postman, *Amusing Ourselves to Death : Public Discourse in the Age of Show Business,* New York: Viking Penguin, 1975, p.63.

대한 그의 비관론은 미국인의 사상적 경험에서 거듭 되풀이되고 있는 주제이기 때문이다.

맥루한의 견해가 순진무구한 사람들, 말하자면 월터 휘트맨의 염원이나 미국이라는 새로운 에덴동산의 신화를 믿고 있는 신비주의자들의 견해였던데 반해서, 이니스는 그 전과 후의 다른 많은 사람들과 마찬가지로 순진무구함을 거부하고 절망을 택했던 사람이다. 하버마스와 아도르노를 비롯한 많은 비판학파 학자들도 포스트맨과 마찬가지로 문화적 전통이 영화와 텔레비전을 중심으로 하는 오락산업과 광고인과 홍보전문가들이 유포하는 신화에 의해서 파괴되는 것에 크게 낙담하였다. 이니스는 새로운 테크놀로지가 정보의 생산과 유포를 통하여 바빌론에서 지금까지의 모든 사회의 모습을 결정지워 왔음을 보여 주었다. 그에게 새로운 테크놀로지의 효과는 불안정한 것이었다. 쟈끄 엘울은 여기서 한걸음 더 나아갔다. 그는 히틀러의 나치당이나 스탈린시대의 공산당 선동가들에 의한 정치적 선전이 독일인과 러시아인에게 미친 영향보다 오락산업과 홍보기관의 작품인 "사회적 선전"이 미국인에 미친 영향이 더 크다고 말했다. 그는 모든 테크놀로지의 발달은 반드시 어떤 대가를 치르게 한다고 주장했다. 왜냐하면 테크놀로지의 발달은 그 자체로는 도덕적 가치가 전혀 없고 또 그것이 추구하는 목적은 "미래에 대해 맹목적"이어서 그것이 인간에게 유익하게 작용할지 그렇지 않을지를 고려하지 않기 때문이라는 것이다.

> 기술의 으뜸가는 특성은…… 도덕적 판단을 받아들이지 않는 점이다. 기술은 도덕적 판단으로부터 완전히 독립적이며 자신의 영역에서 도덕적 판단을 배제시킨다. 기술은 도덕적 이용과 비도덕적 이용의 차이에 대해 전혀 생각하지 않는다. 오히려 반대로 완전히 독립적인 기술적 도덕성을 창조하는 경향이 있다.[9)]

---

9) Ellul; 앞의 책, pp. 96~97. 또한 Wilson P. Dizard, Jr., *The Coming Information Age : An Overview of Technology, Economics, and Politics,* New York: Longman, pp. 1~21.

여기서 잠시 애그뉴 독트린을 생각해 보자. 애그뉴 독트린의 핵심에는 신문과 방송의 언론인, 특히 텔레비전 언론인이 미국적 가치를 위협하는 비관적 문화의 대표자라는 확신이 도사려 있다. 그러나 이니스의 생각은 그렇지 않았다. 미디어에 대한 그의 인식은 정치적, 경제적 권력을 장악하고 있는 자들의 신화와 낙관주의적 고정관념을 위해서 미디어가 선전가나 응원대장으로 기능한다는 것이었다. 이 점과 관련하여 니버의 두려움과 충고를 상기해 보는 것도 흥미로울 것이다. 니버는 순진성이 폭정에 이르는 길을 연다는 두려움을 가지고 있었으며, 국민들에게 "너무나 일관된 낙관론"에 빠지는 경향이 있으니 주의하라고 충고했다.[10)]

순진성이 빚어내게 될 과도함을 호되게 비판하는 일은 20세기에 와서 일반화 되었다. 또한 존 아담스, 에드먼드 버크, 장 쟈끄 루소의 사상과 같이 미국인의 신념체계에 이런 저런 식으로 항상 존재해 왔던 비관주의의 흐름에 주목을 요구하는 것도 20세기에 와서는 보편화된 일이다. 하지만 기이하게도 과거에 대한 이러한 재검토가 낙관주의로부터의 이탈을 유도한 것이 아니라, 오히려 보다 더 강력하고 새로운 형태의 낙관주의적 신화로 발전하였다. 리프만이 일했던 《뉴 리퍼블릭》지의 편집인 허버트 크롤리는 과거의 미국이 지나치게 낙관론적이었다고 주장하면서 혁신주의 운동을 맹목적인 낙관주의적 경향에 대항하는 하나의 시도로 해석했다. 그에 의하면 혁신주의자들은 순진성과 비현실성을 포기하고 그것들을 "심각한 국가적 목적의식"으로 대체했다는 것이다.[11)] 서부 개척지의 구호였던 '명백한 운명'은 이제 국가적 목적의식으로 전환되었는데, 그것은 한마디로 새로운 대의명분에의 헌신을 의미한다. 맥루한의 지구촌은 바로 이와 같은 이미지에서 도출된 것이다.

---

10) Reinhold Niebuhr, *The Children of Light and the Children of Darkness : A Vindication of Democracy and a Critique of Its Traditional Defense,* New York: Scribners 1944, p. xiii 참조. 또한 Gene Wise, *American Explanations : A Strategy for Grounded Inquiry,* Homewood, Ill.: Dorsey, 1973, p. 282 참조.

11) Robertson, 앞의 책, pp. 297~299에서 재인용.

크롤리는 스스로가 생각했던 것보다 훨씬 더 낙관적이었다. 그가 나쁘게 생각한 것은 미래에 대한 믿음이 아니라, 휘트맨이나 과거에 아메리카의 노래를 부른 다른 사람들에게서 발견되는 "맹목적 낙관론"이었다. 현대에 구현되고 있는 낙관론의 모습은 휘트맨의 과장법보다는 다소 측정 가능한 용어로 표현되고 있다. 그러나 그 본질은 케네디 대통령의 취임연설과 같은 낙관론적 선언에서 보듯이 예나 지금이나 똑같은 것이다. 케네디 대통령은 취임연설에서 미국인에게 정부가 국민을 위해 무엇을 해 줄 것인가를 묻지 말고 국민이 국가를 위해 무엇을 할 수 있는 가를 묻자고 요구했다.

앞서 미국인 제일주의 운동(*nativist movement*)과 고립을 향한 충동에서 이미 보았던, 미국인의 신념체계에서 그다지 매력적이지 못한 그 요소가 20세기에 와서는 비관주의자에 대한 통박과 연계되었다. 이러한 공격은 제1차 세계대전 중에 나타난 "외국계(*hyphenated*) 미국인"에 대한 반대 캠페인에서 보는 바와 같이 흔히 "순수한" 미국인주의(*Americanism*)를 찬양하는 표현을 수반했는데, 여기서 외국계 미국인이란 폴란드계 미국인이나 이탈리아계 미국인처럼 "순수하지 못한" 혈통을 지칭하고 있다.[12] 보다 계몽된 오늘날에는 미국인 앞에 "외국계"라는 용어가 붙는다는 이야기를 더 이상 들을 수는 없지만, 그러한 생각은 아직도 아프리카계 미국인(*Afro-Americans*)이나 아시아계 미국인(*Asian Americans*)이라는 말 속에 남아 있다. 조셉 매카시의 반공운동은 외국계에 대한 반대 캠페인과 사촌지간이라고 할 수 있다. 실제로 정부와 정부의 상징에 대한 충성, 예컨대 국가에 대한 맹세나 충성선서 같은 것들은 여전히 미국의 대중적인 신념체계에서 매우 중요한 요소들이다. 이런 충성의 상징에 대한 과도한 표현이 1988년 대통령선거에서는 특히 현저하였기에 논란이 있었다.

미국의 커뮤니케이션 미디어는 미국의 상징과 신화와 민속을 유포하는데 항상 핵심적인 위치를 차지했다. 좋든 나쁘든 신념체계를 전파하는 미

12) 외국계 미국인에 대한 논의는 위의 책, pp. 327~328 참조.

디어의 힘은 계산이 불가능한 정도이다. 인쇄매체나 방송매체가 그 밖에 무슨 권력이 있다고 하더라도 그들이야말로 사상, 신화, 고정관념, 의견, 태도가 미국인들에게 전달되는 주요 기제임은 의심의 여지가 없다.

미디어의 권력 문제가 현대세계에서 그토록 중요한 논제가 되었다는 사실이 조금은 놀라운 일이다. 그 전의 액튼경과 마찬가지로, 이니스도 권력은 권력을 가진 자를 부패시킨다고 주장했다. 정직, 예의, 진리, 정의… 이 모든 것들이 미디어를 통제하는 자들에 의해 공공의 대화에서 배제되거나 검열될 수도 있다. 존 밀턴과 그를 따르는 수많은 언론인들이 주장한 것은, 미디어를 통제하는 자는 "인쇄할 가치가 있는 모든 뉴스"를 보도할 권리를 미디어에 부여해야 한다는 것이었다. 한편 다른 사람들은, 심지어 토마스 제퍼슨까지 포함해서 많은 사람들은 방종한 언론에 제약을 가할 것을 제의하였다. 이 논의는 단순히 정치적, 경제적인 것일 뿐만 아니라 도덕적인 것이기 때문에 어떤 언론철학이든 윤리의 문제에 점점 더 많은 관심을 기울이게 되었다.

| 제 57 장 |

적대문화 : 낙관주의와 비관주의

The Adversary Culture : Optimism and Pessimism

1971년에 다니엘 패트릭 모이니한은 탐사언론이 적대문화에 속한다고 말함으로써 언론계를 깜짝 놀라게 만들었다. 뉴스 매체에 대한 그의 고찰은 스피로 애그뉴의 그것과 마찬가지로 언론과 대통령의 관계를 검토한 것이었다. 《코멘터리》(*Commentary*)지에 게재되어 광범위한 논란을 불러일으킨 그의 논문은 애그뉴의 비판이 있은지 2년 후에 나왔다.[1] 사실 리차드 닉슨 대통령의 재임(1969~1974) 이전과 이후 그 어느 때에도 미국의 공공생활에서 뉴스매체가 수행하는 역할이 그토록 광범위하게 공개적으로 논의된 적은 없었다.

모이니한이 제시했던 질문은 언론이 국가에 손해가 될 정도로 대통령의 권력을 침해하고 있느냐는 것이었다. 이러한 질문은 물론 모이니한의 비판자들이 말하는 것처럼 재치있는 한 사나이가 제시한 하찮은 질문에

1) Daniel Patrick Moynihan, "The Presidency and The Press," *Commentary,* March 1971, pp. 41~52. *National Observer,* March 19, 1971에 초록 게재.

불과할 수도 있다. 민주당의 뉴욕주 연방상원의원이었던 모이니한은 그 자신이 하버드대학 교수 출신으로서, 애그뉴가 공격목표로 삼았던 "스스로를 지식인으로 특징짓는 뻔뻔스런 속물들의 낡아빠진 집단"[2]의 한 사람이라고도 할 수 있었다. 모이니한은 기발한 언행 뒤에 자신의 철학적 질문을 숨길 줄 아는 능력이 있었다. 언론이 그 어떤 권력을 가지고 있다 하더라도 대통령의 권력에 비교하면 사실상 대수롭지 않다는 것을 모이니한은 분명히 알고 있었던 것이다.

사실이야 어쨌든, 권력의 상대적 크기에 대한 모이니한의 질문 뒤에는 보다 심오한 철학적 의미가 깔려 있다. 그것은 미국 언론인의 신념체계는 실제로 무엇인가? 하는 질문이다.

모이니한은 그 신념체계 내에 분명히 폭로언론의 전통이 간직되어 있음을 지적하면서, 20세기에 들어 오면서부터는 미국언론이 정부의 부정부패를 찾는 것을 "으뜸가는 임무"로 여기고 있다고 보았다. 그에 의하면 보다 최근에는 잠재적으로 "훨씬 더 심각한 결과"가 나타나고 있는데, 그것은 주요 전국지와 시사잡지에 종사하는 언론인 사이에 그가 말하는 "적대문화"가 등장하였다는 것이다.

모이니한의 말에는 물론 텔레비전 네트워크의 언론인도 포함되는 것으로 보인다. 왜냐하면 그들의 사회적, 경제적 뿌리가 전국적 규모의 인쇄매체 기자들과 유사하기 때문이다. 모이니한에 의하면 옛날에 언론인이 현장의 실무교육을 선호하여 고등교육을 거부하던 것을 자랑으로 삼던 시대에는 언론인의 태도가 노동자들의 태도와 "놀라울 정도로 가까왔다"고 한다. 그러나 이제 언론은 완전히 엘리트 직업은 아니라고 하더라도 적어도 "엘리트에게 매력적인 직업"[3]이 되었고, 그리하여 전국적인 뉴스

2) Theo Lippman, Jr., *Spiro Agnew's America,* New York: Norton, 1972, p.188에서 재인용. 이 귀절은 1969년 10월 19일 뉴오올리안즈에서 행한 연설에 들어 있다. 한편 Robert W. Peterson, ed., *Agnew,* New York: Facts on File, 1972도 참조.

3) Moynihan, 앞의 책, p.43.

매체에 종사하는 언론인의 사상은 "아이비 리그"(Ivy League)가 되었다는 것이다. 그가 "비방"의 엘리트 문화라고 부르는 그 적대문화가 만들어지는 곳은 바로 여기서 우화적으로 동부의 명문대학, 하버드, 예일, 프린스턴에 비유한 이 가공의 아이비 리그에서이다.

> 언론의 사회적 지위가 향상됨으로써 나타난 정치적 결과는 언론이 일반적으로 미국사회와 미국정부에 적대적인 태도에 의해 더욱 더 영향을 많이 받고 있다는 점이다… 여기서 문제는 진지한 탐색의 문제가 아니라 권력에 대해 갖고 있는 거의 무책임할 정도의 적대감이다.[4]

이것은 언론권력에 대한 애그뉴의 견해만큼이나 놀라운 말이다. 모이니한의 이 말은 미국 언론인의 사상에 혁명적 변화가 있음을 말해주고 있는데, 적어도 전국적인 주요사건을 보도하는 워싱턴의 언론인 사이에는 그렇다는 이야기이다. 뉴스매체가—설령 워싱턴에 기반을 두고 있는 매체라고 하더라도—미국사회의 근본적 가치관, 즉 존 로크, 제퍼슨, 매디슨, 밀의 낙관론적 개인주의를 거부하는 것은 그 매체를 미국적 삶의 주류밖에 놓고 마는 셈이 된다. 말하자면 언론인은 애그뉴와 닉슨이 미국의 중간층이라고 말한 것과는 거리가 먼, 애그뉴가 말했던 낡아빠진 동부의 속물이 되고 마는 것이다.

적대문화라는 개념은 모이니한이 최초로 사용한 개념은 아니었다. 이 개념은 문학평론가 라이오넬 트릴링에 의해서 1965년에 처음으로 언급된 것으로 보인다. 트릴링은 적대문화를 매우 강한 어조로 정의하였다. 그는 "현대의 글쓰기를 특징짓는… 파괴적 의도성"에 대해 말하였는데, 그것은 독자가 습관화되어 있는 사고와 감정으로부터 독자를 떼어 놓고자 하는 노력이며 또한 독자에게 "그를 만들어낸 문화를 평가하고 비판하며 때로는 수정할 수 있는 관점"을 제공하고자 하는 노력이다.[5] 이것은 작가가

---

4) 위의 책, p. 43.

5) Lionel Trilling, *Beyond Culture : Essays on Literature and Learning,* New York:

독자들로 하여금 그들을 키우고 교육한 바로 그 가족과 사회의 사고와 감정을 비난하도록 만든다는 것으로서 가히 혁명적인 생각이었다. 이러한 생각은 일반 미국인의 신념체계로부터 지적 엘리트들을 분리시키는 결과가 되고 말았다. 이 개념으로부터 나온 부산물들이 오늘날까지 좌파와 우파의 논쟁에 여전히 불씨가 되고 있는 것이다. 트릴링은 한 걸음 더 나아가 적대문화 주변에 형성된 "계급"을 확인하기에 이르렀는데, 그것은 자신의 환경에 반응하는 나름대로의 방식을 발전시킨 계급으로서 "권력이 없지 않은" 계급이며, 다른 모든 권력집단과 마찬가지로 그 자신과 자신의 이데올로기의 "강화와 영속화"를 추구하는 집단이다.[6)]

말하자면 적대문화 속의 사람들은 정치권력 구조에서 일종의 제 5의 기둥을 만들었으며, 자신의 신념체계를 대중에 강요하려는 파괴적인 계급이라고 트릴링은 말하였다. 미국인은 계급이라는 개념에 대해 편한 마음을 갖고 있는 사람들이 아니다. 제임스 올리버 로버트슨이 지적한 바와 같이 미국의 신화에서 미국은 간단히 말해 무계급의 사회이다. 로버트슨에 의하면, "민주주의는 평등과 자유에 대한 궁극적인 보장"[7)]이라고 보는 미국의 민주주의 정의에서 무계급은 가장 중요한 요소 가운데 하나이다. 19세기 영국의 계급사회에서 언론은 이미 계급의 반대자로 간주되고 있었다. 영국 《타임즈》지의 뛰어난 기자였던 헨리 리브는 1855년의 한 신문기사를 통해 언론이 진실로 "국가의 제 4 부"이며 영국사회의 엄격한 계급구조에 해독제로 복무하고 있다고 주장했다.[8)] 언론이 독립적인 관찰자로서 사회의 바깥 어딘가에 초연히 있는 비판자라는 이러한 이미지는 언론인

Viking, 1965, pp. xii-xiii.

6) 위의 책, pp. xv-xvi.

7) James Oliver Robertson, *American Myth, American Reality,* New York: Hill and Wang, 1980, pp. 258~259.

8) George Boyce, *Newspaper History from the Seventeenth Century to the Present Day,* Beverly Hills, Calif.: Sage, 1978, pp. 23~24. 인용문은 제 1장 "The Fourth Estate: The Reappraisal of a Concept"에서 인용한 것이다.

의 신념체계에서 결코 떠난 적이 없었다. 미디어를 하나의 계급으로 보는 생각은 이와 같은 인식에 해가 될 뿐만 아니라 미국의 민주주의 이념에 정면으로 반대되는 것이기도 하다.

트릴링은 적대문화에 관한 자신의 분석에서 언론인을 구체적으로 지칭하지는 않았다. 그가 대상으로 했던 사람은 시인, 소설가, 희곡작가였다. 그러나 모이니한이 지적한 바와 같이, 언론인은, 그 중에서도 특히 워싱턴의 유명한 기자나 칼럼니스트는, 창조적 작가사회를 감싸고 있는 일종의 문화적 엘리트의 구성원이 되었다.

언론인에게 적대문화 내부의 구체적인 임무를 부여한 것은 사회학자 다니엘 벨이었다. 1976년에 벨은 출판사, 박물관, 문화주간지, 연극, 영화, 대학과 함께 신문도 적대문화에 의해 지배된 정도는 아니더라도 큰 영향을 받았다고 말했다. 비록 적대문화의 구체적인 주제와 생활양식은 시대에 따라 달랐지만 그럼에도 불구하고 "문화지식인들이 절망과 아노미와 소외라는 주제에 고민했던" 일정한 유형은 있었다는 것이다.[9] 그리하여 애그뉴가 말한 "미국의 중간층"이 저항하는 "나쁜 뉴스 신드롬"이 태어나게 되었다는 것이 벨의 견해이다.

극적인 혁명의 60년대를 컬럼비아대학에서 보냈던 영국교수 모리스 딕스타인은 50년대와 60년대와 70년대를 예리하게 구분했지만, 그럼에도 불구하고 이 시기 전체의 공통적인 양상은 언론인이 그들의 과거 전통으로부터 이탈한 것이라고 결론짓는다. 60년대의 유토피아적 이상주의자들에 의한 그 소요 속에, 많은 언론인들이 가치중립적 객관성이라는 전통을 포기하고, "보도하는 사건에 참여하는 것"이 좋을 뿐만 아니라 "그들의 존재와 개인적 감정까지 최종적인 해석에 속한다는 것"을 배우게 되었다.[10] 그리하여 언론은 자신이 보도하는 뉴스사건에 참여하고 적대언론을

9) Daniel Bell, *The Cultural Contradictions of Capitalism,* New York: Basic Books, 1976, pp. 40~41.

10) Morris Dickstein, *Gates of Eden : American Culture in the Sixties,* New York: Basic

이용하기 위한 무대가 마련되었다.

딕스타인에 의하면 1970년대에 닉슨대통령은 언론을 "쫓기도록" 만들었지만, 그의 베트남 정책 실패와 대통령의 권력남용 폭로는 적대문화를 일소시키지 못했다고 한다. "미국의 소중한 신화"를 "산산히 부수는 결정타"가 가해졌다는 것이다.[11]

적대문화 개념은 딕스타인이 말하는 "고급문화"라는 것과 불가피하게 연결되어 있기 때문에 애그뉴와 같은 사람들의 공격목표는 명백히 동부연안의 문인 집단이었다. 그러나 애그뉴와 그를 따르는 많은 사람들은 《뉴욕 타임즈》나 《워싱턴 포스트》 그리고 텔레비전 네트워크과 주요 시사잡지의 언론인들을 그 문인 집단에 함께 포함시켰다. 실제로 한 논평가는 뉴스매체가 노동자에 적대적인 상류계층의 도구이기 때문에 미국의 노동계층은 뉴스매체를 좋아하지 않는다는 입장을 보이기도 했다.[12] 현대세계에서 언론인과 권력에 있는 자들은 사회 문화적으로 아주 밀접하게 얽혀있어서 그들이 서로 적대적이라는 생각은 웃기는 소리라고 말하는 사람들이 많다. 톰 베텔은 언론인의 권력과 정부의 권력을 구별할 수 없다고 주장한다. 그에 의하면, "정부와 언론계 인사들은 어쨌든 그들의 역할이 공생적이기 때문에 점점 더 상호교환 되어지고 있다. 심지어 그들의 급료조차 비슷하다.[13]

Books, 1977, p. 249. Dickstein은 이 책의 결론부분(pp. 248~277)에서 30년 동안 미국인의 삶에 작용한 여러 사상을 그자신 특유의 뛰어난 솜씨로 설명하고 있다. 트릴링의 제자이기도 한 Dickstein은 또한 트릴링의 영향에 대해서도 흥미있는 해석을 한다.

11) 위의 책, p. 249.

12) Michael Novak, "Why the Workingman Hates the Media," in John C. Merrill and Ralph D. Barney, eds., *Ethics and the Press : Readings in Mass Media Morality,* New York: Hastings House, 1975, pp. 108~117. "사람들이 분개하는 것은 미디어의 새로운 경제적 권력, 즉 거대한 새로운 현실을 만들어 내는 신화제조이다. 사람들은 또한 날마다 그들에게 "우리는 너희들보다 더 똑똑하고, 더 많은 것을 알고 있고, 더 비판적이며 더 회의적이다"라고 말하는 그 오만함에 분개하고 있다."

어떤 경우에라도 적대문화라는 개념을 미디어와 정부간의 적대관계라는 개념과 혼동해서는 안 된다. 적대문화 개념은 사회적으로나 철학적으로 미디어와 정부간의 권력투쟁보다 훨씬 더 깊은 영향을 사회조직에 미친다. 적대문화와 같은 것이 실제로 존재한다고 가정하면, 적대문화에서 바라보는 인간의 이미지는 확실히 밝은 것은 아니다. 사회는 기본적으로 불공평한 것으로 간주된다. 인간은 적어도 권력에 있을 때는 자기중심적이고 이기적이며 물질적인 존재로 간주된다. 정의란 오직 지배적 위치에 있는 자들에게만 해당되는 것이다. 가난한 사람이나 소수민족 또는 일탈적인 사회관점을 지니고 있는 무신론자나 동성연애자 같은 사람에게는 정의란 쓸모없는 것이다.

사회학자 게이 터크만은 주장하기를 언론인은 하루하루의 마감시간에 너무 쫓겨 철학적 명상에 잠길 시간이나 의향이 없다고 하였다.[14] 확실히 전반적으로 기자와 편집인들은 자신이 적대문화에 살고 있는가 그렇지 않은가를 자문하는데 거의 시간을 할애하지 못하고 있다. 쉽게 짐작할 수 있는 것은 그들 자신이 미국의 주류 한복판에 있는 것으로 생각한다는 점이다. 언론인이 자신의 뉴스판단 기준으로 삼는 관습은 의식적인 가치체계를 훌륭히 대신한다. 트릴링과 벨이 적대문화에는 어느 "계급"이 존재한다고 말한 것처럼, 모이니한은 미국의 언론인이 비록 어떤 이데올로기를 같이하고 있음을 의식적으로 깨닫고 있지는 않더라도 어떤 "문화"를 공유하고 있다고 주장한다. 다른 사람들과 마찬가지로, 그 중에서도 특히 터크만이 그랬지만, 모이니한은 언론을 사고의 분야가 아니라 행동의 분

---

13) Tom Bethell, "The Myth of an Adversary Press: Journalist as Bureaucrat," *Harper's*, January 1977, p.40. 정부와 언론의 공생관계에 대해서는 다음을 참조. J. Herbert Altschull, *Agents of Power: The Role of the News Media in Human Affairs*, New York: Longman, 1984, pp.193~201.

14) Gaye Tuchman, "Objectivity as Strategic Ritual: An Examination of Newsmen's Notions of Objectivity," *American Journal of Sociology*, 77, no. 4 (January 1972): 662.

야로 보았다. 여기에도 철학과 이데올로기는 분명히 있지만, 하나의 신념체계로 인식되고 있지는 않다.

모이니한의 논문이 발표된지 4개월 후에 여기에 대한 장문의 논평이 여러 편《코멘터리》에 게재되었는데, 아쉽게도 그가 제기한 철학적 문제를 주변적으로 다루었을 뿐 그것을 본격적으로 다룬 것은 없었다.[15] 가장 장문이었던 논평은 그 자체가 하나의 논문으로서《뉴욕 타임즈》의 막스 프란켈이 쓴 것이었다. 프란켈은 나중에 동신문의 편집국장이 된 인물로서, 워싱턴의 언론이 미국의 사회와 정부에 적대적인 태도를 가진 적대문화에 감염된 "사회적 엘리트"라는 모이니한의 견해를 "터무니없는 혈통기준"이라며 거부했다. 프란켈은 언론인이란 직업이 그 어떠한 특정의 자격증명도 요구하지 않으며, "출신이 프롤레타리아든 다른 무엇이든 똑똑한 젊은이라면 그 누구에게도" 개방되어 있다고 말했다.[16] 게다가 그는 비록 언론계가 과거보다는 교육을 더 많이 받은 사람으로 구성되어 있지만 언론인들의 가치체계는 독자나 시청자의 그것과 유사하다는 입장을 취하면서 이렇게 말했다. "우리는 우리 사회의 태도와 가치에 의해 상호간에 영향을 받고 있다."[17]

실제로 신문이 독자에게 영향을 주는 만큼이나 독자가 신문에 영향을 준다고 프란켈은 말한다. 신문이 상대하는 지역사회는 흔히 그 자체가 분열되어 있어서 어떤 문제에 대해 일부는 한쪽 측면을 지지하고 일부는 다른 측면을 지지하는데, 그러나 전체적으로 보면 독자들은 진지한 현대 언론인의 자세에 만족한다는 것이다. 이것을 그는 "유식한 회의론"(*informed skepticism*)의 하나라고 묘사했다.[18]

---

15) 1971년 7월호 *Commentary*는 모이니한의 논문에 대한 다양한 반응을 "독자편지"(Letters from Readers)형식으로 게재하고 있다. 이 독자편지는 미국언론인의 이데올로기를 그대로 보여주고 있다. 이제부터는 그냥 Letters로 약칭한다.

16) Letters, pp. 12~16.

17) 위의 글, p. 18.

18) 위의 글, p. 16.

비록 명확하게 정의된 적은 별로 없지만, 이러한 입장은 제임스와 듀이가 내세운 실용주의 개념과 일맥상통한다. 1907년에 제임스는 실용주의자에 대해서 이렇게 말했다. “〔실용주의자는〕 추상과 불완전을 단호히 배격한다… 그는 사실과 행동과 실제적 힘을 지향하는 존재이다.”[19] 말하자면 “유식한 회의론”을 지향한다는 것이다. 약 70여년 뒤에 프란켈은 《뉴욕 타임즈》의 입장을 이렇게 정의했다. “우리가 이 회의론을 실천하는 것은 무슨 박해나 고발의 정신에서 그러는 것이 아니라, 실제로 일어나고 있는 것을 보도함으로써 우리 독자에게 봉사 하겠다는 염원 때문이다.”[20]

프란켈은 나생문(羅生門) 효과를 거론하지는 않았다.[21] 사실 그의 편지는 회의론의 실천에 관심이 있었지 그 뒤에 놓여 있는 철학에 관심이 있었던 것은 아니었다. 그의 장문의 논평에서 모이니한이 제기한 인식론적 문제에 대한 언급은 찾아 볼 수 없었다. 기억해 두어야 할 것은 탐사언론에 대한 모이니한의 비판에서 핵심은 언론이 진정한 전문직업이 아니라는 주장이었다. 전문직업이라면 실수가 발생할 때 그 “직업”의 모든 구성원들이 그 실수를 깨달을 수 있는 어떤 공통의 인식론이 있어야 하는데 언론에는 그러한 공통된 인식론이 결여되어 있기 때문에 언론을 전문직업으로 볼 수 없다는 주장이다. 무엇보다 중요한 것은, 기자나 편집인이 사상을 이론적 틀에 맞추는 것이 아무리 어렵다고 하더라도, 프란켈이 말했던 것은 미국언론인의 사상 가운데 가장 기본적인 것이었다는 사실이다. 하지만 도대체 “유식한 회의론”은 정확하게 무엇을 말하는가? 신념의 부족인가? 믿음의 부족인가? 인간성에 대한 냉소주의인가? 적대문화인가?

언론에 자기수정의 전통이 없다고 본 모이니한에 대해 프란켈이 보인 반응은 또한 관행적인 것이라고 할 수 있다. 신문은 매일 발행된다는 점

19) William James, *Pragmatism,* New York: Longman, Greens, 1907, p. 52.

20) Letters, p. 18.

21) 제 2장에서 나생문효과에 대한 논의 참조.

에 주목하면서 프란켈은 이렇게 말했다. “어떤 의미에서… 우리는 매일 아침마다 우리자신을 교정하는데 이것은 대통령을 포함해서 그 어느 기관도 가지고 있지 않은 하나의 필수요건이자 기회이다.”[22] 이런 생각은 프랭클린과 제퍼슨, 그릴리와 베넷트, 퓰리처와 고드킨의 생각과 맥을 같이 하는 것이다. 언론의 본질에 대해 언론인들이 갖고 있는 기본적인 생각은 미국 역사상 처음부터 지금까지 거의 바뀌지 않았다.

프란켈은 또한 언론의 또 다른 오랜 관행에 주목했는데, 그것은 신문기사에 반론을 제기하고픈 사람에게는 독자편지를 허용하는 것이었다. 하지만 독자편지든 다른 형태의 정정제도(언론중재위원회나 옴부즈만제도와 같은 것)이든 간에 그 어느 것도 모이니한이 가장 중요하다고 생각한 것—자기수정에 대한 직업적 전통이 없다는 것은 모든 언론인이 공유하는 인식론의 부재를 말해준다는 것—을 본질적으로 다루지는 못하고 있다.

미국 언론인의 사상은, 비록 언론계의 지도자들이라 할지라도, 그 사상은 이론적이라기 보다는 근본적으로 실용적인 것이다. 언론비판도 같은 양상을 보여주고 있다. 모이니한의 논문에 답한 다른 9편의 편지 가운데 오직 1편만이 자기수정의 문제를 다루고 있다. 그것은 엘리 아벨이 쓴 편지인데, 그는 《뉴욕 타임즈》의 전직 가자였으며 당시에는 컬럼비아 대학교 저널리즘 대학원의 학장이었다. 그 편지에서 아벨은 이렇게 말했다. 언론이 하나의 전문직업으로 심각하게 고려되기를 원한다면 “자신의 실수를 인정하는 법을 배워야만 한다…. 이것은 결과적으로 언론에 대한 존경을 감소시키기 보다 증가시키게 될 것이다.”[23] 하지만 아벨도 인식론의 문제는 간과하였다. 미국의 기자나 편집인이 지니고 있는 언론 “철학”은 명료하지 못하며, 신념상으로는 강하나 내용상 불명확하고, 개념적이기 보다는 실제적이며, 분석적 사고에 근거하기 보다는 관행에 근거하고 있는 것으로 보인다. 미국 언론인의 철학이 철학이기 보다는 언론인이 공유

---

22) Letters, p. 20.

23) 위의 글, p. 22.

하는 "문화"라고 본 모이니한의 관찰은 그만큼 튼튼한 논거를 바탕에 깔고 있다.

아벨은 적대문화의 주장을 부정했다. 그에 의하면, 교육을 더 많이 받고 보수도 더 받는 워싱턴의 기자들이 적대문화에 의해 감염될거라고 생각할 아무런 이유도 없다는 것이다. 사회적 신분상승이 따르는 아이비 리그 교육이 "젊은 언론인들로 하여금 필연적으로 미국사회에 적대적인 태도를 갖도록 조건짓는다"고 하는 주장은 비논리적이라는 것이다.[24] 또 다른 편지의 필자인 조안 카즈덴도 언론인의 태도가 적대적이라는 모이니한의 주장에 반론을 제기했다.

> 미국 사회의 일부는 언론의 유식한 회의론과 계몽적 관점을 환영하고 있다. 그것이 신세대이든 구세대이든 진취적이고 모험적인 언론인들이 아니었더라면 '미라이'사건[25]과 같은 일들이 결코 밝혀지지는 않았을 것이다.[26]

딕스타인이 말한 바와 같이 이런 논쟁이 일어났던 시기는 1960년대의 여러 암살사건과 계속되는 거리의 소요와 경찰과 반정부집단 사이의 싸움이 있은 후에 미국이 평온한 생활로 복귀를 모색하던 시기였다. 1960년대의 낙관주의는 사라졌고, 오랫동안 유럽사회를 특징지운 문화적 비관주의와 정신적으로 유사한 비관론의 분위기가 미국에 정착했다. 이러한 분위기가 오래 계속되지는 않았다. 비록 형태는 약간 달리 했지만 레이건 시대에 낙관주의의 정신은 다시 돌아왔다. 그러나 탐사언론인은 현실정치의 곪은 상처를 남김없이 드러내면서 미국의 문화적 비관주의를 유포하는데 여전히 가장 중요한 역할을 맡고 있다. 여기서 언론의 적절한 역할과 기능에 대해 의문이 제기되고 무엇보다도 새로운 폭로언론가와 적

24) 위의 글, p. 22.

25) Seymour Hersh가 퓰리처상을 수상한 미라이(My Lai)사건 보도는 제 47장 참조.

26) Letters, p. 24.

대문화의 관계에 대해 의문이 제기되었다는 것이 조금은 놀라운 일이다.

프란켈은 유식한(계몽된) 회의론과 문화적 비관주의 사이의 관계를 명확히 제시하지도 않았으며, 또 그 관계를 언론계가 널리 인식하고 있었던 것으로 보이지도 않는다. 언론계는 신문과 방송의 보도가 사회질서를 부정적으로 묘사한다는 생각을 거부할지 모르지만—실제로 거부하고 있다—, 그러나 "유식한 회의론"에 대한 그들의 열렬함은 너무나 강한 것이어서 그것을 오늘날 언론인의 으뜸가는 가치이자 현대 언론인의 직업이데올로기 가운데 일부로 생각할 수 있다.

기자나 편집인 가운데 자신이 쉽게 속아 넘어가는 호인으로 지칭되기를 바라는 사람은 별로 없다. 즉 역사학자나 변호사나 생물학자와 같은 다른 전문 직업인들과 마찬가지로 반대 주장이나 수정을 고려하지 못하고 자기가 들은 바를 액면 그대로 받아 들이는 사람으로 인식되기를 원하지 않는 것이다. 이런 점에서, 이미 우리가 지적한 바와 같이, 언론인은 경험주의자이고 또 실용주의자로서 과학의 방법론을 따르고 있다. 언론인의 가치체계가 회의론을 수용하고 있는 만큼 그렇게 언론인이 회의적인가 하는 것은 또 다른 문제이다. 언론인과 연구자로서 보낸 필자의 오랜 경험에서 볼 때, 언론인이 종종 뉴스를 다루는 전문가의 손에 쉽게 속아 넘어 간다는 것이 필자의 개인적 견해이다.

실제적 측면에서 유식한 회의론은 하나의 방법론으로서는 충분히 명확한 것으로 보인다. 그러나 신념체계나 이데올로기라는 측면에서 유식한 회의론자가 된다는 것은 도대체 무엇을 의미하는가? 과학자들은 동료 과학자의 진실성과 정직성을 문제삼지 않고서도 동료의 연구기법과 결론에 도전할 수가 있을 것이다. 역사학자도 비슷한 도전을 제기할 수 있을 것이다. 하지만 법률가나 언론인은 어떤 말이 정치적인 것이든 그렇지 않든간에 그 말을 한 사람의 순수성에 의문을 던지지 않고 그 말에 문제를 제기할 수는 없다. 언론인이 냉소적이라면 결코 바람직스런 일은 아니지만, 언론인의 입장에서 회의론은 불가피하게 어느 정도 냉소주의를 띠지 않을 수 없다.

대분분의 사람들에게 회의론이 자연적으로 신뢰감의 부족을 연상시키는 것은 분명하다. 하지만 언론인의 신념체계에서는 그런 것 같지 않다. 사전에서는 회의론자를 "주장이나 일반적으로 받아 들여지고 있는 결론을 본능적으로 또는 습관적으로 의심하고 의문을 제기하거나 동의하지 않는" 사람이라고 정의한다.[27] 하지만 좀더 높은 수준에서 이 개념은 조금 다른 의미를 지니고 있다. 철학에서 말하는 회의론은 절대적인 진리란 불가능하기 때문에 탐구에는 끊임없는 검증이 있어야 함을 말한다. 즉 비록 상대적 지식에 도달한다 하더라도 모든 명제는 의심되어야 한다는 것이다.

비록 그가 회의론을 "실제로 일어나고 있는 것"에 대한 탐색과 동일시함으로써 철학적이란 말을 피했지만 프란켈이 말했던 것은 아마도 그러한 철학적 회의론이었던 것 같다. 철학적 회의론자는 나생문효과를 인정하고, 자신이 실제로 일어나고 있는 것을 결코 알 수 없고 기껏해야 그것의 근사치, 즉 절대적으로 확실한 것 보다는 상대적인 현실만을 알 수 있다는 사실에 만족한다.

대부분의 언론인에게 이러한 성격의 논쟁은 단순히 말장난에 지나지 않는다. 아마도 그러한 논쟁은 지식인 사회의 비밀스런 대화에나 어울릴지 모르겠다. 기자나 편집인의 신념체계는 제임스의 실용주의 모델을 따르고 있다. 좋은 것은 실용적인 것이며, 추상은 피해야 할 것이다. 하지만 구체적이든 추상적이든, 실용적이든 이론적이든, 회의론의 자세는 어찌할 수 없이 적대적이다.

회의론이란 단어는 어떤 식으로 표현하든간에 분명히 사람마다 의미하는 바가 다르다. 그러나 회의론은 미국사회의 많은 부분과 언론의 관행을 그토록 오랫동안 특징지웠던 낙관주의의 전통은 분명히 아니다. 미국인은 오랫동안 철학적 낙관론과 실용적 회의론이라는 상반된 신념체계를 동시에 간직해 왔다. 문화적 비관주의는 대체로 미국에서는 볼 수 없었던 것이다.[28] 여기서 생각해 보아야 할 문제가 있다. 문화적 비관주의를 관

---

27) *American Heritage Dictionary of the English Language,* 1969. s. v. "skeptic."

통하는 신념체계를 수용하지 않고서, 또는 최소한 수용하는 것처럼 보이지도 않으면서, 미국의 언론인이 회의론을 어떻게 실행할 수 있는가? 미국인의 경우, 특히 비교적 비고전적인 방식으로 교육을 받은 미국인의 경우 낙관적인 전망을 갖는 경향이 있다는 사실은 많은 사람들에 의해 주장되고 있다.[29] 회의론의 입장을 선택함에 있어서, 언론인들은 로크와 제퍼슨과 존 스튜어트 밀의 낙관주의를 거부하고 있는가? 그것은 비평가들로 하여금 언론의 신뢰성에 도전하게 하고 오늘날의 사회에서 언론이 차지하는 위상을 의심하게 만드는 비관주의로 미국의 언론이 물들어 있다고 보는 것인가? 언론이 나쁜 뉴스로 장난치고 사회의 좋은 점을 무시한다는 주장은 탐사 언론뿐만 아니라 뉴스 미디어 전체에 대한 비판 중에 특히 눈에 띄는 일부분이다.

미국언론에 대한 비판은 많지만 그 비판 뒤에 가려져 있는 것을 좀더 잘 이해하기 위해서는 철학적 회의론에 가능한 또 다른 정의에 눈을 돌려야 할 것이다. 즉 "성실성이나 정직성, 또는 인간행위에서 이기심 외에 다른 동기가 존재함"을 부정하고, "침울함이나 퉁명함, 또는 〔그러한〕 냉소주의로부터 성장하는 비관주의"가 그것이다.[30] 인간의 사악함을 보여주는 예를 끊임없이 찾는 사람이라면, 기본적인 신념체계가 점점 그와 정반대로 되어 가는 경향이 있는(레이건 시대에는 그랬다) 미국에서조차 인간구원의 가능성에 대해 냉소적인 패배주의자가 되지 않을 수 없어 보인다.

냉소주의의 견유학파가 소크라테스의 가장 열렬한 추종자들이었다는

---

28) 예컨대 Gabriel A. Almond and Sidney Verba, *The Civic Culture,* Princeton, N. J.: Princeton University Press, 1963 참조.

29) David O. Sears and Richard E. Whitney, "Political Persuasion," in Ithiel de Sola Pool and Wilbur Schramm, eds., *Handbook of Communication,* Chicago: Rand McNally, 1973, pp. 271~276. 이와는 좀 상반되는 견해는 Robertson, 앞의 책, pp. 347~353 참조.

30) Dagobert D. Runes, *Dictionary of Philosophy,* Totowa, N. J.: Littlefield, Adams & Co., 1962, p. 278.

사실은 흥미로운 이야기다. 그들은 명상과 고통스럽도록 정직한 삶을 위해 부와 명성과 명예를 포기할 것을 가르쳤던 엄한 사람들이었다. 이 지식인들은 쾌락의 추구를 비난했으며, 그들의 현세적 보상은 세계를 부패로부터 해방시키는데 있었다.[31] 견유학자의 고전적인 예는 기원전 4세기에 정직한 사람을 찾기 위해 대낮에 등불을 들고 아테네 거리를 헤매었던 디오게네스였다. 마치 오늘날의 언론인들처럼, 디오게네스와 그의 동료 견유학자들은 인간을 오만하게 경멸하는 잘난 척하는 자들이라는 비난을 받았다.[32] 냉소주의자(견유학자)라는 용어는 한때 명예로운 말이었으나 이제 평판이 나쁜 말이 되고 말았다. 애그뉴 독트린과 언론인을 적대문화의 설교자로 보는 유사한 비판은 흥미롭게도 2,500년 전에 견유학자들에 가해진 비판의 20세기판 재현이다.

---

31) William S. Sahakian, *Ethics : An Introduction to Theories and Problems,* New York : Barnes and Noble, 1974, pp. 12~13.

32) 위의 책, pp. 12~13.

| 제 58 장 |

윤리 : 저널리즘의 새로운 물결

Ethics : The New Wave in Journalism

전통적으로 철학은 5개의 하부영역으로 나뉘어져 있다. 그것은 (1) **형이상학** : 현실의 본질에 관한 연구, (2) **논리학** : 사고의 과정과 법칙에 관한 연구, (3) **인식론** : 지식과 지식의 이론에 관한 연구, (4) **미학** : 미(美)의 의미와 경험에 관한 연구, (5) **윤리학** : 도덕적 가치의 기능과 옳고 그름의 원칙에 관한 연구이다. 윤리학은 오늘날 모든 분야에서 중요한 연구주제가 되어 있지만, 그것의 정확한 범위에 대해서는 철학자들 사이에 한번도 보편적인 합의가 있었던 적은 없었다. 하지만 윤리학은 필연적으로 도덕적 가치의 발전을 포함해야만 한다. 어떤 사람은 윤리학이 우리에게 우리의 행동을 지도할 일련의 원칙을 제공해야 한다고 믿고 있고, 또 다른 사람들은 윤리학이 도덕적 언명의 분석에 사용하는 도구여야 한다고 생각한다.[1)]

1) William S. Sahakian, *Ethics : An Introduction to Theories and Problems,* New York : Barnes and Noble, 1974, p. 1.

연구주제로서 윤리학은 20세기 초에 극심한 쇠퇴의 길을 걸었다. 그러한 몰락은 실용주의의 등장과 맥을 같이 하는 것으로 보인다. 실제로 이루어진 성과에 대한 강조는 많은 사람에게 이제 더 이상 도덕적 문제를 다룰 필요가 없는 것으로 비치게 만들었다. 게다가 심리학에서 행동주의 이론의 승리는 많은 사람으로 하여금 인간의 행동을 대체로 본능적인 것으로, 따라서 비도덕적인 것으로 보게 만들었다. 또한 아인슈타인의 상대성 이론에 대해서도 일반의 오해가 있었는데, 이것은 또 다른 성격에서 윤리학 쇠퇴의 요인이 되었다. 만약 인간행동이 실용적이고 본능적인 측면에서 판단해야 될 상대적인 것이라면, 도덕성 문제에 왜 신경을 쓴단 말인가? 이것은 미국인이 옳고 그름이나 좋고 나쁨의 문제에 흥미를 잃었다는 이야기가 아니라, 이러한 문제가 대체로 종교나 교회로 떠 넘겨야 할 신앙의 문제로 판단되고 있음을 말하는 것이다. 학자와 대학의 임무는 신앙이나 도덕성이 아닌 정신의 문제를 다루는 것이라고 보는 것 같다.

이런 분위기 속에서 직업적 가치는 흔히 전문적이라는 말로 표현되고 있는데, 이것이 풍기는 의미는 도덕성과 긴밀한 관계는 있지만 사실상 옳고 그름의 문제와는 완전히 다른 것이라는 인상을 준다. 윤리학을 미국사회에서 제자리로 되돌려 놓은 것이 무엇인지는 분명치 않다. 혹시 원자탄의 발명 때문인지도 모르겠다. 왜냐하면 원자탄은 인간존재의 지속여부에 위협을 제기했고, 우리는 왜 이 세상에 태어났는가 하는 질문에 대한 관심을 새롭게 했기 때문이다. 또는 혹시 공공생활에서 비윤리적인 행위가, 종종 언론인에 의해, 재발견된 때문인지도 모르겠다.

기원전 약 300년 경에 희랍의 철학자 에피쿠르스가 내린 정의는 윤리학의 근본을 잘 나타내 주고 있다. "윤리학은 추구해야 할 것과 피해야 할 것, 삶의 방식과 **텔로스**(*telos*)를 다루는 학문이다."[2] **텔로스**는 으뜸가는 선(善), 지향점, 삶의 목적, 최고선(*summum bonum*)을 말한다. 철학에서

2) Sissela Bok, *Lying : Moral Choice in Public and Private Life,* New York: Vintage Books, 1979, p. xix에서 재인용.

목적론(*teleology*)은 목적, 목표, 최후의 명분, 가치, 선(善)에 관한 이론이다.

생각하는 인간이라면, 인생의 목적은 무엇인가, 우리는 왜 이 세상에 태어났는가 하는 질문을 살아가면서 한번쯤 자신에게 던져보지 않은 사람은 거의 없다. 최고선에 대한 가정을 단순히 세 가지로 좁혀 보는 것은 지나친 단순화의 위험이 있지만, 아리스토텔레스, 칸트, 흄과 관련이 있는 세 가지 기본개념에 동의한다면 크게 엉뚱하다고 볼 수는 없을 것이다. 철학자 가운데 가장 강한 의지의 소유자인 칸트는 선을 절대적인 의미에서 바라 보았다. 그것이 항상 모든 사람에게 보편적인 규약이 되기를 당신이 원하지 않는다면 그것을 결코 하지 말라고 칸트는 주장했다. 예를 들면 동기가 아무리 순수하다고 믿는다 하더라도 결코 거짓말을 하지 말라는 것이다. 아리스토텔레스는 선은 선을 추구하는데 있다고 보았다. 선을 찾으려고 노력하고 선에 맞추어 사는 것은 언제나 미덕이었다. 흄은 절대적인 것은 결코 없다고 보았다. 모든 도덕강령과 모든 습관과 모든 미덕은 상대적인 것이다. 이 모두는 그것이 생겨난 시간과 장소에 따라 달라진다. 어떤 궁극적인 목적론이 아니라 관습에 뿌리를 두고 있는 것이다. 흄은 존재하는것—말하자면 현실—과 우리가 해야만 하는 것을 조심스럽게 구별했다. 흄은 18세기 인간으로서는 대단히 모험적인 인물이었지만, 그럼에도 불구하고 도덕적 규약을 자연적이고 비인위적인 것으로 생각했다. 반면에 일반적으로 흄과 관점을 같이하는 현대의 논자들은 고정된 규약과 같은 것을 부정한다. 알라스데어 맥킨타이어는 "사회생활의 변화에 따라 도덕적 개념도 변한다"고 말한다.[3] 그는 수세기에 걸친 "정의"(*justice*)에 대한 철학적 논쟁에서 정의의 의미가 2,500년 전에 소크라테스가 생각했던 개념에서 얼마나 변해 왔는가를 지적하고 있다.

정신의학자 에릭 에릭슨은 윤리와 "도덕주의"(*moralism*)를 효과적으로 구분하였는데, 여기서 그는 칸트의 절대주의와 흄의 상대주의를 조용히

3) Alasdair MacIntyre, *A Short History of Ethics,* New York: Macmillan, 1966, p. 1.

비판하고 있다. 인도의 마하트마 간디의 비폭력주의에 대한 글에서 에릭슨은 "도덕주의"를 권위적 인물—그것이 신, 부모, 정치지도자, 또는 그 무엇이든간에—에 의해 주어진 도덕적 가치에 대한 "맹목적 복종"이라고 평가했다. 에릭슨에 의하면 윤리는 "인간가치에 대한 통찰력있는 동의를 특징으로"하는데, 이 말은 윤리가 의식적인 것이며 사고의 결과임을 의미한다. 여기에 덧붙여 그는 "윤리는 절대적인 금령으로 강제되는 것이 아니라 유식한 설득으로 전달되는 것"이라고 말한다.[4] 에릭슨이 말하는 유식한 설득은 이성과 논리의 힘에 의해 이루어진다. 이 점에서 개인윤리와 직업윤리 그리고 정치윤리 사이에 아무런 구별이 있을 수 없다는 것이 그의 주장이다. 따라서 언론인으로서 하는 일과 한 사람의 인간으로서 하는 일에 어떠한 도덕적 차이도 없다는 것이다.

윤리와 도덕에 대한 관심이 새롭게 나타난 이유가 무엇이든 간에, 20세기의 사분의 삼이 지난 오늘날 이 나라의 거의 모든 전문직업은 윤리강령을 만들었고 도덕실천에 관한 세미나를 수도 없이 개최하고 있다. 여기서 필연적으로 전문직업의 도덕기준이 강조되었다. 물론 언론도 이 운동에 참여했다. 허친스위원회가 언론의 근본기초에 대해 의문을 제기한 시점이 핵무기를 처음으로 사용한 제 2 차 세계대전이 끝날 무렵인 것은 우연이 아니었다. 동위원회는 왜 언론제도가 존재해야 하며, 무슨 권리로 언론이 자유롭고 독립적이어야 하는가를 물었다. 한마디로 언론의 윤리적 존재이유가 무엇이냐는 것이었다. 적어도 존 밀턴의 저작만큼이나 오래된 입장을 취하는 가운데 허친스위원회는 언론의 타당한 목적—정당성—은 인간사회에 책임을 지는데 있다고 결론지었다. 윤리적인 언론인이 되기 위해서 언론인은 단순히 자기 자신의 목적을 위해서가 아니라 인류에 봉사한다는 자세로 일해야 한다는 것이었다. 언론인은 반드시 사회적으로 책임을 지고 사회적으로 해명할 수 있어야 했다.[5] 이것은 디오게네스

4) Erik H. Erikson, *Gandhi's Truth,* New York: Norton, 1969, p. 251.

5) 허친스위원회 보고서는 제 46장에서 논의하였음. '사회적 책임'이란 말의 연원에 대

와 견유학파의 가치체계와 동일한 것이었다.

도덕에 대한 이런 식의 표현은 물론 유토피아적인 것이다. 이것은 이기심을 거부하고 심지어 인간의 생물학적 본성조차 거부하는 것이 될 수 있다. 하지만 “사회적 책임”과 “공공에 대한 봉사”는 언론 뿐만 아니라 거의 모든 직업에서 근본적인 윤리기준이 되고 있다. 여기서 목사와 정부에서부터 철학자와 기업인에 이르기까지 모든 인간행위에서 지금 사람들의 주목을 받고 있는 하나의 패러독스가 나타난다. 그것은 생물학적 본성에 의해 제한받고 있는 우리가 어떻게 윤리적으로 행동할 수 있느냐이다. 한때 직업기준의 강령이 나타났던 곳에 이제 윤리강령이 있는 것이다.[6] 직업기준강령이든 윤리강령이든 그 어느 것도 위의 패러독스를 해결하지 못하고 있지만, 언론계에서 이러한 강령은 오늘날 언론실무가와 언론학자 모두를 사로잡고 있는 도덕성 문제에 대한 뜨거운 관심을 대변하고 있다.[7]

해서는 다음을 보라. J. Herbert Altschull, *Agents of Power : The Role of the News Media in Human Affairs,* New York: Longman, 1984, pp. 301~305.

6) 당시에는 신문종사자들로만 구성된 직업단체로서 〈시그마 델타 카이〉(Sigma Delta Chi)라고 알려졌던 〈직업언론인협회〉(Society of Professional Journalists)가 윤리강령을 처음 채택한 것은 1926년이었다. 이 윤리강령은 1973년에 개정되었다. 그 이후로 방송언론인, 발행인, 편집인, 사진기자, PR종사자 등 언론과 관련있는 모든 집단이 유사한 강령을 채택하였다. 이들 윤리강령에 대한 보다 자세한 논의는 다음 책을 보라. Clifford G. Christians and Catherine L. Covert, *Teaching Ethics in Journalism Education,* New York: Hastings Center, 1980. 한편 Bok (앞의 책. p. 260)은 언론이나 여타 분야에서 이러한 윤리강령이 “너무나도 자주 방패 기능을 하는 측면이 있다”고 하는데, 말하자면 “강령의 추상성은 많은 사람으로 하여금 강령은 지지하면서도 평소의 관행은 계속하도록 만든다”고 주장한다.

7) 언론윤리에 관한 문헌은 최근에 무척 많이 나왔다. 이 많은 책 가운데 특히 다음을 참조하라. Clifford G. Christians, Kim B. Rotzoll and Mark Fackler, *Media Ethics : Cases and Moral Reasoning,* 2nd ed., New York: Longman, 1987; Edmund B. Lambeth, *Committed Journalism : An Ethic for the Profession,* Bloomington: Indiana

신문과 방송—사실상 모든 매스미디어—의 존재이유가 공공봉사에 있다는 인식은 거의 모든 미국 언론인의 신념체계에 자리잡고 있다. 다른 말로 표현해서 미디어가 공중에 봉사하지 않으면 그들의 존재를 이기적이거나 상업적인 이유 외에 다른 식으로는 정당화시킬 수 없음을 이 직업 이데올로기는 말해주고 있다. 그리고 이기적이고 상업적인 미디어는 수정헌법 제 1 조가 언론에게 부여한 그 특별한 지위를 누릴 자격이 없는 것이다. 또한 자신을 사심없는 봉사라는 의상으로 쉽게 포장할 수도 없는 것이다. 아리스토텔레스와 플라톤, 밀턴과 로크, 볼테르와 루소, 제퍼슨과 매디슨, 밀과 제임스의 유산은 인간의 지식과 미덕을 확장시키도록 도운 한 제도〔언론〕의 가치, 그 비할데 없는 가치에 큰 의미를 두고 있다. 바로 그 제도가 단지 이기심이나 상업주의의 또 다른 도구로 전락한다는 것은 언론인의 신념체계에서 도저히 수용할 수 없는 일이다.

매스미디어의 상업적 성격은 거대한 패러독스를 만든다. 사람들은 이 패러독스에 대항해서 투쟁해 왔기 때문에 매스미디어에서 도덕성의 문제는 언론제도에서 더욱 압도적인 주제가 되었다. 우리 인간은 어려운 도덕적 문제에 직면할 때마다 흔히 그것의 윤리적 함의를 회피하고 결정을 내리기 위한 근거로서 다른 어떤 것을 찾고자 최선을 다한다. 이러한 사실을 고통스럽게 인식하고 있음에도 불구하고, 도덕성의 문제는 언론제도에서 압도적인 주제가 되었다. 인간이 윤리적 의미를 회피하고 다른 근거를 찾으려고 노력하는 것은 어찌할 수 없는 인간조건의 일부로 여겨진다. 따라서, 발행인, 편집인, 기자, 교수, 학생 등 어떤 집단에서도 도덕적 딜레마를 도덕성에 근거해서가 아니라 활자로 된 윤리강령이나 법률적 또는 직업적 기준에 근거해서 다루는 경향이 있다.

University Press, 1986; H. Eugene Goodwin, *Groping for Ethics in Journalism,* Ames, Iowa: Iowa State University Press, 1983; John C. Merrill and S. Jack Odell, *Philosophy and Journalism,* New York: Longman, 1983; Thomas W. Cooper et al., *Communications Ethics and Global Change,* New York: Longman, 1989.

미디어의 윤리적 문제에 대한 현재의 이 뜨거운 관심은 제2차 세계대전 이후 다년간에 발생한 일련의 문제로 인해 증대되었다. 예컨대 디스크쟈키 사업과 관련된 뇌물 스캔들, 텔레비전 퀴즈 쇼에서 드러난 사기, "경품"(*freebies*)을 통해 스포츠 기자, 정치평론 기고가, 패션담당 기자를 조종한 사건, 무료 티켓과 각종 선물의 제공, 탐사언론인의 의심스러운 취재전술, 일부 기자들의 공공연한 속임수 등이 그것이다.

1972년에 AP통신사 편집국장협회 (APMEA)는 사상 처음으로 직업기준위원회(Professional Standards Committee)를 만들었는데, 이 기구는 "직업윤리"의 문제를 조사하는 책임을 맡게 되었다. 그러한 작업의 일환으로 동위원회는 의류제조업체와 여타 회사들이 언론에 제공한 선물이나 감사품에 대해 정보를 수집했다. 《루이빌 쿠리어－저널》지 편집국장 캐롤 서톤이 제출한 보고서에 의하면 제조업체들이 제공한 것은 단지 비행기 요금이나 식사대 뿐만 아니라 갖가지 추첨 상품도 있었는데, 추첨상품에는 유럽 왕복 비행기 요금, 크리스탈 제품, 각종 의상, 부츠, 시계, 보석 등 다양한 품목이 들어 있었다. 게다가 여성의류 제조업체는 언론인들에게 약 50%의 할인까지 제공하였다.[8] 이 보고서와 또 다른 보고서들로 인해 많은 신문사와 방송사가 의류제조업체들이 제공한 경품뿐만 아니라 극장, 영화관, 스포츠 흥행사, 정치단체 등이 제공하는 무료 티켓에 대해 엄격한 단속을 실시하게 되었다.

워터게이트 사건을 파헤친 《워싱턴 포스트》의 봅 우드워드와 칼 번스타인에게 향했던 그 엄청난 찬사는 사건이 있은지 수년 후에는 그들의 취재수법에 대한 도덕적 의문으로 바뀌었다. 예를 들면 시셀라 보크는 그들이 인터뷰 대상자들에게 허위정보를 제공했고, 전화통화에서 다른 사람을 가장했으며, 다른 방식으로는 결코 얻지 못할 사실의 확증을 받아내기 위해 그들의 주요 정보원 "깊은 목구멍"(*Deep Throat*)에게 거짓말을 했다고 말했다.[9] 언론윤리를 전공하는 또 다른 사람은 우드워드와 번스타인

8) Louisville (Ky.) *Courier-Journal,* November 16, 1972.

이 "비도덕적인 목적을 위해, 말하자면 그들 자신과 《워싱턴 포스트》를 보호하고자 하는 사리사욕을 위해 비도덕적인 수단을 사용했다"고 보았다. 여기서 제기되는 어려운 도덕적 문제는 바로 다음과 같다. 즉 윤리적 기본이라는게 있다면 언론인은 도대체 어떤 윤리적 기본에 근거해서 비도덕적인 수단을 사용한데 대해 정당성을 주장할 수 있는가? 언론윤리의 언어에서 목적이 수단을 정당화하는 경우가 있는가?

현대에서 언론인의 사기행위 가운데 가장 유명한 사례는 자넷 쿠크 사건이다. 쿠크는 《워싱턴 포스트》의 기자로서 헤로인을 복용한다는 여덟 살난 "지미" 소년에 관한 기사로 퓰리처상을 수상하였다. 그러나 결국 밝혀진 사실은 쿠크가 그 기사를 전부 만들었을 뿐만 아니라 신문사측에 자신의 학력과 경력을 속이기까지 했다는 것이다. 분노한 《워싱턴 포스트》 편집인은 쿠크를 해고하고 퓰리처상을 반납하도록 만들었다. 동신문의 옴부즈맨 빌 그린이 실시한 내부조사는 쿠크의 기사를 철저히 점검하지 못한 "시스템의 실패"를 지적하였다. 그린은 그 기사를 점검하지 못한 부분적인 원인은 쿠크가 흑인이었고 따라서 백인 편집인이 인종차별주의자로 비치기를 원치 않았기 때문이라고 말한다. 그린은 쿠크를 "야망에 불타는 재능있는 젊은 기자"라고 말했는데, 결국 그녀는 "1면 신드롬"으로 고통받고 있었던 것이며, 1면 신드롬이란 말하자면 1면에 자신의 기사를 게재하고 그렇게 해서 상도 타고 명예도 얻고 돈과 권력도 얻고자 하는 잘못된 열망의 전염병이다.[10] 쿠크의 기사날조가 발견되기 약 5개월 전에, 영화 《대통령의 사람들》(*All the President's Men*)에서 영웅시되었던 《워싱턴 포스트》의 편집인 벤 브래들리가 언론이 기사취재에 너무 공격적이라고 비난한 사람들에게 발끈한 것은 아이러니컬한 일이었다. 그때 브래들리는 이렇게 말했다. "우리는 필 그래함 〔워싱턴 포스트의 전 발행인〕이 언젠가 말한 '다듬지 않은 최초의 역사초고'를 쓰고 있는 것이지 의문의

9) Bok, 앞의 책, pp. 127~128.

10) 쿠크(Janet Cooke)의 기사는 1980년 9월 28일자 *Washington Post*에 게재되었다. 그린(Bill Green)의 보고서에 관한 기사는 1981년 4월 19일자에 게재되었다.

여지가 없는 진리를 쓰고 있는 것이 아니다."[11]

언론인 뿐만 아니라 모든 직업의 사람들에게서 윤리연구의 으뜸가는 주제는 그 골치아픈 진리의 문제와 그리고 진리의 추구에서 사용하는 수단의 문제이다. 우리는 미국 언론인의 신념체계에서 기본적인 진리는 어떠한 것인가를 이미 살펴보았다. 진리 추구는 언론윤리의 최고선인가? 아리스토텔레스는 아마도 그렇다고 말할지도 모르겠다. 아무튼 기자나 편집인의 전통적인 자화상은 이 책 곳곳에서 살펴 본 바와 같이 처음부터 진리의 추구자, 진리의 인쇄인이었다. 또는 프란켈이 말하는 것처럼, 있는 것을 있는 그대로 말하는 유식한 회의론자였다.

자넷 쿠크 사건에 관한 글에서《컬럼비아 저널리즘 리뷰》지는 언론날조에 대해 특별히 새로운 것은 없다고 보고, 그러나 기획언론, 해석언론, 정밀보도언론, 탐사언론과 같은 다양한 형태의 새로운 언론이 등장한 결과로 새로운 요소가 날조기술에 첨가되었다고 평했다. 그 잡지에 의하면 "언론인은 인류학자가 되었고 인류학의 작업성과가 언론학도들의 모델로 받아들여지고 있다"는 것이다.[12]이 말이 함축하는 의미는 이런 상황하에서 윤리문제에 대한 엄격한 검토가 몹시 긴요하다는 것이다.

만약에 언론인이 인류학자가 되었다면 나쁜 인류학자가 된 셈이다. 적어도 쿠크의 기사구조가 전형적인 것이라면 이렇게 말할 수밖에 없다. 그녀의 기사는 한 가지 일화로 시작되는데, 이러한 스타일은 현대언론의 표준스타일이 되고 말았다.

> 지미는 여덟살난 제 3 세대 헤로인 중독자이다. 연한 갈색 머리와 부드러운 갈색 눈동자를 가진 이 조숙한 꼬마 소년의 가느다란 갈색 팔, 아기처럼 부드러운 피부에는 주사바늘이 주근깨처럼 나 있다.

---

11) Bloomington (Ind.) *Herald-Telephone,* April 6, 1981. 브래들리(Ben Bradlee)는 근처의 내슈빌에서 개최된 언론관행에 관한 세미나에서 기조연설자로 연설했다.

12) *Columbia Journalism Review,* July-August 1971, p. 28.

> 소년은 워싱턴 시내의 가구가 잘 꾸며진 자기 집 거실에서 커다란 베이지색 안락의자에 기분좋게 드러누워 있다. 소년이 인생에 대해 이야기 할 때, 그의 작고 둥근 얼굴은 거의 천사같은 표정이다…[13]

쿠크 사건을 다룬 한 연구자는 그녀의 기사를 통해 다음과 같은 관찰을 하기에 이르렀다. "더 큰 문제를 기술하기 위해 일화적 형태의 리드를 사용하는 언론의 전통이 어떤 특정 문제를 기술한 후 독자로 하여금 일반화된 상황을 연상하게끔 만드는 속기법적 방식을 정당화할 수 없다. …[14]

언론윤리를 전공하는 학도들이 직면하는 문제 가운데 하나가 맥락의 문제이다. 모든 사례에 적용할 수 있는 규약을 만드는 것이 가능한가? 그렇지 않으면 개개의 상황을 그때마다 다르게 다루어야 하는가? 실제로 언론의 세계에 규약이란 것이 있는가? 윤리성 문제가 제기됨에 따라 언론학도는 이제 아마도 사상 처음으로 아리스토텔레스와 흄 그리고 특히 칸트가 제기한 위대한 도덕적 도전에 본격적으로 착수하게 되었다. 칸트가 특히 강조되는 것은 도덕은 분리될 수 없으며 수단은 목적만큼이나 중요하다고 주장한 사람이 바로 칸트이기 때문이다.

이 주제에 대해 많은 글을 쓴 존 메릴은 그가 "변덕스러운" 윤리라고 말하는 상황적 윤리를 거부하고 칸트의 주장에 동의했다.

> 만약 모든 사례가 서로 다르고, 모든 상황이 다른 기준을 요구하며, 윤리에 절대성이란 것이 없다면, 우리는 도덕철학의 모든 내용을 온통 조각내어야만 하고 개개의 사람이 단순히 자신의 일시적 기분, 즉 상황에 따라 그때마다 바뀌는 "고려"에 의해 삶을 영위하는데 만족해야 할 것이다.[15]

---

13) *Washington Post,* September 28, 1980.

14) 인디애나대학에서 1984년 봄학기에 본저자의 "미디어와 사회"(Media and Society)라는 세미나과목에 Anne Singletary가 발표한 미간행 논문.

15) 원전은 John C. Merrill, *The Imperative of Freedom,* New York: Hastings House, 1974로서 다음에서 재인용. John C. Merrill and Ralph D. Barney, eds., *Ethics and the*

현실생활에서는 목적이 좋은 것이라면 비록 수단에 문제가 있다 하더라도 그것을 허용해야 한다는 주장을 하는 사람도 있다. 한 가지 예로써 어느 탐사기자의 경우를 가상해 보자, 이 기자는 정신병원의 굳게 잠긴 문 뒤에서 일어나고 있는 진실을 얻기 위해 환자를 가장하여 병원출입을 허락받았다고 하자. 이 상황에서 그 기자는 분명히 부정직한 사람이다. 그는 거짓 이름을 대고 자신의 신분을 속였다. 하지만 기자행동의 직업기준에서 볼 것 같으면 일반적으로 그의 부정직은 비윤리적인 것으로 간주되지 않는다. 왜냐하면 진리를 얻을 수 있는 다른 대안이 없기 때문이다. 이런 기준에서 보면, 사회에 책임을 지기 위해서는 공중에의 봉사라는 "보다 높은 목적"을 위해 때로는 의심스러운 수단도 사용해야만 한다. 즉 공중은 병원의 진실을 알 권리가 있다는 것이다. 이런 상황에서 지금 쓰는 기사로 인해 승진이 되고 봉급도 인상되며 잘하면 풀리처상도 탈 수 있다는 사실을 그 기자가 외면하기란 쉬운 일이 아니다. 그는 신문사 고문 변호사를 방문하여 자신이 법을 위반하고 있지 않다는 확실한 지식을 얻음으로써 윤리문제를 대충 얼버무리고 넘어가려 할지 모른다. 그는 또한 자신이 언론계의 직업기준을 준수하고 있음을 굳게 믿고 있다. 즉 자기는 공중이 알 권리가 있는 것을 공중에게 제공하고 있으며, 자기가 쓰는 기사는 객관적이며, 자기 기사에는 학대받고 있는 환자측의 입장뿐만 아니라 병원측의 입장도 반영되고 있는 것이다. 이 모든 것을 고려해 볼 때, 그는 윤리성이라는 문제를 비켜가고 있다. 그는 도덕성보다는 직업기준에 의존하고 있다. 사실을 말하자면 그는 에릭슨이 맹목적 복종이라고 말한 것—즉 사실을 요구하는, 특히 사실에 대한 진실을 요구하는, 강령에 대한 맹목적 복종—을 실천하고 있는 것이다. 간단히 말해서 그는 공중은 사실에 대한 진실을 알 권리가 있기 때문에 목적이 좋다면 도덕성이 의심되는 수단도 사용할 수 있다는 이유로 자신의 속임수를 정당화시킨 것이다.

Press : Readings in Mass Media Morality, New York: Hastings House, 1975, p.16.

시셀라 보크는 의심쩍은 행동을 도덕적으로 정당화시키기 위해 공중의의 알 권리에 의존하는 것을 "수사적 넌센스"라고 불렀다.[16] 그녀는 이것이 뉴스접근방식에 대해 공중이 관심을 가질 정당한 이유가 없다고 말하는 것은 아니라고 했다. 그러나 단순히 공중의 알 권리라는 말에 의존해서 자신의 행위를 정당화시키는 것은 언론인의(또는 이 문제에 관한한 모든 사람의) 비윤리적인 속임수와 같은 행위가 언제 어떻게 정당화될 수 있는가를 체계적으로 탐구해야 할 윤리적 문제를 자초하는 것이다. 보크는 그러한 행위를 공중의 알 권리나 언론의 직업기준에 근거해서 정당화시키는 것이 얼마나 쉬운 일인가를 분명히 지적하고 있다.

부모가 아이를 속이거나 의사가 환자를 속이는 것에서 보는 것처럼, 온갖 도덕적 범칙 가운데 "더 높은 선"을 명분으로 하는 것보다 유혹적인 것은 없다고 보크는 말한다. 그러나 도덕적 범칙자가 자기 자신을 속이는 일은 거의 없기 때문에 그러한 거짓말은 "속임수 가운데 가장 위험한 속임수가 된다"는 것이다.[17] 쟈넷 쿠크 사건에 관한 글에서 《컬럼비아 저어널 리뷰》지는 이러한 표현을 했다.

> 지미의 탄생과 죽음은 기자나 편집인들이 진리라고 믿지만—그리고 그러기를 열망하지만—그것을 증명할 증거가 없는 "보다 귀한 진리"의 유혹을 우리가 대비하는데 도움이 될 수도 있다.[18]

쿠크의 기사가 보도되고 난 후 그리고 그것이 거짓임이 밝혀지기 전에 《워싱턴 포스트》의 발행인 돈 그래함은 쿠크에게 다음과 같은 글을 전했다. "만약 우리가 하고 있는 일에 장기적으로 어떤 정당성이 있다면 그것은, 사람들이 이 세상을 약간이라도 더 잘 이해하도록 우리가 도와 줄

16) Sissela Bok, *Secrets : On the Ethics of Concealment and Revelation,* New York: Pantheon, 1982, p. 254.

17) Bok, *Lying,* p. 175.

18) *Columbia Journalism Review,* July-August 1971, p. 28.

때, 그들이 조금은 다르게 행동하고 조금은 다르게 생각하리라는 점입니다."[19] 언론인이 쓰고 방송하는 것은 공공의 이익에 봉사할 뿐만 아니라 독자나 시청자로 하여금 이 세계를 좀더 잘 이해하도록 도와준다는 인식은 정말로 미국언론인 대다수가 갖고 있는 신념체계의 일부이다. 언론윤리에 대해 일어나고 있는 새로운 물결의 관심은 바로 이러한 신념체계의 재검토를 요구하고 있다.

언론분야의 그 많은 철학적 문제와 마찬가지로 여기에도 이중성이 존재한다. 개인의 도덕적 가치와 언론계의 직업기준 사이에는 갈등이 있다. 예를 들면, 공중의 알 권리는 우리가 거짓말하고 속이는 것을 허용하는가? 집단적 선—말하자면 공공의 이익—과 개인의 정직성 가운데 어느 것이 더 고귀한가? 그 누구보다도 루소는 우리 모두의 집단적 필요와 욕구라고 할 수 있는 일반의지에서 최고선을 보았다. 반면에 밀은 그 누구 보다도 우리 자신의 필요와 욕구라는 측면에서 선을 보았다. 우리는 인간이란 동물을 선한 존재로 보고 인간의 본성에 대해 낙관적인 것이 최선이고 또 우리가 가장 잘 할 수 있는 것일까? 그렇지 않으면 인간의 본성을 비관적으로 보면서 의존하는 것이 이치에 닿는 일인가를 의문해 보는 것이 최선일까? 리프만은 이와 같은 고민을 무의미하다고 말했다. 그는 페인이 생각했던 그러한 교육기능을 언론이 수행할 능력이 없는 연약한 갈대에 불과하다고 보았다. 그럼에도 불구하고 그는 반세기 동안이나 언론에 종사했던 것이다. 리프만은 머리 속으로는 이러한 교육기능의 개념을 거부했지만 자신의 전 생애를 독자를 교육시키는데 보냈다. 이것이야 말로 엄청난 패러독스이다.

그렇다면 "오류와 압제를 극복하고 이성과 인간성이 획득한 모든 승리"에 대해 세계는 어떤 기관보다도 언론에 빚을 지고 있다는 매디슨의 주장에 헌신적이었던 미국 언론인의 신념체계는 정말로 그 주장에 걸맞는 것일까? 그렇지 않으면 《뉴욕 월드》지 폐간과 함께 자신과 3,000명의 동료

19) Don Graham, unpublished note to Janet Cooke 1981.

가 직장을 잃었을 때 리블링이 언론에 대해 가졌던 환상을 잃고 만 것을 필연으로 받아 들이는 것이 더 합리적인가? 미국언론의 진짜 얼굴은 막스 프란켈이 생각했던 "유식한 회의론"인가? 디킨슨의 마틴 추즐위트를 맞이했던 《뉴욕 소이어》지 기자들이 그의 비뚤어진 상상력이 지어낸 가공의 인물에 불과한가, 그렇지 않으면 쟈넷 쿠크를 낳은 그 탐사적 열망을 실현했던 사람들인가? 미국의 언론인은 집단 신봉자인가, 그렇지 않으면 개인 신봉자인가? 낙관론인가, 비관론인가? 토마스 페인과 에드먼드 버크의 논쟁은 이들 질문의 양 극단을 보여 주고 있다. 대부분의 미국 언론인은 그 논쟁에서 페인 쪽 주장에 기울어져 있는 편이다. 그들이 적대문화에 속한다는 관점에서 보면, 프란켈의 유식한 회의론이라는 직업적 가치 아래서 적대문화가 공중에게 최선의 봉사를 하게 된다고 본다. 20세기도 끝나가는 지금 대부분의 언론인은 고결한 언론을 위해 막스 프란켈이 처방한 비결을 기꺼이 찬성할 것이다.

그러나 시계추는 언제나 앞과 뒤로 진동한다. 분명한 것은 미국에 언론인이 존재하는 한 언론의 추도 그렇게 진동하리라는 것이다.

추천도서

이 책을 쓰면서 내가 생각했던 목적 가운데 하나는 언론학도들에게 연구지침이 될 수 있는 광범위한 분량의 참고문헌과 주석을 하나로 묶어 보자는 것이었다. 여기서 말하는 언론학도는 대학생이나 대학원생이 될 수도 있고, 정치학자나 역사학자, 사회학자나 언론학자, 또는 단순히 언론에 관심이 있는 시민일 수도 있다. 수십 페이지에 해당하는 이 책의 각주를 재미삼아 읽어 볼 수도 있겠지만, 이 각주는 동시에 이 다음의 연구에 길잡이 구실도 할 수 있으리라 본다.

각 장(章)의 각주는 이 책에서 다룬 철학자들의 저작뿐만 아니라 그들에 관한 전기물이나 2차자료까지 포함하고 있다. 이 책에서 선정한 철학자들의 저작은 너무나 방대하여 추천도서 목록을 어떻게 만들더라도 해당 자료를 모두 수록할 수는 없을 것이다. 이것은 말하자면 여기에 실린 목록은 본저자가 중요하다고 생각하는 것만을 모은 주관적인 목록임을 의미한다. 다른 저자라면 틀림없이 다른 목록을 만들게 될 것이다.

모든 사상사가(思想史家)는 그의 연구를 자신의 사회적 · 정치적 관점에서 시작한다. 그들 가운데 어떤 사람은 좌파에 속하고 어떤 사람은 우파에 속한다. 어떤 사람은 새로운 사고에 개방적이고 어떤 사람은 폐쇄적이다. 주의깊은 독자라면 이들 역사가의 저작을 면밀히 검토해서 가장 자신의 마음에 드는 해석을 선택해야만 할 것이다. 다음은 필자가 가장 많이 의존했던 주요 사상사가의 목록이다.

비록 필자는 다음의 사상사가가 제시하는 모든 개념에 동의하는 것은 아니지만 그들의 뛰어난 사고와 문체 때문에 진심으로 그들을 추천하는 바이다. 나열된 순서는 알파벳 순이다.

Beitzinger, A. J., *A History of American Political Thought,* New York: Dodd, Mead & Co., 1972.

Gouldner, Alvin W., *The Debate on Ideology and Technology : The Origins, Grammar, and Future of Ideology,* New York: Seabury, 1976.

Mazlish, Bruce, *The Riddle of History : The Great Speculators from Vico to Freud,* New York: Harper & Row, 1966.

Parrington, Vernon L., *Main Currents in American Thought,* 3 volumes: 1, *The Colonial Mind 1620～1800,* New York: Harcourt Brace Harvest Books, 1954.

Russell, Bertrand, *A History of Western Philosophy,* New York: Simon and Schuster Touchstone, 1972.

Sabine, George H., *A History of Political Thought,* 3rd ed., New York: Holt, Rinehart and Winston, 1965.

Wise, Gene, *American Historical Explanations : A Strategy for Grounded Inquiry,* Homewood, IL: Dorsey Press, 1973.

언론과 표현의 자유를 광범위하게 다룬 사상사로는 다음의 책을 추천한다 :

Altschull, J. Herbert, *Agents of Power : The Role of the News Media in Human Affairs,* New York: Longman, 1984.

Berlin, Isaiah, *Four Essays on Liberty,* New York: Oxford University Press, 1969. 특히 그의 논문 "John Stuart Mill and the Ends of Life" 참조.

Cassirer, Ernst, *The Philosophy of the Enlightenment,* Princeton NJ: Princeton University Press, 1979.

Czitrom, Daniel J., *Media and the American Mind : From Morse to McLuhan,* Chapel Hill, NC: University of North Carolina Press, 1982.

Hardt, Hanno, *Social Theories of the Press : Early German & American Perspectives,* Beverly Hills, CA: Sage Publications, 1979.

Levy, Leonard W., *Emergence of a Free Press,* New York: Oxford University Press, 1985.

Merrill, John C., *The Imperative of Freedom : A Philosophy of Journalistic Autonomy,* New York: Hastings House, 1974.

Merrill, John C. and Odell, S. Jack, *Philosophy and Journalism,* New York: Longman, 1983. 특히 논리(p. 29), 의미론(pp. 47~48), 인식론(p. 75), 윤리(pp. 105~106), 가치(p. 127), 그리고 언론자유(pp. 182~183)에 관한 뛰어난 참고자료들을 보라.

Siebert, Fred S., Peterson, Theodore and Schramm, Wilbur, *Four Theories of the Press : The Authoritarian, Libertarian, Social Responsibility and Soviet Communist Concepts of What the Press Should Be and Do,* Urbana, IL: University of Illinois Press, 1956.

Williams, Raymond, *Culture and Society,* 1780~1950, New York: Harper and Row, 1966.

정치철학자나 사회철학자의 저작을 다룬 책 가운데 가장 잘 된 것으로는 특히 다음을 보라 :

Somerville, John and Santoni, Ronald E., *Social and Political Philosophy : Readings from Plato to Gandhi,* Garden City, NY: Doubleday Anchor Books, 1963.

철학과 이데올로기의 개요에 관해 읽어 볼만한 책으로는 다음이 있다 :

Bell, Daniel, *The End of Ideology ; on the Exhaustion of Political Ideas in the Fifties,* Glencoe, NY: Free Press, 1960.

Runes, Dagobert D., ed., *Dictionary of Philosophy,* Totowa, NJ: Littlefield, Adams and Co., 1982.

Shaw, L. Earl, ed., *Modern Competing Ideologies,* Lexington, MA: Heath, 1973.

자유로운 표현에 대한 미국법원의 판결문을 편찬한 책으로는 다음을 보라 :

Hachten, William A., *The Supreme Court on Freedom of the Press : Decisions and Dissents,* Ames, IA: Iowa State University Press, 1970.

사상과 언어에 관한 분석으로는 다음을 보라 :

Cassirer, Ernst, *Language and Myth,* New York: Dover, 1946.

Condon, John Jr., *Semantics and Communication,* 2nd ed., New York: Macmillan, 1975.

사상사가의 방법론적 오류와 신화만들기에 대한 멋진 연구로는 다음을 보라 :

Fischer, David Hackett, *Historians' Fallacies : Toward a Logic of Historical Thought,* New York: Harper Torchbooks, 1970.

Robertson, James Oliver, *American Myth, American Reality;* New York: Hill and Wang, 1980.

언론윤리에 관한 연구의 수는 기하급수적으로 늘고 있다. 그 가운데 가장 뛰어난 것은 다음과 같다 :

Bok, Sissela, *Lying : Moral Choice in Public and Private Life,* New York: Vintage Books, 1979.

Bok, Sissela, *Secrets : On the Ethics of Concealment and Revelation,* New York: Pantheon, 1982.

Christians, Clifford G., Rotzoll, Kim B., and Fackler, Mark, *Media Ethics : Cases and Moral Reasoning,* 2nd ed., New York: Longman, 1907.

Cooper, Thomas W., et al., *Communications Ethics and Global Change,* New York: Longman, 1989.

Lambeth, Edmund B., *Committed Journalism : An Ethic for the Profession,* Bloomington, IN: Indiana University Press, 1986.

Rawls, John, *A Theory of Justice,* Oxford: Oxford University Press, 1972.

다음 목록은 이 책에서 구체적으로 다룬 철학자나 논설가, 편집인 또는 정치인의 저작과 관련하여 읽기를 권하는 참고자료이다. 그들의 저작과 그들에 관한 2차자료는 대부분 방대한 분량이다. 여기에 수록된 것은 특히 그들 자신이 쓴 것 아니면 그들에 관한 중요한 책들이다. 아래 목록은 알파벳 순으로 작성된 것이며, 독자의 편의를 위해 해당 작가의 생존기간과 간단한 소개를 제시하도록 하겠다. 뒷부분에 열거된 이름과 책은 각주에서 찾아 볼 수 있는 것들이며, 괄호 속의 숫자는 해당 장(章)의 번호를 의미한다. 가장 중요한 저작은 이탤릭체로 표기되어 있다.

Agnew, Spiro(1918~) : 전 미국부통령; 미디어 비판가—Bagdikian, Coyne, Lippmann(57).

Bennett, James Gordon(1795~1872) : 언론인, 편집인, 신문혁신가—O'Connor, Pray(33).

Bentham, Jeremy(1748~1832) : 영국의 공리주의자, 철학적 급진주의의 지도자—Mack, *Ryan*, Stephen(23).

Burckhardt, Jakob(1818~1897) : 스위스의 문화역사가—*Force and Freedom,* Viereck(29).

Burke, Edmond(1729—~797) : 영국의 정치가, 보수적인 정치철학자—Bickel, Camerson, Copeland, Lock, *Reade,*(20).

Carlyle, Thomas(1795~1881) : 영국의 수필가, 역사가, 문화철학자—Neff, Stephen, *Sartor*(31).

Carnegie, Andrew(1835~1919) : 스코틀랜드 태생의 산업가, 박애주의자, 도덕가—Kennedy, "Wealth"(32).

Darwin, Charles(1809~1882) : 영국의 생물학자로서 그의 유기체 진화론은 과학과 철학과 신학에 혁명적인 영향을 주었다—Hofstadter, *Origin of Species,* Spencer, Sumner(32).

Dewey, John(1859~1952) : 미국의 철학자, 교육자, 사회비평가, 윤리학자, 실용주의자, 공리주의자—Hook, *Kennedy*, McDermott, Liberalism(37).

Emerson, Ralph Waldo(1803~1882) : 수필가, 뉴잉글랜드 초절주의운동의 지도자—Sherman, *Pauper Press*(31).

Franklin, Benjamin(1706~1790) : 미국의 정치가, 과학자, 언론인, 도덕가—*Autobiography, William Temple Franklin, Larabee,* Van Doren,(10, 15,

16).

Godkin, Earl Lawrence(1831~1902) : 언론인, 편집인, 정치이론가—Bleyer, Hofstadter, Kaplan, Nye(38, 39).

Greeley, Horace(1811~1872) : 언론인, 편집인, 정치가, 정치이론가—*Autobiography,* Rourke, Stoddard(31, 33).

Habermas, Juergen(1929~) : 독일의 비판적 사회이론가—Habermas, Hardt, McCarthy(49).

Hegel, Friedrich Georg Wilhelm(1770~1831) : 독일의 관념철학자—Cook, *Friedrich,* Mazlish, Popper(22, 54).

Helvétius, Claude-Adrien(1715~1771) : 프랑스의 계몽주의 감각론자, 초기 공리주의자—*Esprit*(11).

Hobbes, Thomas(1588~1679) : 근대분석철학의 "아버지", 정치이론가, 논리학과 심리학의 권위자—*Oakeshott*, Raphael, Peters, Warrender(6).

Hume, David(1711~1776) : 스코틀랜드 철학자, 역사가, 회의론자, 관념과 이데올로기 분석가—Ayer, Hendel, Kemp Smith, *Selby-Bigge*(9).

Innis, Harold Adams(1894~1952) : 캐나다의 미디어 학자—Czitrom, *Empire and Communication,* Havelock, The Press(48, 56).

James, William(1842~1910) : 미국의 철학자, 심리학자, 실용주의의 추동자—*Kennedy*, Perry, *Pragmatism*(저자서문, 36, 37).

Jefferson, Thomas(1743~1826) : 미국대통령, 정치 및 사회이론가—Ford, Levy, Malone(15, 17, 18).

Kant, Immanuel(1724~1804) : "비판철학"을 개발한 철학자, 윤리학자, 과학과 인식론의 권위자—Cassirer, *Friedrich, Kant,* Mazlish(12, 22).

Liebling, A.J.(1904~1963) : 언론인, 비판적인 칼럼니스트—*The Press*, Rubin, Sokolov, *Wayward Press*(39, 45).

Lippmann, Walter(1889~1974) : 언론인, 편집인, 정치철학자—*Essays in the Political Philosophy, The Essential Lippmann, Public Opinion,* Steel (38, 45).

Locke, John(1632~1704) : 영국의 경험주의자, 도덕철학자, 정치철학자로서 미국의 발전에 미친 그의 영향은 대단히 중요함—Cook, Grant, *Treatise,* Yolton(6, 7).

McLuhan, Marshall(1911~1980) : 캐나다의 문학자, 미디어 학자—Czitrom, *Mechanical Bride,* Rosenthal, *Understanding Media*(54).

Madison, James(1751~1836) : 미국대통령, 정치철학자—Brant, *Federalist, Hunt,* Levy, Meyers, *Virginia Report*(10, 14, 17, 19).

Malthus, Thomas Robert(1766~1934) : 영국의 경제학자, 도덕철학자—*Malthus,* Stephen(24).

Marcuse, Herbert(1898~1979) : 미국의 좌파 정치철학자, 사회철학자—*Eros and Civilization,* Peytrszak, "Repressive Tolerance"(49).

Marx, Karl(1818~1883) : 독일의 혁명가, 사회경제이론가, 사회학자—Berlin, Collier and O'Hargan, Duncan, *Das Kapital,* Fromm, *The German Ideology,* Korsch(13, 26, 28).

Mill, James(1773~1836) : 스코틀랜드의 철학자, 역사가, 경제학자—*Britannica, Essays,* Hamburger(24, 25).

Mill, John Stuart(1806~1873) : 영국의 자유주의 철학자, 경제학자로서 흔히 가장 영향력이 큰 영국철학자로 간주됨—*Autobiography,* Berlin, Duncan, *Great Books,* Neff, Plamenatz, Lerner(23, 24, 26, 27).

Milton, John(1608~1674) : 영국의 시인, 도덕평론가, 정치논설가—*Areopagitica,* Masson, Parker, *Portable Milton*(5).

Montesquieu, Charles Secondat, Baron de(1689~1755) : 프랑스의 철학자, 정치이론가—*Spirit*, Spurlin, *Torrey*(10).

Moynihan, Daniel Patrick(1927~) : 미국의 정치가, 외교관, 정치이론가—Dickstein, *The Presidency and the Press*(57).

Niebuhr, Reinhold(1892~1971) : 미국의 신학자, 사회이론가—*Children, The Essential Niebuhr, Irony*(50).

Paine, Thomas(1739~1809) : 언론인, 작가, 혁명이론가, 혁명지도자—Ayer, Conway, Foot, Hawke, *The Rights of Man*(20, 21).

Peirce, Charles Sanders(1839~1914) : 미국의 철학자, 물리학자, 수학자, 실용주의의 창시자—*Papers,* Seboek(36).

Ricardo, David(1772~1823) : 영국의 경제학자—*Ricardo,* Stephen(24).

Rousseau, Jean-Jacques(1712~1778) : 프랑스의 철학자, 수필가, 소설가, 혁명적 사회이론가—Berlin, Cassirer, Darnton, Durant, *Confessions, Social Contract,* Strachey(12, 13).

Santayana, George(1863~1952) : 철학자, 편지의 대가, 미학의 권위자—Kirk, *Santayana,* Schlipp(37, 40, 49).

Sindair, Upton(1878~1968) : 언론인, 소설가, 사회이론가—*Brass Check,* Kaplan(44, 45).

Smith, Adam(1723~1790) : 스코틀랜드의 정치경제학자, 도덕철학자—*Rogge, Wealth of Nations*(24).

Steffens, Lincoln(1866~1936) : 언론인, 정치경제이론가—*Autobiography,* Greene, Kaplan(43, 44).

Thoreau, Henry David(1817~1862) : 신비주의자, 초절론자, 자연철학자—*Walden*(1).

Tocqueville, Alexis de(1805~1859) : 프랑스의 논설가, 사회정치이론가—*Democracy in America,* Siedentop(14).

Twain, Mark(Samuel Langhorne Clemens)(1835~1910) : 소설가, 언론인, 해학가, 사회비평가—*Connecticut Yankee,* Fishkin(37, 38).

Voltaire, François Marie Arouet de(1694~1778) : 프랑스의 철학적 회의론자, 휴머니스트, 언론인, 역사가, 개혁가—*Block, Correspondence,* Gay, *Philosophical Letters*(10, 12).

White, William Allen(1868~1944) : 언론인, 편집인, 사회비평가—*Autobiography,* Hofstadter, "Kansas"(34, 39).

Whitman, Walt(1819~1892) : 미국의 시인, 사회 및 정치비평가—Fishkin, *Leaves of Grass*(30, 33).

Wortman, Tunis(176 ? ~1822) : 언론인, 사회이론가—*From Zenger to Jefferson,* Hay, Levy(21, 22).

Zenger, John Peter(1697~1746) : 독일 태생의 인쇄인, 명예훼손 혐의로 재판 받았으나 석방된 것으로 유명—Rutherford(17).

찾아보기

〈사 항〉

ㅊ

ㅋ

ㅌ

ㅍ

ㅎ

찾아보기

〈인 명〉

V

W

Z

■ 역자 약력 ■

양 승 목

서울대학교 사회대학 신문학과(현 언론정보학과) 및 동대학원 졸업
미국 뉴욕주립대학교 언론학 석사
미국 스탠퍼드대학교 언론학 박사
충남대학교 신문방송학과 교수
서울대학교 대학신문사 주간
현재 서울대학교 언론정보학과 교수

■ 저 서

《한국사회변동과 언론》(공저)
《한국언론의 신뢰도》(공저)
《현대 정치커뮤니케이션 연구》(공저)

나남신서 1236

현대언론사상사

밀턴에서 맥루한까지

1993년 8월 25일 발행
2007년 9월 5일 5쇄

저 자 : **허버트 알철**
역 자 : **양 승 목**
발행자 : **趙 相 浩**

발행처 : (주) 나남

413-756 경기도 파주시 교하읍 출판도시 518-4
전화 : (031) 955-4600 (代), FAX : (031) 955-4555
등록 : 제 1-71호 (79. 5. 12)
http://www.nanam.net
post@nanam.net

ISBN 978-89-300-8236-5 책값은 뒤표지에 있습니다.